Rolf A. Schütze

Rechtsverfolgung im Ausland

Prozessführung vor ausländischen Gerichten und Schiedsgerichten

5., neu bearbeitete Auflage

DE GRUYTER

In der 1. bis 3. Auflage erschien dieses Werk im Verlag Recht und Wirtschaft, Heidelberg.

ISBN 978-3-11-044963-1
e-ISBN (PDF) 978-3-11-046458-0
e-ISBN (EPUB) 978-3-11-046302-6

Library of Congress Cataloging-in-Publication Data
A CIP catalog record for this book has been applied for at the Library of Congress.

Bibliografische Information der Deutschen Nationalbibliothek
Die Deutsche Nationalbibliothek verzeichnet diese Publikation in der Deutschen Nationalbibliografie; detaillierte bibliografische Daten sind im Internet über http://dnb.d-nb.de abrufbar.

Einbandabbildung: Comstock/Stockbyte/Thinkstock
Datenkonvertierung: jürgen ullrich typosatz, Nördlingen
Druck: CPI books GmbH, Leck
♾ Gedruckt auf säurefreiem Papier
Printed in Germany

www.degruyter.com

Für B. A.

Vorwort

Seit dem Erscheinen der 4. Auflage 2009 hat sich der Kreis der Mitgliedstaaten der EU wiederum erweitert. Der Geltungsbereich europäischen Zivilprozessrechts ist so erheblich ausgeweitet worden. Die Gemeinschaft scheint auf dem Weg zu einem einheitlichen europäischen Justizraum vorangekommen zu sein. Zahlreiche neue Verordnungen sind auf zivilprozessualem Gebiet erlassen worden, insbesondere die VO (EU) Nr. 1215/2012 (Brüssel Ia VO), die vom 10.1.2015 an gilt. Die Brüssel Ia VO hat das Klauselerteilungsverfahren abgeschafft und so – scheinbar – eine Titelfreizügigkeit in Europa geschaffen. Jubelrufe sind aber verfrüht. Im Grunde hat sich wenig geändert. Die Erfordernisse der Erstreckung der Wirkungen von gerichtlichen Entscheidungen über die Grenze sind dieselben geblieben, sie werden jetzt nur in einem anderen Verfahren geprüft.

Die größte Errungenschaft des Europäischen Justizraums ist die einheitliche Kompetenzordnung und die Abschaffung gemissbilligter Gerichtsstände der nationalen Rechte. Leider wird dieser Fortschritt entwertet durch Verbraucherprivilegien, die den Verbraucher vom Prinzip des *actor sequitur forum rei* ausnehmen. So ist es zwar zu begrüßen, dass die Zuständigkeiten der Artt. 14 und 15 des französischen Code Civil (ein Franzose kann immer in Frankreich klagen und nur in Frankreich verklagt werden) im EU-Raum gemissbilligt sind und nicht angewendet werden dürfen. Für Verbraucher überlebt dieser exorbitante Gerichtsstand auch in der neuen Brüssel Ia VO. Ein Verbraucher kann immer an seinem Wohnsitz klagen (Art. 18 Abs. 1) und nur an seinem Wohnsitz verklagt werden (Art. 18 Abs. 2).

Im Bereich der internationalen Schiedsgerichtsbarkeit hat eine emsige Gesetzgebungstätigkeit zu einer Vielzahl neuer Schiedsverfahrensgesetze geführt, die vielfach auf dem UNCITRAL-Modellgesetz basieren. Das führt zu internationaler Rechtsvereinheitlichung, die auf keinem zivilprozessualen Gebiet so groß ist wie im schiedsgerichtlichen. Einige Schiedsordnungen wichtiger internationaler institutioneller Schiedsgerichte sind reformiert und neu gefasst worden.

Literatur und Rechtsprechung zu Problemen der internationalen Rechtsverfolgung sind weiter in abundante Fülle gewachsen. Eine besondere – erfreuliche – Entwicklung zeigt sich in der US-amerikanischen Judikatur der jüngsten Zeit. Die Eindämmung der „Allzuständigkeit“ US-amerikanischer Gerichte – insbesondere unter dem Alien Tort Claims Act –, die sich schon in dem Kaprun Fall andeutete, hat sich weiter entwickelt. Ausländische Parteien sind nicht mehr dem fast grenzenlosen forum shopping zu Gunsten amerikanischer Gerichte ausgesetzt.

Dies alles berücksichtigt die Neubearbeitung. Im übrigen ist die Konzeption des Buches dieselbe geblieben.

Gedankt sei dem Verlag De Gruyter, dessen Lektorat auch diese Auflage einfühlsam, aufmunternd und verständnisvoll begleitet hat.

Stuttgart/München, Ostern 2016 Rolf A. Schütze

Inhaltsverzeichnis

Abkürzungsverzeichnis

a.A.	anderer Ansicht oder: am Anfang
AAA	American Arbitration Association
a.a.O.	am angegebenen Ort
Abk.	Abkommen
Abl.	Amtsblatt der Europäischen Gemeinschaften oder der Europäischen Union (auch Abl. EG oder EU)
abl.	ablehnend
Abs.	Absatz
abw.	abweichend
AbzG	Abzahlungsgesetz
AC	Law Reports, Appeal Cases
AcP	Archiv für die civilistische Praxis
Actes et documents	Actes et documents de la Conférence de la Haye de droit international privé
a.E.	am Ende
a.F.	alte Fassung
AG	Amtsgericht oder: Aktiengesellschaft
AGB	allgemeine Geschäftsbedingungen
AHKG	Gesetz der Alliierten Hohen Kommission für Deutschland
AJIL	American Journal of International Law
AktG	Aktiengesetz
allg.	allgemein
a.M.	anderer Meinung
Am.J.Comp.L.	American Journal of Comparative Law
AmJIntL	American Journal of International Law (auch abgekürzt: AJIL)
amtl.	amtlich
Anh.	Anhang
Anm.	Anmerkung
Ann.dr.	Annales de droit
AnwBl.	Anwaltsblatt
AöR	Archiv des öffentlichen Rechts
AP	Nachschlagewerk des Bundesarbeitsgerichts
App.	Corte di appello oder: Cour d'appel
ArbGG	Arbeitsgerichtsgesetz
Arb.Int.	Arbitration International
Arb.J.	Arbitration Journal
Arbitr.Rspr.	Arbitrale Rechtspraak
Art.	Artikel (Plural: Artt.)
art.	article
Aufl.	Auflage
AusfG	Ausführungsgesetz
AusfVO	Ausführungsverordnung
ausl.	ausländisch

AVAG	Gesetz zur Ausführung zwischenstaatlicher Anerkennungs- und Vollstreckungsverträge in Zivil- und Handelssachen
AWD	Außenwirtschaftsdienst des Betriebs-Beraters
BAG	Bundesarbeitsgericht
BAGE	Entscheidungen des Bundesarbeitsgerichts, amtliche Sammlung
BayObLG	Bayerisches Oberstes Landesgericht
BayObLGZ	Entscheidungen des Bayerischen Obersten Landesgerichts, amtliche Sammlung
BB	Betriebs-Berater
Bd.	Band
Bek.	Bekanntmachung
bestr.	bestritten
BG	Bundesgericht (Schweiz)
BGB	Bürgerliches Gesetzbuch
BGBl.	Bundesgesetzblatt
BGE	Entscheidungen des schweizerischen Bundesgerichts, amtliche Sammlung
BGH	Bundesgerichtshof
BGHZ	Entscheidungen des Bundesgerichtshofs in Zivilsachen, amtliche Sammlung
BlIntPr.	Blätter für Internationales Privatrecht, Beilage zur LZ
BöhmsZ	Zeitschrift für internationales Privat- und Strafrecht
BR	Bundesrat
BRAK-Mitt.	Mitteilungen der Bundesrechtsanwaltskammer
BRDrucks.	Bundesratsdrucksache
Brüssel I VO	VO (EG) Nr. 44/2001
Brüssel Ia VO	VO (EU) Nr. 1215/2012
BT	Bundestag
BTDrucks.	Bundestagsdrucksache
BV	Bundesverfassung (Schweiz)
BVerfG	Bundesverfassungsgericht
BVerfGE	Entscheidungen des Bundesverfassungsgerichts, amtliche – Sammlung
B.Yb.Int.L.	The British Yearbook of International Law (auch abgekürzt: BYIL)
bzw.	beziehungsweise
c	Chapter
CA	Court of Appeal
Cass.	Cour de Cassation (Frankreich oder Belgien)
CC.	Code Civil (Frankreich, Belgien, Luxembourg) oder Codice Civile (Italien)
Chr.	Chronique
CIETAC	Chinese International Economic and Trade Arbitration Commission
CILSA	The Comparative and International Law Journal of South Africa
CIM	Internationales Übereinkommen über den Eisenbahnfracht-verkehr

CIV	Internationales Übereinkommen über den Eisenbahn-, Personen- und Gepäckverkehr
CJ	Code Judiciaire (Belgien)
CMR	Übereinkommen über den Beförderungsvertrag im internationalen Straßenverkehr
Colum.J.Transnat'l L	Columbia Journal of Transnational Law
COTIF	Übereinkommen über den internationalen Eisenbahnverkehr
Cpc	Code de Procédure Civile (Frankreich und Belgien), Codice di Procedura Civile (Italien)
CPLR	Civil Practice Law and Rules (New York)
CPO	Civilprozeßordnung
Dalloz	Recueil Dalloz/Sirey
DAR	Deutsche Außenwirtschafts-Rundschau: oder Deutsches Autorecht
DAVorm	Der Amtsvormund
DB	Der Betrieb
Dchron	Dalloz, Recueil Hebdomadaire, Abteilung Chronique
DDR	Deutsche Demokratische Republik
ders.	derselbe
d.h.	das heißt
DIS	Deutsche Institution für Schiedsgerichtsbarkeit
Diss.	Dissertation
DJ	Deutsche Justiz
DJZ	Deutsche Juristen-Zeitung
DnotZ	Deutsche Notar-Zeitschrift
doc.	document
DR	Deutsches Recht
DriZ	Deutsche Richterzeitung
Drucks.	Drucksache
dt.	deutsch
DVBl.	Deutsches Verwaltungsblatt
DVO	Durchführungsverordnung
DZWir	Deutsche Zeitschrift für Wirtschafts- und Insolvenzrecht
ECE	United Nations Economic Commission for Europe
EG	Einführungsgesetz
EGBGB	Einführungsgesetz zum BGB
EGGVG	Einführungegesetz zum Gerichtsverfassungsgesetz
EGKS-Vertrag	Vertrag über die Gründung der Europäischen Gemeinschaft für Kohle und Stahl
EGMR	Europäischer Gerichtshof für Menschenrechte
EheG	Ehegesetz
Einf.	Einführung
Einl.	Einleitung
Envir.Pol.Law	Environmental Policy and Law
Erl.	Erläuterung
EU	Europäische Union

EÜAR 1968	Europäisches Übereinkommen betreffend Auskünfte über ausländisches Recht
EuGH	Gerichtshof der Europäischen Gemeinschaften
EuGHE	Entscheidungen des Gerichtshofs der Europäischen Gemeinschaften, amtliche Sammlung
EuGVÜ	Brüsseler Übereinkommen über die gerichtliche Zuständigkeit und die Vollstreckung gerichtlicher Entscheidungen in Zivil- und Handelssachen
EuNÜ	Europäisches Niederlassungsübereinkommen
EuR	Europarecht
Euratom	Europäische Atomgemeinschaft
EuZW	Europäische Zeitschrift für Wirtschaftsrecht
EvBl.	Evidenzblatt der Rechtsmittelentscheidungen (in der öJZ)
EWG	Europäische Wirtschaftsgemeinschaft
EwiR	Entscheidungen zum Wirtschaftsrecht
EwiV	Europäische Wirtschaftliche Interessenvereinigung
EWR	Europäischer Wirtschaftsraum
EWS	Europäisches Wirtschafts- & Steuerrecht – Betriebs-Berater für Europarecht
EZÜVw 1977	Europäisches Übereinkommen über die Zustellung von Schriftstücken in Verwaltungssachen im Ausland
f., ff.	folgend, folgende
FamRÄndG	Familienrechtsänderungsgesetz
FamRZ	Zeitschrift für das gesamte Familienrecht
FGG	Gesetz über die Angelegenheiten der Freiwilligen Gerichtsbarkeit
FN	Fußnote
Foro it.	Il foro italiano
FS	Festschrift
FuR	Familie und Recht
G	Gesetz
Gaz.Pal.	Gazette du Palais
GenG	Genossenschaftsgesetz
GG	Grundgesetz
ggf.	gegebenenfalls
Giur.it.	Giurisprudenza italiana
GmbH	Gesellschaft mit beschränkter Haftung
GmbHG	Gesetz betreffend die Gesellschaften mit beschränkter Haftung
GmbHRdSch	Rundschau für GmbH
Gruchot	Beiträge zur Erläuterung des deutschen Rechts, begründet von Gruchot
GRUR	Gewerblicher Rechtsschutz und Urheberrecht
GRURInt	Gewerblicher Rechtsschutz und Urheberrecht, internationaler Teil
GS	Gedächtnisschrift
GVBl.	Gesetz- und Verordnungsblatt
GVG	Gerichtsverfassungsgesetz
GWB	Gesetz gegen Wettbewerbsbeschränkungen

Hastings L.J.	The Hastings Law Journal
HGB	Handelsgesetzbuch
h.L.	herrschende Lehre
h.M.	herrschende Meinung
HBÜ	Haager Beweisübereinkommen
HGÜ	Haager Gerichtsstandsübereinkommen
Houston J.Int.L.	Houston Journal of International Law
HUVÜ 58	Haager Unterhaltsvollstreckungsübereinkommen 1958
HUVÜ 73	Haager Unterhaltsvollstreckungsübereinkommen 1973
HZPA	Haager Zivilprozeßabkommen 1905
HZPÜ	Haager Zivilprozeßübereinkommen 1954
HZÜ	Haager Zustellungsübereinkommen
ICC	International Chamber of Commerce
i.d.F.	in der Fassung
i.d.R.	in der Regel
i.e.S.	im engeren Sinne
ILA	International Law Association
I.L.R.	International Law Reports
INDOASIA	INDOASIA – Politik, Kultur, Wirtschaft in Indien, Südostasien, Ostasien
InsO	Insolvenzordnung
Int.Comp.L.Q.	The International and Comparative Law Quarterly
Int.Lawyer	The International Lawyer
IntJbSchiedsg.	Internationales Jahrbuch für Schiedsgerichtswesen in Zivil- und Handelssachen
IPG	Gutachten zum ausländischen und internationalen Privatrecht
IPR	internationales Privatrecht
IPRax	Praxis des internationalen Privat- und Verfahrensrechts
IPRG	Bundesgesetz über das internationale Privatrecht (Schweiz)
IPRspr.	Die deutsche Rechtsprechung auf dem Gebiet des internationalen Privatrechts
i.S.	im Sinne
IZPR	internationales Zivilprozeßrecht
JA	Juristische Arbeitsblätter
JBl.	Juristische Blätter
J.Bus.L.	The Journal of Business Law
J.C.P.	Juris Classeur Périodique
Jher.Jb.	Jherings Jahrbücher für die Dogmatik des bürgerlichen Rechts
JMBl.	Justizministerialblatt
JN	Jurisdiktionsnorm (Österreich)
JOR	Jahrbuch für Ostrecht
Journal Clunet	Journal de droit international
JR	Juristische Rundschau
J.trib.	Journal des tribunaux
JurA	Juristische Analysen

JurBüro	Das juristische Büro
JuS	Juristische Schulung
JW	Juristische Wochenschrift
JZ	Juristenzeitung
KG	Kammergericht
KO	Konkursordnung
KTS	Konkurs-, Treuhand- und Schiedsgerichtswesen
LAG	Landesarbeitsgericht
LCIA	London Court of International Arbitration
leg.cit.	zitiertes Gesetz
LG	Landgericht
lit.	Buchstabe
LJ	The Law Journal
Lloyd's MarCommLQ	Lloyd's Maritime and Commercial Law Quarterly
LM	Nachschlagewerk des Bundesgerichtshofs, begründet von Lindenmaier und Möhring
L.Q.Rev.	The Law Quarterly Review
LugÜ II	Lugano-Übereinkommen über die gerichtliche Zuständigkeit und die Vollstreckung gerichtlicher Entscheidungen in Zivil- und Handelssachenv. 30.10.2007
LZ	Leipziger Zeitschrift für Deutsches Recht
m.a.W.	mit anderen Worten
MDR	Monatsschrift für Deutsches Recht
MfOR	Monatshefte für osteuropäisches Recht (ab 1967 WGO)
MichLRev	Michigan Law Review
MLJ	Malayan Law Journal
Mod.L.Rev.	The Modern Law Review
m.w.N.	mit weiteren Nachweisen
N	Note oder: Fußnote
Ned.Jur.	Nederlandse Jurisprudentie (auch abgekürzt: N.J.)
Ned.Yb.IntL.	Netherlands Yearbook of International Law (auch abgekürzt: NYIL)
n.F.	neue Fassung oder: neue Folge
NiemZ	Niemeyers Zeitschrift für internationales Recht (auch abgekürzt NiemeyersZ)
NJB	Nederlands Juristenblad
NJW	Neue Juristische Wochenschrift
NoB	Noniko Vima (Griechenland)
Nr.	Nummer
NVwZ	Neue Zeitschrift für Verwaltungsrecht
N.Y.U.J.Int.L.&Pol.	New York University Journal of International Law & Politics
OER	Osteuroparecht
öJZ	österreichische Juristenzeitung

öZfRV	österreichische Zeitschrift für Rechtsvergleichung
OLG	Oberlandesgericht
OLGZ	Entscheidungen der Oberlandesgerichte, amtliche Sammlung
OVG	Oberverwaltungsgericht
Pas.belge	Pasicrisie belge
Pas.lux.	Pasicrisie luxembourgoise
PrGS	Preußische Gesetzessammlung
Prot.	Protokoll
QB	Law Reports, Queen's Bench Division
RabelsZ	Rabels Zeitschrift für ausländisches und internationales Privatrecht
RdA	Recht der Arbeit
RdC	Académie de Droit International, Recueil des Cours
RDI	Rivista di diritto internazionale
Rdn.	Randnummer
RdW	Österreichisches Recht der Wirtschaft
Rec.	Recueil oder: RdC (vgl. dort)
Recht	Das Recht, Rundschau für den deutschen Juristenstand
REDI	Revista Española de Derecho Internacional
Resp.civ.e prev.	Responsabilità civile e previdenza
Rev.Arb.	Revue de l'Arbitrage
Rev.crit.	Revue critique de droit international privé
Rev.Hell.de Droit Intern.	Revue Hellenique de Droit International (auch RHDI)
Rev.trim.	Revue trimestrielle de droit européen
RG	Reichsgericht
RGBl.	Reichsgesetzblatt
RGZ	Entscheidungen des Reichsgerichts, amtliche Sammlung
RheinZ	Rheinische Zeitschrift für Zivil- und Prozeßrecht des In- und Auslandes
Riv.dir.comm.	Rivista di diritto commerciale, industriale e processuale
Riv.dir.int.	Rivista di diritto internazionale
Riv.dir.int.priv.proc.	Rivista di diritto internazionale privato e processuale
Riv.trim.dir.proc.civ.	Rivista trimestriale di diritto e procedura civile
RIW	Recht der internationalen Wirtschaft
RIW/AWD	Recht der Internationalen Wirtschaft – Betriebs-Berater International (früher: Außenwirtschaftsdienst des Betriebs-Beraters)
Rpfleger	Der deutsche Rechtspfleger
RPS	Recht und Praxis der Schiedsgerichtsbarkeit (Beilage zu BB)
Rs.	Rechtssache
R.S.C.	Rules of the Supreme Court
Rspr.	Rechtsprechung
S.	Seite oder: Satz
s.	siehe

SA	Seufferts Archiv für Entscheidungen der Obersten Gerichte in den deutschen Staaten (auch abgekürzt: Seuff.Arch.)
schweizJbIntR	Schweizerisches Jahrbuch für internationales Recht
schweizJZ	schweizerische Juristenzeitung
SdN Rec.	Recueil des traités et des engagements enregistrés par le secretariat de la Société des Nations
sect.	section
Sem.judiciaire	La semaine judiciaire
Sem.jur.	La semaine juridique – Juris-Classeur Périodique
SJT	Svensk Juristtidning
SJZ	Süddeutsche Juristenzeitung
Sp.	Spalte
StAZ	Zeitschrift für Standesamtswesen (auch: Das Standesamt)
StPO	Strafprozeßordnung
str.	streitig
Suppl.	Supplement
t	tome
Tijds.priv.	Tijdschrift voor privaatrecht
Trav.comité fr.	Travaux du Comité français de droit international privé
Trav.Dr.Comp.	Travaux du Droit Comparé
UFITA	Archiv für Urheber-, Film-, Funk- und Theaterrecht
UNCITRAL	United Nations Commission on International Trade
UNIDROIT	Institut International pour l'Unification de Droit Privé
unstr.	unstreitig
UNUVÜ	UN-Übereinkommen über die Geltendmachung von Unterhaltsansprüchen im Ausland 1956
U.Pa.J.Int'l Econ.L.	University of Pennsylvania Journal of International Economic Law
UWG	Gesetz gegen unlauteren Wettbewerb
VAG	Versicherungsaufsichtsgesetz
VandJTransL	Vanderbilt Journal of Transnational Law
Vand.L.Rev.	Vanderbilt Law Review
VerglO	Vergleichsordnung
VerschG	Verschollenheitsgesetz
VersR	Versicherungsrecht
vgl.	vergleiche
VO	Verordnung
VOBl.	Verordnungsblatt
VOBl.Br.Z.	Verordnungsblatt für die Britische Zone
vol.	volume
VVG	Versicherungsvertragsgesetz
VwGO	Verwaltungsgerichtsordnung
Warneyer	Die Rechtsprechung des Reichsgerichts auf dem Gebiete des Zivilrechts (auch zitiert: Warn.)

WBL	Wirtschaftsrechtliche Blätter (Österreich)
WGO	Die wichtigsten Gesetzgebungsakte in den Ländern Ost-, Südosteuropas und in den ostasiatischen Volksdemokratien
WiRO	Wirtschaft und Recht in Osteuropa
W.L.R.	Weekly Law Reports
WM	Wertpapiermitteilungen
WPVertr.	Weltpostvertrag
WRP	Wettbewerb in Recht und Praxis
Yale L.J.	The Yale Law Journal
ZAkDR	Zeitschrift der Akademie für Deutsches Recht
ZaöRV	Zeitschrift für ausländisches öffentliches Recht und Völkerrecht
ZBJV	Zeitschrift des Berner Juristenvereins
ZEuP	Zeitschrift für Europäisches Privatrecht
ZfRV	Zeitschrift für Rechtsvergleichung
ZGR	Zeitschrift für Unternehmens- und Gesellschaftsrecht
ZHR	Zeitschrift für das gesamte Handelsrecht und Wirtschaftsrecht
ZIntEisenbV	Zeitschrift für den internationalen Eisenbahnverkehr
ZIP	Zeitschrift für Wirtschaftsrecht und Insolvenzpraxis
ZJapanR	Zeitschrift für Japanisches Recht
ZPO	Zivilprozeßordnung
ZRHO	Rechtshilfeordnung in Zivilsachen
ZRP	Zeitschrift für Rechtspolitik
ZS	Zivilsenat
ZSR	Zeitschrift für Schweizerisches Recht
ZVglRWiss	Zeitschrift für Vergleichende Rechtswissenschaft
ZZP	Zeitschrift für Zivilprozeß
ZZP Int	Zeitschrift für Zivilprozeß International

Verzeichnis abgekürzt zitierter Literatur

Baumbach/Lauterbach/*Hartmann*	Kommentar zur Zivilprozessordnung, 74. Aufl., 2016
Gebauer/Wiedmann/*Bearbeiter*	Zivilrecht unter europäischem Einfluss, 2. Auf., 2010
Geimer, Anerkennung	Anerkennung ausländischer Entscheidungen in Deutschland, 1995
Geimer, IZPR	Internationales Zivilprozessrecht, 7. Aufl., 2014
Geimer/Schütze EuZVR	Europäisches Zivilverfahrensrecht, 3. Aufl., 2010
Kropholler/von Hein, EuZPR	Europäisches Zivilprozessrecht, 9. Aufl., 2011
Lachmann, Handbuch	Handbuch für die Schiedsgerichtspraxis, 3. Aufl., 2008
Linke/Hau, IZVR	Internationales Zivilverfahrensrecht, 6. Aufl., 2015
MünchKommZPO/*Bearbeiter*	Münchener Kommentar zu ZPO, 4. Aufl., 2013
Nagel/Gottwald, IZPR	Internationales Zivilprozessrecht, 7. Aufl., 2013
Prütting/Gehrlein/*Bearbeiter*	ZPO, 7. Aufl., 2013
Rauscher/*Bearbeiter,* EuZPR	Europäisches Zivilprozess- und Kollisionsrecht, 4. Aufl. 2015
Reithman/Martiny/*Bearbeiter,*Internationales Vertragsrecht	Internationales Vertragsrecht, 7. Aufl.2010
Riezler, IZPR	Internationales Zivilprozessrecht, 1949
Schack IZVR	Internationales Zivilverfahrensrecht, 6. Aufl., 2014
Schlosser/Hess, EuZPR	EU-Zivilprozessrecht, 4. Aufl., 2015
Schütze, Schiedsgericht und Schiedsverfahren	Schiedsgericht und Schiedsverfahren, 5. Aufl., 2012
Schütze, DIZPR	Deutsches Internationales Zivilprozessrecht, 2. Aufl., 2005
Schütze/Tscherning/Wais	Handbuch des Schiedsverfahrens, 2. Aufl., 1990
Schwab/Walter	Schiedsgerichtsbarkeit, 7. Aufl., 2005
Stein/Jonas/*Bearbeiter*	Kommentare zu ZPO, 22. Aufl., 2002 ff./23. Aufl., 2014 ff.
Thomas/Putzo/*Bearbeiter*	ZPO, 36. Aufl., 2015
Wieczorek/Schütze/*Bearbeiter*	Grosskommentar zur ZPO, 4. Aufl., 2013 ff.
Zöller/*Bearbeiter*	ZPO, 31. Aufl., 2016

Einleitung

Die Prozessführung im Ausland kann dornenreich sein. Die deutsche Partei, 1
die ihr Recht vor ausländischen Gerichten suchen muss, wird regelmäßig mit einer Fülle von Problemen konfrontiert, die daraus resultieren, dass ihr das ausländische Prozessrecht unbekannt ist. Der Verkehr mit Anwälten und Gerichten, das Verfahren, das zur Rechtsfindung führt, die Beweiserhebung und alle sonstigen Prozessstadien sind auch demjenigen fremd, der das ausländische materielle Recht kennen mag. Es geht ihm so wie dem Christen, der zwar die Glaubensregeln des Islam kennt, sich beim Freitagsgottesdienst in der Moschee aber verloren fühlt, oder dem Moslem, dem trotz Studiums der christlichen Glaubenslehre das Ritual der Messe unbekannt ist. Die Prozessführung vor ausländischen Gerichten führt in Situationen, die der ähneln, die der große Rechtsvergleicher Ernst Rabel beschreibt, wenn er davon spricht, dass ihn beim Eindringen in fremde Dickichte überall Eingeborene mit vergifteten Pfeilen belauern[1].

„Wer im Ausland sein Recht suchen muss, braucht mehr Zeit, Kraft und Geld als im Inland; er muss unbekannten Anwälten trauen, hat Sprachschwierigkeiten, findet sich im fremden Recht und Gerichtswesen nur mühsam zurecht. Oft ist er überhaupt nicht imstande, im Ausland vorzugehen“[2]. Die Probleme der Rechtsverfolgung im Ausland[3] sind vielfältig:

Es beginnt mit Sprachproblemen. Schriftsätze sind in der Gerichtssprache 2
abzufassen, Beweisurkunden müssen übersetzt und beglaubigt werden. Wer der Gerichtssprache nicht kundig ist, ist auf deutschsprachige Anwälte angewiesen oder muss sich unter Umständen unqualifizierten Dolmetschern anvertrauen[4].

---

1 Vgl. *Rabel*, Deutsches und amerikanisches Recht, RabelsZ 16 (1951), 340. Auf die besonderen Schwierigkeiten der Prozessführung, die sich auch aus dem unterschiedlichen sozialen und kulturellen Umfeld ergeben, weist *Grossfeld*, Macht und Ohnmacht der Rechtsvergleichung, 1984, S. 94 ff., plastisch für das Beispiel USA hin.

2 Vgl. *Kegel*, Internationales Privatrecht, 7. Aufl. 1995, S. 805 (in der von *Schurig* bearbeiteten 9. Aufl., 2004 nicht mehr erwähnt).

3 Vgl. dazu auch *Gessner*, Foreign Courts – Civil Litigation in Foreign Legal Cultures, 1996.

4 In einem Verfahren vor der ehemaligen Außenhandelsarbitrage in Bukarest übersetzte eine liebenswürdige ältere Dame, die in der Tat sehr gut deutsch sprach, aber die juristische Terminologie nicht beherrschte. Als der Autor sich in seinem Plädoyer über die Rechtskrafterstreckung auf Dritte ausließ, sah er ungläubiges Staunen in den Gesichtern der rumänischen Schiedsrichter. Was die Dolmetscherin ins Rumänische übersetzt hat, bleibt ein Geheimnis, es war aber sicher nicht das, was der Autor gesagt hatte.

3 Die Beauftragung eines Anwalts im Ausland ist schwierig[5]. Man ist auf Empfehlungen angewiesen und hat geringere Überwachungsmöglichkeiten als bei einem Anwalt im Inland, der häufig der „erprobte" Hausanwalt sein wird. So konnte es geschehen, dass in einem Rechtsstreit in Marokko der lokale Anwalt der deutschen Partei ein zwischenzeitlich längst rechtskräftiges Urteil verschwieg und jahrelang Honorare kassierte mit der Behauptung, „die Sache sei auf gutem Wege".

4 Die Information des ausländischen Prozessbevollmächtigten bereitet nicht nur aus sprachlichen Gründen häufig Schwierigkeiten. Nur die Kenntnis des Prozessrechts am Forum und das Wissen, „worauf es ankommt", schafft die Grundlage für eine sachgerechte Information.

5 Die Unterschiedlichkeit von Beweisregeln[6] im in- und ausländischen Prozess kann die Prozesschancen entscheidend verändern. Besteht für das einzige vorhandene Beweismittel im ausländischen Verfahrensrecht ein Beweisverbot, dann ist der Anspruch faktisch nicht durchsetzbar. Umgekehrt können Beweismittel zugelassen sein, die das deutsche Recht nicht kennt oder verbietet, so der Ausforschungsbeweis.

6 Die Qualität der Gerichte im Ausland entspricht nicht immer den rechtsstaatlichen Ansprüchen, die im deutschen Prozess verfassungsmäßig garantiert sind. Das gilt nicht nur für die Unabhängigkeit der Richter, sondern auch für die Prozessdauer, die zur faktischen Rechtsverweigerung führen kann[7].

7 Die Prozessführung im Ausland kann kostspielig werden, insbesondere dann, wenn eine hohe Prozesskostensicherheit zu leisten ist und das ausländische Recht eine Kostenerstattungspflicht der unterlegenen Partei nicht kennt[8]. Ein Sieg in einem solchen Prozess kann ein Pyrrhussieg sein, wenn die Kosten – was durchaus vorkommen kann[9] – den zugesprochenen Urteilsbetrag übersteigen.

---

5 Vgl. dazu unten Rdn. 219 ff.

6 Vgl. dazu unten Rdn. 289 ff.

7 Als der *Autor* einmal nach bereits siebenjähriger Dauer eines Verfahrens in 1. Instanz vor einem Gericht in einem südamerikanischen Land den dortigen Prozessbevollmächtigten nach dem Grund der zögerlichen Prozessführung fragte, erklärte dieser, die Richter seien so schlecht bezahlt, dass sie Nebentätigkeiten annehmen müssten und für ihre Richtertätigkeit deshalb nicht genügend Zeit hätten. Wenn man den Richter allerdings in den Stand setzte, seine Nebentätigkeit aufzugeben, dann werde sicher schnell ein gutes Urteil gefällt! Wir erkennen im übrigen Urteile von Gerichten dieses Staates an.

8 Vgl. dazu unten Rdn. 330 ff.

9 Vgl. dazu *Weinschenk*, Die Eintreibung kleiner Forderungen in den USA, AWD 1973, 131 ff., der darauf hinweist, dass die gerichtliche Geltendmachung von Forderungen unter $ 10.000 (aus damaliger Sicht) wirtschaftlich sinnlos ist. Der Betrag liegt heute sicherlich höher. Vgl. zu

Schließlich kann das Ergebnis des Verfahrens im Ausland aufgrund des anwendbaren materiellen Rechts ungünstiger als im Inland sein. Jedes Gericht wendet das nach dem internationalen Privatrecht des Gerichtsortes anwendbare materielle Recht an. Solange die Kollisionsrechte der Staaten nicht vereinheitlicht sind, kommen hier Disharmonien der Rechtsanwendung vor, die zu unterschiedlichen Ergebnissen führen mögen. Aber es ist nicht nur die unterschiedliche Rechtsanwendung, die abweichende Ergebnisse bringt. So sprechen amerikanische Juries regelmäßig in Produkthaftungsfällen Schadensersatzbeträge zu, die die in Deutschland üblichen Summen um ein Vielfaches übersteigen[10]. 8

Trotz dieser teilweise erheblichen Probleme der Prozessführung im Ausland ist es zuweilen notwendig oder auch zweckmäßig, als Kläger oder Beklagter einen Rechtsstreit vor ausländischen Gerichten oder Schiedsgerichten zu führen. 9

Notwendig ist die Prozessführung im Ausland insbesondere dann, wenn ein inländischer Gerichtsstand nicht gegeben ist. Aber auch dann, wenn die Möglichkeit besteht, Rechtsschutz vor deutschen Gerichten zu suchen, kann die Prozessführung im Ausland zweckmäßig sein, etwa dann, wenn der Schuldner kein Vermögen im Inland besitzt und die Anerkennung und Vollstreckbarerklärung deutscher Titel in dem Staat, in dem Vermögenswerte des Schuldners belegen sind, nicht oder nur unter erschwerten Bedingungen möglich ist. 10

Zuweilen suchen deutsche und andere ausländische Kläger ihr Heil vor amerikanischen Gerichten, nicht nur wegen der hohen von US-amerikanischen Gerichten zugesprochenen Schadensersatzbeträge, sondern weil das amerikanische Recht ein klägerfreundliches Prozessrecht zur Verfügung stellt. Das mag mit der Grund gewesen sein, dass nach der Katastrophe von Kaprun von 159 Klägern vor amerikanischen Gerichten nur 8 amerikanische Staatsbürger waren[11]. Doch die US-amerikanische Rechtsprechung ist für Klagen von Ausländern ohne Beziehung zu den USA restriktiver geworden[12]. 11

---

den Folgen der Rechtlosstellung *Schütze*, Armenrecht, Kostenerstattung und faires Verfahren, FS Machacek und Matscher, 2008, S. 919 ff.

10 Ein instruktives Beispiel stellt der Ford-Pinto-Fall dar, vgl. dazu *Heesch*, Amerikanisches Gericht verhängt 125 Mio. $ Strafschadensersatz, JZ 1978, 247; vgl. im übrigen unten Rdn. 115 ff.

11 Vgl. zu dem Komplex der Klagen „In re Ski Train Fire in Kaprun, Austria on November 11, 2000“ *Posch*, Eine österreichische Katastrophe vor amerikanischen Gerichten – Betrachtungen aus Anlass des US-Bundesdistriktgerichts New York Süd vom 19. Juni 2007 „in re Ski Train Fire in Kaprun“, FS Machacek und Matscher, 2008, S. 831 ff.; vgl. auch *Koch*, Forum Shopping nach dem Seilbahnunglückvon Kaprun?, RdW 2001, 264.

12 Vgl. u.a. *Zekoll/Schulz*, Neue Grenzen für die internationale Zuständigkeit amerikanischer Gerichte?, RIW 2014, 321 ff.

Letztlich: Prozesse werden nicht um platonischer Ideale willen geführt, sondern zur Durchsetzung von Ansprüchen. Ein Titel, aus dem nicht vollstreckt werden kann, ist nicht mehr wert als das Papier, auf dem er geschrieben ist. Was nützt ein deutsches Urteil gegen einen liechtensteinischen Schuldner, wenn eine Vollstreckung dort nicht möglich ist?[13] Es ist zweckmäßig, in einem solchen Fall direkt dort zu klagen[14].

---

13 Vgl. zur Unmöglichkeit der Durchsetzung deutscher Titel in Liechtenstein OLG Stuttgart, RIW 2015, 159; *Schütze*, Anerkennung und Vollstreckung ausländischer Zivilurteile in Liechtenstein, RIW/AWD 1976, 564 ff.; ders., Die Verbürgung der Gegenseitigkeit im Verhältnis zu Liechtenstein, RIW 2015, 111 ff.

14 Besonders problematisch wird die Situation, wenn ohne Prüfung der Durchsetzungsmöglichkeit im Staat des belegenen Schuldnervermögens eine ausschließliche Gerichtsstandsvereinbarung zur vermeintlichen Erleichterung der Rechtsverfolgung am heimischen Forum abgeschlossen wird. Vgl. dazu die instruktive Entscheidung OLG Koblenz, IPRax 1984, 267 (zum deutsch-liechtensteinischen Verhältnis), sowie *Schütze*, Bedeutung der im Forum Prorogatum ergehenden Entscheidung für die Wirksamkeit einer ausschließlichen internationalen Gerichtsstandsvereinbarung, IPRax 1984, 246 ff.

I. Allgemeine Bemerkungen zur Prozessführung im Ausland

1. Literatur zum ausländischen und internationalen Zivilprozessrecht

Die sorgfältige Vorbereitung eines Verfahrens vor einem ausländischen Gericht oder Schiedsgericht erfordert es, sich mit den Grundprinzipien des anwendbaren Verfahrensrechts vertraut zu machen, um Chancen und Risiken der Prozessführung abwägen zu können und richtige Informationen an den ausländischen Prozessanwalt zu erteilen. Wird das ausländische Gericht eine Gerichtsstandsvereinbarung beachten? Reichen die zur Verfügung stehenden Beweismittel zum Nachweis der geltend gemachten Ansprüche aus? Werden bei Obsiegen die Prozesskosten erstattet, und wie hoch sind diese? Fragen, die vor Prozessbeginn geklärt sein sollten – am besten bereits vor Einschaltung eines ausländischen Anwalts –, um böse Überraschungen zu vermeiden. 12

Leider ist das Schrifttum zum ausländischen Zivilprozessrecht häufig – schon aus sprachlichen Gründen – schwer zugänglich[15].

Zwei großangelegte Projekte sind bedauerlicherweise nicht fortgeführt 13
worden. Die von *Wach*, *Kisch*, *Mendelssohn-Bartoldy* und *Pagenstecher* herausgegebene Reihe „Das Zivilprozessrecht der Kulturstaaten" umfasst nur vier Bände[16], die weitgehend veraltet sind. In dem von *Smit* betreuten „Project on International Procedure" sind lediglich drei Länderbände in englischer Sprache erschienen[17], die aber ein gutes Hilfsmittel für den deutschen Juristen darstellen. Die Wissenschaftliche Vereinigung für Internationales Verfahrensrecht e.V. hat

---

15 Auf Notwendigkeit und Schwierigkeiten der Prozessrechtsvergleichung weist *Cappelletti*, An Open Letter to Professor Hans Schima about the Need, Difficulties and Purposes of Comparative Civil Procedure, FS Krasensky, 1973, S. 125 ff., hin. *Habscheid* gebührt das Verdienst, erstmals den Versuch einer Darstellung des vergleichenden Zivilprozessrechts unternommen zu haben, vgl. *Habscheid*, Introduzione al diritto processuale comparato, 1985. Vgl. weiter *Gottwald*, Zum Stand der Zivilprozessrechtsvergleichung, FS Schlosser, 2005, S. 227 ff.; *Schütze*, Prozessrechtsvergleichung, FS Delle Karth 2013, S. 913 ff.

16 *Heusler*, Der Zivilprozess in der Schweiz, 1923; *Wrede*, Das Zivilprozessrecht Schwedens und Finnlands, 1924; *Klein*, Der Zivilprozess Österreichs, 1927; *Munch-Petersen*, Der Zivilprozess Dänemarks, 1932.

17 *Ginsburg/Bruzelius*, Civil Procedure in Sweden, 1965; *Cappelletti/Perillo*, Civil Procedure in Italy, 1965; *Herzog/Weser*, Civil Procedure in France, 1967.

sich in besonderem Maße der Verfahrensrechtsvergleichung und der Erforschung ausländischen Prozessrechts angenommen[18].

14 Einen praktikablen Einstieg in das ausländische Prozessrecht bringen die vom Institut für internationales Recht des Spar-, Giro- und Kreditwesens an der Johannes-Gutenberg-Universität Mainz herausgegebenen – allerdings etwas veralteten – Forschungsberichte „Zivilgerichtsbarkeit und Zwangsvollstreckung – Grundzüge"[19] mit Länderberichten zum Zivilprozess in den USA, Belgien, den Niederlanden, Norwegen, Jugoslawien, Italien, Dänemark, Österreich, der Türkei, Griechenland, Spanien, Portugal, der Schweiz, Großbritannien und Frankreich.

15 Unter der Herausgeberschaft von *Cappelletti* ist eine rechtsvergleichende Studie zum Zivilprozessrecht im Rahmen der International Encyclopedia of Comparative Law[20] erschienen. Das Werk von *Geimer/Schütze*, Internationaler Rechtsverkehr in Zivil- und Handelssachen, ermöglicht einen ersten Einstieg in das nationale und internationale Zivilprozessrecht[21] von bisher ca 100 Staaten. *Taylor* und *Cooper* erläutern wesentliche Probleme der Prozessführung in Mitgliedstaaten des Brüsseler und des Lugano-Übereinkommens[22]. Unter der Herausgeberschaft von *Snijders* behandeln verschiedene Autoren das Zivilprozessrecht Englands, Frankreichs, Luxemburgs, Belgiens, der Niederlande, Italiens und Deutschlands[23]. Länderberichte über das Prozessrecht, insbesondere das internationale Zivilprozessrecht zahlreicher wirtschaftlich wichtiger Staaten bringt *Grubbs*[24]. Eine Darstellung des Zivilprozesses – insbesondere im interna-

18 Vgl. insbesondere folgende Veröffentlichungen: *Habscheid* (Hrsg.), Effektiver Rechtsschutz und verfassungsmäßige Ordnung, Bd. 1, 1983; Bd. 2, 1985; *Habscheid* (Hrsg.), Das deutsche Zivilprozessrecht und seine Ausstrahlung auf andere Rechtsordnungen, 1991.

19 1977 ff., zitiert jeweils mit dem Namen des Verfassers als „Grundzüge".

20 Bd. XVI, Kap. 6, Ordinary Proceedings in First Instance, 1984, mit Beiträgen von *Clermont* und *Kaplan* zu England und den USA, *Kohl* zu den romanischen Rechtsordnungen, *Schima* und *Hoyer* zu den zentraleuropäischen Ländern, *Wengerek* zu den sozialistischen Staaten, *Ekelöf* zu den skandinavischen Rechtsordnungen und *Vescovi* zu den Rechten der iberischen Halbinsel und Lateinamerikas.

21 Nur das als *Bülow/Arnold*, Internationaler Rechtsverkehr in Zivil- und Handelssachen in 1. Aufl. 1954 ff. erschienene Werk enthält im Länderteil das nationale Zivilprozess- und Gerichtsverfassungsrecht. Die von *Geimer* und *Schütze* herausgegebene 2. Auflage 1973 ff. enthält im Länderteil einen Überblick über das jeweilige internationale Zivilprozessrecht.

22 Vgl. *Taylor/Cooper*, European Litigation Handbook, 1995.

23 Vgl. *Snijders* u.a., Access to Civil Procedure Abroad, 1995.

24 Vgl. *Grubbs* (Hrsg.), International Civil Procedure, 2003.

tionalen Kontext – findet sich in zwei enzyklopädischen Werken unter der Herausgeberschaft von *Taelman*[25] und *Colman*[26].

Die Nagoya Universität hat unter der Generalherausgeberschaft von *Masanori Kawano* mit der Reihe Nagoya University Comparative Study of Civil Justice einen erneuten Versuch gemacht, das Zivilprozessrecht in möglichst vielen Staaten umfassend in englischer Sprache darzustellen. Im Rahmen des Projektes „Establishing a new framework for realizing effective transnational business litigation" sind bereits in kurzer Folge Bände zu England, Frankreich, Griechenland, Italien, Spanien und Ungarn[27] erschienen. 16

Einen systematischen Nachweis des deutschsprachigen Schrifttums zum ausländischen Recht bringen Sammlungen von *von Bar*[28]. Nachweise zum Schrifttum für das Zivilprozessrecht, einschließlich des internationalen Zivilprozessrechts sowie die Schiedsgerichtsbarkeit finden sich bei den Länderberichten in Kap. IX. 17

2. Europäisches Verordnungsrecht

Gestützt auf den Vertrag von Amsterdam, der die justizielle Zusammenarbeit in Titel IV des EG-Vertrages (Visa, Asyl, Einwanderung und andere Politiken) eingeführt hat, werden in zunehmendem Masse Materien des internationalen Zivilprozessrechts durch Verordnungen des Rates geregelt[29]. Diese Verordnungen gelten im Verhältnis der EU-Staaten untereinander mit Ausnahme Dänemarks. Das Vereinigte Königreich und Irland, die auch durch den Amsterdamer Vertrag nicht gebunden sind, haben für die Anwendung des europäischen Verordnungsrechts optiert. Dänemark geht einen anderen Weg. Soweit der Geltungsbereich einer Verordnung auf Dänemark ausgedehnt werden soll, erfolgt dies durch völkerrechtliche Vereinbarung zwischen der EU und Dänemark. So sind 18

25 Vgl. *Taelman* (Hrsg.), International Encyclopedia of Law (Civil Procedure), 5 Bände, Loseblatt.

26 Vgl. *Colman* (Hrsg.), Encyclopedia of International Commercial Litigation, 2 Bände, Loseblatt.

27 Vgl. dazu die Rezension von *Schütze*, RIW 2010, Heft 7, S. IV.

28 Vgl. *von Bar*, Ausländisches Privat- und Privatverfahrensrecht in deutscher Sprache, zuletzt 9. Aufl., 1990–2013, 2013.

29 Vgl. dazu *Hess*, Aktuelle Perspektiven der europäischen Prozessrechtsangleichung, JZ 2001, 573 ff.; *Jayme/Kohler*, Europäisches Kollisionsrecht 2001: Anerkennungsrecht statt IPR?, IPRax 2001, 501 ff.; *Leible*, Die Zukunft des Europäischen Zivilprozessrechts, FS Gottwald, 2014, S. 381; *Schütze*, Der Europäische Justizraum – Utopie oder Wirklichkeit?, FS Gottwald, 2014, S. 585 ff.

die VO (EG) Nr. 44/2001 (Brüssel I VO) durch das EU/dänische Abkommen vom 19.10.2005[30] und die VO (EU) Nr. 1215/2012 (Brüssel Ia VO) durch das EU/dänische Abkommen vom 16.11.2005[31] erstreckt worden[32].

a) Rechtshilfe

19 – VO (EG) Nr. 1393/2007 über die Zustellung gerichtlicher und außergerichtlicher Schriftstücke in Zivil- und Handelssachen und zur Aufhebung der Verordnung (EG) Nr. 1348/2000[33];

---

30 ABl. EG Nr. L 299, S. 62.

31 ABl. EU Nr. L 299, S. 62.

32 Vgl. dazu *Jayme/Kohler*, Europäisches Kollisionsrecht 2005: Hegemonialgesten auf dem Weg zu einer Gesamtvereinheitlichung, IPRax 2005, 481 ff. (485 f.); *Nielsen*, Brussels I and Denmark, IPRax 2007, 506 ff.

33 ABl. (EU) Nr. L. 324, S. 79; vgl. dazu *Bajons*, Internationale Zustellung und das Recht auf Verteidigung, FS Schütze, 1999, S. 49 ff.; *Brenn*, EZV – Europäische Zustellungsverordnung, 2002; *Gottwald*, Sicherheit vor Effizienz? – Auslandszustellung in der Europäischen Union in Zivil- und Handelssachen, FS Schütze, 1999, S. 225 ff.; *Gsell*, Direkte Postzustellung an Adressaten im EU-Ausland nach neuem Zustellungsrecht, EWA 2002, 115 ff.; *Rauscher/Heiderhoff*, Verordnung (EG) Nr. 1348/2000, EuZPR, Bd. 2 S. 755 ff.; *Heidrich*, Amts- und Parteizustellungen im internationalen Rahmen: Status quo und Reformbedarf, EuZW 2005, 743 ff.; *Hess*, Zustellung von Schriftstücken im europäischen Justizraum, NJW 2001, 15 ff.; *ders.*, Neues deutsches und europäisches Zustellungsrecht, NJW 2002, 2417 ff.; *ders.*, Rechtspolitische Überlegungen zur Umsetzung von Art. 15 der Europäischen Zustellungsverordnung – VO (EG) Nr. 1393/2007, IPRax 2008, 477 ff.; in: Gebauer/Wiedmann/*Sujecki*, Europäische Zustellungsverordnung, S. 1657 ff.; *Jastow*, Auslandszustellungen im Zivilverfahren – Erste Praxiserfahrungen mit der EG-Zustellungsverordnung, NJW 2002, 3382 ff.; *Knöfel*, Vier Jahre Europäische Beweisaufnahmeverordnung und aktuelle Entwicklungen, EuZW 2008, 267 ff.; *Lindacher*, Europäisches Zustellungsrecht – Die VO (EG) Nr. 1348/2000: Vorschrift, Auslegungsbedarf, Problemausblendung, ZZP 114 (2001), 179 ff.; *Mann*, Die Verjährungsunterbrechung nach § 167 ZPO bei der Auslandszustellung, NJW 2004, 1138 ff.; *Meyer*, Europäisches Übereinkommen über die Zustellung gerichtlicher und aussergerichtlicher Schriftstücke in Zivil- und Handelssachen in den Mitgliedstaaten der Europäischen Union, IPRax 1997, 401 ff.; *Rahlf/Gottschalk*, Das europäische Zustellungsrecht, EWS 2004, 303 ff.; *Schack*, Einheitliche und zwingende Regeln der internationalen Zustellung, FS Geimer, 2002, S. 931 ff.; *Schütze*, Übersetzungen im europäischen und internationalen Zivilprozessrecht – Probleme der Zustellung, RIW 2006, 352 ff.; *Sharma*, Zustellungen im Europäischen Binnenmarkt, Diss. Tübingen, 2000; *Stadler*, neues europäisches Zustellungsrecht, IPRax 2001, 514 ff.; *Sujecki*, Verordnungsvorschlag zur Änderung der Europäischen Zustellungsverord-nung – Ein Schritt in die richtige Richtung, EuZW 2006, 1 ff.; *Tsikrikas*, Probleme der Zustellung durch die Post im europäischen Rechtsverkehr, ZZPInt 8 (2003), 309 ff.

- VO (EG) Nr. 1206/2001 über die Zusammenarbeit zwischen den Gerichten der Mitgliedstaaten auf dem Gebiet der Beweisaufnahme in Zivil- und Handelssachen[34]. 20

b) Internationale Verfahrens- und Urteilsanerkennung

- VO (EG) Nr. 44/2001[35] über die gerichtliche Zuständigkeit und die Anerkennung und Vollstreckung von Entscheidungen in Zivil- und Handelssachen (EuGVVO – Brüssel I)[36]; 21

34 ABl. EG 2001 Nr. L 174, S. 1; vgl. dazu *Berger*, Die EG-Verordnung über die Zusammenarbeit der Gerichte auf dem Gebiet der Beweisaufnahme in Zivil- und Handelssachen, IPRax 2001, 522 ff.; *Bruneau*, L'obtention des preuves en matière civile et commerciale au sein de l'Union Européenne, JCIP (G) 2001 I, 349 ff.; *Fumagalli*, La nuova disciplina comunitaria dell'assunzione delle prove all'estera in materia civile, Riv.dir.int.priv.proc. 2002, 327 ff.; *Gioia*, Cooperazione fra autorità giudiziarie degli stati CE nell'assunzione delle prove in materia civile e commerciale, Le Nuove Leggi Civile Commentate, 2001, S. 1159 ff.; Rauscher/*von Hein*, EuZPR, Beweisaufnahmeverordnung, S. 891 ff.; *Hess*, neue Formen der Rechtshilfe in Zivilsachen im Europäischen Justizraum, GS Blomeyer, 2004, S. 618 ff.; *Hess/Müller*, Die Verordnung 1206/01/EG zur Beweisaufnahme im Ausland, ZZPInt 6 (2001), 149 ff.; Gebauer/Wiedmann/*Huber*, EuZPR, Europäische Beweisaufnahmeverordnung, Zivilrecht unter europäischem Einfluss, S. 1733 ff.; *Jastrow*, Europäische Zustellung und Beweisaufnahme 2004- Neuregelungen im deutschen Recht und konsularische Beweisaufnahme, IPRax 2004, 11 ff.; *Leipold*, Das neue Europäische Beweisrecht, Ritsumeikan Law Review 20 (2003), 85 ff.; *ders.*, Neue Wege im Recht der internationalen Beweiserhebung – Einige Bemerkungen zur Europäischen Beweisaufnahmeverordnung, FS Schlechtriem, 2003, S. 91 ff.; *Müller*, Grenzüberschreitende Beweisaufnahme im Europäischen Justizraum, 2004; *Schulze*, Dialogische Beweisaufnahmen im internationalen Rechtshilfeverkehr, IPRax 2001, 527 ff.; *Stadler*, Grenzüberschreitende Beweisaufnahmen in der Europäischen Union – die Zukunft der Rechtshilfe in Beweissachen, FS Geimer, 2002, S. 1281 ff.

35 Mit Wirkung vom 10.1.2015 hat die VO (EU) Nr. 1215/2012 für Verfahren, öffentliche Urkunden und gerichtliche Vergleiche, die an diesem Tage oder danach eingeleitet, förmlich errichtet oder eingetragen bzw. gebilligt oder geschlossen worden sind nach Art. 66 Abs. 1 VO cit. die bisher geltende Fassung der Brüssel I VO ersetzt. Die bisherige Regelung der VO (EG) Nr. 44/2001 wird also noch lange für laufende Verfahren Bedeutung haben. Noch mehr Bedeutung behält die VO für die Anerkennung und Vollstreckbarerklärung. Nach Art. 66 Abs. 2 der Neufassung bestimmt sich die Wirkungserstreckung von Entscheidungen, die in Verfahren ergehen, die vor dem 10.1.2015 eingeleitet worden, sind weiterhin nach der Regelung der VO (EG) Nr. 44/2001.

36 ABl. EG 2001 Nr. L 12, S. 1; vgl. dazu Gebauer/Wiemann/*Gebauer*, Europäische Gerichtsstands- und Vollstreckungsverordnung in Zivil- und Handelssachen (EuGVVO), S. 1367 ff.; *Geimer*, Gegenseitige Urteilsanerkennung im System der Brüssel I – Verordnung, FS Beys, 2003, S. 391 ff.; *ders.*, Das Brüssel I – System und seine Fortentwicklung im Lichte der Beschlüsse von Tampere, FS Németh, 2003, S. 229 ff.; *Geimer/Schütze*, Europäisches Zivilverfahrensrecht, 3. Aufl., 2009; *Geimer/Schütze*, Internationaler Rechtsverkehr (Kommentierung

22 – VO (EU) Nr. 1215/2012 über die gerichtliche Zuständigkeit und die Anerkennung und Vollstreckung von Entscheidungen in Zivil- und Handelssachen (Neufassung, Brüssel Ia oder EuGVVO 2012)[37];

---

von *Auer, Försterling, Pörnbacher, Thiel, Tschauner, Zerr*); *Hausmann*, Auslegungsprobleme der Europäischen Zuständigkeitsverordnung, EurLegForum 2007, II 1ff.: *Hess/Pfeiffer/Schlosser*, The Brussels I Regulation 44/2001, Application and Enforcement in the EU, 2008; *Klauser*, Europäisches Zivilprozessrecht, 2002; *Kohler*, Vom EuGVÜ zur EuGVVO: Grenzen und Konsequenzen der Vergemeinschaftung, FS Geimer, 2002, S. 461ff.; *Kropholler/von Hein*, Europäisches Zivilprozessrecht, 9. Aufl., 2011; *Mayr/Czernich*, Das neue europäische Zivilprozessrecht, 2002; *Micklitz/Rott*, Vergemeinschaftung des EuGVÜ in der Verordnung (EG) Nr. 44/2001, EuZW 2001, 325ff.; 2002, 15ff.; *Schütze*, Full Faith and Credit in der EU, IHR 2001, 135ff.; *Schlosser*, EU-Zivilprozessrecht, 3. Aufl., 2009; *Yessiou-Faltsi*, Effects of the European Enforcement Order on the Enforcement Law in Europe, Hellenic Review of European Law 2005, 1ff.

37 ABl L 2012/351 i.d.F. ABl L 2014/163 1; vgl. dazu *Alio*, Die Neufassung der Brüssel I-Verordnung, NJW 2014, 2395ff.; *Bach*, Drei Entwicklungsschritte im Europäischen Zivilprozessrecht, ZRP 2011, 97ff.; *Czernich/Kodek/Mayr* Europäisches Gerichtsstands- und Vollstreckungsrecht, 4. Aufl., 2015; *Domej* Alles klar? – Bemerkungen zum Verhältnis zwischen staatlichen Gerichten und Schiedsgerichten unter der neu gefassten EuGVVO, FS Gottwald 2014, S. 97ff.; *dies.*, Die Neufassung der EuGVVO, RabelsZ 78 (2014), 508ff.; *Geimer* Bemerkungen zur Brüssel I-Reform, FS Simotta 2012, S. 163ff.; *ders.* Die neue Brüssel I-Verordnung, FS Delle Karth 2013, S. 319ff.; *ders.* Das Anerkennungsregime der neuen Brüssel I-Verordnung (EU) Nr. 1215/2012, FS Torggler 2013, S. 311ff.; *ders.* Neues und Altes im Kompetenzsystem dwer reformierten Brüssel I-Verordnung, FS Gottwald 2014, S. 175ff.; *ders.* Unionsweite Titelvollstreckung ohne Exequatur nach der Reform der Brüssel I-Verordnung, FS Schütze II, 2014, S. 109ff.; *Gsell* Die Zulässigkeit von Gerichtsstandsvereinbarungen mit Verbraucherbeteiligung und Drittstaatenbezug unter der neuen EuGVO, FS Coester-Waltjen 2015, S. 403ff.; *Haubold* Europäische Titelfreizügigkeit und Einwände des Schuldners in der Zwangsvollstreckung, FS Schütze II 2014, S. 163ff.; *von Hein* Die Abschaffung des Exequaturverfahrens durch die Revision der Europäischen Gerichtsstands- und Vollstreckungsverordnung: Eine Gefährdung des Verbraucherschutzes?, FS Simotta 2012, S. 645ff.; *ders.*, Die Neufassung der der Europäischen Gerichtsstands- und Vollstreckungsverordnung (EuGVVO), RIW 2013, 97ff.; *Hess* Urteilsfreizügigkeit nach der VO Brüssel-Ia – beschleunigt oder ausgebremst?, FS Gottwald 2014, S. 273ff.; *ders.*, Die Reform der EuGVVO und die Zukunft des europäischen Zivilprozessrechts, IPRax 2011, 125ff.; *ders.*, Die Reform der Verordnung Brüssel I und die Schiedsgerichtsbarkeit, FS von Hoffmann, 2011, S. 648ff.; *Hilbig-Lugani* Der gerichtsstandsvereinbarungswidrige Torpedo – wird endlich alles gut?, FS Schütze II 2014, S. 195ff.: *Kindler* Gerichtsstandsvereinbarungen und Rechtshängigkeitssperre: Zum Schutz vor Torpedo-Klagen nach der Brüssel Ia-Verordnung, FS Coester-Waltjen 2015, S. 485ff.; *Kodek*, Einstweilige Massnahmen im europäischen Justizraum, Jahrbuch Zivilverfahrensrecht, 2010, 151ff.; *Leible*, Wegfall des Exequaturs und Änderung der Anerkennungsversagungsgründe, ecolex 2011, 708ff.; *Oberhammer*, Freier Urteilsverkehr durch Abschaffung des Vollstreckbarerklärungsverfahrens und der Anerkennungsversagungsgründe, Jahrbuch Zivilverfahrensrecht, 2010, 69ff.; *Pohl*, Die Neufassung der EuGVVO im Spannungsfeld zwischen Vertrauen und Kontrolle, IPRax 2013, 109ff.; *Rauscher* (Hrsg.) Europäisches Zivilprozess- und Kollisionsrecht, Bd. I (Brüssel Ia VO), 4. Aufl., 2016; *Rechberger* LDVÜ 2007 und

- VO (EG) Nr. 2201/2003 über die Zuständigkeit und die Anerkennung und Vollstreckung von Entscheidungen in Ehesachen und in Verfahren betreffend die elterliche Verantwortung und zur Aufhebung der Verordnung (EG) Nr. 1347/2000 (Brüssel IIa)[38]; 23
- VO (EG) Nr. 805/2004 zur Einführung eines Europäischen Vollstreckungstitels für unbestrittene Forderungen (EuVTVO)[39]; 24

Brüssel Ia-VO, FS Meier (I.) 2015, S. 537 ff.; *Remien* Unsicherheiten bei astreinte, dwangsom und Zwangsgeld im Europäischen Rechtsraum – zu Art. 55 EuGVVO 1215/2012/Art. 49 EuGVVO 44/2001 sowie der GMVO in der Rechtspraxis, FS Coester-Waltjen 2015, S. 661 ff.; *Schlosser*, Brüche im EuHGVVO-LugÜ-Gefüge?, FS Meier (I.) 2015, S. 579 ff.; *Schlosser/Hess*, EuZPR, 4. Aufl.,2015; *Simotta (D.A)* Zur materiellen Nichtigkeit von Gerichtsstandsvereinbarungen (Art 25 Abs. 1 S. 1 EuGVVO), FS Schütze II 2014, S. 541 ff.; *Simotta (A.)* Die Revision der EuGVVO – Ein Überblick, FS Simotta 2012, S. 527 ff.; *Stadler* Kollektiver Rechtsschutz und Revision der Brüssel I-Verordnung, FS Kaissis 2012, S. 951 ff.; *Steindl* Die EuGVVO 2012 und die Schiedsgerichtsbarkeit – Bestandsaufnahme und Ausblick, FS Torggler 2013, S. 1181 ff.; *Wagner/Beckmann*, Beibehaltung oder Abschaffung des Vollstreckbarerklärungsverfahrens in der EuGVVO?, RIW 2011, 44 ff.; *Weller* Internationale Gerichtsstandsvereinbarungen: Haager Übereinkommen – Brüssel I – Reform, FS Schütze II 2014, S. 705 ff.; *Weitz* Die geplante Erstreckung der Zuständigkeitsordnung der Brüssel I-Verordnung auf drittstaatsansässige Beklagte, FS Simotta 2012, S. 679 ff.;

38 ABl. EG Nr. L 338, S. 1; vgl. dazu *Busch*, Schutzmaßnahmen für Kinder und der Begriff der „elterlichen Verantwortung" im internationalen und europäischen Recht – Anmerkungen zur Ausweitung der Brüssel II-Verordnung, IPRax 2003, 218 ff.; *Coester-Waltjen*, Aktuelle Entwicklungen im europäischen internationalen Familienverfahrensrecht, JURA 2004, 839 ff.: Gebauer/Wiedmann/*Frank*, Europäische Gerichtsstands- und Vollstreckungsverordnung in Ehesachen und Verfahren betreffend die elterliche Verantwortung, in Zivilrecht unter europäischem Einfluss, 2. Aufl., 22010, S. 1591 ff.; *Geimer/Schütze*, Internationaler Rechtsverkehr, 545.41 ff. (Kommentierung der Brüssel IIa VO mit umfassender Schrifttumsübersicht von *Bischoff, Dilger und Paraschas*); *Gruber*, Das HKÜ, die Brüssel IIa-VO und das internationale Familienrechtsverfahrensgesetz, FuR 2008, 214 ff.; *ders.*, Die Brüssel IIa-VO und öffentlich-rechtliche Schutzmaßnahmen, IPRax 2008, 490 ff.; *Hau*, Internationales Eheverfahrensrecht in der Europäischen Union, FamRZ 1999, 484 ff.; *Helms*, Die Anerkennung ausländischer Entscheidungen im Europäischen Eheverfahrensrecht, FamRZ 2001, 257 ff.; *Schulz*, Die Verordnung (EG) Nr. 2201/2003 (Brüssel IIa) – eine Einführung, NJW Beil. zu Heft 18/2004; *Solomon*, „Brüssel IIa" – Die neuen europäischen Regeln zum internationalen Verfahrensrecht in Fragen der ehelichen Verantwortung, FamRZ 2004, 1409 ff.; *Spellenberg*, Zwei Arten einstweiliger Maßnahmen der EheGVO, FS Coester-Waltjen, 2005, S. 813 ff.

39 Vgl. dazu *Becker*, Grundrechtsschutz bei der Anerkennung und Vollstreckbarerklärung im europäischen Zivilverfahrensrecht. Bestimmung der Grenzen für die Einführung eines europäischen Vollstreckungstitels, 2004; *Coester-Waltjen*, Einige Überlegungen zu einem künftigen europäischen Vollstreckungstitel, FS Beys, 2003, S. 183 ff.; *dies.*, Der neue europäische Vollstreckungstitel, JURA 2005, 394 ff.; *Franzmann*, Die Verordnung (EG) Nr. 805/2004 – notarielle Urkunden europaweit vollstreckbar, MittBayNot 2004, 404 ff.; *Geimer*, Verbesserung der Rechtsverfolgung über die Grenze in der Europäischen Union. Einige Bemerkungen zum

25 – VO (EG) Nr. 1346/200 über Insolvenzverfahren (EuInsVO)[40];

Europäischen Vollstreckungstitel, FS Vollkommer, 2006, S. 385 ff.; *Gerling*, Die Gleichstellung ausländischer mit inländischen Vollstreckungstiteln durch die Verordnung zur Einführung eines Europäischen Vollstreckungstitels für unbestrittene Forderungen: Im Vergleich zum bisherigen Recht und zur Rechtslage in den USA, 2006; *Hess*, Die Integrationsfunktion des europäischen Zivilverfahrensrechts, IPRax 2001, 389 ff.; *ders.*, Europäischer Vollstreckungstitel und Vollstreckungsgegenklage, IPRax 2004, 493 ff.; *Hök*, Der europäische Vollstreckungstitel für unbestrittene Forderungen, ZAP 2005, 1099 ff.; *Hüßtege*, Braucht die Verordnung über den europäischen Vollstreckungstitel eine ordre-public-Klausel?, FS Jayme, 2004, S. 371 ff.; *ders.*, Der europäische Vollstreckungstitel, in: Gottwald (Hrsg.), Perspektiven der justiziellen Zusammenarbeit in der Europäischen Union, 2004, S. 113 ff.; Gebauer/Wiedmann/*Bittmann*), Verordnung über den Europäischen Vollstreckungstitel (EuTVO), in:Zivilrecht unter europäischem Einfluss, 2. Aufl., 2010, S. 1497 ff.; *Kohler*, Von der EuGVVO zur Europäischen Vollstreckungstitel – Entwicklungen und Tendenzen im Recht der Anerkennung und Vollstreckung ausländischer Entscheidungen, in: Reichelt/Rechberger (Hrsg.), Europäisches Kollisionsrecht, 2004, S. 63 ff.; *Leible/Lehmann*, Die Verordnung über den Europäischen Vollstreckungstitel für unbestrittene Forderungen und ihre Auswirkungen auf die notarielle Praxis, NotBZ 2004, 453 ff.; *Mankowski*, Wieviel Bedeutung verliert die EuGVVO durch den Europäischen Vollstreckungstitel?, FS Kropholler, 2008, S. 829 ff.; *Münch*, Die vollstreckbare Notariatsurkunde im Anwendungsbereich der VO (EG) Nr. 805/2004, FS Rechberger, 2005, S. 395 ff.; *Ptak*, Der Europäische Vollstreckungstitel und das rechtliche Gehör, 2014; *Rauscher*, Der Europäische Vollstreckungstitel für unbestrittene Forderungen, 2004; *Rechberger/Frauenberger-Pfeiler*, Der Europäische Vollstreckungstitel – Eine Annäherung, FS Fischer 2004, S. 399 ff.; *Rellermeyer*, Der Europäische Vollstreckungstitel für unbestrittene Forderungen, RPfleger 2005, 389 ff.; *Riedel*, Der Europäische Vollstreckungstitel für unbestrittene Forderungen, 2005; *Stadler*, Kritische Anmerkungen zum Europäischen Vollstreckungstitel, RIW 2004, 801 ff.; *dies.*, Das europäische Zivilprozessrecht – Wieviel Beschleunigung veträgt Europa?, IPRax 2004, 2 ff.; *Stein*, Der Europäische Vollstreckungstitel für unbestrittene Forderungen tritt in Kraft – Aufruf zu einer nüchternen Betrachtung, IPRax 2004, 181 ff.; *ders.*, Der Europäische Vollstreckungstitel für unbestrittene Forderungen – Einstieg in den Ausstieg aus dem Exequaturverfahren bei Auslandsvollstreckung, EuZW 2004, 679 ff.; *Tsikrikas*, Die Einlegung von Rechtsbehelfen im Vollstreckungsverfahren aufgrund eines europäischen Vollstreckungstitels, ZZPInt 11 (2006), 51 ff.; *Wagner*, Vom Brüsseler Übereinkommen über die Brüssel-I-Verordnung zum Europäischen Vollstreckungstitel, IPRax 2002, 75 ff.; *ders.*, Die neue EG-Verordnung zum Europäischen Vollstreckungstitel, IPRax 2005, 189 ff.; *ders.*, Der neue europäische Vollstreckungstitel, NJW 2005, 1157 ff.; *Yessiou-Faltsi*, Die Folgen des Europäischen Vollstreckungstitels für das Vollstreckungsrecht in Europa, in: Gottwald (Hrsg.), Perspektiven der justiziellen Zusammenarbeit in Zivilsachen in der Europäischen Union, 2004, S. 213 ff.

40 Vgl. dazu *Duursma-Kepplinger/Duursma/Chalupsky*, Europäische Insolvenzverordnung, 2000; *Fletcher*, Insolvency in Private International Law, 1999, S. 246 ff.; *Fritz/Bähr*, Die Europäische Verordnung über Insolvenzverfahren – Herausforderungen an Gerichte und Insolvenzverwalter, DZWir 2001, 221; *Geimer*, Betrachtungen zur Europäischen Insolvenzverordnung, FS Machacek und Matscher, 2008, S. 743 ff.; *Geimer/Schütze*, Internationaler Rechtsverkehr 550.27 ff. (Kommentierung von *Huber*, *Hass/Herweg*, *Gruber* und *Heiderhoff*);

- VO (EU) Nr. 2015/848 über das Insolvenzverfahren (EuInsVO 2017)[41]; 26
- VO (EG) Nr. 1896/2006 zur Einführung eines Europäischen Mahnverfahrens[42]; 27

Huber, Internationales Insolvenzrecht in Europa, ZZP 114 (2001), 133 ff.; Gebauer/Wiedmann/*Haubold*, Europäische Insolvenzverordnung (EuInsVO), S. 1845 ff.; *Hess/Laukemann/Seagon*, Europäisches Insolvenzrecht nach Eurofood. Methodische Standortbestimmung und praktische Schlussfolgerungen, IPRax 2007, 89 ff.; *Leible/Staudinger*, Die europäische Verordnung über Insolvenzverfahren, KTS 2000, 533 ff.; *Ludwig*, Neuregelungen des deutschen internationalen Insolvenzrechts, 2004; *Paulus*, Die europäische Insolvenzverordnung und der deutsche Insolvenzverwalter, NZI 2001, 505 ff.; *Smid*, Grenzüberschreitende Insolvenzverwaltung in Europa, FS Geimer, 2002, S. 1215 ff.; *ders.*, Deutsches und internationales Insolvenzrecht, 2004; *Virgós Soriano/Garcimartín Alférez*, Comentario al Regolamento Europeo de Insolvencia, 2003.

41 Die Neufassung der EuInsVO wird am 26.6.2017 anwendbar.; vgl. zur EuInsVO 2017 *Kindler/Sakka*, Die Neufassung der europäischen Insolvenzverordnung, EuZW 2015, 460 ff.; *Kindler*, *Lex loci arbitri v. lex concursus*: Die Insolvenz der ausländischen Schiedspartei nach der (geplanten) Reform der EuInsVO, FS Schütze II, 2014, S. 221 ff.

42 Vgl. dazu *Graf von Bernstorff*, Mahnverfahren, Forderungsdurchsetzung und Kontenpfändung in der EU, RIW 2007, 88 ff.; *ders.*, Der Europäische Zahlungsbefehl, RIW 2008, 548 ff.; *Brenn*, Europäisches Mahnverfahren, Zak 2006, 27 ff.; *Correa Delcaso*, La proposition de règlement instituant une procédure européenne d'injonction de payer, Rev.int.dr.comp. 57 (2005), 143 ff.; *Diamantopoulos*, Moderne Tendenzen im Recht des Mahnverfahrens unter dem Einfluss der Rechtsprechung des EuGH-Luxemburg und des Entwurfs einer gemeinsamen Europäischen Zivilprozessordnung, FS Beys, 2003, S. 267 ff.; *Einhaus*, Qual der Wahl: Europäisches oder internationales deutsches Mahnverfahren, IPRax 2008, 323 ff.; *Freitag*, Rechtsschutz gegen den Europäischen Zahlungsbefehl nach der EuMahnVO, IPRax 2007, 509 ff.; *Freitag/Leible*, Erleichterung der grenzüberschreitenden Forderungsbeitreibung in Europa: Das Europäische Mahnverfahren, BB 2008, 2750 ff.; *Gundlach*, Europäische Prozessrechtsangleichung – dargestellt am Beispiel des Mahnverfahrens, 2005; *Hess*, Strukturfragen der europäischen Prozessrechtsangleichung – dargestellt am Beispiel des Europäischen Mahn und Inkassoverfahrens, FS Geimer, 2002, S. 339 ff.; *Kodek*, Auf dem Weg zu einem Europäischen Mahnverfahren?, FS Rechberger, 2005, S. 283 ff.; *ders.*, Erläuterungen zur VO (EG) Nr. 1896/2006, in: Geimer/Schütze, Internationaler Rechtsverkehr, 570, 39 ff.; *Kormann*, Das neue Europäische Mahnverfahren im Vergleich zu den Mahnverfahren in Deutschland und Österreich, 2007; *Mayr*, Das Europäische Mahnverfahren und Österreich, JBl 2008, 50 3 ff.; *McEleavy*, Facilitating Cross-Border Debt Recovery – The European Payment Ordre and Small Claims Regulations, ICLQ 2008, 449 ff.; *Pérez-Ragone*, Europäisches Mahnverfahren, 2005; *Rechberger*, Zum Entwurf einer Verordnung zur Einführung eines Europäischen Mahnverfahrens, FS Yessiou-Faltsi, 2007, S. 513 ff.; *Rechberger/Kodek*, Orders for Payment in the European Union, 2001; *Röthel/Sparmann*, Das Europäische Mahnverfahren, WM 2007, 1101 ff.; *Schollmeyer*, Europäisches Mahnverfahren, IPRax 2002, 478 ff.; *Schriever*, Ein Europäisches Mahnverfahren – Neuer Verordnungsvorschlag der EU-Kommission, AnwBl 2005, 297 ff.; *Sujecki*, Europäisches Mahnverfahren nach dem Verordnungsvorschlag der Europäischen Kommission, EuZW 2005, 45 ff.; *ders.*, Europäisches Mahnverfahren, ZEuP 2006, 124 ff.; *ders.*, Das Europäische Mahnverfahren, NJW 2007, 1622 ff.; *ders.*, Europäisches Mahnverfahren – Geänderter Verordnungsvorschlag, EuZW 2006, 330 ff.; *Tschütscher/Weber*, Die Verordnung

28 – VO (EG) Nr. 861/2007 zur Einführung eines europäischen Verfahrens für geringfügige Forderungen[43];

29 – VO (EG) Nr. 4/2009 über die Zuständigkeit, das anwendbare Recht, die Anerkennung und Vollstreckung von Entscheidungen und die Zusammenarbeit in Unterhaltssachen[44];

30 – VO (EU) Nr. 650/2012 über die Zuständigkeit, das anzuwendende Recht, die Anerkennung und Vollstreckung von Entscheidungen und die Aufnahme und Vollstreckung öffentlicher Urkunden in Erbsachen sowie zur Einführung eine Europäischen Nachlasszeugnisses – Europäische Erbrechtsverordnung[45].

---

zur Einführung des Europäischen Mahnverfahrens, öJZ 2007, 303 ff.; *Weber*, Die Verordnung zur Einführung eines Europäischen Mahnverfahrens, Zak 2006, 250 ff.

43 Vgl. dazu *Brokamp*, Das Europäische Verfahren für geringfügige Forderungen, 2008; *Haibach*, Zur Einführung des ersten europäischen Zivilprozessverfahrens: VO (EG) Nr. 861/2007, EuZW 2008, 137 ff.; *Hess/Bittmann*, Die Verordnungen zur Einführung eines Europäischen Mahnverfahrens und eines Europäischen Verfahrens für geringfügige Forderungen – ein substantieller Integrationsschritt im Europäischen Zivilprozessrecht, IPRax 2008, 305 ff.; *Freitag/Leible*, Erleichterung der grenzüberschreitenden Forderungsbeitreibung in Europa: Das europäische Verfahren für geringfügige Forderungen, BB 2009, 2 ff.; Gebauer/Wiedmann/*Sujecki*, Europäisches Verfahren für geringfügige Forderungen, in: Zivilrecht unter europäischem Einfluss, 2. Aufl., 2010, S. 2057 ff.; *Jahn*, Das Europäische Verfahren für geringfügige Forderungen, NJW 2007, 2890 ff.; *Sujecki*, Vereinheitlichung des Erkenntnisverfahrens in Europa: Das Europäische Verfahren für geringfügige Forderungen, EWS 2008, 323 ff.

44 Vgl. dazu *Andrae*, Das neue Auslandsunterhaltsgesetz, NJW 2011, 2545 ff.; *Bartl*, Die neuen Rechtsinstrumente zum IPR des Unterhalts auf internationaler und europäischer Ebene, 2012; *Beaumont*, International Family Law in Europe – the Maintenance Project, the Hague Conference and the EC: A Triumph of Reverse Subsidiarity, RabelsZ 73 (2009), 509 ff.; *Coester-Waltjen/Lipp/Schumann/Veit* (Hrsg.), Europäisches Unterhaltsrecht. Die Bedeutung der Haager Übereinkommen und der UnterhaltsVO für das englische und deutsche Recht, 2010; Gebauer/Wiedmann/*Bittmann*, Verordnung über die Zuständigkeit, das anwendbare Recht, die Anerkennung und Vollstreckung von Entscheidungen und die Zusammenarbeit in Unterhaltssachen, S. 2109 ff.; *Hilbig/Picht/Reuß*, Kommentar zur VO (EG) Nr. 4/2009, in: Geimer/Schütze, Internationaler Rechtsverkehr, 576.1 ff.; *Gruber*, Die neue EG-Unterhaltsverordnung, IPRax 2010, 128 ff.; *Hau*, Die Zuständigkeitsgründe der Europäischen Unterhaltsverordnung, FamRZ 2010, 516 ff.; *Heger/Selg*, Die Europäische Unterhaltsverordnung und das neue Auslandsunterhaltsgesetz – Die erleichterte Durchsetzung von Unterhaltsansprüchen im Ausland, FamRZ 2011, 1101 ff.; Zöller/*Geimer*, Anh. II H.

45 ABl. (EU) Nr. L 201; vgl. dazu *Bonomi/Wintelet*, Le droit européen des successions, 2013; *Döbereiner u.a.*, Europäische Erbrechtsverordnung 2012, in Geimer/Schütze, Internationaler Rechtsverkehr, 578.1 ff.; *Dörner*, ErbVO: Die Verordnung zu internationalen Erb- und Erbverfahrensrecht ist in Kraft, ZEV 2012, 505 ff.; *Dutta*, Das neue internationale Erbrecht der Europäischen Union – Eine erste Lektüre der Erbrechtsverordnung, FamRZ 2013, 4 ff.; *ders.*, Die Europäische Erbrechtsverordnung vor ihrem Anwendungsbeginn. Zehn ausgewählte Streit-

3. Staatsverträge über internationales Zivilprozessrecht

Drei Materien des internationalen Zivilprozessrechts sind in großem Maße durch Staatsverträge geregelt: 31

Rechtshilfe, Anerkennung und Vollstreckbarerklärung ausländischer Zivilurteile, internationale Schiedsgerichtsbarkeit.

Deutschland ist den meisten großen Konventionen über Materien des internationalen Zivilprozessrechts beigetreten und hat zahlreiche bilaterale Verträge abgeschlossen:

a) Rechtshilfe

- Haager Zivilprozessabkommen vom 17.7.1905 (RGBl. 1909, 409)[46]. Das Abkommen gilt im Verhältnis zu Estland und Island. 32
- Haager Zivilprozessübereinkommen vom 1.3.1954 (BGBl. 1958 II 577)[47], das im Rahmen seines Geltungsbereichs das Haager Zivilprozessabkommen 1905 abgelöst hat. Das Übereinkommen gilt im Verhältnis zu Ägypten, Albanien, Argentinien, Armenien, Belarus, Belgien, Bosnien-Herzegowina, China (nur Macao), Dänemark, Finnland, Frankreich, Island, Israel, Italien, Japan, Jugoslawien (ehemaliges), Kasachstan, Kirgisistan, Kroatien, Lettland, Libanon, Litauen, Luxemburg, Marokko, Mazedonien (ehem. jugosl. Republik), Moldau (Republik), Mongolei, Montenegro; Niederlande, Norwegen, Österreich, Polen, Portugal, Rumänien, Russische Föderation, Schweden, Schweiz, Serbien, Slowakei, Slowenien, Sowjetunion (ehemali- 33

standminiaturen, IPRax 2015, 32ff.; *Janzen*, Die EU-Erbrechtsverordnung, DNotZ 2012, 484ff.; *Kunz*, Die neue Europäische Erbrechtsverordnung – Ein Überblick, GPR 2012, 208ff., 253ff.

46 Vgl. dazu *Huisman*, La convention internationale de La Haye du 17 juillet 1905 relative à la procédure civile, Revue de droit international et de la législation comparée, 1909, 320ff.; *Meili/Mamelok*, Das internationale Privat- und Prozessrecht auf Grund der Haager Konvention, 1911; *Normann*, Das internationale Zivilprozessrecht auf Grund der Staatsverträge des deutschen Reiches unter Berücksichtigung der Praxis der Justizverwaltung, 1923.

47 Vgl. dazu *Geimer/Schütze*, Internationaler Rechtsverkehr, 100.1ff.; *Bülow*, Das neue Haager Übereinkommen über den Zivilprozess vom 1.3.1954, Rpfleger 1959, 141ff.; *Hoyer*, Das Haager Prozessübereinkommen vom Jahre 1954, öJZ 1958, 371ff.; *ders.*, Réflexions et propositions suggérées par la pratique en vue des Conventions de la Haye relatives à la procédure civile, FS Offerhaus und Kollewijn, 1962, S. 226ff.; *Miele*, Le convenzioni internazionali relativi ai processo civile, 1955; *Schütze*, Das Haager Übereinkommen über den Zivilprozess vom 1.3.1954, IWB F 10 (International) Gr. 4, S. 29ff.; *Wolff*, Die Vorschläge der 7. Haager Privatrechtskonferenz zur Änderung des Haager Zivilprozessabkommens, ZZP 65 (1952), 407ff.

ge), Spanien, Surinam, Tschechien, Tschechoslowakei (ehemalige), Türkei, Ukraine, Ungarn, Usbekistan, Vatikanstadt, Zypern.

34 – Haager Übereinkommen über die Zustellung gerichtlicher und außergerichtlicher Schriftstücke im Ausland in Zivil- und Handelssachen vom 15.11.1965 (BGBl. 1977 II 1453) (Haager Zustellungsübereinkommen)[48], das im Rahmen seines Geltungsbereichs für Auslandszustellungen die Haager Übereinkommen von 1905 und 1954 ersetzt hat. Das Übereinkommen gilt im Verhältnis zu Ägypten, Albanien, Antigua und Barbuda, Argentinien, Armenien, Bahamas, Barbados, Belarus, Belgien, Belize, Bosnien-Herzegowina, Botswana, Bulgarien, China, Dänemark, Estland, Finnland, Frankreich, Griechenland, Indien Irland, Island, Israel, Italien, Japan, Kanada, Kolumbien, Korea, Kroatien, Kuwait, Lettland, Litauen, Luxemburg, Malawi, Malta, Marokko, Mazedonien, Mexiko, Moldau, Monaco, Montenegro, Niederlande, Norwegen, Pakistan, Polen, Portugal, Rumänien, Russische Föderation, San Marino, Schweden, Schweiz, Serbien, Seychellen, Slowakei, Slowenien, Spanien, Sri Lanka, St. Vincent und die Grenadinen, Tschechien, Tschechoslowakei (ehemalige), Türkei, Ukraine, Ungarn, Venezuela, Vereinigtes Königreich, Vereinigte Staaten, Zypern.

35 – Haager Übereinkommen über die Beweisaufnahme im Ausland in Zivil- und Handelssachen vom 18.3.1970 (BGBl. 1977 II 1453) (Haager Beweisübereinkommen), das im Rahmen seines Geltungsbereichs für Beweisaufnah-

---

48 Vgl. dazu *Arnold*, Die Ergebnisse der Zehnten Tagung der Haager Konferenz für Internationales Privatrecht auf dem Gebiet des internationalen Zivilprozessrechts, AWD 1965, 205ff.; *Batiffol*, La onzième session de la Conférence de la Haye de droit international privé, Rev. crit. 1969, 215ff.; *Bischof*, Die Zustellung im internationalen Rechtsverkehr in Zivil- und Handelssachen, 1997; *Böckstiegel/Schlafen*, Die Haager Reformabkommen über die Zustellung und die Beweisaufnahme im Ausland, NJW 1978, 1073ff.; *Heidenberger*, U.S. Supreme Court befasst sich mit Haager Zustellungsübereinkommen, RIW 1988, 90ff.; *Heidenberger/Barde*, Die Entscheidung des U.S. Supreme Court zum Haager Zustellungsübereinkommen, RIW 1988, 683ff.; *Hohmann*, Die Übermittlung von Schriftstücken in der Zivil-, Verwaltungs- und Finanzgerichtsbarkeit, 1977; *Hollmann*, Auslandszustellung in US-amerikanischen Zivil- und Verwaltungssachen, RIW 1982, 784ff.; *Hopt/Kelms/von Hein*, Rechtshilfe und Rechtsstaat, 2006; *Koch*, Haager Zustellungsübereinkommen oder „Zustellungsdurchgriff" auf Muttergesellschaften?, IPRax 1989, 313f.; *Kochinke/Horlick*, Auslandszustellung einer Klage nach amerikanischem Bundesrecht, RIW 1982, 79ff.; *Merkt*, Abwehr der Zustellung von „punitive damages"-Klagen, 1995; *Pfennig*, Die internationale Zustellung in Zivil- und Handelssachen, 1988; *Schütze*, Die Haager Übereinkommen über die Zustellung und die Beweisaufnahme im Ausland, IWB F 10 (International), Gr. 4, S. 71ff.; *Stürner/Stadler*, Zustellung von „punitive damage"-Klagen an deutsche Beklagte nach dem Haager Zustellungsübereinkommen?, IPRax 1990, 157ff.; *Wölki*, Das Haager Zustellungsübereinkommen und die USA, RIW 1985, 530ff.

men im Ausland die Haager Übereinkommen von 1905 und 1954 ersetzt hat[49]. Das Übereinkommen gilt im Verhältnis zu Albanien, Argentinien, Ar-

49 Vgl. dazu *Ahrens*, Grenzüberschreitende selbständige Beweisverfahren – eine Skizze, FS Schütze, 1999, S. 1ff.; *Blaschczok*, Das Haager Übereinkommen über die Beweisaufnahme im Ausland in Zivil- und Handelssachen, 1986; *Brandt*, Vorschläge zum Erlass einer Urkundenvorlage-Verordnung nach dem Haager Beweisaufnahme-Übereinkommen, 1987; *Daoudi*, Extraterritoriale Beweisbeschaffung im deutschen Zivilprozess, 2000; *Geimer (E.)*, Internationale Beweisaufnahme, 1998; *Heck*, Die Haager Konvention über die Beweisaufnahme im Ausland aus der Sicht der amerikanischen Prozessgerichte sowie der amerikanischen Regierung, ZVglRWiss 84 (1985), 208ff.; *Heck*, U.S. Misinterpretation of the Hague Evidence Convention, 24 Colum.J.Transnat'l L. 231 (1986); *Heidenberger*, Ein Beispiel amerikanischer Rechtsprechung zum Haager Beweisaufnahmeübereinkommen, RIW 1985, 270ff.; *Heidenberger*, Haager Beweisübereinkommen und Urkundenvorlage deutscher Parteien in den USA. Konsequenzen der Entscheidung Anschütz für Prozessparteien vor amerikanischen Gerichten, RIW 1985, 437ff.; *Heidenberger*, US Supreme Court zum Haager Beweisübereinkommen, RIW 1987, 50f.; *Junker*, Discovery im deutsch-amerikanischen Rechtsverkehr, 1987; *Kessler*, Vernehmung von deutschen Erfindern gemäß Haager Beweisaufnahmeverfahren für ein Patentstreitverfahren in den USA, Mitt.dt.Patanw. 2009, 390ff.; *Lange*, Zur ausschließlichen Geltung des Haager Beweisaufnahmeübereinkommens bei Rechtshilfeersuchen aus den USA, RIW 1984, 504ff.; *Mössle*, Extraterritoriale Beweisbeschaffung im internationalen Wirtschaftsrecht, 1990; *Radvan*, The Hague Evidence Convention on Taking Evidence Abroad in Civil and Commercial Matters: Several Notes Concerning its Scope, Methods and Compulsion, 16 N.Y.U.J.Int.L.& Pol. 1031 (1984); *Richter*, Bessere Aussichten für das Haager Beweisübereinkommen, RIW 2005, 815ff.; *Ristau*, Convention on the taking of evidence abroad in civil or commercial matters, done at the Hague, March 17, 1970, in: International judicial assistance (civil and commercial), 1984, Bd. I, S. 177ff.; *Schütze*, Zur Verteidigung im Beweiserhebungsverfahren in U.S. amerikanischen Zivilprozessen, WM 1986, 633ff.; *Stiefel*, „Discovery" – Probleme und Erfahrungen im Deutsch-Amerikanischen Rechtshilfeverkehr. Zur Anwendung von Art. 23 des Übereinkommens über die Beweisaufnahme im Ausland in Zivil- und Handelssachen, RIW/AWD 1979, 504ff.; *Stürner*, Rechtshilfe nach dem Haager Beweisübereinkommen für Common-Law Länder, JZ 1981, 521ff.; *Trittmann*, Anwendungsprobleme des Haager Beweisübereinkommens im Rechtshilfeverkehr zwischen der Bundesrepublik Deutschland und den Vereinigten Staaten von Amerika, 1989; *Trittmann/Leitzen*, Beweisübereinkommen und pre trial discovery: Die zivilprozessuale Sachverhaltsermittlung unter Berücksichtigung der jeweiligen Zivilprozessreformen im Verhältnis zwischen den USA und Deutschland, IPRax, 2003, 7ff., *Veltins*, Anwendung der Regeln des Haager Beweisübereinkommens in internationalen Gerichtsverfahren mit den USA nur noch in Ausnahmefällen?, DB 1987, 2396ff. Zu beiden Haager Übereinkommen gemeinsam vgl. *Arnold*, Die Ergebnisse der Zehnten Tagung der Haager Konferenz für internationales Privatrecht auf dem Gebiet des internationalen Zivilprozessrechts, AWD 1965, 205ff.; *Batiffol*, La onzième session de la Conférence de la Haye de droit international privé, Rev.crit. 1969, 215ff.; *Böckstiegel/Schlafen*, Die Haager Reformabkommen über die Zustellung und die Beweisaufnahme im Ausland, NJW 1978, 1073ff.; *Koch*, Zur Praxis der Rechtshilfe im deutsch-amerikanischen Prozessrecht – Ergebnisse einer Umfrage zu den Haager Zustellungs- und Beweisübereinkommen, IPRax 1985, 285ff.; *Lagarde*, La 10e session de la conférence de la Haye de droit international privé, Rev.crit. 1965, 256ff.; *Loussarn*, La Xe

menien, Australien, Barbados, Belarus, Bosnien-Herzegowina, Brasilien, Bulgarien, China, Dänemark, Estland, Finnland, Frankreich, Griechenland, Indien, Island, Israel, Italien, Kolumbien, Korea (Republik), Kroatien, Kuwait, Lettland, Liechtenstein, Litauen, Luxemburg, Malta, Marokko, Mazedonien, Mexiko, Monaco, Montenegro, Niederlande, Norwegen, Polen, Portugal, Rumänien, Schweden, Schweiz, Serbien, Seychellen, Singapur, Slowakei, Slowenien, Spanien, Sri Lanka, Südafrika, Tschechien, Tschechoslowakei (ehemalige), Türkei, Ukraine, Ungarn, Venezuela, Vereinigtes Königreich, Vereinigte Staaten, Zypern.

36 – Europäisches Übereinkommen betreffend Auskünfte über ausländisches Recht vom 7.6.1968 (BGBl. 1974 II 1938)[50]. Das Übereinkommen gilt im Verhältnis zu Albanien, Aserbaidschan, Belarus, Belgien, Bosnien-Herzegowina, Bulgarien, Costa Rica, Dänemark, Estland, Finnland, Frankreich, Georgien, Griechenland, Island, Italien, Kroatien, Lettland, Liechtenstein, Litauen, Luxemburg, Malta, Marokko, Mazedonien (ehem. jugosl. Republik), Mexiko, Moldau, Niederlande, Norwegen, Österreich, Polen, Portugal, Rumänien, Russische Föderation, Schweden, Schweiz, Serbien, Slowakei, Slowenien, Sowjetunion (ehemalige), Spanien, Tschechien, Türkei, Ukraine, Ungarn, Vereinigtes Königreich, Zypern.

---

session de la conférence de la Haye de droit international privé, Journal Clunet 92 (1965), 5 ff.; *Schütze*, Die Haager Übereinkommen über die Zustellung und die Beweisaufnahme im Ausland, IWB F 10 (International) Gr. 4, S. 71 ff.

50 Vgl. dazu *Bartoli*, Considerazioni sulle posizione del giudice rispetto al problema della conoscenza del diritto straniero a seguito della Convenzione di Londra del 7 giugnio 1968, Rivista di Diritto Internazionale Privato e Processuale 19 (1983), 333 ff.; *Brulliard*, La convention européenne du 7 juin 1968 relative á l'information sur le droit étranger, J.C.P. 1973 I 2580; *Geimer/Schütze (Pirrung)*, Internationaler Rechtsverkehr, 380.1 ff.; *Heldrich*, Probleme bei der Ermittlung ausländischen Rechts in der Praxis, FS Nakamura, 1996, S. 243 ff.; *Jastrow*, zur Ermittlung ausländischen Rechts: Was leistet das Londoner Auskunftsübereinkommen in der Praxis, IPRax 2004, 402 ff.; *Kegel*, Zur Organisation der Ermittlung ausländischen Privatrechts, FS Nipperdey, Bd. I, 1965, S. 453 ff.; *Otto*, Die gerichtliche Praxis und ihre Erfahrungen mit dem Europäischen Übereinkommen vom 7.6.1968 betreffend Auskünfte über ausländisches Recht, FS Firsching, 1985, S. 209 ff.; *ders.*, Der verunglückte § 293 ZPO und die Ermittlung ausländischen Rechts durch „Beweiserhebung", IPRax 1995, 299 ff., mit statistischem Material zur praktischem Umsetzung des Übereinkommens (S. 302); *ders.*, Das Übereinkommen vom 7.6. 1968 betr. Auskünfte über ausländisches Recht – im Abseits?, Jb.Ital.Recht 7 (1994), S. 233 ff.; *Rodger/van Doorn*, Proof of Foreign Law: The impact of the London Convention, ILCQ 46 (1997), 151 ff.; *Schellak*, Selbstermittlung oder Auskunft unter dem europäischen Rechtsauskunftsübereinkommen, 1998; *Wolf*, Das Europäische Übereinkommen v. 7.6.1968 betreffend Auskünfte über ausländisches Recht, NJW 1975, 1583 ff.; *Wollny*, Auskünfte über ausländisches Recht, DRiZ 1984, 479 f.

Zu den Haager Zivilprozessübereinkommen sind zahlreiche bilaterale Zusatzvereinbarungen abgeschlossen, die der Vereinfachung des zwischenstaatlichen Rechtsverkehrs dienen[51]. 37

Darüber hinaus hat Deutschland mehrere bilaterale Rechtshilfeübereinkommen abgeschlossen: 38

- Deutsch-britisches Abkommen über den Rechtsverkehr vom 20.3.1928 (RGBl. 1928 II 623)[52];
- Deutsch-türkisches Abkommen über den Rechtsverkehr in Zivil- und Handelssachen vom 28.5.1929 (RGBl. 1930 II 6);
- Deutsch-griechisches Abkommen über die gegenseitige Rechtshilfe in Angelegenheiten des bürgerlichen und Handelsrechts vom 11.5.1938 (RGBl. 1939 II 848);
- Deutsch-liechtensteinische Vereinbarung über den unmittelbaren Geschäftsverkehr in Zivil- und Strafsachen zwischen den Justizbehörden der Bundesrepublik Deutschland und des Fürstentums Liechtenstein vom 17.2./29.5.1958 (BAnz. Nr. 73/1959, 1);
- Deutsch-tunesischer Vertrag über Rechtsschutz und Rechtshilfe, die Anerkennung und Vollstreckung von gerichtlichen Entscheidungen in Zivil- und Handelssachen sowie über die Handelsschiedsgerichtsbarkeit vom 19.7.1966 (BGBl. 1969 II 890)[53];
- Deutsch-marokkanischer Vertrag über Rechtshilfe und Rechtsauskunft in Zivil- und Handelssachen vom 29.10.1985 (BGBl. 1988 II 1054).

b) Internationale Urteilsanerkennung

- Brüsseler Übereinkommen über die gerichtliche Zuständigkeit und die Vollstreckung gerichtlicher Entscheidungen in Zivil- und Handelssachen vom 27.9.1968 (BGBl. 1972 II 774)[54], geändert durch die Beitrittsübereinkommen 39

---

51 Vgl. im Einzelnen *Geimer/Schütze*, Internationaler Rechtsverkehr, 102ff.

52 Vgl. zum Geltungsbereich, der weit über das Vereinigte Königreich hinausgeht, *Geimer/Schütze*, Internationaler Rechtsverkehr, 520.

53 Vgl. dazu *Arnold*, Die Problematik von Rechtshilfeabkommen – Der Deutsch-Tunesische Rechtshilfe- und Vollstreckungsvertrag v. 19.7.1966, NJW 1970, 1478ff.; *Ganske*, Der deutsch-tunesische Rechtsschutz-, Rechtshilfe- und Vollstreckungsvertrag in Zivil- und Handelssachen v. 19.7.1966, AWD 1970, 145ff.; *Schütze*, Der deutsch-tunesische Rechtsschutz-, Rechtshilfe- und Vollstreckungsvertrag, IWB F 7 (Tunesien), Gr. 3, S. 11ff.

54 Vgl. dazu *Anton/Beaumont*, Civil Jurisdiction in Scotland, 2. Aufl., 1995; *Bajons/Mayr/Zeller* (Hrsg.), Die Übereinkommen von Brüssel und Lugano, 1997; *Bogdan* (Hrsg.), The Brussels Jurisdiction and Enforcement Convention, 1996; *Byrne*, The EEC Convention on Jurisdiction

mit Dänemark, Irland und dem Vereinigten Königreich vom 9.10.1978 (BGBl. 1983 II 802), Griechenland vom 25.10.1982 (BGBl. 1988 II 453), Spanien und Portugal vom 26.5.1989 (BGBl. 1994 II 518) sowie Österreich, Schweden und Finnland vom 26.11.1996 (ABl. 1997 Nr. C 15,1). Das Übereinkommen hat seine Bedeutung durch die Verordnungen Brüssel I und Ia verloren, nachdem Dänemark – für das diese Verordnungen nicht als Gemeinschaftsrecht gelten – die Verordnungen aufgrund Staatsvertrages anwendet[55];

40 – Lugano-Übereinkommen über die gerichtliche Zuständigkeit und die Vollstreckung gerichtlicher Entscheidungen in Zivil- und Handelssachen vom 30.10.2007 (ABl. (EU) 2007 L 339, S. 3)[56]. Das Übereinkommen gilt im Verhältnis zu Island, Norwegen, Schweiz.

---

and Enforcement of Judgments, 1990; *Collins*, The Civil Jurisdiction and Judgments Act 1982, 1983; *Calvo Caravaca* (Hrsg.), Comentario al Convenio de bruselas relativo a la competencia judicial y a la ejecución de resoluciones judiciales en materia civil y comercial, 1994; *Czernich/Tiefenthaler*, Europäisches Gerichtsstand- und Vollstreckungsrecht, 2. Aufl., 2003; *Dashwood/Halcon/White*, A Guide to the Civil Jurisdiction and Judgments Convention, 1987; *Droz*, Compétence Judiciaire et Effets des Jugements dans le Marché Commun, 1972; *Geimer/Schütze*, Internationale Urteilsanerkennung, Bd. I/1, 1983; *Geimer/Schütze*, Europäisches Zivilverfahrensrecht, 3. Aufl., 2009, m.w.N.; *dies.*, Internationaler Rechtsverkehr, 606.1ff. (Kommentierung von *Linke*, *Müller* und *Schlafen*); *Gaudemet-Tallon*, Les Conventions de Bruxelles et de Lugano, 1993; *Gothot/Holleaux*, La convention de Bruxelles du 27.9.1968, 1985; *Hartley*, Civil Jurisdiction and Judgments, 1984; *Jenard*, Bericht zum EuGVÜ, BTDrucks. VI Nr. 1973; *Kaye*, Civil Jurisdiction and Enforcement of Foreign Judgments, 1987; *Klinke*, Brüsseler Übereinkommen und Übereinkommen von Lugano, 2. Aufl. 1993; *Mercier/Dutoit*, L'Europe judiciaire: Les Conventions de Bruxelles et de Lugano, 1991; *O'Malley/Layton*, European Civil Practice, 1989; *Pålsson*, Bryssel- och Lugano Konventionerna, 1993; *Schlosser*, Kommentar zum EuGVÜ, 1996; *Teixero de Sousa/Moura Vicente*, Comentario à convençao de Bruxelas, 1994; *Trunk*, Die Erweiterung des EuGVÜ-Systems am Vorabend des Europäischen Binnenmarktes, 1991; *Weser*, Convention communautaire sur la compétence judiciaire et l'exécution des décisions, 1975.

55 Vgl. Abkommen zwischen der EG und Dänemark v. 19.10.2005, ABl. EG Nr. L 299, S. 62; dazu *Jayme/Kohler*, Europäischen Kollisionsrecht 2005: Hegemonialgesten auf dem Weg zu einer Gesamtvereinheitlichung, IPRax 2005, 481ff. (485f.); *Nielsen*, Brussels I and Denmark, IPRax 2007, 506ff.

56 Abgedruckt bei *Geimer/Schütze*, Internationaler Rechtsverkehr, 607.1ff.; vgl. dazu den Bericht von *Pocar*, ABl. C 319, v. 23.12.2009, S. 1ff.; weiter *Dasser/Oberhammer* (Hrsg.), Kommentar zum Luganer Übereinkommen, 2008; *Geimer/Schütze*, Europäisches Zivilverfahrensrecht, 3. Aufl., 2010; *Jametti Greiner*, Neues Luganer Übereinkommen: Stand der Arbeiten, Internationales Zivilverfahrensrecht 2, 2003; *Markus*, Revidierte Übereinkommen von Brüssel und Lugano. Zu den Hauptpunkten, SZW 1999, 205ff.; Schrifttum zu Lugano I und EuGVÜ: *Bajons/Mayr/Zeller*, Die Übereinkommen von Brüssel und Lugano, 1997; *Carpenter*, The Lugano and San Sebastian Conventions, 1990; *Czernich/Tiefenthaler/Kodek*, Europäisches

- Haager Übereinkommen vom 30. Juni 2005 über Gerichtsstandsvereinbarungen (Abl. (EU) Nr. L 353 v. 10.12.14)[57]. Das Überkommen regelt auch die Anerkennung und Vollstreckbarerklärung in Artt. 8ff. Es ist Zwischen den EU-Staaten (mit Ausnahme Dänemarks) und Mexiko in Kraft. Die USA und Singapur haben das Übereinkommen zwar gezeichnet, nicht jedoch ratifiziert. 41
- Abkommen zwischen dem Deutschen Reich und der Schweizerischen Eidgenossenschaft über die gegenseitige Anerkennung und Vollstreckung von gerichtlichen Entscheidungen und Schiedssprüchen vom 2.11.1929 (RGB. 1930 II 1066) (teilweise ersetzt durch LugÜ II)[58]; 42

Gerichtsstands- und Vollstreckungsrecht, 2. Aufl., 2003; *Donzallas*, La Convention de Lugano, Bd. I, 1996; Bd. II, 1997; Bd. III, 1998; *Fisknes*, Luganokonventsjonen og dens betydning i sjorettslige tvister, 1991; *Geimer/Schütze*, Europäisches Zivilverfahrensrecht, 3. Aufl., 2009; *dies.*, Internationaler Rechtsverkehr (Kommentierung des EuGVÜ und LugÜ von *Auer, Safferling und Wolf); Gaudemet-Tallon*, Compétence et exécution des jugements en Europe. Règlement no. 44/2001, Conventions de Bruxelles et de Lugano, 2. Aufl., 2002; *Killias*, Rechtsprechung zum Lugano-Übereinkommen (2006), SZIER 2007, 803ff.; *Klinke*, Brüsseler Übereinkommen und Übereinkommen von Lugano, 2. Aufl. 1993; *Kropholler*, Europäisches Zivilprozessrecht, 8. Aufl. 2005; *Lechner/Mayr*, Das Übereinkommen von Lugano, 1996; *Markus*, Lugano-Übereinkommen und SchKG Zuständigkeiten, 1996; *Mayr*, EuGVÜ und LugÜ, 2001; *Mayr/Czernich*, Das neue europäische Zivilprozessrecht, 2002; *Mercier/Dutoit*, L'Europe Judiciaire: Les Conventions de Bruxelles et de Lugano, 1991; *Pålsson*, Lugano-Konventionen, 1992; *ders.*, Bryssel- och Lugano-Konventionerna, 1993; *Rognlien*, Luganokonvensjonen, 1993; *Schlosser*, Kommentar zum EuGVÜ, 1996; *Schmidt-Parzefall*, Die Auslegung des Parallelübereinkommens von Lugano, 1995; *Schwander* (Hrsg.), Das Luganoübereinkommen, 1990; *Trunk*, Die Erweiterung des EuGVÜ-Systems am Vorabend des Europäischen Binnenmarktes – Das Lugano-Übereinkommen und das EuGVÜ-Beitrittsübereinkommen von San Sebastian, 1991; *Voyame/Broggini/Poudret/Patocchi/Volken*, L'espace européen, 1992.

57 Vgl. dazu *Antomo*, Aufwind für internationale Gerichtsstandsvereinbarungen – Inkrafttreten des Haager Übereinkommens, NJW 2015, 2919ff.; *Eichel*, Das Haager Übereinkommen über Gerichtsstandsvereinbarungen vom 30.6.2005, RIW 2009, 239ff.; *Geimer*, Das Haager Gerichtsstandsübereinkommen 2005, FS Meier (I), 2015, S. 185ff.; *Rühl*, Das Haager Übereinkommen über die Vereinbarung gerichtlicher Zuständigkeiten: Rückschritt oder Fortschritt? IPRax 2005, 210ff.; *Wagner (R.)*, Das Haager Übereinkommen vom 30.6.2005 über Gerichtsstandsvereinbarungen, RabelsZ 73 (2009), 100ff.

58 Vgl. dazu *Baumgart*, Das deutsch-schweizerische Vollstreckungsabkommen, LZ 1931, Sp. 74ff.; *Blessing*, Der Vorbehalt des ordre public im deutsch-schweizerischen Vollstreckungsabkommen, AWD 1961, 236ff.; *Coninx*, Die Bedeutung der Wohnsitzgarantie von Art. 59 der Bundesverfassung im internationalen Rechtsverkehr, 1942; *David/Maier*, Die Vollstreckung von gerichtlichen Entscheidungen und Schiedssprüchen im Verhältnis zwischen der Bundesrepublik Deutschland und der Schweiz, 1970; *Jonas/Meyer-Wild*, Das deutsch-schweizerische Vollstreckungsabkommen vom 2.11.1929, JW 1930, 3284ff.; *Kallmann*, Anerkennung und Vollstreckung ausländischer Zivilurteile und gerichtlicher Vergleiche, 1946 (grundlegender Kommentar); *Kaufmann*, La reconnaissance de séquestres et des mesures

43 – Abkommen zwischen dem Deutschen Reich und dem Königreich Italien über die Anerkennung und Vollstreckung gerichtlicher Entscheidungen in Zivil- und Handelssachen vom 9.3.1936 (RGB. 1937 II 145) (weitgehend ersetzt durch Brüssel I und I a)[59];

44 – Abkommen zwischen der Bundesrepublik Deutschland und dem Königreich Belgien über die gegenseitige Anerkennung und Vollstreckung von gerichtlichen Entscheidungen und Schiedssprüchen und öffentlichen Urkunden in Zivil- und Handelssachen vom 30.6.1958 (BGBl. 1959 II 766) (weitgehend ersetzt durch Brüssel I und I a)[60];

---

provisionelles en matière de réclamations non pécuniaires d'après la Convention germano-suisse: Mémoires publiés par la Faculté de droit de Genève 27 (1969), S. 89 ff.; *Kaufmann*, Das deutsch-schweizerische Vollstreckungsabkommen vom 2.11.1929, BlIntPr 1931, 57 ff.; *Levis*, Der Wohnsitzbegriff im deutsch-schweizerischen Vollstreckungsabkommen, SJZ 1935/36, 62 ff.; *Niedermann*, Die ordre public-Klauseln in den Vollstreckungsverträgen des Bundes und den kantonalen Zivilprozessgesetzen, 1976; *Petitpierre*, Les conventions conclues par la Suisse avec l'Allemagne, l'Autriche et la Tchécoslovaquie concernant la reconnaissance et l'exécution des jugements civils, 1931; *Probst*, Die Vollstreckung ausländischer Zivilurteile in der Schweiz nach den geltenden Staatsverträgen, 1936; *Stauffer*, Die neuen Verträge der Schweiz über die Vollstreckung von Zivilurteilen, 1931; *Vortisch*, Die Vollstreckung aus zur Geldzahlung verpflichtenden deutschen Rechtsakten in der Schweiz, AWD 1963, 75 ff., 105 ff.

59 Vgl. dazu *Albrecht*, Vollstreckbarkeit von Urteilen und Schiedssprüchen im deutsch-italienischen Rechtsverkehr, 1937; *Bassano*, Convenzioni per il riconoscimento e l'esecuzione delle sentenze straniere, Riv.dir.comm. 1937 I, 356 ff.; *Christofolini*, Recenti convenzioni internazionali relative al riconoscimento delle sentenze civile, Riv.dir.proc.civ. 1936 I, 133 ff.; *Grunsky*, EWG-Übereinkommen über die gerichtliche Zuständigkeit und die Vollstreckung gerichtlicher Entscheidungen in Zivil- und Handelssachen im deutsch-italienischen Rechtsverkehr, RIW/AWD 1977, 1 ff.; *Jonas*, Das deutsch-italienische Vollstreckungsabkommen vom 9.3.1936, DJ 1937, 888 ff.; *Luther*, Zur Anerkennung und Vollstreckung von Urteilen und Schiedssprüchen in Handelssachen im deutsch-italienischen Rechtsverkehr, ZHR 127 (1964), 145 ff.; *ders.*, Das deutsch-italienische Vollstreckungsabkommen und seine zukünftige Gestaltung: Heft 1 der Hefte der Vereinigung für den Gedankenaustausch zwischen deutschen und italienischen Juristen e.V.; zur Wiederanwendung des Abkommens: *Marazzi*, Sulla rimessa in vigore dei trattati con la Germania prebellica, Riv.it.dir.e proc.pen. 1959, 338 ff.; *Neumayer*, Über die Fortgeltung deutsch-italienischer Staatsverträge privatrechtlichen Inhalts, JZ 1952, 682 f.

60 Vgl. dazu *Beck*, Die Anerkennung und Vollstreckung ausländischer gerichtlicher Entscheidungen nach den Staatsverträgen mit Belgien, Österreich, Großbritannien und Griechenland, Diss. Saarbrücken 1969; *Harries*, Das deutsch-belgische Anerkennungs- und Vollstreckungsabkommen, RabelsZ 26 (1961), 629 ff.; *Matscher*, Einige Probleme der internationalen Urteilsanerkennung und -vollstreckung. Erläutert am Beispiel der Verträge der Bundesrepublik Deutschland mit Österreich, mit Belgien und mit Großbritannien, ZZP 86 (1973), 404 ff.; *Rigaux*, Les dernières conventions sur l'efficacité internationale des jugements et des actes publics conclues par la Belgique, JT 1961, 197 ff.; *Geimer/Schütze*, Internationale Urteilsanerkennung, Bd. II, 1971, S. 251 ff.

- Vertrag zwischen der Bundesrepublik Deutschland und der Republik Österreich über die gegenseitige Anerkennung und Vollstreckung von gerichtlichen Entscheidungen, Vergleichen und öffentlichen Urkunden in Zivil- und Handelssachen vom 6.6.1959 (BGBl. 1960 II 1246) (weitgehend ersetzt durch Brüssel I und Ia)[61]; 45
- Abkommen zwischen der Bundesrepublik Deutschland und dem Vereinigten Königreich von Großbritannien und Nordirland über die gegenseitige Anerkennung und Vollstreckung von gerichtlichen Entscheidungen in Zivil- und Handelssachen vom 14.7.1960 (BGBl. 1961 II 301) (weitgehend ersetzt durch Brüssel I und Ia)[62]; 46
- Vertrag zwischen der Bundesrepublik Deutschland und dem Königreich Griechenland über die gegenseitige Anerkennung und Vollstreckung von 47

61 Vgl. dazu *Bauer*, Die Zwangsvollstreckung aus österreichischen Exekutionstiteln in der BRD, ÖJZ 1968, 421 ff.; *Beck*, Die Anerkennung und Vollstreckung ausländischer gerichtlicher Entscheidungen in Zivilsachen nach den Staatsverträgen mit Belgien, Österreich, Großbritannien und Griechenland, Diss. Saarbrücken 1969; *Geimer/Schütze*, Internationale Urteilsanerkennung, Bd. II, 1971, S. 1 ff.; *Matscher*, Der neue österreichisch-deutsche Vertrag über die Anerkennung und Vollstreckung von gerichtlichen Entscheidungen im Lichte der allgemeinen Lehren des internationalen Zivilprozessrechts, JBl. 1960, 265 ff.; *ders.*, Einige Probleme der internationalen Urteilsanerkennung und -vollstreckung. Erläutert am Beispiel der Verträge der BRD mit Österreich, mit Belgien und mit Großbritannien, ZZP 86 (1973), 404 ff.; *Schönherr*, Der deutsch-österreichische Vollstreckungsvertrag in der österreichischen Rechtsprechung, AWD 1964, 80 ff.; *Sedlacek*, Die Neuregelung der Zwangsvollstreckung zwischen der Republik Österreich und der Bundesrepublik Deutschland, ZfRV 1 (1960), 58 ff.; *Thoma*, Die Zwangsvollstreckung in Österreich, NJW 1966, 1057 ff.

62 Vgl. dazu *Arnold*, Die Erstreckung des deutsch-britischen Vollstreckungsabkommens auf Hongkong, AWD 1974, 135 ff.; *Beck*, Die Anerkennung und Vollstreckung ausländischer gerichtlicher Entscheidungen in Zivilsachen nach den Staatsverträgen mit Belgien, Österreich, Großbritannien und Griechenland, Diss. Saarbrücken 1969; *Geimer/Schütze*, Internationaler Rechtsverkehr, 701, S. 1 ff.; *Cohn*, Reciprocal Enforcement of Judgments with Western Germany, Law Times, Bd. 230, 375 ff.; *Ganske*, Das deutsch-britische Vollstreckungsabkommen v. 14.7.1960, AWD 1961, 172 ff.; *Kratzer*, Einrede des Schiedsvertrags als rügelose Einlassung nach deutsch-britischem Vollstreckungsabkommen?, RIW/AWD 1977, 720; *Magnus*, Fragen der Anerkennung und Vollstreckung ausländischer Urteile in England, RIW/AWD 1975, 465 ff.; *Schütze*, Die Anerkennung und Vollstreckung deutscher Zivilurteile in Hongkong, IWB F 6 (Hongkong) Gr. 3, S. 1 ff.; *ders.*, Das deutsch-britische Vollstreckungsabkommen, IWB F 5 (Großbritannien) Gr. 3, S. 29 ff.; *ders.*, Zur Anwendung des deutsch-britischen Anerkennungs- und Vollstreckungsabkommens, RIW/AWD 1980, 170 f.; *Geimer/Schütze*, Internationale Urteilsanerkennung, Bd. II, 1971, S. 353 ff.; *Sonderkötter*, Zur Anerkennung deutscher Urteile in Großbritannien, RIW/AWD 1975, 370 ff.; *Watts*, The Enforcement of Judgments: A Convention with Germany, The British Yearbook of International Law 36 (1960), 359 ff.; *Wengler*, Zur Anerkennung und Vollstreckbarerklärung einer englischen Unterhaltsentscheidung. Rechtliches Gehör und ordre public, JZ 1968, 596 ff.

gerichtlichen Entscheidungen, Vergleichen und öffentlichen Urkunden in Zivil- und Handelssachen vom 4.11.1961 (BGBl. 1963 II 110) (weitgehend ersetzt durch Brüssel I und Ia)[63];

48 – Vertrag zwischen der Bundesrepublik Deutschland und dem Königreich der Niederlande über die gegenseitige Anerkennung und Vollstreckung gerichtlicher Entscheidungen und anderer Schuldtitel in Zivil- und Handelssachen vom 30.8.1962 (BGBl. 1965 II 27) (weitgehend ersetzt durch Brüssel I und Ia)[64];

49 – Vertrag zwischen der Bundesrepublik Deutschland und der Tunesischen Republik über Rechtsschutz und Rechtshilfe, die Anerkennung und Vollstreckung von gerichtlichen Entscheidungen in Zivil- und Handelssachen sowie über die Handelsschiedsgerichtsbarkeit vom 19.7.1966 (BGBl. 1969 II 890)[65];

50 – Vertrag zwischen der Bundesrepublik Deutschland und dem Königreich Norwegen über die gegenseitige Anerkennung und Vollstreckung

---

63 Vgl. dazu *Beck*, Die Anerkennung und Vollstreckung ausländischer gerichtlicher Entscheidungen in Zivilsachen nach den Staatsverträgen mit Belgien, Österreich, Großbritannien und Griechenland, Diss. Saarbrücken 1969; *Ganske*, Der deutsch-griechische Vollstreckungsvertrag v. 4.11.1961, AWD 1962, 194 ff.; *Nagel*, Bemerkungen zur internationalen Rechtshilfe und der Anerkennung und Vollstreckung gerichtlicher Entscheidungen im Verhältnis zwischen der Bundesrepublik Deutschland und Griechenland, FS Areopag, Bd. VI 2007, S. 291 ff. (Stand 1987); *Pouliadis*, Zur Vollstreckung eines deutschen Leistungsurteils über die Rückzahlung eines Darlehns in Griechenland, IPRax 1984, 334 f.; *ders.*, Die Bedeutung des deutsch-griechischen Vertrages v. 4.11.1961 für die Anerkennung und Vollstreckung deutscher Entscheidungen in der griechischen Praxis, 1985; *Schlösser*, Vollstreckbarkeit deutscher Gerichtsentscheidungen in Griechenland, NJW 1964, 485 ff.; *Sinanides*, Die Anerkennung deutscher Scheidungsurteile in Griechenland, Diss. Bielefeld 1980.

64 Vgl. dazu *Funke*, De exequatur-procedure inzake het Nederlands-Duitse executieverdrag van 30.8.1962, NJB 1964, 661 ff.; *Ganske*, Der deutsch-niederländische Vollstreckungsvertrag in Zivil- und Handelssachen v. 30.8.1962, AWD 1964, 348 ff.; *Gotzen*, Die Anerkennung und Vollstreckung deutscher Schuldtitel in den Niederlanden, AWD 1967, 136 ff.; *ders.*, Deutsch-niederländischer Vollstreckungsvertrag: Ablehnung der Vollstreckungsklausel mangels internationaler Zuständigkeit des erkennenden Gerichts, AWD 1968, 20 ff.; *ders.*, Der deutsch-niederländische Vollstreckungsvertrag in der niederländischen Gerichtspraxis, AWD 1969, 54 ff.

65 Vgl. dazu *Arnold*, Die Problematik von Rechtshilfeabkommen – Der Deutsch-Tunesische Rechtshilfe- und Vollstreckungsvertrag v. 19.7.1966, NJW 1970, 1478 ff.; *Ganske*, Der deutsch-tunesische Rechtshilfe- und Vollstreckungsvertrag in Zivil- und Handelssachen vom 19.7.1966, AWD 1970, 145 ff.; *Schütze*, Der deutsch-tunesische Rechtsschutz-, Rechtshilfe- und Vollstreckungsvertrag, IWB F 7 (Tunesien) Gr. 3, S. 11 ff.

gerichtlicher Entscheidungen und anderer Schuldtitel in Zivil- und Handelssachen vom 17.6.1977 (BGBl. 1981 II 341) (teilweise ersetzt durch das LugÜ II)[66];

- Vertrag zwischen der Bundesrepublik Deutschland und dem Staat Israel über die gegenseitige Anerkennung und Vollstreckung gerichtlicher Entscheidungen in Zivil- und Handelssachen vom 20.7.1977 (BGBl. 1980 II 925, 1531)[67]; 51
- Vertrag zwischen der Bundesrepublik Deutschland und Spanien über die Anerkennung und Vollstreckung von gerichtlichen Entscheidungen und Vergleichen sowie vollstreckbaren öffentlichen Urkunden in Zivil- und Handelssachen vom 14.11.1983 (BGBl. 1987 II 34) (weitgehend ersetzt durch Brüssel I und Ia)[68]. 52

Darüber hinaus regeln zahlreiche multilaterale Staatsverträge die internationale Wirkungserstreckung von Zivilurteilen für Spezialmaterien. 53

66 Vgl. dazu *Pirrung*, Zu den Anerkennungs- und Vollstreckungsverträgen der Bundesrepublik Deutschland mit Israel und Norwegen, IPRax 1982, 130 ff.; *Schütze*, Der deutsch-norwegische Anerkennungs- und Vollstreckungsvertrag, IWB F 5 (Norwegen), Gr. 3, S. 15 ff.; *Waehler*, Handbuch des internationalen Zivilverfahrensrechts, Bd. III/2, 1984, S. 219 ff.

67 Vgl. dazu Deutsche Denkschrift zu dem Vertrag, BTDrucks. 8, 3866, S. 11 ff.; *Pirrung*, Zu den Anerkennungs- und Vollstreckungsverträgen der Bundesrepublik Deutschland mit Israel und Norwegen, IPRax 1982, 130 ff.; *Scheftelowitz*, Israelische Rechtshilfe in Zivilsachen, RIW 1982, 172 ff. (174 ff.); *Schütze*, Der deutsch-israelische Anerkennungs- und Vollstreckungsvertrag, IWB F 6 (Israel) Gr. 3, S. 13 ff.; *Siehr*, Die Anerkennung und Vollstreckung israelischer Zivilentscheidungen in der Bundesrepublik Deutschland, RabelsZ 50 (1986), 586 ff.; *Waehler*, Handbuch des internationalen Zivilverfahrensrechts, Bd. III/2, 1984, S. 219 ff.

68 Vgl. dazu *Böhmer*, Der deutsch-spanische Vollstreckungsvertrag v. 14.11.1983 und das Allgemeine Ausführungsgesetz v. 30.5.1988, IPRax 1988, 334 ff.; *Cremades*, Abkommen über die Anerkennung und Vollstreckung gerichtlicher Entscheidungen und anderer Schuldtitel in Zivil- und Handelssachen zwischen der Bundesrepublik Deutschland und Spanien, Informaciones 1985, 49 ff.; Deutsche Denkschrift zu dem Vertrag, BTDrucks. 10/5415; *Karl*, Kommentar zu dem Vertrag, in: Geimer/Schütze, Internationaler Rechtsverkehr, 663.45 ff. mit umfangreichen Literaturnachweisen S. 45 ff.; *Löber*, Deutsch-spanisches Abkommen über die Anerkennung und Vollstreckung von Titeln (gerichtlichen Entscheidungen und öffentlichen Urkunden), RIW 1987, 429 ff.; *Meyer*, Vollstreckung spanischer Gerichtsentscheidungen in der Bundesrepublik Deutschland vor dem Hintergrund des deutsch-spanischen Vollstreckungsvertrages, IPRax 1991, 292 f.; *Schütze*, Der deutsch-spanische Anerkennungs- und Vollstreckungsvertrag, IWB F 5 (Spanien), Gr. 3, S. 135 ff.

c) Internationale Schiedsgerichtsbarkeit

54 – Genfer Protokoll über die Schiedsklauseln vom 24.9.1923 (RGBl. 1925 II 47)[69]. Das Übereinkommen gilt im Verhältnis zu den Bahamas.

55 – Genfer Abkommen zur Vollstreckung ausländischer Schiedssprüche vom 26.9.1927 (RGBl. 1930 II 1068)[70]. Das Übereinkommen gilt im Verhältnis zu den Bahamas, und dem Vereinigten Königreich (nur für Anguilla).

56 – UN-Übereinkommen über die Anerkennung und Vollstreckung ausländischer Schiedssprüche vom 10.6.1958 (BGBl. 1961 II 122)[71]. Das Übereinkom-

69 Vgl. dazu *Greminger*, Die Genfer Abkommen von 1923 und 1927 über die internationale private Schiedsgerichtsbarkeit, 1957; *Mezger*, Zur Auslegung und Bewertung der Genfer Schiedsabkommen von 1923 und 1927, RabelsZ 24 (1959), 222ff.; *Schlosser*, Das Recht der internationalen privaten Schiedsgerichtsbarkeit, Bd. I, 1975; *Schütze*, Das Genfer Protokoll über die Schiedsklauseln im Handelsverkehr, in: Geimer/Schütze, Internationaler Rechtsverkehr, 710.3ff.

70 Vgl. dazu *Bettelheim*, Die Vollstreckung ausländischer Schiedssprüche nach dem Genfer Abkommen, JBl. 1931, 407ff.; *Brachet*, De l'exécution internationale des sentences arbitrales, 1928; *Bülow*, Zur Revision des Genfer Abkommens über die Vollstreckung ausländischer Schiedssprüche, RiW 1956, 27ff.; *Edler*, Zur Vollstreckung ausländischer Schiedssprüche nach dem Genfer Abkommen in England, RabelsZ 5 (1931), 361ff.; *Greminger*, Die Genfer Abkommen von 1923 und 1927 über die internationale private Schiedsgerichtsbarkeit, 1957; *Habscheid*, Nationale oder supranationale Schiedssprüche? Zur Reform des Genfer Abkommens über die Vollstreckung ausländischer Schiedssprüche v. 26.9.1927, ZZP 70 (1957), 25ff.; *Iaccarino*, La Convenzione di Ginevra del 26.9.1927 sul riconoscimento delle sentenze arbitrali straniere, DirInt 13 (1959), 324ff.; *Mezger*, Zur Auslegung und Bewertung der Genfer Schiedsabkommen von 1923 und 1927, RabelsZ 24 (1957), 222ff.; *Schlosser*, Das Recht der internationalen privaten Schiedsgerichtsbarkeit, Bd. I, 1975; *Schütze*, Genfer Abkommen zur Vollstreckung ausländischer Schiedssprüche, in : Geimer/Schütze, Internationaler Rechtsverkehr, 712.1ff.; *Sereni*, La Convenzione di Ginevra per l'esecuzione delle sentenze arbitrali straniere, RivDirInt. 1931, 592ff.; *Volkmar*, Das Genfer Abkommen zur Vollstreckung ausländischer Schiedssprüche v. 26.9.1927 und das Gesetz zur Änderung einiger Vorschriften der Zivilprozessordnung über das schiedsrichterliche Verfahren v. 25.7.1930, JW 1930, 2745ff.; *ders.*, Das Genfer Abkommen über die Vollstreckung von Schiedssprüchen vom 26. September 1927, DJZ 1928, 628ff.

71 Vgl. dazu *Bajons*, Grenzen und Freiräume der New Yorker Schiedskonvention im Lichte der EMRK, FS Machacek und Matscher, 2008, S. 703ff.; *Bateson*, The 1958 Convention on Foreign Arbitral Awards, J.Bus.L. 1958, 393ff.; *van den Berg*, The New York Arbitration Convention of 1958. Towards a Uniform Interpretation, 1981; *Bernini*, The enforcement of foreign arbitral awards by national judiciaries: a trial of the New York Convention's ambit and workability, FS Sanders, 1982, S. 51ff.; *Bertheau*, Das New Yorker Abkommen v. 10.6.1958 über die Anerkennung und Vollstreckung ausländischer Schiedssprüche, Zürich 1965; *Bredin*, La Convention de New York du 10.6.1958 pour la reconnaissance et l'exécution des sentences arbitrales étrangères, Journal Clunet 87 (1960), 1002ff.; *Bülow*, Das UN-Übereinkommen über die Anerkennung und Vollstreckung ausländischer Schiedssprüche, KTS 1959, 1ff.; *Contini*, International Commercial Arbitration – The United Nations Convention on the recognition and

men gilt im Verhältnis zu Afghanistan, Ägypten, Albanien, Algerien, Andorra, Antigua und Barbuda, Argentinien, Armenien, Aserbaidschan, Australien, Bahamas, Bahrain, Bangladesch, Barbados, Belarus, Belgien, Benin, Bhutan, Bolivien, Bosnien-Herzegowina, Botsuana, Brasilien, Brunei Darussalam, Bulgarien, Burkina Faso, Burundi, Chile, China, Costa Rica, Cook Islands, Côte d'Ivoire, Dänemark, Dominica, Dominikanische Republik, Dschibuti, Ecuador, El Salvador, Estland, Fiji, Finnland, Frankreich, Gabun, Georgien, Ghana, Griechenland, Guatemala, Guinea, Guyana, Haiti, Heiliger Stuhl, Honduras, Indien, Indonesien, Iran, Irland, Island, Israel, Italien, Jamaika, Japan, Jordanien, Jugoslawien (ehemaliges), Kambodscha, Kamerun, Kanada, Kasachstan, Katar, Kenia, Kirgisistan, Kolumbien, Komoren, Kongo (Dem. Rep.), Korea (Republik), Kroatien, Kuba, Kuwait, Laos, Lesotho, Lettland, Libanon, Liberia, Liechtenstein, Litauen, Luxemburg, Madagaskar, Malaysia, Mali, Malta, Marokko, Marshallinseln, Mauretanien, Mauritius, Mazedonien (ehem. jugosl. Republik), Mexiko, Moldau (Repub-

---

enforcement of foreign arbitral awards, AmJournComL 8 (1959), 1283 ff.; *Gaja*, New York Convention, in: International Commercial Arbitration, 1988; *Ganske*, Anerkennung und Vollstreckung ausländischer Schiedssprüche, IWB F 10 (International) Gr. 4, S. 19 ff.; *Geisinger*, Implementing the New York Convention in Switzerland, J.Int.Arb. 25 (2005), 691 ff.; *Gentinetta*, Die lex fori internationaler Handelsschiedsgerichte, 1973; *Glossner*, Das Übereinkommen von New York über die Anerkennung und Vollstreckung ausländischer Schiedssprüche von 1958 – ein Fazit, FS Stödter, 1979, S. 47 ff.; *Haas*, Convention on the Recognition and Enforcement of Foreign Arbitral Award, New York, June 10, 1958, in: Weigand (Hrsg.), Practitioner's Handbook on International Arbitration, 2002, S. 399 ff. (Kommentierung in der 2. Aufl., 2009 nicht mehr enthalten); *Klein*, La Convention de New York pour la reconnaissance et l'exécution des sentences arbitrales étrangeres, SJZ 1961, 229 ff.; *Magnusson*, Application of the New York Convention – A Report from Denmark, Finland, Norway and Sweden, J.Int.Arb 25 (2008), 681 ff.; *Maier*, Europäisches Übereinkommen über die internationale Handelsschiedsgerichtsbarkeit und UN-Übereinkommen über die Anerkennung und Vollstreckung ausländischer Schiedssprüche, 1966; *Marmo*, La Convenzione di New York sul riconoscimento delle sentenze arbitrali, RivDirInt 1959, 31 ff.; *Minoli*, La Convention de New York sur la reconnaissance et l'exécution des sentences arbitrales étrangères, Unitroit 1958, 156 ff.; *Pointet*, La Convention de New York sur l'exécution des sentences arbitrales étrangères, 1958; *Robert*, La Convention de New York du 10.6.1958 pour la reconnaissance et l'exécution des sentences arbitrales étrangères, Rev.Arb. 1958, 70 ff.; *Sanders*, New York Convention on the recognition and enforcement of foreign arbitral awards, Nederlands Tijdschrift voor Internationaal Recht 1959, 43 ff.; *Schlosser*, Das Recht der internationalen privaten Schiedsgerichtsbarkeit, Bd. I, 1975; *Sedlacek*, Das UN-Übereinkommen v. 10.6.1958 über die Anerkennung und Vollstreckung ausländischer Schiedssprüche, ZfRV 1962, 23 ff.; *Wetzmüller*, Der „internationale" Schiedsspruch im UN-Übereinkommen über die Anerkennung und Vollstreckung ausländischer Schiedssprüche vom 10.6.1958 von New York, Diss. Mainz 1966; Wolff (Hrsg.), New York Convention, 2012 (mit umfangreichen Nachweisen)

lik), Monaco, Mongolei, Montenegro, Mosambik, Myanmar (Burma), Nepal, Neuseeland, Nicaragua, Niederlande, Niger, Nigeria, Norwegen, Oman, Österreich, Pakistan, Palästina, Panama, Paraguay, Peru, Philippinen, Polen, Portugal, Rumänien, Russische Föderation, Rwanda, Sambia, San Marino, Sao Tomé und Principe, Saudi Arabien, Schweden, Schweiz, Senegal, Serbien, Simbabwe, Singapur, Slowakei, Slowenien, Sowjetunion (ehemalige), Spanien, Sri Lanka, St. Vincent und die Grenadinen, Südafrika, Syrien, Tadschikistan, Tansania, Thailand, Trinidad und Tobago, Tschechien, Tschechoslowakei (ehemalige), Tunesien, Türkei, Uganda, Ukraine, Ungarn, Uruguay, Usbekistan, Venezuela, Vereinigte Arabische Emirate, Vereinigtes Königreich, Vereinigte Staaten von Amerika, Vietnam, Zentralafrikanische Republik, Zypern.

57 – Europäisches Übereinkommen über die internationale Handelsschiedsgerichtsbarkeit vom 21.4.1961 (BGBl. 1964 II 426)[72]. Das Übereinkommen gilt im Verhältnis zu Albanien, Aserbaidschan, Belarus, Belgien, Bosnien-Herzegowina, Bulgarien, Burkina Faso, Dänemark, Frankreich, Italien, Jugoslawien (ehemaliges), Kasachstan, Kroatien, Kuba, Lettland, Luxemburg, Mazedonien (ehem. jugosl. Republik), Moldau, Montenegro, Obervolta, Österreich, Polen, Rumänien, Russische Föderation, Serbien, Slowakei, Slowenien, Sowjetunion (ehemalige), Spanien, Tschechien, Tschechoslowakei (ehemalige), Türkei, Ukraine, Ungarn.

---

72 Vgl. dazu *Benjamin*, The European Convention on International Commercial Arbitration, The British Yearbook of International Law 37 (1961), 478 ff.; *Bülow*, Europäisches Übereinkommen über die internationale Handelsschiedsgerichtsbarkeit, AWD 1961, 144 f.; *Funke*, Het volgens artikel VII, lid 1, van het op 21.4.1961 te Genève gesloten Europese Verdrag in zake internationale handelsarbitrage toe passelijke recht, Arbtr.Rspr. 1961, 257 ff.; *Garnefsky*, Das Europäische Übereinkommen über die internationale Handelsschiedsgerichtsbarkeit und das Sowjetrecht, OER 9 (1963), 14 ff.; *Gentinetta*, Befreiung der internationalen Handelsschiedsgerichtsbarkeit von der „nationalen Umklammerung"? Das europäische Übereinkommen über die internationale Handelsschiedsgerichtsbarkeit vom 21.4.1961, AWD 1969, 46 ff.; *ders.*, Das Verhältnis des europäischen Übereinkommens über die internationale Handelsschiedsgerichtsbarkeit von 1961 zu anderen multilateralen Abkommen auf dem Gebiet der privaten Schiedsgerichtsbarkeit, Schw.Jahrb.Int.R. 25 (1968), 149 ff.; *Hascher*, European Convention on International Commercial Arbitration of 1961, Yearbook Commercial Arbitration 20 (1995), S. 1006 ff.; *Kaiser*, Das europäische Übereinkommen über die internationale Handelsschiedsgerichtsbarkeit v. 21.4.1961, 1967; *Klein*, Das Europäische Übereinkommen über die internationale Handelsschiedsgerichtsbarkeit, ZZP 76 (1963), 342 ff.; *ders.*, La Convention européenne sur l'arbitrage commercial international, Rev.crit. 1962, 621 ff.; *Maier*, Europäisches Übereinkommen über die internationale Handelsschiedsgerichtsbarkeit und UN-Übereinkommen über die Anerkennung und Vollstreckung ausländischer Schiedssprüche, 1966; *Mezger*, Das Europäische Übereinkommen über die Handelsschiedsgerichtsbarkeit, RabelsZ 29 (1965), 231 ff.; *Pointet*, La Convention européenne sur l'arbitrage commercial international, 1961.

Von den bilateralen Verträgen über die Schiedsgerichtsbarkeit hat der mit der ehemaligen Sowjetunion[73] seine Bedeutung verloren, nachdem das Abkommen im Verhältnis zu Armenien (31.7.2003), Aserbaidschan (26.11.2003), Belarus (4.7.2003), Georgien (30.7.2003), Kasachstan (31.7.2003), Kirgisistan (19.7.2003), der Republik Moldau (18.10.2003), der Russischen Föderation (20.12.2003), Tadschikistan (4.7.2003), Turkmenistan (25.7.2003), der Ukraine (23.9.2003) und Usbekistan (4.7.2003) außer Kraft getreten ist und nur noch für Altfälle Anwendung findet. Der Vertrag mit den USA[74] hat eine begrenzte Bedeutung neben dem UN-Übereinkommen wegen der Einschränkung der Versagungsgründe der Wirkungserstreckung behalten[75]. 58

Darüber hinaus bestehen zahlreiche internationale Übereinkommen über Spezialmaterien[76].

4. Vorbereitung der Prozessführung im Ausland als Kläger

Die Vorbereitung der Prozessführung im Ausland erfordert größere Sorgfalt als die Vorbereitung eines Verfahrens vor inländischen Gerichten[77]. 59

a) Forum shopping[78]

Sind konkurrierende internationale Zuständigkeiten von Gerichten verschiedener Staaten gegeben, so ist eine sorgfältige Abwägung der Prozesschancen in den verschiedenen Fora geboten. Anwälte neigen zuweilen aus Bequemlichkeit 60

---

73 Vgl. dazu *Grossart*, Das deutsch-sowjetische Handels- und Schifffahrtsabkommen, JZ 1959, 233 ff.

74 Deutsch-amerikanischer Freundschafts-, Handels- und Schifffahrtsvertrag, BGBl. 1956 II 488; vgl. dazu *Arnold/Kerr/Hill*, Der Freundschafts-, Handels- und Schifffahrtsvertrag zwischen der Bundesrepublik Deutschland und den Vereinigten Staaten von Amerika v. 29.10.1954, Beil. zum BAnz. Nr. 141/1955; *Schwenk*, Der neue Freundschafts-, Handels- und Schifffahrtsvertrag mit den USA, JZ 1957, 197 ff.

75 Vgl. dazu *Schütze*, Die Rolle der staatlichen Gerichte in der Schiedsgerichtsbarkeit und die Anerkennung und Vollstreckbarerklärung US-amerikanischer Schiedssprüche in Deutschland, DIS-MAT XII (2005), S. 85 ff.

76 Vgl. dazu Wieczorek/Schütze/*Schütze*, ZPO, § 1061, Rdn. 139 ff.

77 Vgl. für die Prozessführung von Ausländern vor deutschen Gerichten z.B. *Weinschenk*, Amerikaner vor deutschen Gerichten: Praktische Erwägungen über Gerichtsstand und Zustellung, RIW/AWD 1980, 544 ff.

78 Vgl. dazu Rdn. 105 ff.

oder Unfähigkeit der Abschätzung der Chancen und Risiken einer Prozessführung vor ausländischen Gerichten dazu, in jedem Fall Klageerhebung im Inland zu empfehlen, wenn ein inländischer Gerichtsstand gegeben ist, obwohl ein Verfahren im Ausland für den Kläger unter Umständen günstiger ist. Die Empfehlung der Klageerhebung im Inland bei konkurrierendem ausländischen Gerichtsstand ohne sorgfältige Prüfung der Vor- oder Nachteile beider möglicher Verfahren und eingehende Beratung des Mandanten hierüber stellt in jedem Fall eine haftungsbegründende Pflichtverletzung des Anwalts dar. Er muss – wenn er der Aufgabe nicht gewachsen ist – das Mandat ablehnen.

b) Information über ausländisches Prozessrecht

61 Es ist zweckmäßig, vor Klageerhebung im Ausland zunächst ein Gutachten eines mit dem Verfahren vertrauten Anwalts oder sonstigen Juristen einzuholen[79]. Dieses Gutachten sollte sich insbesondere auf die Zuständigkeit des anzurufenden Gerichts beziehen. Dabei ist zu berücksichtigen, dass bei einer Zuständigkeit aufgrund einer Gerichtsstandsvereinbarung, die nach deutschem Recht zulässig und wirksam ist, die Prorogation nach dem Recht am gewählten Forum unter Umständen unwirksam oder unzulässig ist oder nicht angenommen wird. So war es vor Inkrafttreten des schweizerischen IPRG häufig in Zürich, wo die Gerichte bei mangelnder Beziehung zu Zürich die Annahme einer Zuständigkeitsvereinbarung regelmäßig ablehnten[80]. Auch kann es in Rechtsordnungen, in denen die Forum-non-conveniens-Lehre praktiziert wird[81], vorkommen, dass eine an sich gegebene Zuständigkeit als forum non conveniens vom angerufenen Gericht verneint wird. Wichtig im Zusammenhang mit der Prüfung der Prozesschancen ist auch die Beweisbarkeit des Anspruchs. Das ausländische Verfahrensrecht kennt unter Umständen Beweisregeln und Beweisverbote[82], die dem deutschen Recht unbekannt sind. Auf der anderen Seite kann das ausländische Prozessrecht den Beweis erleichtern, so wenn die Partei zum Zeugenbeweis zugelassen ist.

---

79 Eine Rechtsauskunft eines ausländischen Anwalts allein schließt aber noch nicht die Haftung des deutschen Anwalts aus; vgl. dazu den instruktiven Fall BGH, NJW 1972, 1044.

80 Vgl. dazu *Schütze*, Zur Ablehnung der Annahme einer Prorogation nach zürcherischem Recht, IPRax 1985, 111 ff.

81 Vgl. dazu Rdn. 129 ff.

82 Vgl. dazu Rdn. 148 ff.

c) Kosten

Besonders sorgfältige Prüfung erfordert die Kostenfrage[83]. Während im deutschen Zivilprozess die Erstattung von Anwaltskosten nach festen, gesetzlich geregelten, streitwertabhängigen Gebühren erfolgt[84], die das maximale Prozesskostenrisiko im Unterliegensfalle kalkulierbar machen, fehlen derartige feste Gebührenregelungen in den meisten ausländischen Rechten. 62

Auch kennen die meisten Rechtsordnungen keine volle Kostenerstattung. 63
Erhält der Kläger im Falle des Obsiegens keine Kostenerstattung – wie nach der american rule of costs[85] –, dann kann die Durchsetzung des Anspruchs bei kleinen Streitwerten wirtschaftlich unmöglich sein[86]. Ein Prozesserfolg wird zum Pyrrhussieg, wenn die aufgewandten – nicht erstattbaren – Kosten höher als die Klageforderung sind. Bei zweifelhaftem Prozessausgang kann im Einzelfall diese Kostenregelung eine Prozessführung im Ausland angezeigt erscheinen lassen. Der Kläger wird im Unterliegensfalle nicht mit Kostenerstattungsforderungen belastet.

Bevor ein Prozess im Ausland geführt wird, sollte der Kläger überlegen, ob 64
das Verfahren auf Erfolgshonorarbasis geführt werden kann. Die quota litis, die im deutschen Recht – und vielen anderen Rechten – wegen der Verquickung der Interessen des Anwalts mit denen der Partei im Grundsatz verboten ist – wobei im Anschluss an die Rechtsprechung des BVerfG[87] das Prinzip durch Ausnahmen in § 4a BRAO durchbrochen wird[88] –, wird in anderen Rechtsordnungen – z.B. der amerikanischen – zulässigerweise praktiziert. Das Erfolgshonorar hat den Vorteil, dass nur bei Obsiegen ein Honorar fällig wird, das jedoch regelmäßig ungleich höher als ein übliches Honorar ist. Aber der Spatz in der Hand ist oftmals besser als die Taube auf dem Dach.

---

83 Vgl. dazu Rdn. 330 ff.

84 Allerdings ist nicht zu verkennen, dass in jüngerer Zeit auch in Deutschland zunehmend Gebührenvereinbarungen unter Zugrundelegung von Stundenhonoraren erfolgen.

85 Vgl. dazu Hommelsheim, Kostentragung und -ausgleichung im amerikanischen Zivilprozess, Diss. Bonn 1990; *Neufang*, Kostenverteilung im US-amerikanischen Zivilprozess und Urteilsanerkennung in Deutschland, 2002, S. 31 ff.; *Schack*, Einführung in das US-amerikanische Zivilprozessrecht, 4. Aufl., 2011, Rdn. 22 ff.; *Schütze*, Kostenerstattung und ordre public-Überlegungen zur deutsch-amerikanischen Urteilsanerkennung, FS Németh, 2003, S. 795 ff. m.w.N.

86 Vgl. dazu *Weinschenk*, Die Eintreibung kleiner Forderungen in den USA, AWD 1973, 131 ff.

87 Vgl. BVerfG NJW 2007, 979.

88 Nach § 49b BRAO in Verbindung mit § 4a RVG darf nunmehr ein Erfolgshonorar im Einzelfall, nur für einen Mandanten und nur in einer einzelnen Rechtsangelegenheit vereinbart werden, wenn der Auftraggeber bei verständiger Würdigung auf Grund seiner wirtschaftlichen Lage die Rechtsverfolgung sonst nicht finanzieren könnte.

Überdies hat der Kläger bei Übernahme des Mandats auf Erfolgshonorarbasis durch den ausländischen Anwalt die Gewähr dafür, dass der Anwalt von der Möglichkeit eines Prozessgewinns überzeugt ist. Denn der Anwalt, der auf Erfolgshonorarbasis arbeitet, wird die Prozesschancen besonders sorgfältig prüfen, denn letztlich hängt hiervon auch sein Honorar ab. Er wird bei Unterliegen für teilweise erhebliche Arbeitsleistung nicht honoriert.

65 Jedenfalls aber sind eindeutige Vereinbarungen über das Honorar bei ausländischen Prozessen unerlässlich. Auch sollte man immer eine Kostenschätzung fordern. Schließlich ist das Erfolgshonorar für eine arme Partei häufig der einzige Weg, die Rechtsverfolgung zu ermöglichen, wenn die lex fori kein funktionierendes Armenrechtssystem kennt[89].

66 Der Vereinbarung eines Erfolgshonorars nahe kommt die Finanzierung durch einen Prozessfinanzierer[90]. Dieser finanziert das Verfahren (Gerichtskosten, Kosten des gegnerischen Anwalts, Kosten des eigenen Anwalts und Zeugen- und Sachverständigenkosten). Als Gegenleistung ist der Prozessfinanzierer – ebenso wie der auf Erfolgshonorarbasis tätige Rechtsanwalt – am Ergebnis beteiligt. Die Praxis der Prozessfinanzierung ist relativ jung. In den USA wird vom Beginn der Prozessfinanzierung 1997 berichtet. Die Prozessfinanzierer sind in der American Legal Finance Association organisiert.

Die Prozessfinanzierung setzt voraus, dass die Rechtsverfolgung hinreichende Erfolgsaussichten hat. Der Kläger kann sich deshalb bei Klageerhebung einer sorgfältigen Prüfung seines Rechtsschutzbegehrens durch den Prozessfinanzierer sicher sein.

5. Vorbereitung der Prozessführung im Ausland als Beklagter

67 Während der Kläger den Zeitpunkt der Verfahrenseinleitung bestimmen kann und hinreichend Zeit für die Prozessvorbereitung hat, muss der Beklagte unter Umständen schnell reagieren, ohne viel Muße für die Verfahrensvorbereitung zu haben.

---

89 Vgl. dazu *Schütze*, Armenrecht, Kostenerstattung und faires Verfahren, FS Machacek und Matscher, 2008, S. 919 ff.

90 Vgl. dazu *Bruns*, Das Verbot der quota litis und die erfolgshonorierte Prozessfinanzierung, JZ 2000, 232 ff.; *Dethloff*, Verträge zur Prozessfinanzierung gegen Erfolgsbeteiligung, NJW 2000, 2225 ff.; *Frechen/Kochheim*, Fremdfinanzierung von Prozessen gegen Erfolgsbeteiligung, NJW 2004, 1213 ff.; *Homberg*, Erfolgshonorierte Prozessfinanzierung, Diss. Saarbrücken 2006; *Maubach*, Gewerbliche Prozessfinanzierung egen Erfolgsbeteiligung, Diss. Bonn 2002; *Jaskolla*, Prozessfinanzierung gegen Erfolgsbeteiligung, 2004.

a) Drohende Prozessführung im Ausland

Prozesse sind keine Naturereignisse, die die Beteiligten unerwartet und ohne Ankündigung überraschen. Gerichtlichen Verfahren geht ein Streit der Parteien voraus. Schon in einem frühzeitigen Stadium sollten bei der Möglichkeit, im Ausland verklagt zu werden, Vorkehrungen für die Reaktion getroffen werden[91]. 68

Ist ein konkurrierender inländischer Gerichtsstand gegeben, dann kann das ausländische Verfahren unter Umständen mit einer negativen Feststellungsklage verhindert werden, wenn das ausländische Recht die Einrede der Rechtshängigkeit aus einem deutschen Verfahren zulässt[92]. Droht z.B. eine Klage in Frankreich, dann macht eine negative Feststellungsklage vor einem deutschen Gericht die französische Klageerhebung unzulässig, da Art. 29 Brüssel Ia – VO die Rechtshängigkeit über die Grenze erstreckt und – ebenso wie Art.21 EuGVÜ und Art. 27 Brüssel I VO, – keinen Vorrang der später erhobenen Leistungsklage gegenüber der früher erhobenen Feststellungsklage kennt[93].

Droht eine Klage in einem Staat, dessen Rechtsordnung die Zuständigkeitsbegründung durch persönliche Zustellung der Klageschrift (transient jurisdiction) kennt – was z.B. im US-amerikanischen Prozessrecht der Fall ist[94] –, dann sollte vor Klagezustellung vermieden werden, in diesen Staat zu reisen. Sonst kann es passieren, dass am Ende der Verhandlungen dem deutschen Geschäftsmann, der gerade seine Koffer packt, um heimzureisen, im Hotel in New York eine Klage zugestellt wird mit der Folge, dass die New Yorker Gerichte nach der dortigen lex fori zuständig werden. Auch sind Fälle bekannt geworden, in denen die Zustellung auf Flughäfen, ja im Flugzeug selbst erfolgt ist[95] mit der Folge unerwarteter und unerwünschter Zuständigkeitsbegründung. In dem Fall Maharanee of Baroda v. Wildenstein wurde dem Pariser Galeristen

91 Vgl. die Checkliste für die Verteidigung in ausländischen Verfahren bei *Hollmann*, A German Lawyer's Experience with United States and International Procedural Law Relating to Product Liability – Defense Strategies and Problems, in: Zäch (Hrsg.), Litigation of Business Matters in the United States and International Legal Assistance, 1984, S. 79ff.

92 Vgl. dazu Rdn. 435ff.

93 Vgl. EuGH Rs. 144/86 –. Gubisch v. Palumbo – EuGHE 1987, 4861 = NJW 1989, 665 = RIW 1988, 818; EuGH Rs. C-406/02 – The owner of the cargo lately laden on board the ship Tatry v. The owners of the ship Maciej rataj – EuGHE 1994 I 5439 = EuZW 1995, 309 mit Anm. *Wolf* ebenda 365ff. = JZ 1995 mit Anm. *Huber* ebenda 603ff. = EWS 1995, 413 mit Anm. *Lenenbach* ebenda 361ff.

94 Vgl. dazu Rdn. 763.

95 Das war im Fall Grace v. Mac Arthur, 170 F. Supp. (E.D.Ark. 1959) geschehen, wo die Klageschrift im Flugzeug beim Überfliegen des Staates Arkansas zugestellt wurde mit der Folge, dass die Gerichte dort ihre Zuständigkeit bejahten.

Wildenstein eine Klageschrift bei einem Besuch des Rennens von Ascot auf dem Rennplatz zugestellt mit der Folge, dass die englischen Gerichte ihre Zuständigkeit bejahten[96].

Dem Vorstandsmitglied einer deutschen Filmgesellschaft wurde eine Klageschrift bei einer Preisverleihung in Hollywood zugestellt. Ergebnis: Die kalifornischen Gerichte waren zuständig. Wenn eine Reise unumgänglich ist, dann sollten jedenfalls Reiseroute, Flug, Hotel usw. gegenüber dem potentiellen Prozessgegner geheim bleiben.

b) Klageerhebung im Ausland

69 Ist bei einem ausländischen Gericht Klage erhoben, dann erfährt der Beklagte dies regelmäßig erst durch Zustellung der Klageschrift. Hier werden vom Beklagten häufig mögliche Einwendungen durch Unachtsamkeit vertan.

70 Einige Rechtsordnungen lassen die Parteizustellung der Klageschrift zu, so das US-amerikanische, das kanadische und das australische Recht. In diesen Fällen beauftragt der ausländische Prozessbevollmächtigte des Klägers regelmäßig einen deutschen Anwalt, die Zustellung an die deutsche Partei vorzunehmen und über die erfolgte Zustellung ein Protokoll in der Form eines Affidavit auszustellen. Hier ist folgendes zu beachten:

Ist der ausländische Staat Mitgliedstaat des Haager Zustellungsübereinkommens, dann ist – wegen der ausschließlichen Geltung der Konvention[97] – die Parteizustellung unzulässig. Der Bundesjustizminister hat im Schreiben zum Rechtshilfeverkehr in Zivilsachen mit den USA vom 27.7.1981[98] klargestellt, dass Rechtsanwälte und Notare die Zustellung amerikanischer Klageschriften nicht durchführen dürfen. Versucht ein deutscher Rechtsanwalt oder Notar dennoch, eine amerikanische Klageschrift zuzustellen, so sollte die Annahme des Schriftstücks abgelehnt und das Landesjustizministerium informiert werden[99]. Dasselbe sollte bei einer Zustellung durch die Post geschehen. Die Landesjustizminis-

96 Vgl. dazu *Siehr*, „Forum Shopping" im internationalen Rechtsverkehr, ZfRV 25 (1984), 124 ff. (128 f.), im übrigen unten Rdn. 88. Die Entscheidung ist vor Inkrafttreten der EuGVVO im französisch-englischen Verhältnis ergangen. Sie wäre wegen Art. 3 Abs. 2 Brüssel I VO – jetzt Art. 5 Abs. 1 Brüssel Ia VO – heute nicht mehr möglich.

97 Vgl. dazu Rdn. 274.

98 Vgl. BRAK-Mitt. 1981, 25.

99 Vgl. zu den Reaktionen auf eine unzulässige Zustellung *Hollmann*, Auslandszustellung in US-amerikanischen Zivil- und Verwaltungssachen, RIW 1982, 784 ff.; vgl. auch *Kochinke/Horlick*, Auslandszustellung einer Klage nach amerikanischem Bundesrecht, RIW 1982, 79 ff.

terien nehmen sich dieser Fälle sehr sorgsam an, da die Zustellung ein Hoheitsakt ist, durch den in die deutsche Souveränität eingegriffen wird.

Soweit das Haager Zustellungsübereinkommen nicht anwendbar ist, sollte eine Zustellung ohne Stellungnahme entgegengenommen werden. Eine solche Zustellung genügt nämlich möglicherweise nicht den Erfordernissen des § 328 Abs. 1 Nr. 2 ZPO, wonach dem Beklagten, der sich auf das ausländische Verfahren nicht eingelassen hat, das verfahrenseinleitende Schriftstück ordnungsgemäß und so rechtzeitig zugestellt worden sein muss, dass er sich verteidigen konnte. Ein etwa in dem ausländischen Verfahren ergehendes ungünstiges Urteil könnte – immer vorausgesetzt, dass keine Einlassung erfolgt – in Deutschland bei Verletzung von § 328 Abs. 1 Nr. 2 ZPO nicht anerkannt und für vollstreckbar erklärt werden. 71

Erfolgt eine Zustellung nach dem Haager Zivilprozessübereinkommen, so wird regelmäßig zunächst die formlose Zustellung (§ 68 ZRHO) versucht. Der Zustellungsempfänger erhält eine Aufforderung des Amtsgerichts, ein Schriftstück abzuholen. Nach § 69 Abs. 3 ZRHO ist dem Zustellungsempfänger zunächst Gelegenheit zu geben, sich das zuzustellende Schriftstück anzusehen und über die Annahme zu entscheiden. Der Zustellungsempfänger ist darüber zu belehren, dass er nicht annahmeverpflichtet ist. Diese Belehrung unterbleibt häufig, wird unvollständig durchgeführt oder erreicht den Zustellungsadressaten nicht. In der Praxis geschieht nämlich folgendes: Der Vorstand oder Geschäftsführer eines verklagten Unternehmens holt das Schriftstück natürlich nicht selbst ab. Er bevollmächtigt seinen Chauffeur oder einen anderen Mitarbeiter. Dieser führt die Weisung, das Schriftstück abzuholen, aus, ohne dass die Belehrung den Zustellungsadressaten wirklich erreicht hätte[100]. 72

Die richtige Reaktion auf die Aufforderung des Amtsgerichts ist deshalb, nichts zu tun. Es ist im Grunde eine Unverschämtheit, den Beklagten zu Gericht zu bestellen, um ihm eine gegen ihn gerichtete Klage auszuhändigen. Man sollte immer auf förmlicher Zustellung bestehen. 73

Probleme wirft die Zustellung von Punitive-damages-Klagen auf. Nachdem das Bundesverfassungsgericht ein Machtwort gesprochen hat, gibt es gegen die Zustellung solcher Klagen in der Praxis kein wirksames Verteidigungsmittel mehr[101]. 74

100 Vgl. dazu *Schütze*, Formlose Zustellung im internationalen Rechtsverkehr, RIW 2000, 20 ff.

101 Vgl. BVerfGE 91, 335 = NJW 1995, 649 = RIW 1995, 320; vgl. auch *Juenger/Reimann*, Zustellung von Klagen auf Punitive Damages nach dem Haager Zustellungsübereinkommen, NJW 1994, 3274 ff.; *Koch/Diedrich*, Grundrechte als Maß für Zustellungen nach dem Haager Zustellungsübereinkommen?, ZIP 1994, 1830 ff.; *Merkt*, Abwehr der Zustellung von „punitive

75 Im vertragslosen Rechtsverkehr ist nur die formlose Zustellung zulässig. Hier kann die Zustellung durch mangelnde Bereitschaft der Annahme überhaupt verhindert werden. Dabei ist natürlich nicht auszuschließen, dass das ausländische Gericht dennoch von einer wirksamen Zustellung ausgeht (z.B. bei der remise au parquet[102]).

76 Der deutsche Beklagte kann im Verfahren der Wirkungserstreckung der ausländischen Entscheidung aber immer den Zustellungsmangel geltend machen. Das nützt ihm aber nichts, wenn er Vermögen im Urteilsstaat besitzt.

c) Schwebendes Verfahren im Ausland

77 Ist die Zustellung erfolgt, dann muss sich der Beklagte die Frage stellen, ob er sich auf das ausländische Verfahren einlassen will.

78 Hat der Beklagte kein Vermögen im Urteilsstaat und droht auch keine Vollstreckung in einem Drittstaat, so ist es unter Umständen angezeigt, Versäumnisurteil ergehen zu lassen. Einige Staaten erkennen nämlich ausländische Versäumnisurteile generell nicht an mit der Folge, dass für Versäumnisurteile im Verhältnis zu diesen Staaten die Gegenseitigkeit i.S.v. § 328 Abs. 1 Nr. 5 ZPO nicht verbürgt ist und ein von einem Gericht dieses Staates erlassenes Versäumnisurteil in Deutschland nicht anerkannt und für vollstreckbar erklärt werden kann.

79 Bevor die Entscheidung über Einlassung oder Nichteinlassung erfolgt, sollte der Beklagte keinerlei Reaktion zeigen. Denn schon die Bitte um Übersetzung der Klageschrift in die deutsche Sprache oder Vertagung des Verhandlungstermins kann unter Umständen als Einlassung angesehen werden[103].

---

damages“ – Klagen, 1995; *Morisse*, Die Zustellung US-amerikanischer Punitive-damages-Klagen in Deutschland, RIW 1995, 370 ff.; *Mörsdorf-Schulte*, Funktion und Dogmatik US-amerikanischer punitive damages, 1999, S. 14 ff.; *Schütze*, Zur Zustellung US-amerikanischer Klagen in Deutschland, FS Boguslavskij, 2004, S. 325 ff.; *Zekoll*, US-amerikanisches Produkthaftpflichtrecht vor deutschen Gerichte, 1987, S. 151 ff.

102 Vgl. dazu Rdn. 285 ff.

103 Vgl. dazu *Schütze*, Zur Bedeutung der rügelosen Einlassung im internationalen Zivilprozessrecht, RIW/AWD 1979, 590 ff.

II. Die Gerichtsbarkeit, insbesondere die Immunität von Staaten, Staatsunternehmen und Staatsbanken

Auch nach dem Zusammenbruch des Staatshandelssystems in zahlreichen Staaten des ehemaligen Ostblocks nehmen Staaten und Staatsunternehmen auch heute noch in großem Maße am internationalen Handel teil. Ob es sich um den Bau eines Krankenhauses in Tripolis, eines Hotels in Yangoon, einer Kläranlage in Hanoi handelt, immer ist der Staat selbst oder eine seine Organisationen Auftraggeber oder Vertragspartner. Die Abwicklung der Zahlung erfolgt in diesen Fällen regelmäßig über Staatsbanken, z.B. durch die Eröffnung eines Akkreditivs. 80

Diese Situation macht das Problem der Immunität von Staaten, Staatsunternehmen und Staatsbanken zu einer Frage von erheblicher praktischer Bedeutung. So hat sich im Anschluss an den „Nigeria-Zement-Skandal" eine Prozessserie vor den Gerichten zahlreicher Staaten gegen die Central Bank of Nigeria entwickelt, die in allen Verfahren – regelmäßig erfolglos – Immunität als Staatsbank für sich beanspruchte[104].

Dem Komplex lagen Verträge über Zementlieferungen zugrunde, die Nigeria Anfang 1975 abgeschlossen hatte. Die Zementlieferungen wurden nur unvollständig und verspätet abgenommen, teilweise wegen der unzureichenden Hafenkapazitäten in Lagos. Als die Central Bank of Nigeria von ihr zugunsten der Zementlieferanten eröffnete Akkreditive nicht mehr honorierte – zwischenzeitlich hatte die Armee geputscht und eine Militärregierung eingesetzt –, versuchten die Zementlieferanten, sich aus von der nigerianischen Zentralbank bei ausländischen Banken unterhaltenen Konten zu befriedigen[105]. 81

Eine ähnliche Prozessserie entwickelte sich nach dem Sturz des Schah-Regimes im Iran, als ausländische Gläubiger in zahlreichen Staaten Zugriff auf 82

104 Vgl. dazu den guten Überblick bei *Gramlich*, Staatliche Immunität für Zentralbanken?, RabelsZ 45 (1981), 545 ff.

105 Vgl. dazu aus der englischen Rechtsprechung Trendtex Trading Corp. v. Central Bank of Nigeria (1977) Q.B. 529; dazu *Schanze*, Relativierung der Immunität ausländischen Staatsvermögens in England: Variante der Nigeria-Zementfälle vor dem Court of Appeal, AG 1977, 81 ff.; aus der amerikanischen Rechtsprechung National American Corp. v. Central Bank of Nigeria 420 F Supp. 954 (S.D.N.Y. 1976); aus der deutschen Rechtsprechung LG Frankfurt/Main, WM 1976, 515 = NJW 1976, 1044; vgl. allgemein zu den Nigeria-Zementfällen *Nwogugu*, Immunity of State Property – The Central Bank of Nigeria in Foreign Courts, Ned. Yb.IntL. 1979, 179 ff.; *Gramlich*, RabelsZ 45 (1981), 545 ff. (546 ff.).

Vermögenswerte des iranischen Staates, iranischer Staatsunternehmen[106] und Staatsbanken suchten[107]. Diskussionen hat u.a. die Pfändung der Geschäftsanteile des Iran an der Friedrich Krupp GmbH durch das AG Essen ausgelöst[108].

1. Die staatvertragliche Regelung der Immunität

83 Die Gerichtsbarkeit (facultas iurisdictionis) ist im Grundsatz unbeschränkt[109]. Sie wird völkerrechtlich begrenzt durch die Immunität von Staaten, Staatsunternehmen, mit Staatsgewalt bekleideter Personen und internationaler Organisationen und ihrer Angehörigen.

a) Diplomaten und Konsuln

84 Die Immunität von Angehörigen des diplomatischen und konsularischen Dienstes ist umfassend in zwei Konventionen geregelt:

85 *Wiener Übereinkommen vom 18.4.1961 über diplomatische Beziehungen*[110]. Das Übereinkommen konkretisiert die völkerrechtlich garantierte Immunität von Diplomaten und weiteren damit verbundenen Personen. § 18 GVG verweist auf das Übereinkommen und erstreckt den Geltungsbereich auch auf Diploma-

---

106 Vgl. zur Zulässigkeit der Vollstreckung in Konten der National Iranian Oil Company BVerfGE 64, 1; OLG Frankfurt/Main, IPRax 1983, 68; dazu *Albert*, Arrestverfahren gegen ausländische staatliche Unternehmen am Vermögensgerichtsstand, IPRax 1983, 55 ff.; *Stein*, Zur Immunität fremder Staaten und ihrer im Ausland unterhaltenen Bankkonten, IPRax 1984, 179 ff.

107 Vgl. dazu *Schütze*, Forderungssicherung im deutsch-iranischen Verhältnis, BB 1979, 384 ff.

108 Vgl. AG Essen, zitiert nach *Schumann*, Aktuelle Fragen und Probleme des Gerichtsstands des Vermögens (§ 23 ZPO), ZZP 93 (1980), 408 ff. (414).

109 Vgl. dazu *Geimer*, IZPR Rdn. 371 ff. mit weiteren Nachweisen. Eine Literaturzusammenstellung findet sich bei *Schütze*, Deutsches internationales Zivilprozessrecht, 2. Aufl., 2005, Rdn. 67.

110 BGBl. 1964 II, 957, 1006, 1018; vgl. dazu *Brown*, Diplomatic Immunity: State Practice under the Vienna Convention on Diplomatic Immunities, ICLQ 37 (1988), 53 ff.; *Fliedner*, Neue Vorschriften für Extraterritoriale, ZRP 1973, 263 ff.; *Richtsteig*, Wiener Übereinkommen über diplomatische und konsularische Beziehungen, 1994; *Seidenberger*, Die diplomatischen und konsularischen Immunitäten und Privilegien, 1994; *Steinmann*, Ein Beitrag zur zivilrechtlichen Immunität von ausländischen Diplomaten, Konsuln und anderen bevorrechtigten Personen sowie von fremden Staaten, die durch ihre Missionen oder auf ähnliche Weise in der Bundesrepublik Deutschland tätig werden, MDR 1965, 706 ff.; 795 ff.

ten aus Staaten, die dem Übereinkommen nicht angehören. Mitgliedstaaten des Übereinkommens sind: Afghanistan, Ägypten, Albanien, Algerien, Andorra, Angola, Äquatorialguinea, Argentinien, Armenien, Aserbaidschan, Äthiopien, Australien, Bahamas, Bahrain, Bangladesch, Barbados, Belarus, Belgien, Benin, Bhutan, Bolivien, Bosnien-Herzegowina, Botsuana, Brasilien, Bulgarien, Burkina Faso, Burundi, Chile, China (Taiwan), China (Volksrepublik), Costa Rica, Côte d'Ivoire, Dänemark, Dominica, Dominikanische Republik, Dschibuti, Ecuador, El Salvador, Eritrea, Estland, Fidschi, Finnland, Frankreich, Gabun, Georgien, Ghana, Grenada, Griechenland, Guatemala, Guinea, Guinea-Bissau, Guyana, Haiti, Heiliger Stuhl, Honduras, Indien, Indonesien, Irak, Iran, Irland, Island, Israel, Italien, Jamaika, Japan, Jemen, Jordanien, Jugoslawien (ehemaliges), Kambodscha, Kamerun, Kanada, Kap Verde, Kasachstan, Katar, Kenia, Kirgisistan, Kiribati, Kolumbien, Komoren, Kongo (Republik), Kongo (Demokratische Republik), Korea (Demokratische Volksrepublik), Korea (Republik), Kroatien, Kuba, Kuwait, Laos, Lesotho, Lettland, Libanon, Liberia, Libyen, Liechtenstein, Litauen, Luxemburg, Madagaskar, Malawi, Malaysia, Mali, Malta, Marokko, Marschallinseln, Mauretanien, Mauritius, Mazedonien (ehemalige jugoslawische Republik), Mexiko, Mikronesien, Moldau (Republik), Monaco, Mongolei, Montenegro, Mosambik, Myanmar, Namibia, Nauru, Nepal, Neuseeland, Nicaragua, Niederlande, Niger, Nigeria, Norwegen, Oman, Österreich, Pakistan, Panama, Papua-Neuguinea, Paraguay, Peru, Philippinen, Polen, Portugal, Ruanda, Rumänien, Russische Föderation, Sambia, Samoa, San Marino, Sao Tomé und Principe, Saudi-Arabien, Schweden, Schweiz, Senegal, Serbien, Seychellen, Sierra Leone, Simbabwe, Singapur, Slowakei, Slowenien, Somalia, Sowjetunion (ehemalige), Spanien, Sri Lanka, St. Lucia, St. Vincent und die Grenadinen, Südafrika, Sudan, Suriname, Swasiland, Syrien, Tadschikistan, Tansania, Thailand, Timor-Leste, Togo, Tonga, Trinidad und Tobago, Tschad, Tschechoslowakei (ehemalige), Tunesien, Türkei, Turkmenistan, Tuvalu, Uganda, Ukraine, Ungarn, Uruguay, Usbekistan, Venezuela, Vereinigte Arabische Emirate, Vereinigtes Königreich, Vereinigte Staaten, Vietnam, Zentralafrikanische Republik, Zypern.

Wiener Übereinkommen vom 24.4.1963 über konsularische Beziehungen[111]. Die 86
Immunität der Mitglieder ausländischer konsularischer Vertretungen ist in dem Übereinkommen umfassend geregelt. § 19 GVG verweist auf die Konvention und erstreckt ihren Geltungsbereich auch auf konsularisches Personal aus Staaten, die dem Übereinkommen nicht angehören. Mitgliedstaaten des Übereinkommens sind: Ägypten, Albanien, Algerien, Andorra, Angola, Antigua und Bar-

111 BGBl. 1969 II, 1585, 1674, 1688, vgl. dazu *Jablonski/Fugger*, Die Immunität konsularischer Funktionäre in der Wiener Konvention 1963, NJW 1964, 712ff. sowie die in FN 110 Zitierten.

buda, Äquatorialguinea, Argentinien, Armenien, Aserbaidschan, Australien, Bahamas, Bahrain, Bangladesch, Barbados, Belarus, Belgien, Belize, Benin, Bhutan, Bolivien, Bosnien-Herzegowina, Brasilien, Bulgarien, Burkina Faso, Chile, China, Costa Rica, Dänemark, Dominica, Dominikanische Republik, Dschibuti, Ecuador, El Salvador, Eritrea, Estland, Fidschi, Finnland, Frankreich, Gabun, Georgien, Ghana, Grenada, Griechenland, Guatemala, Guinea, Guyana, Haiti, Heiliger Stuhl, Honduras, Indien, Indonesien, Irak, Iran, Irland, Island, Italien, Jamaika, Japan, Jemen, Jordanien, Jugoslawien (ehemaliges), Kambodscha, Kamerun, Kanada, Kap Verde, Kasachstan, Katar, Kenia, Kirgisistan, Kiribati, Kolumbien, Kongo (Demokratische Republik), Korea (Demokratische Volksrepublik), Korea (Republik), Kroatien, Kuba, Kuwait, Laos, Lesotho, Lettland, Libanon, Liberia, Libyen, Liechtenstein, Litauen, Luxemburg, Madagaskar, Malawi, Malaysia, Malediven, Mali, Malta, Marokko, Marshallinseln, Mauretanien, Mauritius, Mazedonien (ehemalige jugoslawische Republik), Mexiko, Mikronesien, Moldau (Republik), Monaco, Mongolei, Montenegro, Mosambik, Myanmar, Namibia, Nepal, Neuseeland, Nicaragua, Niederlande, Niger, Nigeria, Norwegen, Oman, Österreich, Pakistan, Panama, Papua-Neuguinea, Paraguay, Peru, Philippinen, Polen, Portugal, Ruanda, Rumänien, Russische Föderation, Samoa, Sao Tomé und Principe, Saudi-Arabien, Schweden, Schweiz, Senegal, Serbien, Seychellen, Simbabwe, Singapur, Slowakei, Slowenien, Somalia, Sowjetunion (ehemalige), Spanien, Sri Lanka, St. Lucia, St. Vincent und die Grenadinen, Südafrika, Sudan, Suriname, Syrien, Tadschikistan, Tansania, Thailand, Timor-Leste, Togo, Tonga, Trinidad und Tobago, Tschechien, Tschechoslowakei (ehemalige), Tunesien, Türkei, Turkmenistan, Tuvalu, Ukraine, Ungarn, Uruguay, Usbekistan, Vanuatu, Venezuela, Vereinigte Arabische Emirate, Vereinigtes Königreich, Vereinigte Staaten, Vietnam, Zypern.

b) Staaten

87 Das Europäische Übereinkommen über die Staatenimmunität vom 16.5.1972[112] gilt im Verhältnis zu Belgien, Luxemburg, den Niederlanden, Österreich, der Schweiz, dem Vereinigten Königreich und Zypern.

112 BGBl. 1990 II, 34; vgl. dazu *Arnold*, Europäisches Übereinkommen über Staatenimmunität in Sicht, AWD 1969, 356 ff.; *Damian*, The European Convention on State Immunity, Encyclopedia of Public International Law 10 (1987), 151 ff.; *Esser*, Klagen gegen ausländische Staaten, 1990, S. 208 ff.; *Hess*, Staatenimmunität bei Distanzdelikten, 1992, S. 210 ff.; *Karczewski*, Das Europäische Übereinkommen über Staatenimmunität v. 16.5.1972, RabelsZ 54 (1990), 533 ff.; *Kren Kostkiewicz*, Staatenimmunität im Erkenntnis- und im Vollstreckungsverfahren nach

Das Übereinkommen differenziert nicht nach Ansprüchen aus acta iure imperii und solchen aus acta iure gestionis, da im Zeitpunkt der Ausarbeitung der Konvention ein Teil der Staaten noch der Lehre von der absoluten Immunität folgte. Nach Art. 15 genießen ausländische Staaten grundsätzlich Immunität, soweit nicht ein Anspruch nach Artt. 1–14 vorliegt. Dabei wird nicht zwischen Gerichtsbarkeit und internationaler Zuständigkeit unterschieden. In die Befreiungstatbestände sind jeweils die Zuständigkeitsanknüpfungen eingefügt[113]. 88

Im Einzelnen genießt der ausländische Staat keine Immunität in den Gerichtsständen: 89

- der konnexen Widerklage (Art. 1 Abs. 2)
- der Vereinbarung (Art. 2)
- der rügelosen Einlassung zur Hauptsache (Art. 3)
- des Erfüllungsortes (Art. 4)
- des Beschäftigungsortes (Art. 5)
- der Mitgliedschaft (Art. 6)
- der Niederlassung (Art. 7)
- des Ortes der Verleihung von gewerblichen Schutzrechten (Art. 8)
- der belegenen Sache bei Immobiliarstreitigkeiten (Art. 9)
- der Erbschaft (Art. 10)
- der unerlaubten Handlung (Art. 11)

Darüber hinaus besteht generell keine Immunität im Schiedsverfahren (Art. 12). Diese Regelung war an sich unnötig, da in dem Abschluss einer Schiedsvereinbarung immer der Verzicht auf etwa bestehende Immunität liegt[114].

c) Staatsschiffe

Das internationale Übereinkommen zur einheitlichen Feststellung von Regeln der Immunität von Staatsschiffen vom 10.4.1926[115] ist in seinem sachlichen Gel- 90

schweizerischem Recht, 1988, S. 217 ff.; *Kronke*, Europäisches Übereinkommen über Staatenimmunität – Element der Kodifizierung des deutschen internationalen Zivilverfahrensrechts, IPRax 1991, 141 ff.; *Sinclair*, The European Convention on State Immunity, ICLQ 22 (1973), 254 ff.; *Strebel*, Staatenimmunität – Die Europaratskonvention und die neuen Gesetze der Vereinigten Staaten und Grossbritanniens, RabelsZ 44 (1980), 66 ff.; *Wiederkehr*, La Convention Européenne sur l'Immunité des Etats du 16 mai 1972; Annuaire Français du Droit International 1974, 924 ff.

113 Vgl. *Geimer/Schütze*, Internationaler Rechtsverkehr, 951.10 f.

114 Vgl. dazu *Langkeit*, Staatenimmunität und Schiedsgerichtsbarkeit, 1989.

115 RGBl. 1927 II, 483; 1936 II, 303; dazu *Menzel*, Die Immunität der Staatsschiffe, 1981; *Riezler*, Internationales Zivilprozessrecht, 1949, S. 405.

tungsbereich eingeschränkt und hat internationale Bedeutungn nicht in gewünschtem Maße erlangt, da es von den Vereinigten Staaten und der Sowjetunion und ihren Nachfolgestaaten nicht unterzeichnet worden ist[116]. Das Übereinkommen gilt im Verhältnis zu: Ägypten, Argentinien, Belgien, Brasilien, Chile, Dänemark, Frankreich, Griechenland, Italien, Kongo (Demokratische Republik), Luxemburg, Madagaskar, Niederlande, Norwegen, Polen, Portugal, Schweden, Schweiz, Syrien, Türkei, Ungarn, Uruguay, Vereinigtes Königreich, Zypern.

2. Staatenimmunität[117]

91 Die traditionelle völkerrechtliche Praxis ging dahin, ausländischen Staaten Immunität in unbeschränktem Ausmaß zu gewähren. Ausgehend von dem Prinzip

---

116 Vgl. zu den Konventionen der Genfer Seerechtskonferenz 1958 *Münch*, Seerechtskonferenz von 1958: Handbuch des Völkerrechts, Bd. 3, S. 238.

117 Vgl. dazu *Albert*, Völkerrechtliche Immunität ausländischer Staaten gegen Gerichtszwang, Diss. Berlin 1984; *Baars/Böckel*, Argentinische Staatsanleihen vor deutschen und argentinischen Gerichten, ZBB 2004, 445 ff.; *Bertele*, Souveränität und Verfahrensrecht – Eine Untersuchung der aus dem Völkerrecht ableitbaren Grenzen staatliche extraterritorialer Jurisdiktion im Verfahrensrecht, 1998; *Beys*, Die Zwangsvollstreckung gegen einen ausländischen Staat im hellenischen Recht, FS Schlosser, 2005, S. 37 ff.; *Boguslavskji*, Staatliche Immunität, 1965; *Dahm*, Völkerrechtliche Grenzen der Gerichtsbarkeit gegenüber ausländischen Staaten, FS Nikisch, 1958, S. 153 ff.; *Damian*, Staatenimmunität und Gerichtszwang, 1958; *Dörr*, Staatliche Immunität auf dem Rückzug?, ArchVR 41 (2003), 201 ff.; *Eckstein*, Zur Lehre von der Gerichtsbarkeit und der internationalen Zuständigkeit im deutschen Zivilprozessrecht, Diss. Freiburg, 1951; *Esser*, Klagen gegen ausländische Staaten, 1990; *Geimer*, Zur Prüfung der Gerichtsbarkeit und der internationalen Zuständigkeit bei der Anerkennung ausländischer Urteile, 1966; *Gmür*, Gerichtsbarkeit über fremde Staaten, Diss. Zürich 1948; *ders.*, zur Frage der gerichtlichen Immunität der Staaten und Staatsunternehmen, SJIR 7 (1950), 9 ff.; *Habscheid*, Staatenimmunität im Erkenntnis- und Vollstreckungsverfahren, FS Giger, 1989, S. 213 ff.; *Hausmann*, Ausländische Staaten als Darlehens- oder Anleiheschuldner vor deutschen Gerichten, FS Geimer, 2002, S. 289 ff.; *Hendl*, Zur Frage der Staatenimmunität, JBl 1962, 15 ff.; *Hess*, Staatenimmunität bei Distanzdelikten, 1992; *ders.*, Staatenimmunität bei Völkerrechtsverletzungen, FS Schütze, 1999, S. 269 ff.; *Kren Kostkiewicz*, Staatenimmunität im Erkenntnis- und Vollstreckungsverfahren nach schweizerischem Recht, 1998; *Langkeit*, Staatenimmunität und Schiedsgerichtsbarkeit, 1989; *Malina*, Die völkerrechtliche Immunität ausländischer Staaten im zivilrechtlichen Erkenntnisverfahren, Diss. Marburg 1978; *Mann*, Prozesshandlungen gegenüber ausländischen Staaten und Staatsorganen, NJW 1990, 618 ff.; *Matscher*, Überlegungen über einen einheitlichen Begriff der inländischen Gerichtsbarkeit in Zivilrechtssachen, FS Verosta, 1980, S. 299 ff.; *Nedjar*, Tendances actuelles du droit international des immunités des Etats, Journal Clunet 124 (1997), 59 ff.; *Pieper*, Staatenimmunität –

„par in parem non habet imperium ni iurisdictionem" wurden ausländische Staaten unabhängig von der Art der Tätigkeit und der Natur des geltend gemachten Anspruchs in jedem Falle von der Gerichtsbarkeit ausgenommen (absolute Immunität).

Die zunehmende wirtschaftliche Betätigung der Staaten hat dazu geführt, dass das Prinzip der absoluten Immunität fast allenthalben zugunsten der Lehre von der eingeschränkten Immunität aufgegeben worden ist. Die Wende in Deutschland[118] wurde durch die Beschlüsse des Bundesverfassungsgerichts vom 30.10.1962 und 30.4.1963[119] vollzogen.

Nach der Lehre von der eingeschränkten Immunität ist zwischen Ansprü- 92
chen aus hoheitlichem Handeln (acta iure imperii) und solchen aus wirtschaftlicher Tätigkeit (acta iure gestionis) zu unterscheiden. Nur für erstere genießt

eine Bestandsaufnahme, FS Klein, 2013, S. 839 ff.; *Ress*, Entwicklungstendenzen der Immunität ausländischer Staaten, ZaöRV 40 (1989), 217 ff.; *Reuter*, Einige Betrachtungen zur Natur der Staatenimmunität im Völkerrecht, FS Verosta, 1980, S. 147 ff., *Riedinger*, Staatenimmunität gegenüber Zwangsgewalt, RabelZ 45 (1981), 448 ff.; *Roeder*, Grundzüge der Staatenimmunität, JuS 2005, 215 ff.; *Schaumann/Habscheid*, Die Immunität ausländischer Staaten nach Völkerrecht und deutschem Zivilprozessrecht, Berichte der Deutschen Gesellschaft für Völkerrecht, Heft 8, 1968; *von Schönfeld*, Die Immunität ausländischer Staaten vor deutschen Gerichten, NJW 1986, 2980 ff.; *Schwenk*, Ausschluss fremder Staaten von der deutschen Gerichtsbarkeit, NJW 1954, 1596 ff.; *ders.*, Exterritorialität ausländischer Staaten, MDR 1958, 805 ff.; *von Seidl-Hohenveldern*, Neue Entwicklungen im Recht der Staatenimmunität, FS Beitzke, 1979, S. 1081 ff.; *Sonnenberger*, Inländische Gerichtsbarkeit über ausländische Staaten und sonstige öffentlich-rechtliche Rechtsträger, AcP 162 (1963), 485 ff.; *Spruth*, Gerichtsbarkeit über fremde Staaten unter besonderer Berücksichtigung der Entwicklung seit dem Weltkriege, 1929; *Strebel*, Staatenimmunität, RabelsZ 44 (1980), 66 ff.; *Trefftz*, Die beschränkte Immunität in der Bundesrepublik, NJW 1964, 957 ff., *Tufano*, L'immunità degli stati – Vecchi problemi e nuove prospettive, Riv.dir.int.priv.proc. 2008, 681 ff.; *Walter*, Die Staatenimmunität in der Schweiz, FS Beys, 2003, II, S. 1721 ff.; *Weigel*, Gerichtsbarkeit, internationale Zuständigkeit und Territorialitätsprinzip im deutschen gewerblichen Rechtsschutz, 1973; *Weil*, Neue Entwicklungen im Recht der Staatenimmunität, FS Beitzke, 1979, S. 1081 ff.; *Yarkow*, The Evolution of the Jurisdictional Immunity Doctrine, FS Boguslavskij, 2004, S. 231 ff.; *Ziegenhain*, Extraterritoriale Rechtsanwendung und die Bedeutung des Genuine-Link-Erfordernisses, 1992.

118 Vgl. *Münch*, Immunität fremder Staaten in der deutschen Rechtsprechung bis zu den Beschlüssen des Bundesverfassungsgerichts v. 30.10.1962 und 30.4.1963, ZaöRV 24 (1964), 265 ff.

119 Vgl. BVerfGE 15, 25; BVerfGE 16, 27; dazu *Habscheid*, Die Immunität ausländischer Staaten nach deutschem Zivilprozessrecht, in: Schaumann/Habscheid (Herausg.), Berichte der deutschen Gesellschaft für Völkerrecht, Heft 8, 1968, S. 159 ff.; *v. Seidl-Hohenveldern*, Neue Entwicklungen im Recht der Staatenimmunität, FS Beitzke, 1979, S. 1081 ff.; *Sonnenberger*, Inländische Gerichtsbarkeit über ausländische Staaten und sonstige öffentlich-rechtliche Rechtsträger. Die neueste Entwicklung in Frankreich, England und Deutschland, AcP 162 (1963), 485 ff.

der Staat im Erkenntnisverfahren Immunität, nicht für letztere. Bei der Vollstreckungsimmunität wird danach differenziert, ob der Vermögensgegenstand, in den vollstreckt werden soll, hoheitlichen Zwecken dient oder nicht. Nur im ersteren Fall genießt der ausländische Staat Immunität[120].

Die eingeschränkte Immunität wird heute überwiegend in den westlichen Industrienationen praktiziert. Auch in Japan[121] und Brasilien[122], die als letzte der großen Industriestaaten am Prinzip der absoluten Immunität festhielten, hat sich die Praxis gewandelt.

93 Absolute Immunität wird heute nur noch von wenigen Staaten gewährt, z.B. Indien[123] und Myanmar[124].

94 Unter dem Druck von Menschenrechtsaktivisten ist in jüngerer Zeit immer wieder versucht worden, die Staatenimmunität bei völkerrechtswidrigen Akten zu Fall zu bringen[125], insbesondere in Griechenland, Italien und den USA. Im „Distomo" Fall machten Hinterbliebene einer Vergeltungsaktion der Waffen SS für grausame Partisanenverbrechen an deutschen Soldaten Schadensersatzforderungen gegen Deutschland vor griechischen Gerichten geltend. Der Areopag[126] hat die Immunität Deutschlands im Hinblick auf eine angeblich bestehende Gebietsausnahme verneint[127]. In Italien hat die Corte di Cassazione in der „Ferrini" Entscheidung[128] die Immunität Deutschlands in Entschädigungsverfahren wegen Zwangsarbeit nicht beachtet. Dem folgend hat die Corte d'Appello Firenze unter Missachtung der Immunität Deutschlands das griechische „Distomo" Urteil für

---

120 Vgl. grundlegend BVerfGE 46, 342 = RIW/AWD 1978, 122 mit Anm. v. *Seidl-Hohenveldern* (Unzulässigkeit der Vollstreckung in Botschaftskonto).

121 Vgl. im Einzelnen mit Nachweisen für die Entwicklung in der Rechtsprechung *Petersen-Padberg*, Länderbericht Japan, in: Geimer/Schütze, Internationaler Rechtsverkehr, 1058.2f.

122 Vgl. im Einzelnen mit Nachweisen für die Entwicklung in der Rechtsprechung *Samtleben*, Länderbericht Brasilien, in: Geimer/Schütze, Internationaler Rechtsverkehr, 1023.2ff.

123 Vgl. dazu *Hess*, Staatenimmunität bei Distanzdelikten, 1992, S. 199ff. m.w.N.; *Otto*, Länderbericht Indien, in: Geimer/Schütze, Internationaler Rechtsverkehr, 1046.1f.

124 Vgl. *Respondek/Witte*, Länderbericht Myanmar, in: Geimer/Schütze, Internationaler Rechtsverkehr, 1093a.2.

125 Vgl. dazu *Dörr*, Staatliche Immunität auf dem Rückzug?, ArchVR 41 (2003), 201ff. (207ff.)

126 Vgl. zu der Entscheidung des Areopag (zustimmend) *Beys*, Die moralische und rechtliche Diskussion der drohenden Beschlagnahme und Zwangsversteigerung deutscher kultureller Anstalten in Griechenland, Dike International 2000, 909ff.; *ders.*, Die allgemein anerkannten Normen des Völkerrechts und die Frage der Immunität der Bundesrepublik Deutschland für den Holocaust von Distomo, Dike International 2000, 722ff.; (ablehnend) *Dolzer*, Der Areopag im Abseits, NJW 2001, 3825.

127 Kurz vor der Zwangsversteigerung des Gebäudes des Goethe-Instituts hat dann jedoch das höchste griechische Sondergericht den Areopag korrigiert und die Immunität Deutschlands bestätigt.

128 Riv.dir.int.87 (2004), 539.

vollstreckbar erklärt[129]. Florenz wurde von den Klägern offenbar als Gerichtsstand gewählt, weil Deutschland dort Eigentum besaß, insbesondere das kunsthistorische Institut. Die Corte d'Appello hat gemeint, es bestehe eine Völkerrechtspraxis, nach der die Immunität bei Menschenrechtsverletzungen eingeschränkt sei.

In dieser Richtung ging in der Tat auch die Rechtsprechung in den USA. Ein 95
beredtes Beispiel ist der „Princz"-Fall[130]. Hier klagte ein amerikanischer Jude auf Schadensersatz für angebliche Misshandlungen und Internierung im dritten Reich gegen Deutschland vor einem amerikanischen Gericht. Dessen Richter wies den Immunitätseinwand Deutschlands mit einer ebenso rüden wie nichtssagenden Bemerkung zurück: *Eine Unverschämtheit hier zu behaupten, das Gericht sei nicht zuständig. Ein amerikanischer Staatsbürger hat das Recht, vor diesem Gericht zu klagen*[131].

Der IGH hat dann in einem Rechtsstreit Deutschland v. Italien im Jahr 2012 96
ein Machtwort gesprochen und den neueren Tendenzen zu Recht[132] eine Absage erteilt. Das Gericht hat mit zwölf zu drei Stimmen entschieden:

> *„dass die Republik Italien ihre Verpflichtung Deutschlands Immunität zu respektieren, verletzt hat, indem sie gegen Deutschland gerichtete zivilrechtliche Klagen zugelassen hat, die auf Verletzung von Menschenrecht beruhen, die vom Deutschen Reich zwischen 1943 und 1945 begangen worden waren"*

3. Immunität von Staatsunternehmen[133]

Die herkömmliche Rechtsprechung und Lehre in Deutschland verneinte gene- 97
rell die Immunität ausländischer Staatsunternehmen sowohl für das Erkennt-

129 Vgl. dazu *Stürner (M.)*, Staatenimmunität und Brüssel I-Verordnung, IPRax 2008, 197 ff.

130 Vgl. dazu *Heidenberger*, Praxis von US Gerichten zur Staatenimmunität Deutschlands, ZvglRWiss. 97 (1998), 440 ff. (443)

131 Das Urteil des Bezirksgerichts (813 F. Supp. 22 (D.D.C. 1992) hatte im Endergebnis zwar keinen Bestand. Das Berufungsgericht bejahte in einer Mehrheitsentscheidung die Immunität Deutschlands (26 F. 3rd 1168 – ILM 33 (1994), 1483 (D.C.Cir. 1994). Das Urteil des Bezirksgerichts zeigt aber die Tendenz.

132 Vgl. *Schack*, IZVR, Rdn. 177 m.w.N.

133 Vgl. dazu *Enderlein*, Zur rechtlichen Selbständigkeit sozialistischer staatlicher Unternehmen in den internationalen Wirtschaftsbeziehungen, RIW 1988, 333 ff.; *Esser*, Zur Immunität rechtlich selbständiger Staatsunternehmen, RIW 1984, 577 ff.; *Fischer/von Hoffmann*, Staatsunternehmen im Völkerrecht und im internationalen Privatrecht, Berichte der Deutschen Gesellschaft für Völkerrecht, Heft 25, 1984; *Herz*, Die Immunität ausländischer Staatsunternehmen mit eigener Rechtspersönlichkeit, Diss. Tübingen 1992; *Mann*, Staatsunternehmen in internationalen Wirtschaftsbeziehungen, RIW 1987, 187 ff.

nis- als auch das Vollstreckungsverfahren[134]. Heute wird – einem weltweiten Trend folgend – funktional differenziert. Es kommt nicht auf die Rechtsform des Unternehmens, vielmehr seine Funktion bei der Erfüllung seiner Aufgaben an[135].

Das ist auch die vorherrschende ausländische Praxis. So haben die italienischen Gerichte in einem Arbeitsgerichtsprozess der sehr linken Rom-Korrespondentin Franca Magnani dem bayerischen Rundfunk als öffentlichrechtlicher Rundfunkanstalt keine Immunität gewährt[136]. Besondere Bedeutung hat die Immunitätsfrage bei staatlichen Außenhandelsunternehmen, die früher den internationalen Wirtschaftsverkehr der sozialistischen Staaten abwickelten[137]. Für den ehemaligen Ostblock ist dies seit dem Zusammenbruch des Staatshandelssystems dort nunmehr weitgehend obsolet geworden. Die Bedeutung für andere Staatshandelsländer bleibt.

4. Immunität von Staatsbanken[138]

98 Das Problem der Immunität ausländischer Staatsbanken hat sich in den siebziger Jahren des vorigen Jahrhunderts insbesondere im Zusammenhang mit den sogenannten „Nigeria-Zementfällen" gestellt. Nachdem vom nigerianischen Verteidigungsministerium bestellte große Zementmengen nicht, unvollständig oder zu spät abgenommen wurden, unter anderem wegen der mangelnden Kapazität des Hafens Lagos, entwickelte sich weltweit eine Prozessserie gegen die Central Bank of Nigeria, die Akkreditive im Zusammenhang mit den Transaktio-

---

134 Vgl. die Leitentscheidung BGHZ 18, 1; vgl. für weitere Nachweise *Schütze*, Deutsches Internationales Zivilprozessrecht, 2. Aufl., 2005, Rdn. 88 ff.

135 Vgl. dazu OLG Frankfurt/Main, IPRax 1983, 68; *Esser*, Klagen gegen ausländische Staaten, 1990, S. 252 f.; *Geimer*, IZPR, Rdn. 624 a; *Hess*, Staatenimmunität bei Distanzdelikten, 1992, S. 62 m.w.N.; *Schack*, IZVR Rdn. 181.

136 Vgl. dazu *Kronke*, Erstreckung der Staatenimmunität auf deutsche Rundfunkanstalten, IPRax 1989, 176 ff.

137 Vgl. zu der Problematik *Enderlein*, Zur rechtlichen Selbständigkeit sozialistischer staatlicher Unternehmen in den internationalen Wirtschaftsbeziehungen, RIW 1988, 333 ff. und *Mann*, Staatsunternehmen in internationalen Wirtschaftsbeziehungen, RIW 1987, 186 ff.

138 Vgl. dazu *Gramlich*, Staatliche Immunität für Zentralbanken?, RabelsZ 45 (1981), 545 ff.; *Gutzwiller*, Die Vollstreckung gegenüber ausländischen Körperschaften, insbesondere in die „Währungsreserven" einer Zentralbank, ZSR 2002 I, 121 ff.; *Krauskopf*, Die Rechtsprechung zur Immunität ausländischer Zentralbanken und Währungsbehörden in der Bundesrepublik Deutschland, WM 1986, 89 ff.; *Krauskopf/Steven*, Immunität ausländischer Zentralbanken im deutschen Recht, WM 2000, 269 ff.

nen ausgelegt hatte[139]. In Deutschland hat das Landgericht Frankfurt die Immunität der Central Bank of Nigeria verneint[140].

Der weltweite Trend geht dahin, bei Staatsbanken funktional zu differenzieren. Soweit sie unmittelbare Zentralbankaufgaben wie die Notenausgabe oder die Steuerung des Geldverkehrs wahrnehmen, genießen sie jedenfalls Immunität, nicht dagegen bei reinen Bankgeschäften wie der Auslegung von Akkreditiven oder der Erstellung von Bankbürgschaften. 99

Vollstreckungsimmunität genießen Zentralbanken hinsichtlich der Vermögenswerte, die hoheitlichen Aufgaben dienen. Der Bundesgerichtshof hat jüngst die auf Konten der Deutschen Bundesbank verwalteten Währungsreserven der Zentralbank der Mongolei als der Vollstreckungsimmunität unterliegend angesehen[141].

139 Vgl. dazu aus der englischen Rechtsprechung Trendtex Trading Corp. v. Central Bank of Nigeria (1977) Q.B. 529; dazu *Schanze*, Relativierung ausländischen Staatsvermögens in England: Variante der Nigaria-Zementfälle vor dem Court of Appeal, AG 1977, 81 ff.; aus der US-amerikanischen Rechtsprechung National American Corp. v. Central Bank of Nigaria 420 F. Supp. 954 (S.D.N.Y. 1976); allgemein zu den Nigeria-Zementfällen *Nwogugu*, Immunity of State Property – The Central Bank of Nigeria in Foreign Courts, Nd.Yb.IntL. 1979, 179 ff.; *Gramlich*, Staatliche Immunität von Zentralbanken ?, RabelsZ 45 (1981), 545 ff.

140 Vgl. LG Frankfurt/Main, AG 1976, 47 mit abl. Anm. *Mertens*.

141 Vgl. BGH WM 2013, 1469.

III. Die internationale Zuständigkeit

Die internationale Zuständigkeit[142] ist Prozessvoraussetzung[143] für jedes Verfahren vor in- und ausländischen Gerichten[144]. 100

142 Vgl. dazu *Breuleux*, Internationale Zuständigkeit, 1969; *Burgstaller/Neumayr*, Beobachtungen zu Grenzfragen der internationalen Zuständigkeit: Von forum non conveniens bis Notzuständigkeit, FS Schlosser, 2005, S. 119 ff.; *Coester-Waltjen*, Internationale Zuständigkeit bei Persönlichkeitsverletzungen, FS Schütze, 1999, S. 175 ff.; *Ditandy*, Internationale Zuständigkeit, 2003; *Eckstein*, Zur Lehre von der Gerichtsbarkeit und der internationalen Zuständigkeit im deutschen Zivilprozess, Diss. Freiburg i.Br. 1951; *Fragistas*, La compétence internationale en droit privé, Rec. 1961 III, 169 ff.; *ders.*, La compétence internationale exclusive en droit privé, FS Segni, 1967, S. 197 ff.; *Gamillscheg*, Internationale Zuständigkeit und Entscheidungsharmonie im internationalen Privatrecht, Berichte der Deutschen Gesellschaft für Völkerrecht, Heft 3, 1959, S. 29 ff.; *Geimer*, Zur Prüfung der Gerichtsbarkeit und der internationalen Zuständigkeit bei der Anerkennung ausländischer Urteile, 1966; *ders.*, Verfassungsrechtliche Vorgaben bei der Normierung der internationalen Zuständigkeit, FS Schwind, 1993, S. 17 ff.; *Hau*, Gegenwartsprobleme der internationalen Zuständigkeit, FS von Hoffmann, 2011, S. 617 ff.; *Haunhorst*, Die wesenseigene (Un-) Zuständigkeit deutscher Gerichte, Diss. Osnabrück 1992; *Heldrich*, Internationale Zuständigkeit und anwendbares Recht 1969; *von Hoffmann*, Gegenwartsprobleme internationaler Zuständigkeit, IPRax 1982, 217 ff.; *Kralik*, Die internationale Zuständigkeit, ZZP 74 (1961), 2 ff.; *Kropholler*, Internationale Zuständigkeit, in: Handbuch des internationalen Zivilverfahrensrechts, Bd. I, 1982, S. 183 ff.; *Mann*, The Doctrine of Jurisdiction in International Law, RC 111 (1964 I), 1 ff.; *Matthies*, Die deutsche internationale Zuständigkeit, 1955; *Müller*, Die internationale Zuständigkeit, Deutsche Landesreferate zum VII. Internationalen Kongress für Rechtsvergleichung in Uppsala 1966, 1967, S. 181 ff.; *Nagel*, Die Begrenzung der internationalen Zuständigkeit durch das Völkerrecht, ZZP 75 (1962), 418 ff.; *Neuner*, Internationale Zuständigkeit, 1929; *Pagenstecher*, Gerichtsbarkeit und internationale Zuständigkeit als selbständige Prozessvoraussetzungen, RabelsZ 11 (1937), 337 ff.; *Pfeiffer*, Internationale Zuständigkeit und prozessuale Gerechtigkeit – Die internationale Zuständigkeit im Zivilprozess zwischen effektivem Rechtsschutz und nationaler Zuständigkeitspolititk, 1995; *Pichler*, Internationale Zuständigkeit im Zeitalter globaler Vernetzung, 2008; *Reu*, Die staatliche Zuständigkeit im internationalen Privatrecht, 1938; *Riezler*, Zur sachlichen internationalen Unzuständigkeit, FS Rosenberg, 1949, S. 199 ff.; *Schack*, Internationale Zuständigkeit und Inlandsbeziehung, FS Nakamura, 1996, S. 491 ff.; *Scheucher*, Studien zur internationalen Zuständigkeit in Vermögensstreitigkeiten, 1972; *Schröder*, Internationale Zuständigkeit, 1971; *Schütze*, Die Verweigerung der Klagezustellung bei völkerrechtswidriger Usurpierung internationaler Zuständigkeit, RIW 2009, 497 ff.; *Siemssen*, Eine Analyse der Anknüpfungen für die internationale Zuständigkeit im internationalen Zivilprozess, Diss. Hamburg 1966; *Spellenberg*, Internationale Zuständigkeit, JA 1978, 1 ff.; 57 ff.; *Wahl*, Die verfehlte internationale Zuständigkeit, 1974; *Walchshöfer*, Die deutsche internationale Zuständigkeit in der streitigen Gerichtsbarkeit, ZZP 80 (1967), 165 ff.

143 Vgl. dazu *Pagenstecher*, Gerichtsbarkeit und internationale Zuständigkeit als selbständige Prozessvoraussetzungen, RabelsZ 11 (1937), 337 ff.; *Geimer*, IZPR Rdn. 1008.

144 Zur Regelung der internationalen Zuständigkeit in einigen ausländischen Rechten vgl.

Während die Gerichtsbarkeit die Befugnis, in einem Zivilrechtsstreit Recht zu sprechen, beinhaltet, regelt die internationale Zuständigkeit die Kompetenz des einzelnen Staates, einen Rechtsstreit zu entscheiden. Die internationale Zuständigkeit verteilt also die Rechtsprechungsaufgaben unter den Staaten und grenzt sie voneinander ab.

1. Die Regelung der internationalen Zuständigkeit

101 Die internationale Zuständigkeit ist in vielen Rechtsordnungen – ebenso wie im deutschen Recht – nicht umfassend gesetzlich geregelt. Regelmäßig indiziert die örtliche die internationale Zuständigkeit in der Weise, dass eine internationale Zuständigkeit immer dann gegeben ist, wenn ein Gericht des betreffenden Staates nach dessen Zuständigkeitsnormen örtlich zuständig zur Entscheidung des Rechtsstreits ist[145]. Die Regelungen der örtlichen Zuständigkeit sind in diesen Fällen doppelfunktional.

Frankreich: *Bauer*, Compétence judiciaire internationale des tribunaux français et allemands, 1965; *ders.*, Grundsätze der internationalen Zuständigkeit inländischer Gerichte im französischen Privatverfahrensrecht, RabelsZ 30 (1966), 483 ff.;

Japan: *Ishikawa*, Internationale Zuständigkeit in Japan – Grundlagen und Eigenarten, ZZPInt 1 (1996), 287 ff.; *Mori*, Die internationale Zuständigkeit auf Grund des Deliktsorts nach japanischem Recht – Die Regelung der doppelrelevanten Tatsachen als Grund der internationalen Zuständigkeit, FS Geimer, 2002, S. 727 ff.;

Österreich: *Bajons*, Ein österreichisches System der internationalen Zuständigkeit, ZfRV 13 (1972), 91 ff.; *Rechberger*, Gibt es eine „internationale" Zuständigkeit der österreichischen Gerichte?, FS Nagel, 1987, S. 294 ff.;

Schweiz: *Brandenberg Brandl*, Direkte Zuständigkeit der Schweiz im internationalen Schuldrecht, 1991;

Spanien: *Munz*, Das spanische System der internationalen Zuständigkeit und seine zukünftige Einfügung in das EuGVÜ, Diss. Bonn, 1984; *Werth*, Die spanische Regelung der internationalen Zuständigkeit, RIW/AWD 1975, 556 ff.;

Türkei: *Atali*, Internationale Zuständigkeit im deutsch-türkischen Rechtsverkehr, 2001;

USA: *Berger*, Zuständigkeit und forum non conveniens im amerikanischen Zivilprozess, RabelsZ 41 (1977), 39 ff.; *Hay*, Die internationale Zuständigkeit amerikanischer Gerichte in Zivil- und Handelssachen, JZ 1977, 697 ff.; *Juenger*, Judicial Jurisdiction in the United States and in the European Communities: A Comparison, MichLRev. 82 (1984), 1195 ff.; *Müller*, Die Gerichtspflichtigkeit wegen „doing business", 1992; *Otto*, Der prozessuale Durchgriff, 1993; *Wahl*, Die verfehlte internationale Zuständigkeit, 1974; *Welp*, Internationale Zuständigkeit über ausländische Gesellschaften mit Inlandstöchtern im US-amerikanischen Zivilprozess, 1982.

145 Vgl. dazu *Geimer*, IZPR Rdn. 943 ff.; *Schröder*, Internationale Zuständigkeit, 1971, S. 84 f.; *Schütze*, DIZPRRdn. 154 ff.

In zunehmendem Masse regeln moderne Kodifikationen des internationalen Privat- und Prozessrechts die internationale Zuständigkeit jedoch positivrechtlich, so das schweizerische Bundesgesetz über das Internationale Privatrecht (IPRG) vom 1.1.1989[146], das türkische Gesetz Nr. 5718 über das internationale Privat- und Zivilverfahrensrecht vom 27.11.2007[147], das tschechische Gesetz über das internationale Privat- und Prozessrecht Nr. 97/1963[148], das belgische Gesetz über das internationale Privatrecht[149], das bulgarische Gesetzbuch über das internationale Privatrecht vom 4.5.2005[150], das italienische Gesetz vom 31.5.1995 über die Reform des internationalen Privatrechts[151], die litauische Zivilprozessordnung[152], das niederländische Wetboek van Burgerlijke Rechtsvordering[153], die portugiesische Zivilprozessordnung[154], das rumänische Gesetz Nr. 105 zur Regelung des internationalen Privatrechts[155], das montenegrinische Gesetz v. 23.12.2013 über das internationale Privatrecht[156] und das slowenische Gesetz über das internationale Privatrecht und Verfahren[157]. 102

146 Vgl. zu den Zuständigkeiten nach dem IPRG *Schnyder*, in: Geimer/Schütze, Internationaler Rechtsverkehr, 1121.2 ff.

147 Vgl. für eine Übersetzung mit Anmerkungen *Krüger/Nomer-Ertan*, Das türkische Gesetz Nr. 5718 vom 27.11.2007 über das internationale Privat und Zivilverfahrensrecht, IPRax 2008, 283 ff.

148 Vgl. zu den Zuständigkeiten nach dem Gesetz *Wünsch*, Länderbericht Tschechische Republik, in: Geimer/Schütze, Internationaler Rechtsverkehr, 1196.2 ff.; dort auch zur Fortgeltung der ehemals tschechoslowakischen Regelung für Tschechien.

149 Vgl. dazu *Francq*, Das belgische IPR-Gesetzbuch, RabelsZ 70 (2006); dort auch eine englische Übersetzung von *Clijmans/Torremans*, 358 ff.

150 Vgl. dazu *Mussewa*, Das neue internationale Zivilverfahrensrecht Bulgariens in Zivil- und Handelssachen, IPRax 2007, 256 ff.

151 Vgl. dazu *Walter*, Reform des internationalen Zivilprozessrechts in Italien, ZZP 109 (1996), 3 ff.

152 Vgl. dazu *Trunk/Nekrošius*, Länderbericht Litauen, in: Geimer/Schütze, Internationaler Rechtsverkehr, 1080.3 ff.

153 Vgl. dazu *Kramer*, Dutch Private International Law – overview 1998 – August 2002, IPRax 2002, 537 ff. (541 f.).

154 Vgl. dazu *Teixera de Sousa*, Die neue internationale Zuständigkeitsregelung im portugiesischen Zivilprozessgesetzbuch und die Brüsseler und Luganer Übereinkommen: Einige vergleichende Bemerkungen, IPRax 1997, 352 ff.

155 Vgl. dazu *Bormann*, Länderbericht Rumänien, in: Geimer/Schütze, Internationaler Rechtsverkehr, 1116.2 ff.

156 Vgl. dazu *Jessel-Holst*, Neukodifikation des internationalen Privatrechts in Montenegro, IPRax 2014, 553 ff.

157 Vgl. dazu *Gec-Korosec*, Die Reform des slowenischen internationalen Privat- und Verfahrensrechts und seine Anpassung an das Recht der Europäischen Union, RabelsZ 66 (2002), 710 ff.

103 Andere Gesetze regeln die internationale Zuständigkeit negativ in dem Sinne, dass sie die Abdingung eigener internationaler Zuständigkeit durch eine Gerichtsstandsvereinbarung verbieten. Das ist u.a. im tunesischen Recht[158] der Fall. Schließlich finden sich Regelungen der internationalen Zuständigkeit in Anknüpfung an die Staatsangehörigkeit. So ist nach Art. 14 Code civil eine internationale Zuständigkeit französischer Gerichte in Rechtsstreitigkeiten eines Klägers französischer Staatsangehörigkeit gegeben. Art. 15 Code civil begründet eine französische internationale Zuständigkeit für Klagen gegen französische Beklagte unter Ausschluss der internationalen Zuständigkeit anderer Staaten[159]. Diese exorbitante internationale Zuständigkeitsregelung ist von zahlreichen Rechten rezipiert worden, so vom luxemburgischen Recht, aber auch von den Rechtsordnungen des ehemaligen französischen Kolonialrechts, insbesondere in Schwarzafrika[160].

104 Jeder Staat ist grundsätzlich frei, die Zuständigkeit seiner Gerichte zu regeln[161]. Die Gerichtsstände müssen aber ein *„genuine link"* – jedenfalls einen Mindestbezug – zum Forumstaat haben[162]. Alles andere wäre eine Usurpierung internationaler Zuständigkeit. Die USA haben gegen dieses völkerrechtliche Verbot mit der Interpretation des Alien Tor Claims Act[163] teilweise verstossen. Dieses Gesetz war ursprünglich zur Eröffnung einer Notzuständigkeit zur Ver-

---

158 Vgl. Art. 3 cpc, wonach eine Gerichtsstandsvereinbarung verboten ist, durch welche eine bestehende internationale Zuständigkeit tunesischer Gerichte abbedungen wird.

159 Diese exorbitanten Zuständigkeiten sind im deutsch-französischen Verhältnis nach Art. 5 Brüssel Ia VO i.V. mit der Liste 1 der exorbitanten Gerichtsstände (Art. 3 Abs. 2 Brüssel I VO i.V. mit Anh. I zu der VO) ausgeschlossen. Sie können im Geltungsbereich europäischen Zuständigkeitsrechts nicht geltend gemacht werden.

160 So ist z.B. in Senegal in Art. 853 des Code de la Famille die französische Regelung vollständig übernommen worden; vgl. dazu *Schütze*, Die Anerkennung und Vollstreckbarerklärung ausländischer Zivilurteile in Senegal, RIW 1985, 777. Dagegen haben moderne Kodifikationen in Schwarzafrika diese Zuständigkeiten nicht übernommen, so die zentralafrikanische Republik, vgl. *Knieper*, Länderbericht Zentralafrikanische Republik, in: Geimer/Schütze, Internationaler Rechtsverkehr 1180.3; dasselbe scheint in Mauretanien der Fall zu sein, vgl. *Krüger*, Das internationale Privat- und Zivilverfahrensrecht Mauretaniens, RIW 1990, 988 ff.

161 Vgl. dazu *Geimer*, IZPR, Rdn. 126 fcf. m.w.N.; *Schack*, IZVR, Rdn. 215.

162 Vgl. *Geimer* IZPR, Rdn. 127 m.w.N; *Mann*, The Doctrine of Jurisdiction in International Law, RC 111 (1964 I), 1 ff.; *Nagel*, Die Begrenzung des internationalen Zivilprozessrechts durch das Völkerrecht, ZZP 75 (1962), 408 ff.; *Schütze*, Die Verweigerung der Klagezustellung bei völkerrechtswidriger Usurpierung internationaler Zuständigkeit, RIW 2009, 497 ff.; **a.A.** *Schack*, IZVR Rdn. 215 m.w.N. in FN 2.

163 Vgl. dazu *Heidbrink*, Der Alien Tort Claims Act, 1989; *Feldberg*, Der Alien Tort Claims Act, 2008; *Rau*, Schadensersatzklagen wegen extraterritorial begangener Menschenrechtsverletzungen. Der US-amerikanische Alien Tort Claims Act, IPRax 2000, 558 ff.

folgung von Akten der Piraterie gedacht. Das war zulässig. Das was Menschenrechtsaktivisten später daraus gemacht haben war es nicht mehr. Der Supreme Court hat die Usurpierung internationaler Zuständigkeit unter dem Alien Tort Claims Act in jüngerer Zeit eingedämmt[164].

2. Konkurrierende internationale Zuständigkeiten, insbesondere das Problem des forum shopping

Zuweilen tritt ein Kompetenzkonflikt dadurch auf, dass die internationale Zuständigkeit von Gerichten mehrerer Staaten gegeben ist (positiver Kompetenzkonflikt)[165]. Das ist immer dann der Fall, wenn neben dem allgemeinen Gerichtsstand ein oder mehrere besondere Gerichtsstände in anderen Staaten gegeben sind. 105

Sind die Gerichte mehrerer Staaten international zuständig, so hat der Kläger die Wahl unter verschiedenen konkurrierenden Gerichtsständen. Er kann – ebenso wie bei konkurrierenden örtlichen Zuständigkeiten im deutschen Recht[166] – das Gericht anrufen, das ihm für die Durchsetzung seiner Ansprüche am geeignetsten erscheint. Gegen diese Wahlmöglichkeit werden international teilweise unter dem Schlagwort des *forum shopping* rechtspolitische Bedenken geltend gemacht. Eine Einschränkung der Wahlmöglichkeit wird in einigen Rechtsordnungen durch die *forum-non-conveniens*-Lehre versucht.

a) Begriff und Erscheinungsformen des forum shopping

Unter dem Begriff des forum shopping[167] fasst man in der anglo-amerikanischen Terminologie die Ausnutzung eines positiven Kompetenzkonfliktes durch die Wahl derjenigen von mehreren konkurrierenden Zuständigkeiten oder die Schaffung einer an sich nicht gegebenen Zuständigkeit, die die größten Chan- 106

164 Vgl. dazu FN 1275.
165 Vgl. dazu *Hau*, Positive Kompetenzkonflikte im Internationalen Zivilprozessrecht, 1996.
166 Vgl. § 35 ZPO.
167 Vgl. dazu *Fausten*, Die Einbeziehung ausländischer Geschädigter in den USA: rechtliche Aspekte des „Forum Shopping“, VersR 2005, 1502 ff.; *Hartwieg*, Forum Shopping zwischen Forum Non Conveniens und „hinreichendem Inlandsbezug“, JZ 1996, 109 ff.; *Hu Zhenjie*, Chinese Perspectives on International Jurisdiction and the Enforcement of Judgments in Contractual Matters, 1999, S. 208 ff.; *Geimer*, IZPR, Rdn. 1095 ff.; *Hauser*, Flugunfall-Haftpflicht in den USA: Was bleibt noch vom Warschauer Abkommen?, ZfRV 25 (1984), 151 ff. (171 f.);

cen zur Durchsetzung von Ansprüchen bietet. Denn nicht nur das Verfahren, auch der Prozessausgang können in entscheidender Weise vom Forum bestimmt werden.

107 Das Problem des forum shopping ist eine Folge der Unterschiedlichkeit der Prozesssysteme und des mangelnden internationalen Entscheidungseinklangs[168].

b) Gründe für ein forum shopping

108 Die Motivation für das forum shopping kann durchaus vielfältig sein.

aa) Anwendung günstigeren materiellen Rechts

109 Das IPR der lex fori bestimmt das auf das Rechtsverhältnis anwendbare Sachrecht. Da die Kollisionsrechte national stark variieren, kann an den unterschiedlichen Fora unterschiedliches materielles Recht mit abweichenden Rechtsfolgen zur Anwendung kommen. Das hat im deutschen Recht besonders zur Zeit der erschwerten Scheidung zu gelegentlichem forum shopping geführt, als Scheidungswillige ins scheidungsfreundlichere Ausland auswichen[169]. Berühmt ist hier der Fall „Max Reinhardt" geworden, der sich in Lettland scheiden ließ[170].

Jasper, Forum shopping in England und Deutschland, 1990; *Juenger/Samtleben*, Der Kampf ums Forum, RabelsZ 46 (1982), 708 ff., mit Beiträgen von *Juenger*, Forum Shopping (S. 708 ff.), und *Samtleben*, Forum Fixing (S. 716 ff.); *Kähr*, Der Kampf um den Gerichtsstand – Forum shopping im internationalen Verfahrensrecht der Schweiz, 2010 *Kropholler*, Das Unbehagen am forum shopping, FS Firsching, 1985, S. 165 ff.; *McGuire*, Forum Shopping und Verweisung, ZfRV 2005, 83 ff.; *Roth*, Zulässiges forum shopping?, IPRax 1984, 183 ff.; *Schmehl*, Parallelverfahren und Justizgewährung, 2011; *Schack*, Unglücke in Europa – Klagen in den USA, FS Schlosser, 2005, S. 839 ff.; *Siehr*, „Forum Shopping" im internationalen Rechtsverkehr, ZfRV 25 (1984) 124 ff.; *Wortley*, Forum Shopping, FS Cohn, 1975, S. 197 ff.

168 Vgl. *Schütze*, DIZPR Rdn. 115; Wieczorek/Schütze/*Schütze*, Bd. XII, IZPR, Rdn. 79.

169 Vgl. aus der Rechtsprechung OLG Königsberg, StAZ 1937, 261; OLG Köln, StAZ 1937, 435; RGZ 157, 136; dazu *Reu*, Die Scheidungsklage eines deutschen Ehegatten vor einem ausländischen Gericht als unzulässige Rechtsausübung (Gesetzesumgehung), ZAkDR 1938, 731 ff.

170 Max Reinhardt versuchte zunächst, in die Tschechoslowakei auszuweichen, nachdem eine Scheidung von Else Heim in Deutschland nicht möglich war. Nachdem es ihm nicht gelang, die zuständigkeitsbegründenden Tatsachen für eine Scheidung in Prag nachzuweisen, begründete er einen (vorübergehenden) Wohnsitz in Riga, wo er 1931 geschieden wurde. Der Schlussstrich wurde allerdings erst 1935 in Nevada gezogen. Eine amüsante, wenngleich nicht allenthalben genaue Darstellung dieses „forum shopping" gibt *Gustl Adler*, „...aber vergessen Sie nicht die chinesischen Nachtigallen, 1980, S. 236 ff.

Auch heute wird bei den Mexiko- und Nevada-Scheidungen noch aus denselben Gründen ein forum shopping getrieben, das die US-amerikanischen Gerichte ständig beschäftigt und zu einer umfangreichen Rechtsprechung geführt hat[171].

Aber auch bei im Einzelfall übereinstimmenden Kollisionsnormen kann es 110 ein forum shopping im Hinblick auf die Anwendbarkeit günstigeren Sachrechts geben. So knüpfen fast alle Rechtsordnungen im Bereich des Schuldrechts an den Parteiwillen an. Fehlt eine ausdrückliche Rechtswahl, so neigen die Gerichte dazu, den stillschweigenden oder hypothetischen Parteiwillen oder den Schwerpunkt des Rechtsverhältnisses – soweit hierauf abgestellt wird – so zu interpretieren, dass das am Forum geltende Recht zur Anwendung kommt. Das gilt nicht nur für Fälle der internationalen Gerichtsstandsvereinbarung, wo man hierfür noch eine gewisse Rechtfertigung in der Regel *qui elegit forum elegit ius* hätte[172], sondern ganz allgemein. Bei einem deutsch-argentinischen Vertrag ohne ausdrückliche Rechtswahl mit konkurrierender Zuständigkeit deutscher und argentinischer Gerichte wird ein argentinisches Gericht eher geneigt sein, argentinisches materielles Recht als gewählt anzusehen, ein deutsches Gericht dagegen eine Rechtswahl zugunsten deutschen Rechts anzunehmen, obwohl die Kollisionsnormen beider Rechte an den Parteiwillen anknüpfen.

bb) Anwendung günstigeren Verfahrensrechts

Unterschiedliches Prozessrecht kann auch bei Anwendung gleichen mate- 111 riellen Rechts zu unterschiedlichem Verfahrensausgang führen. Prozesse in den verschiedenen Rechtsordnungen unterscheiden sich erheblich hinsichtlich der Schnelligkeit[173], der Qualifikation der Richter[174], ihrer Unparteilich-

---

171 Vgl. für Beispiele aus der Rechtsprechung *Schütze*, Deutsch-amerikanische Urteilsanerkennung, 1992, S. 34 ff.; vgl. auch *Köster*, Haftung wegen Forum Shopping in den USA, Diss. Dresden 2001.

172 Vgl. dazu *Schütze*, Internationale Gerichtsstandsvereinbarungen, DB 1974, 1417 ff.

173 So hat der BGH eine überlange Verfahrensdauer in Italien konstatiert und deshalb den in seiner Rechtsprechung grundsätzlich bejahten Einwand der Rechtshängigkeit aus einem italienischen Ehescheidungsverfahren nicht zugelassen; vgl. BGH, NJW 1983, 1269 = IPRax 1984, 152. vgl. zur Frage der unterschiedlichen Prozessdauer in einzelnen Jurisdiktionen *Stürner (R.)*, Die Verfahrensdauer in Zivilprozessen wichtiger Staaten der Europäischen Union und die Rechtsprechung des EGMR, FS Schütze II, 2014, S. 593 ff.

174 So besteht einer der konzeptionellen Unterschiede des deutschen und US-amerikanischen Zivilprozesses in dem konstitutionellen Recht in den USA, auch einen Zivilrechtsstreit durch eine Jury – also Laienrichter – entscheiden zu lassen, während der deutsche Zivilprozess nur die Entscheidung durch Berufsrichter (u.U. zusammen mit Laienrichtern bei der Kammer für Handelssachen) kennt. Überdies werden die Richter bei den Staatsgerichten überwiegend gewählt – nicht bestellt –, vgl. dazu *Schütze*, Richterwahlsponsoring: Überlegungen zur ordre

keit[175], der Kostenhöhe und Kostenerstattungspflicht[176] und insbesondere der Beweisregeln[177].

112 Durch die Wahl eines günstigen Forums kann die Partei Beweismittel benutzen – z.B. ihre Vernehmung als Zeuge[178] –, mit denen sie sonst ausgeschlossen wäre. Auf der anderen Seite kann der Prozessgegner von der Benutzung von Beweismitteln ausgeschlossen werden, die ihm sonst zur Verfügung stünden, z.B. in den Fällen, in denen die lex fori nur den Urkundsbeweis für gewisse Rechtsverhältnisse zulässt.

113 Auf ein eindrucksvolles Beispiel weist *Siehr*[179] in diesem Zusammenhang hin. In dem Fall Maharanee of Baroda v. Wildenstein[180] machte die Maharanee of Baroda, die ihren gewöhnlichen Aufenthalt in Paris hatte, geltend, ein von der Pariser Galerie Wildenstein gekauftes Gemälde von Boucher sei nicht echt, und verlangte den Kaufpreis zurück. Um den strengen Beweisvorschriften des französischen Rechts zu entgehen, erhob sie nicht an dem an sich gegebenen Domizilgerichtsstand in Paris Klage, sondern in England und ließ dem Galeristen Wildenstein die Klageschrift auf dem Rennplatz in Ascot zustellen. Im englischen Prozess konnte die Klägerin selbst einen Sachverständigen benennen und den etwa vom Beklagten benannten Sachverständigen einem Kreuzverhör unterziehen. Das Besondere an dem Fall war, dass die kunstsinnige indische Fürstin, die sich von dem Galeristen geprellt wähnte, nicht unter mehreren konkurrierenden Zuständigkeiten die günstigste wählte, vielmehr erst durch persönliche Zustellung[181] eine ihr genehme Zuständigkeit begründete. Hier wur-

---

public-Widrigkeit von Urteilen US-amerikanischer Staatsgerichte, ZVglRWiss 100 (2001), 464 ff.; *Sandrock*, Eine US-Prozesspartei sponsort die Wahl eines US Richters, RIW 2009, 577 ff.

175 So erklärte ein Anwalt dem Autor, als dieser sich über den mangelnden Fortgang eines Prozesses in einem südamerikanischen Prozess wunderte und auf Beschleunigung drängte, die Richter seien so schlecht besoldet, dass sie Nebentätigkeiten ausübten. Deshalb hätten sie wenig Zeit für ihre eigentliche Aufgabe. Wenn man den Richter in die Lage versetzte, seine Nebenjobs aufzugeben, dann werde er sicherlich schnell und gut entscheiden. Also eine offene Aufforderung zur Richterbestechung.

176 So kennt der US-amerikanische Prozess keine § 91 ZPO entsprechende Regel. Jede Partei trägt ihre eigenen außergerichtlichen Kosten.

177 Vgl. dazu *Siehr*, „Forum Shopping" im internationalen Rechtsverkehr, ZfRV 25 (1984), 124 ff. (128 f.).

178 Vgl. dazu unten Rdn. 298.

179 Vgl. *Siehr*, ZfRV 25 (1984), 124 ff. (128 f.).

180 28 (1972) 2. Q.B. 283, 293 (C.A.) = (1972) 2 W.L.R. 1077.

181 Vgl. zur Zuständigkeit durch Zustellung *Born/Jestaedt*, Zustellung an durchreisende Angehörige fremder Staaten in den USA, RIW 1990, 675 f. (mit einer Besprechung der Entscheidung des US Supreme Court in der Sache Burnham v. Superior Court of California);

de ein Forum geschaffen, um eine günstigere Rechtsposition zu erlangen, wobei die Annahme einer Zuständigkeitserschleichung – aus deutscher Sicht – naheliegt[182].

Eine besondere Attraktivität im Hinblick auf die Beweisregeln bietet die pre- 114
trial-discovery im US-amerikanischen Recht. Der hier mögliche Ausforschungsbeweis[183] und die Chance, vom Prozessgegner selbst die Waffen für eine erfolgversprechende Prozessführung geliefert zu bekommen, führt häufig zu einem Kampf um das amerikanische Forum. Das gilt besonders in Product-liability-Fällen, in denen die pre-trial-discovery es dem Geschädigten oft erst erlaubt, die Fehlerhaftigkeit des Produktes aufgrund von Dokumenten des Herstellers zu beweisen. So musste die Firma McDonnell Douglas, der Hersteller der am 3.3.1974 in Paris Orly abgestürzten DC 10 der türkischen Luftfahrtgesellschaft Türk Hava Yollari[184], Tausende von Dokumenten herausgeben, die Fehler und Versäumnisse ans Licht brachten, die letztlich mitentscheidend für den Erfolg der Hinterbliebenen waren[185].

cc) Chance höherer Ersatzleistungen

Auch wenn – wie im Deliktsrecht – nach dem durch das am jeweiligen Ge- 115
richtsort geltende Kollisionsrecht berufene Recht Schadensersatzansprüche bestehen, kann die Schadensersatzhöhe erheblich schwanken. So sind ameri-

---

Ehrenzweig, The Transient Rule of Personal Jurisdiction, 65 YaleLJ 289 (1956). *Grothe*, Exorbitante Gerichtszuständigkeiten – Konflikte im deutsch-amerikanischen Rechts- und Wirtschaftsverkehr, in: Heldrich/Kono (Hrsg.), Herausforderungen des internationalen Zivilprozessrechts, 1994, S. 209 ff. (214 ff.); *Schack*, Jurisdictional Minimum Contacts Scrutinized, 1983, S. 32 ff. Die Zuständigkeit kraft Zustellung hat ihre historischen Wurzeln darin, dass der Beklagte im common law Prozess ursprünglich physisch anwesend sein musste. Die Zustellung der Klageschrift fingierte dann diese physische Anwesenheit; vgl. dazu *Ristau*, Service of Process Abroad: The Practice of the United States, in: Gottwald (Hrsg.), Grundfragen der Gerichtsverfassung – Internationale Zustellung, 1999, S. 71 ff. (73 ff.)

182 Anders *Lord Denning* in dem vorzitierten Fall, der ein berechtigtes Interesse der Maharanee of Baroda an der Anrufung englischer Gerichte betont. Der Rechtsstreit ist vor Inkrafttreten der Brüssel Verordnungen entschieden worden, Nach diesen ist die transient jurisdiction im europäischen Bereich nicht mehr zuständigkeitsbegründend.

183 Vgl. dazu *Schütze*, Die Anerkennung und Vollstreckbarerklärung US-amerikanischer Zivilurteile, die nach einer pre-trial-discovery ergangen sind, in der Bundesrepublik Deutschland, FS Stiefel, 1987, S. 697 ff. (701 ff.).

184 Vgl. dazu *Eddy/Potter/Page*, Destination Desaster, 1976.

185 Vgl. In Re Paris Air Crash of March 3, 1974, 399 F.Supp. 732 (C.D. Calif. 1975); dazu *Siehr*, ZfRV 25 (1984), 124 ff. (129); *Juenger*, Forum Shopping, RabelsZ 46 (1982), S. 708 ff. (709); *Speiser*, Lawsuit, 1980, S. 420 ff.

kanische Jury-Gerichte geneigt, ungleich höhere Schadensersatzbeträge bei Ansprüchen aus product-liability[186], Verkehrsunfällen, Flugunfällen[187] etc. zuzusprechen, als dies nach deutschem oder anderen kontinentaleuropäischen Rechten üblich ist. Die aus der Praxis entwickelte Schmerzensgeldtabelle, mit der in deutschen Zivilprozessen gearbeitet wird, ruft bei amerikanischen Anwälten nur ein verwundertes Lächeln hervor. Auf den sozialen Hintergrund der amerikanischen Praxis hat *Juenger*[188] hingewiesen und darauf aufmerksam gemacht, dass der obsiegende Kläger in einem amerikanischen Schadensersatzprozess die sehr erheblichen Anwaltskosten von dem Urteilsbetrag zahlen und – wenn er durch die Schädigung arbeitsunfähig oder körperlich behindert ist – von dem Ersatzbetrag für den Rest seines Lebens den Unterhalt bestreiten muss, da das System der sozialen Sicherung in den USA von dem deutschen beispielsweise – aber auch von dem in anderen europäischen Ländern – prinzipiell verschieden ist.

Die Motivation unterschiedlicher Schadenshöhe hat in jüngerer Zeit zu einigen bemerkenswerten Fällen des forum shopping geführt.

116 *Paris Air Crash*: Bereits wenige Tage nach dem Flugzeugabsturz der DC 10 der türkischen Luftfahrtgesellschaft Türk Hava Yollari in Orly am 3.3.1974 wurde von den Hinterbliebenen eine Klage in Los Angeles anhängig gemacht[189], obwohl konkurrierende Zuständigkeiten in Paris (Deliktsort), Istanbul (Sitz der Fluggesellschaft), London (Sitz der Versicherungsgesellschaft) und zahlreichen anderen Städten und Staaten, in denen die türkische Fluggesellschaft Vermögen besaß, gegeben waren. Alle Gerichte hätten den Hinterbliebenen Schadensersatzansprüche zugesprochen, mit Sicherheit aber keine so hohen, wie das angerufene Gericht in Kalifornien.

117 *Unfall Castanho*: Der portugiesische Seemann Castanho hatte nach einem schweren Unfall, der zu einer Querschnittslähmung führte, Klage gegen ver-

---

186 Vgl. dazu *Heidenberger*, Der amerikanische Juryprozess in Produkthaftungsfällen, RIW 1982, 872 ff.; weiter mit viel Material *Dielmann*, Entwicklungen und Tendenzen im Recht der Produkthaftung der Vereinigten Staaten von Amerika, FS Stiefel, 1987, S. 117 ff. (132 ff.). Die Entwicklung wird charakterisiert durch eine Urteil eines Geschworenengerichts aus dem Jahre 2000, durch das mehrere Unternehmen der Tabakindustrie im Rahmen einer Sammelklage zu 145 Mrd. US $ Strafschadensersatz verurteilt wurden. Vgl. dazu *Röhm/Schütze*, Zur Bilanzierung von Class Action-Risiken, RIW 2007, 241 ff.

187 So sind die amerikanischen Gerichte feindselig gegenüber den Haftungsbeschränkungen aus dem Warschauer Abkommen; vgl. dazu eingehend *Hauser*, ZfRV 25 (1984), 161 ff. (214 ff.).

188 Vgl. *Juenger*, Forum Shopping, RabelsZ 46 (1982), 708 ff.

189 Vgl. In Re Paris Air Crash of March 3, 1974, 399 F. Supp. 732 (C.D. Calif. 1975); dazu *Juenger*, RabelsZ 46 (1982), 708 ff. (709); *Speiser*, Lawsuit, 1980, S. 420 ff.

schiedene Beklagte vor einem englischen Gericht erhoben[190]. Aufgrund des Rates amerikanischer Anwälte nahm Castanho seine Klage in England zurück und klagte erneut in Texas. In diesem Verfahren wurde im Rahmen eines Vergleichs eine erheblich höhere Entschädigung gezahlt, als sie im englischen Verfahren bestenfalls zu erwarten gewesen wäre.

Laker-Konkurs: Ein bemerkenswerter Fall von mehrfachem forum shopping ereignete sich Anfang der 80iger Jahre. Freddy Laker, der mit seinem Sky Train, der zwischen London und New York bei reduziertem Service mit Erfolg Billigtouristen zu sensationellen Preisen beförderte, war – wohl wegen der Schwäche des englischen Pfundes gegenüber dem US Dollar – in Konkurs gegangen[191]. Der Konkursverwalter verklagte daraufhin sechs internationale Fluggesellsdchaften und zwei andere Firmen in Washington D.C., auf Schadensersatz von umgerechnet damals 2,3 Milliarden DM mit der Behauptung, Laker sei durch verbotene Kartellabsprachen in Konkurs getrieben worden. Im Anschluss an diese Klage entwickelte sich die wohl ungewöhnlichste Prozessserie in der Geschichte des internationalen Zivilprozessrechts. Die Fluggesellschaften, die Hausbank Lakers (der auch ein Verfahren drohte) und andere erhoben nun ihrerseits negative Feststellungsklage in London, um dem Risiko hoher Ersatzleistungen im US-amerikanischen Prozess zu entgehen. In der Zeit vom 24.11.1982 bis zum 21.8.1985 gab es nicht weniger als 23 Entscheidungen über das zuständige Forum (ein großer Teil davon anti suit injunctions), die den Prozessparteien die Klage vor dem anderen Gericht untersagten. 118

Seilbahnunglück Kaprun: Am 11.11.2000 ereignete sich eine tragische Seilbahnkatastrophe in Kaprun (Österreich). Von den 155 Opfern dieses Unglücks waren 8 amerikanische Staatsbürger. Kurz nach dem Unglück reiste der amerikanische Rechtsanwalt Fagan nach Österreich und warb Kläger für eine Klage in New York mit der Aussicht erheblich höheren Schadensersatzes als dieser vor österreichischen Gerichten zu erreichen sei[192]. Für die österreichischen Kläger schlug das forum shopping aber fehl, Fagan hatte den Mund zu voll genommen. Das Bundesdistrikgericht New York[193] wies ihre Klage aus 119

190 Vgl. zu der komplizierten Prozessserie *Siehr*, ZfRV 25 (1984), 124 ff.

191 Vgl. dazu eingehend *Lange*, Der Justizkonflikt zwischen den USA und Europa, dargestellt am Beispiel des Falles „Laker", in: Habscheid (Hrsg.), Der Justizkonflikt mit den Vereinigten Staaten von Amerika, 1986, S. 65 ff.

192 Vgl. im Einzelnen zu den Prozessen *Posch*, Eine österreichische Katastrophe vor amerikanischen Gerichten – Betrachtungen aus Anlass des Urteils des Bundesdistriktgerichtes New York Süd vom 19. Juni 2007 „in re Ski Train Fire in Kaprun", FS Machacek und Matscher, 2008, S. 831 ff.

193 Vgl. zu der Serie von Beschlüssen *Posch*, FS Machacek und Matscher, 2008, S. 831 ff. (833 f.).

forum non conveniens Gründen ab, da Österreich das convenient forum jedenfalls insoweit sei.

120 Bei der Schadensersatzhöhe ist zu berücksichtigen, dass die amerikanischen Gerichte in Product-liability-Fällen punitve damages, bei Kartellverstößen treble damages zusprechen können, die über den erlittenen Schaden hinausgehen und – zumindest teilweise – Strafcharakter haben.

dd) Effektiverer Rechtsschutz

121 Das Ziel eines effektiveren Rechtsschutzes führte in einem englischen[194] und einem deutschen Fall[195] zum – allerdings erfolglosen – forum shopping[196]. Im *Muduroglu*-Fall versuchte die zypriotische Klägerin, die Anrufung der türkischen Gerichte in einem – teilweise politischen – Rechtsstreit gegen die Ziraat Bankasi – die älteste und größte türkische Bank, die sich voll im Staatsbesitz befand – zu vermeiden und klagte – ohne Erfolg – vor dem High Court in London. In einer – höchst umstrittenen[197] – Entscheidung des Bundesgerichtshofs ging es um denselben Fall, der im Ergebnis gleich entschieden wurde.

122 War es in den vorerwähnten Fällen vielleicht die Befürchtung, die politische Dimension des Rechtsstreites könne zu einem wenig günstigen Ergebnis vor den türkischen Gerichten führen, so mag es in anderen Fällen Korruption der Richter oder Ineffizienz des Rechtssystems sein, die dem Kläger ein forum shopping nahelegen.

ee) Bessere Durchsetzbarkeit der ergehenden Entscheidung

123 Trotz mancherlei Erleichterungen, die die steigende Zahl der Staatsverträge über die internationale Urteilsanerkennung, eine anerkennungsfreundlichere Rechtsprechung zahlreicher Staaten und liberalere Gesetzgebungen gebracht haben, ist die Freizügigkeit von Titeln noch stark eingeschränkt. Das führt zu einem forum shopping im Hinblick auf die Durchsetzbarkeit gerichtlicher Entscheidungen[198].

---

194 Vgl. Muduroglu Ltd. v. TC Ziraat Bankasi (1986) 3 All ER 682–715.

195 Vgl. BGHZ 115, 90 = RIW 1991, 856 = DZWir 1991, 245; die Vorentscheidung des OLG Stuttgart (in gleichem Sinne) ist in RIW 1990, 829, abgedruckt.

196 Vgl. dazu *Hartwieg*, Forum Shopping zwischen Forum Non Conveniens und „hinreichendem Inlandsbezug", JZ 1996, 109 ff.

197 Vgl. dazu die Anm. von *Geimer*, NJW 1991, 3072 ff.; *Lüke*, ZZP 105 (1992), 321 ff.; *Schack*, JZ 1992, 54 ff.; *Schütze*, DZWir 1991, 239 ff.

198 Vgl. dazu *Schütze*, DIZPR, Rdn. 120 f.

Hat der Gläubiger die Wahl zwischen einem liechtensteinischen und einem österreichischen Gerichtsstand, dann wäre er im Hinblick auf eine in Deutschland notwendige Vollstreckung schlecht beraten, in Liechtenstein zu klagen. Denn während österreichische Titel in Deutschland anerkannt werden und nach der Brüssel Ia VO vollstreckbar sind, ist die Durchsetzung liechtensteinischer Titel in Deutschland nicht möglich[199]. 124

Eine besondere Form des forum shopping findet sich im Rahmen des einstweiligen Rechtsschutzes. Die einstweilige Sicherung von Ansprüchen durch Arrestierung von Vermögensgegenständen kann mit Aussicht auf Erfolg nur dort durchgeführt werden, wo sich Vermögen des Schuldners befindet. Einmal ist die Durchsetzung von Titeln des einstweiligen Rechtsschutzes international nur in sehr viel eingeschränkterem Maße möglich als die von endgültigen Urteilen, zum anderen würde bei einem notwendigen Verfahren der Wirkungserstreckung der Vollstreckungszugriff viel zu spät erfolgen. Der Schuldner könnte die Vermögensgegenstände beiseite schaffen, soweit sie sich nicht bei dem gewöhnlichen Lauf der Dinge, zum Beispiel Seeschiffen und Luftfahrzeugen, ohnehin nur vorübergehend an einem Ort befinden. Deshalb kann man die Erwirkung eines dinglichen Arrestes[200], eines saisie conservatoire oder einer Mareva injunction[201] unter den Begriff des forum shopping fassen. 125

c) Zulässigkeit des forum shopping

Es begegnet im Grundsatz keinen Bedenken, wenn eine Partei ihr Recht dort sucht, wo die Durchsetzung in prozessualer und materiellrechtlicher Hinsicht die besten Erfolgsaussichten bietet. Pflicht eines jeden Rechtsanwalts ist es, seinen Mandanten hierauf hinzuweisen. Die falsche Beratung hinsichtlich der 126

199 Vgl. *Schütze*, Anerkennung und Vollstreckung ausländischer Zivilurteile in Liechtenstein, RIW/AWD 1976, 564 ff.; *ders.*, Zur Verbürgung der Gegenseitigkeit im Verhältnis zu Liechtenstein, RIW 2015, 111 ff.

200 Vgl. §§ 916 ff.; dazu auch *Kienle*, Arreste im internationalen Rechtsverkehr, Diss. Tübingen 1991.

201 Vgl. dazu *Basse*, Die Mareva-Injunction in Großbritannien und ihre neuere Entwicklung, RIW 1984, 688 ff.; *Bernet*, Englische Freezing (Mareva) Orders, in: Spühler, Internationales Zivilprozess- und Verfahrensrecht, 2001, S. 51 ff.; *Capper*, Worldwide Mareva Injunctions, Mod.L.Rev. 1991, 329 ff.; *Dohmann*, Worldwide Mareva Injunctions and the Enforcement of Foreign Judgments in England, in: Schlosser (Hrsg.), materielles Recht und Prozessrecht, 1992, S. 192 ff.; *Graf von Bernstorff*, Einstweiliger Rechtsschutz in England mit Hilfe der Mareva-Injunction, RIW 1983, 160 ff.; *Grunert*, Die „world-wide" Marva Injunction, 1998; *Müller*, Die worldwide mareva injunction, 2002; *Walther*, Die Mareva Injunction, 1986 (grundlegend).

Vor- und Nachteile der Rechtsverfolgung vor Gerichten in konkurrierenden Gerichtsständen kann Schadensersatzansprüche begründen.

127 Im deutschen Recht wird das forum shopping deshalb auch – von den Fällen der Zuständigkeitserschleichung abgesehen – für zulässig gehalten[202]. Das Wahlrecht der Kläger bei mehreren konkurrierenden internationalen Zuständigkeiten ist im Prinzip unbegrenzt.

128 Andere Rechtsordnungen versuchen dem forum shopping auf unterschiedliche Weise zu begegnen.

aa) Forum-non-conveniens-Lehre[203]

129 Im US-amerikanischen Recht versucht man, das Wahlrecht des Klägers bei positivem Kompetenzkonflikt dadurch einzuschränken, dass bei mehreren konkur-

---

202 Vgl. *Geimer*, IZPR, Rdn. 1105; *Kropholler*, Internationale Zuständigkeit, in: Handbuch des Internationalen Zivilverfahrensrechts, Bd. I, 1982, S. 260 ff.; *Linke/Hau*, IZPR Rdn. 132; *Nagel/Gottwald*, IZPR § 3, Rdn. 311; *Schack*, IZVR, Rdn. 251 f.; *Schütze*, DIZPR Rdn. 121; *Siehr*, „Forum Shopping" im internationalen Rechtsverkehr, ZfRV 25 (1984), 124 ff. (131 ff.); *Trittmann*, Waffengleichheit beim Forum Shopping für deutsche Parteien im Verhältnis zu US-amerikanischen Gegenparteien?, FS Schütze II, 2014, S. 647 ff.

203 Vgl. dazu *Berger*, Zuständigkeit und forum non conveniens im amerikanischen Zivilprozess, RabelsZ 41 (1977), 39 ff.; *Bernasconi/Gerber*, La théorie du forum non conveniens – un regard suisse, IPRax 1994, 3 ff.; *Blobel/Späth*, Zum Entwicklungsstand der Lehre vom „forum non conveniens" in England, RIW 2001, 598 ff.; *Blum*, Forum non conveniens, 1979; *Dorsel*, Forum non conveniens. Richterliche Beschränkung der Wahl des Gerichtsstandes im deutschen und amerikanischen Recht, 1996; *Dorward*, The Forum non Conveniens Doctrine and the Judicial Protection of Multinational Corporations from Forum Shopping Plaintiffs, U.Pa.J.Int'l Econ.L. 19 (1998), 141 ff.; *Erwand*, Forum non conveniens und EuGVÜ, 1996; *Felder*, Die Lehre vom Forum non Conveniens, 2005; *Geimer*, IZPR Rdn. 1073 ff.; *Gottwald*, Das Wetterleuchten des forum non conveniens, FS Jayme, 2004, S. 277 ff.; *Huber*, Die englische forum non conveniens-Doktrin und ihre Anwendung im Rahmen des GVÜ, 1994; *Juenger*, Forum non conveniens – Who needs ist?, FS Schütze, 1999, S. 317 ff.; *Leckszaz*, Die Lehre vom Forum non conveniens im amerikanischen Recht, 1978; *Reus*, Die „forum non conveniens-doctrine" in Großbritannien und den USA in Zukunft auch im deutschen Prozess?, RIW 1991, 542 ff.; *Nuyts*, L'exception de forum non conveniens, 2003; *Reus*, Die „forum non conveniens-doctrine"in Grossbritannien und den USA in Zukunft auch im deutschen Prozess?, RIW 1991, 542 ff.; *Schack*, IZVR Rdn. 559 ff.; *Scheucher*, Studien zur internationalen Zuständigkeit in Vermögensstreitigkeiten, 1972, Nr. 27 ff.; *Schlosser*, Jurisdiction and International Judicial and Administrative Co-operation, 2001, S. 56 ff.; *Schütze*, Forum non conveniens und Rechtschauvinismus, FS Jayme, 2004, S. 1021 ff.; *ders.*, Forum non conveniens und Verbürgung der Gegenseitigkeit im deutsch-amerikanischen Verhältnis, FS Kropholler, 2008, S. 905 ff.; *Spiro*, Forum non Conveniens, CILSA 13 (1980), 333 ff.; *Ultsch*, Die Forum-non-conveniens-Lehre im Recht der USA (insbesondere Floridas), RIW 1997, 26 ff.; *Wahl*, Die verfehlte internationale Zuständigkeit, 1974.

rierenden Zuständigkeiten die sachnähere und angemessenere zum forum conveniens, die anderen als verfehlte Zuständigkeiten (fora non convenientes) erklärt werden. Reduziert man auf diese Weise die konkurrierenden Zuständigkeiten auf eine Zuständigkeit, so kann es ein forum shopping nicht geben.

Entscheidendes Kriterium dafür, welcher von mehreren Gerichtsständen Zuständigkeit begründen soll, ist, ob ein „appropriate and convenient forum" vorliegt. Dies zu beurteilen, liegt im Ermessen des Gerichts, wodurch ein erheblicher Unsicherheitsfaktor in die Zuständigkeitsordnung hineingetragen wird. Amerikanische Gerichte neigen darüber hinaus dazu, sich selbst in unglaublicher Überschätzung ihres eigenen Gerichtssystems bei einem positiven Kompetenzkonflikt mit amerikanischen Klägern als forum conveniens anzusehen. Dem Kläger soll regelmäßig die Zuständigkeit US-amerikanischer Gerichte eröffnet werden. Der Forum-non-conveniens-Einwand in einem Prozess vor einem US-amerikanischen Gericht mit dem Argument, ein ausländisches Gericht sei forum conveniens, ist in der Praxis nahezu aussichtslos. 130

Bezeichnend ist die Entscheidung eines kalifornischen Gerichts[204], das in einem Schadensersatzfall, bei dem die Tathandlung in Hamburg stattgefunden hatte, deutsches Deliktsrecht anwendbar war, alle Zeugen in Deutschland wohnten und die polizeilichen Ermittlungen dort stattgefunden hatten, sich für zuständig erklärte mit der zweifelhaften – aber durchaus amerikanischen – Begründung, die Rechtsschutzgarantien im deutschen Prozess seien geringer als im US-Prozess, da der deutsche Zivilprozess kein Jury-Trial kenne, also nur Berufsrichter urteilten. Wenn diese Entscheidung, die Gott sei Dank in dieser extremen Haltung nicht symptomatisch für die amerikanische Rechtsprechung ist, Schule machte, dann wäre bei einem deutsch-amerikanischen Kompetenzkonflikt immer nur das amerikanische Forum „appropriate and convenient". Auf dem besten Wege hierzu sind wir aber – leider. 131

Drei weitere Fälle aus der US-amerikanischen Rechtsprechung mögen die chauvinistische Anwendung der forum non conveniens Doktrin illustrieren[205]: 132

Piper *Aircraft v. Reyno*[206]: Die Hinterbliebenen von Opfern eines Flugzeugunfalls (Absturzort Schottland) machten Ansprüche gegen den Flugzeugherstel- 133

204 Vgl. dazu *Schütze*, Konzeptionelle Unterschiede der Prozessführung vor US-amerikanischen und deutschen Gerichten, WM 1983, 1078 ff. (1080).

205 Vgl. im Einzelnen *Schütze*, Forum non conveniens und Rechtschauvinismus, FS Jayme, 2004, S. 849 ff.

206 454 US 235 (1981), wiedergegeben auch bei *Schack*, Höchstrichterliche Rechtsprechung zum internationalen Privat- und Verfahrensrecht, 1993, Fall Nr. 39, S. 166 ff.

ler (Piper Aircraft Company) und den Propellerproduzenten (Hartzell Propeller Inc.) an deren Sitz geltend. Das Gericht verwies die Kläger auf die schottischen Gerichte. Die amerikanische Industrie sollte offenbar geschützt werden[207].

134 *In Re Union Carbide Co. (Bhopalentscheidung)*[208]: In diesem Fall ging es um Schadensersatzansprüche von Hinterbliebenen und Verletzten nach dem furchtbaren Giftgasunglück in Bhopal/Indien, bei dem nach Austritt von Methylisocanat in einer von Union Carbide betriebenen Fabrik ca. 2.000 Tote und über 200.000 Verletzte zu beklagen waren. Etwa 145 Klagen in den USA wurden aus forum-non-conveniens Gründen unter Verweisung der Kläger auf die indischen Gerichte abgewiesen. Hier wird die ausländerfeindliche Interessenabwägung bei der Zuständigkeitsbestimmung in der Begründung der Entscheidung des Court of Appeal offenkundig[209].

135 *Stanvik v. Shiley Inc.*[210]: Hier klagten die Hinterbliebenen von zwei norwegischen und schwedischen Verstorbenen auf Schadensersatz gegen die Herstellerin der künstlichen Herzklappen, deren von den Klägern behauptete Fehlerhaftigkeit zum Tode geführt hatte. Das angerufene Gericht am Sitz der Beklagten erklärte sich zum forum non conveniens trotz zweifellos bestehender personal jurisdiction. Bemerkenswert ist, dass das Gericht über Klage amerikanischer Geschädigter in Parallelfällen durchaus entschied.

136 Auch in anderen Rechtsordnungen des Common-law-Prozesses – z.B. im englischen Recht – findet sich die Forum-non-conveniens-Lehre[211], wenngleich nicht in so ausgeprägter Form wie im US-amerikanischen Recht.

---

207 So zu Recht *Schack*, Einführung in das US-amerikanische Zivilprozessrecht, 4. Aufl., 2011, Rdn. 86.

208 634 F. Supp. 842 (S.D.N.Y. 1986) aff'd 809 F 2d 195 (2d Cir. 1987), cert. denied, 484 U.S. 871 (1987); vgl. zum Sachverhalt und der verwirrenden Prozessserie vor verschiedenen Gerichten *Kolvenbach*, Internationale Umwelthaftung – eine Gefahr für Multinationale Unternehmen?, DZWiR 1992, 322ff.; die Literatur zu dem Fall ist zwischenzeitlich ins Abundante gewachsen. *Kolvenbach* (322) erwähnt bereits 6809 Aufsätze.

209 „*At the outset Judge Keenan concluded, in accordance with the Court's expressed views in Piper that, since the plaintiffs were not residents of the United States but of a foreign country, their choice of the United States as a forum would not be given deference to which it would be entitled if this country were their home...*".

210 (1991) 54 Cal. 3d 744, 1 Cal. Rptr. 2d 556; 819 p. 2d 14.

211 Vgl. z.B. *Kronke*, Neue Entwicklungen im englischen Recht der internationalen Zuständigkeit – „Unnatural forum" und „forum non conveniens", RIW/AWD 1977, 613ff.; *Reus*, Die „forum non conveniens-doctrine" in Großbritannien und den USA in Zukunft auch im deutschen Prozess?, RIW 1991, 542ff.

Dasselbe gilt für beispielsweise das singapurische[212] und das israelische Recht[213].

Auch der österreichische OGH scheint im Rahmen von § 99 JN eine modifizierte Forum-non-conveniens-Lehre („ausreichende inländische Nahbeziehung") zu favorisieren[214]. Die Tendenz geht in ähnlicher Linie wie die deutsche Rechtsprechung zu § 23 ZPO[215]. Die schweizerische Rechtsprechung hält sich offenbar zurück[216]. 137

bb) Zuständigkeitserschleichung

Eröffnet sich der Kläger die Möglichkeit der Rechtsverfolgung an einem bestimmten Forum erst dadurch, dass er die Zuständigkeit durch eigene Handlung eröffnet, so ist das forum shopping regelmäßig unzulässig. Die Ausnutzung der Möglichkeit der Eröffnung einer Zuständigkeit durch Zustellung der Klageschrift im Common-law-Prozess (transient jurisdiction) genügt hierzu nicht. Deswegen hat auch im Fall der Maharanee of Baroda v. Wildenstein das englische Gericht seine Zuständigkeit bejaht, obwohl man hier durchaus den Verdacht haben konnte, dass die durch die Zustellung der Klageschrift auf dem Rennplatz von Ascot begründete Zuständigkeit erschlichen war. 138

Die Zuständigkeitserschleichung kann häufig erst mit einer Schadensersatzklage oder als Einwendung gegen die Anerkennung und Vollstreckbarerklärung des so ergangenen Urteils geltend gemacht werden, da weltweit bei Gerichten die Tendenz vorherrscht, ihre eigene Zuständigkeit zu bejahen, weil sie den von ihnen gewährten Rechtsschutz für besser und effektiver als jeden ausländischen Rechtsschutz halten. 139

d) Verhinderung des forum shopping

Für die Verhinderung unerwünschten und als unzulässig angesehenen forum shopping stellen die Rechtsordnungen unterschiedliche Mittel zur Verfügung. 140

212 Vgl. *Schütze/Hirth*, Einführung in das Recht Singapurs, 2007, S. 71.

213 Vgl. *Pilger*, Das forum non conveniens nun auch in Israel, RIW 1988, 740 ff.; *Siehr*, Das forum non conveniens nun auch in Israel, RIW 1988, 909 ff.

214 Vgl. OGH, IPRax 1992, 164; dazu *Schlosser*, Einschränkung des Vermögensgerichtsstandes, IPRax 1992, 140 ff.

215 Vgl. BGHZ 115, 90 = RIW 1991, 856 = DZWir 1991, 245.

216 Vgl. *Bernasconi/Gerber*, La théorie du forum non conveniens – un regard Suisse, IPRax 1994, 3 ff.

aa) Klage auf Unterlassung ausländischer Prozessführung

141 Das englische und das US-amerikanische Recht lassen eine Klage auf Unterlassung der Prozessführung vor einem ausländischen Gericht im Falle des als unzulässig angesehen forum shopping zu[217]. So entwickelte sich im Anschluss an den Zusammenbruch der Billigfluggesellschaft Laker Airways ein Kampf ums Forum zwischen den Beteiligten, der zu zahlreichen antisuit injunctions in England und Washington D.C. führte[218]. Der Konkursverwalter von Laker versuchte, durch ein amerikanisches Gericht den betroffenen Fluggesellschaften und anderen Prozessbeteiligten die Klage in England, diese wiederum umgekehrt Laker die Prozessführung in den USA untersagen zu lassen.

142 Im deutschen Recht wird eine Klage auf Unterlassung ausländischer Prozessführung im Falle der Zuständigkeitserschleichung für zulässig gehalten[219].

---

217 Vgl. dazu *Bermann*, The Use of Anti-Suit Injunctions in International Litigation, Col.J.Trans.L 28 (1990), 589 ff.; *Carl*, Einstweiliger Rechtsschutz bei Torpedoklagen, 2007; *Collins*, The institut de droit international and anti-suit injunctions, FS Jayme, 2004, Bd. I, S. 131 ff.; *Dutta/Heinze*, Prozessführungsverbote om englischen und Europäischen Zivilverfahrensrecht, ZEuP 2005, 428 ff.; *Fellas/Wame*, Choice of Forum under United States and English Law, in: Fellas (Hrsg.), Transatlantic Commercial Litigation and Arbitration, 2004, S. 333 ff. (358 ff., 388 ff.); *Hartley*, Comity and the Use of Antisuit Injunctions in International Litigation, Am.J.Comp.L. 35 (1987), 487 ff.; *Hau*, Positive Kompetenzkonflikte im Internationalen Zivilprozessrecht, 1996, S. 191 ff.; *Jegher*, Abwehrmassnahmen gegen ausländische Prozesse im internationalen Zivilverfahrensrecht der Schweiz, 2003; *Krause-Ablass/Bastuck*, Deutsche Klagen zur Abwehr amerikanischer Prozesse?, FS Stiefel, 1987, S. 445 ff.; *Kronke*, Acceptable Transnational Anti-Suit Injunctions, FS Kaissis, 2012, S. 549 ff.; *Kurth*, Inländischer Rechtsschutz gegen Verfahren vor ausländischen Gerichten, 1989; *Graf von Praschma*, Die Einwirkung auf ausländische Prozesse durch Unterlassungs- und Schadensersatzklagen, Diss. Saarbrücken 1971; *Schack*, IZVR Rdn. 859 ff.; *Schmidt*, Anti-suit injunctions im Wettbewerb der Rechssysteme, RIW 2006, 492 ff.; *Schröder*, The Right not to be Sued Abroad, FS Kegel, 1987, S. 523 ff.; *Schütze*, Zulässigkeit, Zustellung und Wirkungserstreckung von anti-suit injunctions in Deutschland, FS Yessiou-Faltsi, 2007, S. 625 ff.; *Smith*, Antisuit Injunctions, Forum non Conveniens und International Comity, RIW 1993, 802 ff.

218 Vgl. zu der Prozessgeschichte eingehend *Lange*, Der Justizkonflikt zwischen den USA und Europa, dargestellt am Beispiel des Falles „Laker", in: Habscheid (Hrsg.), Der Justizkonflikt mit den Vereinigten Staaten von Amerika, 1986, S. 65 ff.

219 Vgl. RGZ 157, 136; OLG Königsberg StAZ 1937, 261; OLG Köln StAZ 1937, 435; dazu auch *Reu*, Die Scheidungsklage eines deutschen Ehegatten vor einem ausländischen Gericht als unzulässige Rechtsausübung (Gesetzesumgehung), ZAkDR 1938, 731 ff.; *Riezler*, IZPR, 338 ff.; zur Diskussion dieser höchst umstrittenen Frage vgl. auch *Geimer*, IZPR Rdn. 1116 ff. (ablehnend); *Kurth*, Inländischer Rechtsschutz gegen Verfahren vor ausländischen Gerichten, 1989 (befürwortend); *Schack*, IZVR Rdn. 861 f. (wohl ablehnend); im übrigen *Hau*, Positive Kompetenzkonflikte im Internationalen Zivilprozessrecht, 1996, S. 201 ff.; *Graf von Praschma*, Die Einwirkung auf ausländische Prozesse durch Unterlassungs- und Schadensersatzklagen, Diss. Saarbrücken 1971.

Die Begründung hat die Rechtsprechung in § 826 BGB gesehen. Insbesondere ging es um Scheidungsklagen, bei denen die Kläger in das scheidungsfreudigere Ausland, insbesondere Lettland, auswichen, und die Gerichte deutschen Frauen helfen wollten[220]. Bekannte Scheidungskläger in Lettland sind Max Reinhardt, der dort die Scheidung von Else Heims erreichte und den Weg für die Ehe mit Helene Thiemig freimachte[221], Felix von Weingartner, Eugen d'Albert und andere Prominente.

Der Wert derartiger Klagen auf Unterlassung ausländischer Prozessführung 143
ist regelmäßig gering, da die ergehende Entscheidung in dem Staat, dessen Prozessführung untersagt wird, nicht anerkennungsfähig ist. Im Geltungsbereich von Brüssel I und Brüssel Ia VO und LugÜ II sind antisuit injunctions unzulässig[222], da eine einheitliche Zuständigkeitsordnung besteht, die es dem Kläger erlaubt, unter mehreren Zuständigkeiten ein Forum zu wählen, nicht jedoch dem Beklagten das Recht gibt, den Kläger zur Prozessführung in einem ihm genehmen Forum zu zwingen.

Ausländische antisuit injunctions, die die Prozessführung vor deutschen 144
Gerichten verbieten, sind generell als Verstoß gegen deutsches Hoheitsrecht unzulässig und dürfen nicht zugestellt werden[223]. Ausländische Urteile, die ein Klageverbot enthalten sind in Deutschland nicht anerkennungsfähig[224].

220 Bezeichnend ist die Begründung des Reichsgerichts in RGZ 157, 136: „*Dem Berufungsgericht ist darin beizutreten, dass es gegen die im Volke herrschenden sittlichen Anschauungen verstößt, wenn ein deutscher und in Deutschland wohnhafter Ehegatte unter Missachtung der deutschen Gesetze einen von ihm in einem ausländischen Staate nebenher begründeten Wohnsitz und eine ausländische Gesetzgebung, die anders als das deutsche Recht den Scheidungsausspruch ohne Rücksicht auf die Staatsangehörigkeit der Ehegatten lediglich nach dem am Wohnsitz des Scheidungsklägers geltenden Recht beurteilt, dazu ausnutzt, vor einem ausländischen Gericht zum Schaden des anderen Ehegatten eine Scheidung durchzuführen, die ihm nach den für ihn maßgebenden deutschen Gesetzen versagt ist.*"

221 Vgl. zu den verwickelten Prozessgeschichte die amüsante Darstellung bei *Adler*, ...aber vergessen Sie nicht die chinesischen Nachtigallen, 1980, S. 236ff.

222 Vgl. EuGH Rs. C-159/02 – Turner v. Grovit – EuGHE 2004, 3565 = IPRax 2004, 425 mit Anm. *Rauscher* = RIW 2004, 541 mit Anm. *Krause; Hau*, Positive Kompetenzkonflikte im Internationalen Zivilprozessrecht, 1996, S. 216ff.; *Jayme/Kohler*, Europäisches Kollisionsrecht 1994, IPRax 1994, 405ff.; *Schack*, IZVR, Rdn. 853 *ders.*, Die Versagung der deutschen internationalen Zuständigkeit wegen forum non conveniens und lis alibi pendens, RabelsZ 58 (1994), 40ff. (56); *Smith*, Antisuit Injunctions, Forum non Conveniens und Internationale Comity, RIW 1993, 802ff. (808).

223 Vgl. OLG Düsseldorf, RIW 1996, 237; dazu *Hau*, Zustellung ausländischer Prozessführungsverbote: Zwischen Verpflichtung zur Rechtshilfe und Schutz inländischer Hoheitsrechte, IPRax 1997, 161ff., *Schütze*, Zulässigkeit, Zustellung und Wirkungserstreckung von antisuit injunctions in Deutschland FS Yessiou-Faltsi, 2007, S. 625ff. (627f.).

224 Vgl. *Schütze*, FS Yessiou-Faltsi, 2007, S. 625ff. (628ff.) m.w.N.

bb) Negative Feststellungsklage

145 Eine der stäksten Waffen gegen ausländisches Forum Shopping ist die Erhebung einer negativen Feststellungsklage vor inländischen Gerichten[225]. Vgl. dazu unten Rdn. 535 ff.

cc) Schadensersatzklage

146 Die unzulässige Prozessführung im Rahmen des forum shopping kann die Grundlage eines Schadensersatzanspruches des vor das unzuständige Gericht gezerrten Beklagten sein[226]. Anspruchsgrundlage ist in diesem Fall im deutschen Recht § 826 BGB.

147 Die Schadensersatzklage bringt in der Praxis regelmäßig ein besseres Ergebnis als die Unterlassungsklage – die jedoch zu deren Vorbereitung dienen kann –, da mit dem Schadensersatzanspruch die Folgen der ausländischen Prozessführung vereitelt und kompensiert werden können.

dd) Internationale Gerichtsstandsvereinbarung

148 Die beste Möglichkeit, ein unerwünschtes forum shopping zu verhindern, bietet der Abschluss einer ausschließlichen internationalen Gerichtsstandsvereinbarung zugunsten des erwünschten Forums[227] und die damit verbundene Beseitigung konkurrierender Zuständigkeiten.

Die meisten Rechtsordnungen lassen derartige ausschließliche Zuständigkeitsvereinbarungen mit der Folge der Reduzierung mehrerer Zuständigkeiten auf einen Gerichtsstand zu. Allerdings beschränken einige Rechte, z.B. das tunesische, die Möglichkeiten der Zuständigkeitsvereinbarung auf die Prorogation eigener Gerichte, lassen die Derogation eigener internationaler Zuständigkeit dagegen nicht zu.

149 Die internationale Gerichtsstandsvereinbarung hat zwar nur prozessuale Wirkungen, ist also nicht geeignet, materiellrechtlich die ausländische Prozessführung im derogierten Gerichtsstand zu verhindern[228], sie kann aber im ausländischen Prozess geltend gemacht werden. Beachtet der ausländische Richter

---

225 Vgl. dazu *Trittmann*, Waffengleichheit beim Forum Shopping für deutsche Parteien im Verhältnis zu US-amerikanischen Gegenparteien?, FS Schütze II, 2014, S. 647 ff.

226 Vgl. zu dem Problem eingehend *Graf von Praschma*, Die Einwirkung auf ausländische Prozesse durch Unterlassungs- und Schadensersatzklagen, Diss. Saarbrücken 1971.

227 Vgl. dazu *Samtleben*, Forum Fixing, in: Juenger/Samtleben, Der Kampf ums Forum, RabelsZ 46 (1982), 708 ff. (716 ff.).

228 Vgl. dazu *Schack*, IZVR, Rdn. 511 f.

die Derogation nicht, so stellt dies ein Anerkennungshindernis nach § 328 Abs. 1 Nr. 1 ZPO dar[229].

3. Negativer internationaler Kompetenzkonflikt

Negative internationale Kompetenzkonflikte[230] sind erfreulicherweise selten. Sie 150
treten insbesondere bei zwei Konstellationen auf:

- Die beteiligten Staaten knüpfen die internationale Zuständigkeit unterschiedlich an (Beklagtenwohnsitz/Klägerwohnsitz);
- die beteiligten Staaten knüpfen die internationale Zuständigkeit zwar in gleicher Weise an, bestimmen den Anknüpfung herbeiführenden Tatbestand aber unterschiedlich (z.B. bei Wohnsitz und Sitz).

Zwei Beispiele aus der Rechtsprechung verdeutlichen dies.

a) Der Fall der scheidungswilligen Russin[231]

Ein russisches Ehepaar lebte in Paris im Exil. Die Ehe scheiterte. Der Ehemann 151
nahm seinen Wohnsitz in der Türkei und wurde dort naturalisiert, während die Ehefrau ihr Domizil in Paris beibehielt. Als die Frau sich scheiden lassen wollte, ergaben sich Schwierigkeiten. Nach französischem Recht bestand eine ausschließliche internationale Zuständigkeit der türkischen Gerichte, während das türkische Recht von einer internationalen Zuständigkeit der französischen Gerichte ausging. Der negative internationale Kompetenzkonflikt entstand, weil das französische Recht an den Beklagtenwohnsitz, das türkische Recht dagegen an den Klägerwohnsitz anknüpfte. Doch die scheidungswillige Russin blieb trotz dieses negativen Kompetenzkonfliktes nicht rechtsschutzlos. Der Tribunal de la Seine entschied, dass es keinen „déni de justice“ geben dürfe und erklärte sich für zuständig.

---

229 Vgl. *Wieczorek/Schütze/Schütze*, ZPO, § 328, Rdn. 38.

230 Vgl. dazu insbes. *Erescinski/Weitz*, Internationale Notzuständigkeiten im polnischen Internationalen und Europäischen Zivilverfahrensrecht, FS Kaissis, 2012, S. 187 ff. (mit einer Darstellung der Situation im polnischen Recht); *Geimer*, IZPR Rdn. 1024 ff.; *Milleker*, Der negative internationale Kompetenzkonflikt, 1975; *Kropholler*, Handbuch des Internationalen Zivilverfahrensrechts, Bd. I, 1982, S. 268 ff.; *Schack*, IZVR, Rdn. 454 ff.; *Schütze*, Die Notzuständigkeit im deutschen Recht, FS Rechberger, 2005, S. 567 ff.

231 Vgl. Tribunal de la Seine, Journal Clunet 59 (1932), 370; dazu *Milleker*, Der negative internationale Kompetenzkonflikt, 1975, S. 39 f.

b) Der Fall des fürsorgebedürftigen Kindes[232]

152 Ein Jahrzehnt später ereignete sich in Deutschland ein Fall negativen Kompetenzkonfliktes bei gleicher Anknüpfung. Ein österreichisches Ehepaar lebte mit seinem minderjährigen Kind in Berlin. Als der Ehemann starb, zog die Mutter mit dem Kind nach Wien. Die internationale Zuständigkeit für vormundschaftsgerichtliche Maßnahmen bestimmte sich nach deutschem und österreichischem Recht nach dem Wohnsitz des Kindes, so dass sich an sich keine Probleme ergeben durften. Nach österreichischem Recht teilte das Kind aber in jedem Fall den Wohnsitz des Vaters, auch nach dessen Tod, so dass der abgeleitete Kindeswohnsitz Berlin war, während das Kind nach deutschem Recht nach dem Tod des Vaters den Wohnsitz der Mutter teilte, also eine Zuständigkeit in Wien gegeben war. Das Reichsgericht löste diesen negativen internationalen Kompetenzkonflikt nicht weniger pragmatisch als der Tribunal de la Seine im Fall der scheidungswilligen Russin. Es erklärte die deutschen Gerichte für zuständig, um eine Rechtsverweigerung zu vermeiden.

c) Die internationale Notzuständigkeit

153 Es darf keine Rechtsverweigerung geben. Ein déni de justice darf in Kulturstaaten nicht möglich sein. „Wo ein Zuständigkeitsinteresse unabweislich ist, muss eine Zuständigkeit aufgetan werden“[233]. Dies ist ein Postulat in allen Kulturstaaten, das regelmäßig auch verfassungsrechtlich begründet[234] und aus der Europäischen Menschenrechtskonvention hergeleitet wird[235]. Ebenso wie im

---

232 Vgl. RG, DR 1942, 1286.

233 Vgl. *Schröder*, Internationale Zuständigkeit, 1971, S. 214.

234 Vgl. *Geimer*, IZPR, Rdn. 1035; *Nagel/Gottwald*, IZPR, § 3, Rdn. 496. Vgl. auch BAGE 44, 246 (für den negativen Kompetenzkonflikt im Verhältnis Arbeitsgerichtsbarkeit/Sozialgerichtsbarkeit).

235 Vgl. *Drobnig*, Urteilsanmerkung, JZ 1959, 317 ff. (318) (für die freiwillige Gerichtsbarkeit), *Echterhölter*, Die Europäische Menschenrechtskonvention in der juristischen Praxis, JZ 1956, 142 ff. (145); *Geimer*, Einige Zweifelsfragen zur Abgrenzung der internationalen Zuständigkeit nach dem EWG-Übereinkommen vom 27.9.1968, RIW/AWD 1975, 81 ff. (83); *ders.*, IZPR Rdn. 1035; *Matscher*, Die Einwirkungen des EMRK auf das internationale Privat- und zivilprozessuale Verfahrensrecht, FS Schwind, 1993, S. 79 ff.; *ders.*, Der Einfluss des EMRK auf den Zivilprozess, FS Henckel, 1995, S. 598 ff.; *Milleker*, Der negative internationale Kompetenzkonflikt, 1975, S. 69; *Schorn*, Die Europäische Konvention zum Schutz der Menschenrechte, 1968, S. 207.

deutschen Recht[236] wird die Notzuständigkeit auch im französischen[237], schweizerischen[238], österreichischen[239], polnischen[240] und anderen Rechten als Ausweg aus der Malaise des negativen internationalen Kompetenzkonfliktes angesehen.

Besteht so Einigkeit darüber, dass irgendeine Zuständigkeit gegeben sein 154
muss, so herrscht Unklarheit darüber, welches Gericht Notzuständigkeit beim negativen internationalen Kompetenzkonflikt besitzen soll. Man wird dem Kläger nicht jede ihm genehme Zuständigkeit eröffnen können. Das hieße, ihn vom Bettler nach irgendeiner Zuständigkeit zum König mit unbeschränkter Zuständigkeitswahl zu machen. Das Notgericht, das vom Kläger angerufen wird, muss jedenfalls kompetenzrechtlich eine Beziehung zum Rechtsstreit haben (Wohnsitz der Parteien etc.)[241].

4. Die europäische Zuständigkeitsordnung

Eine bedeutende Rechtsquelle für die internationale Zuständigkeit stellen Brüs- 155
sel Ia VO und LugÜ II dar. Die Brüssel I-VO hat seine Bedeutung heute weitge-

---

236 Vgl. *Aden*, Internationale Notzuständigkeit, ZvglRWiss. 106 (2007), 490 ff.; *Bauer*, Compétence judiciaire internationale des tribunaux civils français et allemands, 1965, Nr. 139, 138; *Geimer*, IZPR Rdn. 1024 ff.; *ders.*, Zur Prüfung der Gerichtsbarkeit und der internationalen Zuständigkeit bei der Anerkennung ausländischer Urteile, 1966, S. 56; *ders.*, Einige Zweifelsfragen zur Abgrenzung nach dem EWG-Übereinkommen v. 27.9.1968, RIW/AWD 1975, 81 ff. (82); *Kropholler*, Handbuch des Internationalen Zivilverfahrensrechts, Bd. I 1982, Rdn. 187; *Matthies*, Die deutsche internationale Zuständigkeit, 1955, S. 52 ff.; *Nagel/Gottwald*, IZPR, § 3, Rdn. 397 f.; *Neuner*, Internationale Zuständigkeit, 1929, S. 53 ff.; *Schack*, IZVR Rdn. 457 ff.; *Schütze*, DIZPR, Rdn. 128 ff.; *ders.*, Die Notzuständigkeit im deutschen Recht, FS Rechberger, 2005, S. 567 ff.; ein Teil der Lehre will das Problem über einen zuständigkeitsrechtlichen Renvoi lösen, vgl. *Milleker*, Der negative internationale Kompetenzkonflikt, 1975, S. 81 ff.; *Schröder*, Internationale Zuständigkeit, 1971, S. 789 ff.

237 Vgl. dazu *Audit*, Droit International Privé, 7. Aufl., 2013, Rdn. 348; *Bauer*, Compétence judiciaire internationale des tribunaux civils français et allemands, 1965, S. 138 ff.; *Mayer/Heuzé*, Droit International Privé, 11. Aufl., 2014, Rdn. 288 m.w.N.

238 Vgl. Art. 3 IPRG.

239 Vgl. § 28 Abs. 1 Ziff. 2 JN; vgl. auch *Matscher*, in: Fasching/Konecny, 2. Aufl., § 28 JN, Rdn. 70 m.w.N.

240 Vgl. dazu *Erecinski/Weitz*, Internationale Notzuständigkeit im polnischen Internationalen und Europäischen Zivilverfahrensrecht, FS Kaissis, 2012, S. 187 ff.

241 Vgl. *Schütze*, DIZPR, Rdn. 130; *ders.*, FS Rechberger, 2005, S. 567 ff. (575 ff.) (mit einem Vorschlag für einen Katalog von Anknüpfungspunkten); ähnlich *Schröder*, Internationale Zuständigkeit, 1971, S. 216 f. und *Neuhaus*, Internationales Zivilprozessrecht und internationales Privatrecht, RabelsZ 20 (1955), 201 ff. (265), die ein besonderes Rechtsschutzinteresse des Klägers fordern, gerade bei dem gewählten Notgericht zu klagen.

hend verloren, nachdem- anders als für die Wirkungserstreckung von Urteilen – die dort manifestierte Kompetenzordnung seit dem 10.1.2015 für alle Verfahren anzuwenden ist und die VO aufgrund eines völkerrechtlichen Vertrags zwischen der EU und Dänemark auch für Dänemark gilt[242]. Der Geltungsbereich der Brüssel Ia VO umfasst Belgien, Bulgarien, Dänemark, Deutschland, Estland, Finnland, Frankreich, Griechenland, Irland, Italien, Kroatien, Lettland, Litauen, Luxemburg, Malta, die Niederlande, Österreich Polen Portugal, Rumänien, Schweden, Slowakei, Slowenien, Spanien, Tschechien, Ungarn, das Vereinigtes Königreich und Zypern.

156 Die europäische Zuständigkeitsordnung ist im Rahmen ihres Geltungsbereichs an die Stelle der nationalen Zuständigkeitsordnungen getreten[243]. Diese sind auch nicht ergänzend oder hilfsweise anwendbar. Die Brüssel Ia VO und das LugÜ II regeln in ihren Zuständigkeitskatalogen die compétence directe und enthalten Befolgungsnormen.

157 Der deutsche Richter, der in einem Prozess gegen einen französischen Beklagten im Gerichtsstand des Erfüllungsortes angerufen wird, beurteilt seine Zuständigkeit allein nach Art. 7 Nr. 1 Brüssel Ia VO, nicht – auch nicht hilfsweise – nach § 29 ZPO. Der italienische Richter, der aufgrund einer Gerichtsstandsvereinbarung angerufen wird, beurteilt seine Zuständigkeit allein nach Art. 25 Brüssel Ia VO, nicht nach den Bestimmungen des nationalen Prozessrechts.

158 Neben die Zuständigkeitsordnung der Brüssel Ia VO ist die des Übereinkommens von Lugano II getreten. Das LugÜ II ist weitgehend wortgleich mit der Brüssel I VO. Es ist bisher in Kraft im Verhältnis zu Island, Norwegen, und der Schweiz.

a) Brüssel Ia VO

159 Die Zuständigkeitsordnung der Brüssel Ia VO gilt für alle Rechtsstreitigkeiten, die vom Zeitpunkt des Inkrafttretens (10.1.2015) an eingeleitet worden sind und werden. Das Zuständigkeitssystem der Brüssel I VO hat nur noch Bedeutung, soweit die Zuständigkeit im Rahmen der Wirkungserstreckung von Entscheidungen aus Rechtsstreitigkeiten, die vor dem 10.1.2015 eingeleitet worden sind nachgeprüft werden kann (Verbraucher-, Arbeits-, Versicherungs- und aus-

---

242 Vgl. Abkommen vom 19.10.2005, ABl. (EG) Nr. L 299, S. 62; dazu *Jayme/Kohler*, Europäisches Kollisionsrecht 2005: Hegemonialgesten auf dem Weg zu einer Gesamtvereinheitlichung, IPRax 2005, 481 ff. (485 f.); *Nielsen*, Brussels I and Denmark, IPRax 2007, 506 ff. erweitert auf die Brüssel Ia VO durch das Übereinkommen ABl. (EU) Nr. L 79/4 v. 21.3.2013.
243 Vgl. schon früh *Geimer*, Eine neue Zuständigkeitsordnung in Europa, NJW 1976, 441 ff.

schließliche Zuständigkeiten). Da insoweit die Zuständigkeitsordnung der Brüssel I und Ia VO identisch sind, wird das Kompetenzsystem von Brüssel I hier nicht mehr behandelt.

aa) Sachlicher Geltungsbereich

Der Geltungsbereich der Verordnung ist- wie auch bei EuGVÜ, Brüssel I VO 160
und LugÜ I und II– auf Zivil- und Handelssachen beschränkt. Öffentlich-rechtliche Streitigkeiten, einschließlich von Steuer- und Zollsachen, werden nicht erfasst.

Die Auslegung der Anwendungsvoraussetzungen erfolgt – wie auch zu sämtlichen Begriffen der Verordnung – einheitlich aus der Verordnung heraus. Für eine Auslegung nach nationalem Recht ist kein Raum. Das ergibt sich aus der Rechtsnatur des Normenwerks.

Ausgenommen sind neben den öffentlichrechtlichen Streitigkeiten fünf 161
Rechtsbereiche:

- Angelegenheiten, die den Personenstand, die Rechts- und Handlungsfähigkeit sowie die gesetzliche Vertretung von natürlichen Personen, die ehelichen Güterstände oder Güterstände aufgrund von Verhältnissen, die nach dem auf diese Verhältnisse anwendbaren Recht mit der Ehe vergleichbar Wirkungen entfalten
- Konkurse, Vergleiche und sonstige Verfahren[244]. Besondere Bedeutung hat dieser Ausschlusstatbestand für Streitigkeiten über die Haftung von Gesellschaftsorganen in der Insolvenz der Gesellschaft nach französischem Recht, die der Verordnung nicht unterfallen[245] und Streitigkeiten über die Wirksamkeit von Rechtshandlungen des Insolvenzverwalters[246]
- die soziale Sicherheit. Dieser Ausnahmetat bestand schließt nur Streitigkeiten zwischen dem Sozialversicherungsträger und dem Versicherten aus, nicht jedoch solche des Sozialversicherungsträgers gegen Dritte, etwa

244 Dieses Rechtsgebiet ist europarechtlich gesondert durch die EuInsVO geregelt; vgl. zum Schrifttum oben FN 40.

245 Vgl. zu der entsprechenden Bestimmung in Art. 1 Abs. 2 Nr. 2 EuGVÜ EuGH Rs. 133/78 – Gourdain v. Nadler – EuGHE 1979, 73 = RIW/AWD 1979, 273; *Schütze*, Anerkennungsfähigkeit französischer Urteile über die Haftung von Gesellschaftsorganen im Konkurs, RIW/AWD 1978, 765ff. Das französische Gesetz v. 1.7.1967 ist zwar am 31.12.1985 außer Kraft getreten. Die ratio decidendi ilt aber auch für jegliche andere Ausfallhaftung; vgl. OLG Hamm RIW 1994, 62 = EWS 1993, 408.

246 Vgl. dau EuGH Rs. C-111/08 – SCT Industri AB v. Alpenblume AB – EuGHE 2009, I-5655 = EuZW 2009, 610.

Schadensersatzansprüche, die auf den Sozialversicherungsträger übergegangen sind[247];

- die Schiedsgerichtsbarkeit[248]. Diese Materie ist aus dem Geltungsbereich der Verordnung – wie auch schon aus dem Geltungsbereich von EuGVÜ, Brüssel I VO und LugÜ I und II – ausgenommen, da sie durch andere multilaterale Übereinkommen – insbesondere das UN-Übereinkommen 1958 – geregelt ist oder noch besonders geregelt werden soll.
- das Gebiet des Testaments- und Erbrechts, einschließlich Unterhaltspflichten, die mit dem Tod entstehen.

bb) Die Zuständigkeiten

162 Die Zuständigkeitspolitik der Brüssel Ia VO orientiert sich weiterhin am Beklagtenschutz, schafft – wie bisher – in unerträglicher Weise kompetenzrechtliche Privilegien für Verbraucher. Die Verordnung schafft dadurch eine Zweiklassengesellschaft im europäischen Zuständigkeitsrecht[249]. Der Verbraucher soll nicht nur im Kaufhaus König sein – auch im Gerichtssaal.

163 Der Zuständigkeitskatalog des Kap. II ist abschließend. Für eine Anwendung nationaler Zuständigkeitsvorschriften ist kein Raum. Die abschließende Zuständigkeit gilt jedoch nur bei Klagen gegen Personen, die in einem Mitgliedstaat domiziliert sind. Gegen außerhalb des Geltungsbereichs der Verordnung wohnhafte Beklagte kann eine Klage nach nationalem Zuständigkeitsrecht erhoben werden, und zwar auch dann, wenn es sich um einen gemissbilligten Gerichtsstand handelt, dessen Anwendung nach der Verordnung ausgeschlossen ist. Gegen einen in Südafrika wohnhaften Beklagten kann also vor einem deutschen Gericht im Gerichtsstand des § 23 ZPO geklagt werden. Das ergehende Urteil ist in allen Staaten des Geltungsbereichs der Verordnung anerkennungsfähig, obwohl der Gerichtsstand des Vermögens in Liste 1 zu der Verordnung als exorbitant angesehen wird.

---

247 Vgl. *Geimer/Schütze*, EuZVR Art. 1, Rdn. 142f.; *Kropholler/von Hein*, EuZPR Art. 1, Rdn. 40.

248 Vgl. dazu *Baumann*, Schiedsgerichtsbarkeit und EuGVVO: Löst die Novelle die problematischen Abgrenzungsfragen?, FS Ahrens, 2016, S. 467ff.; *Geimer*, Die Reichweite der Bereichsausnahme zu Gunsten der Schiedsgerichtsbarkeit in Art. 1 Abs. 2 lit. d EuGVVO n.F., ebenda, S. 501ff.

249 Vgl. dazu *Roth*, Wer ist im Europäischen Prozessrecht ein Verbraucher?, FS von Hoffmann, 2011, S. 715ff.; *Schütze*, Der Verbraucher im europäischen Justizraum oder: die Zweiklassengesellschaft im europäischen Zivilprozessrecht, FS Graf von Westphalen, 2010, S. 621ff.

aaa) Allgemeiner Gerichtsstand[250]

164 Wie in EuGVÜ, Brüssel I VO und LugÜ I und II bestimmt der Grundsatz *actor sequitur forum rei* den allgemeinen Gerichtsstand. Dieser wird an den Wohnsitz des Beklagten angeknüpft (Art. 4 Brüssel Ia VO). Der Wohnsitzbegriff ist in der Verordnung nicht definiert. Die Bestimmung des Wohnsitzes erfolgt nach nationalem Recht, und zwar nach der lex fori des angerufenen Gerichts, soweit ein Wohnsitz im Geltungsbereich der Verordnung behauptet wird, nach dem Recht des vom Kläger bezeichneten Wohnsitzstaates des Beklagten, soweit ein Wohnsitz außerhalb des Geltungsbereichs der Verordnung geltend gemacht wird. Soweit das Prozessrecht eines Staates im Geltungsbereich der Verordnung nicht an seine zivilrechtlichen Normen zur Bestimmung des Wohnsitzes anknüpft, vielmehr eigene Regeln über den Wohnsitz entwickelt, verweist Art. 62 Abs. 2 Brüssel Ia VO auf die prozessrechtlichen Normen[251].

165 Dem Wohnsitz natürlicher Personen entspricht der Sitz der Gesellschaft und juristischen Person. Hier ist alternativ auf den satzungsmäßigen Sitz, die Hauptverwaltung oder die Hauptniederlassung abzustellen (Art. 63 Abs. 1 Brüssel Ia VO). Für das Vereinigte Königreich, Irland iund Zypern ist unter satzungsmäßigem Sitz in diesem Sinne der Ort des „registered office" zu verstehen. Für die Bestimmung des Sitzes eines Trust bleibt es bei der bisherigen Regelung. Der Sitz wird nach dem IPR der lex fori bestimmt (Art. 63 Abs. 3 Brüssel Ia VO).

bbb) Besondere Zuständigkeiten

166 Die Verordnung bringt einen Katalog besonderer Gerichtsstände, die überaus arbeitnehmer- und verbraucherprivilegierend ausgestaltet sind:

167 – *Gerichtsstand des Erfüllungsorts (Art. 7 Nr. 1 lit. a Brüssel Ia VO)*[252]. Die Zukunft des forum executionis war in den Reformarbeiten umstrit-

---

250 Vgl. dazu auch *Hess*, Die allgemeinen Gerichtsstände der Brüssel-I-Verordnung, FS Lindacher, 2007, S. 53 ff.

251 Vgl. zur entsprechenden Regelung in Art. 59 EuGVÜ Wieczorek/Schütze/*Hausmann*, 3. Aufl., Art. 52 EuGVÜ, Rdn. 5.

252 Vgl. dazu *Banniza von Bazan*, Der Gerichtsstand des Sachzusammenhangs, 1995; *Lohse*, Verhältnis von Vertrag und Delikt. Eine rechtsvergleichende Studie zur vertragsautonomen Auslegung von Art. 5 Nr. 1 und Nr. 3 GVÜ, 1991; *Schack*, Der Erfüllungsort im deutschen, ausländischen und internationalen Privat- und Zivilprozessrecht, 1985; *Graf Wrangel*, Der Gerichtsstand des Erfüllungsortes im deutschen, italienischen und europäischen Recht, 1988.; zur Neuregelung in der Brüssl Ia VO vgl. *Kadner Graziano*, Der Gerichtsstand des Erfüllungsortes in Art. 7 Nr. 1 EuGVVO n.F. – Zur Entkoppelung des international-zivilprozessualen vom materiell-rechtlichen Erfüllungsort, RIW 2016, 14 ff.

ten[253]. Der Gerichtsstand des Erfüllungsortes hat aber überlebt trotz der damit verbundenen praktischen Probleme[254]. Während der EuGH den Erfüllungsort lege causae in Art. 5 Nr. 1 EuGVÜ qualifiziert[255] definiert Art. 7 Nr. 1 lit. b Brüssel Ia VO den Erfüllungsort der Verpflichtung in der Weise, dass dieser

- für den Kauf beweglicher Sachen der Ort ist, an den sie nach dem Vertrag geliefert worden sind oder hätten geliefert werden müssen,
- für die Erbringung von Dienstleistungen der Ort ist, an dem die Dienstleistung erbracht worden ist oder hätte erbracht werden müssen.

Ansprüche aus Arbeitsverträgen können – anders als unter der Geltung von EuGVÜ und LugÜ I– nicht mehr im Gerichtsstand des Erfüllungsortes geltend gemacht werden.

168 – *Gerichtsstand der unerlaubten Handlung (Art. 7 Nr. Nr. 2 Brüssel Ia VO).* Die Regelung entspricht weitgehend § 32 ZPO. Sowohl der Handlungs- als auch der Erfolgsort begründen die Zuständigkeit[256]. Die zu Art. 5 Nr. 3 EuGVÜ entstandene Diskussion, ob auch die vorbeugende Unterlassungsklage im Gerichtsstand der unerlaubten Handlung erhoben werden kann, ist durch die Neufassung von Art. 7 Nr. 2 Brüssel Ia VO beendet. Nach Wortlaut und Sinn der Bestimmung können auch vorbeugende Unterlassungsklagen im Deliktsgerichtsstand erhoben werden[257].

169 – *Gerichtsstand des Adhäsionsverfahrens (Art. 7 Nr. 3 Brüssel Ia VO).* Art. 7 Nr. 3 eröffnet eine Annexzuständigkeit des Strafgerichts für die Zivilklage. Die Bestimmung hat nur dann selbständige kompetenzrechtliche Bedeu-

---

253 Vgl. *Hausmann*, Die Revision des Brüsseler Übereinkommens von 1968, The European Legal Forum 2000, 40 ff. (44 f.); *Kohler*, Die Revision des Brüsseler und des Luganer Übereinkommens über die gerichtliche Zuständigkeit und die Vollstreckung gerichtlicher Entscheidungen in Zivil- und Handelssachen – Generalia und Gerichtsstandsproblematik, in: Gottwald (Hrsg.), Revision des EuGVÜ, 2000, S. 1 ff. (12 ff.).

254 Vgl. dazu *Rauscher*, Verpflichtung und Erfüllungsort in Art. 5 Nr. 1 EuGVÜ unter besonderer Berücksichtigung des Vertragshändlergerichtsstandes, 1984; *Spellenberg*, Der Gerichtsstand des Erfüllungsortes im EuGVÜ, ZZP 91 (1978), 38 ff.

255 Vgl. EuGH Rs. 12/76 – Tessili v. Dunlop – EuGHE 1976, 1473 = RIW/AWD 1977, 40 mit Anm. *Linke* = NJW 1977, 491 mit Anm. *Geimer;* Rs. C-288/92 – Custom Made Commercial v. Stawa Metallbau – EuGHE 1994 I, 2913 = RIW 1995, 183 = JZ 1995, 244 mit Anm. *Geimer.*

256 Vgl. EuGH Rs. 21/76 – Handelswerkerij G.V. Bier NV v. S.A. Mines de Potasse d'Alsace – EuGHE 1976, 1735 = RIW/AWD 1977, 356 mit Anm. *Linke*; Rauscher/*Leible* Art. 7 Brüssel Ia VO, Rdn. 117.

257 Vgl. *Geimer/Schütze*, EuZVR, A. 1 Art. 5, Rdn. 228 f. *Hausmann*, Die Revision des Brüsseler Übereinkommens von 1968, The European Legal Forum 2000, 40 ff. (48).

tung, wenn der Strafprozess die einzige Anknüpfung für die Zuständigkeit ist[258].

- *Gerichtsstand für Kulturgüter (Art. 7 Nr. 4 Brüssel Ia VO):* Eine Erweiterung 170
des Zuständigkeitskatalogs der Brüssel I VO stellt der Gerichtsstand der Belegenheit des Kulturgutes für die Geltendmachung von Ansprüchen auf Wiedererlangung dar, die auf das Eigentum gestützt sind. Possessorische oder petitorische Ansprüche fallen nicht unter die Norm[259]. Voraussetzung ist, dass es sich um ein Kulturgut i.S. der Richtlinie 93/7/EWG handelt.
- *Gerichtsstand der Niederlassung (Art. 7 Nr. 5 Brüssel Ia VO).* Zweigniederlas- 171
sung, Agentur und sonstige Niederlassung i.S. dieser Vorschrift sind Unterfälle der Niederlassung[260]. Der Begriff ist verordnungsautonom auszulegen[261]. Unselbständigkeit ist nach der h.L. nicht erforderlich. Auch rechtlich selbständige Niederlassungen können damit Zuständigkeit begründen[262]. Mit dieser Begründung haben die Gerichte in der Vergangenheit bei ausländischen Börsentermingeschäften Anlegern häufig eine inländische Klagemöglichkeit verschafft[263]. Immer muss es sich für den Gerichtsstand der Niederlassung um eine betriebsbezogene Streitigkeit handeln.
- *Gerichtsstand des Trust (Art. 5 Nr. 6 Brüssel Ia VO)*[264]. Der Trust hat keine 172
Rechtspersönlichkeit. Deshalb ist die kompetenzrechtliche Behandlung nach Art. 2 nicht möglich. Art. 5 Nr. 6 Brüssel Ia VO eröffnet dem Trustee keinen Gerichtsstand, erweitert nur seine Gerichtspflichtigkeit[265].
- *Seerechtliche Gerichtsstände (Art. 5 Nr. 7a und 7b Brüssel Ia VO)*[266]. Das in- 173
ternational an sich gemissbilligte forum arresti ist – zu Recht – für Klagen

---

258 Vgl. im Einzelnen *Kohler*, Adhäsionsverfahren und Brüsseler Übereinkommen 1968, in: *Will* (Hrsg.), Schadensersatz im Strafverfahren, 1990, S. 74 ff.; Rauscher/*Leible*, Art. 7 Brüssel Ia VO, Rdn. 143 ff.

259 Vgl. Rauscher/*Leible*, Art. 7 Brüssel Ia VO, Rdn. 150.

260 Vgl. dazu *Geimer*, Die inländische Niederlassung als Anknüpfungspunkt für die internationale Zuständigkeit, WM 1976, 146 ff.; *Kronke*, Der Gerichtsstand des Art. 5 Nr. 5 EuGVÜ – Ansätze einer Zuständigkeitsordnung für grenzüberschreitende Unternehmensverbindungen, IPRax 1989, 81 ff.; *Linke*, Der „kleineuropäische" Niederlassungsgerichtsstand (Art. 5 Nr. 5 GVÜ), IPRax 1982, 46.

261 Vgl. EuGH, Rs. 33/78 – Somafer S.A. ./. Saar Ferngas AG – RIW 1979, 56.

262 Vgl. *Geimer/Schütze*, EuZVR, A. 1 Art. 5 Rdn. 309.

263 Vgl. dazu *Kowalke*, Die Zulässigkeit von internationalen Gerichtsstands-, Schiedsgerichts- und Rechtswahlklauseln bei Börsentermingeschäften, 2003.

264 Vgl. dazu *Graupner*, Der englische Trust im deutschen Zivilprozess, ZVglRWiss. 88 (1989), 149 ff.

265 Vgl. *Geimer/Schütze*, EuZVR, A. 1 Art. 5 Rdn. 332; Rauscher/*Leible*, Art. 7 Brüssel Ia VO, Rdn. 168.

266 Vgl. dazu auch *Egler*, Seeprivatrechtliche Streitigkeiten unter der EuGVVO, 2011.

auf Berge- und Hilfslohn und ähnliche Ansprüche in die Verordnung aufgenommen worden. Es hat insbesondere für das Vereinigte Königreich Bedeutung[267].

174 – *Gerichtsstand der Streitgenossenschaft (Art. 8 Nr. 1Brüssel Ia VO)*[268]. Die zuständigkeitsbegründende Wirkung der Streitgenossenschaft ist dem deutschen Recht fremd. Sie ist aus den romanischen Rechten in die Brüssel Ia VO übernommen worden. Streitgenossen können vor dem Gericht verklagt werden, in dessen Sprengel ein Streitgenosse seinen Wohnsitz hat. Nachdem die Regelung in Art. 6 Nr. 1 EuGVÜ wegen ihres weiten Wortlauts missbraucht worden war, hat der EuGH[269] den Anwendungsbereich der Norm auf Klagen, bei denen ein Sachzusammenhang besteht, beschränkt. Art. 6 Nr. 1 Brüssel Ia VO berücksichtigt diese Rechtsprechung durch eine eingeschränkte Fassung, ohne dass dadurch eine Änderung gegenüber dem EuGVÜ eingetreten wäre Mit dieser Einschränkung begründet die Streitgenossenschaft auch dann eine Zuständigkeit, wenn die Klage gegen einen im Forumstaat Domizilierten an sich unzulässig ist, solange der Wohnsitz des beklagten Streitgenossen im Sprengel des angerufenen Gerichts besteht[270].

---

267 Vgl. dazu Rauscher/*Leible*, Art. 7 Brüssel Ia VO, Rdn. 170,

268 Vgl. dazu *Albicker*, Der Gerichtsstand der Streitgenossenschaft, 1996; *Althammer*, Die Auslegung der Europäischen Streitgenossenzuständigkeit durch den EuGH – Quelle nationaler Fehlinterpretation?, IPRax 2008, 228ff.; *Auer*, Die internationale Zuständigkeit des Sachzusammenhangs im erweiterten EuGVÜ-System nach Artikel 6 EuGVÜ, Diss. Regensburg 1996; *Banniza von Bazan*, Der Gerichtsstand des Sachzusammenhangs, 1995; *Brandes*, Der gemeinsame Gerichtsstand -Die Zuständigkeit im europäischen Mehrparteienprozess nach Art. 6 Nr. 1 EuGVÜ/LugÜ, 1998; *Geier*, Die Streitgenossenschaft im internationalen Verhältnis, 2005, S. 31ff.; *Geimer*, FORA CONNEXITATIS. Der Sachzusammenhang als Grundlage der internationalen.; Zuständigkeit. Bemerkungen zu Artikel 6 des EWG-Übereinkommens v. 27.9.1968, WM 1979, 350ff.; *Gottwald*, Europäische Gerichtspflichtigkeit kraft Sachzusammenhangs, IPRax 1989, 272ff.; *Knöfel*, Gerichtsstand der prozessübergreifenden Sttreitgenossenschaft gemäss Art. 6 Nr. 1 EuGVVO?, IPRax 2006, 503ff.; *von Paris*, Die Streitverkündung im europäischen Interventionsrecht, 2011; *Rohner*, Die internationale Zuständigkeit kraft Sachzusammenhangs, Diss. Bonn 1991; *Schurig*, Der Konnexitätsgerichtsstand nach Art. 6 Nr. 1 EuGVVO und die Verschleifung von örtlicher und internationaler Zuständigkeit im europäischen Zivilverfahrensrecht, FS Musielak, 2004, S. 493ff.; *Spellenberg*, Örtliche Zuständigkeit kraft Sachzusammenhangs, ZVglRWiss 79 (1980), 89ff.

269 Vgl. EuGH Rs. 189/87 – Kalfelis v. Schröder – EuGHE 1988, 5565 = NJW 1988, 3088 mit Anm. *Geimer* = RIW 1988, 901 mit Anm. *Schlosser* ebenda 987ff. = IPRax 1989, 288 mit Besprechungsaufsatz *Gottwald*, Europäische Gerichtspflichtigkeit kraft Sachzusammenhangs, ebenda 272ff.

270 Vgl. *Geimer/Schütze*, EuZVR, A. 1 Art. 6 Rdn. 26; Rauscher/*Leible*, Art. 6 Brüssel Ia-VO, Rdn. 18.

- *Gerichtsstand der Gewährleistungs- und Interventionsklage (Art. 8 Nr. 2 Brüssel Ia VO).* Die Gewährleistungs- und Interventionsklage wirkt zuständigkeitsbegründend. Der aus den romanischen Verfahrensrechten stammende Gerichtsstand macht den Regresspflichtigen eines Verfahrens am Ort des Hauptprozesses gerichtspflichtig. Diese Zuständigkeit kann in Deutschland, Österreich und Ungarn jedoch nach Art. 65 Abs. 1 Brüssel Ia VO nicht geltend gemacht werden[271]. Jede Person, die ihren Wohnsitz in einem anderen EU-Staat hat, kann dagegen in dem Gerichtsstand verklagt werden. Unabhängig von der Norm des Art. 65 Abs. 1 EuGVVO sind ausländische Urteile, die in diesem Gerichtsstand ergangen sind, anerkennungsfähig und können mit der Klausel versehen werden[272]. 175
- *Gerichtsstand der Widerklage (Art. 8 Nr. 3 Brüssel Ia VO).* Die Klage begründet die Zuständigkeit auch für die Widerklage[273]. Dabei ist es unerheblich, ob sich die Zuständigkeit für die Klage aus europäischem oder nationalem Recht ergibt[274]. Die Streitfrage, ob der Wohnsitz des Klägers und Widerbeklagten in einem Staat des Geltungsbereichs der Brüssel Ia VO liegen muss, ist ohne praktische Relevanz, da der Gerichtsstand der Widerklage regelmäßig in allen EU-Staaten internationale Zuständigkeit begründend wirkt. Das forum reconventionis kann durch Gerichtsstandsvereinbarung derogiert werden[275]. 176
- *Gerichtsstand des dinglichen Sachzusammenhangs (Art. 8 Nr. 4 Brüssel Ia VO).* Art. 8 Nr. 4 Brüssel Ia VO begründet einen Gerichtsstand des Sachzusammenhangs für persönliche mit dinglichen Klagen. Dieser Gerichtsstand ermöglicht es, dass persönliche Ansprüche, die mit solchen, die mit einer dinglichen Klage geltend gemacht werden, eng zusammenhängen nicht nur im allgemeinen Gerichtsstand des Schuldners oder dem Erfüllungsortsgerichtsstand eingeklagt werden können vielmehr zusammen mit der dinglichen Klage. 177

---

271 Vgl. dazu *de Winter*, Ineinandergreifen von EuGVVO und nationalem Zivilverfahrensrecht am Beispiel des Gerichtsstands des Sachzusammenhangs des Art. 6 EuGVVO, 2007.

272 Vgl. allgemein zur Anerkennungsfähigkeit ausländischer Gewährleistungsurteile *Geimer*, Anerkennung und Vollstreckung französischer Gewährleistungsurteile in der Bundesrepublik Deutschland, ZZP 85 (1972), 196ff.; *Milleker*, Formen der Intervention im französischen Zivilprozess und ihre Anerkennung in Deutschland, ZZP 84 (1971), 91ff.

273 Vgl. dazu *Eickhoff*, Inländische Gerichtsbarkeit und internationale Zuständigkeit für Aufrechnung und Widerklage unter besonderer Berücksichtigung des Europäischen Gerichtsstands- und Vollstreckungsübereinkommens, 1985; *Stürner (M.)*, Zur Reichweite des Gerichtsstandes der Widerklage nach Art. 6 Nr. 3 EuGVVO, IPRax 2007, 21ff.

274 Vgl. *Auer*, in: Geimer/Schütze, Internationaler Rechtsverkehr, 606, Art. 6, Rdn. 46.

275 Vgl. *Geimer/Schütze*, EuZVR, A. 1 Art. 6 Rdn. 66.

178 – *Gerichtsstand des seerechtlichen Sachzusammenhangs (Art. 9 Brüssel Ia VO).* Die Bestimmung eröffnet eine Zuständigkeit für Klagen auf Haftungsbegrenzung in jedem Mitgliedstaat, in dem eine Haftungsklage gegen den Schiffseigentümer erhoben werden kann. Damit soll eine Konzentration aller mit der seerechtlichen Haftungsbegrenzung zusammenhängenden Fragen bei einem Gericht ermöglicht werden. Der Gerichtsstand steht nur für eine Klage offen, die der Schiffseigentümer gegen den Anspruchsprätendenten erhebt, nicht dagegen für eine Klage des Geschädigten gegen den Schiffseigentümer[276]. Für Klagen gegen den Schiffseigentümer gelten die allgemeinen Vorschriften der Artt. 4ff. Brüssel Ia VO.

179 – *Gerichtsstand in Versicherungssachen (Art. 10ff. Brüssel Ia VO)*[277]. Aus dem Bestreben möglichst großer kompetenzrechtlicher Verbraucherprivilegierung ist die Zuständigkeit in Versicherungssachen – in der Breite rechtspolitisch bedenklich – besonders geregelt worden. Die Regelung ist ausschließlich und erschöpfend und lässt eine Anwendung der allgemeinen und besonderen Gerichtsstände nicht zu[278]. Nach Art. 11 Brüssel Ia VO ist der Versicherer, der Wohnsitz oder Sitz in einem Staat des Geltungsbereichs der Brüssel Ia VO hat für Klagen in Versicherungssachen gerichtspflichtig
   - vor den Gerichten seines Wohnsitz- (Sitz-)staates und
   - vor den Gerichten des Wohnsitzstaates des Klägers, soweit dieser Versicherungsnehmer, Versicherter oder Begünstigter der streitgegenständlichen Versicherung ist und
   - vor den Gerichten, an dem der mitverklagte federführende Versicherer verklagt wird.

---

276 Vgl. *Geimer/Schütze*, EuZVR, A. 1 Art. 7 Rdn. 5. Rauscher/*Leible*, Art. 9 Brüssel Ia –VO, Rdn. 2.

277 Vgl. dazu *Fricke*, Internationale Zuständigkeit und Anerkennungszuständigkeit in Versicherungssachen nach europäischem und deutschen Recht, VersR 1997, 399ff.; *ders.*, Europäisches Gerichtsstands- und Vollstreckungsübereinkommen revidiert – Was bringt die Neufassung der Versicherungswirtschaft?, VersR 1999, 1055ff.; *ders.*, Internationale Zuständigkeit und Anerkennungszuständigkeit in Versicherungssachen nach europäischem und deutschen Recht, VersR 1997, 399ff.; *Geimer*, Die Sonderrolle der Versicherungssachen im Brüssel I-System, FS Heldrich, 2005, S. 627ff.; *Hunter*, Reinsurance Litigation and the Civil Jurisdiction and Judgments Act 1982, J.B.L. 1987, 344ff.; *Kaye*, Business Insurance and Reinsurance under the European Judgments Convention: Application of Protective Provisions, J.B.L. 1990, 517ff.; *Looschelders*, Der Klägergerichtsstand am Wohnsitz des Versicherungsnehmers nach Art. 8 Abs. 1 Nr. 2 EuGVÜ, IPRax 1998, 86ff.; *Richter*, Das EWG-Übereinkommen über die gerichtliche Zuständigkeit und die Vollstreckung in Zivil- und Handelssachen in versicherungsrechtlicher Sicht, VersR 1978, 801ff.

278 Vgl. *Geimer/Schütze*, EuZVR, A. 1 Art. 8 Rdn. 6; *Wieczorek/Schütze/Hausmann*, ZPO, 3. Aufl., Vor Art. 7 EuGVÜ, Rdn. 4; Rauscher/*Staudinger (A.)*, Art. 10 Brüssel Ia –VO, Rdn. 1.

Art. 11 Abs. 2 Brüssel Ia VO bringt eine besondere Form des Gerichtsstandes der Zweigniederlassung, die Art. 7 Nr. 5 Brüssel Ia VO nachgebildet ist. Besondere erweiterte Zuständigkeiten bestehen im Bereich der Haftpflichtversicherung. Von den Gerichtsständen in Versicherungssachen kann durch eine Gerichtsstandsvereinbarung nur in eingeschränktem Masse abgewichen werden (Art. 15 Brüssel IaVO).

– *Gerichtsstand in Verbrauchersachen (Art. 17ff. Brüssel Ia VO)*[279]. Die ohnehin schon recht problematischen kompetenzrechtlichen Verbraucherprivilegien in EuGVÜ und LugÜ sind durch die Brüssel I und Ia Verordnungen noch erweitert worden. Wie unter der Geltung dieser Übereinkommen fallen weiterhin Teilzahlungsverträge für bewegliche Sachen und Ratenkreditverträge ohne zusätzliche Voraussetzungen unter die Verbraucherzuständigkeit. Dagegen ist die bisherige Beschränkung sonstiger Verbraucherverträge auf die Lieferung beweglicher Sachen (Art. 13 Abs. 1 Nr. 3 EuGVÜ) fortgefallen. Nunmehr fallen alle Verträge unter die Verbraucherzuständigkeit, wenn und soweit der Vertrag nicht in den beruflichen oder gewerblichen Bereich des Verbrauchers fällt. Ausgenommen aus der Verbraucherzuständigkeit sind lediglich Streitigkeiten aus Beförderungsverträgen mit Ausnahme von Pauschalreisearrangements (Art. 17 Abs. 3 Brüssel Ia VO). Der Verbraucher hat kompetenzrechtlich die Wahl zwischen den Gerichten seines Wohnsitzstaates und den Gerichten des Wohnsitz-(Sitz-)staates seines Vertragspartners. Dieser kann den Verbraucher dagegen nur in dessen Wohnsitzstaat verklagen (Art. 18 Abs. 2 Brüssel Ia VO). Die Verbraucherzuständigkeit ist nur eingeschränkt derogierbar (Art. 19 Brüssel Ia VO). 180

279 Vgl. dazu *de Bra*, Der Verbraucherschutz durch Gerichtsstandsregelungen im deutschen und europäischen Zivilprozessrecht, 1992; *Ganssauge*, Internationale Zuständigkeit und anwendbares Recht bei Verbraucherverträgen im Internet, 2004; *Geimer*, Kompetenzrechtlicher Verbraucherschutz, EuZW 1993, 568ff.; *Kowalke*, Die Zulässigkeit von internationalen Gerichtsstands-, Schiedsgerichts- und Rechtswahlklauseln bei Börsentermingeschäften, 2003; *de Lousanoff*, Die Anwendung des EuGVÜ in Verbrauchersachen mit Drittstaatenbezug, GS Arens, 1993, S. 251ff.; *Lüderitz*, „Verbraucherschutz" im internationalen Vertragsrecht ein Zuständigkeitsproblem, FS Riesenfeld, 1983, S. 147ff.; *Rudisch*, Grenzüberschreitender Schutz bei Verbrauchergeschäften im Gefüge von internationalem Privatrecht und internationalem Verfahrensrecht, in: Schnyder/Heiss/Rudisch (Hrsg.), Internationales Verbraucherschutzrecht, 1995; *Schaltinat*, Internationale Verbraucherstreitigkeiten unter besonderer Berücksichtigung des EuGVÜ, Diss. Regensburg, 1988; *Schlosser*, Sonderanknüpfungen von zwingendem Verbraucherschutzrecht und europäisches Prozessrecht, FS Steindorff, 1990, S. 1379ff. kritisch zur Verbraucherprivilegierung u.a. *Roth* Wer ist im Europäischen Prozessrecht ein Verbraucher?, FS von Hoffmann (2011), S. 715ff. (715); *Schack*, IZVR, Rdn. 313ff. *Schütze* Der Verbraucher im europäischen Justizraum oder: die Zweiklassenjustiz im europäischen Zivilprozessrecht, FS Graf von Westphalen (2010), S. 621ff.

181 – *Gerichtsstand für arbeitsrechtliche Streitigkeiten (Artt. 20ff. Brüssel Ia VO).* Zur Herstellung einer gewissen Symmetrie mit Verbraucher- und Versicherungssachen ist – anders als in EuGVÜ und LugÜ – schon durch durch die Brüssel I VO – eine besondere Zuständigkeitsordnung für Streitigkeiten aus individuellen Arbeitsverträgen geschaffen worden[280], die von der Brüssel Ia VO übernommen worden ist Grundnorm ist die Zuständigkeitsbestimmung in Art. 21 Brüssel Ia VO. Danach ist Arbeitgeber wegen Ansprüchen aus einem individuellen Arbeitsvertrag gerichtspflichtig

- vor den Gerichten seines Wohnsitz- oder Sitzstaates,
- vor den Gerichten eines anderen Mitgliedstaates, dort wo der Arbeitnehmer seine Arbeit gewöhnlich verrichtet oder verrichtet hat und dort wo sich die Niederlassung, die den Arbeitnehmer eingestellt hat, sich befindet oder befand, wenn der Arbeitnehmer seine Arbeit gewöhnlich nicht in ein und demselben Staat verrichtet oder verrichtet hat.

Der Arbeitgeber kann dagegen nur vor den Gerichten des Wohnsitzstaates des Arbeitnehmers klagen, wobei das Recht zur Erhebung einer Widerklage unberührt bleibt (Art. 22 Brüssel Ia VO).

Die Derogation der Zuständigkeiten durch eine Gerichtsstandsvereinbarung ist beschränkt Art. 23 Brüssel Ia VO). Eine Gerichtsstandsvereinbarung ist nur zulässig wenn sie

- entweder nach Entstehung der Streitigkeit getroffen worden ist
- oder dem Arbeitnehmer das Recht einräumt, andere als die in Artt. 20ff. Brüssel Ia VO angeführten Gerichte anzurufen.

182 – *Gerichtsstand der Prorogation (Art. 25 Brüssel Ia VO).* Die internationale Gerichtsstandsvereinbarung wirkt zuständigkeitsbegründend[281].

183 – *Gerichtsstand der rügelosen Einlassung (Art. 26 Brüssel Ia VO)*[282]. Der Beklagte verzichtet durch die rügelose Einlassung zur Hauptsache auf die

---

280 Vgl. zu der Neuregelung *Hausmann*, Die Revision des Brüsseler Übereinkommens von 1968, The European Legal Forum 2000, 40ff. (46f.); *Kohler*, Die Revision des Brüsseler und des Luganer Übereinkommens über die gerichtliche Zuständigkeit und die Vollstreckung gerichtlicher Entscheidungen in Zivil- und Handelssachen – Generalia und Gerichtsstandsproblematik, in: Gottwald (Hrsg.), Revision des EuGVÜ, 2000, S. 1ff. (16ff.); *Schütze*, Full Faith and Credit in der EU, IHR 2001, 135ff. (136f.).

281 Vgl. dazu unter Rdn. 188ff.

282 Vgl. dazu *de Boer*, Tacit Submission to Jurisdiction: The Scope of Article 18 of the ECC Jurisdiction Convention, in: FS Voskuil, 1992, S. 27ff.; *Geimer*, Zuständigkeit eines nach deutschem Recht an sich unzuständigen ausländischen Gerichts infolge rügeloser Verhandlung, RIW/AWD 1979, 640ff.; *Leipold*, Zuständigkeitsvereinbarungen durch rügelose Einlassung nach dem europäischen Gerichtsstands- und Vollstreckungsübereinkommen, IPRax 1982, 222ff.; *Sandrock*, Die Prorogation der Zuständigkeit eines Gerichts durch hilfsweise

Rüge der Unzuständigkeit des Gerichts. Art. 26 Brüssel Ia VO findet die Grenze an den ausschließlichen Zuständigkeiten der Verordnung. Die hilfsweise Einlassung zur Sache für den Fall, dass sich das Gericht für zuständig erklären sollte, ist unschädlich[283]. Es ist jedoch darauf zu achten, dass der Vorbehalt eindeutig erklärt und während des gesamten Verfahrens aufrechterhalten wird[284]. Zweckmäßigerweise wird jeder Schriftsatz mit der Wiederholung der Zuständigkeitsrüge eingeleitet. Dasselbe gilt auch für das Plädoyer.

ccc) Ausschließliche Zuständigkeiten

Art. 24 Brüssel Ia VO normiert ausschließliche internationale Zuständigkeiten 184
für Klagen betreffend

- dingliche Rechte an unbeweglichen Sachen sowie Miete und Pacht von Immobilien (Art. 24 Nr. 1 Brüssel Ia VO)[285], wobei für die Überlassung von Ferienhäusern[286], die für längstens 6 Monate zum privaten Gebrauch überlassen werden, eine Sonderregelung gilt[287],
- die Gültigkeit, Nichtigkeit oder den Bestand einer Gesellschaft oder juristischen Person sowie den Bestand von Gesellschafterbeschlüssen (Art. 24 Nr. 2 Brüssel Ia VO)[288],

---

Sacheinlassung des Beklagten – Das Mysterium des Art. 18 Abs. 2 EuGVÜ, ZVglRWiss 78 (1979), 177 ff.; *Schütze*, Die internationale Zuständigkeit kraft rügeloser Einlassung, ZZP 90 (1977), 67 ff.; *Schulte-Beckhausen*, Internationale Zuständigkeit durch rügelose Einlassung im Europäischen Zivilprozessrecht, 1994.

283 Vgl. EuGH Rs. 150/80 – Elefanten Schuh v. Jacqmain – EuGHE 1981, 1671 = RIW/AWD 1981, 709 = IPRax 1982, 2234 mit Besprechungsaufsatz *Leipold*, ebenda, 222 ff.; EuGH Rs. 27/81 Rohr v. Ossberger – EuGHE 1981, 2431, EuGH Rs. 201/82 – Gerling Konzern v. Amministrazione del tesoro – EuGHE 1982, 1189; BGH RIW 2005, 776.; Rauscher/*Staudinger (A.)*, Art. 26, Rdn. 15.

284 Vgl. *Geimer/Schütze*, EuZVR, A. 1 Art. 24 Rdn. 52.

285 Vgl. dazu auch *Teixera de Sousa*, Der Anwendungsbereich von Art. 22 Nr. 1 S. 2 EuGVVO, IPRax 2003, 320 ff.

286 Vgl. zu den Problemen von Miete und Pacht von Ferienhäusern unter der Geltung des EuGVÜ *Endler*, Urlaubsfreuden: Ferienhausvermittlung und Art. 6 Nr. EuGVÜ, IPRax 1992, 212 f.; *Hüßtege*, Internationale Zuständigkeit deutscher Gerichte bei Überlassung von Räumen im Ausland, NJW 1990, 622 ff.; *Rauscher*, Die Ferienhausentscheidung des EuGH – Unbilligkeit oder Konsequenz europäischer Rechtspflege, NJW 1985, 892 ff.; *Ulmer*, neue Tendenzen bei der Auslegung des Art. 16 Nr. 1 EuGVÜ, IPRax 1995, 72 ff.

287 Vgl. dazu *Hausmann*, Die Revision des Brüsseler Übereinkommens von 1968, The European Legal Forum 2000, 40 ff. (48 f.).

288 Vgl. dazu grundlegend *Mankowski*, Klage um Organisationsgeschäfte von Gesellschaften (Art. 22 Nr. 2 EuGVVO, FS Simotta, 2012, S. 351 ff.; weiter *Bauer*, Die internationale Zuständigkeit bei gesellschaftsrechtlichen Klagen unter besonderer Berücksichtigung des EuGVÜ, 2000;

- die Gültigkeit von Eintragungen in öffentliche Register (Art. 24 Nr. 3 Brüssel Ia VO),
- die Eintragung und Gültigkeit von Patenten und sonstigen gewerblichen Schutzrechten (Art. 24 Nr. 4 Brüssel Ia VO[289],
- die Zwangsvollstreckung von Entscheidungen (Art. 24 Nr. 5 Brüssel Ia VO)[290].

ddd) Ausschluss exorbitanter Zuständigkeiten

185 Nahezu alle Prozessordnungen kennen besondere Gerichtsstände, um die Rechtsverfolgung gegen Ausländer und im Inland nicht Domizilierte zu erleichtern[291]. Während die USA die exorbitanten Gerichtsstände, insbesondere des doing business, der transient jurisdiction und des Zuständigkeitsdurchgriffs ständig ausweiten[292], zeigt sich in Europa eine gegenläufige Tendenz. So hat der BGH die Vermögenszuständigkeit des § 23 ZPO erheblich eingeschränkt[293].

Schillig, Die ausschließliche internationale Zuständigkeit für gesellschaftsrechtliche Streitigkeiten vor dem Hintergrund der Niederlassungsfreiheit – Zur Anwendung des Art. 22 Nr. 2 EuGVVO auf eine englische Limited mit Verwaltungssitz in Deutschland, IPRax 2005, 208ff.; *Schlosser*, Gläubigeranfechtungsklage nach französischem Recht und Art. 16 EuGVÜ, IPRax 1991, 29ff.

289 Vgl. dazu *Adolphsen*, Europäisches und Internationales Zivilprozessrecht in Patentsachen, 2. Aufl., 2009; *Bukow*, Verletzungsklage aus gewerblichen Schutzrechten – Die internationale Zuständigkeit nach dem EuGVÜ bzw. der EuGVVO, 2003; *Ebner*, Markenschutz im internationalen Privat- und Zivilprozessrecht, 2004; *Kieninger*, Internationale Zuständigkeit bei der Verletzung ausländischer Immaterialgüterrechte: Common Law auf dem Prüfstand des EuGVÜ, GRURInt 1998, 280ff.; *McGuire*, GAT/LuK Revisites: Die internationale Zuständigkeit in Patentstreitigkeiten vor dem Hintergrund der EuGVO-Reform, WM 2011, 983ff.; *Neuhaus*, Das EuGVÜ und das LugÜ, soweit hiervon Streitigkeiten des gewerblichen Rechtsschutzes betroffen werden, Mitteilungen der deutschen Patentanwälte 87 (1996), 257ff.; *Vivant*, Das Europäische Gerichtsstands- und Vollstreckungsübereinkommen und die gewerblichen Schutzrechte, RIW 1991, 26ff.

290 Vgl. dazu *Stoffel*, Ausschließliche Gerichtsstände des Lugano-Übereinkommens und SchK-Verfahren, insbesondere Rechtsöffnung, Widerspruchsklage und Arrest, FS Vogel, 1991, S. 357ff.

291 *Jellinek*, Die zweiseitigen Staatsverträge über Anerkennung ausländischer Zivilurteile, 1. Heft, 1953, S. 221ff., bezeichnet derartige Zuständigkeiten als international unerwünschte Gerichtsstände. Für die völkerrechtliche Problematik vgl. *Kropholler*, Handbuch des Internationalen Zivilverfahrensrechts, Bd. I, 1982, S. 213ff.

292 Vgl. dazu *Schütze*, Die Allzuständigkeit amerikanischer Gerichte, 2003.

293 Vgl. BGHZ 115, 94, zu weitgehend; vgl. auch *Schütze*, Zum Vermögensgerichtsstand des § 23 ZPO, DZWir 1991, 239ff.; vgl. zusammenfassen *Schütze*, Das Vermögen als Anknüpfungspunkt für die internationale Zuständigkeit, FS Ishikawa, 2001, S. 493ff.

Ebenso wie schon EuGVÜ Brüssel I VO schliesst die Brüssel Ia VO die als unerwünscht und exorbitant angesehenen Gerichtsstände ausdrücklich als zuständigkeitsbegründend aus (Art. 5 Abs. 2, i.V. mit dem Katalog Liste 1 zur Brüssel Ia VO). Dieser Ausschluss ist nur klarstellend. Denn wegen der abschließenden Zuständigkeitsregelung durch die Brüssel Ia VO können ohnehin nur die dort enumerierten Gerichtsstände Zuständigkeit begründen. Die als exorbitant angesehenen Gerichtsstände der Liste. I des Anhangs zur Brüssel Ia VO können jedoch weiterhin im Verhältnis zu Drittstaaten geltend gemacht werden. 186

b) LugÜ II

Die Zuständigkeitsordnung des LugÜ II regelt die internationale Zuständigkeit direkt, d.h. durch Befolgungsnormen. Sie entspricht weitgehend der nach der Brüssel I VO. Die Abweichungen beschränken sich im wesentlichen auf die Gerichtsstände des Erfüllungsortes und die Zuständigkeiten für Streitigkeiten aus Arbeitsverträgen und kompetenzrechtliche Verbraucherprivilegien[294]. 187

5. Die internationale Gerichtsstandsvereinbarung

Einer der wichtigsten Gerichtsstände im internationalen Rechtsverkehr ist der der Vereinbarung. Durch eine Gerichtsstandsvereinbarung können die Parteien die Rechtsverfolgung in einem adäquaten Forum sichern. Sie können ein unerwünschtes forum shopping verhindern[295] und sogar durch Wahl eines „neutralen“ Gerichtsstandes[296] die Rechtsverfolgung in ein Land verlegen, dem beide nicht angehören. Das ermöglicht Kompromisse bei der Vertragsgestaltung. 188

---

294 Vgl. dazu *Gottwald*, Gerechtigkeit und Effizienz internationaler Gerichtsstände – Gedanken zur Revision des Brüsseler Übereinkommens, Ritsumeikan Law Review, 2000, 61 ff.; *Hausmann*, Die Revision des Brüsseler Übereinkommens von 1968, The European Legal Forum 2000, 40 ff.; *Kohler*, Die Revision des Brüsseler und des Luganer Übereinkommens über die gerichtliche Zuständigkeit und die Vollstreckung gerichtlicher Entscheidungen in Zivil- und Handelssachen – Generalia und Gerichtsstandproblematik, in: Gottwald (Hrsg.), Revision des EuGVÜ, 2000, SA. 1 ff. (9 ff.); *Schütze*, Full Faith and Credit in der EU, IHR 2001, 135 ff.

295 Vgl. dazu oben Rdn. 148 f.

296 Vgl. dazu *Sandrock*, Die Vereinbarung eines „neutralen“ internationalen Gerichtsstandes, 1997, mit rechtsvergleichender Darstellung auch des österreichischen, schweizerischen, französischen, englischen und US-amerikanischen Rechts (S. 95 ff.).

a) Die internationale Gerichtsstandsvereinbarung nach deutschem autonomen Recht

189 Gerichtsstandsvereinbarungen sind in der deutschen Wirtschaft beliebt. Ihre Vereinbarung hat eine lange Tradition. Die überwiegende Zahl internationaler Verträge – soweit nicht die Zuständigkeit eines Schiedsgerichts vereinbart wird – enthält eine Zuständigkeitsvereinbarung. Allgemeine Geschäftsbedingungen ohne Gerichtsstandsklausel sind fast undenkbar[297].

aa) Derogation/Prorogation

190 Die Gerichtsstandsvereinbarung hat zunächst die Schaffung einer weiteren – bisher nicht gegebenen – Zuständigkeit zum Gegenstand (Prorogation). Bei der ausschließlichen Gerichtsstandsvereinbarung tritt die Abdingung der an sich gegebenen Zuständigkeit (Derogation) hinzu. Da jeder Staat nur die Zuständigkeit seiner eigenen Gerichte regeln kann, also lediglich Zulässigkeit und Wirkungen der Derogation und Prorogation der eigenstaatlichen Zuständigkeit, ist bei der ausschließlichen internationalen Gerichtsstandsvereinbarung eine Doppelprüfung erforderlich.

191 Lässt das forum derogatum die Abdingung seiner Zuständigkeit zu, und nimmt das forum prorogatum die Vereinbarung seiner Zuständigkeit an? Dies bedenken die Beteiligten häufig nicht und werden dann in ihren Erwartungen enttäuscht[298]. Vereinbaren die Parteien eines deutsch-brasilianischen Kaufvertrags die ausschließliche Zuständigkeit eines deutschen Gerichts für die Geltendmachung aller Ansprüche aus dem Vertrag, dann ist das prorogierte deutsche Gericht nach deutschem Recht zwar zuständig geworden, das derogierte brasilianische Gericht – das ohne Zuständigkeitsvereinbarung Zuständigkeit besessen hätte – hat seine Zuständigkeit nach brasilianischem Recht aber nicht verloren, da die Derogation nicht zur Abdingung brasilianischer internationaler Zuständigkeit führt[299]. Die Folge ist, dass trotz der ausschließlichen Gerichtsstandsvereinbarung weiter in Brasilien geklagt werden kann. Die als aus-

---

297 Gerichtsstandsvereinbarungen sind unter dem Gesichtspunkt von § 307 BGB regelmäßig nicht zu beanstanden, vgl. *Schütze*, Praktizierte Lieferbedingungen im internationalen Geschäftsverkehr, DZWir 1992, 89 ff. (90 f.) m.w.N.; vgl. zur Einwirkung der EG-Klauselrichtlinie *Leible*, Gerichtsstandsklauseln und EG-Klauselrichtlinie, RIW 2001, 422 ff.

298 Vgl. dazu *Schütze*, Die Bedeutung der Durchsetzbarkeit eines Anspruchs im forum prorogatum für die Wirksamkeit einer internationalen Gerichtsstandsvereinbarung, RIW 1982, 773 ff.

299 Vgl. *Samtleben*, Länderbericht Brasilien, in Geimer/Schütze, Internationaler Rechtsverkehr, 1023.18.

schließlich beabsichtigte Gerichtsstandsvereinbarung hat lediglich eine weitere Zuständigkeit geschaffen.

Noch problematischer ist der Fall, wenn nach dem Recht des forum derogatum die Abdingung der an sich gegebenen Zuständigkeit zwar wirksam ist, nicht jedoch die Zuständigkeitsvereinbarung nach dem Recht des forum prorogatum. Diese Situation ergab sich häufig vor Inkrafttreten des IPR-Gesetzes in der Schweiz, wenn die Parteien ohne Bezug zu Zürich die zürcherischen Gerichte als solche eines „neutralen" Gerichtsstandes als zuständig vereinbarten. Die zürcherischen Gerichte nahmen die Prorogation regelmäßig nicht an[300]. War die Derogation der Wohnsitz- oder Sitzzuständigkeiten der Parteien wirksam, dann war jegliche gerichtliche Zuständigkeit ausgeschlossen[301]. Ein pactum de non petendo ist nun zwar möglich. Regelmäßig wird bei einer solchen Fallgestaltung aber ein Irrtum der Parteien über die Wirksamkeit der Prorogation vorliegen, so dass die Gerichtsstandsvereinbarung in diesen Fällen über die Lehre vom Fehlen oder Wegfall der Geschäftsgrundlage angepasst – oder soweit das anwendbare Recht dies zulässt – wegen Irrtums angefochten werden kann[302]. 192

bb) Kollisionsrechtliche Beurteilung

Zulässigkeit und Wirkungen einer internationalen Gerichtsstandsvereinbarung bestimmen sich immer nach der lex fori. Das Recht am Gerichtsort entscheidet allein darüber, ob die Vereinbarung oder Abdingung eigener Zuständigkeit zulässig ist und welche Wirkungen dies hat. 193

Dagegen beurteilen die einzelnen Rechtsordnungen das Zustandekommen der Gerichtsstandsvereinbarung teils nach der lex fori, teils nach der lex causae. Soweit eine Gerichtsstandsvereinbarung vor deutschen Gerichten geltend gemacht wird, beurteilt sich ihr Zustandekommen nach dem Vertragsstatut. Die Rechtsprechung leitet dies aus der Einordnung der Gerichtsstandsvereinbarung als materiellrechtlicher Vertrag über prozessrechtliche Beziehungen her[303]. Aber 194

300 Vgl. dazu *Schütze*, Zur Ablehnung der Annahme einer Prorogation nach zürcherischem Recht, IPRax 1985, 111 ff.

301 Die internationale Gerichtsstandsvereinbarung ist jetzt bundeseinheitlich durch Art. 5 des IPR-Gesetzes geregelt. Das Gesetz lässt nunmehr gewisse Mindeststandards für Derogation und Prorogation genügen. vgl. auch *Sandrock*, Die Vereinbarung eines „neutralen" internationalen Gerichtsstandes, 1997, S. 118 ff.

302 Vgl. *Schütze*, Die Bedeutung der Durchsetzbarkeit eines Anspruchs im forum prorogatum für die Wirksamkeit einer internationalen Gerichtsstandsvereinbarung, RIW 1982, 773 ff.

303 Vgl. BGHZ 49, 384; 57, 72 = NJW 1972, 391 mit Anm. *Geimer*, BGHZ 59, 23 = BB 1972, 764 mit Anm. *Trinkner*; BGH, NJW 1983, 2772 = IPRax 1985, 27 mit Anm. *Trappe*, ebenda, S. 8 ff.; BGH

auch die Anhänger der Lehre von der prozessrechtlichen Natur der Gerichtsstandsvereinbarung[304] wollen heute ihr Zustandekommen nicht mehr nach der lex fori beurteilen. Entweder kommen sie über die Qualifizierung der „Vereinbarung" in § 38 ZPO zur Anwendung der lex causae oder wollen eine modifizierte Regelung anwenden, die die lex fori nur auf bestimmte Gebiete des Zustandekommens (Schweigen auf Bestätigungsschreiben)[305] zurückdrängen.

195 Gerichtsstandsvereinbarungen werden in der Praxis nur äußerst selten unabhängig von einem bestimmten Vertrag abgeschlossen. Regelmäßig sind sie Teil eines solchen Vertrages. Deshalb findet sich nur selten eine nur für die Gerichtsstandsvereinbarung getroffene Rechtswahl – was zulässig wäre. In dem Regelfall ist das Vertragsstatut für die Gerichtsstandsvereinbarung die lex causae des Hauptvertrages[306]. Haben die Parteien eines deutsch-argentinischen Kaufvertrages beispielsweise vereinbart:

Dieser Vertrag unterliegt argentinischem Recht. Gerichtsstand ist Stuttgart,

dann beurteilt sich das Zustandekommen der Gerichtsstandsvereinbarung nach deutscher Auffassung nach argentinischem Recht. Das Landgericht Stuttgart muss im Streitfall bei seiner Zuständigkeitsprüfung hinsichtlich des Zustandekommens der Prorogation argentinisches Recht anwenden[307].

b) Die internationale Gerichtsstandsvereinbarung nach ausländischen Rechten

196 Die Notwendigkeit der Doppelprüfung einer internationalen Gerichtsstandsvereinbarung im Hinblick auf den Derogations- und Prorogationseffekt macht im Einzelfall die Ermittlung des Inhalts ausländischer Regelungen notwendig[308].

NJW 1997, 2885; OLG München, IPRax 1991, 46 mit Anm. *Geimer*, ebenda, S. 31 ff.; *Reithmann/Martiny/Hausmann*, Internationales Vertragsrecht, Rdn. 6355 m.w.N. in FN 5.

304 Vgl. dazu mit Nachweisen Zöller/*Vollkommer*, § 38 ZPO, Rdn. 4.

305 Vgl. *Geimer*, IZPRRdn. 1677.

306 Vgl. aus der Rechtsprechung BGH, AWD 1970, 323; BGHZ 59, 23; im übrigen *Kropholler*, Handbuch des Internationalen Zivilverfahrensrechts, Bd. I, 1982, S. 392 m.w.N.; *Reithmann/Martiny/Hausmann*, Internationales Vertragsrecht, Rdn. 6354 m.w.N.

307 Vgl. dazu *Piltz*, Länderbericht Argentinien, in: Geimer/Schütze, Internationaler Rechtsverkehr, 1009.4 f.

308 Übersichten über die Rechtslage in mehreren ausländischen Rechten finden sich bei *Sandrock/Jung*, Handbuch der internationalen Vertragsgestaltung, Bd. 2, 1980, S. 834 ff. und *Geimer/Schütze*, Internationaler Rechtsverkehr, in den jeweiligen Länderberichten. Für Literaturhinweise zum ausländischen Recht und zur Rechtsvergleichung vgl *Reithmann/Martiny/Hausmann*, Internationales Vertragsrecht, 6351 und *Schütze*, DIZPR, Rdn. 165.

Während in der Regel die Zulässigkeit der Prorogation der Zuständigkeit der eigenen Gerichte bejaht wird, sind manche ausländischen Rechtsordnungen bei der Zulässigkeit der Derogation erheblich zurückhaltender[309]. Das gilt z.B. für Brasilien[310], Saudi-Arabien[311], die Vereinigten Arabischen Emirate[312] und zahlreiche islamische Staaten[313]. 197

c) Die Gerichtsstandsvereinbarung nach europäischem Recht

Die Gerichtsstandsvereinbarung ist europäisch durch Art. 25 Brüssel Ia VO und 198
und Art. 23 LugÜ IIgeregelt[314].

---

309 Vgl. dazu Nagel/*Gottwald*, IZPR, § 3 Rdn. 538 ff., dort auch ein umfassender Schrifttumsüberblick zur internationalen Zuständigkeit fremder Staaten (§ 3 Rdn. 500)

310 Vgl. *Samtleben*, Länderbericht Brasilien, in: Geimer/Schütze, Internationaler Rechtsverkehr, 1023.17 f.

311 Das saudi-arabische Recht lässt Gerichtsstandsklauseln zwar im Grundsatz zu, diese sind aber gegenüber staatlichen Institutionen unzulässig, was faktisch ein Derogationsverbot beinhaltet, vgl. dazu *Krüger*, Verbot von Rechtswahl-, Schieds- und Gerichtsstandsklauseln nach saudiarabischem Recht, RIW/AWD 1979, 737 ff.

312 Vgl. *Krüger*, Gerichtsstandsklauseln nach dem Recht der Vereinigten Arabischen Emirate, FS Schütze, 1999, S. 401 ff.

313 Vgl. *Nagel/Gottwald*, IZPR § 3 Rdn. 544 ??.

314 Vgl. dazu aus der abundanten Literatur neben den Kommentaren zu den Übereinkommen und Verordnungen auch *Aull*, Internationale Gerichtsstandsvereinbarungen bei gemeinsamem Sitz der Parteien in einem Vertragsstaat des EuGVÜ, Jahrbuch für italienisches Recht 2 (1989), 157 ff.; *ders.*, Der Geltungsanspruch des EuGVÜ: „Binnensachverhalte“ und internationales Zivilverfahrensrecht in der Europäischen Union. Zur Auslegung von Art. 17 Abs. 1 S. a EuGVÜ, 1996; *Baumgärtel*, Die Vereinbarung der internationalen Zuständigkeit nach dem EWG-Übereinkommen vom 27.9.1968 und nach § 38 Abs. 2 ZPO, FS Kegel, 1977, S. 285 ff.; *Benecke*, Die teleologische Reduktion des räumlich-persönlichen Anwendungsbereichs von Art. 2 ff. und Art. 17 EuGVÜ, Diss. Bielefeld 1993; *Burgstaller*, Probleme der Prorogation nach dem Luganer Übereinkommen, JBl. 1998, 691 ff.; *Fuchs*, Aspekte der Schriftform nach Art. 17 EuGVÜ und Art. II des UN-Schiedsgerichtsübereinkommens, Diss. Bonn 1985; *Geimer*, Zuständigkeitsvereinbarungen zugunsten und zu Lasten Dritter, NJW 1985, 533 ff.; *Schnellmann*, Die Gerichtsstandsvereinbarung nach dem Lugano-Übereinkommen, 1992; *Jung*, Vereinbarungen über die internationale Zuständigkeit nach dem EWG-Gerichtsstands- und Vollstreckungsübereinkommen und nach § 38 Abs. 2 ZPO, 1980; *Killias*, Die Gerichtsstandsvereinbarung nach dem Lugano-Übereinkommen, 1993; *Kim*, Internationale Gerichtsstandsvereinbarungen, 1995; *Kröll*, Gerichtsstandsvereinbarungen aufgrund Handelsbrauchs im Rahmen des GVÜ, ZZP 113 (2000), 135 ff.; *ders.*, Das Formerfordernis bei Gerichtsstandsvereinbarungen nach Art. 17 LugÜ – Unwirksamkeit trotz materieller Einigung?, IPRax 2002, 113 ff.; *Kropholler/Pfeifer*, Das neue europäische Recht der Zuständigkeitsvereinbarungen, FS Nagel, 1987, S. 157 ff.; *Rauscher*, Gerichtsstandsbeeinflussende AGB im Geltungsbereich des EuGVÜ, ZZP 103 (1991), 270 ff.; *Reiser*,

aa) Brüssel Ia VO

199 Hat mindestens eine Partei ihren Wohnsitz in einem Mitgliedstaat der EU, dann bestimmen sich Zulässigkeit und Zustandekommen einer internationalen Gerichtsstandsvereinbarung nach Art. 25 Brüssel Ia VO. Die Vereinbarung ist ausschließlich, soweit die Parteien – was zulässig ist – nicht die Nichtausschließlichkeit vereinbaren.

Die Gerichtsstandsvereinbarung ist nicht von der Kaufmannseigenschaft einer Partei oder sonstigen subjektiven Voraussetzungen abhängig. Sie ist jedoch formbedürftig.

aaa) Volle Schriftform

200 Das Schriftformerfordernis wird zunächst durch Vereinbarung in einer Urkunde oder Wechsel von verkörperten Willenserklärungen erfüllt (volle Schriftform). Die Erklärungen brauchen nicht unterschrieben zu sein[315]. Deshalb genügt auch eine Telex-, Telegramm- oder sonstige nicht unterschriebene Übermittlung durch beliebige Mittel der Telekommunikation. Jedoch muss die Identität des Erklärenden feststehen[316]. Voraussetzung ist, dass die Einigung hinreichend deutlich wird. Elektronische Übermittlungen, die eine dauerhafte Aufzeichnung der Vereinbarung ermöglichen, sind der Schriftform gleichzusetzen (Art. 25 Abs. 2 Brüssel Ia VO).

bbb) Halbe Schriftform

201 Dem Schriftformerfordernis des Art. 25 Brüssel Ia VO wird darüber hinaus auch dann Genüge getan, wenn eine mündlich abgeschlossene Gerichtsstandsvereinbarung schriftlich bestätigt wird (Art. 25 Abs. 1 lit. a 2. Alt. Brüssel Ia VO).

Gerichtsstandsvereinbarungen nach IPR-Gesetz und Lugano-Übereinkommen, 1995; *Saenger*, Internationale Gerichtsstandsvereinbarungen nach EuGVÜ und LugÜ, ZZP 110 (1997), 477 ff.; *Samtleben*, Europäische Gerichtsstandsvereinbarungen und Drittstaaten – Viel Lärm um nichts?, RabelsZ 59 (1995), 670 ff.; *Staehelin*, Gerichtsstandsvereinbarungen im internationalen Handelsverkehr Europas. Form und Willenseinigung nach Art. 17 EuGVÜ/LugÜ, 1994; *Stöve*, Gerichtsstandsvereinbarungen nach Handelsbrauch, Art. 17 EuGVÜ und § 38 ZPO, 1993; *Volz*, Harmonisierung des Rechts der individuellen Rechtswahl, der Gerichtsstandsvereinbarung und der Schiedsvereinbarung im europäischen Wirtschaftsraum, 1993.

315 Vgl. *Geimer/Schütze*, EuZVR, A. 1 Art. 23, Rdn. 104; Kropholler/*von Hein*, EuZPR Art. 23, Rdn. 33; *Rauscher/Mankowski*, EuZPR, Art. 25 Brüssel Ia VO, Rdn. 88.

316 Vgl. *Killias*, Die Gerichtsstandsvereinbarung nach dem Lugano-Übereinkommen, 1993, S. 157; Rauscher/*von Hein*, EuZPR, Art. 25 Brüssel Ia VO, Rdn. 88; *Staehelin*, Gerichtsstandsvereinbarung im internationalen Handelsverkehr Europas, 1994, S. 50.

Gleichgültig ist, welche Partei den mündlichen Vertragsabschluss bestätigt[317]. Allerdings muss die mündliche Vereinbarung wirklich zustande gekommen sein. Das Schweigen auf ein kaufmännisches Bestätigungsschreiben, das erstmals eine – vorher mündlich nicht vereinbarte – Gerichtsstandsklausel enthält, genügt für die Erfüllung der halben Schriftform nicht[318]. Anders ist es, wenn die andere Partei das Bestätigungsschreiben schriftlich annimmt. Dann ist die volle Schriftform erfüllt[319].

ccc) Gepflogenheiten der Parteien

202 Bei laufenden Geschäftsbeziehungen der Parteien kann eine internationale Gerichtsstandsvereinbarung auch durch Bezugnahme auf ein Bestätigungsschreiben formwirksam zustande kommen, auch wenn bei Vertragsschluss eine Einigung über die in AGB enthaltene Gerichtsstandsklausel nicht ausdrücklich stattgefunden hat. Dies ist die ratio decidendi der Entscheidung Segoura ./. Bonakdarian[320].

ddd) Handelsbräuche

203 Nach Art. 25 Abs. 1 lit. c Brüssel Ia VO genügt bei internationalen Handelsgeschäften eine „Form, die einem Handelsbrauch entspricht, den die Parteien kannten oder kennen mussten und den Parteien von Verträgen dieser Art in dem betreffenden Geschäftszweig allgemein kennen und regelmäßig beachten". Damit kann im internationalen Geschäftsverkehr eine Gerichtsstandsvereinbarung auch durch Schweigen auf ein kaufmännisches Bestätigungsschreiben zustande kommen. Das gilt auch für die kontinuierliche widerspruchslose Hinnahme von Gerichtsstandsklauseln auf Rechnungen, die stets bezahlt werden[321].

---

317 Vgl. EuGH, Rs. 221/84 – Berghoefer ./. ASA, RIW 1985, 736; BGH, NJW 1986, 2196; *Geimer/Schütze*, EuZVR, A. 1 Art. 23 Rdn. 111.; Rauscher/*Mankowski*, EuZPR, Art. 25 Brüssel Ia VO. Rdn. 100.

318 Vgl. BGH, NJW 1994, 2699.

319 Vgl. EuGH, Rs. 25/76 – Segoura ./. Bonakdarian – RIW/AWD 1977, 163 mit Anm. *Müller*.

320 Vgl. auch BGH, EuZW 1992, 515; *Wieczorek/Schütze/Hausmann*, ZPO, 3. Aufl., Art. 17 EuGVÜ, Rdn. 41.

321 Vgl. EuGH, Rs. C-106/95 – MSG ./. Les Gravières Rhénanes – EuGHE 1997 I 911 = EuZW 1997, 209 = RIW 1997, 415 mit Anm. *Holl* = IPRax 1999, 34 mit Besprechungsaufsatz *Kubis*, ebenda, 10 ff. = ZZPInt 2 (1997), 161 mit Anm. *Huber*. Vgl. zu dem Problem auch *Kröll*, Gerichtsstandsvereinbarungen aufgrund Handelsbrauch im Rahmen des GVÜ, ZZP 113 (2000), 135 ff.

eee) AGB

204 Gerichtsstandsvereinbarungen in AGB sind auch nach Art. 25 Brüssel Ia VO möglich[322]. Jedoch müssen die AGB in einer der halben Schriftform entsprechenden Weise in das Vertragsverhältnis eingeführt worden sein oder die Klausel den Gepflogenheiten der Parteien oder Handelsbräuchen entsprechen. Vorsicht ist dabei jedoch geboten[323]. Soweit AGB Vertragsinhalt werden sollen, ist eine ausdrückliche Bezugnahme in dem Vertrag notwendig. Die Bezugnahme braucht sich jedoch nicht speziell auf die in den AGB enthaltene Gerichtsstandsklausel zu beziehen. Das bloße Aushändigen der AGB – soweit dies nicht den Gepflogenheiten entspricht oder Handelsbrauch ist – genügt nicht[324].

fff) Trustbedingungen und Satzungen

205 Für trustrechtliche Klagen kann die Gerichtsstandsklausel bereits in den Trustbedingungen wirksam festgelegt werden (Art. 25 Abs. 3 Brüssel Ia VO), vorausgesetzt, dass sie nicht den Zuständigkeitsregelungen für Verbraucher-, Versicherungs- und Arbeitssachen zuwiderlaufen oder von ausschließlichen Zuständigkeiten abweichen (Art. 25 Abs. 4 Brüssel Ia VO).

206 Obwohl eine den Trustbedingungen entsprechende Bestimmung für Gerichtsstandsklauseln in Satzungen von Vereinen, Körperschaften, Gesellschaften und sonstigen juristischen Personen fehlt, erfüllt die Aufnahme einer Gerichtsstandsklausel in die Satzung die Form des Art. 25 Brüssel Ia VO für mitgliedschaftliche Streitigkeiten[325].

bb) LugÜ II

207 Das LugÜ II enthält in Art. 23 eine Art. 23 Brüssel I VO entsprechende Regelung, die keine wesentlichen Abweichungen zur Regelung in Art. 25 Brüssel Ia VO enthält.

---

322 Vgl. zu der entsprechenden Rechtslage nach Art. 17 EuGVÜ/LugÜ insbes. *Rauscher*, Gerichtsstandsbeinflussende AGB im Geltungsbereich des EuGVÜ, ZZP 103 (1991), 270 ff.

323 Vgl. *Schütze*, Praktizierte Lieferbedingungen im internationalen Geschäftsverkehr, DZWir 1992, 89 ff. (91).

324 Vgl. auch EuGH, Rs. 24/76 – Colzani ./. Rüwa – RIW/AWD 1977, 104 mit Anm. *Müller*, ebenda, S. 163 ff.

325 Vgl. EuGH, Rs. C-214/89 – Powell Duffryn ./. Petereit – EuGHE 1992 I 1745 = RIW 1992, 492 mit Anm. *Müller, ebenda, 163* ff.; *Geimer/Schütze*, EuZPR, A. 1 Art. 23 Rdn. 130; Rauscher/*Mankowski*, EuZPR, Art. 25 Brüssel Ia VO, Rdn. 178.

d) Die Gerichtsstandsvereinbarung nach dem Haager Übereinkommen

- Das Haager Übereinkommen vom 30. Juni 2005 über Gerichtsstandsvereinbarungen (Abl. (EU) Nr. L 353 v. 10.12.14)[326] ist am 1.10.2015 in Kraft getreten. Es ist *„der Minirest eines großen Unterfangens“*[327]. Es enthält die Reste eines großangelegten Projektes über die internationale Zuständigkeit und die Anerkennung und Vollstreckbarerklärung von gerichtlichen Entscheidungen, das – insbesondere wegen des Widerstandes der USA an dem Kompetenzkatalog – zu scheitern drohte. Es regelt nunmehr nur noch die Gerichtsstandsvereinbarung als kompetenzbegründend durch ausschließliche Gerichtsstandsvereinbarungen und die Anerkennung und Vollstreckbarerklärung von Entscheidungen in Art. 8ff. Es ist zwischen den EU-Staaten (mit Ausnahme Dänemarks) und Mexiko in Kraft. Die USA und Singapur haben das Übereinkommen zwar gezeichnet, nicht jedoch ratifiziert. 208
- Die Problematik des Haager Gerichtsstandsübereinkommens liegt neben seinem beschränkten sachlichen Anwendungsbereich in dem Verhältnis zur Brüssel Ia VO[328]. Es findet praktisch nur Anwendung, wenn eine Vertragspartei in der EU ansässig, die andere in einem Mitgliedstaat des HGÜ – im Augenblick also nur Mexiko – ist. 209

e) Praktische Hinweise für den Abschluss internationaler Gerichtsstandsvereinbarungen

Gerichtsstandsvereinbarungen sind geeignet, die Prozessführung im Ausland auszuschließen, zu erschweren oder umgekehrt erst zu ermöglichen. Ihr Abschluss erfordert aber große Sorgfalt, will man nicht böse Überraschungen erleben. In der Praxis ergeben sich immer wieder Probleme mit nicht hinreichend sorgfältig redigierten Vereinbarungen: 210

---

326 Vgl. dazu *Antomo*, Aufwind für internationale Gerichtsstandsvereinbarungen – Inkrafttreten des Haager Übereinkommens, NJW 2015, 2919ff.; *Eichel*, Das Haager Übereinkommen über Gerichtsstandsvereinbarungen vom 30.6.2005, RIW 2009, 239ff.; *Geimer*, Das Haager Gerichtsstandsübereinkommen 2005, FS Meier (I),2015, S. 185ff.; *Rühl*, Das Haager Übereinkommen über die Vereinbarung gerichtlicher Zuständigkeiten: Rückschritt oder Fortschritt? IPRax 2005, 210ff.; *Wagner (R.)*, Das Haager Übereinkommen vom 30.6.2005 über Gerichtsstandsvereinbarungen, RabelsZ 73 (2009), 100ff.

327 Vgl. *Geimer*, Das Haager Gerichtsstandsübereinkommen 2005, FS Isaak Meier, 2015, S. 185ff. (186)

328 Vgl. dazu *Geimer*, FS Isaak Meier, S. 185ff. (200ff.); Rauscher/*Mankowski*, EuZPR, Art. 25 Brüssel Ia-VO, Rdn. 267ff.

211 *Anerkennungsfähigkeit der Entscheidung*: Zwar ist die Anerkennungsfähigkeit der im vereinbarten Gerichtsstand ergehenden Entscheidung nach deutschem Recht nicht Erfordernis der Wirksamkeit einer internationalen Gerichtsstandsvereinbarung[329], jede Prorogation ist aber wirtschaftlich sinnlos, wenn die im forum prorogatum ergehende Entscheidung nicht in dem Staat durchgesetzt werden kann, in dem der Schuldner Vermögen besitzt (was nicht unbedingt das forum derogatum sein muss). Prozesse werden letztlich nicht um platonischer Ideale willen geführt, sondern zur Durchsetzung von Ansprüchen. Es ist deshalb eine Prüfung der Möglichkeiten der Wirkungserstreckung einer im vereinbarten Gerichtsstand ergehenden Entscheidung[330] bereits bei Abschluss des Prorogationsvertrages notwendig, um böse Überraschungen zu vermeiden, wie sie in der Praxis jeden Tag wieder zu beobachten sind, und zwar auch dann, wenn die Gerichtsstandsvereinbarung von einem Juristen konzipiert worden ist.

212 So war es in einem Fall, den das OLG Koblenz zu entscheiden hatte[331]. Ein liechtensteinischer Rechtsanwalt hatte mit seiner in Deutschland domizilierten Mandantin in dem Mandatsvertrag die ausschließliche Zuständigkeit liechtensteinischer Gerichte vereinbart. Als er sein Honorar einklagen wollte, stellte er fest, dass er in Liechtenstein zwar einen Titel erstreiten konnte, dieser in Deutschland mangels Verbürgung der Gegenseitigkeit aber nicht anerkennungsfähig wäre[332]. Er versuchte deshalb, am allgemeinen Gerichtsstand in Deutschland gegen seine Mandantin zu klagen, scheiterte aber an seiner eigenen Gerichtsstandsklausel. Er hatte die deutsche internationale Zuständigkeit durch die Vereinbarung der ausschließlichen internationalen liechtensteinischen Zuständigkeit abbedungen. Ergebnis: In Liechtenstein konnte geklagt,

---

329 Vgl. BGHZ 49, 124; BGH, AWD 1974, 221 mit Anm. *von Hoffmann*; *Schütze*, Zur Bedeutung der Anerkennungsfähigkeit einer Entscheidung des prorogierten Gerichts für die Wirksamkeit einer internationalen Gerichtstandsvereinbarung, AWD 1973, 368 ff. m.w.N.; *ders.*, Die Anerkennungsfähigkeit der Entscheidung des prorogierten Gerichts für die Wirksamkeit einer internationalen Gerichtsstandsvereinbarung, FS Fragistas, Bd. V, 1969, S. 167 ff.

330 Übersichten über die Anerkennung und Vollstreckbarerklärung von Entscheidungen im Ausland finden sich bei *Campbell* (Hrsg.), International Execution against Judgment Debtors, Loseblatt; *Geimer/Schütze*, Internationale Urteilsanerkennung, Bd. I/2, 1984, S. 1780 ff.; *dies.*, Internationaler Rechtsverkehr, Bd. VI Länderberichte; *Martiny*, Handbuch des Internationalen Zivilverfahrensrechts, Bd. III/1, 1984, S. 580 ff.; *Weems* (Hrsg.), Enforcement of Money Judgments Abroad, 1988; Wieczorek/Schütze/*Schütze*, § 328, Rdn. 151 ff.

331 Vgl. OLG Koblenz, IPRax 1984, 267; dazu *Schütze*, Bedeutung der im Forum Prorogatum ergehenden Entscheidung für die Wirksamkeit einer ausschließlichen internationalen Gerichtsstandsvereinbarung, IPRax 1984, 246 ff.

332 Vgl. *Schütze*, Anerkennung und Vollstreckung ausländischer Zivilurteile in Liechtenstein, RIW/AWD 1976, 564 ff.

aber mangels dort belegenen Vermögens der Schuldnerin nicht vollstreckt werden, in Deutschland hätte vollstreckt werden können, es konnte aber nicht geklagt werden.

Nun ist es nicht immer möglich, bei Abschluss der Gerichtsstandsvereinba- 213
rung die Möglichkeit der Anerkennung und Vollstreckbarerklärung eines im forum prorogatum erstrittenen Titels vorherzusehen, sei es, weil die Rechtslage nicht schnell aufklärbar ist, sei es, dass noch nicht feststeht, wo letztlich vollstreckt werden muss, da noch nicht abzusehen ist, wo der Schuldner im Zeitpunkt der Vollstreckung Vermögenswerte besitzt. Den Ausweg bietet eine nicht ausschließliche Gerichtsstandsvereinbarung, die auch die Klage im allgemeinen Gerichtsstand offen lässt. Eine solche Gerichtsstandsvereinbarung könnte etwa lauten:

Gerichtsstand ist Stuttgart. Der Kläger ist jedoch auch berechtigt, die Gerichte im allgemeinen Gerichtsstand des Beklagten anzurufen.

Zulässigkeit von Prorogation und Derogation: Es ist eine Doppelprüfung vorzu- 214
nehmen: Lässt der Staat, dessen Zuständigkeit abbedungen wird, die Derogation zu, und nimmt das Gericht, dessen an sich nicht gegebene Zuständigkeit vereinbart wird, die Prorogation an?

Benutzung der Vertragssprache: Es ist darauf zu achten, dass eine Gerichts- 215
standsvereinbarung in der jeweiligen Vertragssprache abgefasst wird. Ist das nicht der Fall, etwa bei Benutzung eines vorgedruckten Standardtextes, dann ist die Gerichtstandsvereinbarung regelmäßig unwirksam. Es gelten die von der Rechtsprechung zu AGB entwickelten Grundsätze[333].

Bezeichnung des prorogierten Gerichts in der Sprache der lex fori: Schwierig- 216
keiten ergeben sich zuweilen dann, wenn das prorogierte Gericht durch die Übersetzung ungenau bezeichnet wird. So fand sich in einem deutsch-amerikanischen Vertrag eine Gerichtsstandsklausel, nach der der „district court of Tübingen" zur Entscheidung aller Rechtsstreitigkeiten ausschließlich zuständig sein sollte. Im Prozess ergab sich dann ein langer Streit über die Frage, ob das Amts- oder das Landgericht Tübingen als zuständig vereinbart war. Die

333 Vgl. dazu insbes. *Jayme*, Sprachrisiko und internationales Privatrecht beim Bankverkehr mit ausländischen Kunden, FS Bärmann, 1975, S. 509 ff.; *Reinhart*, Verwendung fremder Sprachen als Hindernis beim Zustandekommen von Kaufverträgen?, RIW/AWD 1977, 16 ff.; *Weimar*, Die vom Verwender von AGB anzuwendende Sprache bei Ausländern als Vertragspartner, DB 1978, 243 ff. und Reithmann/Martiny/Martiny, Internationales Vertragsrecht, 7. Aufl., 2011, Rdn. 253.

Probleme hätten vermieden werden können, wenn etwa formuliert worden wäre: *district court (Landgericht) Tübingen.*

Unabhängig von der Vertragssprache ist es deshalb notwendig, für das prorogierte Gericht immer die Bezeichnung in der Gerichtssprache am Ort des vereinbarten Gerichts zu benutzen.

f) Schadensersatzverpflichtung bei Nichtbeachtung einer internationalen Gerichtsstandsvereinbarung

217 Die Nichtbeachtung einer internationalen Gerichtsstandsvereinbarung und die Anrufung eines derogierten Gerichts kann zu erheblichen Schäden bei der vertragstreuen Partei führen. Selbst wenn das zu Unrecht angerufene Gericht seine Zuständigkeit verneint, kann die vertragstreue Partei mit erheblichen Kosten belastet werden, insbes. wenn nach der american rule of costs eine Erstattung außergerichtlicher Kosten nicht stattfindet. So wurde eine deutsche Bank trotz einer ausschließlichen Gerichtsstandsvereinbarung zugunsten der Frankfurter Gerichte in New York verklagt. Das New Yorker Gericht wies die Klage zwar wegen Unzuständigkeit ab, die deutsche Beklagte blieb aber auf ca. US$ 500.000 außergerichtlicher Kosten „sitzen".

218 *Schlosser*[334] vertritt zu Recht die Ansicht, dass die ausschließliche Gerichtsstandsvereinbarung nicht nur eine Kompetenzzuweisung zum Gegenstand hat, sondern auch die Verpflichtung enthält, andere als die prorogierten Gerichte nicht anzurufen. Die Verletzung dieser Verpflichtung führe zum Schadensersatz. *Pfeiffer*[335] geht nicht so weit, empfiehlt vielmehr die besondere Vereinbarung eines materiell-rechtlichen Kostenerstattungsanspruchs zur Flankierung der Gerichtsstandsvereinbarung[336].

Auch international setzt sich offenbar die Meinung durch, dass die Missachtung einer Prorogationsabrede zu Schadensersatzansprüchen führt[337].

---

334 Vgl. *Schlosser*, Materiell-rechtliche Wirkungen von (nationalen und internationalen) Gerichtsstandsvereinbarungen?, FS Lindacher, 2007, S. 111 ff.

335 Vgl. *Pfeiffer*, Die Absicherung von Gerichtsstandsvereinbarungen durch Vereinbarung eines materiell-rechtlichen Kostenerstattungsanspruchs, FS Lindacher, 2007, S. 77 ff.

336 Für das europäische Recht zweifelnd sowohl hinsichtlich eines gesetzlichen Anspruchs als der Möglichkeit der vertraglichen Absicherung *Mankowski*, Ist eine vertragliche Absicherung von Gerichtsstandsvereinbarungen möglich?, IPRax 2009, 23 ff.

337 Vgl. z.B. *Tan*, Damages for Breach of Jurisdiction Clauses, Singapore Academy of Law Journal 14 (2002), S. 342 ff.

IV. Die Vertretung im ausländischen Prozess

Ein Professor einer berühmten amerikanischen Law School antwortete am Ende eines Studienaufenthalts in Deutschland auf die Frage nach den konzeptionellen Unterschieden des deutschen und des US-amerikanischen Zivilprozesses: „In Deutschland muss man einen möglichst unfähigen Anwalt haben, um zu gewinnen. Dann hat das Gericht Mitleid mit der schlecht vertretenen Partei und hilft ihr. Im US-amerikanischen Prozess dagegen ist der Prozessausgang entscheidend von der Qualität des Rechtsanwalts abhängig." Sicherlich ist diese Feststellung überzogen. Sie hat aber einen wahren Kern. Der Verfahrensablauf wird im deutschen Zivilprozess viel mehr vom Richter bestimmt, geleitet und überwacht als in vielen ausländischen Verfahrensordnungen, insbesondere im Prozess vor US-amerikanischen Gerichten[338]. **219**

Der deutsche Richter – der die Möglichkeiten, die ihm § 139 ZPO gibt, zuweilen zur Parteihilfe missbraucht[339] – hat viel größere Möglichkeiten, den Prozessstoff aufzuklären als sein amerikanischer Kollege. Daran ändert auch die im deutschen Recht herrschende Verfahrensmaxime nichts. Hinzu kommt, dass im deutschen Zivilprozess das Plädoyer zur Farce geworden ist. **220**

Auch die mündliche Verhandlung ist von dem von Cicero so trefflich formulierten Grundsatz[340] beherrscht: „*Quod non est in actis, non in mundo.*" **221**

In zahlreichen ausländischen Verfahrensordnungen dagegen – so im romanischen und im common-law-Prozess – spielt das Plädoyer noch eine u.U. verfahrensentscheidende Rolle. Der brillante, gut plädierende Anwalt ist vor diesen Gerichten viel wichtiger als im deutschen Zivilprozess. So gibt es im US-amerikanischen System den „trial-lawyer", den die deutsche Rechtsanwaltschaft – jedenfalls im Zivilprozess – so nicht kennt. Im US-amerikanischen Verfahren spielt dabei sicherlich eine Rolle, dass eine Jury auch in Zivilsachen im Regelfall entscheidet, also ein Laiengericht, das der Beeinflussung durch das gesprochene Wort sehr viel zugänglicher als ein Berufsrichter ist. *Maxeiner*[341] **222**

---

338 Vgl. dazu *Schütze*, Konzeptionelle Unterschiede der Prozessführung vor US-amerikanischen und deutschen Gerichten, WM 1983, 1078 ff.; *Stürner*, U.S.-amerikanisches und europäisches Verfahrensverständnis, FS Stiefel, 1987, S. 763 ff.

339 In einem jüngst vor einer Kammer für Handelssachen in Stuttgart anhängigen Prozess erklärte der Vorsitzende Richter auf die Rüge einer Partei, er überschreite die Grenzen des § 139 ZPO durch seine rechtlichen Hinweise an die andere Partei: „Ich lasse eine Partei nicht verlieren, nur weil sie schlecht vertreten ist.".

340 Ad familiares 2,15,5.

341 Vgl. *Maxeiner*, Die Gefahr der Übertragung deutschen Rechtsdenkens auf den US-amerikanischen Zivilprozess, RIW 1990, 440 ff. (444).

bringt den treffenden Vergleich des Anwalts mit dem Schauspieler, wobei die Jury das Publikum ist, an dessen Gefühl appelliert wird. Die Beeinflussbarkeit der Jury durch ein brillantes Plädoyer hat ein amerikanischer Autor überzeugend an einem Beispiel dargestellt. *Cahn*[342] berichtet darüber, dass die Anwälte in dem Prozess MCI Communications Corporation v. American Telephone & Telegraph Company zunächst vor einer Scheinjury „übten", daraufhin ihre Strategie festlegten und schließlich den Prozess mit dem vorprogrammierten Ergebnis gewannen.

1. Die Notwendigkeit anwaltlicher Vertretung

223 Die Notwendigkeit anwaltlicher Vertretung und die Postulationsfähigkeit im Zivilprozess bestimmen sich nach der lex fori[343]. Das Recht am Prozessort entscheidet allein darüber, ob und durch wen eine Partei im Verfahren vertreten sein kann und muss.

224 Die meisten Prozessordnungen sehen eine notwendige Vertretung durch Rechtsanwälte nur für höhere Instanzen vor, während sich die Parteien in Verfahren vor Gerichten für Bagatellsachen oder kleinere Streitigkeiten selbst vertreten können. So kennt das französische Recht in den Verfahren vor dem tribunal d'instance (dem deutschen Amtsgericht vergleichbar), dem tribunal de commerce (Handelsgericht), dem conseil de prud'hommes (Arbeitsgericht) und dem tribunal administratif (Verwaltungsgericht) keinen Anwaltszwang. Die anwaltliche Vertretung ist aber in höheren Instanzen vorgeschrieben, obgleich hier – eine von der Anwaltschaft wütend registrierte[344] – Auflockerung durch die Zivilprozessreform 1975 stattgefunden hat.

225 Wenige Prozessordnungen kennen auch in höheren Instanzen keinen Anwaltszwang, sei es aus historischen Gründen[345], sei es, weil es sich um ein „archaisches" Rechtssystem handelt[346]. Aber auch in den Fällen, in denen kein Anwaltszwang besteht, wird die deutsche Partei ohne Prozessbevollmächtigten

---

342 Vgl. *Cahn*, Winning Big Cases with Trial Simulations, ABA Journal 69 (1983), 1073 ff.

343 Vgl. *Geimer*, IZPR, Rdn. 2225; *Nagel/Gottwald*, IZPR § 4, Rdn. 54; *Riezler*, IZPR S. 43; *Schack*, Rdn. 608 f. (dort ein Literaturüberblick über die Postulationsfähigkeit in zahlreichen ausländischen Rechtsordnungen); *Schütze*, DIZPR Rdn. 200.

344 Vgl. dazu *Mauro*, Die französischen Anwälte auf den Barrikaden, AnwBl. 1976, 186 ff.

345 So das dänische Recht; vgl. *Asmussen*, Der dänische Rechtsanwalt und seine Honorierung, AnwBl. 1972, 173 ff.; *Zimmermann*, Zivilgerichtsbarkeit, Zwangsvollstreckung und Konkurs in Dänemark, in: Grundzüge, 1980, S. 107 ff. (123).

346 So das bhutanesische Recht; vgl. *Schütze*, Modernes Recht für Bhutan, Indonesia 23 (1981), 70 ff. (73).

„vor Ort" nicht auskommen. Die prozessualen Schwierigkeiten sind zu groß. Das Risiko, durch Unkenntnis von verfahrensrechtlichen Notwendigkeiten und Fristen Rechtsnachteile zu erleiden, ist zu erheblich.

Davon gibt es eine Ausnahme. In Verfahren vor ausländischen Schiedsge- 226
richten ist es regelmäßig nicht geboten, einen Anwalt am Sitz des Schiedsgerichtes zu bestellen. Der High Court Singapur, der in einer vielbeachteten Entscheidung[347] auch auf internationale Schiedsverfahren den Legal Professions Act angewandt hat und Vertretung durch einen in Singapur zugelassenen Anwalt forderte, hat zu einiger Verstörung in der internationalen Schiedsgerichtsbarkeit geführt. Nach einer Gesetzesänderung ist nunmehr auch in Singapur die Vertretung durch ausländische Anwälte in internationalen Schiedsverfahren zulässig.

Die Organisation der Rechtsanwaltschaft am Prozessort bringt zuweilen die 227
Notwendigkeit, zwei Anwälte zu beauftragen[348]. Regelmäßig genügt aber ein Anwalt. In jedem Fall ist es aber ratsam, den Verkehr mit dem ausländischen Anwalt durch den „Hausanwalt" führen zu lassen.

2. Die Auswahl des Anwalts

Die Auswahl des Prozessanwalts kann entscheidend für den Verfahrensausgang 228
sein. Dabei kommt es nicht nur auf die fachliche Qualifikation, die Sprach- und Rechtskenntnisse, sondern auch auf die Zuverlässigkeit an. Hier geschehen oft seltsame Dinge. So war es in einem Fall, in dem ein marokkanischer Anwalt noch Jahre nach rechtskräftigem Abschluss eines Exequaturverfahrens erklärte, die „Sache sei auf gutem Wege", und von der deutschen Partei Honorare kassierte. Die Sache kam erst ans Tageslicht, als der Autor die Entscheidung in einem Lehrbuch des marokkanischen internationalen Privatrechts zitiert fand und eine Urteilsabschrift beim Gericht in Casablanca anforderte. Erst dadurch

---

347 Vgl. Turner (East Asia) Pte. Ltd. v. Builders Federal (Hongkong) Ltd. & Anor (1988) 2 M.L.J.; dazu auch *Lowenfeld*, Singapore and the Local Bar: Aberration or Ill Omen?, Journal of International Arbitration 5 (1988), 71ff.; *Schütze*, Rechtsprechung zur internationalen Schiedsgerichtsbarkeit in Singapur und Malaysia, Jahrbuch für die Praxis der Schiedsgerichtsbarkeit 3 (1989), 232ff.

348 So ist im englischen Zivilprozess durch die Zweiteilung der Anwaltschaft in Solicitors und Barristers regelmäßig eine Doppelmandatierung notwendig; vgl. im Einzelnen *Bunge*, Zivilprozess und Zwangsvollstreckung in England und Schottland, 2. Aufl., 2005, S. 87ff. (dort auch eine Darstellung der Aufweichung der strikten Trennung durch den Courts and Legal Services Act, 1990); *Haye/Prevett*, Länderbericht England and Wales, in: Grubbs (Hrsg.), International Civil Procedure, 2003, S. 179ff. (180).

erfuhr die deutsche Partei Jahre nach Verfahrensabschluss von dem für sie ungünstigen Ausgang des Prozesses.

229 Viele Wege zur Auffindung eines geeigneten Prozessbevollmächtigten stehen offen. Häufig wird es ratsam sein, mehrere Auswahlquellen vor der Mandatierung zu prüfen.

a) International tätige Anwaltsfirmen

230 Zahlreiche Anwaltsfirmen sind heute international tätig und betreiben Niederlassungen in wichtigen Wirtschaftszentren[349]. Ihre Mandatierung hat den Vorteil, dass man keinen unbekannten Anwälten trauen muss, dass die Anwaltsfirma um ihrer Reputation willen angemessene Arbeit leisten wird und – last but not least –, dass die Haftungsfrage zufriedenstellend gelöst ist. Die international tätigen Anwaltsfirmen haften auch für ihre Niederlassung und sind regelmäßig ausreichend versichert.

231 Ein veraltetes Standesrecht hat deutsche Anwälte lange Zeit gehindert, ausländische Niederlassungen zu errichten. Nunmehr lässt § 29a BRAO die Errichtung von Kanzleien im Ausland und die grenzüberschreitende Tätigkeit deutscher Anwälte zu. Einige deutsche Anwaltsfirmen haben von dieser neuen Möglichkeit Gebrauch gemacht. Das Problem ist heute nicht mehr das deutsche Standesrecht, vielmehr die restriktive Haltung vieler Staaten gegenüber ausländischen Anwälten, die eine Lizenz entweder gar nicht, wie Malaysia und Indien, oder nur unter erheblichen Auflagen, so Vietnam, erteilen.

232 Innerhalb der EU hat die Rechtsprechung des EuGH[350] die Möglichkeiten für eine Freizügigkeit von Rechtsanwälten verbessert[351], insbesondere durch den

349 Vgl. auch *Grunewald/Müller*, Ausländische Rechtsberatungsgesellschaften in Deutschland, NJW 2005, 465 ff.; *Knöfel*, Grundlagen der internationalen Berufsausübung von Rechtsanwälten, 2005; *Kohler*, Rechtsfragen der grenzüberschreitenden Tätigkeit von Rechtsanwälten, 2010.

350 Vgl. z.B. EuGHE 1974, 631 (Reyners); 1977, 765 (Thieffry), 1984, 2971 (Klopp).

351 Vgl. zur Freizügigkeit von Anwälten in der EU aus der älteren Literatur *Boie*, Ein Schritt zur Freizügigkeit der Rechtsanwälte in den Europäischen Gemeinschaften, NJW 1977, 1567 ff.; *Commichau*, Fragen zum Europäischen Anwaltsrecht, IPRax 1989, 12 ff.; *Gornig*, Probleme der Niederlassungsfreiheit und der Dienstleistungsfreiheit für Rechtsanwälte in der EG, NJW 1989, 1120 ff.; *Hofmann*, Internationales Anwaltsrecht: Dienstleistungs- und Niederlassungsfreiheit in der EG, Diss. Konstanz 1991; *Kespohl-Willemer*, Der deutsche Anwalt in der Europäischen Gemeinschaft – rechtliche Rahmenbedingungen und Möglichkeiten, JZ 1990, 28 ff.; *Schneider*, Anwaltsrecht im EG-Raum 1979.; nunmehr im internationalen Kontext *Bormann*, Die Deregulierung des Rechtsberatungsmarktes und die Gefährdung der anwaltlichen Unabhängigkeit, ZZPInt 8 (2003), 3 ff. (21 ff.).

leading case Klopp[352], in dem klargestellt wird, dass eine Doppelzulassung eines Anwalts in mehreren EU-Staaten nicht durch nationales Standesrecht untersagt werden darf.

Die EU hat die Freizügigkeit von Rechtsanwälten in der Gemeinschaft durch mehrere Richtlinien gefördert[353], die heute durch das Gesetz über die Tätigkeit europäischer Rechtsanwälte in Deutschland umgesetzt worden sind Deutsche Rechtsanwälte können weitgehend auch EG-grenzüberschreitend tätig sein[354]. Der deutsche Gesetzgeber zeigt sich recht großzügig gegenüber ausländischen Rechtsanwälten. Nach § 206 f. BRAO dürfen Anwälte aus WTO-Staaten – das sind weit mehr als 100 – Rechtsberatung nach ihrem Heimatrecht und Völkerrecht anbieten, wenn das Bundesjustizministerium durch Verordnung die Gleichwertigkeit ihrer Ausbildung und berufsrechtlichen Stellung festgestellt hat. Davon profitieren insbesondere amerikanische attorneys-of law[355]. Für die Rechtsverfolgung vor ausländischen Gerichten hat die weitgehende Freizügigkeit für ausländische Anwälte in Deutschland den Vorteil, dass ein des Rechts am Prozessort kundiger Anwalt im Inland zu Rate gezogen werden kann. Davon profitieren insbesondere die Niederlassungen US-amerikanischer law firms in Deutschland. 233

b) Internationale Zusammenschlüsse

Anstelle der Unterhaltung eigener Niederlassungen im Ausland schließen sich Anwaltsfirmen aus verschiedenen Staaten zuweilen zusammen. Beliebt ist als Rechtsform insbesondere die Europäische Wirtschaftliche Interessengemeinschaft, die auch für Anwaltskooperationen zur Verfügung steht[356]. Während diese Kooperationen häufig nicht mehr als Clubs von Korrespondenzanwälten 234

352 Vgl. EuGHE 1984, 2971 = RIW 1984, 988 mit Anm. *Borggreve*.

353 Vgl. Anwaltsdienstleistungsrichtlinie 77/249/EWG v. 22.3.1977, ABl. EG Nr. L 78, S. 17; Hochschuldiplomanerkennungsrichtlinie 89/48/EWG v. 21.12.1988, ABl. EG (1989) Nr. L 19, S. 16; Anwaltsniederlassungsrichtlinie 98/5/EG v. 16.2.1998, ABl. EG Nr. L 77, S. 36.

354 Vgl. dazu schon *Ewig*, Niederlassungsfreiheit für Anwälte in Europa, BRAK-Mitt. 1996, 13 ff.; *Kespohl-Willemer*, Der deutsche Anwalt in der Europäischen Gemeinschaft – rechtliche Rahmenbedingungen und Möglichkeiten, JZ 1990, 28 ff.

355 Vgl. dazu *Bormann*, Die Deregulierung des Rechtsberatungsmarktes und die Gefährdung der anwaltlichen Unabhängigkeit, ZZPInt 8 (2003), 3 ff. (21 ff.), der die dadurch entstehende bzw. begünstigte Oligopolisierung beklagt.

356 Vgl. aus der inzwischen abundanten Literatur z.B. *Grüninger*, Aspekte, Strategien und Möglichkeiten einer EWiV von Rechtsanwälten, AnwBl. 1992, 111 ff.; eine Literaturübersicht gibt *Sieg*, Internationale Anwaltshaftung, 1996, S. 54 f.

sind, bestehen auch engere Zusammenschlüsse, die über ein Korrespondenzanwaltssystem hinausgehen. So entstand in der 90iger Jahren ein Zusammenschluss von vier internationalen Anwaltsfirmen in den USA, England, Schweden und Deutschland in Form einer Aktiengesellschaft nach amerikanischem Recht, die auch eigene internationale Niederlassungen errichtete.

235 Bei internationalen Kooperationen wird die Auswahl des Prozessanwalts erleichtert, die Haftungsfrage ist aber nur unzulänglich gelöst.

c) Korrespondenzanwälte

236 Auch Anwälte, die keine eigenen Niederlassungen im Ausland unterhalten, haben – soweit sie international tätig sind – häufig ein Netz von Korrespondenten an wichtigen Plätzen. Durch die laufende Zusammenarbeit mit diesen ausländischen Anwälten ist eine Prüfung der Qualifikation und Zuverlässigkeit regelmäßig gewährleistet[357].

d) Deutsche Auslandsvertretungen

237 Die deutschen Auslandsvertretungen unterhalten Listen mit sogenannten „Vertrauensanwälten“. Die Angaben in diesen Listen und die ergänzenden Informationen durch die diplomatischen und konsularischen Vertretungen können nützlich sein. Man muss sich hierbei aber bewusst sein, dass die deutschen Auslandsvertretungen keinen vollständigen Überblick über die Qualifikation der in ihrem Amtsbereich tätigen Anwaltsfirmen haben.

238 Überdies werden die Listen häufig – den Wünschen der deutschen Rechtssuchenden entsprechend – unter sprachlichen Gesichtspunkten geführt. Darin liegt eine gewisse Einschränkung der Auswahlkriterien, bzw. Betonung eines Kriteriums. Sprachkenntnisse allein machen aber keinen guten Anwalt aus. Bei allem muss man sich bei der Inanspruchnahme der deutschen Auslandsvertretungen darüber im Klaren sein, dass diese nicht in erster Linie der privaten Rechtsberatung dienen und hierzu auch gar nicht in der Lage sind.

---

357 Vgl. allgemein *Pieper*, Mandatsabwicklung über die Grenze, in: *Clausnitzer/Pieper/Schollmeier*, EG-Recht in der Anwaltskanzlei, 1993, S. 21 ff.

e) German Trade and Invest GmbH

Die German Trade and Invest GmbH, die aus der Bundesagentur für Außenwirtschaft (früher: Bundesstelle für Außenhandelsinformation) in Köln hervorgegangen ist, führt Listen ausländischer Anwälte, die ständig aktualisiert werden und die auf den Angaben deutscher Auslandsvertretungen basieren[358]. Die German Trade and Invest GmbH, die aus Kreisen der deutschen Wirtschaft und der deutschen Auslandsvertretungen eine Fülle von Informationen erhält, ist darüber hinaus in der Lage, über die Erfahrungen anderer deutscher Mandanten mit bestimmten Anwälten Informationen zu geben. Sie ist überaus effizient und hilfsbereit. Ihre Ratschläge sind sachkundig. 239

f) Verbände

Die großen deutschen Industrieverbände verfügen durch den Kontakt mit ihren Mitgliedsfirmen ebenfalls über Erfahrungen mit ausländischen Anwälten. Hier ist besonders der Verband der deutschen Maschinenbauindustrie (VdMA) in Frankfurt zu erwähnen, der eine weit über das übliche Maß hinaus international tätige und erfahrene Rechtsabteilung besitzt, aus der auch zahlreiche wichtige Publikationen hervorgegangen sind. 240

g) Banken

Die deutschen (und internationalen) Banken verfügen in allen wichtigen Finanzplätzen der Welt über Repräsentanzen, Niederlassungen oder Tochter- und verbundene Institute. Sie sind in der Lage, ihren Kunden Hilfestellung bei der Auswahl ausländischer Anwälte zu geben. 241

Die internationalen Großbanken führen Listen mit Anwälten, die sie selbst in Anspruch nehmen. Hier besteht eine gesteigerte Gewähr für die Zuverlässigkeit.

h) Anwaltsverzeichnisse

Eine Fülle von Anwaltsverzeichnissen macht es dem Rechtssuchenden schwer. 242
Die Qualität dieser Verzeichnisse variiert nicht nur nach dem Herausgeber, sie

358 Die Listen sind im Internet abrufbar. Sie werden nicht – wie ehedem – in Papierform veröffentlicht.

ist auch beeinflusst von standesrechtlichen Regelungen in einzelnen Ländern im Hinblick auf die Angabe repräsentativer Mandanten und die Erwähnung von Spezialkenntnissen.

Vorsicht ist geboten bei Anwaltsverzeichnissen, die Gebühren für die Aufnahme fordern. Bei ihnen ist keine Gewähr für einen vollständigen Überblick oder die Qualifikation und Bedeutung der aufgenommenen Anwaltsfirmen gegeben. Diese Verzeichnisse sind nicht mehr als verschleierte Annoncensammlungen und entsprechen den „gelben Seiten" im Telefonbuch, sind aber kein ernstzunehmendes Hilfsmittel für die Anwaltssuche.

243 International die wohl zuverlässigste Informationsquelle ist das – nunmehr online – Anwaltsverzeichnis von Martindale/Hubbell, das über eine Million Anwälte und Anwaltsfirmen listet und ständig auf dem neuesten Stand gehalten wird. Das Verzeichnis zeichnet sich durch eine sehr sorgfältige Redaktion und Angaben biographischer Daten der aufgenommenen Anwälte aus. Gerade hieraus lassen sich gewisse Spezialkenntnisse und Berufserfahrungen entnehmen. Soweit zulässig führt der Martindale/Hubbell bei einzelnen Anwälten auch repräsentative Mandanten auf, was für den Benutzer Vorteile bietet. Er kann aus dem Mandantenstamm ersehen, ob Erfahrungen im Bankrecht, im Luftrecht, im Transportrecht usw. vorliegen. Derartige Hinweise auf den Mandantenkreis sind regelmäßig wichtiger als die Selbsteinschätzung eines Anwalts, der behauptet, Spezialist in einem Fachgebiet zu sein.

3. Die Honorierung ausländischer Anwälte

244 Während das deutsche Recht – jedenfalls im Prinzip – streitwertabhängige Gebühren vorsieht, deren Höhe gesetzlich geregelt ist[359], werden Honorare ausländischer Anwälte – auch für die Prozessvertretung – häufig auf Zeitbasis kalkuliert. Auch in Deutschland hat sich – insbesondere unter dem Einfluss der großen internationalen Anwaltsfirmen – die Zeithonorierung in großem Masse durchgesetzt. Die gesetzlichen Gebühren haben dann in Zivilprozesssachen häufig nur noch Bedeutung für die Kostenerstattung.

245 Die streitwertabhängigen Gebühren haben den Vorteil, dass das Prozesskostenrisiko kalkulierbar wird. Eine Partei kann bereits bei Prozessbeginn das maximale Prozesskostenrisiko für alle Instanzen berechnen. Auf der anderen

359 § 4 RVG lässt die Vereinbarung höherer als der gesetzlichen Gebühren aufgrund einer schriftlichen Vereinbarung zu. Damit sind auch Zeithononorare zulässig. In Beratungssachen können auch Pauschalvergütungen und Zeithonorare vereinbart werden, die niedriger sind als die gesetzlichen Gebühren.

Seite ist dieses System kaum sehr gerecht. Der Anwalt bekommt für die gleiche Leistung oft sehr unterschiedliche Honorare, die sich nur schwer durch das unterschiedliche Haftungsrisiko bei verschiedenen Streitwerten rechtfertigen lassen.

Das System der Zeithonorierung, das beispielsweise in den USA praktiziert 246 wird, ist wohl gerechter, hat jedoch auch mehrfache Nachteile. Einmal ist die Kostenbelastung der Partei bei Beginn eines Verfahrens nicht übersehbar, zum anderen verführt dieses System zum „Zeit schinden“[360]. Schließlich kann die Prozessführung bei geringen Streitwerten wirtschaftlich unsinnig und damit faktisch unmöglich werden[361].

Insbesondere in den USA ist bei Schadensersatzfällen die Vereinbarung ei- 247 nes Erfolgshonorars zulässig und üblich. Die Höhe kann – je nach den Erfolgsaussichten und der Bedeutung des Falles – bis zu 50–75% betragen[362]. Das kann zu – aus deutscher Sicht – horrenden Honoraren führen. So berichtet *Schack*[363], dass die Anwälte im take-over Prozess Pennzoil v. Texaco[364] 600 Mio US$ Erfolgshonorar kassiert haben. Das fördert die Prozessfreudigkeit von Anwälten und Geschädigten, die ja risikolos prozessieren und im Erfolgsfall regelmäßig noch das geschuldete Erfolgshonorar über ein „packing“ als punitive damages vom Beklagten zurückerhalten[365]. Das führt bei internationalen Schadensfällen zu einem wahren Anwaltstourismus zur Überredung von Geschädigten zur Mandatserteilung. Erfreulicherweise sind diese Reisen zuweilen nicht

---

360 So las der Autor in der Abrechnung amerikanischer Anwälte in einem Verfahren der Vollstreckbarerklärung eines deutschen Urteils verblüfft, dass für die Umrechnung der DM-Forderung des Urteils in US $ 1 Std. 20 Min. in Ansatz gebracht wurden. Es handelte sich übrigens um eine sehr angesehene New Yorker Law Firm.

361 Vgl. z.B. für die USA *Weinschenk*, Die Eintreibung kleiner Forderungen in den USA, AWD 1973, 131ff.; *Schütze*, Armenrecht, Kostenerstattung und faires Verfahren, FS Machacek und Matscher, 2008, S. 919ff., (924f.).

362 Vgl. *Güntner*, Der amerikanische Anwalt und die Bar Associations, AnwaBl 1969, 181ff.; *Alsentzer/Habel*, Übersicht über das Zivilprozess-, Zwangsvollstreckungs- und Konkursrecht in den Vereinigten Staaten von Amerika, in: Grundzüge, 1979, S. 50 nennen Sätze von 20–50% als untere Grenze. *Böhm*, Amerikanisches Zivilprozessrecht, 2005, Rdn. 135 hält 30% für den maximalen Satz. *Schack*, Einführung in das US-amerikanische Zivilprozessrecht, 4. Aufl., 2011, Rdn. 21 geht von 25–50% als üblichen Satz in Schadensersatzprozessen aus.

363 Vgl. *Schack*, Einführung in das US-amerikanische Zivilprozessrecht, 4. Aufl., 2011, Rdn. 21.

364 481 US 1, 17 (1987).

365 Vgl. zum darin liegenden Verstoß gegen die Waffengleichheit der Parteien und das Prinzip eines fairen Verfahrens *Schütze*, Kostenerstattung und ordre public Überlegungen zur deutsch-amerikanischen Urteilsanerkennung, FS Németh, 2003, S. 795ff. (801).

vom Erfolg gekrönt, wie der Kaprun-Fall zeigt[366]. Die Tendenz scheint allerdings dahin zu gehen, die Höhe der Erfolgshonorare jedenfalls für einzelne Klagegattungen zu begrenzen[367].

248 Das Erfolgshonorar war in Deutschland wegen der Gefahr der Verquickung der Anwaltsinteressen mit dem Ausgang des Verfahrens verboten. Durch eine Entscheidung des Bundesverfassungsgerichts aus dem Jahr 2006[368] ist dieses Verbot jedoch ins Wanken geraten. Das BVerfG hat das in § 49b Abs. 2 BRAO (Fassung bis 30.6.2008) enthaltene Verbot anwaltlicher Erfolgshonorare mit Art. 12 Abs. 1 GG insoweit nicht als verfassungskonform angesehen, als keine Ausnahmen für den Fall zugelassen werden, dass die Rechtsverfolgung wegen Mittellosigkeit des Mandanten sonst unmöglich wäre, ein Fall, der wegen des umfassenden Systems der Armenrechtsgewährung im deutschen Recht kaum eintreten kann[369]. Wie dem auch sei. Im Anschluss an den Beschluss des BVerfG ist die BRAO geändert worden. Nach § 4a BRAO darf nunmehr ein Erfolgshonorar im Einzelfall, nur für einen Mandanten und nur in einer einzelnen Rechtsangelegenheit vereinbart werden. Voraussetzung ist, dass der Auftraggeber bei verständiger Würdigung aufgrund seiner wirtschaftlichen Lage die Rechtsverfolgung nicht finanzieren könnte. Das ist wegen des deutschen Armenrechtssystems praktisch wohl nie der Fall[370].

249 Die europäischen Rechtsordnungen stehen dem reinen Erfolgshonorar ebenfalls zurückhaltend gegenüber. So ist es in Dänemark nach Art. 3.3.1 des Code of Conduct verboten ein pactum de quota litis zu vereinbaren. Erfolgshonorare sind auch verboten in Frankreich, Italien und Belgien. In England ist die contingency fee (quotale Beteiligung) nicht gestattet, jedoch kann eine conditional fee (no win, no fee) in Zivilsachen (nicht in Straf- oder Familiensachen) vereinbart werden. Ähnlich ist die Rechtslage in Estland und Norwegen. Zulässig die Vereinbarung eines Erfolgshonorars in Griechenland. Die Quote darf jedoch nicht 20% übersteigen.

---

366 Vgl. dazu *Posch*, Eine österreichische Katastrophe vor amerikanischen Gerichten – Betrachtungen aus Anlass des Urteils des US-Bundesdistriktgerichts New York Süd vom 19. Juni 2007 „in re Ski Train Fire in Kaprun", FS Machacek und Matscher, 2008, S. 831 ff.; zur neueren Entwicklung der höchstrichterlichen Rechtsprechung vgl. *Coester-Waltjen*, Allzuständigkeit oder *genuine link* – eine unendliche Geschichte?, FS Schütze II, 2014, S. 27 ff.

367 Vgl. dazu *Böhm*, Amerikanisches Zivilprozessrecht, 2005, Rdn. 135; *Schack*, Einführung in das US-amerikanische Zivilprozessrecht, 4. Aufl., 2011, S. 9 FN 66 (für malpractice Klagen in Kalifornien).

368 Vgl. BVerfG NJW 2007, 979 = JurBüro 2007, 242.

369 Vgl. dazu *Schütze*, Armut im Prozess, FS Issak Meier, 2015, S. 667 ff. ((669 f.)

370 Vgl. *Schütze*, Armut im Prozess, FS Isaak Meier, 2015, S. 667 ff. (669 f.)

4. Die Vollmacht

Das Vollmachtsstatut bestimmt sich nach deutschem IPR nach dem Recht des Ortes, an dem die Vollmacht Wirkungen entfalten soll (Recht des „Wirkungslandes")[371]. 250

Die Prozessvollmacht ist deshalb nach der jeweiligen lex fori, d.h. dem Recht am Prozessort, zu beurteilen[372].

Vollmachten im Ausland[373] sind teilweise erheblich umfangreicher, als es in 251
Deutschland üblich ist. Gegenüber Ausländern werden zwar zuweilen verkürzte Vollmachtstexte verwendet, worüber *Foglar-Deinhardstein*[374] berichtet. Regelmäßig wird sich eine Abänderung der Vollmacht nicht erreichen lassen.

Der deutsche Mandant ist den Üblichkeiten am Prozessort „ausgeliefert". 252
Das bringt Gefahren mit sich. Der Rechtsanwalt ist zwar nur befugt, die Vollmacht im Rahmen des Mandatsverhältnisses zu benutzen, gegenüber Missbräuchen besteht aber regelmäßig kein Schutz. Es empfiehlt sich deshalb, eine zeitliche Begrenzung der Vollmacht im Vollmachtsformular selbst vorzusehen (etwa das Ende des jeweiligen Kalenderjahres) und die Vollmacht von Jahr zu Jahr zu erneuern. Auch bei einer derartigen Befristung besteht zwar kein unbedingter Schutz gegen Missbräuche, der Mandant ist aber jedenfalls dagegen gesichert, dass noch von der Vollmacht Gebrauch gemacht wird, wenn das Mandatsverhältnis längst erloschen ist. Befristungswünsche stoßen zuweilen auf Unverständnis bei den betroffenen Anwälten. Dennoch wird eine Befristung regelmäßig akzeptiert, insbesondere dann, wenn der Auftraggeber darauf hinweist, dass – was bei großen Unternehmen zuweilen der Fall ist – die Organisationsrichtlinien nur die Erteilung von befristeten Vollmachten zulassen.

Von der Vollmacht zu unterscheiden ist das Mandatsverhältnis als solches. 253
Für dieses gilt als schuldrechtlicher Vertrag der Grundsatz der Parteiautonomie (Art. 3f. Rom I-VO). Das Mandatsverhältnis bestimmt sich nach dem ausdrück-

---

371 Vgl. BGHZ 43, 21; 64, 183; *Kegel/Schurig*, Internationales Privatrecht, 9. Aufl. 2004, S. 620 f. (die enger an den Gebrauchsort anknüpfen wollen); *Reithmann/Martiny/Hausmann*, Internationales Vertragsrecht, Rdn. 5441 m.w.N.; *Schotten*, Das Internationale Privatrecht in der notariellen Praxis, 1995, Rdn. 90.

372 Vgl. BGH, IPRspr. 1958/59 Nr. 38; BGH, IPRax 1991, 247; OLG München, IPRspr. 1968/69 Nr. 20; *Geimer*, IZPR, Rdn. 2232; *Schack*, IZVR Rdn. 616; *Schütze*, Deutsches Internationales Zivilprozessrecht, Rdn. 201.

373 Einen guten Überblick über die gesetzlichen Regelungen in zahlreichen ausländischen Rechten geben *Sandrock/Müller*, Handbuch der Internationalen Vertragsgestaltung, Bd. 2, 1980, S. 666 ff.

374 Vgl. *Foglar-Deinhardstein*, Rechtsvertretung ausländischer Staatsbürger in Österreich, AnwBl. 1977, 187 ff. (187 f.).

lich oder stillschweigend gewählten Recht. Regelmäßig wird eine ausdrückliche Unterstellung unter das Recht am Kanzleiort des Anwalts – zusammen mit einer nicht immer günstigen Gerichtsstandsvereinbarung[375] – erfolgen. Treffen die Parteien keine Rechtswahl, so kommt das Recht am Kanzleiort des Anwalts zur Anwendung[376].

5. Das Anwaltsprivileg

254 Das Anwaltsprivileg[377] soll die Kommunikation zwischen Anwalt und Mandanten schützen, insbesondere gegen eine Verwertung in Prozessen vor staatlichen Gerichten und Schiedsverfahrens. Besondere Bedeutung gewinnt es in Prozessen mit ausufernder Dokumentenvorlage wie der *production of documents* im Rahmen der *pre trial discovery* in Verfahren vor US amerikanischen Gerichten und Schiedsgerichten. Hinsichtlich der nationalen Regelungen ergibt sich ein sehr uneinheitliches Bild[378]. Die Rechtspolitik bestimmt den Umfang des Anwaltsprivilegs und seinen Schutz.

---

375 Vgl. dazu den instruktiven Fall OLG Koblenz, IPRax 1984, 267 mit Anm. *Schütze*, ebenda, S. 246 ff.

376 Vgl. RGZ 151, 193; BGH, IPRspr. 1960/61 Nr. 1; BGH, RIW 1991, 513; *Geimer*, IZPR Rdn. 2233; *Reithmann/Martiny/Mankowski*, Internationales Vertragsrecht, Rdn. 1423; *Schack*, IZVR Rdn. 617; *Schütze*, DIZPR Rdn. 201.

377 Vgl. dazu *Gergacz*, Attorney-Corporate Client Privilege, 3. Aufl., 2013; *Henssler*, Das anwaltliche Berufsgeheimnis, NJW 1994, 1817 ff.; *Rühl*, Die Begrenzung des § 142 ZPO durch das Anwaltsprivileg, ZZP 125 (2012), 25 ff.; *Spielmann*, Das anwaltliche Berufsgeheimnis in der Rechtsprechung des EGMR, AnwBl. 2010, 373 ff.; vgl. für das Anwaltsprivileg der Syndici nach schweizerischem Recht *Weber*, Legal-privilege for inhouse lawyers? – Zur Frage eines Berufsgeheimnisses für Unternehmensjuristen in der Schweiz nach dem Vorentwurf zu einem Bundesgesetz über die Unternehmensjuristen und –juristinnen, ZZPInt 14 (2009), 257 ff.

378 Vgl. dazu *Magnus*, Das Anwaltsprivileg und sein zivilprozessualer Schutz: eine rechtsvergleichende Analyse des des deutsch, französischen und englischen Rechts, 2010; *Möckesch*, Attorney-Client Privilege in International Commercial Arbitration, Diss Heidelberg 2014; *ders.*, Der Schutz der Vertraulichkeit bei grenzüberschreitender Anwaltstätigkeit, RabelsZ 77 (2013), 111 ff.; *Wild*, Die anwaltliche Verschwiegenheitspflicht in Deutschland und Frankreich, 2008.

V. Der Prozess im Einzelnen

1. Die Ausländersicherheit (cautio iudicatum solvi)

Zur Sicherung des Prozesskostenerstattungsanspruchs des inländischen Beklagten gegen den ausländischen – oder im Inland nicht wohnhaften – Kläger sehen viele Rechtsordnungen – ebenso wie das deutsche Recht in § 110 ZPO – die Verpflichtung des ausländischen[379], des im Inland nicht domizilierten oder sich ständig aufhaltenden[380] oder des im Inland vermögenslosen[381] Klägers die Stellung einer Prozesskostensicherheit vor[382]. Die neue schweizerischen Zivilprozessordnung v. 19.12.2008 sieht in Art. 99 Abs. 1 lit b vor, dass die klagende Partei prozesskostensicherheitspflichtig ist, wenn sie *„zahlungsunfähig erscheint, namentlich wenn gegen sie der Konkurs eröffnet oder ein Nachlassverfahren im Gang ist oder Verlustscheine bestehen...“.* 255

Die Regelungen sind vielfältig und berücksichtigen die Interessenlage der Parteien in unterschiedlicher Weise[383].

Die Rechtsprechung des EuGH[384] fingiert das gesamte Gebiet der EU als eine 256
Einheit und lässt eine an die Staatsangehörigkeit geknüpfte Verpflichtung zur Stellung einer Prozesskostensicherheit in diesem Bereich nicht zu. Es ist also

---

379 Auf die Staatsangehörigkeit stellte das deutsche Recht bis zur Reform 1998 in §110 ZPO ab. Vgl. dazu *Schütze*, Zur Verbürgung der Gegenseitigkeit bei der Ausländersicherheit (§ 110 Abs. 2 Nr. 1 ZPO), JZ 1983, 383 ff.; Die Prozesskostensicherheit im internationalen Rechtsverkehr, FS Ahrens, 2016, S. 545 ff. (547 f.)

380 Darauf stellt das englische Recht ab, vgl. *Cohn*, Sicherheitsleistung für Prozesskosten im deutsch-englischen Rechtsverkehr, ZZP 78 (1965), 161 ff. Dem englischen Recht folgen zahlreiche Rechte des common law Kreises, vgl. *Schütze*, Die Ausländersicherheit im internationalen Zivilprozessrecht, FS Chuo, 1998, S. 737 ff. Auf den gewöhnlichen Aufenthalt stellt nunmehr auch das deutsche Recht in § 110 ZPO ab. Vgl. weiter *Schütze*, FS Ahrens, 2016, S. 545 ff. (548 f.)

381 Das war die Regelung im italienischen Recht (Art. 98 cpc), die später für verfassungswidrig erklärt wurde. Dem reinen Gefährdungsprinzip folgen u.a. die Rechte Griechenlands und Neuseelands, vgl. *Schütze*, FS Chuo, 1998, S. 737 ff.; *ders.*, FS Ahrens, 2016, S. 545 ff. (549 f.)

382 Vgl. dazu insbes. *Danelzik*, Sicherheitsleistung für Prozesskosten, Diss. Bonn 1976.

383 Vgl. im Einzelnen *Schütze*, FS Chuo, 1998, S. 737 ff.; *ders.*, FS Ahrens, 2016, S. 545 ff.

384 Vgl. EuGH Rs. C-20/92 – Antony Hubbard v. Peter Hamburger – DZWir 1994, 21 mit Anm. *Schütze* = RIW 1993, 855 mit Besprechungsaufsatz *Wolf*, Rechtswidrigkeit der Ausländersicherheit nach § 110 ZPO nach EG- und Verfassungsrecht, RIW 1993, 797 ff.; weiter *Bungert*, Sicherheitsleistung durch Ausländer und europäische Dienstleistungsfreiheit – zum Urteil des EuGH v. 1.7.1993, IStR 1993, 481; EuGH Rs. C-43/95 – Data Delecta Aktiebolag u. Ronny Forsberg v. MSL Dynamics Ltd. – EWS 1996, 399 mit Anm. *Mankowski*, EWiR § 110 ZPO 1/96, 1151; EuGH Rs. C-323/95 – Hayes v. Kronenberger GmbH i.L. – RIW 1997, 419; EuGH Rs. C-122/96 – Stephen Austin Saldanha u. MTS Securities Corporation v. Hiross Holding AG – EuZW 1997, 689.

nicht jede Form der Sicherheitsleistung ausgeschlossen, nur die an die Staatsangehörigkeit anknüpfende. Im Einzelnen ergibt sich aus der EuGH-Rechtsprechung[385]:

- Ausländerkautionsregelungen, die bei natürlichen Personen auf die Staatsangehörigkeit abstellen, sind gegenüber Angehörigen anderer EU-Staaten nicht anwendbar.
- Ausländerkautionsregelungen, die bei juristischen Personen auf die Staatsangehörigkeit oder den Sitz abstellen, sind gegenüber Klägern mit Sitz in einem anderen EU-Staat nicht anwendbar.
- Bei Mehrfachstaatsangehörigkeit oder Mehrfachsitz genügt es, wenn der Kläger die Staatsangehörigkeit eines EU-Staates oder – soweit es sich um eine juristische Person handelt – einen Sitz in einem EU-Staat hat.
- Regelungen die unabhängig von der Staatsangehörigkeit oder dem Sitz (bei juristischen Personen) eine Prozesskostensicherheit von Klägern wegen einer konkreten oder abstrakten Gefährdung des Prozesskostenerstattungsanspruchs des obsiegenden Beklagten fordern können weiterhin auch gegenüber EU-Klägern angewendet werden.

257 Die Ausländersicherheit ist regelmäßig bar zu hinterlegen. Das kann zu erheblichen Verlusten des deutschen Klägers führen, wenn im Lande des Forums die Geldentwertung sehr hoch ist. Da die Sicherheit in Landeswährung zu stellen ist, wird sie entwertet und muss periodisch wieder aufgefüllt werden. Die Sicherheit wird dann bei Obsiegen zwar zurückgewährt, ist aber bei langjährigem Prozess häufig stark durch Entwertung vermindert. Deshalb sollte darauf geachtet werden, dass die Sicherheit – wo zulässig – in Form von Bonds oder Bankgarantien gestellt wird.

258 Zahlreiche multilaterale Übereinkommen sehen eine Befreiung von der Verpflichtung zur Stellung einer Prozesskostensicherheit vor, insbesondere

- Art. 17 Haager Zivilprozessübereinkommen 1905 (HZPA)
- Art. 17 Haager Zivilprozessübereinkommen 1954 (HZPÜ)
- Art. 9 Abs. 2 Haager Unterhaltsvollstreckungsübereinkommen 1958 (HUVÜ 58)
- Art. 16 Haager Unterhaltsvollstreckungsübereinkommen 1973 (HUVÜ 73)
- Art. 9 Abs. 2 UN-Übereinkommen über die Geltendmachung von Unterhaltsansprüchen im Ausland (UNUVÜ)
- Art. 9 Abs. 1 Europäisches Niederlassungsübereinkommen (EUNÜ)

385 Vgl. *Schütze*, Die Rechtsprechung des EuGH zur Ausländerkaution – Luxemburg locuta causa finita, RIW 1998, 285 ff.

Überdies befreien bilaterale Rechtshilfeverträge deutsche Kläger in einigen Staaten von der Verpflichtung zur Stellung einer Ausländersicherheit[386].

Im Einzelnen ergibt sich für die Prozessführung deutscher Kläger folgendes: 259

Ägypten

Eine Verpflichtung zur Stellungnahme einer Ausländersicherheit besteht nicht[387].

Eine Befreiung besteht im Rahmen von Art. 17 HZPÜ.

Äthiopien

Nach Artt. 200ff. äthiop. ZPO sind ausländische Kläger prozesskostensicherheitspflichtig. Die Verpflichtung entfällt bei Wohnsitz in Äthiopien oder ausreichendem inländischen Grundvermögen.

Afghanistan

Eine Verpflichtung zur Stellung einer Ausländersicherheit besteht nicht[388].

Albanien

Deutsche Kläger sind ausländersicherheitspflichtig[389].

Staatsvertraglich besteht eine Befreiung nach Art. 17 HZPÜ.

Algerien

Deutsche Kläger sind nicht ausländersicherheitspflichtig[390].

Eine Befreiung besteht im Rahmen von Art. 9 Abs. 2 UNUVÜ.

Andorra

Deutsche Kläger sind ausländersicherheitspflichtig. Der Befreiungsgrund der Verbürgung der Gegenseitigkeit[391] hilft nicht weiter, da nach der Reform 1998 andorranische Kläger mit gewöhnlichem Aufenthalt außerhalb des Gebietes der EU und des EWR prozesskostensicherheitspflichtig nach § 110 ZPO sind.

---

386 Vgl. im Einzelnen Wieczorek/Schütze/*Schütze*, § 110, Rdn. 49ff.

387 Vgl. *Bälz*, Länderbericht Ägypten, in: Geimer/Schütze, Internationaler Rechtsverkehr, 1001.5; *Dilger*, Die Sicherheitsleistung für die Prozesskosten in den arabischen Staaten, ZZP 85 (1972), 408ff. (414f.).

388 Vgl. *Bülow/Arnold*, Internationaler Rechtsverkehr, 1. Aufl., E. 904.427.

389 Vgl. *Schütze*, Zur Prozesskostensicherheit (§ 110 ZPO) von Angehörigen der ehemaligen Ostblockstaaten, NJW 1995, 496ff. (497).

390 Die früher nach Art. 460 cpc bestehende Prozesskostensicherheitsverpflichung für ausländische Kläger und Invervenienten besteht nicht mehr. Vgl. *Rauscher*, Länderbericht Algerien, in: Geimer/Schütze, Internationaler Rechtsverkehr, 1004.4f.

391 Vgl. dazu *Rau*, Internationales Privat- und Prozessrecht in Andorra, RabelsZ 52 (1989), 207ff. (231ff.); *ders.*, Länderbericht Andorra, in: Geimer/Schütze, Internationaler Rechtsverkehr, 1005.4.

Eine Befreiung besteht bei Belegenheit von ausreichendem Vermögen des Klägers in Andorra.

Angola

Deutsche Kläger sind nicht prozesskostensicherheitspflichtig[392]

Antigua und Barbuda

Nach Rule 23 RSC sind nicht in Antigua und Barbuda domizilierte Kläger nach dem Ermessen des Gerichts prozesskostensicherheitspflichtig[393]. Es findet das deutsch-britische Rechtshilfeabkommen 1928 Anwendung, das jedoch für die Befreiung von der Ausländerkaution einen Wohnsitz des Klägers in Antigua und Barbuda voraussetzt.

Argentinien

Deutsche Kläger sind im Rahmen des Anwendungsbereichs des HZPÜ und der UNUVÜ von der Ausländersicherheit des Art. 348 CPC befreit, der eine Verpflichtung zur Sicherheitsleistung für ausländische Kläger ohne argentinischen Wohnsitz oder dort belegenes unbewegliches Vermögen vorsieht[394].

Armenien

Deutsche Kläger sind nach autonomem Recht und im Rahmen von Art. 17 HZPÜ nicht prozesskostensicherheitspflichtig[395].

Aserbaidschan

Das Rechts Aserbaidschans kennt keine Ausländersicherheit[396]. Im Übrigen gehört Aserbaidschan dem HZPÜ an.

Australien

Die Materie ist einzelstaatlich geregelt. Regelmäßig ist der ausländische Kläger, der nicht in Australien domiziliert ist, ausländersicherheitspflichtig[397].

Eine Befreiung ergibst sich aus Art. 9 Abs. 2 UNUVÜ und dem deutsch-britischen Rechtshilfeabkommen 1928.

Bahamas

Es gilt das deutsch-britische Rechtshilfeabkommen 1928.

---

392 Vgl. *Nordmeier*, Länderbericht Angola, in: Geimer/Schütze, Internationaler Rechtsverkehr 1006.10.

393 Vgl. *Schütze*, Länderbericht Antigua und Barbuda, in: Geimer/Schütze, Internationaler Rechtsverkehr, 1007.5.

394 Vgl. *Piltz*, Länderbericht Argentinien, in: Geimer/Schütze, Internationaler Rechtsverkehr, 1009.10.

395 Vgl. *Mindach*, Länderbericht Armenien, in: Geimer/Schütze, Internationaler Rechtsverkehr, 1011.5.

396 Vgl. *Mindach*, Länderbericht Aserbaidschan, in: Geimer/Schütze, Internationaler Rechtsverkehr, 1012.7.

397 Vgl. *von Hopffgarten*, Länderbericht Australien, in: Geimer/Schütze, Internationaler Rechtsverkehr. 1013.5.

Bahrain

Das Recht Bahrains kennt keine Prozesskostensicherheitspflicht[398]

Bangla Desh

Nach Order 25 cpc kann das Gericht einen Kläger, der weder Wohnsitz in Bangla Desh hat noch dort ausreichendes Grundvermögen eignet, zur Sicherheitsleistung für die Prozesskosten verpflichten[399]. Dasselbe gilt für weibliche Kläger ohne hinreichendes Immobilareigentum.

Barbados

Es gilt das deutsch-britische Rechtshilfeabkommen 1928. Darüber hinaus sind deutsche Kläger im Rahmen des UNUVÜ nicht ausländersicherheitspflichtig.

Belarus

Deutsche Kläger sind nach Art. 17 HZPÜ und dem UNUVÜ von einer Ausländersicherheit befreit.

Belgien

Ausländische Kläger sind nach Art. 851 Code Judiciaire prozesskostensicherheitspflichtig[400]. Deutsche Kläger sind hiervon nach EU-Recht und im Rahmen von Art. 17 HZPÜ sowie dem UNUVÜ, HUVÜ 58 und EUNÜ befreit.

Benin

Deutsche Kläger sind auf Antrag des Beklagten prozesskostensicherheitspflichtig. Die Verpflichtung entfällt bei hinreichendem Grundvermögen im Inland.

Bermuda

Es besteht eine Verpflichtung von Klägern ohne Wohnsitz in Bermuda zur Stellung einer Prozesskostensicherheit. Eine Befreiung ergibt sich aus dem deutsch-britischen Rechtshilfeabkommen 1928.

Bhutan

Das bhutanesische Recht kennt keine Ausländerkaution[401].

Bolivien

Bolivien kennt keine Ausländerkaution[402].

---

398 Vgl. *Bälz*, Länderbericht Bahrain, in: Geimer/Schütze, Internationaler Rechtsverkehr, 1015.3.

399 Vgl. *Otto*, Länderbericht Bangla Desh, in: Geimer/Schütze, Internationaler Rechtsverkehr, 1018.5.

400 Vgl. *Schütze*, Länderbericht Belgien, in: Geimer/Schütze, Internationaler Rechtsverkehr, 1019a.4 f.

401 Vgl. *Schütze*, Modernes Recht für Bhutan, INDOASIA 23 (1981), 70 ff. (73).

402 Vgl. *Cépedes/Camacho*, in: Kos-Rabcewicz-Zubkowski (Hrsg.), Cooperación Interamericana en los Procedimientos Civiles y Mercantiles, 1982, S. 56.

Bosnien-Herzegowina

Deutsche Kläger sind prozesskostensicherheitspflichtig[403]. Eine Befreiung besteht im Rahmen von Art. 17 HZPÜ und Art. 9 Abs. 2 UNVÜ

Brasilien

Deutsche Kläger sind nach Art. 301 bras. ZPO zur Stellung einer Ausländersicherheit verpflichtet. Diese entfällt bei Wohnsitz oder ausreichendem Grundbesitz in Brasilien[404]. Für die Geltendmachung von Unterhaltsansprüchen entfällt die Verpflichtung nach Art. 9 Abs. 2 UNUVÜ.

British Virgin Islands

Die British Virgin Islands sind kein prozessuales EU Gebiet[405]. Die EU Regelung findet keine Anwendung. Nicht auf den British Virgin Islands wohnhafte Kläger sind prozesskostensicherheitspflichtig, wenn sie auf den British Virgin Islands nicht über hinreichendes Vermögen verfügen[406].

Deutsche Kläger sind im Rahmen des deutsch-britischen Rechtshilfeabkommens 1928 von der Stellung einer Prozesskaution befreit.

Bulgarien

Das bulgarische Recht kennt die Ausländerkaution nicht[407]. Deutsche Kläger sind auch nach europäischem Recht nicht prozesskostensicherheitspflichtig.

Burkina Faso

Deutsche Kläger sind prozesskostensicherheitspflichtig. Die Verpflichtung entfällt bei ausreichendem Grundbesitz im Inland. Deutsche Kläger sind im Rahmen von Art. 9 Abs. 2 UNUVÜ von der Ausländerkautionspflicht befreit.

Burma (Myanmar)

Deutsche Kläger sind prozesskostensicherheitspflichtig[408]. Die Verpflichtung entfällt, wenn der Kläger in Burma domiziliert ist und nicht die Befürchtung besteht, dass er das Land verlässt oder er zur Deckung des Prozesskostenerstattungsanspruchs des Beklagten hinreichendes Grundvermögen in Burma besitzt.

---

403 Vgl. *Wietzorek*, Länderbericht Bosnien-Herzegowina, in: Geimer/Schütze, Internationaler Rechtsvekehr, erscheint demnächst.

404 Vgl. *Samtleben*, Länderbericht Brasilien, in: Geimer/Schütze, Internationaler Rechtsverkehr, 1023.24 f.

405 Vgl. OLG Schleswig IPRax 2014, 289; *Schütze*, Zur cautio iudicatum solvi im österreichischen Recht, IPRax 2015, 100 ff.

406 Vgl. *Otto*, Länderbericht Britsh Virgin Islands, in: Geimer/Schütze, Internationaler Rechtsverkehr, 1024.4.

407 Vgl. *Jessel-Holst*, Länderbericht Bulgarien, in: Geimer/Schütze, Internationaler Rechtsverkehr, 1025.13.

408 Vgl. *Respondek/Witte*, Länderbericht Myanmar, in: Geimer/Schütze, Internationaler Rechtsverkehr, 1039a.

Cayman Islands

Die Rechtslage[409] entspricht der auf den British Virgin Islands.

Channel Islands

Die Rechtslage entspricht der in England[410], vgl. dort.

Chile

Das chilenische Recht kennt keine Ausländerkaution[411]. Für die Geltendmachung von Unterhaltsansprüchen gilt Art. 9 Abs. 2 UNUVÜ.

China (VR)

Eine Verpflichtung zur Stellung einer Ausländerkaution besteht. Jedoch werden Angehörige aus Staaten, in denen chinesische Kläger prozesskostensicherheitspflichtig sind einer gleichen Behandlung vor chinesischen Gerichten unterworfen. Da – nach Wegfall des Befreiungsgrundes der verbürgten Gegenseitigkeit – chinesische Kläger ohne ständigen Aufenthalt in einem EU oder EWR- Staat Prozesskostensicherheit nach § 110 ZPO leisten müssen sind auch deutsche Kläger insoweit vor chinesischen Gerichten prozesskostensicherheitspflichtig[412]. Eine auf die Sonderverwaltungszone Macao begrenzte Befreiung gilt im Rahmen von Art. 17 HZPÜ.

China (Taiwan)

Nach Art. 96 taiwan. ZPO sind in Taiwan nicht domizilierte Kläger zur Stellung einer Prozesskostensicherheit verpflichtet. Deutsche Kläger sind also prozesskostensicherheitspflichtig, soweit sie keinen Wohnsitz in Taiwan haben. Die Verpflichtung entfällt, soweit ein die Kosten deckender Teil des Klageanspruchs vom Beklagten nicht bestritten wird[413]. Für die Geltendmachung von Unterhaltsansprüchen gilt Art. 9 Abs. 2 UNUVÜ.

Costa Rica

Das costaricanische Recht kennt die Ausländersicherheit nicht[414].

---

409 Vgl. *Otto*, Länderbericht Cayman Islands, in: Geimer/Schütze, Internationaler Rechtsverkehr, 1026.4.

410 Vgl. LG Frankfurt/Main, RIW 1993, 237.

411 Vgl. *Gesche Müller*, in: Kos/Rabcewicz/Zubkowski (Hrsg.), Cooperación Interamericana en los Procedimientos Civiles y Mercantiles, 1982, S. 332.

412 Vgl. *Schütze/Wu*, Länderbericht China (Volksrepublik), in: Geimer/Schütze, Internationaler Rechtsverkehr, 1027.4 f.

413 Vgl. *Etgen/Sheng-Lin Jan*, Länderbericht China (Taiwan), in: Geimer/Schütze, Internationaler Rechtsverkehr, 1028.4.

414 Vgl. *Atillón Montealegre*, in: Kos/Rabcewicz/Zubkowski (Hrsg.), Cooperación Interamericana en los Procedimientos Civiles y Mercantiles, 1982, S. 269; *Rissel*, Länderbericht Costa Rica, in: Geimer/Schütze, Internationaler Rechtsverkehr, 1030.2.

Cuba

Cuba praktiziert das System der elastischen Gegenseitigkeit. Deutsche Kläger sind prozesskostensicherheitspflichtig, da nach Wegfall des Befreiungsgrundes der verbürgten Gegenseitigkeit kubanische Kläger ohne gewöhnlichen Aufenthalt in einem EU oder EWR-Staat nach § 110 ZPO Sicherheit leisten müssen.

Dänemark

Deutsche Kläger sind nach EU-Recht und im Rahmen von Art. 17 HZPÜ, Art. 9 Abs. 1 des Europäischen Niederlassungsabkommens, Art. 9 Abs. 2 HUVÜ und Art. 9 Abs. 2 UNUVÜ von der Ausländerkautionspflicht befreit, die nach § 323 RPL an sich besteht[415].

Dominikanische Republik

Deutsche Kläger müssen eine Prozesskostensicherheit stellen. Die Verpflichtung entfällt bei ausreichendem Grundbesitz im Inland sowie für handelsrechtliche Klagen[416].

Ecuador

Ecuador kennt die Ausländersicherheit nicht[417]. Für die Geltendmachung von Unterhaltsansprüchen gilt im Übrigen Art. 9 Abs. 2 UNUVÜ.

Elfenbeinküste

Deutsche Kläger sind nach Art. 4 Code de Procédure Civile prozesskostensicherheitspflichtig. Die Verpflichtung entfällt bei ausreichendem Grundvermögen im Inland.

El Salvador

Deutsche Kläger sind prozesskostensicherheitspflichtig. Die Verpflichtung besteht nicht für arbeits- und unterhaltsrechtliche Klagen. Sie entfällt, wenn der Kläger ausreichendes Grundvermögen im Inland eignet.

Estland

Estland fordert eine Ausländerkaution nach Art. 196 estn. ZPO[418]. Deutsche Kläger sind nach europäischem Recht nicht prozesskostensicherheitspflichtig. Im Übrigen bestehen Befreiungen nach dem HZPA 1905 und dem UNUVÜ.

---

415 Vgl. *Jaspers*, Länderbericht Dänemark, in: Geimer/Schütze, Internationaler Rechtsverkehr, 1031.11.

416 Vgl. *Langendorf*, Prozessführung im Ausland und Mängelrüge im ausländischen Recht, 1956 ff., Dominikanische Republik, S. 3 f.

417 Vgl. *Lovato*, in: Kos-Rabcewicz-Zubkowski (Hrsg.), Cooperación Interamericana en los Procedimientos Civiles y Mercantiles, 1982, S. 355; *Rissel*, Länderbericht Ecuador, in: Geimer/Schütze, Internationaler Rechtsverkehr, 1033.3.

418 Vgl. *Trunk/Göttig/Köve*, Länderbericht Estland, in: Geimer/Schütze, Internationaler Rechtsverkehr, 1034.10 f.

Fiji

Ist die Durchsetzbarkeit des Prozesskostenerstattungsanspruchs des obsiegenden Beklagten gefährdet, so besteht eine Kautionspflicht, die nicht an die Staatsangehörigkeit anknüpft[419]. Eine staatsvertragliche Befreiung besteht im Rahmen des deutsch-britischen Rechtshilfeabkommens 1928, das auf Fiji Anwendung findet.

Finnland

Finnland kennt die Ausländerkaution nicht[420]. Deutsche Kläger sind nach autonomem und EU-Recht nicht prozesskostensicherheitspflichtig.

Staatsvertraglich bestehen im Übrigen Befreiungen nach Art. 17 HZPÜ, Art. 9 Abs. 2 HUVÜ 58, Art. 16 HUVÜ 73 und Art. 9 Abs. 2 UNUVÜ.

Frankreich

Frankreich kennt die Ausländerkaution nicht[421]. Deutsche Kläger sind nach autonomem und EU-Recht nicht prozesskostensicherheitspflichtig.

Staatsvertraglich bestehen im Übrigen Befreiungen nach Art. 17 HZPÜ, Art. 16 HUVÜ, Art. 9 Abs. 2 UNUVÜ und Art. 9 Abs. 2 HUVÜ 58.

Gabun

Deutsche Kläger sind nach Art. 111, 112 Code de Procédure Civile prozesskostensicherheitspflichtig. Die Verpflichtung entfällt bei Wohnsitz oder ausreichendem Grundvermögen im Inland.

Georgien

Das georgische Recht kennt – dem ehemaligen sowjetischen Recht folgend – keine Ausländerkaution[422]. Im Übrigen gilt Art. 17 HZPÜ.

Griechenland

Eine an die Staatsangehörigkeit oder das Fehlen inländischen Wohnsitzes gekoppelte Prozesskostensicherheitspflicht besteht nicht mehr. Der Beklagte hat jedoch einen Anspruch auf Sicherheitsleistung des Klägers, wenn der Kostenerstattungsanspruch gefährdet ist[423]. Dabei können der ausländische Sitz oder Wohnsitz in Betracht gezogen werden[424]. Deutsche Kläger sind damit nicht

---

419 Vgl. *Schütze*, Länderbericht Fiji, in: Geimer/Schütze, Internationaler Rechtsverkehr, 1058.4.

420 Vgl. *Uusitalo/Kocher*, Länderbericht Finnland, in: Geimer/Schütze, Internationaler Rechtsverkehr, 1038a.4; *Wrede*, Das Zivilprozessrecht Schwedens und Finnlands, 1924, S. 97.

421 Vgl. *Schütze*, Länderbericht Frankreich, in: Geimer/Schütze, Internationaler Rechtsverkehr, 1039.5.

422 Vgl. *Knieper*, Länderbericht Georgien, in: Geimer/Schütze, Internationaler Rechtsverkehr, 1041.3.

423 Vgl. *Kerameus*, Länderbericht Griechenland, in: Geimer/Schütze, Internationaler Rechtsverkehr, 1043.7.

424 Vgl. Kollegialgericht 1. Instanz Thessaloniki 16/1985, NoB 1985, 851 f.

wegen ihrer Staatsangehörigkeit oder ihres deutschen Wohnsitzes prozesskostensicherheitspflichtig. Die Rechtsprechung des EuGH zur Unzulässigkeit der Ausländerkaution in der EU berührt die Sicherheitsverpflichtung nach griechischem Recht nicht. Der ausländische Kläger soll nicht schlechter, aber auch nicht besser gestellt werden als der griechische Kläger.

Eine staatsvertragliche Befreiung besteht aufgrund von Art. 9 Abs. 2 UNUVÜ, Art. 15 des deutsch-griechischen Rechtshilfeabkommens und Art. 9 Abs. 1 EUNÜ.

Guatemala

Deutsche Kläger sind prozesskostensicherheitspflichtig, da Guatemala das System der Gegenseitigkeit praktiziert[425] und Deutschland im Rahmen des § 110 ZPO guatemaltekische Kläger einer Prozesskostensicherheitspflicht unterwirft.

Eine staatsvertragliche Befreiung besteht im Rahmen von Art. 9 Abs. 2 UNUVÜ.

Guinea

Deutsche Kläger sind nach Art. 7 des Gesetzes Nr. 52/62 zur Stellung einer Prozesskostensicherheit verpflichtet. Die Verpflichtung entfällt bei ausreichendem Grundvermögen im Inland.

Haiti

Deutsche Kläger müssen eine Ausländerkaution stellen. Die Verpflichtung entfällt, wenn der Kläger ausreichendes inländisches Vermögen besitzt.

Eine staatsvertragliche Befreiung besteht im Rahmen von Art. 9 Abs. 2 UNUVÜ.

Honduras

Das honduranische Recht kennt die Ausländerkaution nicht[426].

Indien

Deutsche Kläger sind nach Order 25 des First Schedule zum Code of Civil Procedure prozesskostensicherheitspflichtig. Die Verpflichtung entfällt, wenn der Kläger über Wohnsitz oder ausreichendes Vermögen in Indien verfügt[427]. Im Übrigen liegt die Anordnung der Prozesskostensicherheit im Ermessen des Gerichts[428].

---

425 Vgl. *Aguirre Godoy*, in: Kos-Rabcewicz-Zubkowski (Hrsg.), Cooperación Interamericana en los Procedimientos Civiles y Mercantiles, 1982, S. 439.

426 Vgl. *León Gómez*, in: Kos-Rabcewicz-Zubkowski (Hrsg.), Cooperación Interamericana en los Procedimientos Civiles y Mercantiles, 1982, S. 464.

427 Vgl. *Sarkar/Sarkar*, The Law of Civil Procedure, 8. Aufl., 1995, S. 1215 ff.

428 Vgl. *Otto*, Länderbericht Indien, in: Geimer/Schütze, Internationaler Rechtsverkehr, 1046.6; vgl. auch OLG Stuttgart, RIW 1983, 460 mit Anm. *Schütze*.

Irak

Deutsche Kläger sind in erster Instanz nicht prozesskostensicherheitspflichtig[429]. Eine Verpflichtung zur Stellung einer Ausländerkaution besteht jedoch für die zweite Instanz[430].

Iran

Deutsche Kläger sind nach Art. 144 iran. ZPO ausländerkautionspflichtig[431] da die erforderliche Gegenseitigkeit nicht mehr verbürgt ist

Irland

Deutsche Kläger sind nach EU-Recht von der Ausländerkautionspflicht befreit. Diese Befreiung gilt jedoch nur bei Wohnsitz in einem EU-Staat[432]. Soweit der deutsche Kläger außerhalb der EU domiziliert ist, kann die nach Order 29 der Rules of the Superior Courts unabhängig von der Staatsangehörigkeit bei ausländischem Wohnsitz erforderliche Prozesskostensicherheit angeordnet werden. Die Verpflichtung entfällt, wenn der Beklagte nicht dartut, dass er eine defence upon the merits hat oder wenn ausreichendes Vermögen des Klägers in Irland belegen ist[433].

Eine staatsvertragliche Befreiung besteht im Rahmen von Art. 9 Abs. 1 EUNÜ und dem UNUVÜ.

Island

Deutsche Kläger sind nicht prozesskostensicherheitspflichtig, da die nach § 133 isl. ZPO notwendige Gegenseitigkeit verbürgt ist. Isländische Kläger sind nämlich nach § 110 ZPO nicht prozesskostensicherheitspflichtig, da Island dem EWR angehört.

Eine staatsvertragliche Befreiung besteht darüber hinaus nach Art. 17 HZPA.

Israel

Deutsche Kläger sind nach Art. 483 isr. ZPO zur Stellung einer Ausländersicherheit verpflichtet.

---

429 Vgl. *Bälz*, Länderbericht Irak, in: Geimer/Schütze, Internationaler Rechtsverkehr, 1049.4.

430 Vgl. *Dilger*, ZZP 85 (1972), 408 ff. (417 f.).

431 Vgl. *Bälz*, Länderbericht Iran, in: Geimer/Schütze, Internationaler Rechtsverkehr, 1050.5; zum früheren Rechtszustand vgl. BGH NJW 1981, 2645; BGH WM 1982, 458; OLG Bremen NJW 1982, 2737 sowie die Kontroverse von *Kretschmar* und *Schütze*, Zur Verbürgung der Gegenseitigkeit bei der Ausländersicherheit im Verhältnis zum Iran, RIW 1993, 941 ff. Das alles ist durch die Änderung des § 110 ZPO 1998 (Wegfall des Befreiungsgrundes der Gegenseitigkeit) und der iranischen ZPO obsolet geworden.

432 Vgl. LG Darmstadt, IPRax 1998, 198 (keine Befreiung für irischen Kläger mit Wohnsitz in China); dazu *Streinz/Leible*, Prozesskostensicherheit und gemeinschaftsrechtliches Diskriminierungsverbot, IPRax 1998, 162 ff.

433 Vgl. *Binchy*, Irish Conflicts of Law, 1988, S. 652 ff.

Eine staatsvertragliche Befreiung besteht im Rahmen von Art. 17 HZPÜ und Art. 9 Abs. 2 UNUVÜ.

Italien

Deutsche Kläger sind nach autonomem italienischen und EU-Recht nicht prozesskostensicherheitspflichtig[434].

Eine staatsvertragliche Befreiung besteht darüber hinaus nach Art. 17 HZPÜ, Art. 9 Abs. 2 UNUVÜ, Art. 16 HUVÜ 73 und Art. 9 Abs. 1 EUNÜ.

Jamaica

Sect. 24.3 Civil Prpocedure Rules sieht eine Prozesskostensicherheitspflicht für nicht in Jamaica wohnhafte Kläger und bei anderer Gefährdung des Prozesskostenerstattungsanspruch des obsiegenden Beklagten vor[435].

Eine staatsvertragliche Befreiung besteht nach dem deutsch-britschen Rechtshilfeabkommen 1928.

Japan

Japan kennt keine an die Staatsangehörigkeit gebundene Prozesskostensicherheitspflicht. Kautionspflichtig sind Kläger mit Wohn- oder Geschäftssitz außerhalb Japans (Art. 75 ff. jap. ZPG)[436]. Die Verpflichtung zur Sicherheitsleistung ist in der Praxis bedeutungslos, da Sicherheit für die Anwaltskosten nicht zu leisten ist und die Gerichtskosten gering sind. Eine staatsvertragliche Befreiung besteht nach Art. 17 HZPÜ.

Jemen

Die Zivilprozessordnung Jemens (Gesetz Nr. 28/1992)[437] kennt – wie bereits das frühere Recht – die Ausländerkaution nicht.

Jordanien

Deutsche Kläger sind in Verfahren vor den ordentlichen Gerichten nicht prozesskostensicherheitspflichtig[438].

---

434 Vgl. *Kindler*, Länderbericht Italien, in: Geimer/Schütze, Internationaler Rechtsverkehr, 1056.9.

435 Vgl. im Einzelnen *Otto*, Länderbericht Jamaica, in: Geimer/Schütze, Internationaler Rechtsverkehr, 1057.4 f.

436 Vgl. *Petersen-Padberg*, Länderbericht Japan, in: Geimer/Schütze, Internationaler Rechtsverkehr, 1058.9.

437 Vgl. dazu *Bälz/Klaiber*, Länderbericht Jemen, in: Geimer/Schütze, Internationaler Rechtsverkehr, 1062.5; *Krüger*, Internationales Zivilverfahrensrecht in der Republik Jemen, RIW 1993, 470 ff., mit einem Abdruck einer Übersetzung der einschlägigen Bestimmungen.

438 Vgl. *Bälz/al-Karyouti*, Länderbericht Jordanien, in: Geimer/Schütze, Internationaler Rechtsverkehr, 1063.4; *Dilger*, ZZP 85 (1972), 408 f. (417 ff.); der BGH geht dagegen von einer Verpflichtung zur Leistung einer Ausländerkaution auch in nicht religiösen Streitigkeiten aus, vgl. BGH, RIW 1982, 288.

Kanada

Die Materie ist bundesgesetzlich (Bundesgerichte) als auch einzelstaatlich weitgehend ähnlich geregelt[439].

Deutsche Kläger müssen regelmäßig bei Wohnsitz im Forumstaat keine Ausländersicherheit stellen. Im Übrigen sind Kläger von der Prozesskostensicherheitspflicht befreit bei ausreichendem Vermögen in den Provinzen Alberta, Manitoba, Neufundland und Saskatchewan und bei ausreichendem Grundbesitz in British Columbia.

Staatsvertragliche Befreiungen bestehen im Rahmen des deutsch-britischen Rechtshilfeabkommens 1928, das jedoch Wohnsitz im Forumstaat voraussetzt.

Kap Verde

Ausländische Kläger und Kläger ohne Wohnsitz in Kap Verde sind nicht prozesskostensicherheitspflichtig[440]

Für die Geltendmachung von Unterhaltsansprüchen sind deutsche Kläger nach Art. 9 Abs. 2 UNUVÜ von der Ausländerkautionspflicht befreit.

Kasachstan

Deutsche Kläger sind nicht prozesskostensicherheitspflichtig[441].

Staatsvertraglich besteht eine Befreiung im Rahmen von Art. 17 HZPÜ.

Kirgisistan

Deutsche Kläger sind nicht prozesskostensicherheitspflichtig[442].

Staatsvertraglich besteht im Übrigen eine Befreiung nach Art. 17 HZPÜ und im Rahmen des UNUVÜ.

Kolumbien

Das kolumbianische Recht kennt die Ausländerkaution nicht[443]. Kolumbien ist darüber hinaus Mitgliedstaat des UNUVÜ.

Kongo (Volksrepublik)

Deutsche Kläger sind prozesskostensicherheitspflichtig. Eine Befreiung besteht bei Wohnsitz im Inland oder ausreichendem Grundvermögen im Kongo.

---

439 Vgl. *Bachmann*, Länderbericht Kanada, in: Geimer/Schütze, Internationaler Rechtsverkehr, 1065.10 ff.

440 Vgl. *Nordmeier*, Länderbericht Kap Verde, in: Geimer/Schütze, Internationaler Rechtsverkehr, 1066.12.

441 Vgl. *Mindach*, Länderbericht Kasachstan, in: Geimer/Schütze, Internationaler Rechtsverkehr, 1068.5 f.

442 Vgl. *Mindach*, Länderbericht Kirgisistan, in: Geimer/Schütze, Internationaler Rechtsverkehr, 1069.7.

443 Vgl. *von Bila*, Länderbericht Kolumbien, in: Geimer/Schütze, Internationaler Rechtsverkehr, 1070.7; *Ochoa Restrepo*, in: Kos-Rabcewicz-Zubkowski (Hrsg.), Cooperación Interamericana en los Procediementos Civiles y Mercantiles, 1982, S. 237 ff.

Kongo (Demokratische Republik, früher Zaire)

Das kongolesische Recht kennt die Ausländerkaution nicht. Deutsche Kläger sind nicht prozesskostensicherheitspflichtig

Korea

Deutsche Kläger sind nach Art. 117 Abs. 1 kor. ZPG prozesskostensicherheitspflichtig. Die Verpflichtung entfällt, wenn die Forderung unstreitig ist, sowie bei Wohnsitz oder Niederlassung in Korea[444].

Kroatien

Deutsche Kläger sind von der an sich bestehenden Prozesskostensicherheitspflicht aufgrund europäischen Rechts befreit.

Staatsvertraglich bestehen Befreiungen im Rahmen von Art. 17 HZPÜ und Art. 9 Abs. 2 UNUVÜ.

Kuwait

Das kuwaitische Recht kennt die Ausländerkaution nicht[445].

Lettland

Das lettische Recht kennt die Ausländerkaution nicht[446]. Deutsche Kläger sind deshalb nach EU-Recht und autonomem Recht nicht prozesskostensicherheitspflichtig.

Staatsvertraglich besteht eine Befreiung im Rahmen von Art. 17 HZPÜ.

Libanon

Das libanesische Recht kennt die Ausländersicherheit nicht[447].

Eine staatsvertragliche Befreiung besteht im Rahmen von Art. 17 HZPÜ.

Liberia

Das liberianische Recht kennt die Ausländersicherheit nicht[448].

Libyen

Das Recht Libyens kennt die Ausländersicherheit nicht[449]. Deutsche Kläger sind nicht prozesskostensicherheitspflichtig[450].

---

444 Vgl. *Stiller/Schleicher*, Länderbericht Korea, in: Geimer/Schütze, Internationaler Rechtsverkehr, 1073.11; vgl. auch OLG Frankfurt/Main, NJW 1980, 2032.

445 Vgl. *Bälz*, Länderbericht Kuwait, in: Geimer/Schütze, Internationaler Rechtsverkehr, 1075.5.

446 Vgl. *Trunk/Balodis*, Länderbericht Lettland, in: Geimer/Schütze, Internationaler Rechtsverkehr, 1078.7.

447 Vgl. *Bälz/Koch*, Länderbericht Libanon, in: Geimer/Schütze, Internationaler Rechtsverkehr, 1078a.4; *Cathala/Gervais*, Le droit libanais, Bd. II, 1963, S. 8 ff.; *Dilger*, ZZP 85 (1972), 408 ff. (420 f.).

448 78 Vgl. *Schütze*, Die Anerkennung und Vollstreckbarerklärung ausländischer Zivilurteile und Schiedssprüche in Liberia, RIW 1987, 598 ff. (599).

449 Vgl. *Bälz/Hamza*, Länderbericht Libyen, in: Geimer/Schütze, Internationaler Rechtsverkehr, 1078b.5; *Dilger*, ZZP 85 (1972), 408 ff. (421).

450 Vgl. *Schütze*, Die verkannte Funktion der Ausländersicherheit, IPRax 1990, 87 f.; **a.A.** LG Nürnberg-Fürth, RIW 1989, 568.

Liechtenstein

Deutsche Kläger sind nicht prozesskostensicherheitspflichtig, nachdem der Staatsgerichtshof des Fürstentums Liechtenstein die Ausländerkaution für verfassungswidrig erklärt hat[451].

Staatsvertraglich sind deutsche Kläger im Rahmen von Art. 9 Abs. 2 HUVÜ 58 von der Verpflichtung zur Stellung einer Ausländerkaution befreit.

Litauen

Nach Artt. 794ff. lit. ZPO sind ausländische Kläger auf Verlangen des Beklagten zur Stellung einer Prozesskostensicherheit verpflichtet[452]. Deutsche Kläger sind von dieser an die Staatsangehörigkeit gebundenen Verpflichtung nach EU-Recht befreit.

Im Übrigen bestehen Befreiungen im Rahmen des HZPÜ und des HUVÜ 73.

Luxemburg

Deutsche Kläger sind von der an sich nach Art. 16 CC bestehenden Verpflichtung zur Stellung einer Prozesskostensicherheit[453] nach EU-Recht befreit.

Darüber hinaus bestehen staatsvertragliche Befreiungen nach Art. 17 HZPÜ, Art. 9 Abs. 2 UNUVÜ, Art. 16 HUVÜ 73 und Art. 9 EUNÜ.

Madagaskar

Deutsche Kläger sind nach Artt. 12f. madeg. ZPO prozesskostensicherheitspflichtig. Die Verpflichtung entfällt bei ausreichendem Grundvermögen in Madagaskar.

Malaysia

In Malaysia nicht residente Kläger sind nach Order 23 der Rules of the High Court zur Stellung einer Prozesskostensicherheit verpflichtet[454]. Die Verpflichtung entfällt bei ausreichendem Grundvermögen in Malaysia.

Mali

Deutsche Kläger sind ausländerkautionspflichtig (Art. 20 mal. ZPO). Die Verpflichtung entfällt bei ausreichendem Grundvermögen in Mali[455].

Malta

Nach Artt. 893ff. Code of Organization and Civil Procedure (COCP) besteht eine nicht an die Staatsangehörigkeit gebundene Prozesskostensicherheitsver-

---

451 Vgl. *Mähr*, Länderbericht Liechtenstein, in: Geimer/Schütze, Internationaler Rechtsverkehr, 1079.5.

452 Vgl. *Trunk/Nekrošius*, Länderbericht Litauen, in: Geimer/Schütze, Internationaler Rechtsverkehr, 1080.7.

453 Vgl. *Harles/Kohler*, Länderbericht Luxemburg, in: Geimer/Schütze, Internationaler Rechtsverkehr, 1083.8.

454 Vgl. *Schütze*, Länderbericht Malaysia, in: Geimer/Schütze, Internationaler Rechtsverkehr, 1086.4.

455 Vgl. *Langendorf*, Mali, S. 3.

pflichtung[456]. Die nach EU-Recht an sich bestehende Befreiung deutscher Kläger greift deshalb nicht.

Eine Befreiung besteht im Rahmen des deutsch-britischen Rechtshilfeabkommens 1928.

Marokko

Das marokkanische Recht kennt die Ausländerkaution nicht[457].

Eine staatsvertragliche Befreiung besteht darüber hinaus im Rahmen von Art. 17 HZPÜ und Art. 9 Abs. 2 UNUVÜ sowie Art. 14 des deutsch-marokkanischen Rechtshilfevertrages.

Mauretanien

Mauretanien kennt die Ausländerkaution nicht[458].

Mauritius

Deutsche Kläger sind nach Art. 21 Code Civil prozesskostensicherheitspflichtig[459]. Die Verpflichtung entfällt in Handelssachen und bei ausreichendem Grundvermögen in Mauritius.

Eine staatsvertragliche Befreiung besteht im Rahmen des deutsch-britischen Rechtshilfeabkommens 1928.

Mazedonien

Deutsche Kläger sind nach Art. 95 IPRG prozesskostensicherheitspflichtig, da mazedonische Kläger vor deutschen Gerichten Sicherheit nach § 110 ZPO stellen müssen[460].

Eine staatsvertragliche Befreiung besteht im Rahmen von Art. 17 HZPÜ und Art. 9 Abs. 2 UNUVÜ.

Mexiko

Das mexikanische Recht kennt die Ausländerkaution nicht[461].

Es besteht eine staatsvertragliche Befreiung im Rahmen Art. 9 Abs. 2 UNUVÜ.

---

456 Vgl. *Pietsch*, Länderbericht Malta, in: Geimer/Schütze, Internationaler Rechtsverkehr, 1087.6 f.

457 Vgl. *Dilger*, ZZP 85 (1972), 408 ff. (421 f.); *Rauscher*, Länderbericht Marokko, in: Geimer/Schütze, Internationaler Rechtsverkehr, 1088.4.

458 Vgl. OLG Hamm, RIW 1994, 513.; *Bälz*, Länderbericht Mauretanien, in: Geimer/Schütze, Internationaler Rechtsverkehr, 1088a.4.

459 Vgl. *Otto*, Länderbericht Mauritius, in: Geimer/Schütze, Internationaler Rechtsverkehr, 1089.4.

460 Vgl. *Jessel-Holst*, Länderbericht Mazedonien, in: Geimer/Schütze, Internationaler Rechtsverkehr, 1089a.9.

461 Vgl. *Prinz von Sachsen-Gessaphe*, Länderbericht Mexiko, in: Geimer/Schütze, Internationaler Rechtsverkehr, 1090.11 f.; *ders.*, IPRax 1990, 88 ff.

Moldau

Das Recht Moldaus kennt die Ausländerkaution nicht[462].

Eine staatsvertragliche Befreiung besteht im Rahmen von Art. 17 HZPÜ und Art. 9 Abs. 2 UNUVÜ.

Monaco

Das monegassische Recht sieht eine Ausländersicherheit nicht vor.

Eine staatsvertragliche Befreiung besteht im Rahmen von Art. 9 Abs. 2 UNUVÜ.

Mongolei

Das mongolische Recht sieht keine Prozesskostensicherheit vor[463].

Staatsvertraglich besteht eine Befreiung nach Art. 17 HZPÜ.

Montenegro

Der Rechtszustand entspricht dem in Serbien sowohl hinsichtlich des autonomen Rechts als auch der Staatsverträge, die nach der Dismembration von Serbien-Montenegro weitergelten.

Mosambik

Das Recht von Mosambik sieht keine Prozesskostensicherheit vor[464].

Neuseeland

Deutsche Kläger sind nach Rule 60 High Court Rules (und darüber hinaus) prozesskostensicherheitspflichtig[465]. Die Verpflichtung entfällt, wenn der Kostenerstattungsanspruch des Beklagten nicht gefährdet ist oder der Kläger sich im Inland aufhält.

Staatsvertraglich besteht eine Befreiung im Rahmen des deutsch-britischen Rechtshilfeabkommens 1928, das jedoch Wohnsitz des Klägers in Neuseeland voraussetzt. Neuseeland ist weiterhin Mitgliedstaat des UNUVÜ.

Nicaragua

Deutsche Kläger sind prozesskostensicherheitspflichtig[466].

---

462 Vgl. *Aden*, Länderbericht Moldau, in: Geimer/Schütze, Internationaler Rechtsverkehr, 1091.4.

463 Vgl. *Nelle*, Länderbericht Mongolei, in: Geimer/Schütze, Internationaler Rechtsverkehr, 1092.4.

464 Vgl. *Nordmeier*, Länderbericht Mosambik, in: Geimer/Schütze, Internationaler Rechtsverkehr, 1093.11.

465 Vgl. *Beck*, Principles of Civil Procedure, 1992, S. 161 ff.; *Schütze*, Länderbericht Neuseeland, in: Geimer/Schütze, Internationaler Rechtsverkehr, 1094.5 f.

466 Vgl. *Ortiz Urbina*, in: Kos-Rabcewicz-Zubkowski (Hrsg.), Cooperación Interamericana en los Procedimientos Civiles y Mercantiles, 1982, S. 504.

Niederlande

Deutsche Kläger sind von der an sich nach Art.224 RV bestehenden Ausländerkautionspflicht[467] nach EU-Recht befreit.

Staatsvertragliche Befreiungen bestehen im Übrigen nach Art. 17 HZPÜ, Art. 9 Abs. 2 UNUVÜ, Art. 9 Abs. 2 HUVÜ 58, Art. 16 HUVÜ 73 und Art. 9 Abs. 1 EUNÜ.

Niger

Deutsche Kläger sind prozesskostensicherheitspflichtig. Die Verpflichtung entfällt bei ausreichendem Grundvermögen in Niger.

Niger ist Mitgliedstaat des UNUVÜ.

Oman

Das Recht Omans kennt keine Ausländersicherheit[468].

Österreich

Deutsche Kläger sind von der an sich nach § 57 österr. ZPO bestehenden Verpflichtung zur Stellung einer Ausländerkaution[469] nach EU-Recht befreit.

Staatsvertraglich bestehen Befreiungen nach Art. 17 HZPÜ, Art. 9 Abs. 2 UNUVÜ und Art. 9 Abs. 2 HUVÜ 58.

Pakistan

In Pakistan nicht domizilierte Kläger sind nach Order 25 r.1 (1) zur Stellung einer Ausländersicherheit verpflichtet[470]. Die Verpflichtung entfällt bei ausreichendem Grundvermögen im Inland.

Staatsvertraglich besteht eine Befreiung im Rahmen von Art. 9 Abs. 2 UNUVÜ.

Palästina

Das Recht Palästinas kennt die Prozesskostensicherheitspflicht nicht[471]

Panama

Das panamesische Recht kennt die Ausländersicherheit nicht[472].

---

467 Vgl. dazu *Freudenthal*, Länderbericht Niederland, in: Geimer/Schütze, Internationaler Rechtsverkehr, 1100.6 f.

468 Vgl. *Krüger*, Länderbericht Oman, in: Geimer/Schütze, Internationaler Rechtsverkehr, 1106.6.

469 Vgl. dazu *Schütze*, Zur cautio iudicatum solvi im österreichischen Recht, IPRax 2015, 100 ff.

470 Vgl. *Otto*, Länderbericht Pakistan, in: Geimer/Schütze, Internationaler Rechtsverkehr, 1109.5.

471 Vgl-*Krüger*, Länderbericht Palästina, in: Geimer/Schütze, Internationaler Rechtsverkehr, 1110.6.

472 Vgl. OLG Frankfurt/Main, RIW 1990, 583; OLG Hamburg, RIW 1992, 315; OLG Düsseldorf, IPRax 1991, 184; *Müller-Ibold*, Befreiung von Ausländern von der Verpflichtung zur Leistung einer Prozesskostensicherheit in Panama, IPRax 1991, 172 f.; *Schütze*, Zur Ausländersicherheit in Panama, RIW 1990, 674 f.

Papua Neuguinea

Deutsche Kläger sind nach sect. 763 District Court Ordinance zur Stellung einer Prozesskostensicherheit verpflichtet, deren Anordnung im Ermessen des Gerichts steht[473].

Paraguay

Deutsche Kläger sind nach Art. 86 parag. ZPG zur Stellung einer Prozesskostensicherheit verpflichtet, soweit sie keinen inländischen Wohnsitz haben.

Peru

Das peruanische Recht kennt die Ausländerkaution nicht[474].

Philippinen

Eine Verpflichtung zur Stellung einer Prozesskostensicherheit besteht nur für die Rechtsmittelinstanz[475]. Deutsche Kläger sind in erster Instanz nicht prozesskostensicherheitspflichtig.

Eine staatsvertragliche Befreiung besteht im Rahmen von Art. 9 Abs. 2 UNUVÜ.

Polen

Ausländische Kläger sind dem Beklagten prozesskostensicherheitspflichtig[476]. Die Verpflichtung entfällt bei Verbürgung der Gegenseitigkeit, Wohnsitz oder ausreichendem Vermögen des Klägers in Polen, Befreiung von den Gerichtskosten, für Widerklagen und bei Prorogation eines polnischen Gerichts sowie im Urkundsprozess. Deutsche Kläger sind nach EU-Recht nicht prozesskostensicherheitspflichtig.

Darüber hinaus bestehen staatsvertragliche Befreiungen nach Art. 17 HZPÜ und Art. 9 Abs. 2 UNUVÜ und Art. 6 HUÜV 73.

Portugal

Das portugiesische Recht kennt die Ausländerkaution nicht[477]. Deutsche Kläger sind nach autonomem und EU-Recht nicht prozesskostensicherheitspflichtig.

473 Vgl. *Langendorf*, Papua Neuguinea, S. 2.

474 Vgl. *Danelzik*, Sicherheitsleistung für die Prozesskosten, Diss. Bonn 1976, S. 145.; *Söhngen*, Länderbericht Peru, in: Geimer/Schütze, Internationaler Rechtsverkehr, 1111.4.

475 Vgl. *Langendorf*, Philippinen, S. 3.

476 Vgl. *Gralla*, Das polnische internationale Zivilverfahrensrecht, Jahrbuch für Ostrecht X (1969), 167 ff. (219); *ders.*, Länderbericht Polen, in: Geimer/Schütze, Internationaler Rechtsverkehr, 1113.3.

477 Vgl. *Danelzik*, Sicherheitsleistung für die Prozesskosten, Diss. Bonn 1976, S. 145.; *Nordmeier*, Länderbericht Portugal, in: Geimer/Schütze, Internationaler Rechtsvekehr, 1115.13 ff.

Darüber hinaus bestehen staatsvertragliche Befreiungen nach Art. 17 HZPÜ, Art. 9 Abs. 2 UNUVÜ, Art. 9 Abs. 2 HUVÜ 58 und Art. 16 HUVÜ.

Qatar

Das Recht Qatars kennt die Ausländerkaution nicht[478].

Rumänien

Das rumänische Recht kennt die Ausländerkaution nicht, soweit der ausländische Staat nicht rumänische Staatsangehörige einer solchen Verpflichtung unterwirft[479]. Eine Befreiung besteht für deutsche Kläger nach EU-Recht.

Darüber hinaus bestehen staatsvertragliche Befreiungen nach Art. 17 HZPÜ und Art. 9 Abs. 2 UNUVÜ.

Russland

Das russische Recht kennt die Ausländerkaution nicht[480].

Eine staatsvertragliche Befreiung besteht nach Art. 17 HZPÜ.

Rwanda

Deutsche Kläger sind nach Art. 375 code de procédure civile prozesskostensicherheitspflichtig. Die Verpflichtung entfällt, wenn der Kläger ausreichendes Grundvermögen in Rwanda eignet[481].

Saudi-Arabien

Das saudi-arabische Recht kennt die Ausländerkaution nicht[482].

Schweden

Deutsche Kläger sind nach EU-Recht von der an sich bestehenden Ausländerkautionspflicht[483] befreit.

Staatsvertragliche Befreiungen bestehen darüber hinaus nach Art. 17 HZPÜ, Art. 16 HUVÜ und Art. 9 Abs. 1 EUNÜ.

---

478 Vgl. *Bälz/Klaiber*, Länderbericht Katar, in: Geimer/Schütze, Internationaler Rechtsverkehr, 1068 a.3.

479 Vgl. *Bormann*, Länderbericht Rumänien, in: Geimer/Schütze, Internationaler Rechtsverkehr,1116.6; *Schütze*, NJW 1995, 296 ff. (298); *Stalev*, Der Fremde im Zivilprozess. Der Grundsatz der lex fori und seine Durchbrechung, Zeitgenössische Fragen des internationalen Zivilverfahrensrechts, 1972, S. 31 ff. (35).

480 Vgl. *Trunk/Jarkow*, Länderbericht Russland, in: Geimer/Schütze, Internationaler Rechtsverkehr, 1118.7.

481 Vgl. *Langendorf*, Rwanda, S. 3.

482 Vgl. *Haberbeck/Bälz*, Länderbericht Saudi-Arabien, in: Geimer/Schütze, Internationaler Rechtsverkehr, 1119.3.

483 Vgl. *Pålsson*, Länderbericht Schweden, in: Geimer/Schütze, Internationaler Rechtsverkehr, 1120.8 f.

Schweiz

Die Materie ist kantonalem Recht überlassen[484]. Einzelne Kantone sehen die Verpflichtung zur Stellung einer Ausländerkaution vor[485].

Staatsvertragliche Befreiungen bestehen im Rahmen von Art. 17 HZPÜ, Art. Abs. 2 HUVÜ 58, Art. 16 HUVÜ 73 und Art. 9 Abs. 2 UNUVÜ.

Senegal

Deutsche Kläger sind nach Art. 110 code de procédure civile prozesskostensicherheitspflichtig. Die Verpflichtung entfällt bei ausreichendem Grundvermögen in Senegal.

Serbien

Deutsche Kläger sind nach autonomem Recht prozesskostensicherheitspflichtig[486].

Eine staatsvertragliche Befreiung besteht nach Art. 17 HZPÜ und Art. 9 Abs. 2 UNUVÜ.

Singapur

Deutsche Kläger sind nach Order 23 der Rules of Court prozesskostensicherheitspflichtig, soweit sie keinen ständigen Aufenthalt in Singapur haben[487]. Die Anordnung der Sicherheitsleistung steht im Ermessen des Gerichts, das Vermögen im Inland, die Prozessaussichten etc. berücksichtigen kann.

Eine staatsvertragliche Befreiung besteht im Rahmen des deutsch-britischen Rechtshilfeabkommens 1928, das jedoch für die Befreiung des Klägers Wohnsitz in Singapur voraussetzt.

Slowakei

Deutsche Kläger sind nach EU-Recht nicht prozesskostensicherheitspflichtig.

Es bestehen staatsvertragliche Befreiungen nach Art. 17 HZPÜ, Art. 9 Abs. 2 UNUVÜ und Art. 16 HUVÜ.

Slowenien

Deutsche Kläger sind nach EU- Recht nicht prozesskostensicherheitspflichtig.

Staatsvertragliche Befreiungen bestehen nach Art. 17 HZPÜ und Art. 9 Abs. 2 UNUVÜ.

Somalia

Deutsche Kläger sind nach Art. 67 cpc prozesskostensicherheitspflichtig.

---

484 Vgl. *Schnyder*, Länderbericht Schweiz, in: Geimer/Schütze, Internationaler Rechtsverkehr, 1121.4 f.

485 Vgl. dazu *Walder*, Einführung in das Internationale Zivilprozessrecht der Schweiz, 1989, S. 243 ff.; *Walter*, Internationales Zivilprozessrecht der Schweiz, 4. Aufl., 2007, S. 292 ff.

486 Vgl. *Wietzorek*, Länderbericht Serbien, in: Geimer/Schütze, Internationaler Rechtsverkehr, 1124.

487 Vgl. *Schütze*, Länderbericht Singapur, in: Geimer/Schütze, Internationaler Rechtsverkehr, 1127.4 f.

Spanien

Deutsche Kläger sind nach EU-Recht von der an sich bestehenden Ausländerkautionspflicht[488] befreit.

Staatsvertragliche Befreiungen bestehen nach Art. 17 HZPÜ, Art. 9 Abs. 2 UNUVÜ und Art. 16 HUVÜ.

Sri Lanka

Deutsche Kläger sind – soweit sie ihren Wohnsitz außerhalb Sri Lankas haben – prozesskostensicherheitspflichtig[489].

Eine staatsvertragliche Befreiung besteht im Rahmen von Art. 9 Abs. 2 UNVÜ.

Südafrika

Deutsche Kläger sind prozesskostensicherheitspflichtig[490]. Die Verpflichtung zur Stellung einer Ausländerkaution entfällt u.a. bei ausreichendem Grundvermögen in Südafrika.

Sudan

Das sudanesische Recht sieht eine Ausländerkaution nicht vor[491].

Syrien

Ausländische Kläger sind nach Art. 11 Abs. 3 syr. ZPO prozesskostensicherheitspflichtig[492].

Tadschikistan

Das Recht Tadschikistans kennt keine allgemeine Verpflichtung zur Leistung einer Prozesskostensicherheit[493]

Thailand

Das thailändische Recht kennt keine generelle Prozesskostensicherheitsverpflichtung des ausländischen oder im Inland nicht domizilierten Klägers.

---

488 Vgl. dazu *Aguilar Benítez de Lugo*, La cautio iudicatum solvi en el Derecho español, R.E.D.I. 24 (1971), 353 ff.; *Ramos Méndez*, Derecho Procesal Civil., 4. Aufl., 1990, S. 494 f.; *Schütze/Karl*, Länderbericht Spanien, in: Geimer/Schütze, Internationaler Rechtsverkehr, 1130.12 f. m.w.N. in FN 63.

489 Vgl. *Otto*, Länderbericht Sri Lanka, in: Geimer/Schütze, Internationaler Rechtsverkehr, 1131.4.

490 Vgl. *Doser*, Länderbericht Südafrika, in: Geimer/Schütze, Internationaler Rechtsverkehr, 1133.5.

491 Vgl. *Bälz*, Länderbericht Sudan, in: Geimer/Schütze, Internationaler Rechtsverkehr, 1132.3.

492 Vgl. *Börner*, Länderbericht Syrien, in: Geimer/Schütze, Internationaler Rechtsverkehr, 1135.8; anders noch *Dilger*, ZZP 95 (1972), 408 ff. (423).

493 Vgl. *Mindach*, Länderbericht Tadschikistan, in: Geimer/Schütze, Internationaler Rechtsverkehr, 1138.7.

Jedoch besteht nach sect. 253 thail. ZPO die Möglichkeit, auf Antrag des Beklagten die Stellung einer Prozesskostensicherheit anzuordnen, wenn der Kläger weder Wohnsitz, Sitz oder geschäftliche Niederlassung in Thailand hat, kein in Thailand belegenes ausreichendes, der Vollstreckung unterliegendes Vermögen besitzt oder ernsthafte Gründe vorliegen, die dafür sprechen, dass ein dem Beklagten bei Obsiegen entstehender Kostenerstattungsanspruch nicht befriedigt werden kann[494].

Timor-Leste

Das Recht von Timor-Leste kennt keine allgemeine Verpflichtung zur Leistung einer Prozesskostensicherheit[495].

Togo

Deutsche Kläger sind prozesskostensicherheitspflichtig. Die Verpflichtung entfällt bei hinreichendem inländischen Grundvermögen.

Tschechien (Tschechische Republik)

Die an sich bestehende Verpflichtung zur Stellung einer Ausländerkaution[496] entfällt für deutsche Kläger nach EU-Recht.

Darüber hinaus bestehen staatsvertragliche Befreiungen nach Art. 17 HZPÜ, Art. 9 Abs. 2 UNUVÜ, Art. 9 Abs. 2 HUÜV 58 und Art. 16 HUVÜ 73.

Türkei

Deutsche Kläger sind nach Art.48 türk. IPR-Gesetz 2007[497] zur Stellung einer Ausländerkaution[498] verpflichtet[499], da die Gegenseitigkeit – Befreiungsgrund nach Art. 48 Abs. 2 IPRG – seit 1999 nicht mehr verbürgt ist.

Eine staatsvertragliche Befreiung besteht im Rahmen von Art. 17 HZPÜ[500], Art. 9 Abs. 2 HUVÜ 85, Art. 16 HUVÜ 73, Art. 9 Abs. 2 UNUVÜ und Art. 9 Abs. 1 EUNÜ.

---

494 Vgl. *Falder*, Länderbericht Thailand, in: Geimer/Schütze, Internationaler Rechtsverkehr, 1140.5.

495 Vgl. *Nordmeier*, Länderbericht Timos-Leste, in: Geimer/Schütze, Internationaler Rechtsverkehr, 1142.10.

496 Vgl. dazu *Wünsch*, Länderbericht Tschechische Republik, in: Geimer/Schütze, Internationaler Rechtsverkehr, 1145.4 f.

497 Eine deutsche Übersetzung mit umfangreichen Anmerkungen von *Krüger/Nomer Ertan* ist abgedruckt IPRax 2008, 283 ff.

498 Vgl. zur Sicherheitsleistung in der Türkei nach altem Recht *Cebioglu*, Stellung des Ausländers im Zivilprozess – Eine rechtsvergleichende Untersuchung des türkischen und des deutschen Rechts, 2000, S. 199 ff.; *Sargin*, A Limitation to the Right of Effective Access to Justice before the Turkish Civil Courts: Cautio Judicatum Solvi, ZZPInt 10 (2005), 391 ff.

499 Vgl. zur Rechtslage unter dem IPR-Gesetz 1982 *Schütze/Esin*, Länderbericht Türkei, in: Geimer/Schütze, Internationaler Rechtsverkehr, 1146.4 f.

500 Vgl. zur Befreiung von dem Erfordernis der Ausländersicherheit aufgrund Staatsvertrags OLG Düsseldorf, NJW 1973, 2165. Die türkischen Gerichte fordern aber ungeachtet der staatsver-

Tunesien

Das tunesische Recht kennt die Ausländerkaution nicht[501].

Eine staatsvertragliche Befreiung besteht im Rahmen von Art. 9 Abs. 2 UNUVÜ und Art. 3 des deutsch tunesischen Rechtshilfe-, Anerkennungs- und Vollstreckungsvertrages 1966.

Turkmenistan

Das turkmenische Recht kennt die Ausländerkaution nicht[502].

Uganda

Deutsche Kläger sind nach Order 23 der Rules of Court prozesskostensicherheitspflichtig[503].

Ukraine

Deutsche Kläger sind nach autonomem Recht nicht prozesskostensicherheitspflichtig[504].

Darüber hinaus besteht eine staatsvertragliche Befreiung im Rahmen von Art. 17 HZPÜ und Art. 9 Abs. 2 UNUVÜ.

Ungarn

Deutsche Kläger sind an sich nach autonomem Recht prozesskostensicherheitspflichtig, da die an sich bestehende Ausländerkautionspflicht (§ 89 ungar. ZPO)[505] nicht wegen verbürgter Gegenseitigkeit entfällt. Die Verpflichtung besteht aber nach EU-Recht nicht mehr.

Darüber hinaus bestehen staatsvertragliche Befreiungen nach Art. 17 HZPÜ, Art. 9 UNUVÜ und Art. 9 Abs. 2 HUVÜ 58.

---

traglichen Befreiungen offenbar von deutschen Klägern eine Prozesskostensicherheit, vgl. *Ansay*, Türkische Rechtsprechung zum internationalen Privatrecht 1945–1962, RabelsZ 28 (1964), 731 ff. (741); *Krüger*, IPRax 1982, 252 ff. (257 FN 60).

501 Vgl. Deutsche Denkschrift zum deutsch-tunesischen Rechtsschutz-, Rechtshilfe- und Vollstreckungsvertrag, BTDrucks. V Nr. 3167 zu Kap. II; *Rauscher*, Länderbericht Tunesien, in: Geimer/Schütze, Internationaler Rechtsverkehr, 1147.10; vgl. auch *Mezghani*, Droit International Privé, 1991, Nr. 73.

502 Vgl. *Mindach*, Länderbericht Turkmenistan, in: Geimer/Schütze, Internationaler Rechtsverkehr, 1149.6 f.

503 Vgl. *Knieper*, Länderbericht Uganda, in: Geimer/Schütze, Internationaler Rechtsverkehr, 1150.3.

504 Vgl. *Himmelreich/Marenkov*, Länderbericht Ukraine, in: Geimer/Schütze, Internationaler Rechtsverkehr, 1152.11 f.

505 Vgl. dazu *Farkas*, Die prozessrechtliche Stellung der Ausländer in Ungarn, 1989, S. 10 f.; *Kengyel/Harsági*, Länderbericht Ungarn, in: Geimer/Schütze, Internationaler Rechtsverkehr, 1151.14 f.

Uruguay

Deutsche Kläger sind prozesskostensicherheitspflichtig (Artt. 102f. urug. ZPO), soweit sie nicht über ausreichendes Grundvermögen in Uruguay verfügen[506].

Eine staatsvertragliche Befreiung besteht im Rahmen von Art. 9 UNUVÜ.

USA

Die Materie ist dem einzelstaatlichen Recht überlassen. Hinsichtlich des Umfangs der Sicherheitsleistungen ist zu berücksichtigen, dass das US-amerikanische Recht im Zivilprozess – von Ausnahmen abgesehen – keine Kostenerstattung kennt und die Sicherheitsleistung sich deshalb nur auf die – geringen – Gerichtskosten und Auslagen bezieht[507].

Im Einzelnen ergibt sich für die Verpflichtung deutscher Kläger zur Stellung einer Ausländerkaution folgendes Bild[508]:

Bundesgerichte: Im Verfahren vor den Bundesgerichten wird keine Sicherheitsleistung gefordert, auch wenn das Bundesgericht in einem Einzelstaat sitzt, das die Ausländerkaution kennt.

Alabama: Keine Sicherheitsleistung.

Alaska: Sicherheitsleistung für nicht in Alaska domizilierte Kläger.

Arkansas: Sicherheitsleistung für nicht in Arkansas domizilierte Kläger.

California: Sicherheitsleistung für nicht in Kalifornien domizilierte Kläger[509].

Colorado: Sicherheitsleistung für nicht in Colorado domizilierte Kläger[510].

Connecticut: Sicherheitsleistung für nicht in Connecticut domizilierte Kläger.

Delaware: Sicherheitsleistung für nicht in Delaware domizilierte Kläger.

District of Columbia: Sicherheitsleistung für nicht im D.C. domizilierte Kläger.

Florida: Sicherheitsleistung für nicht in Florida domizilierte Kläger.

---

506 Vgl. *Barrios de Angelis*, in: Kos-Rabcewicz-Zubkowski (Hrsg.), Cooperación Interamericana en los Procedimientos Civiles y Mercantiles, 1982, S. 555f.

507 Vgl. zu den Konsequenzen für die bis 1998 bedeutsame Gegenseitigkeitsverbürgung OLG Hamburg, DZWir 1996, 323 mit Anm. *Schütze*, und LG Hamburg, RIW 1997, 331.

508 Vgl. im Einzelnen *Wieczorek/Schütze*, ZPO, 3. Aufl., § 110, Rdn. 51; Allgemein *Schack*, Prozesskostensicherheit im Verhältnis Deutschland – USA, FS Schütze, 1999, S. 745ff.; *Schütze*, Zur Verbürgung der Gegenseitigkeit bei der Prozesskostensicherheit im deutsch-amerikanischen Verhältnis, RIW 1996, 479f. (beides weitgehend überholt durch den Fortfall der Gegenseitigkeit als Befreiungsgrund in § 110 ZPO).

509 Vgl. dazu auch OLG Stuttgart, RIW 1987, 313.

510 Vgl. dazu auch OLG Köln, IPRax 1986, 368.

Georgia: Sicherheitsleistung für nicht in Georgia domizilierte Kläger, soweit diese nicht durch einen in Georgia ansässigen Rechtsanwalt vertreten sind.

Hawaii: Umfassende Sicherheitsleistung.

Idaho: Keine Sicherheitsleistung.

Illinois: Sicherheitsleistung für in Illinois nicht domizilierte Kläger[511].

Indiana: Sicherheitsleistung für in Indiana nicht domizilierte Kläger.

Iowa: Sicherheitsleistung für in Iowa nicht domizilierte Kläger.

Kansas: Keine Sicherheitsleistung.

Kentucky: Keine Sicherheitsleistung.

Louisiana: Umfassende Sicherheitsleistung.

Maine: Sicherheitsleistung für in Maine nicht domizilierte Kläger.

Maryland: Keine Sicherheitsleistung.

Massachusetts: Sicherheitsleistung für in Massachusetts nicht domizilierte Kläger.

Michigan: Umfassende Sicherheitsleistung.

Minnesota: Keine Sicherheitsleistung.

Mississippi: Sicherheitsleistung für nicht in Mississippi domizilierte und insolvente Kläger.

Missouri: Keine Sicherheitsleistung.

Montana: Sicherheitsleistung für nicht in Montana domizilierte Kläger.

Nebraska: Keine Sicherheitsleistung.

Nevada: Sicherheitsleistung für in Nevada nicht domizilierte Kläger.

New Hampshire: Keine Sicherheitsleistung.

New Jersey: Sicherheitsleistung für in New Jersey nicht domizilierte Kläger. Darüber hinaus besteht für ausländische Gesellschaften eine Verpflichtung zur Stellung einer Sicherheit, wenn sie ihren Verpflichtungen nach dem New Jersey Corporation Business Activities Reporting Act nicht nachgekommen sind (N.J.S.A. 14 A; 13–14).

New Mexico: Umfassende Verpflichtung zur Sicherheitsleistung unabhängig von Staatsangehörigkeit und Wohnsitz des Klägers.

New York: Sicherheitsleistung für in New York nicht residente Kläger[512].

North Carolina: Keine Sicherheitsleistung.

North Dakota: Keine Sicherheitsleistung.

Ohio: Sicherheitsleistung für in Ohio nicht domizilierte Kläger.

Oklahoma: Keine Sicherheitsleistung.

Oregon: Keine Sicherheitsleistung.

---

511 Vgl. auch OLG Hamburg, DZWir 1996, 323 mit Anm. *Schütze*.

512 Vgl. dazu auch BGH, RIW/AWD 1978, 614; BGH, RIW 1982, 287; LG Hamburg, RIW 1997, 331.

Pennsylvania: Umfassende Verpflichtung zur Sicherheitsleistung unabhängig von Staatsangehörigkeit und Wohnsitz des Klägers.

Rhode Island: Sicherheitsleistung für in Rhode Island nicht domizilierte Kläger.

South Carolina: Sicherheitsleistung für in South Carolina nicht residente Kläger.

South Dakota: Sicherheitsleistung für in South Dakota nicht domizilierte Kläger.

Tennessee: Umfassende Verpflichtung zur Sicherheitsleistung unabhängig von Staatsangehörigkeit und Wohnsitz des Klägers.

Texas: Umfassende Verpflichtung zur Sicherheitsleistung unabhängig von Staatsangehörigkeit und Wohnsitz des Klägers.

Utah: Sicherheitsleistung für in Utah nicht domizilierte Kläger.

Vermont: Umfassende Verpflichtung zur Sicherheitsleistung unabhängig von Staatsangehörigkeit und Wohnsitz des Klägers.

Virginia: Sicherheitsleistung für in Virginia nicht domizilierte Kläger.

Washington: Sicherheitsleistung für in Washington nicht domizilierte Kläger.

West Virginia: Sicherheitsleistung für in West Virginia nicht domizilierte Kläger.

Wisconsin: Umfassende Verpflichtung zur Sicherheitsleistung unabhängig von Staatsangehörigkeit und Wohnsitz des Klägers.

Wyoming: Sicherheitsleistung für in Wyoming nicht domizilierte Kläger.

Eine staatsvertragliche Befreiung besteht im Rahmen des Art. VI Abs. 6 des deutsch-amerikanischen Freundschafts-, Handels- und Schifffahrtsvertrages 1954.

Usbekistan

Deutsche Kläger sind nicht prozesskostensicherheitspflichtig[513].

Eine staatsvertragliche Befreiung besteht nach Art. 17 HZPÜ.

Vatikan

Das vatikanische Recht kennt die Ausländerkaution nicht[514].

Eine staatsvertragliche Befreiung besteht im Rahmen von Art. 17 HZPÜ und Art. 9 Abs. 2 UNUVÜ.

---

513 Vgl. *Mindach*, Länderbericht Usbekistan, in: Geimer/Schütze, Internationaler Rechtsverkehr, 1153.6.

514 Vgl. *Matscher*, Il Diritto Processuale Civile Internazionale nel Nuovo Codice di Procedura Civile dello Stato Vaticano, JUS 1956, 127 ff. (134).

Venezuela

Deutsche Kläger sind nach Art. 36 Código Civil prozesskostensicherheitspflichtig[515]. Befreiungen bestehen für handelsrechtliche Klagen und bei hinreichendem Vermögen im Inland.

Vereinigtes Königreich

Deutsche Kläger sind nach EU-Recht von der an sich bestehenden[516] Kautionspflicht befreit.

Staatsvertragliche Befreiungen bestehen darüber hinaus im Rahmen von Art. 16 HUVÜ 73, Art. 9 Abs. 1 EUNÜ, Art. 9 Abs. 2 UNUVÜ und Art. 14 des deutsch-britischen Rechtshilfeabkommens 1928.

Vereinigte Arabische Emirate (VAE)

Eine Ausländerkaution kennt das Recht der VAE nicht[517].

Vietnam

Eine Ausländerkaution kennt das vietnamesische Rechts nicht[518].

Zentralafrikanische Republik

Das zentralafrikanische Recht kennt keine Ausländerkaution[519].

Eine staatsvertragliche Befreiung besteht im Rahmen von Art. 9 Abs. 2 UNUVÜ.

Zypern

Eine Verpflichtung zur Stellung einer Prozesskostensicherheit besteht für nicht in Zypern domizilierte Kläger, die in Zypern kein zur Deckung des Kostenerstattungsanspruchs des Beklagten ausreichendes in Zypern eignen[520]. Deutsche Kläger sind nach EU-Recht von der Sicherheitspflicht befreit.

---

515 Vgl. IPG Nr. 45 (Hamburg); *Rau*, Zur Sicherheitsleistung für die Prozesskosten nach venezolanischem Recht, RIW/AWD 1977, 339 ff.

516 Vgl. dazu *Cohn*, Sicherheitsleistung für Prozesskosten im deutsch-englischen Rechtsverkehr, ZZP 78 (1965), 161 ff.; *Schütze*, Länderbericht Vereinigtes Königreich, in: Geimer/Schütze, Internationaler Rechtsverkehr, 1156.8 f.

517 Vgl. LG Saarbrücken, RIW 1996, 60; *Bälz*, Länderbericht VAE, in: Geimer/Schütze, Internationaler Rechtsveerkehr, 1155.4 f.; *El Karout/Meyer-Reumann*, Keine Prozesskostensicherheitsleistung eines Klägers aus den Vereinigten Arabischen Emiraten, RIW 1996, 61 ff. (Anm. zu LG Saarbrücken).

518 Vgl. *Nguyen/Wieczorek/Le Net*, Länderbericht Vietnam, in: Geimer/Schütze, Internationaler Rechtsverkehr, 1160.3.

519 Vgl. *Knieper*, Länderbericht Zentralafrikanische Republik, in: Geimer/Schütze, Internationaler Rechtsverkehr, 1180.4.

520 Vgl. Order 18 Civil Procedure Rules; dazu *Melides/Neocleous/Stamatiou*, in: Neocleous, Cyprus: Dispute Resolution 2007/2008, vol. 1 Cyprus; *Pittas/Koudounari*, Judicial Procedure, in: Neocleous, Introduction to Cyprus Law, 2000, S. 73 ff. (93); *Schütze*, Länderbericht Zypern, in: Geimer/Schütze, Internationaler Rechtsverkehr, 1181.3 f.

Staatsvertragliche Befreiungen bestehen darüber hinaus im Rahmen von Art. 17 HZPÜ und Art. 9 Abs. 2 UNUVÜ.

2. Zustellungen

Die deutsche Partei wird im Prozess vor ausländischen Gerichten zuweilen mit Zustellungsformen konfrontiert, die vom deutschen System der Amtszustellung erheblich abweichen. Insbesondere kennen ausländische Verfahrensordnungen Zustellungserleichterungen für den inländischen Kläger gegenüber der im Ausland domizilierten Partei, zum Beispiel durch bloße Anheftung der Klageschrift an die Gerichtstafel (remise au parquet), Zustellungen durch process server oder Zustellung durch die Post. 260

a) Zustellungen aufgrund europäischen Rechts

Durch die VO (EG) 1393/2007 über die Zustellung gerichtlicher und außergerichtlicher Schriftstücke in Zivil- und Handelssachen und zur Aufhebung der Verordnung (EG) Nr. 1348/2000[521] ist das Zustellungsrecht in Europa EU-weit geregelt. Im Verhältnis zu Dänemark ist die ZustVO aufgrund Abkommen vom 19.10.2005[522] anwendbar. 261

Die EuZustVO soll das Zustellungsverfahren vereinfachen und beschleunigen, war es doch insbesondere die lange Zustellungsdauer, die bei Verfahren mit internationalem Bezug zu Problemen führte[523]. Dabei orientiert sich die EuZustVO in ihrer Grundkonzeption am Haager Zustellungsübereinkommen. Letztlich bleibt sie aber ein halber Schritt[524]. Denn sie bevorzugt weiterhin die förmliche Zustellung im Wege der Rechtshilfe und verbessert lediglich die zwischenstaatlichen Übermittlungswege. 262

Die EuZustVO ist auf die Zustellung von gerichtlichen und außergerichtlichen Schriftstücken in Zivil- und Handelssachen anwendbar (Art. 1 EuZustVO). Sie behält das System der Übermittlungs-, Empfangs- (Art. 2 EuZustVO) und Zentralstellen (Art. 3 EuZustVO) bei. 263

---

521 Vgl. für Literaturnachweise FN 33.

522 ABl. L 300, S. 55.

523 Vgl. *Linke*, Probleme der internationalen Zustellung, in: Gottwald (Hrsg.), Grundfragen der Gerichtsverfassung und der internationalen Zustellung, 1999, S. 95 ff.

524 Vgl. *Hess*, Die Zustellung von Schriftstücken im europäischen Justizraum, NJW 2001, 15 ff. (19).

264 Die Zustellung nach der EuZustVO ist in Deutschland in §§ 1067 ff. ZPO geregelt[525].

aa) Zustellung gerichtlicher Schriftstücke

265 Gerichtliche Schriftstücke werden zwischen Übermittlungs- und Empfangsstellen unmittelbar übermittelt. Eine Beglaubigung ist nicht erforderlich. Auch eine Übersetzung in die Sprache des Empfangsstaates ist nicht erforderlich. Der Zustellungsadressat kann jedoch die Annahme des Schriftstücks verweigern, wenn diese nicht in der Sprache des Übermittlungsstaates oder einer Sprache, die der Zustellungsempfänger versteht, abgefasst ist (Art. 8 Abs. 1 EuZustVO). Diese Regelung ist außerordentlich unglücklich[526]. Nach welchen Grundsätzen soll die Sprachkenntnis des Zustellungsadressaten gewertet werden? Wie steht es mit dem Französischlehrer, der Corneille und Racine (vielleicht auch Simenon) übersetzen kann, nicht aber die juristische Terminologie beherrscht? Soll man seine Sprachkenntnis als ausreichend für die Entgegennahme einer assignation in einem französischen Prozess ansehen? *Meyer*[527] meint, über die ausreichende Sprachkenntnis müsse das Prozessgericht – im Beispielsfall als das französische Gericht – entscheiden. Aber wie soll das geschehen? Soll das Gericht eine Sprachprüfung veranstalten? Abgesehen davon, dass dies praktisch unmöglich ist, würde es das Verfahren nicht beschleunigen, sondern verlangsamen. Im Übrigen schwebte über der Zustellung immer das Damoklesschwert der Unwirksamkeit bis das Gericht über die Sprachkundigkeit entschieden hätte. Der einzige Ausweg aus dem Problemknäuel ist es wohl, den Zustellungsadressaten selbst entscheiden zu lassen, ob er sich für hinreichend sprachkundig hält[528]. Er muss selbst entscheiden, ob er in der Lage ist, das zu-

---

525 Vgl. dazu die Kommentierung bei Wieczorek/Schütze/*Schütze*, §§ 1067 ff.

526 Vgl. dazu *Schütze*, Übersetzungen im europäischen und internationalen Zivilprozessrecht – Probleme der Zustellung, RIW 2006, 352 ff. (353); *Stadler*, Neues europäisches Zustellungsrecht, IPRax 2001, 514 ff. (517 f.).

527 Vgl. *Meyer*, Europäisches Übereinkommen über die Zustellung gerichtlicher und außergerichtlicher Schriftstücke in Zivil- und Handelssachen in den Mitgliedstaaten der Europäischen Union, IPRax 1997, 401 ff. (403); ebenso *Sujecki*, in: Gebauer/Wiedmann, Zivilrecht unter europäischem Einfluss, EuZVO, Rdn. 107 (der letzlich aber dann doch den Zustellungsadressaten entscheiden lassen will); *Nagel/Gottwald*, IZPR, § 8, Rdn. 68.

528 Vgl. *Schütze*, Übersetzungen im europäischen und internationalen Zivilprozessrecht – Probleme der Zustellung, RIW 2006, 352 ff. (353); *ders.*, Deutsches internationales Zivilprozessrecht, 2. Aufl., 2005, Rdn. 204.; die Entscheidung des EuGH – Rs. C-14/07 – Weiss &Partner v. IHK Berlin – EuGHE 2008, I-3367 steht dem nicht entgegen. Der EuGH erörtert die Kriterien der ausreichenden Kenntnis, nicht jedoch deren Feststellung. Natürlich muss dsas Prozessgericht

zustellende Schriftstück zu verstehen. Darüber ist er zu belehren. Das geschieht auf einem Formblatt nach Anh. II. Probleme mögen bei juristischen Personen als Zustellungsadressaten auftreten. Grundsätzlich müssen die Organe die Sprache, in der das Schriftstück abgefasst ist, verstehen. Bei großen Gesellschaften mag man auf die Sprachkenntnis der Verantwortlichen in der zur Bearbeitung von gerichtlichen Angelegenheiten zuständigen Abteilung – regelmäßig also der Rechtsabteilung – abstellen müssen. Ein unzulängliches Kriterium für die Sprachkenntnis ist der statutarische Sitz einer Gesellschaft[529]. Denn der statutarische Sitz kann ein Briefkastensitz sein. Wenn die Zustellung in der Sprache des Empfangsmitgliedststaates abgefasst ist, treten nach Art. 8Abs. 1 lit. b EuZustVO ohnehin keine Übersetzungsprobleme auf. Ob die Sprachkenntnisse ausreichend sind entscheidet aber auch bei der Zustellung an juristische Personen der Zustellungsadressat.

bb) Außergerichtliche Schriftstücke

Die EuZustVO lässt auch die Zustellung außergerichtlicher Schriftstücke zu 266
(Art. 16 EuZustVO). Der Begriff des außergerichtlichen Schriftstücks ist verordnungsautonom auszulegen[530]. Der EuGH legt den Begriff weit aus und fasst auch Zustellungen außerhalb eines gerichtlichen Verfahrens darunter. Der 1. Leitsatz der *Tecom Mican* Entscheidung lautet:

„Art. 16 der Verordnung ... ist dahin auszulegen, dass der Begriff „außergerichtliches Schriftstück in diesem Artikel nicht nur von einer Behörde oder einer Amtsperson erstellte oder beglaubigte Schriftstücke erfasst, sondern auch private Schriftstücke, deren förmliche Übermittlung an ihren im Ausland ansässigen Empfänger zur Geltendmachung, zum Beweis oder zur Wahrung eines Rechts oder Anspruchs in Zivil- oder Handelssachen erforderlich ist“.

Unschädlich ist, wenn der Antragsteller bereits andere Wege der Übermittlung bescheitten hat oder parallel beschreitet etwa nach dem Grundsatz; Doppelt genäht hält besser.

---

letztlich über die Sprachkenntnis des Zustellungsadressaten im Rahmen der Prüfung der Wirksamkeit der Zustellung entscheiden.

529 So jedoch *Sujecki*, in:Gebauer/Wiedmann EuZVO Art. 8, Rdn. 108.

530 Vgl. EuGH Rs. C-14/08 – Roda Golf & Beach Resort SL – EuGHE 2009, I-5439; EuGH Rs. C-223/14 – Tecom Mican SL v. José Arias Dominguez – NJW 2013, 443 = EuZW 2013, 187.

cc) Andere Arten der Übermittlung und Zustellung

267 Weiterhin zulässig bleibt in Ausnahmefällen die Zustellung auf diplomatischem oder konsularischem Weg (Art. 12 EuZustVO). Die Zustellung durch diplomatische oder konsularische Vertreter ist nur ohne Anwendung von Zwang zulässig (Art. 13 EuZustVO). Darüber hinaus ist eine Zustellung durch die Post zulässig[531]. Auch die unmittelbare Zustellung ist nicht ausgeschlossen.

dd) Heilung von Zustellungsmängeln

268 Die Heilung von Zustellungsmängeln wegen fehlerhafter, sinnentstellender oder fehlender Übersetzung ist möglich. Der EuGH baut in diesen Fällen eine goldene Brücke und lässt die Heilung durch Nachschieben einer Übersetzung zu[532]. Das ist die ratio der Leffler-Entscheidung. In dem entschiedenen Fall war ein Antrag auf Erlass einer einstweiligen Verfügung bei der Rechtsbank Arnhem gestellt worden. Die Annahme der in niederländischer Sprache abgefassten Schriftstücke wurde von der Antragsgegnerin in Deutschland verweigert. Die daraufhin erfolgte Übermittlung einer Übersetzung hielt der EuGH für ausreichend, um den Zustellungsmangel zu heilen.

269 Die Probleme, die sich aus der Frage ergeben haben, auf welchen Zeitpunkt die Heilung der Zustellung wirkt, sind nunmehr durch Art. 8 Abs. 3 geklärt. Verweigert der Zustellungsadressat die Annahme des Schriftstücks wegen mangelnder Übersetzung und wird das Dokument erneut mit Übersetzung zugestellt, so wird auf das Datum der ersten Zustellung für die Wahrung einer etwaigen Frist abgestellt. Damit ist einem Missbrauch Tür und Tor geöffnet. Der griechische Kläger, der genau weiß, dass der irische Beklagte in einem Prozess kein griechisch versteht, kann zur Fristwahrung getrost die griechische Klageschrift ohne Übersetzung zustellen lassen, ohne Nachteile (etwa zwischenzeitlich eintretende Verjährung) befürchten zu müssen, wenn er nach Ablehnung

---

531 Vgl. dazu *Gsell*, Direkte Postzustellung an Adressaten im EU-Ausland nach neuem Zustellungsrecht, EWS 2002, 115 ff.; zu den Problemen der Postzustellung vgl. *Bajons*, Internationale Zustellung und Recht auf Verteidigung, FS Schütze, 1999, S. 49 ff. (62 ff.).

532 Vgl. EuGH Rs. C-443/03 – Götz Leffler v. Berlin Chemie AG, RIW 2006, 382 = EWS 2006, 41 = NJW 2006, 491; dazu *Heidrich*, Amts- und Parteizustellungen im internationalen Rahmen: Status quo und Reformbedarf, EuZW 2005, 743 ff. *Rauscher*, Urteilsanmerkung, JZ 2006, 251 ff.; *Rösler/Siepmann*, Zum Sprachenproblem im Europäischen Zustellungsrecht, NJW 2006, 475 ff.; *Schütze*, Übersetzungen im europäischen und internationalen Zivilprozessrecht – Probleme der Zustellung, RIW 2006, 352 ff.; *Stadler*, Ordnungsgemäße Zustellung im Wege der remise au parquet und Heilung von Zustellungsfehlern nach der Europäischen Zustellungsverordnung, IPRax 2006, 116 ff.; *Sujecki*, in Gebauer/Wiedmann, Zivilrecht unter europäischem Einfluss, Rdn. 111 ff.

der Annahme der Klageschrift die Übersetzung fertigen und erneut zustellen lässt.

b) Zustellungen aufgrund staatsvertraglicher Vereinbarungen

Das internationale Zustellungsrecht wird durch zwei große multilaterale Konventionen weitgehend geregelt. Diese Übereinkommen sehen einen Mindestschutz des Zustellungsempfängers vor. 270

Das *Haager Zivilprozessübereinkommen vom 1.3.1954*[533] – und sein Vorgänger von 1905 – haben Zustellungserleichterungen dadurch gebracht, dass der umständliche diplomatische Weg durch den konsularischen Weg ersetzt worden ist. Zustellungen erfolgen grundsätzlich in der Weise, dass der Konsul des ersuchenden Staates die Erledigung der Zustellungsersuchen vermittelt. Jedoch ist aufgrund von Zusatzvereinbarungen[534] teilweise die direkte Übermittlung im unmittelbaren Behördenverkehr zulässig. 271

Weitere Erleichterungen hat das *Haager Zustellungsübereinkommen vom 15.11.1965*[535], das das Haager Zivilprozessübereinkommen im Rahmen seines Geltungsbereichs ersetzt hat, gebracht. Dieses Übereinkommen hat insbesondere Bedeutung im deutsch-amerikanischen Rechtsverkehr erlangt[536]. Bis zum Inkrafttreten des Haager Zustellungsübereinkommens im deutsch-amerikanischen Verhältnis kam es häufig zu einem Wettlauf der amerikanischen und der deutschen Partei um die Begründung der ersten Rechtshängigkeit an dem von ihr gewünschten Forum. Dieser Wettlauf wurde von der amerikanischen Partei wegen der unterschiedlichen Zustellungsformen im US-amerikanischen (Parteizustellung) und deutschen Zivilprozess (Amtszustellung) regelmäßig gewon- 272

533 Vgl. für Literaturhinweise FN 47.

534 Die Zusatzübereinkommen sind abgedruckt bei *Geimer/Schütze*, Internationaler Rechtsverkehr, 102ff., und *Schütze*, Internationales Zivilprozessrecht, 1980, S. 736ff.

535 Vgl für Literaturhinweise FN 48.

536 Vgl. dazu *Hollmann*, Auslandszustellung in US-amerikanischen Zivil- und Verwaltungssachen, RIW 1982, 784ff.; *Junker*, Der deutsch-amerikanische Rechtsverkehr in Zivilsachen – Zustellungen und Beweisaufnahmen, JZ 1989, 121ff.; *Koch*, Zur Praxis der Rechtshilfe im deutsch-amerikanischen Prozessrecht – Ergebnisse einer Umfrage zu den Haager Zustellungs- und Beweisübereinkommen, IPRax 1985, 245ff.; *Kochinke/Horlick*, Auslandszustellung einer Klage nach amerikanischem Bundesrecht, RIW 1982, 79ff.; *Pfeil-Kammerer*, Deutsch-amerikanischer Rechtshilfeverkehr in Zivilsachen, 1987; *Pfennig*, Die internationale Zustellung in Zivil- und Handelssachen, 1988; *Wölki*, Das Haager Zustellungsübereinkommen und die USA, RIW 1985, 530ff.; *Schütze*, Zur Zustellung US-amerikanischer Klagen in Deutschland, FS Boguslavskij, 2004, S. 325ff.

nen. Während die Zustellung der deutschen Klage nach den Zustellungsvorschriften der ZPO und der ZRHO Wochen in Anspruch nahm, konnte die amerikanische Partei die Zustellung binnen eines Tages bewirken, wenn sie einen process server nach Deutschland fliegen ließ[537].

273 Das Übereinkommen ist auf Verfahren in Zivil- und Handelssachen beschränkt. Es ersetzt den nach dem Haager Zivilprozessübereinkommen vorgesehenen konsularischen Weg durch den kürzeren über zentrale Behörden. Zustellungsanträge werden unter Benutzung eines für alle Vertragsstaaten einheitlichen Formulars an die zentrale Behörde im Zustellungsstaat geleitet, die die Zustellung selbst vornimmt oder veranlasst. Zentrale Behörden sind in Deutschland teilweise die Justizministerien der Länder teilweise Gerichtspräsidenten von Amts-, Land – und Oberlandesgerichten der Länder[538].

274 Nach deutscher Ansicht hat das Übereinkommen ausschließliche Wirkung[539]. Im Geltungsbereich des Haager Zustellungsübereinkommens sind private Zustellungen (Parteizustellungen) nach Ansicht des Bundesjustizministeriums unzulässig geworden. Insbesondere ist es deutschen Rechtsanwälten untersagt, Zustellungen von Klageschriften in amerikanischen Zivilprozessen in Deutschland durchzuführen[540]. Die amerikanische Seite sieht das anders und entwertet dieses – wie auch andere internationale Übereinkommen – durch die extensive Anwendung nationaler prozessualer Normen. Leading case ist Volkswagen Aktiengesellschaft v. Schlunk[541].

275 Der Fall[542] hatte einen Produkthaftungsprozess zum Gegenstand. Der Kläger, dessen Eltern bei einem Verkehrsunfall ums Leben gekommen waren,

---

537 Vgl. zu den Rechtshilfeproblemen im deutsch-amerikanischen Rechtsverkehr allgemein *Vollkommer*, Disharmonien und Spannungen im internationalen Rechtshilfeverkehr zwischen den USA und Deutschland, ZZP 80 (1967), 248 ff.

538 Vgl. dazu die mehrfach ergänzten Erklärung der Bundesregierung bei der Hinterlegung der Ratifikationsurkunde, abgedruckt bei Geimer/Schütze, Internationaler Rechtsverkehr, 352.1 ff.

539 Vgl. *Merkt*, Abwehr der Zustellung von „punitive damages"-Klagen, 1995, S. 29 ff. m.w.N.; *Wölki*, Das Haager Zustellungsübereinkommen und die USA, RIW 1985, 530 ff.

540 Vgl. BRAK-Mitt. 1981, 25.

541 56 U.S.L.W. 4595; dazu *Heidenberger*, U.S. Supreme Court befasst sich mit dem Haager Zustellungsübereinkommen, RIW 1988, 90 ff.; *Heidenberger/Barde*, Die Entscheidung des U.S. Supreme Court zum Haager Zustellungsübereinkommen, RIW 1988, 683 ff.; *Junker*, Der deutsch-amerikanische Rechtsverkehr in Zivilsachen – Zustellungen und Beweisaufnahmen, JZ 1989, 121 ff.; weiterführend *Otto*, Der prozessuale Durchgriff. Die Nutzung forumansässiger Tochtergesellschaften in Verfahren gegen ihre auswärtigen Muttergesellschaften im Recht der USA, der EG und der Bundesrepublik Deutschland, 1993, S. 100 ff.

542 Vgl. zum Sachverhalt *Heidenberger/Barde*, Die Entscheidung des U.S. Supreme Court zum Haager Zustellungsübereinkommen, RIW 1988, 683 ff. (684).

machte Schadensersatzansprüche wegen behaupteter Fehlkonstruktion gegen die Volkswagen AG geltend. Die Klage wurde an die US-amerikanische – rechtlich selbständige – Tochtergesellschaft von VW als involuntary agent zugestellt. Es entspann sich ein Streit über die Wirksamkeit dieser Zustellung, in dem die Bundesregierung unter anderem als amicus curiae[543] die Ausschließlichkeit des Übereinkommens darlegte. Der U.S. Supreme Court sah das – wie schon die Vorinstanzen – anders. Nur wenn die Zustellung im Ausland zu erfolgen habe, greife das Übereinkommen, nicht dagegen bei Zustellungsformen, bei denen eine Inlandszustellung an eine ausländische Partei erfolge. Das sei bei der Zustellung an den involuntary agent der Fall.

Damit muss man – so unbefriedigend das sein mag – leben. Jedenfalls sollte 276
aber der Zustellungsempfänger – wenn in einem Prozess von einem Vertragsstaat des Übereinkommens Zustellungen durch die Post oder einen Anwalt (Parteizustellung) erfolgen – das zuzustellende Schriftstück nicht entgegennehmen und unverzüglich das Justizministerium des Bundeslandes, in dem die Zustellung erfolgt oder versucht ist, benachrichtigen. Keinesfalls sollte der Zustellungsempfänger aber an das ausländische Prozessgericht schreiben und gegen die Zustellung „protestieren", eine Übersetzung verlangen oder ähnliche Erklärungen abgeben, ohne zuvor einen Anwalt konsultiert zu haben[544]. Durch eine derartige Äußerung können unter Umständen Zustellungsmängel geheilt werden. Schon das deutsche Recht stellt an die rechtswahrende Einlassung erheblich geringere Anforderungen als an die zuständigkeitsbegründende Einlassung[545]. Ausländische Rechte gehen da noch erheblich weiter.

Probleme der Zustellung haben sich im deutsch-amerikanischen Rechtsver- 277
kehr in jüngerer Zeit besonders bei der Zustellung von US-amerikanischen Sammelklagen und „punitive-damages"-Klagen ergeben[546].

---

543 Vgl. zur Intervention des amicus curiae *Hirte*, Der amicus curiae-Brief – das amerikanische Modell und die deutschen Parallelen, ZZP 104 (1991), 11 ff.

544 Auf die Problematik der Reaktion des Beklagten auf eine völkerrechtswidrige Zustellung weist besonders *Schack*, IZVR Rdn. 663 ff., hin. Vgl. weiter *Schütze*, Klagen vor US-amerikanischen Gerichten – Probleme und Abwehrstrategien, RIW 2005, 579 ff.

545 Vgl. *Schütze*, Zur Bedeutung der rügelosen Einlassung im Internationalen Zivilprozessrecht, RIW/AWD 1979, 590 ff.

546 Vgl. dazu *Coester-Waltjen*, Deutsches internationales Zivilverfahrensrecht und punitive damages nach US-amerikanischem Recht, in: Heldrich/Kono (Hrsg.), Herausforderungen des Internationalen Zivilverfahrensrechts, 1994, S. 15 ff. (23 f.); *Juenger/Reimann*, Zustellung von Klagen auf punitive damages nach dem Haager Zustellungsübereinkommen, NJW 1994, 3274 ff.; *Merkt*, Abwehr der Zustellung von „punitive damages"-Klagen, 1995; *Morisse*, Die Zustellung US-amerikanischer Punitive-damages-Klagen in Deutschland, RIW 1995, 370 ff.

Der Streit über die Zustellung von punitive damages Klagen[547] ist durch das Bundesverfassungsgericht beendet worden. Nachdem das höchste deutsche Gericht zunächst durch einstweilige Verfügung den Berliner Justizbehörden die Zustellung untersagt hatte[548], hat es dann durch Beschluss vom 7.12.1994[549] entschieden: Die Gewährung von Rechtshilfe durch Zustellung einer Klage, mit der Ansprüche auf Strafschadensersatz nach US-amerikanischem Recht (punitive damages) geltend gemacht werden, verletzt nicht die allgemeine Handlungsfreiheit in Verbindung mit dem Rechtsstaatsprinzip. – Karlsruhe locuta causa finita!

278 In ähnlicher Weise endete der Streit über die Zustellung von Sammelklagen (class actions). Derartige Klagen werden häufig dazu benutzt, unter Mobilisierung der Öffentlichkeit und Ausübung wirtschaftlichen Drucks den Beklagten zu einem Vergleich zu zwingen[550]. Die teilweise perfiden Zwangsarbeiter- und Holocaustklagen sind ein beredtes Beispiel für diesen erpresserischen Missbrauch. Das Bundesverfassungsgericht hat im sog. Napster-Fall zunächst die Zustellung einer erpresserischen Sammelklage bis zur Entscheidung in der Hauptsache ausgesetzt[551]. Der Fall hat dann durch die Rücknahme der Verfassungsbeschwerde nicht zu einer endgültigen Entscheidung geführt. Die Hoffnungen, die durch den Beschluss des Bundesverfassungsgerichts aber geweckt wurden, sind durch spätere Entscheidungen dieses Gerichts enttäuscht worden. Während das OLG Koblenz die Zustellung einer erpresserischen Sammelklage

547 Vgl. aus der Rechtsprechung OLG München, IPRax 1990, 175 mit Anm. *Stürner/Stadler*, ebenda, S. 157 ff.; OLG Düsseldorf, RIW 1992, 846; dazu eingehend *Merkt*, Abwehr der Zustellung von „punitive damages"-Klagen, 1995 m.w.N.

548 Vgl. BVerfG, RIW 1994, 769 = NJW 1994, 3281 mit Anm. *Juenger/Reimann*, Zustellung von Klagen auf punitive damages nach dem Haager Zustellungsübereinkommen, ebenda, S. 3274 ff. = ZIP 1994, 1353 mit Anm. *Koch/Diedrich*, ebenda, S. 1830 ff. = EWiR 1994, 1111 mit Anm. *Bungert*.

549 Vgl. BVerfG NJW 1995, 649 = RIW 1995, 320.

550 Vgl. *Eichholtz*, Die US-amerikanische Class action und ihre deutschen Funktionsäquivalente, 2002, S. 24 ff.; *Hirte*, Sammelklagen – Fluch oder Segen?, VersR 2000, 148 ff.; *Röhm/Schütze*, Die Bilanzierung von Class Action-Risiken, RIW 2007, 241 ff. (241), *Schack*, Einführung in das US-amerikanische Zivilprozessrecht, 4. Aufl., 2011, Rdn. 204; *Schütze*, Die Zustellung US-amerikanischer Klagen in Deutschland, FS Boguslavskij, 2004, 325 ff. (330 f.). *ders.*, Deutsche Parteien in US-amerikanischen Sammelklagen wegen falscher Kapitalmarktinformation GS Konuralp, Bd. 1, 2009, S. 943 ff.

551 Vgl. BVerfG RIW 2003, 874; dazu *Hess*, Transatlantischer Justizkonflikt heute: Von der Kooperation zum Konflikt?, JZ 2003, 923 ff.; *Oberhammer*, Deutsche Grundrechte und Zustellung US-amerikanischer Klagen im Rechtshilfeweg, IPRax 2004, 40 ff.; *Rothe*, Zustellung einer US-amerikanischen Schadensersatzklage nach dem HZÜ: Verstoss gegen das Rechtsstaatsprinzip?, RIW 2003, 859 ff.; *Zekoll*, Neue Maßstäbe für Zustellungen nach dem Haager Zustellungsübereinkommen, NJW 2003, 2885 ff.

weiterhin als unzulässig ansah[552], hält das Bundesverfassungsgericht die Zustellung von US-amerikanischen Sammelklagen nunmehr für zulässig[553]. Diese Rechtsprechung bezieht sich zwar nur auf die verfassungsrechtliche Zulässigkeit der Zustellung von Sammelklagen und sagt über die Unzulässigkeit nach Art. 13 HZÜ nichts aus. Die Chancen, sich gegen die Zustellung einer Sammelklage mit der Begründung zu wehren, es werde erpresserischer Druck ausgeübt, sind nach der gegenwärtigen Lage aber gering.

In Deutschland ist eine Zustellung von Klagen unzulässig, wenn das ausländische Prozessgericht aufgrund einer „usurpierten" Zuständigkeit handelt[554]. Usurpiert ist die Zuständigkeit immer dann, wenn entgegen völkerrechtlichen Grundsätzen eine Zuständigkeit in Anspruch genommen wird, die keine Nähebeziehung (genuin link) zum Streitgegenstand hat. 279

c) Zustellungen aufgrund autonomen Rechts

Ausländische Zustellungsregelungen kennen insbesondere drei vom deutschen Recht abweichende Zustellungsformen, die dem deutschen Beklagten eines ausländischen Verfahrens unter Umständen erhebliche Probleme bereiten können[555]. 280

aa) Parteizustellung[556]

In den USA erfolgt die Zustellung durch Privatpersonen[557]. Grundsätzlich ist jede am Prozess nicht beteiligte, über 18 Jahre alte Person geeignet, derartige Zustel- 281

552 Vgl. OLG Koblenz, IPRax 2006, 25 mit Anm. *Piepenbrock*, ebenda 4 ff.; dazu auch *Koch*, US-Sammelklage gegen deutsches Unternehmen?, RIW 2006, 356 ff. Das OLG Koblenz hat die Sache dem BGH vorgelegt. Es kam aber zu keiner Entscheidung, da der Rechtsstreit durch Klageabweisung in den USA zwischenzeitlich erledigt war; weiter *Schneider*, Class Actions – Rechtspolitische Fragen in den USA und Anerkennung in Deutschland, 1999.

553 Vgl. BVerfG RIW 2007, 211 (als obiter dictum); WM 2007, 1392 mit Anm. *Geimer*, WuB VII 2 C Art. 13 HZÜ.

554 Vgl. dazu Schütze, Die Verweigerung der Klagezustellung bei völkerrechtswidriger Usurpierung internationaler Zuständigkeit, RIW 2009, 497 ff.

555 Vgl. die Übersicht über die Regelung in 15 Staaten bei *Smit* (Hrsg.), International Cooperation in Litigation: Europe, 1965. Für die Zustellung im Rechtsvergleich vgl. auch *Nagel/Gottwald*, IZPR, § 8 Rdn. 2 ff.

556 Vgl. dazu *Stroschein*, Parteizustellung im Ausland, 2008.

557 Vgl. *Schack*, Einführung in das US-amerikanische Zivilprozessrecht, 4. Aufl. 2011, Rdn. 92; *Schurtman/Walter*, Der amerikanische Zivilprozess, 1978, S. 37 f.; *Schütze*, Konzeptionelle Un-

lungen durchzuführen. Es hat sich ein besonderer Beruf des „process server“ herausgebildet.

Bei Zustellungen ins Ausland wird regelmäßig ein am Zustellungsort ansässiger Anwalt mit der Zustellung beauftragt, der diese durchführt und darüber ein Protokoll in Form einer eidesstattlichen Versicherung (Affidavit) erstellt. Die Parteizustellung ist im deutsch-amerikanischen Verhältnis nach deutscher Ansicht unzulässig, da das Haager Zustellungsübereinkommen ausschließliche Geltung hat.

282 Die Unzulässigkeit der Parteizustellung bezieht sich nicht auf die persönliche Zustellung im Inland. Dem deutschen Beklagten in einem US-amerikanischen Zivilprozess kann die Klage ohne Verletzung des Haager Zustellungsübereinkommens in seinem Hotel, auf dem Flughafen, im Kongresssaal oder sonstwo bei einem US-Aufenthalt durch einen „process server“ zugestellt werden. Deshalb ist Vorsicht bei Reisen geboten, wenn Klage droht. So wurde in einem Fall die Klage im Flugzeug bei Überfliegen von Arkansas zugestellt[558]. In einem anderen Fall wurde einem Vertreter einer deutschen Filmgesellschaft eine Klage bei Entgegennahme eines Filmpreises in Kalifornien zugestellt.

283 Das System der Parteizustellung wird auch in England[559] und zahlreichen Staaten des Common-law-Prozesses praktiziert.

bb) Substituted Service

284 Hält sich der Zustellungsadressat im Ausland auf, so gewährt das englische Recht – auch nach den Civil Procedure Rules – eine weitgehende Ermessensfreiheit für den Richter, eine Ersatzzustellung anzuordnen[560]. Während das deutsche Recht fast ausnahmslos Zustellung durch Einschaltung ausländischer Rechtshilfe verlangt, ist das englische Recht flexibler. Es besteht grundsätzlich Formfreiheit. Die Ersatzzustellung kann durch Brief, Veröffentlichung in großen Londoner Tageszeitungen pp. erfolgen, wobei mit der Kenntnisnahme durch den Adressaten zu rechnen sein muss.

terschiede der Prozessführung vor US-amerikanischen und deutschen Gerichten, WM 1983, 1078 ff. (1978).;

558 Vgl. Grace v. McArthur, 170 F. Supp. 442 (E.D. Ark. 1959).

559 Vgl. *Bunge*, Zivilprozess und Zwangsvollstreckung in England und Schottland, 2. Aufl., 2005, S. 115 f. (Parteizustellung allerdings fakultativ); *Jacob*, Länderbericht England, in: *Smit* (Hrsg.), International Co-operation in Litigation: Europe, 1965, S. 66 ff. (86 f.).

560 Vgl. dazu *Geimer*, English Substituted Service (Service by Alternative Method) and the Race to the Courthouses, FS Schütze, 1999, S. 205 ff. (209 ff.).

cc) Remise au parquet[561]

Nach französischem Recht wird die Zustellung an einen Zustellungsadressaten im Ausland durch Anheftung des zuzustellenden Schriftstücks an die Gerichtstafel durch den „huissier" bewirkt. Die Zustellung der Klage an einen im Ausland domizilierten[562] oder residenten Beklagten ist also eine Inlandszustellung. Eine Kopie des zuzustellenden Schriftstücks wird dem Zustellungsadressaten durch den „huissier" übersandt (signification). 285

Die Benachrichtigung hat auf den Zeitpunkt der Zustellung keinen Einfluss[563]. Sie bekundet nur die erfolgte Zustellung.

Dasselbe System der remise au parquet, das im internationalen Rechtsverkehr seit langem bekämpft wird, wird u.a. auch in Griechenland[564], Luxemburg, den Niederlanden[565] und Italien[566] praktiziert. 286

Die remise au parquet bringt als fiktive Zustellungsform erhebliche verfassungs- und völkerrechtliche Probleme wegen des in der Zustellung liegenden Hoheitsaktes[567]. Dennoch ist sie auch im Geltungsbereich des Haager Zustellungsübereinkommens weiterhin zulässig[568]. Artt. 15f. HZÜ bringen einen gewissen Schutz. Die Zustellung durch remise au parquet wird im Anschluss an die Rechtsprechung des EuGH in der Scania Entscheidung[569] im Anwendungsbereich des Art. I des EuGVÜ-Protokolls und der EuZVO für unzulässig gehalten[570]. 287

---

561 Vgl. dazu *Bajons*, Internationale Zuständigkeit und Rechts auf Verteidigung, FS Schütze, 1999, S. 49ff. (55ff.); *Geimer (G.)*, Neuordnung des internationalen Zustellungsrechts, 1999, S. 31ff.; *Herzog/Smit*, Länderbericht Frankreich, in: *Smit* (Hrsg.), International Co-operation in Litigation: Europe, 1965, S. 119ff. (122ff.); *Nagel*, Remise au parquet und Haager Zustellungsübereinkommen, IPRax 1992, 150f.; *Nagel/Gottwald*, IZPR, § 8, Rdn. 16ff.; *Schack* IZVR, Rdn. 671; *Wiehe*, Zustellungen, Zustellungsmängel und Urteilsanerkennung am Beispiel fiktiver Inlandszustellungen in Deutschland, Frankreich und den USA, 1993, S. 52ff.

562 Vgl. dazu *Rigaux*, La signification des actes judiciaires à l'étranger, Rev.crit. 1963, 417ff.

563 Vgl. OLG Karlsruhe RIW 1999,538, *Schack* IZVR, Rdn. 671.

564 Vgl. *Yessiou-Faltsi*, Civil Procedure in Hellas, 1995, Rdn. 233.

565 Vgl. *Stein*, in: Chorus/Gerver, Introduction to Dutch Law, 3. Aufl., 1999, S. 248.

566 Vgl. dazu *Cappelletti/Perillo*, Civil Procedure in Italy, 1965, S. 159f.

567 Vgl. dazu eingehend aus deutscher Sicht *Schmitz*, Fiktive Auslandszustellung, 1980; aus österreichischer Sicht *Bajons*, Internationale Zustellung und Recht auf Verteidigung, FS Schütze, 1999, S. 49ff. (55ff.).

568 Vgl. *Nagel*, Remise au parquet und Haager Zustellungsübereinkommen, IPRax 1992, 150f. (151).

569 Vgl. EuGH Rs. C-522/03 – Scania Finance France S.A. v. Rockinger GmbH & Co. – IPRax 2006, 157; dazu *Stadler*, Ordnungsgemäße Zustellung im Wege der remise au parquet und Heilung von Zustellungsfehlern nach der Europäischen Zustellungsverordnung, IPRax 2006, 116ff.

570 Vgl. *Heckel*, Die fiktive Inlandszustellung auf dem Rückzug – Rückwirkungen des europäischen Zustellungsrechts auf das nationale Recht, IPRax 2008, 218ff. (222); *Zöller/Geimer*, § 183, Rdn. 15.

dd) Zustellungsdurchgriff

288 Das US-amerikanische Recht lässt einen Zustellungsdurchgriff in der Weise zu, dass die Zustellung in Verfahren gegen ausländische Beklagte an die inländische Tochtergesellschaft – soweit diese von der ausländischen Partei kontrolliert wird – als (involuntary) agent bewirkt werden kann[571]. Traurige Berühmtheit hat in diesem Zusammenhang der Fall Schlunk v. Volkswagen AG[572] erlangt, in dem das Gericht die Zustellung der Klage gegen die Volkswagen AG Wolfsburg an die Volkswagen of America, Inc., Illinois, zuließ[573]. Dabei ist ein Gleichlauf zwischen Zuständigkeitsdurchgriff[574] und Zustellungsdurchgriff unverkennbar[575].

3. Beweiserhebung im Ausland

289 Der Beweis bestimmt weitgehend den Prozessausgang. Es genügt nicht, Recht zu haben, man muss es auch beweisen können. Die vom deutschen Recht teilweise sehr abweichenden Beweisregelungen in ausländischen Prozessordnungen können die Rechtsposition der Parteien erheblich beeinflussen. Die unterschiedlichen Beweisregelungen[576] sind bei konkurrierenden Zuständigkeiten ein Kriterium – und nicht das bedeutungsloseste – für den Kläger, das für ihn insoweit günstigste Gericht zu wählen. Die Beweisvorschriften erlauben häufig ein erfolgreiches forum shopping[577].

---

571 Vgl. dazu *Otto*, Der prozessuale Durchgriff, 1993, S. 83 ff.

572 Vgl. dazu *Koch*, Haager Zustellungsübereinkommen oder „Zustellungsdurchgriff" auf Muttergesellschaften, IPRax 1989, 313 f.

573 Damit wurde ein schwerer prozessualer Fehler des Klägers mit wohlwollender Hilfe des Gerichts korrigiert. Der Kläger hatte nämlich zunächst die Volkswagen of America, Inc. als Hersteller mit seiner Product-liability-Klage überzogen. Als er bemerkte (sehr sorgfältig waren seine Anwälte bei der Klagevorbereitung wohl nicht), dass das verunfallte Fahrzeug in Wolfsburg hergestellt worden und von der Volkswagen of America, Inc. nur vertrieben worden war, erweiterte er seine Klage auf die Volkswagen AG und ließ sie an die Volkswagen of America, Inc. zustellen.

574 Vgl. dazu *Welp*, Internationale Zuständigkeit über auswärtige Gesellschaften mit Inlandstöchtern im US-amerikanischen Zivilprozess, 1982.

575 Vgl. *Otto*, Der prozessuale Durchgriff, 1992, S. 101 ff.

576 Vgl. rechtsvergleichend *Nagel*, Die Grundzüge des Beweisrechts im europäischen Zivilprozess, 1967; *Rühl/Fragistas*, Rechtspolitische und rechtsvergleichende Beiträge zum zivilprozessualen Beweisrecht, 1929.

577 Vgl. dazu z.B. *Juenger*, Forum shopping, RabelsZ 46 (1982), 708 ff.; im übrigen oben Rdn. 111 ff.

a) Beweiskollisionsrecht[578]

Im internationalen Beweisrecht gilt – wie allenthalben im internationalen Zivilprozessrecht – der Grundsatz von der Maßgeblichkeit der lex fori[579]. Nur soweit Beweisfragen im Prozess materiell-rechtlicher Natur sind, ist die lex causae anzuwenden. Die Differenzierung ist nicht immer leicht[580]. 290

b) Beweismittel

Das deutsche Recht kennt den Beweis durch Augenschein, den Zeugenbeweis, den Beweis durch Sachverständige, den Urkundsbeweis und – subsidiär – den Beweis durch Parteivernehmung. Diese Beweismittel sind dem ausländischen Recht regelmäßig auch bekannt[581], ihre Benutzung im Prozess ist jedoch teilweise gegenüber dem deutschen Recht erheblich erweitert oder eingeschränkt. 291

aa) Einschränkung des Zeugenbeweises

Dem Zeugenbeweis[582] wird – ebenso wie der Parteivernehmung – nicht zu Unrecht misstraut. Er ist ein sehr unsicheres Beweismittel, dessen Beweiswert vom Wissen des Zeugen und seiner Bereitschaft, dieses wahrheitsgemäß und ohne Berücksichtigung von Parteiinteressen kundzutun, abhängig ist. 292

---

578 ,Vgl. dazu *Coester-Waltjen*, Internationales Beweisrecht, 1983; *Geimer*, IZPR, Rdn. 2260 ff.; *Huet*, Les conflits de lois en matière de preuve, 1965; *Loritz*, Transnationales Streitverfahren und Beweisrecht, in: Gilles (Hrsg.), Transnationales Prozessrecht, 1995, S. 141 ff.; *Neumeyer*, Der Beweis im internationalen Privatrecht, RabelsZ 43 (1979), 225 ff.; *Nigg*, Das Beweisrecht bei internationalen Privatrechtsstreitigkeiten, 1999; *Riezler*, IZPR S. 464 ff.; *Szászy*, International Civil Procedure, 1967, S. 245 ff.

579 Vgl. dazu *Coester-Waltjen*, Internationales Beweisrecht, 1983, S. 88 ff.; *Geimer*, IZPR Rdn. 2260 ff.; *Nagel/Gottwald, IZPR*, *Schack*, IZVR, Rdn. 734, der diesen Grundsatz allerdings als „brüchig geworden“ bezeichnet,

580 Vgl. dazu eingehend *Coester-Waltjen*, Internationales Beweisrecht, 1983, S. 212 ff. (mit einer Analyse von Einzelproblemen des Beweiskollisionsrechts); *Geimer*, IIZPR, Rdn. 2260 ff.; *Schack*, IZVR, Rdn. 734 ff.; *Schütze*, Deutsches internationales Zivilprozessrecht, 2. Aufl., 2005, Rdn. 221 ff.

581 Vgl. für einen Überblick *Nagel/Gottwald*, IZPR, § 10, Rdn. 76 ff.

582 Vgl. für einen Überblick *NagelGottwald*, IZPR § 10, Rdn. 76 ff.; *Coester-Waltjen*, Internationales Beweisrecht, 1983, S. 322 ff.

293 Deshalb schließt das französische Recht den Zeugenbeweis für gewisse Verträge aus und beschränkt die Beweismittel auf den Urkundsbeweis[583]. Nach Art. 1341 CC kann der Beweis bei Klagen aus rechtsgeschäftlichen Schuldverhältnissen bei einem jeweils durch Dekret fixierten Streitwert nur durch eine notarielle oder eine von beiden Parteien unterschriebene – mechanische Vervielfältigungen genügen – Urkunde geführt werden. Nur der Parteieid und das Geständnis sind neben dem Urkundsbeweis zulässig. Diese strenge Beweisregel ist heute zwar durch eine Fülle von Ausnahmen aufgeweicht, das Prinzip ist aber geblieben. Eine solche Einschränkung des Zeugenbeweises findet sich auch in anderen romanischen Rechtsordnungen[584].

294 Ähnliche Einschränkungen des Zeugenbeweises finden sich im englischen Recht[585], wo ursprünglich das Statute of Frauds 1677[586] für alle Verträge den Beweis durch eine Vertragsurkunde verlangte, heute jedoch nur noch Relikte in sect. 40 Law of Property Act, 1925, und sect. 1 Law Reform (Enforcement of Contracts) Act, 1954, bestehen[587]. Nach diesen Gesetzen ist für gewisse Geschäfte[588] der Beweis des Vertragsabschlusses nur durch Urkunden zulässig.

295 In einzelnen Staaten der USA besteht für gewisse Verträge die Notwendigkeit des Beweises durch eine Urkunde; der Zeugenbeweis ist bei diesen Rechtsgeschäften ausgeschlossen. Der Uniform Commercial Code sieht in § 2–201 vor, dass Verträge, die formlos geschlossen worden sind, bei einer Wertgrenze von mehr als US $ 500 nicht einklagbar sind.

296 Schließlich machen die „parol evidence rule" und ähnliche Regelungen[589] zuweilen den Beweis durch Urkunden notwendig. Nach der im angloamerikanischen Recht verbreiteten „parol evidence rule" kann die Abänderung schriftlicher vertraglicher Vereinbarungen nur durch Urkunden, nicht aber durch Zeugen oder andere Beweismittel bewiesen werden.

---

583 Vgl. dazu *Perrot*, Dalloz, Répertoire de procédure „Preuve". Vgl. zum Urkundenbeweis auch *Rosch/Klingenfuss*, Neues zum Urkundenbeweis und Schriftform in Frankreich und Luxemburg, 2001; *Teske*, Urkundenbeweis im französischen und deutschen Zivil- und Zivilprozessrecht, 1990.

584 Vgl. im Einzelnen *Nagel/Gottwald*, IZPR, § 10, Rdn. 81 ff.

585 Vgl. dazu *Bunge*, Zivilprozess und Zwangsvollstreckung in England und Schottland, 2. Aufl., 2005, S. 1421 ff.

586 Vgl. dazu *Graupner*, Teilreformen des englischen Vertragsrechts, RiW 1954, 52 f.; *Rabel*, The Statute of Frauds and Comparative Legal History, L.Q.Rev. 63 (1947), 174 ff.

587 Diese Beschränkungen sind in viele Rechte des Common-law-Kreises eingegangen, z.B. in das Recht Singapurs, vgl. dazu *Schütze*, Vertragsgestaltung und Rechtsverfolgung bei Handelsgeschäften mit Singapur, RIW 1984, 608 ff.

588 Dazu gehören Grundstücksgeschäfte, declarations of trust, policies of sea insurance etc.

589 Vgl. dazu *Coester-Waltjen*, Internationales Beweisrecht, 1983, S. 377 ff.

Bestehen so häufig Beschränkungen des Zeugenbeweises im Hinblick auf den Beweisgegenstand, so kennen andere Rechte Beschränkungen hinsichtlich der Person des Zeugen. Nach italienischem Recht sind Personen als Zeugen ausgeschlossen, die ein Interesse am Ausgang des Rechtsstreits haben[590]. Eine ähnliche Regelung kennt das spanische Recht, das am Rechtsstreit interessierte Personen nicht zum Zeugenbeweis zulässt[591]. 297

bb) Erweiterung des Zeugenbeweises

Während das deutsche Recht die Parteivernehmung nur subsidiär in Ausnahmefällen als Beweismittel zulässt[592], können die Parteien im anglo-amerikanischen Zivilprozess unbeschränkt Zeugen sein[593]. Während früher die Parteien – wie alle interessierten Personen – als Zeugen nicht zugelassen waren, ist heute der Zeugenbeweis durch Vernehmung der Partei in England[594] und den USA[595] praktisch unbeschränkt zulässig. Es gelten für die Parteien in diesem Fall dieselben Regeln wie für andere Zeugen, insbesondere im Hinblick auf die Vereidigung und das Kreuzverhör. 298

cc) Verpflichtung zur Zeugenaussage

Der beste Zeuge ist wertlos, wenn er zum Beweisthema keine Aussage macht. 299
Die Grenzen des Zeugnisverweigerungsrechts divergieren in den einzelnen Rechtsordnungen sehr[596]. Abgesehen von engen verwandtschaftlichen Bindungen, die regelmäßig zur Zeugnisverweigerung berechtigen, ist das Zeugnisver-

---

590 Vgl. *Bunge*, Zivilprozess und Zwangsvollstreckung in Frankreich und Italien, 2008, S. 204; *Cappelletti/Perillo*, Civil Procedure in Italy, 1965, S. 217; *Nagel/Gottwald*, IZPR, § 10, Rdn. 87.

591 Vgl. *Cremades/Cabiedes*, Litigating in Spain, 1988, S. 254 f.; *Nagel/Gottwald*, IZPR, § 10, Rdn. 84.

592 Vgl. § 445 ZPO; rechtsvergleichend *Tsai*, Eine rechtsvergleichende Studie der europäischen Parteivernehmung, FS Rammos, 1979, S. 907 ff. Der Grundsatz ist unter dem Gesichtspunkt der Waffengleichheit im Zivilprozess zur ähnlichen Regelung im niederländischen Recht vom Europäischen Gerichtshof für Menschenrechte in Frage gestellt worden, vgl. EGMR, NJW 1995, 1413.

593 Vgl. dazu *Coester-Waltjen*, Internationales Beweisrecht, 1983, S. 331 ff.

594 Vgl. *Curti*, Englands Zivilprozess, 1928, S. 111; *Dreymüller*, Zeugenbeweis im Zivilprozess im common law und im deutschen Recht, 2000.

595 Vgl. *Alsentzer/Habel*, Überblick über das Zivilprozess-, Zwangsvollstreckungs- und Konkursrecht in den Vereinigten Staaten von Amerika, in: Grundzüge, 1979, S. 35; *Schack*, Einführung in das US-amerikanische Zivilprozessrecht, 4. Aufl., 2011, Rdn. 156.

596 Vgl. dazu den Überblick bei *Nagel/Gottwald*, IIZPR § 10, Rdn. 97 ff.

weigerungsrecht insbesondere im Hinblick auf den Schutz des Berufsgeheimnisses bedeutsam.

Das Zeugnisverweigerungsrecht kann absolut oder relativ gewährt werden. Absolut, d.h. ohne Befreiungsmöglichkeit, wirkt beispielsweise das Zeugnisverweigerungsrecht für Ärzte im französischen Recht[597], während es in anderen Rechtsordnungen, z.B. dem niederländischen Recht[598], nur relativ, d.h. mit einer Befreiungsmöglichkeit durch den Geschützten, besteht.

300 Das Zeugnisverweigerungsrecht kann schließlich bei genereller Nichtanerkennung – wie im anglo-amerikanischen Zivilprozess – im Einzelfall in der Form eines Privilegs gegeben sein, wobei sich der Zeuge zu einzelnen Fragen oder Beweisthemen bei genereller Verpflichtung zur Aussage nicht zu äußern braucht. Neben Ärzten genießen Geistliche und Rechtsanwälte regelmäßig ein Zeugnisverweigerungsrecht für die ihnen in Ausübung ihrer Berufstätigkeit bekannt gewordenen Tatsachen.

301 Eine in den einzelnen Staaten sehr unterschiedliche Bedeutung wird dem Bankgeheimnis beigemessen[599]. In diesem Bereich spielen politische Erwägungen eine überragende Rolle.

c) Ausforschungsbeweis

302 Das deutsche Recht verbietet den Ausforschungsbeweis[600]. Niemand ist verpflichtet, seinem Gegner die Waffen für den Prozess gegen sich an Hand zu ge-

---

597 Vgl. *Nagel/Gottwald*, IZPR, § 10, Rdn. 101. Allerdings muss das Gericht den Zeugen von seiner Verpflichtung zur Aussage entbinden.

598 Vgl. dazu *Nagel*, Das Berufsgeheimnis der Ärzte im Zivilprozess auf internationaler Ebene, DRiZ 1977, 33ff.; zum englischen Recht vgl. eingehend *Pietsch*, Berufliche Privilegien und Zeugnisverweigerungsrechte im englischen und deutschen Zivilprozess, Diss. Göttingen 1974, S. 13ff.

599 Vgl. dazu *Martinek*, Das internationale Bankgeheimnis – eine Problemskizze, FS Schütze, 1999, S. 503ff.; zum unterschiedlichen Schutz des Bankgeheimnisses im deutsch-amerikanischen Verhältnis *Lange/Black*, Der Zivilprozess in den Vereinigten Staaten, 1987, Rdn. 84; *Stürner*, U.S.-amerikanisches und europäisches Verfahrensverständnis, FS Stiefel, 1987, S. 761ff. (774).

600 Vgl. dazu *Esser*, Der Ausforschungsbeweis, Diss. Bonn 1969; *Gamp*, Die Bedeutung des Ausforschungsbeweises im Zivilprozess, DRiZ 1982, 165ff.; *Knichel*, Der Ausforschungsbeweis im deutschen Zivilprozess, Diss. Bonn 1959; *Mössle*, Extraterritoriale Beweisbeschaffung im internationalen Wirtschaftsrecht, 1990, S. 104ff.; *Peters*, Der Ausforschungsbeweis im Zivilprozessrecht, 1966; *ders.*, Die Verwertbarkeit rechtswidrig erlangter Beweise und Beweismittel im Zivilprozess, ZZP 76 (1983), 145ff.; *Stürner*, Die Aufklärungspflicht der Parteien im Zivilprozess, 1978, S. 108ff.

ben[601]. Jede Partei kann nur die Beweismittel benutzen, die sie selbst besitzt. Eine grundsätzlich andere Regelung findet sich im US-amerikanischen Zivilprozess[602].

Eine umfassende „pre-trial discovery“[603] dient der Beweisermittlung (discovery) und Beweisoffenlegung (disclosure) durch die Gegenpartei. Beide Parteien sollen – dies ist der rechtspolitische Hintergrund der Regelung – hinsichtlich ihrer Kenntnis der prozessrelevanten Tatsachen und der Beweismittel gleichgestellt werden. 303

Dieses an sich vielleicht lobenswerte Prinzip ist in der Praxis schweren Missbräuchen ausgesetzt. Es führt zu Klagen „auf Verdacht“ und „ins Blaue“, bei denen man erst im Rahmen der „pre-trial discovery“ feststellen will, ob überhaupt Ansprüche bestehen und beweisbar sind. Manchmal kommt es dem kontinentalen Juristen vor wie das früher sehr populäre Gesellschaftsspiel „Schiffe versenken“. Die Möglichkeit der Einleitung eines solchen Beweisermittlungsverfahrens wird damit zu einem der wesentlichen Gründe für ein forum shopping[604]. Die „pre-trial discovery“ ist nicht nur langwierig und kostspielig[605], 304

---

601 203 Vgl. dazu *Baumbach/LauterbachHartmann*, Einf. § 284 Rdn. 27 ff. Deshalb ist auch ein Beweisantrag unzulässig, der darauf abzielt, durch die Beweisaufnahme erst Stoff für den Tatsachenvortrag zu gewinnen, vgl. BGH, MDR 1973, 233; BGH, MDR 1991, 688; eingehend *Chudoba*, Der ausforschende Beweisantrag, 1993.

602 Vgl. *Schütze*, Konzeptionelle Unterschiede der Prozessführung vor US-amerikanischen und deutschen Gerichten, WM 1983, 1078 ff.

603 Vgl. dazu *Böhm*, Amerikanisches Zivilprozessrecht, 2005, Rdn. 388 ff.; *Eschenfelder*, Beweiserhebung im Ausland und ihre Verwertung im inländischen Zivilprozess, 2002, S. 41 ff., *von Hülsen*, Vorlage von Dokumenten und Zeugenvernehmungen für US-Zivilprozesse (Pre-Trial Discovery), AWD 1974, 315 ff.; *Jacoby*, Das Erforschungsverfahren im amerikanischen Zivilprozess, ZZP 74 (1961), 145 ff.; *Lange/Black*, Der Zivilprozess in den Vereinigten Staaten, 1987, Rdn. 56 ff.; *Junker*, Discovery im deutsch-amerikanischen Rechtsverkehr, 1987; *Mentz*, Das „Pre-Trial-Discovery“-Verfahren im US-amerikanischen Zivilprozessrecht, RIW/AWD 1981, 83 ff.; *Nagel/Gottwald*, IZPZ, § 10, Rdn. 21 ff.; *Reimann*, Beyond Fishing: Weitreichende Neuerungen im amerikanischen Discovery-Verfahren, IPRax 1994, 152 ff.; *Rippert*, Das Beweisverfahren im amerikanischen Recht, RIW 1993, 626 ff.; *Schack*, Einführung in das US-amerikanische Zivilprozessrecht, 4. Aufl., 2011, Rdn. 109 ff.; für das englische Recht vgl. *Schaaff*, Discovery und andere Mittel der Sachaufklärung im englischen Pre-Trial-Verfahren im Vergleich zum deutschen Zivilprozess, 1983, *Yoshida;* Die Informationsbeschaffung im Zivilprozess, 2001, S. 76 ff.

604 Vgl. dazu *Siehr*, „Forum Shopping“ im internationalen Rechtsverkehr, ZfRV 25 (1984), 124 ff. (128 ff.), im übrigen Rdn. 114.

605 Darauf weisen besonders *Martens*, Erfahrungen mit Rechtshilfeersuchen aus den USA nach dem Haager Beweisaufnahme-Übereinkommen, RIW/AWD 1981, 725 ff. (726), und *Schack*, Einführung in das US-amerikanische Zivilprozessrecht, 4. Aufl., 2011, Rdn. 113, hin. Die pre-

mit ihr wird häufig auch versucht, Geschäftsgeheimnisse des Prozessgegners zu erfahren.

305 Das Beweisermittlungsverfahren hat im wesentlichen drei Funktionen[606]:

- Beschaffung von Dokumenten im weitesten Sinne, die sich im Besitz der anderen Partei oder potentieller Zeugen befinden, und Einsichtnahme hierin[607]. Das gilt nicht nur für Verträge und rechtsgeschäftliche Erklärungen. In einem Verfahren wurde von der deutschen Partei die Vorlage von Kalendern, Telefonnotizen und Vorstandsprotokollen für zurückliegende Jahre verlangt.
- Augenscheinseinnahme von Sachen, Personen, Fabrikanlagen[608] usw. Dies ist insbesondere bei Produkthaftungsprozessen üblich[609], in denen die geschädigte Partei von der Besichtigung der Fabrikationsanlagen und Produktionsprozesse Material für die Untermauerung ihrer Ansprüche erhofft. Die Automobilindustrie kann hiervon ein Lied singen.
- Vernehmung von Zeugen und Sachverständigen über möglicherweise prozesserhebliche Kenntnisse.

306 Die „pre-trial discovery" ist nicht uferlos zu nutzen. Sie hat ihre Grenzen dort, wo das Verlangen rechtsmissbräuchlich ist, etwa weil seine Erfüllung unter keinem denkbaren Gesichtspunkt prozessrelevante Erkenntnisse bringen kann. Unzulässig ist es auch, von der anderen Partei oder von Zeugen im Rahmen der

---

trial discovery ist – so hat man den Eindruck – von amerikanischen Anwälten als sprudelnde Quelle ihrer Honorareinkünfte entdeckt worden.

606 Vgl. zur Einführung *Jacoby*, Das Erforschungsverfahren im amerikanischen Zivilprozess, ZZP 74 (1961), 145 ff.; *Schack*, Einführung in das US-amerikanische Zivilprozessrecht, 4. Aufl., 2011 Rdn. 116 ff. m.w.N.

607 *Siehr*, „Forum Shopping, im internationalen Rechtsverkehr, ZfRV 25 (1984), 124 ff. (129) berichtet, dass im Paris Air Crash-Fall [In re Paris Air Crash of March 3, 1974, 399 F.Supp. 732 (C.D. Calif. 1975)] bei der Herausgabe von Dokumenten „Fehler und Versäumnisse zutage" traten, „die schier unglaublich" waren und die Verfahren der Hinterbliebenen der 346 Opfer des Absturzes der DC 10 der Turkish Airlines deshalb erfolgreich beendet wurden.

608 Ein instruktiver Fall findet sich in Volkswagenwerk Aktiengesellschaft v. The Superior Court for the County of Sacramento 33 C.A. 3rd 503-CaeRoptr. (1973). In diesem Verfahren beantragte der Kläger zwei Discovery-Maßnahmen:

- die Ernennung eines commissioner zur eidlichen Vernehmung von zwei Vorstandsmitgliedern und fünf Angestellten der VW-AG;
- die Erlaubnis zum Betreten des VW-Werks und die Fertigung von Kameraaufnahmen.

Vgl. dazu *von Hülsen*, Vorlage von Dokumenten und Zeugenvernehmungen für US-Zivilprozesse (Pre Trial Discovery), AWD 1974, 315 ff.

609 Vgl. zum Discovery-Verfahren und Jury-Prozess in Produkthaftungsprozessen *Heidenberger*, Der amerikanische Jury-Prozess in Produkthaftungsfällen, RIW 1982, 872 ff.; *Junker*, Discovery im deutsch-amerikanischen Rechtsverkehr, 1987.

„pre-trial discovery" ein verbotenes Verhalten zu fordern, was darin liegen kann, dass Organe deutscher Gesellschaften, die für gewisse Kenntnisse einer Schweigepflicht unterliegen, sich durch deren Bruch strafbar machen würden[610]. Ein Auskunftsverlangen findet auch dort seine Grenzen, wo die Erfüllung gegen ein gesetzliches Privileg verstieße[611] oder zur unangemessenen Offenlegung von Geschäftsgeheimnissen führte. Hier kann auch das Bankgeheimnis einem Auskunftsverlangen entgegengehalten werden[612].

Die amerikanischen Gerichte sind bei der Zulassung von Ausnahmen jedoch sehr zurückhaltend. Die restriktive Praxis geht dahin, die Beweisermittlung so wenig wie möglich zu beschränken.

Besondere Probleme bereitet die „pre-trial discovery" im Ausland[613]. 307

610 Vgl. z.B. § 404 AktG.

611 Zuweilen wird die Abwehr unzulässiger Ausforschungsmaßnahmen durch einstweilige Verfügung versucht, vgl. LG Kiel, RIW 1983, 206, dazu *Stiefel/Petzinger*, Deutsche Parallelprozesse zur Abwehr amerikanischer Beweiserhebungsverfahren, RIW 1983, 242 ff.; *Bosch*, Das Bankgeheimnis im Konflikt zwischen US-Verfahrensrecht und deutschem Recht, IPRax 1984, 127 ff.

612 Unter Berufung auf Ings v. Ferguson 282 F. 2d. 149 (2d 1960) hat ein New Yorker Gericht in einer unveröffentlichten Entscheidung die Berufung einer deutschen Bank auf das Bankgeheimnis gegenüber dem Auskunftsersuchen als berechtigt erachtet. Vgl. zu dem Problem auch *Eisner*, Das Bankgeheimnis im deutsch-amerikanischen Handelsverkehr, WM 1969, 198 ff.

613 Vgl. dazu *Junker*, Discovery im deutsch-amerikanischen Rechtsverkehr, 1987; *Lowenfeld*, Discovery-Verfahren und internationale Rechtshilfe, IPRax 1984, 51 ff.; *Mössle*, Extraterritoriale Beweisbeschaffung im internationalen Wirtschaftsrecht, 1990; zu den Problemen der „pre-trial discovery" im deutsch-amerikanischen Rechtsverkehr vgl. *Heck*, Die Haager Konvention über die Beweisaufnahme im Ausland aus der Sicht der amerikanischen Prozessgerichte sowie der amerikanischen Regierung, ZVglRWiss. 84 (1985), 208 ff.; *Heidenberger*, Ein Beispiel amerikanischer Rechtsprechung zum Haager Beweisaufnahmeübereinkommen, RIW 1985, 270 ff.; *ders.*, Das Haager Beweisübereinkommen und die Urkundenvorlage deutscher Parteien in den USA, RIW 1985, 437 ff.; *ders.*, Neue Interpretation des Haager Beweisübereinkommens durch die US-Regierung, RIW 1984, 841 ff.; *von Hülsen*, Kanadische und Europäische Reaktionen auf die US-"pre-trial discovery" und die internationale Rechtshilfe – Das US-Recht und seine Hintergründe, RIW 1982, 225 ff.; *ders.*, Vorlage von Dokumenten und Zeugenvernehmungen für US-Zivilprozesse (pre-trial discovery), AWD 1974, 315 ff.; *Junker*, Discovery im deutsch-amerikanischen Rechtsverkehr, 1987; *ders.*, Der lange Arm amerikanischer Gerichte: Gerichtsgewalt, Zustellung und Jurisdictional Discovery, IPRax 1986, 197 ff.; *Koch*, Zur Praxis der Rechtshilfe im deutsch-amerikanischen Prozessrecht – Ergebnisse einer Umfrage zu den Haager Zustellungs- und Beweisübereinkommen, IPRax 1985, 245 ff.; *Martens*, Erfahrungen mit Rechtshilfeersuchen aus den USA nach dem Haager Beweisübereinkommen, RIW/AWD 1981, 725 ff.; *Pfeil-Kammerer*, Deutsch-amerikanischer Rechtshilfeverkehr in Zivilsachen, 1987; *Schütze*, Zur Verteidigung im Beweiserhebungsverfahren in US-amerikanischen Zivilprozessen, WM 1986, 633 ff.; *Stiefel*, „Discovery"-Probleme und Erfahrungen im Deutsch-Amerikanischen Rechtshilfeverkehr, RIW/AWD 1979, 509 ff.; *Stürner*, Rechtshilfe nach dem Haager Beweisübereinkommen für

d) Beweiswürdigung

308 Das deutsche Recht geht von der freien Beweiswürdigung durch den Richter aus. Dieser hat sich seine Überzeugung aufgrund offenbarer oder ihm durch zulässige Beweismittel bekannt gewordener Tatsachen zu bilden. Er ist an keine starren Regeln der Beweiswürdigung gebunden.

309 Wo eine Entscheidung durch Laienrichter gefällt wird, ist die Möglichkeit der Beeinflussung des Gerichts von außen und innen besonders groß. Zwar sind auch Berufsrichter nur Menschen. Sie sind aber kraft ihrer Ausbildung und Erfahrung besser in der Lage, Beweise unemotionaler und sachlicher zu würdigen als eine Jury, die ad hoc aus vielleicht ehrbaren, aber in der Rechtsfindung unerfahrenen Laien gebildet wird[614]. *Maxeiner* bringt den treffenden Vergleich eines Schauspiels mit der Jury als Publikum, bei dem an das Gefühl der Juroren appelliert wird[615]. Beweisregeln und Beweisverbote finden sich deshalb besonders in Jury-Prozessen im anglo-amerikanischen Zivilprozess.

aa) Dead man statute

310 Das „dead man statute“[616]– eine alte Common-law-Regel – besteht in einigen amerikanischen Prozessordnungen noch fort. Danach ist eine am Ausgang des Rechtsstreits interessierte Person als Zeuge ausgeschlossen, wenn der Partner des streitgegenständlichen Geschäfts vor Beweisaufnahme gestorben ist. Nach dieser Regel ist beispielsweise der Darlehnsnehmer im Prozess des Erben des zwischenzeitlich verstorbenen Darlehnsgebers gegen ihn auf Rückzahlung des Darlehns gehindert, über eine Stundungsabrede mit dem Erblasser als Zeuge auszusagen.

Common Law Länder, JZ 1981, 521 ff.; *ders.*, Die Gerichte und Behörden der USA und die Beweisaufnahme in Deutschland, ZVglRWiss 81 (1982), 159 ff.

614 Vgl. für ein instruktive Beispiel *Cahn*, Winning Big Cases with Trial Simulations, ABA Journal 69 (1983), 1073 ff., der darüber berichtet, dass die Anwälte in dem Prozess MCI Communications Corporation v. American Telephone & Telegraph Company zunächst vor einer Scheinjury „übten“, daraufhin ihre Strategie festlegten und den Prozess mit dem vorprogrammierten Ergebnis schließlich gewannen.

615 Vgl. *Maxeiner*, Die Gefahr der Übertragung deutschen Rechtsdenkens auf den US-amerikanischen Zivilprozess, RIW 1990, 440 ff. (444).

616 Vgl. dazu *Coester-Waltjen*, Internationales Beweisrecht, 1983, S. 324 ff.; *Vanderbilt*, The Challenge of Law Reform, 1955, S. 334 ff.

bb) Hearsay rule

Nach der hearsay rule, die sich im englischen und amerikanischen Prozessrecht in unterschiedlichen Ausgestaltungen findet, ist der Beweis „vom Hörensagen" ausgeschlossen[617]. ein Zeuge kann grundsätzlich nur über seine eigenen Wahrnehmungen berichten. Die Aussage, dass eine dritte Person dem Zeugen etwas erzählt habe, ist – von Ausnahmen abgesehen – ausgeschlossen. 311

cc) Opinion rule

Nach der opinion rule können im anglo-amerikanischen Zivilprozess nur Tatsachenwahrnehmungen des Zeugen berücksichtigt werden[618]. Schlussfolgerungen und Meinungen des Zeugen haben keinen Beweiswert. Die Regel wird oft durchbrochen. Denn man kann die Jury zwar dahin belehren, dass sie Schlussfolgerungen und Meinungen eines Zeugen nicht berücksichtigen darf; man kann sie aber nicht hindern, dies zu tun[619]. 312

dd) Best evidence rule

Von mehreren möglichen Beweismitteln ist dasjenige zu berücksichtigen, das die behauptete Tatsache am klarsten und eindeutigsten darzutun und zu beweisen geeignet ist[620]. Erst wenn z.B. ein Urkundsbeweis nicht möglich ist, kommt ein Beweis durch Zeugen in Betracht. 313

---

617 Vgl. dazu *Alsentzer/Habel*, Übersicht über das Zivilprozess-, Zwangsvollstreckungs- und Konkursrecht in den Vereinigten Staaten von Amerika, in: Grundzüge, 1979, S. 37; Nachweise bei *Coester-Waltjen*, Internationales Beweisrecht, 1983, S. 231 ff. (insbes. FN 979, 980); zur historischen Entwicklung vgl. *Younger*, An Irreverent Introduction to Hearsay, 1976. Die Regel ist im US-amerikanischen Zivilprozess durch viele Ausnahmen verwässert, vgl. *Böhm*, Amerikanisches Zivilprozessrecht, 2005, Rdn. 607 ff.; *Schack*, Einführung in das US-amerikanische Zivilprozessrecht, 4. Aufl., 2011, Rdn. 161.

618 Vgl. dazu *Böhm*, Amerikanisches Zivilprozessrecht, 2005, Rdn. 604 f.; *Nokes*, An Introduction to Evidence, 4. Aufl., S. 160 ff.; *ders.*, Cross On Evidence, 3. Aufl., S. 360 ff.

619 Auf diese Gefahr weisen *Alsentzer/Habel*, Übersicht über das Zivilprozess-, Zwangsvollstreckungs- und Konkursrecht in den Vereinigten Staaten von Amerika, in: Grundzüge, S. 37, zu Recht hin.

620 Vgl. *Alsentzer/Habel*, Übersicht über das Zivilprozess-, Zwangsvollstreckungs- und Konkursrecht in den Vereinigten Staaten von Amerika, in: Grundzüge, S. 38; *Böhm*, Amerikanisches Zivilprozessrecht, 2005, Rdn. 596; *Wigmore*, Anglo-American System of Evidence, 3. Aufl., Bd. 4, §§ 1177 f.

e) Beweislast[621]

314 Weltweit wird die materiellrechtliche Qualifikation der Beweislast favorisiert[622]. Das bedeutet, dass das Gericht die Beweislast nach dem Recht beurteilt, dem das streitgegenständliche Geschäft unterliegt. Findet auf einen Vertrag deutsches Recht Anwendung, so beurteilt ein französisches Gericht die Beweislast in dem Verfahren, das diesen Vertrag zum Gegenstand hat, nach deutschem Recht.

4. Beweiserhebung „über die Grenze"

315 Können Beweismittel im ausländischen Prozess nicht herbeigeschafft werden, weil sie nur in Deutschland (oder einem Drittstaat) verfügbar sind, dann muss die Beweisaufnahme durch internationale Rechtshilfe erfolgen[623].

a) Internationale Beweisaufnahme nach deutschem autonomem Recht

316 Nach der Rechtshilfeordnung für Zivilsachen (ZRHO) vom 19.10.1956[624] kann sich die Beweisaufnahme auf die Vernehmung von Zeugen, Sachverständigen oder Parteien, Augenscheinseinnahme, Aufnahme eines Urkundenbeweises oder die Prüfung von Urkunden, Abnahme von Eiden etc. beziehen (§ 5 Nr. 2 ZRHO).

Die ZRHO regelt die Behandlung eingehender Ersuchen in §§ 82ff.

---

621 Vgl. dazu grundlegend *Buciek*, Beweislast und Anscheinsbeweis im internationalen Recht, Diss. Bonn 1984.

622 Vgl. *Coester-Waltjen*, a.a.O., S. 274ff.; *Schack*, IZVR, Rdn. 752f., der allerdings selbst die Anwendung der lex fori favorisiert.

623 Vgl. dazu *Ahrens*, Grenzüberschreitende selbständige Beweisverfahrens, FS Schütze, 1999, S. 1ff.; zum korrespondierenden Problem der Beschaffung ausländischen Zeugenbeweises im deutschen Zivilprozess; *Schabenberger*, Der Zeuge im Ausland im deutschen Zivilprozess, 1996.

624 Vgl. dazu *Arnold*, Die Rechtshilfeordnung in Zivilsachen v. 19.10.1956, MDR 1957, 385ff.; *Geimer/Schütze*, Internationaler Rechtsverkehr, 900.1ff.; *Nehlert*, Grundsätze des Rechtshilfeverkehrs mit dem Ausland in Zivilsachen, JR 1958, 121ff.; *Unterreitmayer*, Der Rechtshilfeverkehr mit dem Ausland in Zivil- und Handelssachen, Rpfleger 1972, 117ff.

b) Internationale Beweisaufnahme aufgrund europäischen Rechts

Die zwischenstaatliche Beweisaufnahme in Verkehr der EU-Staaten – mit Ausnahme Dänemarks – untereinander ist durch die VO (EG) Nr. 1206/2001 vom 28. Mai über die Zusammenarbeit zwischen den Gerichten der Mitgliedstaaten auf dem Gebiet der Beweisaufnahme in Zivil- und Handelssachen (EuBVO) geregelt[625]. In Deutschland enthalten §§ 1072ff. ZPO Durchführungsbestimmungen[626]. 317

Die EuBVO bringt entscheidende Vereinfachungen durch die Beschleunigung der Übermittlungswege und die Zulassung der unmittelbaren Beweisaufnahme durch das Gericht des Gerichtsstaates nach seinem Recht. Die EuBVO regelt zwei Wege der Beweisaufnahme im Ausland: 318

- *Die Beweisaufnahme durch das ersuchte Gericht*: Das Prozessgericht kann zunächst ein ausländisches Gericht ersuchen, die Beweisaufnahme im Wege der Rechtshilfe durchzuführen. Hierfür steht der unmittelbare Weg zwischen den Gerichten offen (Art. 2 EuBVO). Das ist ein großer Fortschritt und führt zu einer Beschleunigung der Verfahren. Der Weg über die Zentralstellen bleibt nunmehr die Ausnahme. Das Ersuchen ist auf einem Formblatt[627] (Art. 4 EuBVO) gestellt werden und vorgeschriebene Angaben enthalten. Es muss in der Amtssprache des ersuchten Gerichts abgefasst sein (Art. 5 EuBVO). Das ersuchte Gericht erledigt das Beweisersuchen nach seiner lex fori (Art. 10 Abs. 3 EuBVO). Jedoch kann das ersuchende Prozessgericht beantragen, dass das Ersuchen nach einer bestimmten Form der lex fori des ersuchenden Gerichts erledigt wird. So kann das ersuchende Gericht ein Wortprotokoll fordern. Hier sind aber Grenzen gesetzt. Das ersuchte Gericht kann nicht gezwungen werden, Beweisregeln anzuwenden, die es nicht kennt und die dem Recht des ersuchten Gerichts völlig fremd sind. So kann ein deutsches Gericht es ablehnen, wenn es von einem englischen Gericht zur Durchführung einer Zeugenvernehmung mit examination in chief (oder eine dieses ersetzendes written witness statement), crossexamination und reexamination nach common law Verfahrensregeln ersucht wird. 319
- *Beweisaufnahme durch das ersuchende Gericht unmittelbar*: Auf freiwilliger Grundlage und ohne Zwangsmaßnahmen ist auch eine unmittelbare Beweisaufnahme durch das ersuchende Prozessgericht im räumlichen Geltungsbereich der EuBVO möglich. Das ist ein großer Fortschritt, ermöglicht dieser Wege doch die unmittelbare Einvernahme von Zeugen und gibt dem 320

625 Vgl. für eine Schrifttumsübersicht FN 34.
626 Vgl. dazu die Kommentierung bei *Wieczorek/Schütze/Schütze*, §§ 1072ff.
627 Der Anhang zur EuBVO enthält 10 Formblätter. So werden die Ersuchen standardisiert.

Prozessgericht die Möglichkeit, die von ihm möglicherweise in der Beweisaufnahme für notwendig erachteten Fragen zu stellen und sich von der Glaubwürdigkeit eines Zeugen einen eigenen Eindruck zu verschaffen. Die unmittelbare Beweisaufnahme durch das ersuchende Gericht setzt den Weg über die Zentralstelle voraus (Art. 17 Abs. 1 EuBVO). Die Beweisaufnahme erfolgt nach den Regeln der lex fori des ersuchenden Gerichts durch einen von dem ersuchenden Gericht bestimmten Gerichtsangehörigen oder eine andere Person, etwa einen Sachverständigen (Art. 17 Abs. 3 EuBVO).

321 Die Ablehnungsgründe für die Durchführung einer Beweisaufnahme sind in der EuBVO umschrieben. Ein genereller ordre public Vorbehalt fehlt. Er ergibt sich aber aus allgemeinem Recht[628]. Kein Staat kann es dulden, dass ihm eine Beweisaufnahme aufgezwungen wird, die mit seinen fundamentalen Rechtsvorstellungen unvereinbar ist. Das mag im Bereich der EU selten sein, ist aber immerhin vorstellbar. So würde ein Ausforschungsbeweis gegen den deutschen ordre public verstoßen. Das deutsche Gericht könnte die Durchführung einer Ausforschungsbeweisaufnahme wegen ordre public Widrigkeit ablehnen.

322 Die EuBVO trägt dem technischen Fortschritt Rechnung und lässt den Einsatz von moderner Telekommunikationstechnologie (z.B. Video- und Telefonkonferenzen) zu.

c) Internationale Beweisaufnahme aufgrund zwischenstaatlicher Vereinbarungen

323 Der Rechtshilfeverkehr ist weitgehend staatsvertraglich geregelt. Besondere Bedeutung für die Durchführung von Beweisaufnahmen in Deutschland im Rahmen eines ausländischen Zivilprozesses kommt dem Haager Zivilprozessabkommen vom 17.7.1905[629], dem Haager Zivilprozessübereinkommen vom 1.3.1954[630] (beide mit zahlreichen Zusatzvereinbarungen) und insbesondere dem Haager Beweisübereinkommen vom 18.3.1970[631] zu. Daneben enthalten zahlreiche bilaterale Staatsverträge auch Regelungen der Beweisaufnahme im Ausland.

---

628 AA *Berger*, IPRax 2001, 522ff. (524), der den Ausschluss des ordre public Vorbehalts annimmt. Ähnlich wohl *Geimer*, IZPR, Rdn. 2378 b.

629 Vgl. für Literaturnachweise FN 46.

630 Vgl. für Literaturnachweise FN 47.

631 Vgl. für Literaturnachweise FN 49.

d) Schutz gegen unzulässige Beweiserhebungen

Die unterschiedliche Ausgestaltung der Beweisrechte der einzelnen Staaten bringt es mit sich, dass mit Beweisersuchen Beweismaßnahmen begehrt werden, die zwar nach dem Recht am ausländischen Prozessort zulässig sind, nicht aber dort, wo die Beweisaufnahmemaßnahme durchgeführt werden soll. Soweit Souveränitätsinteressen im Spiel sind, kann die deutsche Partei ihren Schutz den Behörden überlassen[632]. Anders ist es, wenn die deutsche Souveränität nicht betroffen ist, der einzelne aber durch eine unzulässige Beweismaßnahme in seinen Rechten verletzt würde. 324

Schwierigkeiten haben sich insbesondere im deutsch-amerikanischen Rechtsverkehr ergeben[633], wenn Beweisaufnahmen in Deutschland im Rahmen einer „pre-trial discovery“ entweder gegen das Verbot des Ausforschungsbeweises verstoßen oder gesetzliche Aussageverbote verletzen. Ein anschauliches Beispiel findet sich in einem Fall, den das Landgericht Kiel zu entscheiden hatte[634]. In einem Prozess in New York war einer deutschen Bank aufgegeben worden, Kundenunterlagen, die die deutsche Beklagte des amerikanischen Verfahrens betrafen, herauszugeben. Die deutsche Beklagte verlangte von der Bank unter Berufung auf das Bankgeheimnis, dem Beweisersuchen nicht stattzugeben. Als die Bank erklärte, sie werde die Unterlagen herausgeben, beantragte die deutsche Beklagte des New Yorker Prozesses den Erlass einer einstweiligen Verfügung gegen die Bank mit dem Ziel, ihr die Herausgabe der Unterlagen zu untersagen. Das Gericht hat dem Antrag stattgegeben und einen Unterlassungsanspruch der deutschen Partei gegen die Bank auf Wahrung des Bankgeheimnisses bejaht. 325

Der Weg über die einstweilige Verfügung ist in der Tat die beste Möglichkeit, die Durchführung nach deutschem Recht unzulässiger Beweismaßnahmen 326

---

632 So verletzen Beweisaufnahmen durch anglo-amerikanische „commissioners“ nach der französischen und schweizerischen Rechtsprechung die Souveränität des betreffenden Staates; vgl. dazu *Nagel*, Geschichtlicher Überblick über die Entwicklung des internationalen Zivilverfahrensrechts – Offene Fragen und Aufgaben, in: Zeitgenössische Fragen des internationalen Zivilverfahrensrechts, 1972, S. 13 ff. (25). Das Problem ist durch das Haager Beweisübereinkommen weitgehend obsolet geworden und ist nur beispielhaft aufgeführt.

633 Vgl. dazu insbes. *Junker*, Discovery im deutsch-amerikanischen Rechtsverkehr, 1987; *Pfeil-Kammerer*, Deutsch-amerikanischer Rechtshilfeverkehr in Zivilsachen, 1987, S. 171 ff.

634 Vgl. LG Kiel, RIW 1983, 206; dazu *Bosch*, Das Bankgeheimnis im Konflikt zwischen US-Verfahrensrecht und deutschem Recht, IPRax 1984, 127 ff.; *Stiefel/Petzinger*, Deutsche Parallelprozesse zur Abwehr amerikanischer Beweiserhebungsverfahren, RIW 1983, 242 ff.

in Deutschland, die im Rahmen eines ausländischen Prozesses angeordnet werden, zu verhindern[635].

Bei Unzulässigkeit ausländischer Beweisrechtshilfeersuchen können Einwendungen gegen ihre Zulässigkeit durch Antrag auf gerichtliche Entscheidung nach § 23 EGGVG und einsteilige Anordnung gemäss § 29 Abs. 2 EGGVG i.V.m. § 49 FamFG geltend gemacht werden[636].

e) Internationale Beweissicherung[637]

327 Sind Beweismittel außerhalb eines anhängigen Prozesses zu sichern, die sich nicht in dem Staat des späteren Prozessgerichts befinden, dann ergibt sich die Notwendigkeit der Einleitung eines ausländischen Beweissicherungsverfahrens. Ebenso wie das deutsche Recht[638] stellen auch zahlreiche ausländische Rechtsordnungen selbständige Beweissicherungsverfahren zur Verfügung – so z.B. das Verfahren der Anton Piller Order im englischen Recht[639] –, die regelmäßig als Eilverfahren mit einer Zuständigkeit der Gerichte am Ort des zu sichernden Beweises ausgestaltet sind.

aa) Internationale Zuständigkeit für Beweissicherungsverfahren

328 Nach § 486 Abs. 3 ZPO ist bei einem nicht anhängigen Rechtsstreit das Gericht in dem Sprengel für Beweissicherungsmaßnahmen zuständig, in dessen Bezirk sich die zu vernehmende Person aufhält oder der in Augenschein zu nehmende Gegenstand sich befindet. Diese Bestimmung begründet auch internationale

---

635 Vgl. für ein Muster *Schütze*, Internationales Zivilprozessrecht, in: Beck'sches Prozessformularbuch, 13. Aufl., 2016, S. 536 ff.

636 Vgl. *Schütze*, Klagen vor US-amerikanischen Gerichten – Probleme und Abwehrstrategien, RIW 2005, 579 ff.(585).

637 Vgl. dazu *Ahrens*, Grenzüberschreitende selbständige Beweisaufnahme – eine Skizze, FS Schütze, 1999, S. 1 ff.; *Dörschner*, Beweissicherung im Ausland, 2000; *Heinze*, Beweissicherung im europäischen Zivilprozessrecht, IPRax 2008, 480 ff.; *Mankowski*, Selbständige Beweisverfahren und einstweiliger Rechtsschutz in Europa, JZ 2005, 1144 ff.; *Meilicke*, Beweissicherungsverfahren bei Auslandssachverhalten, NJW 1984, 2017 f.; *Stürner*, Das ausländische Beweissicherungsverfahren, IPRax 1984, 299 ff.

638 Vgl. §§ 485 ff. ZPO.

639 Benannt nach dem Fall Anton Piller KG v. Manufacturing Processes, Ltd. (1976) 1 All ER 779 (C.A.); vgl. auch *Schack*, IZVR, Rdn. 489.

Zuständigkeit[640]. Teilweise wird angenommen, dass bei der Tätigkeit von Sachverständigen auch der Wohnort des Sachverständigen zuständigkeitsbegründend ist[641].

Ist ein Rechtsstreit bereits anhängig, dann besteht neben der Zuständigkeit des Prozessgerichts (§ 486 Abs. 1 ZPO) eine konkurrierende Zuständigkeit im Sprengel des zu sichernden Beweises in Eilfällen (§ 486 Abs. 2 ZPO). Auch diese Gerichtsstände sind geeignet, internationale Zuständigkeit zu begründen. 329

Befindet sich ein zu sicherndes Beweismittel, das in einem deutschen Verfahren verwendet werden soll, im Ausland, dann ist – falls kein Verfahren anhängig ist – immer eine internationale Zuständigkeit eines ausländischen Gerichts begründet, in Eilfällen jedenfalls eine konkurrierende Zuständigkeit. 330

Problematisch ist die internationale Zuständigkeit eines inländischen Gerichts für eine Beweissicherung im Ausland bei noch nicht anhängigem Rechtsstreit. Art. 1 Abs. 2 Haager Beweisübereinkommen gestattet auch Beweishilfeersuchen für künftige gerichtliche Verfahren, also auch Ersuchen zur Vornahme vorprozessualer Beweissicherung. Hier fehlt aber regelmäßig die deutsche internationale Zuständigkeit. Eine Analogie zu §§ 486 Abs. 1, 919, 937 Abs. 1 ZPO, die teilweise in der Literatur erörtert wird[642] und die zur Zuständigkeit des Gerichts für einen künftigen Rechtsstreit führt, ist unzweckmäßig, zumal bei konkurrierenden Zuständigkeiten für den Hauptsacheprozess nicht klar ist, welches Gericht das künftige Hauptsachegericht sein wird. 331

Die Zuständigkeit nach § 486 Abs. 2 ZPO wird durch eine Gerichtsstandsvereinbarung regelmäßig nicht berührt[643]. 332

bb) Tätigkeit des Sachverständigen „über die Grenze“

Der Sachverständige im Beweissicherungsverfahren übt keine hoheitliche Tätigkeit aus. Es ist also zulässig, dass ein Sachverständiger in einem deutschen Beweissicherungsverfahren im Ausland und umgekehrt frei tätig wird[644]. 333

---

640 Vgl. *Geimer*, IZPR, Rdn. 1246; *Schütze*, DIZPR, Rdn. 240.

641 So OLG Schleswig, MDR 1984, 761, das annimmt, das Gericht überlasse dem Sachverständigen die Augenscheinseinnahme, der insoweit als Vertreter des Richters tätig werde; zustimmend *Geimer*, IZPR Rdn. 1246; dagegen *Meilicke*, NJW 1984, 2017 f.

642 Vgl. dazu *Stürner*, Das ausländische Beweissicherungsverfahren, IPRax 1984, 299 ff.

643 Vgl. Zöller/*Herget*, §486, Rdn. 4.

644 Vgl. *Geimer*, IZPR Rdn. 2542; *Schack*, IZVR, Rdn. 790; *Wussow*, Zur Sachverständigentätigkeit im Ausland, FS Korbion, 1986, S. 493 ff.; vgl. aber nunmehr § 61 Abs. 5 ZRHO.

cc) Verwertung des Ergebnisses eines ausländischen Beweissicherungsverfahrens

334 Das Oberlandesgericht Köln hat die Verwertung des Ergebnisses eines ausländischen Beweissicherungsverfahrens gemäß § 493 Abs. 1 ZPO abgelehnt[645]. Diese Rechtsprechung ist in der Literatur – zu Recht – auf Ablehnung gestoßen[646]. Allerdings wird übersehen, dass das OLG Köln im entschiedenen Fall das – französische – Beweissicherungsverfahen nicht um ein solches i.S. der §§ 485ff. (a.F.) ZPO angesehen hat.

335 Richtig ist, dass das Beweisergebnis nicht nach § 328 ZPO oder den entsprechenden Bestimmungen der Brüssel Ia VO[647] und LugÜ II oder anderen Staatsverträgen anerkannt werden kann. Das hindert aber nicht die Verwertung des Ergebnisses eines ausländischen Beweissicherungsverfahrens. Der Grundsatz freier richterlicher Beweiswürdigung (§ 286 ZPO) erlaubt und gebietet die Verwertung der Ergebnisse eines solchen Beweissicherungsverfahrens, soweit kein Verwertungsverbot besteht[648]. Das ist dann der Fall, wenn die Parteien nicht ordnungsgemäß geladen worden sind oder ein unzulässiger Ausforschungsbeweis durch die ausländische Beweissicherung geführt werden soll.

dd) Kosten ausländischer Beweissicherungsverfahren

336 Da das Ergebnis eines ausländischen Beweissicherungsverfahrens im inländischen Prozess verwertet werden kann, sind auch die Kosten grundsätzlich erstattungsfähig[649]. Es kommt allein darauf an, ob die Einleitung eines Beweissicherungsverfahrens im Zeitpunkt der Antragstellung notwendig erschien.

---

645 Vgl. OLG Köln, IPRax 1984, 315; dazu *Meilicke*, Beweissicherungsverfahren bei Auslandssachverhalten, NJW 1984, 2017f. und *Stürner*, Das ausländischer Beweissicherungsverfahren, IPRax 1984, 299ff. (beide ablehnend).

646 *Geimer*, IZPR Rdn. 2541, favorisiert eine Verwertung des Ergebnisses des ausländischen Beweissicherungsverfahrens im Wege des Urkundenbeweises. *Ahrens* befürwortet eine grundsätzliche Verwertbarkeitder Ergebnisse ausländischer Beweissicherungsverfahren im deutschn Hauptprozess, vgl. Wieczorek/Schütze/*Ahrens*, § 493, Rdn. 12.

647 Vgl. zur Rechtslage unter dem EuGVÜ *Albrecht*, Das EuGVÜ und der einstweilige Rechtsschutz in England und der Bundesrepublik Deutschland, 1991, S. 166.

648 Vgl. *Stürner*, Das ausländische Beweissicherungsverfahren IPRax 1984, 299ff. (301).

649 Vgl. *Meilicke*, Beweissicherungsverfahren bei Auslandssachverhalten, NJW 1984, 2017f.; *Stürner*, IPRax 1984, 299ff., gegen OLG Köln, IPRax 1984, 315.; Wieczorek/Schütze/*Ahrens*, § 493, Rdn. 13.

5. Der Nachweis deutschen Rechts im ausländischen Zivilprozess

Ist in einem deutschen Zivilprozess ausländisches Recht anzuwenden, so haben es die Parteien leicht. Sie sind zwar in gewissem Rahmen zur Mitwirkung bei der Feststellung des Inhalts eines ausländischen Rechtssatzes nach § 293 ZPO verpflichtet. Aber auch für ausländisches Recht gilt der Grundsatz: iura novit curia[650]. Das Gericht muss das ausländische Recht von Amts wegen anwenden und 337

650 Vgl. dazu *Arens*, Prozessuale Probleme bei der Anwendung ausländischen Rechts im deutschen Zivilprozess, FS Zajtay, 1982, S. 7 ff.; *Artz*, Kollisionsrecht und ausländisches Recht in spanischen und deutschen Zivilverfahren, 2004; *Brauksiepe*, Die Anwendung ausländischen Rechts im Zivilprozess, Diss. Bonn 1965; *Broggini*, Die Maxime „iura novit curia" und das ausländische Recht, AcP 155 (1956), 469 ff.; *Caduff*, Die Feststellung des anwendbaren Rechts im Prozess (Art. 16 IPRG): Ein Leitfaden für die Abwicklung von Verfahren mit internationalen Sachverhalten, 2000; *Dethloff*, Ausländisches Wettbewerbsrecht im einstweiligen Rechtsschutz, RabelsZ 62 (1998), 286 ff.; *Dölle*, Über die Anwendung ausländischen Rechts, GRUR 1957, 56 ff.; *ders.*, Bemerkungen zu § 293 ZPO, FS Nikisch, 1958, S. 185 ff.; *ders.*, De l'application du droit étranger par le juge interne, Rev. crit. 1955, 233 ff.; *Drobnig*, The use of foreign law by German Courts, in: Jayme (Hrsg.), German National Reports in Civil Law Matters for the XIVth Congress of Comparative Law, 1994, S. 5 ff.; *Fastrich*, Revisibilität der Ermittlung ausländischen Rechts, ZZP 97 (1984), 423 ff.; *Ferid*, Überlegungen, wie der Misere bei der Behandlung von Auslandsrechtsfällen in der deutschen Rechtspraxis abgeholfen werden kann, FS O. Möhring, 1973, S. 1 ff.; *Freurer*, Statuta novit curia? Zur Auslegung der Statuten in § 293 ZPO, ZZP 123 (2010), 427 ff.; *Flessner*, Diskriminierung von grenzübergreifenden Rechtsverhältnissen im europäischen Zivilprozess, ZeuP 14 (2006), 737 ff.; *Fuchs*, Die Ermittlung ausländischen Rechts durch Sachverständige, RIW 1995, 807 ff.; *Geisler*, Zur Ermittlung ausländischen Rechts durch „Beweis" im Prozess, ZZP 91 (1978), 176 ff.; *Gruber*, Die Anwendung ausländischen Rechts durch deutsche Gerichte, ZRP 1992, 6 ff.; *Hau*, Gerichtssachverständige in Fällen mit Auslandsbezug, RIW 2003, 822 ff.; *Heldrich*, Probleme bei der Ermittlung ausländischen Rechts in der gerichtlichen Praxis, FS Nakamura, 1996, S. 243 ff.; *ders.*, Heimwärtsstreben auf neuen Wegen. Zur Anwendung der lex fori bei Schwierigkeiten der Ermittlung ausländischen Rechts, FS Ferid, 1978, S. 209 ff.; *Hetger*, Die Ermittlung ausländischen Rechts, FamRZ 1995, 654 f.; *Hök*, Zur Mitwirkungspflicht der Prozessparteien bei der Ermittlung ausländischen Rechts, JurBüro 1987, 1760 ff.; *Huzel*, Zur Zulässigkeit eines „Auflagenbeschlusses" im Rahmen des § 293 ZPO; IPRax 1990, 77 ff.; *Jansen/Michaels*, Die Auslegung und Fortbildung ausländischen Rechts, ZZP 116 (2003), 3 ff.; *Jastrow*, Zur Ermittlung ausländischen Rechts: Was leistet das Londoner Auskunftsübereinkommen in der Praxis?, IPRax 2004, 402 ff.; *Jayme*, Die Expertise über fremdes Recht, in: Nicklisch (Hrsg.), Der Experte im Verfahren, 2005, S. 109 ff.; *Jessurun d'Oliveira*, Foreign Law in summary proceedings, FS Voskuil, 1992, S. 119 ff.; *Kegel*, Die Ermittlung ausländischen Rechts, in: Müller (Hrsg.), Die Anwendung ausländischen Rechts im internationalen Privatrecht, 1968, S. 157 ff.; *Kegel*, Zur Organisation der Ermittlung ausländischen Rechts, FS Nipperdey, 1965, Bd. I, S. 453 ff.; *Kindl*, Ausländisches Recht vor deutschen Gerichten, ZZP 111 (1998), 177 ff.; Koehler, Die Feststellung ausländischen Rechts im Prozess, JR 1951, 549 ff.; *Kötz*, Allgemeine Rechtsgrundsätze als Ersatzrecht, RabelsZ 34 (1970), 663 ff.; *Kralik*, Iura novit curia

und das ausländische Recht, ZfRV 3 (1962), 75 ff.; *Krause*, Ausländisches Recht und deutscher Zivilprozess, Diss. Konstanz 1990; *Kreutzer*, Einheitsrecht als Ersatzrecht, NJW 1983, 1943 ff.; *Krüger*, Zur Ermittlung ausländischen Rechts in Deutschland: Ein Bericht aus der Praxis, FS Nomer, 2003, S. 357 ff.; *Küppers*, Zum Nachweis ausländischen Rechts im Versäumnisverfahren, NJW 1976, 489 ff.; *Küster*, Ermittlung ausländischen Rechts im deutschen Zivilprozess und ihre Kostenfolgen, Diss. Hannover 1995; *Küster*, Zur richterlichen Ermessensausübung bei er Ermittlung ausländischen Rechts, RIW 1998, 275 ff.; *Langenbeck*, Beiträge zur Lehre vom Beweise fremder Rechte vor inländischen Gerichten, AcP 41 (1858), 160 ff.; *Lindacher*, Zur Mitwirkung der Parteien bei der Ermittlung ausländischen Rechts, FS Schumann, 2001, S. 283 ff.; *ders.*, Zur Anwendung ausländischen Rechts, FS Beys, 2003, S. 909 ff.; *Luther*, Kollisions- und Fremdrechtsanwendung in der Gerichtspraxis, RabelsZ 37 (1973), 660 ff.; *Mankowski*, Privatgutachten über ausländisches Recht – Erstattungsfähigkeit der Kosten, MDR 2001, 194 ff.; *Mankowski/Kerfack*, Arrest, einstweilige Verfügung und die Anwendung ausländischen Rechts, IPRax 1990, S. 372 ff.; *Matsumoto*, Folgen der Nichtfeststellbarkeit ausländischen Rechts im japanischen Zivilprozess, GS Arens, 1993, S. 207 ff.; *Meier*, Iura novit curia, Diss. Zürich 1975; *Mittermaier*, Über den Beweis ausländischer Gesetze in Rechtsstreitigkeiten, AcP 18 (1835), 67 ff.; *Müller*, Zur Nichtfeststellbarkeit des kollisionsrechtlich berufenen ausländischen Rechts, NJW 1981, 481 ff.; *Otto*, Die gerichtliche Praxis und ihre Erfahrungen mit dem Europäischen Übereinkommen vom 7.6.1968 betr. Auskünfte über ausländisches Recht, FS Firsching, 1985, S. 209 ff.; *Otto*, Das Europäische Übereinkommen vom 7.6.1968 betreffend die Auskünfte über ausländischen Recht in der deutsch-italienischen Rechtspraxis, Jahrbücher für Italienisches Recht, Bd. 4 (1991), S. 139 ff.; *Otto*, Das Europäische Übereinkommen vom 7.6.1968 betreffend Auskünfte über ausländisches Recht – im Abseits?, Jahrbücher für Italienisches Recht, Bd. 7 (1994), S. 231 ff.; Otto; Die Schwierigkeiten der Anwendung ausländischen Rechts – Besonderheiten des italienischen und französischen Kindschaftsrechts, StAZ 1994, 178 ff.; *Otto*, Der verunglückte § 293 ZPO und die Ermittlung ausländischen Rechts durch „Beweiserhebung", IPRax 1995, 299 ff.; *Otto*, Missstände in der deutsch-italienischen Praxis des Europäischen Übereinkommens vom 7.6.1968 betreffend Auskünfte über ausländisches Recht, Jahrbücher für Italienisches Recht Bd. 8 (1995), S. 229 f.; *Pfeiffer*, Methoden der Ermittlung ausländischen Rechts, FS Leipold, 2009, S. 283 ff.; *Picone*, Die „Anwendung" einer ausländischen „Rechtsordnung" im Forumstaat: *...perseverare est diabolicum!*, FS Siehr, 2000, S. 569 ff.; *Remien*, Iura novit curia und die Ermittlung fremden Rechts im europäischen Rechtsraum der Artt. 61 ff. EGV – für ein neues Vorabentscheidungsverfahren bei mitgliedstaatlichen Gerichten, FS 75 Jahre Max Planck Institut für Privatrecht, 2001, S. 617 ff.; Reu, Anwendung fremden Rechts, 1938; *Rodger/van Doorn*, Proof of Foreign Law: The Impact of the London Convention, ILCQ 46 (1997), 151 ff.; *Sangiovanni*, La conoscenza, l'interpretazione e l'applicazione della legge straniera da parte del giudice civile tedesco, Riv. 35 (1999), 913 ff.; *Schack*, Subrogation und Prozessstandschaft, Ermittlung ausländischen Rechts im einstweiligen Verfügungsverfahren, IPRax 1995, 158 ff.; *Schellak*, Selbstermittlung oder ausländische Auskunft unter dem europäischen Rechtsauskunftsübereinkommen, 1998; *Schilken*, Zur Rechtsnatur der Ermittlung ausländischen Rechts nach § 293 ZPO, FS Schumann, 2001, S. 373 ff.; *Schnyder*, Die Anwendung des zuständigen fremden Sachrechts im internationalen Privatrecht, Diss. Zürich, 1981; *Schütze*, Ausländisches Recht als beweisbedürftige Tatsache, NJW 1965, 1652 f.; *ders.*, EG-Recht im deutschen Zivilprozess, EWS 1990, 49 ff.; *ders.*, Feststellung und Revisibilität europäischen Rechts im deutschen Zivilprozess, GS Baur, 1992, S. 93 ff.; *Schwartze*, Die Ermittlung und Anwendung des Vertrags-

seinen Inhalt feststellen. Es bedient sich hierbei regelmässig eines Gutachtens von Sachverständigen. Da der Grundsatz iura novit curia gilt, kann das Gericht weder einen Vorschuss für den Sachverständigen fordern[651], noch die Auslagen auf die Parteien überwälzen[652]

Die Parteien in einem ausländischen Zivilprozess, die sich auf deutsches Recht berufen, haben es oft erheblich schwerer[653]. Ausländische Rechtsord- 338

---

rechtes anderer EU-Staaten im deutschen Zivilprozess nach § 293 ZPO – ein besonderer Fall, FS Fenge, 1997, S. 127ff.; *Schwung*, Das Ersatzrecht bei einem Verstoß des ausländischen Rechts gegen den ordre public, RabelsZ 49 (1985), 407ff.; *Seibl*, Iura novit curia. Justizgewährungsanspruch und die Frage der Kostentragung für gerichtlich erholte Giutachten zum Inhalt ausländischen Rechts, ZZP 128 (2015) 431ff.; *Sommerlad*, Grundsätze für die Ermittlung ausländischen Rechts im Zivilprozess, RIW 1991, 856ff.; *Sommerlad/Schrey*, Die Ermittlung ausländischen Rechts im Zivilprozess und die Folgen der Nichtermittlung, NJW 1991, 1377ff.; *Spickhoff*, Fremdes Recht vor inländischen Gerichten: Rechts- oder Tatfrage, ZZP 112 (1999), 265ff.; *ders.*, Die neue Sachverständigenhaftung und die Ermittlung ausländischen Rechts, FS Heldrich, 2005, S. 419ff.; *Theiss*, Die Behandlung fremden Rechts im deutschen und italienischen Zivilprozess, 1990; *Trautmann*, Ausländisches Recht vor deutschen und englischen Gerichten, ZeuP 14 (2006), 283ff.; *Troller*, Prozessrechtliche Überlegungen zu Anwendung fremden Rechts, FS Wengler, 1973, S. 839ff.; *Vrellis*, Überlegungen betreffend die Auslegung fremder Rechtsnormen, FS Siehr, 2000, S. 829ff.; *Wengler*, Der deutsche Richter vor unaufklärbarem und unbestimmten ausländischen Recht, JR 1983, 221ff.; *Wolf*, Das europäische Übereinkommen betreffend Auskünfte über ausländisches Recht, NJW 1975, 1583ff.; *Wollny*, Auskünfte über ausländisches Recht, StAZ 1984, 479f.; *Zajtay*, Grundfragen der Anwendung ausländischen Rechts im Zivilprozess, ZfRV 1971, 271ff.

651 Vgl. *Schütze*, Der Beweis des anwendbaren Rechts im Schiedsverfahren und die Feststellung seines Inhalts, in: Eberl (Hrsg.), Beweis im Schiedsverfahren, 2015, S. 149ff. Rdn. 27f.

652 Vgl. zum Streitstand eingehend *Seibl*, Iura novit curia. Justizgewährungsanspruch und Die Frage der Kostentragung für gerichtlich erholte Gutachten zum Inhalt ausländischen Rechts, ZZP 128 (2015) 431ff.

653 Vgl. für einige ausländische Rechtsordnungen:

Belgien: *Krings*, L'interprétation de la loi étrangère par le juge du for et le contrôle de cette interprétation par la Cour de cassation – Quelques brèves considérations, FS Baumgärtel 1990, S. 267ff.;

Brasilien: *Barbosa Moreira*, Le juge brésilien et le droit étranger, FS Nagel, 1987, S. 14ff.;

England: *Andrews*, English Court Proceedings: Proof of Foreign Law, in: Stürner/Kawano, International Contract Litigation, Arbitration and Judicial Responsibility in Transnational Dispute, 2011, S. 243ff.; *Cohn*, Neue Regeln zum Beweis ausländischen Rechts im englischen Zivilprozess, RabelsZ 38 (1974), 155ff.; *Fentiman*, Foreign Law in English Courts, Law Quarterly Review 108 (1992), 142ff.; *Geeroms*, Foreign Law in Civil Litigation, 2004; *Schmitthoff*, Länderbericht England, in: Müller u.a., Die Anwendung ausländischen Rechts im internalen Privatrecht, 1968, S. 88ff.; *Rogoz*, Ausländisches Recht im deutschen und englischen Zivilprozess, 2008; *Trautmann*, Ausländisches Recht vor deutschen und englischen Gerichten, ZeuP 2006, 283ff.; *Webb/Auburn*, La „présomption" d'identité de la loi étrangère et de la loi du for en l'absence de preuve, Journal Clunet 105 (1978), 272ff.;

Frankreich: *Ancel*, Le juge français et la mise en oevre du droit étranger, Rapport de la Cour de Casstion 1997, 1998, S. 33ff.; *Bureau*, L'application d'office de la loi étrangère, Journal Clunet 117 (1990), 317ff.; *Ferrand*, Die Behandlung ausländischen Rechts durch die französische Cour de Cassation, ZeuP 1994, 126ff.; *Louis-Lucas*, Existe-t-il une compétence générale du droit français pour le règlement des conflits de lois ?, Rev. crit. 1959, 405ff.; *Mégnin*, Zu einer systematischeren Anwendung fremden Rechts durch den französischen Richter, IPRax 2005, 459ff.; *Ponsard*, L'office du juge et l'application du droit étrangère, Rev. crit. 1990, 607ff.; *Zajtay*, Länderbericht Frankreich in: Müller u.a., Die Anwendung ausländischen Rechts im internationalen Privatrecht, 1968, S. 15ff.;

Italien: *Cappelleti*, „ Iura novit curia " e impossibiltà di conoscere il diritto straniero richiamato dalle normendi diritto internazionale provato, Giur.It. 1966 I, 1403ff.; *ders*., Mandatory Ex-Officio Application of Foreign Law: The Comparative Method as an Answer in Cases where the Foreign Law cannot be ascertained, CILSA 3 (1970), 49ff.; *ders*., Länderbericht Italien, in: Müller u.a., Die Anwendung ausländischen Rechts im internationalen Privatrecht, 1968, S. 28ff.; *Franchi*, Alla ricerca del diritto ignoto, Giur.It. 1979 I 1, 333ff.; *Picone*, La prova del diritto straniero nella legge italiana di riforma del diritto internazionale privato, FS Jayme 2004, S. 691ff.; *Pocar*, Sulle conseguenze della mancata conoscenza del diritto straniero richiamatodalla norma di conflitto, FS Broggini, 1997, S. 413ff.; *Sangiovanni*, Die neue italienische Rechtsprechung zur Ermittlung des ausländischen Rechts, IPRax 2006, 513ff.; *Theiss*, Die Behandlung fremden Rechts im deutschen und italienischen Zivilprozess, 1990;

Japan: *Matsumoto*, Folgen der Nichtfeststellbarkeit ausländischen Rechts im japanischen Zivilprozess, GS Arens 1993, S. 297ff.; *ders*., Einige prozessuale Probleme bei der Anwendung ausländischen Rechts im japanischen Zivilprozess, Recht in Japan, 1993/3, 27ff.; *Petersen*, Das internationale Zivilprozessrecht Japans, 2003, S. 425ff.; *Prütting*, Ermittlung und Anwendung von ausländischem Recht in Japan und Deutschland, FS Ishikawa, 2001, S. 397ff.;

Kanada: *Kadletz*, Fremdes Recht im kanadischen Zivilprozess, IPRax 1999, 183ff.;

Korea: *Stiller*, Das internationale Zivilprozessrecht der Republik Korea, 1989, S. 124ff.;

Niederlande: *Mostermans*, De processuele behandeling van het conflictenrecht, 1996;

Österreich: *Flessner*, Das ausländische Recht im Zivilprozess – die europäischen Anforderungen, in: Reichelt, 30 Jahre österreichisches IPR Gesetz – europäische Perspektiven, 2009, S. 35ff.; *Kralik*, Das fremde Recht vor dem Obersten Gerichtshof, FS Fasching, 1988, S. 297ff.; *Schwimann*, Länderbericht Österreich, in: Müller u.a., Die Anwendung ausländischen Rechts im internationalen Privatrecht, 1968, S. 81ff.;

Portugal: *Samtleben*, Länderbericht Spanien, Portugal und Lateinamerika, in: Müller u.a., Die Anwendung ausländischen Rechts im internationalen Privatrecht, 1968, S. 49ff.;

Russland: *Timochow*, Die Pflicht zur Ermittlung ausländischen Rechts im Prozess, FS Boguslavskij, 2004, S. 259ff.;

Schweden: *Jänterä-Jareborg*, Svensk domstol och utländsk rätt, 1997;

Schweiz: *Schnyder*, Die Anwendung des zuständigen fremden Sachrechts im IPR, 1981;

Spanien: *Artz*, Kollisionsrecht und ausländisches Recht im deutschen und spanischen Zivilverfahren, 2004; *Calvo Caravaca/Carrascosa González*, The proof of foreign law in the new Spanish Civil Code 1/2000, IPRax 2005, 170ff.; *Garau Sobrino*, Der Beweis ausländischen Rechts in der neuen spanischen Zivilprozessordnung vom 7. Januar 2000, in: 75 Jahre MPI für Privatrecht, 2001, S. 685ff.; *Ramos Mendez*, La Prueba del Derecho extranjero, 1980; *Samtleben*, Län-

nungen schreiben teils vor, dass sich die Parteien auf das anwendbare ausländische Recht ausdrücklich berufen müssen – dass also das Gericht ausländisches Recht nicht von Amts wegen anwendet –, so beispielsweise die französische Regelung[654], teilweise muss der Inhalt des ausländischen Rechts wie eine Tatsache bewiesen werden, so beispielsweise die englische Regelung[655]. In den Rechtsordnungen, in denen ausländisches Recht als Tatsache behandelt wird, muss der Beweis durch expert witness geführt werden. Diese Beweisführung durch Parteisachverständige führt in der Praxis teilweise zu sehr unbefriedigenden Ergebnissen. Der Sachverständige steht regelmäßig der Partei nahe, die ihn beauftragt hat – und trägt – bei allenthalben vorhandenen Streitfragen – die „seiner" Partei günstige Meinung vor. Der ausländische Richter ist zumeist überfordert, in zwei Parteigutachten mit unterschiedlichen Ergebnissen eine tragfähige Entscheidungsgrundlage zu finden. So legten Anfang der 90iger Jahre in einem englischen Zivilprozess die beiden deutschen Parteisachverständigen, zwei Professoren, Gutachten mit unterschiedlichen

---

derbericht Spanien, Portugal und Lateinamerika, in: Müller u.a., Die Anwendung ausländischen Rechts im internationalen Privatrecht, 1968, S. 49 ff.;

USA: *Fine*, American Courts and Foreign Law: The New Debate, DAJV-Newsletter 2006, 107 ff.; *Hay*, Länderbericht Vereinigte Staaten von Amerika, in: Müller u.a., Die Anwendung ausländischen Rechts im internationalen Privatrecht, 1968, S. 102 ff.; *Hay/Hampe*, Nichtermittelbarkeit ausländischen Rechts und Forum Non Conveniens, RIW 1998, 760 ff.; *Henley*, Note: The Effect of a Failure to Prove The Law of a Foreign Country: A Presumption of Fundamental Principles Recognized by All Civilized Nations, Cal.L.Rev. 51 (1963), 632 ff.; *Merryman*, Foreign Law as a problem, StanfordJIntL 19 (1983), 151 ff.; *Miner*, The Reception of Foreign Law in the U.S. Federal Courts, AmJCompL 1995, 581 ff.; *Sass*, Foreign Law in Federal Courts, AmJCompL 29 (1981), 97 ff.; *Schlesinger*, A Recurrent Problem in Transnational Litigation: The Effect of Failure to Invoke or Prove the Applicable Foreign Law, Cornell L.Rev. 59 (1973), 1 ff.; *ders.*, Die Behandlung des Fremdrechts im amerikanischen Zivilprozess, RabelsZ 27 (1963), 54 ff.; *Sprankling/Lanyi*, Pleading and Proof of Foreign Law in American Courts, StanfordJIntL 19 (1983), 3 ff.

Mehrere Rechtsordnungen: *Geimer/Schütze*, Internationaler Rechtsverkehr in Zivil- und Handelssachen, O (Länderberichte); *Hartley*, Pleading and Proof of Foreign Law, ICLQ 45 (1996), 271 ff.; *Lando*, Länderbericht Skandinavien, in: Müller u.a., Die Anwendung ausländischen Rechts im internationalen Privatrecht, 1968, S. 128 ff.; *Mayer*, Le juge et la loi étrangère, Schweizerische Zeitschrift für internationales und europäisches Recht 1991, 481 ff.; *Samtleben*, Länderbericht Spanien, Portugal und Lateinamerika, ebenda, S. 49 ff.; *Sass*, Foreign Law in Civil Litigation: A Comparative Survey, AmJCompL 16 (1968), 332 ff.; *Zajtay*, The application of foreign law, in: Internationale Encyclopedia Comparative Law, vol II, ch.14, 1972.

654 Vgl. Cass.civ. Rev. crit. 1960, 62; die ratio der Bispal Entscheidung ist allerdings durch zwei Entscheidungen der Cour de Cassation aus dem Jahre 1988 zweifelhaft geworden; vgl. dazu *Bureau*, Journal Clunet 117 (1990), 317 ff.

655 Vgl. *Schütze*, Länderbericht Vereinigtes Königreich, in: Geimer/Schütze, Internationaler Rechtsverkehr, 1156.9 f. m.w.N.

Ergebnissen zu einer streitigen Frage des deutschen Produkthaftungsrechts vor. Der High Court folgte dem Gutachter des Klägers, der Court of Appeal dem des Beklagten, obwohl zweifelhaft war, ob die Gerichte die prozessentscheidende Frage wirklich aufgrund der unterschiedlichen Gutachten zu beurteilen imstande waren.

339 Der Nachweis ausländischen Rechts wird in den Vertragsstaaten des Europäischen Übereinkommens betreffend Auskünfte über ausländisches Recht v. 7.6.1968[656] durch eine kostensparende amtliche Rechtsauskunft erleichtert. Der Wert der Auskünfte leidet allerdings darunter, dass sie sich regelmäßig auf abstrakte Rechtsfragen beziehen, die für die Entscheidungsfindung häufig nicht ausreichend sind. Es ist sicherlich möglich, durch eine Rechtsauskunft nach dem Übereinkommen verlässliche Kenntnis über die Verzugszinsen in Costa Rica zu erhalten, nicht aber über die Durchgriffshaftung im deutschen Recht. Wie soll beispielsweise die deutsche Auskunft erteilende Stelle dem ausländischen Gericht klarmachen wie die Möglichkeiten der Anfechtung einer Willenserklärung wegen Irrtums sind?

340 Ist ein kollisionsrechtlich anwendbares Rechtsinstitut der Rechtsordnung der lex fori unbekannt, so muss substituiert werden[657].

6. Kosten und Kostenerstattung

341 Während die Gerichtskosten im deutschen Zivilprozess – bei hohen Streitwerten – beträchtlich sind, spielt die Frage der Gerichtskosten in vielen anderen Staaten nur eine untergeordnete Rolle. In Frankreich, Belgien, Luxemburg und den USA sind die Gerichtskosten minimal. Entscheidend sind regelmäßig die Anwaltskosten, die das Prozessieren etwa vor US-amerikanischen Gerichten so kostspielig machen.

342 Die Höhe der Kosten eines Prozesses ist für die obsiegende Partei dann relativ bedeutungslos, wenn – wie im deutschen Recht – eine umfassende Verpflichtung der unterliegenden Partei zur Kostenerstattung besteht. Die obsiegende Partei trägt dann nur noch das Risiko, dass ihr Kostenerstattungsanspruch nicht zu realisieren ist, sei es, weil der Kostentitel im Ausland nicht anerkannt wird, sei es, weil die unterlegene Partei mittellos ist.

---

656 Vgl. zum Geltungsbereich und für Literatur FN 50.

657 Vgl. dazu *Hug*, Substitution im Internationalen Privatrecht, 1983.

Diese umfassende Kostenerstattungspflicht ist ein Gebot der prozessualen Gerechtigkeit[658]. Es ist kaum einzusehen, dass der zu Unrecht mit einem Prozess überzogene Beklagte auch noch seine eigenen Kosten ganz oder zum Teil tragen muss oder dass der Kläger, der sein Recht erst über einen Prozess verwirklichen kann, auch noch Kosten dafür aufwenden soll. Dennoch wird dieses Postulat prozessualer Gerechtigkeit von vielen Rechtsordnungen missachtet. International üblich ist es, dass der unterliegenden Partei die Gerichtskosten auferlegt werden, dass dagegen außergerichtliche Kosten, insbesondere Anwaltskosten, nicht oder nur teilweise erstattbar sind. 343

Die deutsche Partei in einem Prozess vor einem ausländischen Gericht muss also damit rechnen, auch im Obsiegensfalle ihre Kosten ganz oder teilweise selbst tragen zu müssen[659]. Das führt bei kleinen Streitwerten unter Umständen dazu, dass die Rechtsverfolgung wirtschaftlich sinnlos, der Gläubiger also jeglichen vernünftigen Rechtsschutzes beraubt wird. *Weinschenk* hat schon 1973 eindrucksvoll gezeigt[660], dass die Beitreibung von Forderungen bis zu US $ 10.000 in den USA wirtschaftlich unmöglich ist. Der Betrag liegt heute erheblich höher. Der Autor hat in zahlreichen Fällen den Gläubigern deutscher Kostentitel abraten müssen, gegen die Schuldner in den USA die Vollstreckbarerklärung im Wege der action upon the foreign judgment zu betreiben, da selbst im summary-judgment-Verfahren die Kosten der Vollstreckbarerklärung regelmäßig den titulierten Betrag überstiegen. Auch für das prozessuale Verhalten des Beklagten ist die mangelnde Kostenerstattung bei kleinen Streitwerten entscheidend. Der Autor musste eine deutsche Bank, die vor einem US-amerikanischen Gericht auf Zahlung von 10.000. US$ Anwaltshonorar für eine Auskunft verklagt worden war, dahin beraten, dass es billiger sei die – im streitgegenständlichen Fall – unberechtigte Forderung zu zahlen (oder sich zu vergleichen) als einen Prozess zu führen und zu gewinnen. So wären zwar 10.000.–US$ zu Unrecht bezahlt, aber ein weit höherer Betrag an Anwaltskosten gespart. 344

Findige Kautelarjuristen versuchen, die mangelnde prozessuale Erstattungspflicht durch eine vertragliche Verpflichtung zu ersetzen. So findet sich in US-amerikanischen Verträgen häufig die Klausel, dass im Falle eines Rechtsstreits die unterliegende Partei der obsiegenden Partei die Kosten der Rechtsver- 345

658 Vgl. dazu *Schütze*, Kostenerstattung und ordre public-Überlegungen zur deutsch-amerikanischen Urteilsanerkennung, FS Németh, 2003, S. 795 ff.; *ders.*, Armenrecht, Kostenerstattung und faires Verfahren, in: FS Machacek und Matscher, 2008, S. 919 ff. (924 f.).

659 Aber auch das deutsche Recht ist nicht frei von Sündenfällen. So ist im Arbeitsgerichtsprozess 1. Instanz die allein gerechte Kostenerstattungspflicht auf dem Altar sozialer Erwägungen geopfert worden.

660 Vgl. *Weinschenk*, Die Eintreibung kleiner Forderungen in den USA, AWD 1973, 131 ff.

folgung zu ersetzen hat. Aber auch eine derartige Klausel ist nicht überall zulässig. So gehen die luxemburgischen Gerichte davon aus, dass eine solche Regelung gegen den ordre public verstößt, soweit nicht beide Parteien Kaufleute sind.

VI. Die Anerkennung und Vollstreckbarerklärung ausländischer Zivilurteile und Schiedssprüche in Deutschland

Muss eine Zwangsvollstreckung im Inland durchgeführt werden, weil der Schuldner lediglich hier belegenes Vermögen besitzt, so ist eine Prozessführung vor einem ausländischen Gericht oder Schiedsgericht nur dann sinnvoll, wenn der Titel in Deutschland anerkannt und für vollstreckbar erklärt werden kann. Denn Prozesse werden nun einmal nicht um platonischer Ideale willen geführt; und Urteile und Schiedssprüche, die nicht durchgesetzt werden können, sind nicht mehr wert als das Papier, auf dem sie geschrieben sind. Allerdings muss sich der inländische Schuldner eines ausländischen Titels darüber im klaren sein, dass die Entscheidung – selbst wenn eine Wirkungserstreckung in Deutschland nicht möglich ist – unter Umständen in einem dritten Staat, in dem er Vermögen besitzt, durchgesetzt werden kann. So ging es einem deutschen Geschäftsmann, der im Vertrauen auf die Nichtanerkennungsfähigkeit eines liechtensteinischen Titels ein Urteil in Vaduz gegen sich ergehen ließ und höchst verwundert war, als auf einer Messe in Basel dann seine gesamte Schmuckkollektion gepfändet wurde, weil das liechtensteinische Urteil in der Schweiz anerkannt wurde. 346

In einer ähnlichen Situation befinden sich deutsche Firmen, die in den USA zu punitive damages verurteilt werden. Es mag zwar sein, dass der Titel insoweit in Deutschland nicht für vollstreckbar erklärt werden kann; will die Firma aber weiterhin Geschäfte in den USA machen, dann muss sie sich darauf einstellen, dass eine Vollstreckung dort zulässig ist. 347

1. Die Wirkungserstreckung ausländischer Zivilurteile

Die Wirkung von Urteilen endet an der Staatsgrenze. Ausländische Urteile entfalten in Deutschland nur Wirkungen, wenn sie anerkannt und – soweit eine Zwangsvollstreckung erfolgen soll – für vollstreckbar erklärt worden sind[661]. 348

661 Vgl. dazu *Alexander*, Die internationale Vollstreckung von Zivilurteilen, insbesondere im Verhältnis zu Nachbarstaaten, ZbJV 1931, 1ff.; *Basedow*, Die Anerkennung von Auslandsscheidungen. Rechtsgeschichte-Rechtsvergleichung- Rechtspolitik, 1980; *Baumann*, Die Anerkennung und Vollstreckung ausländischer Entscheidungen in Unterhaltssachen, 1989; *Becker*, Zwingendes Eingriffrecht in der Urteilsanerkennung, RabelsZ 60 (1996), 691ff.; *Bernstein*, Prozessuale Risiken im Handel mit den USA (Ausgewählte Fragen zu § 328 ZPO), FS Ferid, 1978,

S. 75 ff.; *Bungert*, Rechtskrafterstreckung eines österreichischen Einantwortungsbeschlusses, IPRax 1992, 225 ff.; *Chrocziel/Westin*, Die Vollstreckbarkeit ausländischer Urteile und Schiedssprüche, ZVglRWiss 87 (1988), 145 ff.; *Decker*, Die Anerkennung ausländischer Entscheidungen im Zivilprozess, Diss. Regensburg, 1984; *Dolinar*, Vollstreckung aus einem ausländischen, einen Schiedsspruch bestätigenden Exequaturrurteile. Gedanken zur Merger-Theorie, FS Schütze, 1999, S. 187 ff.; *Dopfel*, Vollstreckbarerklärung indexierter Unterhaltstitel, IPRax 1966, 277 ff.; *Doser*, Gegenseitigkeit und Anerkennung ausländischer Entscheidungen (§ 328 Abs. 1 Nr. 5 ZPO), 1999; *Fricke*, Anerkennungszuständigkeit zwischen Spiegelbildgrundsatz und Generalklausel, 1990; *Geimer*, Zur Prüfung der Gerichtsbarkeit und der internationalen Zuständigkeit bei der Anerkennung ausländischer Urteile, 1966; *ders.*, Grundfragen der Anerkennung und Vollstreckung ausländischer Urteile, JuS 1965, 475 ff.; *ders.*, Anerkennung ausländischer Entscheidungen in Deutschland, 1995; *ders.*, Anerkennung ausländischer Entscheidungen auf dem Gebiet der freiwilligen Gerichtsbarkeit, FS Ferid, 1988, S. 89 ff.; *ders.*, Recognition and Enforcement of Foreign Judgments Outside the Scope of Application of the Brussels and Lugano Conventions: Germany, in: Walter/Baumgartner (Hrsg.), Anerkennung und Vollstreckung ausländischer Entscheidungen außerhalb der Übereinkommen von Brüssel und Lugano, 2000, S. 219 ff.; *ders.*, Verfassung, Völkerrecht und internationales Verfahrensrecht, ZfRV 5 (1992), 5 ff.; *ders.*, „Internationalpädagogik" oder wirksamer Beklagtenschutz, FS Nakamura, 1996, S. 169 ff.; *Geimer/Schütze*, Internationale Urteilsanerkennung, Bd. I/1, 1983; Bd. I/2, 1984; Bd. II, 1971; *Gerhard*, L'exécution forcée transfrontière des injonctions extraterritoriales non pécunières en droit privé, 2000; *Gottwald*, Grundfragen der Anerkennung und Vollstreckung ausländischer Entscheidungen in Zivilsachen, ZZP 103 (1990), 257 ff.; *Goetze*, Vouching In und Third-Party-Practice: Formen unfreiwilliger Drittbeteiligung im amerikanischen Zivilprozess und ihre Anerkennung in Deutschland, 1993; *Graupner*, Zur Entstehungsgeschichte des § 328 ZPO, FS Ferid, 1978, S. 183 ff.; *Haas*, Zur Anerkennung US-amerikanischer Urteile in Deutschland, IPRax 2001, 195 ff.; *Habscheid*, Zur materiellen Rechtskraft des Urteils gegen den siegreichen Kläger im internationalen Prozessrecht, ZZP 75 (1962), 164 ff.; *Haecker*, Anerkennung ausländischer Entscheidungen in Ehesachen, 1989; *Hausmann*, Die kollisionsrechtlichen Schranken der Gestaltungskraft von Scheidungsurteilen, 1980; *Hay*, The Recognition and Enforcement of American Money-Judgments in Germany, AmJCompL 40 (1992), 1001 ff.; *Heidecker*, Über die materielle Rechtskraft ausländischer Urteile, insbesondere ausländischer Ehescheidungsurteile in Deutschland, ZZP 18 (1893), 453 ff.; *Helms*, Die Anerkennung ausländischer Entscheidungen im Europäischen Eheverfahrensrecht, FamRZ 2001, 257 ff.; *Herrmann*, Anerkennung US-amerikanischer Urteile in Deutschland unter Berücksichtigung des ordre public, 2000; *Hess*, Die Anerkennung eines Class Action Settlement in Deutschland, JZ 2000, 373 ff.; 257 ff.; *Ho*, Policies Underlying the Enforcement of Foreign Commercial Judgments, ICLQ 46 (1997), 442 ff.; *Kleinrahm/Partikel*, Die Anerkennung ausländischer Entscheidungen in Ehesachen, 2. Aufl., 1970; *Koch*, Anerkennung und Vollstreckung ausländischer Urteile und ausländischer Schiedssprüche in der Bundesrepublik Deutschland, in: Gilles (Hrsg.), Effiziente Rechtsverfolgung, 1987, S. 161 ff.; *Koshiyama*, Rechtskraftwirkungen und Urteilsanerkennung nach amerikanischem, deutschen und japanischem Recht, 1996; *Lauk*, Die Rechtskraft ausländischer Zivilurteile im englischen und deutschen Recht, 1989; *Linke*, Die Versäumnisentscheidungen im deutschen, österreichischen, belgischen und deutschen Recht, ihre Anerkennung und Vollstreckbarerklärung, 1971; *Lorenz*, Die internationale Zuständigkeit als Voraussetzung für die Anerkennung ausländischer Eheurteile in Deutschland, FamRZ 1966, 465 ff.; *Mansel*,

Streitverkündung (vouching in) und Drittklage (third party complaint) im US-Zivilprozessrecht und die Urteilsanerkennung in Deutschland, in: Heldrich/Kono (Hrsg.), Herausforderungen des internationalen Zivilverfahrensrechts, 1994, S. 63 ff.; *Max Planck Institut* (Hrsg.), Handbuch des Internationalen Zivilverfahrensrechte, Bd. III/1, 1984 (*Martiny*, Anerkennung ausländischer Entscheidungen nach autonomem Recht); Bd. III/2, 1984 (*Martiny*, Anerkennung ausländischer Entscheidungen nach multilateralen Staatsverträgen; *Waehler*, Anerkennung ausländischer Entscheidungen aufgrund bilateraler Staatsverträge; *Wolff*, Vollstreckbarerklärung); *Martiny*, Recognition and Enforcement of Foreign Money Judgments in the Federal Republic of Germany, AmJCompL 35 (1987), 721 ff.; *Matscher*, Vollstreckung im Auslandsverkehr von vorläufig vollstreckbaren Entscheidungen und von Massnahmen des provisorischen Rechtsschutzes, ZZP 95 (1982), 170 ff.; *Mittermaier*, Von der Vollstreckung eines von einem ausländischen Gerichte gefällten Urtheils, AcP 14 (1831), 84 ff.; *Müller*, Zum Begriff der „Anerkennung" von Urteilen in § 328 ZPO, ZZP 79 (1966), 199 ff.; *Nelle*, Anspruch, Titel und Vollstreckung im internationalen Rechtsverkehr, 1999; *Neufang*, Kostenverteilung im US-amerikanischen Zivilprozess und Urteilsanerkennung in Deutschland, 2002; *Regen*, Prozessbetrug als Anerkennungshindernis, 2008; *Reinl*, Die Anerkennung ausländischer Eheauflösungen, Diss. Würzburg 1966; *Reiser*, Anerkennung und Vollstreckung zwischen Liberalität und Rigorismus, FS Walder, 1994, S. 357 ff.; *Rintelen*, Zwei Streitfragen betreffend die Zwangsvollstreckung aus Urtheilen ausländischer Gerichte, ZZP 9 (1886), 191 ff.; *Roth*, der Vorbehalt des Ordre Public gegenüber fremden gerichtlichen Entscheidungen, 1967; *Rüter*, Zur Frage der Anerkennung und Vollstreckung ausländischer kartellprivatrechtlicher Entscheidungen, in den USA und in Deutschland, 1970; *Schönau*, Die Anerkennung von Urteilen aus Mehrrechtsstaaten nach § 328 Abs. 1 ZPO am Beispiel der USA und Kanadas, 2009; *Schütze*, Die Anerkennung und Vollstreckung ausländischer Zivilurteile in der Bundesrepublik Deutschland als verfahrensrechtliches Problem, Diss. Bonn 1960; *ders.*, Zur Anerkennung ausländischer Zivilurteile, JZ 1982, 636 ff.; *ders.*, Die Anerkennung und Vollstreckbarerklärung US-amerikanischer Schadensersatzurteile in Produkthaftungssachen in der Bundesrepublik Deutschland, FS Nagel, 1987, S. 392 ff.; *ders.*, Die Anerkennung und Vollstreckbarerklärung US-amerikanischer Zivilurteile, die nach einer pre-trial-discovery ergangen sind, in der Bundesrepublik Deutschland, FS Stiefel, 1987, S. 697 ff.; *Sonnenberger*, Anerkennung und Vollstreckung ausländischer Gerichtsentscheidungen, Vergleiche und sonstiger Titel, in: Zeitgenössische Fragen des Internationalen Zivilverfahrensrechts, 1972, S. 209 ff.; *Spiecker*, genannt *Döhmann*, Die Anerkennung von Rechtskraftwirkungen ausländischer Urteile, 2002; *Spickhoff*, Möglichkeiten und Grenzen neuer Tatsachenfeststellungen bei der Anerkennung ausländischer Entscheidungen, ZZP 108 (1995), 475 ff.; *Süss*, Die Anerkennung ausländischer Urteile, FS Rosenberg, 1949, S. 229 ff.; *Wagner*, Anerkennung und Wirksamkeit ausländischer familienrechtlicher Rechtsakte nach autonomem deutschen Recht, FamRZ 2006, 744 ff.; *Wurmnest*, Recognition and Enforcement of U.S. Money Judgments in Germany, Berkeley Journal of International Law 23 (2005) 175 ff.

Vgl. zum ausländischen Recht und zur Rechtsvergleichung: *Bälz*, Anerkennung und Vollstreckung von ausländischen Zivilurteilen und Schiedssprüchen in arabischen Staaten, RIW 2012, 354 ff.; *ders.*, Die Anerkennung und Vollstreckung von ausländischen Urteilen und Schiedssprüchen in den arabischen Staaten Nordafrikas, RIW 2013, 55 ff.; *Börner*, Die Anerkennung ausländischer Titel in den arabischen Staaten, 1996 (vornehmlich Syrien); *Campbell* (Hrsg.), International Execution against Judgment Debtors, Loseblattsammlung; *Chrocziel/Westin*, Die Vollstreckbarkeit ausländischer Urteile und Schiedssprüche, ZVglRWiss 87 (1988), 145 ff.

Anerkennung und Vollstreckbarerklärung bilden dabei keine Gegensätze, vielmehr ist die Anerkennung die Voraussetzung der Vollstreckbarerklärung. Durch die Anerkennung werden alle Urteilswirkungen mit Ausnahme der Vollstreckungswirkung auf das Inland erstreckt. Für deren Erstreckung bedarf es eines besonderen staatlichen Aktes, der Vollstreckbarerklärung.

a) Die Anerkennung und Vollstreckbarerklärung ausländischer Zivilurteile aufgrund europäischen Rechts

349 Die Brüssel I und Ia VO[662], regeln die Wirkungserstreckung im Bereich der EU und die Freizügigkeit von Titeln europarechtlich[663]. Das Ziel, einen europäischen Vollstreckungstitel zu schaffen und das Vollstreckbarerklärungsverfahren überflüssig zu machen, ist dabei nicht erreicht worden. Zwar ist nach der Brüssel Ia VO das – auf eine Formalprüfung beschränktes– Exequaturverfahren der VO Brüssel I nicht mehr notwendig. Die Einwendungen gegen die Vollstreckung eines Titels aus einem anderen EU Mitgliedstaat sind aber geblieben und werden nun im Vollstreckungsverfahren geprüft. Vom Wegfall des Exequaturverfahrens zu sprechen ist Augenwischerei.

350 Auch die Europäischen Vollstreckungstitel nach der VO (EG) Nr. 805/2004[664] hat das hehre Ziel einer Titelfreizügigkeit ohne Klauselnotwendigkeit

(Deutschland, USA, Vereinigtes Königreich); *Fadlalla*, Die Problematik der Anerkennung ausländischer Gerichtsurteile, 2004 (arabische Staaten); *Geimer/Schütze*, Internationaler Rechtsverkehr, Loseblattsammlung Bd. VI; *Gonzales*, La reconnaissance et l'exécution des jugements civils en Amerique latine, Diss. Fribourg 1979; *Kerameus*, Rechtsvergleichende Bemerkungen zur autonomen Urteilsvollstreckung im Ausland, FS Lüke, 1997, S. 337 ff.; *Kos-Rabcewicz-Zubkowski* (Hrsg.), Cooperación internamericana en los procedimientos civiles y mercantiles, 1982; *Krüger*, Zur Anerkennung ausländischer Urteile in den Golfstaaten, GS Konuralp, 2009, S. 631 ff.; *Martiny*, Handbuch des Internationalen Zivilverfahrensrechts, Bd. III/1, 1984; *Möllring*, Anerkennung und Vollstreckung ausländischer Urteile in Südamerika, 1985; *Platto* (Hrsg.), Enforcement of Foreign Judgments Worldwide, 1989; *Schütze*, Vollstreckung deutscher Urteile in Afrika, 1966; *ders.*, Anerkennung und Vollstreckung deutscher Urteile im Ausland, 1973; *ders.*, Die Geltendmachung deutscher Urteile im Ausland – Verbürgung der Gegenseitigkeit, 1977; *Stürner*, Rechtskraft in Europa, FS Schütze, 1999, S. 913 ff.; *Walter/Baumgartner* (Hrsg.), Anerkennung und Vollstreckung ausländischer Entscheidungen außerhalb der Übereinkommen von Brüssel und Lugano, 2000; *Weems* (Hrsg.), Enforcement of Money Judgments Abroad, Loseblattsammlung.
Vgl. für weitere Schrifttumsnachweise Wieczorek/Schütze/*Schütze*, § 328 ZPO (Literatur).

662 Vgl. für Literaturnachweise FN 36 und 37.

663 Vgl. *Schütze*, Full Faith and Credit in der EU, IHR 2001, 135 ff.

664 Vgl. für Literaturnachweise FN 39.

nicht erreicht. Durch die Verbraucherlobby – auf die Privilegien ihrer Klientel bedacht – ist die Verordnung in letzter Minute zu einer Mogelpackung geworden. Durch die Beschränkung des Europäischen Vollstreckungstitels gegen Verbraucher mit Wohnsitz im Erststaat hat die Europäische Titelverordnung ihre praktische Bedeutung verloren. Da die überwältigende Zahl unbestrittener Forderungen solche mit kleinen Beträgen gegen Verbraucher sind und Verbraucher meist kein Vermögen im Ausland haben, ist die praktische Bedeutung der VO (EG) Nr. 805/2004 gering[665].

Die Wirkungserstreckung von Entscheidung in Ehesachen und Angelegenheiten der elterlichen Verantwortung ist in der Brüssel IIa Verordnung geregelt[666].

aa) VO (EG) Nr. 44/2001 (Brüssel I VO))

Die Brüssel I VO ist zwar mit Wirkung von 10.1.2015 durch die Brüssel Ia VO (VO (EU) 1215/2012) ersetzt worden. Die Brüssel I VO wird für die Wirkungserstreckung von ausländischen Titel aber weiterhin noch lange Bedeutung haben. Nach Art. 66 Abs. 2 Brüssel Ia VO bestimmt sich die Wirkungserstreckungvon Entscheidungen, die aufgrund von Verfahren, die vor dem 10.1.2015 eingeleitet worden sind, sowie für gerichtliche Vergleiche und öffentliche Urkunden, die vor diesem Datum errichtet oder gebilligt oder geschlossen worden sind, weiterhin nach der bisherigen europarechtlichen Regelung. Die Brüssel I VO wird deshalb noch auf Jahre anzuwenden sein. 351

aaa) Erfordernisse der Wirkungserstreckung

Auf dem Weg zu einem europäischen Titel sind die Voraussetzungen der Anerkennung und Vollstreckbarerklärung (Artt. 32ff. Brüssel I VO) erleichtert worden: 352

- *Zivil- oder Handelssache als Streitgegenstand*: Die Entscheidung muss eine Zivil- oder Handelssache[667] zum Gegenstand haben. Entscheidend ist nicht der Gerichtszweig, dem das Erstgericht angehört, sondern der Streitgegenstand. Auch Adhäsionsurteile fallen in den Anwendungsbereich der Brüs- 353

665 Vgl. *Wieczorek/SchützeSchütze*, Vorbem. zu §§ 1079–1086 ZPO, Rdn. 1.

666 Vgl. für Literaturnachweise FN 38.

667 Zum Begriff der Handelssache vgl. *Luther*, Zur Anerkennung und Vollstreckung von Urteilen und Schiedssprüchen in Handelssachen im deutsch-italienischen Rechtsverkehr, ZHR 127 (1964), 145ff.

sel I VO. Das ergibt sich aus Art. 5 Nr. 4 Brüssel I VO[668]. Der Begriff der Zivil- oder Handelssache ist verordnungsautonom zu qualifizieren[669].

354 – *Internationale Zuständigkeit*: Das Erstgericht muss international zuständig gewesen sein. Die internationale Zuständigkeit bestimmt sich allein nach der europäischen Zuständigkeitsordnung, die in einem Katalog von Befolgungsnormen in der Brüssel I VO normiert ist. Angesichts der Vereinheitlichung des europäischen Zuständigkeitsrechts ist eine Nachprüfung der internationalen Zuständigkeit grundsätzlich ausgeschlossen (Art. 35 Abs. 3 Brüssel I VO), was teilweise zu der Annahme verleitet hat, dass die internationalen Zuständigkeit nicht Erfordernis der Anerkennung nach der Brüssel I VO sei[670]. Gerade aus dem Verbot der Nachprüfung der Zuständigkeit ergibt sich aber, dass diese Erfordernis der Anerkennung ist.

Das Verbot der Nachprüfung wird mit dem Vertrauen in die Rechtsprechung der EU-Staaten begründet, die europäische Zuständigkeitsordnung korrekt anzuwenden. Verblüffend, erstaunlich und befremdlich erscheint es deshalb, dass das strenge Nachprüfungsverbot nach Art. 35 Abs. 1 Brüssel I VO nicht für Verbrauchersachen, sowie Versicherungsangelegenheiten und ausschließliche Zuständigkeiten gilt. Diese Regelung privilegiert Verbraucher in unerträglicher Weise. Es ist schon eine Unverschämtheit, mit welcher Chuzpe die Verbraucherlobby das Vertrauen in die europäische Justiz konterkariert hat. Beim milliardenschweren Unternehmenskauf vertrauen wir dem ausländischen Richter, die Zuständigkeitsnormen der Brüssel I VO richtig anzuwenden, beim Teilzahlungskauf eines Staubsaugers für 100 Euro nicht.

355 – *Rechtzeitige Zustellung*: Die prozesseinleitende Ladung oder Verfügung muss dem Beklagten, der sich auf das Verfahren nicht eingelassen hat, so rechtzeitig zugestellt worden sein, dass er sich angemessen verteidigen konnte (Art. 34 Abs. 2 Brüssel I VO). Ordnungsmäßigkeit der Zustellung wird – im Gegensatz zum EuGVÜ – nicht mehr gefordert. Unter Berücksichtigung von mancherlei Einwendungen in der Literatur[671] hat die Brüssel I VO auf die zum EuGVÜ vom EuGH geforderte Kumulierung von Ordnungsmä-

---

668 Vgl. zur gleichen Rechtslage nach dem EuGVÜ *Kohler*, Adhäsionsverfahren und Brüsseler Übereinkommen 1968, in: Will (Hrsg.), Schadensersatz im Strafverfahren, 1990, S. 74 ff.

669 Vgl. EuGH Rs. 29/76 – LTU v. Eurocontrol – EuGHE 1976, 1541 = NJW 1977, 489 mit Anm. *Geimer* = RIW/AWD 1977, 40 mit Anm. *Linke* = Rev. crit. 1977, 772 mit Anm. *Droz*.

670 So *Geimer/Schütze*, Europäisches Zivilverfahrensrecht, 3. Aufl., 2009, A.1, Art. 34, Rdn. 8.

671 Vgl. *Geimer/Schütze*, Europäisches Zivilverfahrensrecht, 3. Aufl., 2009, A 1, Art. 34, Rdn. 71 ff.

ßigkeit und Rechtzeitigkeit[672] aufgegeben. Das ist sachgerecht, da die Zustellung nur die Gewährung rechtlichen Gehörs durch die Kenntnis von dem Verfahren sicherstellen soll. Der Beklagte ist mit der Berufung auf die nicht rechtzeitige Zustellung präkludiert, wenn er im Erstprozess kein Rechtsmittel eingelegt hat. Die Rechtsmittelentscheidung im Erststaat ist dann aber für die Anerkennung nicht bindend. Ist der Beklagte im Erststaat unterlegen, weil das erststaatliche Rechtsmittelgericht die Frist als angemessen ansah, so kann er im Zweitstaat weiterhin geltend machen, die Zustellung sei nicht rechtzeitig erfolgt[673].

Die Frage der Rechtzeitigkeit ist nicht generell, sondern unter Berücksichtigung der konkreten Umstände zu entscheiden[674], da es kaum möglich ist, europaeinheitliche Kriterien und Maßstäbe zu entwickeln.

In Minalmet v. Brandeis[675] hatte der EuGH unter der Geltung des EuGVÜ noch entschieden, dass der Beklagte sich auf den Mangel der Zustellung auch dann berufen kann, wenn er von der Entscheidung Kenntnis erlangt und kein Rechtsmittel im Erststaat eingelegt hat[676]. Nach Art. 34 Nr. 2 Brüssel I VO ist der Beklagte nunmehr verpflichtet, im Erststaat ein Rechtsmittel einzulegen, will er sich auf den Versagungsgrund berufen.

– *ordre public Vorbehalt*: Nachdem zunächst Pläne bestanden, auf eine ordre 356
public Klausel in der Brüssel I VO zu verzichten[677] weil der Sutherland-Bericht[678] eine angeblich zu hohe Zahl der Verweigerung der Wirkungs-

672 Vgl. EuGH Rs. 305/88 – Lancray v. Peters – EuGHE 1990, 2725 = RIW 1990, 927; EuGH Rs. C-123/91 – Minalmet v. Brandeis – EuGHE 1992, 5661 = RIW 1993, 65; Abschlussentscheidung BGH RIW 1993, 673; eingehend dazu *Kondring*, Die Heilung von Zustellungsfehlern im internationalen Zivilrechtsverkehr, 1995.

673 Vgl. EuGH Rs. 166/80 – Klomps v. Michel, EuGHE 1981, 1593 = RIW 1981, 781 zum gleichgelagerten Fall der Nachprüfung der Ordnungsmäßigkeit der Zustellung nach EuGVÜ; *Geimer/Schütze*, Europäisches Zivilverfahrensrecht, 3. Aufl., 2009, A 1, Art. 34, Rdn. 155.

674 Vgl. im Einzelnen *Geimer/Schütze*, Europäisches Zivilverfahrensrecht, 3. Aufl., 2009, A 1, Art. 34, Rdn. 139 ff.

675 Vgl. EuGH Rs. C-123/91 – Minalmet v. Brandeis – EuGHE 1992, 5661 = RIW 1993, 65; Abschlussentscheidung BGH RIW 1993, 673; eingehend dazu *Kondring*, Die Heilung von Zustellungsfehlern im internationalen Zivilrechtsverkehr, 1995.

676 Vgl. dazu *Stürner*, Urteilsanmerkung, JZ 1993, 358.

677 Vgl. *Gottwald*, Auf dem Weg zu einer weiteren Vereinfachung der Anerkennung und Vollstreckung von Entscheidungen in Europa, Ritsumeikan Law Review, 2000, 49 ff. (50 f.); *Stadler*, Die Revision des Brüsseler und des Lugano-Übereinkommens über die gerichtliche Zuständigkeit und die Vollstreckung gerichtlicher Entscheidungen in Zivil- und Handelssachen – Vollstreckbarerklärung und internationale Vollstreckung –, in: Gottwald (Hrsg.), Revision des EuGVÜ, 2000, 37 ff. (41 ff.).

678 Vgl. Kommissionsdokument III/21/1992 „Der Binnenmarkt nach 1992 – Die Herausforderung annehmen".

erstreckung gestützt auf den ordre public Vorbehalt behauptete, ist der Verstoß gegen den zweitstaatlichen ordre public dann doch in Art. 34 Nr. 1 Brüssel I VO als Versagungsgrund der Anerkennung aufgenommen worden. Eine andere Regelung wäre für Deutschland schon aus verfassungsrechtlichen Gründen nicht annehmbar gewesen. Auch hätte die Verbraucherlobby in ihrem grenzenlosen Misstrauen gegen ausländische Gerichte wohl mindestens eine Sonderregelung für Verbraucher gefordert. Die Väter der Brüssel I VO haben einen Kompromiss zwischen Wunsch und Möglichkeit dahin versucht, dass nur ein offensichtlicher Verstoß gegen den ordre public zur Versagung der Anerkennung führen soll. Sachlich bedeutet das jedoch keine Änderung gegenüber der Regelung in EuGVÜ/LugÜ[679]. Es ist allenfalls eine Ermahnung zur restriktiven Anwendung der ordre public Klausel. Denn entweder verstößt die Anerkennung gegen tragende Grundsätze des zweitstaatlichen Rechts oder nicht. Ob der Verstoß offensichtlich ist, ist dabei unerheblich. Der ordre public Begriff ist zweitstaatlich zu qualifizieren. Er ist derselbe wie in § 328 Abs. 1 Nr. 4 ZPO.

357 – *Kein Widerspruch zu zweitstaatlicher Entscheidung*: Die ausländische Entscheidung darf nicht in Widerspruch zu einer deutschen Entscheidung zwischen denselben Parteien in derselben Sache stehen (Art. 34 Nr. 3 Brüssel I VO). Auf die Priorität der Entscheidungen kommt es nicht an. Die inländische Entscheidung geht immer vor. Der deutsche Prozessvergleich ist vom EuGH – zu Unrecht – nicht als Entscheidung i.S. von Art. 27 Nr. 3 EuGVÜ – der korrespondierenden Norm – angesehen worden[680]

358 – *Kein Widerspruch zu drittstaatlicher Entscheidung*: Art. 34 Nr. 4 Brüssel I VO erweitert den Versagungsgrund der Urteilskollision auf drittstaatliche Entscheidungen. Unter mehreren kollidierenden drittstaatlichen Entscheidungen, bei denen die Erfordernisse der Anerkennung vorliegen, gilt das Prioritätsprinzip[681]. Abzustellen ist dabei nicht auf den Erlass der Entscheidungen, sondern den Zeitpunkt der Anerkennung (Vorliegen der Anerkennungserfordernisse und Inlandsbeziehung).

---

679 Vgl. *Schütze*, Full Faith and Credit in der EU, IHR 2001, 135ff. (139); wohl auch *Kropholler/von Heinr*, EuZPR, 9. Aufl., 2011, Art. 34, Rdn. 4.

680 Vgl. EuGH Rs. C-414/92 – Solo Kleinmotoren GmbH v. Dr. Emilio Boch – EuGHE 1994 I, 2237 = RIW 1995, 1030 = JZ 1994, 1007 mit Anm. *Schlosser* = IPRax 1995, 241 mit Besprechungsaufsatz *von Hoffmann/Hau* ebenda, 217ff.

681 Vgl. im Einzelnen *Geimer/Schütze*, EuZVR, A 1, Art. 34 Rdn, 179ff.

bbb) Verfahren der Wirkungserstreckung

Die Anerkennung erfolgt formlos. Jedes Gericht und jede befasste Amtsstelle 359
entscheidet incidenter ohne vorherige formelle Prüfung (Art. 33 Abs. 1 Brüssel I VO).

Daneben ist ein Verfahren auf Feststellung der Anerkennung zulässig, das 360
sich nach den Regeln des Vollstreckbarerklärungsverfahrens nach Art. 38ff. Brüssel I VO richtet. Ungeklärt ist weiterhin die zu Art. 26 EuGVÜ diskutierte Streitfrage[682], ob mit dem Verfahren nach Art. 38ff. Brüssel I VO auch die Nichtanerkennung einer ausländischen Entscheidung begehrt werden kann. Trotz des Wortlauts der Bestimmung wird man eine negative Feststellung für zulässig halten müssen[683]. Nach dem Telos des Art. 33 Brüssel I VO soll eine Ungewissheit über das Vorliegen der Anerkennungserfordernisse beseitigt werden können, die durch die Incidententscheidung entstehen kann, zumal die Incidententscheidung nicht bindend für andere Gerichte oder Amtsstellen ist. Beide Parteien haben aber gleichermaßen ein Interesse, diese Ungewissheit zu beseitigen, der Urteilsgläubiger die Anerkennung feststellen zu lassen, der Urteilsschuldner die bindende Feststellung über die Nichtanerkennung zu erhalten.

Pläne zur Schaffung eines Euro-Titels, der in allen Mitgliedstaaten ex lege 361
vollstreckbar oder nur mit der Klausel zu versehen sein sollte[684], müssen als gescheitert angesehen werden. Die Vollstreckbarerklärung bedarf weiterhin eines gerichtlichen Verfahrens, wobei an die Stelle der Vollstreckbarerklärung die Klauselerteilung tritt. Ein großer praktischer Unterschied besteht jedoch nicht. Im Grunde handelt es sich um einen Etikettenschwindel, der vortäuschen soll es gäbe keine Notwendigkeit eines Exequaturs mehr. Dasselbe gilt für den Fortfall eines Klauselerteilungsverfahrens nach der Brüssel Ia VO. Das Verfahren ist nur in das Vollstreckungsverfahren verlegt. An der Notwendigkeit der Prüfung der Erfordernisse der Anerkennung hat sich nichts geändert.

Das Verfahren ist teilweise in der Verordnung selbst, teilweise im AVAG ge- 362
regelt. Es gliedert sich in zwei Abschnitte. Der erste Teil ist einseitig. Der Richter entscheidet ohne Anhörung des Titelschuldners auf Grund des Titels und der vorgelegten Urkunden. Der Richter ist in diesem Verfahrensteil auf eine Formalprüfung beschränkt. Die Formalprüfung bedeutet jedoch nicht, dass der Exequaturrichter nicht ausländisches Recht, etwa den Inflationsausgleich nach

682 Vgl. zum Streitstand Geimer/Schütze, EuZVR A 1, Art. 33 Rdn. 85f.

683 Vgl. *Geimer/Schütze*, EuZVR A 1, Art. 33, Rdn. 85; Wieczorek/Schütze/*Schütze* § 328, Rdn. 163.

684 Vgl. dazu *Gottwald* Auf dem Wege zur weiteren Vereinfachung der Anerkennung und Vollstreckung von Entscheidungen in Europa, Ritsumeikan Law Review 2000, 49ff.

italienischem oder die gesetzlichen Zinsen nach französischem Recht nach § 293 ZPO von Amts wegen ermitteln muss. Die Einseitigkeit des ersten Teils des Klauselerteilungsverfahrens bezieht sich nur auf die Unzulässigkeit der Anhörung des Schuldners.

363 Obwohl der Schuldner nicht angehört werden darf kann er den Exequaturrichter mit einer Schutzschrift[685] auf von Amts wegen zu berücksichtigende Hindernisse der Klauselerteilung aufmerksam machen, so das Fehlen der Gerichtsbarkeit (str.).

364 Mit dem Antrag auf Klauselerteilung[686] hat der Gläubiger folgende Urkunden vorzulegen:

- Ausfertigung der Entscheidung nach Art. 53 Abs. 1 Brüssel I VO;
- Bescheinigung nach Art. 54 Brüssel I VO[687].

365 Ausschließlich zuständig ist in Deutschland der Vorsitzende einer Zivilkammer des Landgerichts (Art. 39 Abs. 1 Brüssel I VO i.V.m. Anh. II zurVO). Örtlich zuständig ist das Wohnsitzgericht des Urteilsschuldners, hilfsweise das Gericht des Sprengels, in dem die Zwangsvollstreckung durchgeführt werden soll (Art. 39 Abs. 2 Brüssel I VO). Der Antrag kann schriftlich oder zu Protokoll der Geschäftsstelle gestellt werden (§ 4 Abs. 2 AVAG). Er unterliegt deshalb nicht dem Anwaltszwang. Die Vertretung durch einen bei einem deutschen Gericht zugelassenen Rechtsanwalt macht die Bestellung eines Zustellungsbevollmächtigten (Art. 40 Abs. 2 Brüssel I VO) überflüssig (§ 5 AVAG).

366 Der Vorsitzende entscheidet durch Beschluss. In den Beschluss ist die zu vollstreckende Verurteilung oder Verpflichtung aufzunehmen (§ 8 Abs. 1 AVAG). Die Form der Vollstreckungsklausel ist in § 9 AVAG vorgeschrieben.

367 Gegen den Beschluss ist die Beschwerde zulässig (Art. 43 Abs. 1 Brüssel I VO i.V.m. § 11 AVAG)[688]. Das Verfahren geht in den kontradiktorischen Teil über. Zuständig zur Entscheidung über die Beschwerde ist das OLG (Anh. III Brüssel I VO), in Berlin das KG. Die Beschwerde ist beim Beschwerdegericht einzulegen, ihre Zulässigkeit wird jedoch nicht durch die Einlegung beim Landgericht berührt. Dieses hat die Beschwerde unverzüglich von Amts wegen an das OLG ab-

685 Vgl. für die gleiche Situation im Bereich des EuGVÜ *Schütze* Die Geltendmachung von Einwendungen gegen die Klauselerteilung nach dem EG-Zuständigkeits- und Vollstreckungsübereinkommen durch eine Schutzschrift, FS Bülow 1981, S. 211ff.

686 Vgl. für ein Muster *Schütze* Internationales Zivilprozessrecht, in: Mes, Beck'sches Prozessformularbuch, 13. Aufl., 2016, S. 543ff.

687 Der Inhalt der Bescheinigung ist in Anh. V Brüssel I VO vorgeschrieben. Die Bescheinigung enthält u.a. auch eine Bestätigung der Zustellung.

688 Vgl. für ein Muster *Schütze* Internationales Zivilprozessrecht, in: Mes, Beck'sches Prozessformularbuch, 13. Aufl., 2016, S. 553ff.).

zugeben (§ 11 Abs. 2 AVAG). Der Klauselerteilungsrichter kann der Beschwerde nicht abhelfen.

Die Beschwerde ist fristgebunden. Die Frist beträgt nach Art. 43 Abs. 5 Brüssel I VO einen Monat nach Zustellung des Beschlusses des Vorsitzenden Richters beim Landgericht. Hat der Schuldner seinen Wohnsitz in einem anderen Staat als dem, in dem die Klausel erteilt oder verweigert worden ist, so verlängert sich die Frist auf zwei Monate seit Zustellung. Eine Verlängerung der Beschwerdefrist wegen weiter Entfernung ist nicht zulässig.

Aufgrund des Beschlusses der OLG, durch den die Zwangsvollstreckung aus dem ausländischen Urteil erstmals zugelassen wird, erteilt der Urkundsbeamte der Geschäftsstelle die Vollstreckungsklausel (§ 13 Abs. 4 AVAG). Ändert das OLG den klauselerteilenden Beschluss ab, weil ein Erfordernis der Wirkungserstreckung fehlt, so weist es den Antrag auf Klauselerteilung zurück. 368

Gegen die Entscheidung des OLG findet die Rechtsbeschwerde zum BGH statt. Auf die Rechtsbeschwerde finden die §§ 15ff. AVAG Anwendung. Die Rechtsbeschwerde findet nach Maßgabe des § 574 Abs. 1 Nr. 1, Abs. 2 statt (§ 15 AVAG). Auf das Verfahren finden weitgehend die Vorschriften über die Revision Anwendung. 369

bb) VO (EU) Nr. 1215/2012/Brüssel Ia VO)

Nach langen Vorarbeiten – u.a. fußend auf den Recherchen des *Heidelberg Report*[689] – ist scheinbar das Traumziel aller Europarechtler, die Freizügigkeit von gerichtlichen Titeln innerhalb der Union, erreicht. Das Vollstreckbarerklärungsverfahren ist abgeschafft. Bei der reformierten Verordnung handelt es sich aber – wenn man es bösartig ausdrücken will – um eine Mogelpackung. Die Erfordernisse der Wirkungserstreckung sind nicht abgeschafft, sie sind nur verfahrensrechtlich in anderer Weise geltend zu machen. Insbesondere die Erfordernisse der internationalen Zuständigkeit und der Vereinbarkeit mit dem ordre public können im bisherigen Umfang von zweitstaatlichen Gerichten nachgeprüft werden. 370

Mit Wirkung vom 10.1.2015 ersetzt die Reformverordnung die Regelung der VO (EG) Nr. 44/2001 (Brüssel I). Brüssel I wird aber noch auf Jahre hinaus Bedeutung haben. Die Neuregelung gilt nur für Verfahren, die nach dem 10.1.2015 eingeleitet worden sind, und zwar auch für die Anerkennung und Vollstreckung von gerichtlichen Titeln. Für die Wirkungserstreckung eines Urteils eines italienischen Gerichts aufgrund eines Verfahrens, das im Jahre 2008 eingeleitet wor- 371

689 Vgl. dazu *Hess/Pfeiffer/Schlosser*, The Regulation Brussels I, 2008.

den ist, ist also weiterhin das Klauselerteilungsverfahren nach Brüssel I anzuwenden, auch wenn die Entscheidung erst 2016 ergangen ist.

aaa) Erfordernisse der Wirkungserstreckung

372 – *Zivil- oder Handelssache als Streitgegenstand*: Die Entscheidung muss eine Zivil- oder Handelssache zum Gegenstand haben. Der Begriff ist derselbe wie in Brüssel I (vgl. Rdn. 353

373 – *Internationale Zuständigkeit*: Das Erstgericht muss internationale Zuständigkeit nach der in der VO manistierten einheitlichen Zuständigkeitsordnung haben[690]. Angesichts der Einheitlichkeit der Gerichtsstandsregelung und dem in Erwägungsgründen beschworenen"gegenseitigen Vertrauens in die Rechtspflege innerhalb der Union" (Erwägungsgrund 26) kann die internationale Zuständigkeit jedoch nicht nachgeprüft werden. Die starke Verbraucherlobby hat jedoch eine Ausnahme für Verbraucherstreitigkeiten durchgesetzt und eine zuständigkeitsrechtliche Zweiklassengesellschaft erzwungen[691]. Darüber hinaus ist die Nachprüfung in Versicherungs- Arbeitssachen und der ausschließlichen Zuständigkeiten zulässig (Art. 45 Abs. 1 lit. e VO cit.)

374 – *Rechtzeitige Zustellung*: Die prozesseinleitende Ladung oder Verfügung muss dem Beklagten, der sich auf das Verfahren nicht eingelassen hat, so rechtzeitig zugestellt worden sein, dass er sich angemessen verteidigen konnte (Art. 45 Abs. 1 lit. b VO cit.). Der Beklagte kann diesen Versagungsgrund jedoch nicht geltend machen, wenn er ein nach erststaatlichem Recht zulässiges Rechtsmittel gegen die Entscheidung nicht geltend gemacht hat, obwohl er die Möglichkeit hierzu hatte. Die Regelung entspricht der in Art. 34 Abs. 2 Brüssel I VO. (vgl. Rdn. 355)

375 – *Kein Widerspruch zu zweitstaatlicher Entscheidung*: Der Versagungsgrund von Art. 45 Abs. 1 lit. c VO cit. entspricht dem des Art. 34 Nr. Brüssel I VO. (vgl. Rdn. 357)

376 – *Kein Widerspruch zu drittstaatlicher Entscheidung*: Der Versagungsgrund von Art. 45 Abs. 1 lit. d VO cit. entspricht dem nach Art.34 Nr. 4 Brüssel I VO.(vgl. Rdn. 358)

377 – *Vereinbarkeit mir dem zweitstaatlichen ordre public*. Die Wirkungserstreckung der ausländischen Entscheidung darf nicht gegen den zweitstaatli-

690 Vgl. dazu *Geimer*, Die neue Brüssel I-Verordnung, FS Delle Karth, 2013, S. 318 ff. (324 f.), der auf die Widersprüchlichkeit der Regelung durch den Verordnungsgeber hinweist.

691 Vgl. *Schütze*, Der Verbraucher im europäischen Justizraum oder: die Zweiklassengesellschaft im europäischen Zivilprozessrecht, FS Graf von Westphalen, 2010, S. 621 ff.

chen ordre public verstossen (Art. 45 lit. a Brüssel Ia VO). Die nun schon seit Jahrzehnten andauernde Diskussion über die Abschaffung des ordre public Vorbehalts[692] im europäischen Anerkennungsrecht hat nicht zu einer Änderung der Regelung gegenüber Brüssel I geführt. Das wäre auch aus deutscher verfassungsrechtlicher Sicht kaum möglich gewesen. Es ist undenkbar, dass ein ausländischer Urteil dessen Durchsetzung die Grundprinzipien deutscher Rechtsordnung verletzen würde, anerkannt und vollstreckt wird. Die unsinnige „Beschränkung" der Vorbehaltsklausel auf offensichtliche Verstöße ist allerdings bei der Reform beibehalten worden. Hier gilt dasselbe wie zu Art. 34 Nr. 1 Brüssel I-VO, vgl. Rdn. 356.

bbb) Verfahren der Wirkungserstreckung

Die Anerkennung erfolgt formlos. Jedes Gericht und jede Amtsstelle kann incidenter entscheiden, ohne dass es einer formellen Prüfung oder einer Zwischenentscheidung bedarf. Art. 36 Abs. 1 Brüssel Ia geht von einer automatischen Anerkennung aus. Diese wirkt aber nicht über das Verfahren hinaus, in dem sie relevant wird. 378

Um eine über den Fall hinaus bindende Entscheidung über die Anerkennung zu erreichen stellt die VO ein besonderes formelles Anerkennungsverfahren zur Verfügung (Art. 36 Abs. 2 VO cit.). Dieses geht auf Feststellung, dass kein Versagungsgrund der Anerkennung vorliegt. 379

Das Feststellungsverfahren folgt den Regeln des Verfahrens der Versagung der Vollstreckung (Artt. 46ff. Brüssel Ia VO).

Das nach EuGVÜ und Brüssel I VO notwendige Vollstreckbarerklärungsverfahren mit dem Ziel der Klauselerteilung ist fortgefallen. Nach der Brüssel Ia VO wird die Vollstreckbarkeit des ausländischen Titels automatisch auf die übrigen Mitgliedstaaten erstreckt[693]. Diese Wirkungserstreckung geht jedoch nicht weiter als die der Anerkennung. Diese ist aber darauf beschränkt, dass keine Versagungsgründe der Anerkennung vorliegen. 380

Dier Wegfall eines Exequaturs in der Form der Klauselerteilung bedeutet jedoch nicht, dass keine Prüfung der Anerkennung und Vollstreckbarkeit erfolgte. Diese Prüfung ist nur nach hinten verlagert und hat im Versagungsverfahren zu erfolgen Dieses wird auf Antrag des Schuldners eingeleitet (Art. 46 Brüssel Ia 381

---

692 Vgl. für viele *Gottwald*, Auf dem Weg zu einer Vereinfachung der Anerkennung und Vollstreckung von Entscheidungen in Europa, Ritsumeikan Law Review, 2000, 49ff. (50f.)

693 Einen guten Überblick über die neue Konzeption gibt *Geimer*, Unionsweite Titelvollstreckung ohne Exequatur nach der Reform der Brüssel I-Verordnung, FS Schütze II, 2014, S. 109ff.

VO). Eine Einleitung von Amts wegen ist nicht vorgesehen[694]. Das mag hingehen, soweit keine öffentlichen Interessen berührt sind. Unerträglich erscheint es jedoch, wenn der Staat eine ordre public widrige Entscheidung vollstrecken müsste. Der Staat würde gegen die Grundlagen seiner eigenen Rechtsordnung handeln. Abhilfe wird man hier über Art. 47 Abs. 2 Brüssel Ia VO suchen müssen. Danach ist für in der Verordnung enthaltene nicht geregelte Gegenstände das nationale (zweitstaatliche) Recht berufen[695].

382 Das Versagungsverfahren ist in Deutschland in §§ 1115–1117 ZPO geregelt. Ausschließlich zuständig für die Klage auf Versagung der Vollstreckung – ebenso wie der Anerkennung – ist das Landgericht im Bezirk, in dem der Schuldner seinen Wohnsitz hat, bei fehlendem inländischen Wohnsitz im Sprengel, in dem die Zwangsvollstreckung durchgeführt werden soll. Bei juristischen Personen ist anstelle des Wohnsitzes auf den Sitz abzustellen. Funktional zuständig ist der Vorsitzende einer Kammer des Landgerichts.

383 Das Verfahren ist kontradiktorisch mit fakultativer mündliche Verhandlung. Der Antragsgegner ist vor der Entscheidung aber immer zu hören. Die Entscheidung ergeht durch Beschluss. In dem Verfahren ist das Gericht auf die Nachprüfung der Versagungsgründe des Art. 45 Brüssel Ia VO beschränkt. Diese sind in Wahrheit die Erfordernisse der Anerkennung.

384 Gegen die Entscheidung des Vorsitzenden der zuständigen Kammer des Landgerichts ist die sofortige Beschwerde zum OLG zulässig (§ 1115 Abs. 5 S. 1 ZPO. Die Notfrist für ihre Einlegung beträgt 1 Monat. die Notfrist wird in Lauf gesetzt durch die Zustellung der Entscheidung. Gegen die Entscheidung des OLG findet die Rechtsbeschwerde zum BGH statt. (§ 1115 Abs. 5 S. 3 ZPO).

cc) VO (EG) Nr. 2201/2003 (Brüssel IIa)

aaa) Erfordernisse der Wirkungserstreckung

385 Erfordernisse der Wirkungserstreckung in Ehesachen sind:

386 – *Ehesache*: Die Entscheidung muss eine Ehesache zum Gegenstand haben. Das sind nach der Legaldefinition in Art. 1 Abs. 1 Entscheidungen über die Ehescheidung, die Trennung ohne Auflösung des Ehebandes und die Un-

---

694 Vgl. *Geimer*, FS Schütze II, S. 109 ff. (114 f.); Rauscher/*Mankowski*, Art. 46 Brüssel Ia-VO, Rdn. 6 ff.

695 Das wird favorisiert von *Geimer*, FS Schütze II, S. 109 ff. (S. 114 f.) und *Geimer*, Das Anerkennungsregime der neuen Brüssel I-Verordnung (EU) Nr. 1215/2012, FS Torggler, 2013, S. 211 ff. (334).

gültigerklärung einer Ehe. Lebenspartnerschaften sind der Ehe nicht gleichgestellt. Für sie gilt die VO Brüssel IIa nicht[696].

- *ordre public Klausel*: Der offensichtliche Verstoß gegen den zweitstaatlichen ordre public ist Versagungsgrund der Anerkennung (Art. 22 lit. a Brüssel IIa Verordnung). Die Offensichtlichkeit ist auch hier – wie in der Brüssel Ia VO – eine Leerformel, die allenfalls auf den restriktiven Gebrauch hinweisen soll. 387
- *Wahrung der Verfahrensrechte des Beklagten*: Dem Antragsgegner, der sich auf das Verfahren nicht eingelassen hat, muss das verfahrenseinleitende Schriftstück so rechtzeitig und in einer Weise zugestellt worden sein, dass er sich angemessen verteidigen konnte (Art. 22 lit. b). Dieses Erfordernis entspricht Art. 45 Abs. 1 lit b Brüssel Ia VO und ist in gleicher Weise auszulegen. An die Stelle der Notwendigkeit der Einlegung eines Rechtsbehelfs nach Art. 45 Abs. 1 Nr. 2 Brüssel Ia VO tritt nach Brüssel IIa die Voraussetzung, dass der Antragsgegner mit der Entscheidung eindeutig nicht einverstanden ist. 388
- *Keine Entscheidungskollision mit zweitstaatlicher (deutscher) Entscheidung*: Es darf keine Entscheidungskollision mit einem zweitstaatlichen Erkenntnis in derselben Sache gegeben sein (Art. 22 lit. c). Auf die Priorität kommt es nicht an. Das Erfordernis entspricht Art. 45 Abs. 1 lit. c Brüssel Ia VO und ist entsprechend auszulegen. 389
- *Keine Entscheidungskollision mit früherer drittstaatlicher Entscheidung*: Es darf keine Kollision mit einem drittstaatlichen anzuerkennenden Erkenntnis vorliegen, wobei es auf die Priorität ankommt (Art. 22 lit. d). Das Erfordernis entspricht Art. 45 Abs. 1 lit. d Brüssel Ia VO und ist entsprechend auszulegen. 390

Erfordernisse der Wirkungserstreckung in Sachen der elterlichen Verantwortung sind: 391

- *Elterliche Verantwortung*: Die Entscheidung muss betreffen: die Zuweisung, die Ausübung, die Übertragung sowie die vollständige oder teilweise Entziehung der elterlichen Verantwortung, insbesondere das Sorgerecht, das Umgangsrecht, die Vormundschaft, die Pflegschaft oder entsprechende Rechtsinstitute, die Bestimmung und den Aufgabenbereich einer Person 392

696 Vgl. Gebauer/Wiedmann/*Frank*, Europäische Gerichtstands- und Vollstreckungsverordnung in Ehesachen und Verfahren betreffend die elterliche Verantwortung, S. 1591ff.; *Kohler*, Internationales Verfahrensrecht für Ehesachen in der Europäischen Union: Die Verordnung „Brüssel II“, NJW 2001, 10ff.; *Niklas*, Die europäische Zuständigkeitsordnung in Ehe- und Kindschaftssachen, 2003, S. 34ff.

oder Stelle, die für die Person oder das Vermögen eines Kindes verantwortlich ist, es vertritt oder ihm beisteht, die Unterbringung des Kindes in einer Pflegefamilie oder einem Heim, sowie Maßnahmen zum Schutz des Kindes im Zusammenhang mit der Verwaltung und Erhaltung seines Vermögen oder die Verfügung hierüber. Ausgeschlossen sind nach Art. 1 Abs. 3 der Verordnung Entscheidungen über: die Feststellung und die Anfechtung des Eltern-Kind-Verhältnisses, Adoptionsentscheidungen und Maßnahmen zur Vorbereitung einer Adoption sowie die Ungültigkeitserklärung und den Widerruf der Adoption, Namen und Vornamen des Kindes, die Volljährigkeitserklärung, Unterhaltspflichten, Trusts und Erbschaften sowie Maßnahmen infolge von Straftaten, die von Kindern begangen wurden.

393 – *Fehlen von Versagungsgründen*: Es darf kein Versagungsgrund nach Art. 23 Brüssel IIa VO vorliegen. Die Versagungsgründe entsprechen denen in Ehesachen.

bbb) Verfahren der Wirkungserstreckung

394 Die Anerkennung erfolgt formlos, sobald die Erfordernisse der Anerkennung vorliegen und eine Inlandsbeziehung besteht (Art. 21 Abs. 1). Jedes Gericht und jede befasste Amtsstelle entscheidet incidenter über die Anerkennung. Eines förmlichen Verfahrens bedarf es nicht. Die Parteien können jedoch die Anerkennung oder Nichtanerkennung in einem gerichtlichen Verfahren feststellen lassen, wobei das Feststellungsinteresse weit auszulegen ist. Zuständig für die Feststellungsklage ist das Familiengericht am Sitz des örtlich zuständigen Oberlandesgerichts. Für den Bezirk des Kammergerichts ist das Familiengericht Pankow/Weißensee zuständig. Eine sachliche Nachprüfung der ausländischen Entscheidung ist ausgeschlossen (Verbot der révision au fond). Auch kann die internationale Zuständigkeit des Erstgerichts nicht nachgeprüft werden (Art. 24).

395 Die Vollstreckbarerklärung für nach der Verordnung anzuerkennende Entscheidungen bedarf eines gerichtlichen Verfahrens. Zuständig ist das Familiengericht am Sitz des örtlich zuständigen OLG. Für den Bezirk des Kammergerichts ist das Familiengericht Pankow/Weißensee zuständig. Die örtliche Zuständigkeit bestimmt sich in erster Linie nach dem gewöhnlichen Aufenthalt der Person, gegen die vollstreckt werden soll oder dem gewöhnlichen Aufenthalt des Kindes, auf das sich der Antrag bezieht, hilfsweise nach dem Ort der Vollstreckung. Das Verfahren bestimmt sich nach zweitstaatlichem – also deutschem – Recht, d.h. dem IntFamRVG. Eine révision au fond ist unzulässig. Auch kann der erststaatliche Zuständigkeit nicht nachgeprüft werden (Art. 24 VO Brüssel IIa).

dd) VO (EG) Nr. 805/2004 (EuVTVO)

aaa) Erfordernisse der Wirkungserstreckung

Erfordernis der Anerkennung ist die Bestätigung als europäischer Vollstreckungstitel[697]. Diese setzt voraus: 396

- *Unbestrittene Forderung*: Gegenstand des europäischen Vollstreckungstitels muss eine unbestrittene Forderung sein. Art. 3 gibt eine Legaldefinition.
- *Vollstreckbarkeit im Erststaat:* Die Entscheidung muss im Erststaat vollstreckbar sein. Im Bereich der EuVTVO setzt die Anerkennungsfähigkeit ausnahmsweise die Vollstreckbarkeit voraus.
- *Internationale Zuständigkeit*: Das Erstgericht darf seine Zuständigkeit nicht in Widerspruch zu den Regelungen für Versicherungssachen, Verbrauchersachen, Arbeitsrechtssachen und ausschließlicher Zuständigkeiten in Artt. 8–22 Brüssel I VO gestützt haben.
- *Einhaltung von Verfahrensvorschriften*: Die Verfahrensvorschriften der EuVTVO müssen eingehalten worden sein.
- *Wohnsitz des Schuldners im Erststaat*: Der Schuldner muss seinen Wohnsitz im Erststaat gehabt haben, wenn er Verbraucher ist und/oder es sich um einen Titel nach Art. 3 Abs. 1 lit. b oder c (Vollstreckungsbescheid, Versäumnisurteil) handelt.
- *Keine ordre public Prüfung*: Einwendungen gegen den Titel selbst können nur im Erststaat geltend gemacht werden. Auch eine ordre public Prüfung ist unzulässig[698].

bbb) Verfahren der Wirkungserstreckung

Der bestätigte europäische Vollstreckungstitel wirkt automatisch in allen Mitgliedstaaten – mit Ausnahme Dänemarks –, ohne dass es einer – auch nur incidenten – Anerkennung bedürfte. Berichtigung und Widerruf der Bestätigung können nur im Erststaat betrieben werden. In Deutschland gilt § 1081 ZPO. 397

---

697 Vgl. für ein Muster *Schütze*, Internationales Zivilprozessrecht, in: Mes (Hrsg.), Beck'sches Prozessformularbuch, 13. Aufl., 2016, S. 549 ff.

698 Kritisch *Coester-Waltjen*, Einige Überlegungen zu einem künftigen europäischen Vollstreckungstitel, FS Beys, 2003, S. 183 ff.; *dies.*, Der Europäische Vollstreckungstitel – Bestandsaufnahme und kritische Bewertung, FS Ansay, 2006, S. 47 ff.; *Stadler*, Das europäische Zivilprozessrecht – Wieviel Beschleunigung verträgt Europa? IPRax 2004, 2 ff.; *dies.*, Kritische Anmerkungen zum Europäischen Vollstreckungstitel, RIW 2004, 801 ff.

b) Die Anerkennung und Vollstreckbarerklärung ausländischer Zivilurteile aufgrund von Staatsverträgen

398 Die Wirkungserstreckung ausländischer Zivilurteile ist weitgehend staatsvertraglich geregelt. Danach ist eine Anerkennung und Vollstreckbarerklärung – über durch multilaterale Übereinkommen besonders geregelte Spezialmaterien und die Verordnungen Brüssel I und Ia hinaus – im Verhältnis zu Island (LugÜ II), Israel (bilateraler Vertrag), Norwegen (LugÜ II), der Schweiz (LugÜ II) und Tunesien (bilateraler Vertrag) gesichert.

aa) LugÜ II

399 Im Verhältnis zu Island, Norwegen und der Schweiz gilt das Luganer Übereinkommen über die gerichtliche Zuständigkeit und die Anerkennung und Vollstreckung von Entscheidungen in Zivil- und Handelssachen vom 30. Oktober 2007 (LugÜ II). Die Brüssel I VO und LugÜ II in der gegenwärtig noch in Kraft befindlichen Fassung sind weitgehend wortgleich. Sie enthalten in Art. 26–30 eine Regelung der Anerkennung von Entscheidungen von Gerichten von Mitgliedstaaten

aaa) Erfordernisse der Wirkungserstreckung

400 – *Zivil- oder Handelssache*: Die Entscheidung muss eine Zivil- oder Handelssache zum Gegenstand haben. Der Begriff ist vertragsautonom zu qualifizieren[699]. Im Übrigen gilt dasselbe wie für die entsprechende Regelung in der Brüssel I VO, vgl. Rdn. 353.

401 – *Internationale Zuständigkeit*: Das Erstgericht muss international zuständig gewesen sein. Die Zuständigkeit bestimmt sich allen nach der europäischen Zuständigkeitsordnung, die in einem Zuständigkeitskatalog in den Übereinkommen manifestiert ist. Die Zuständigkeit darf jedoch nur in Versicherungs- und Verbrauchersachen und bei ausschliesslichen Zuständigkeiten nachgeprüft werden; vgl. zur gleichen Rechtslage nach der Brüssel I VO Rdn. 354.

402 – *Ordnungsmässigkeit und Rechtzeitigkeit der Zustellung*: Das verfahrenseinleitende Schriftstück muss dem Beklagten, der sich auf den Rechtsstreit nicht eingelassen hat, ordnungsgemäß und so rechtzeitig zugestellt worden sein, dass er sich angemessen verteidigen konnte. Ordnungsmäßigkeit und

699 Vgl. EuGH Rs. 29/76 – LTU v. Eurocontrol – EuGHE 1976, 1541 = NJW 1977, 489 mit Anm. *Geimer* = RIW/AWD 1977, 40 mit Anm. *Linke* = Rev. crit. 1977, 772 mit Anm. *Droz*.

Rechtzeitigkeit sind – anders als nach der Brüssel I VO – kumulativ erforderlich[700]. Der Beklagte kann sich nach Minalmet v. Brandeis auch dann auf den Mangel der Zustellung berufen, wenn er von der Entscheidung Kenntnis erlangt und kein Rechtsmittel eingelegt hat.

– *Ordre public Vorbehalt*: Die ausländische Entscheidung darf nicht gegen den zweitstaatlichen ordre public verstoßen. Der Inhalt der ordre public Klausel ist derselbe wie in § 328 Abs. 1 Nr. 4 ZPO. **403**

– *Kein Widerspruch zu zweitstaatlicher Entscheidung*: Die ausländische Entscheidung darf nicht in Widerspruch zu einer deutschen (zweitstaatlichen) Entscheidung zwischen denselben Parteien in derselben Sache stehen. Der deutsche Prozessvergleich ist vom EuGH zu Unrecht nicht als eine derartige Entscheidung angesehen worden[701]. **404**

– *Kein Widerspruch zu drittstaatlicher Entscheidung*: Nach Art. 27 Nr. 5 LugÜ darf die Entscheidung nicht in Widerspruch zu einer drittstaatlichen Entscheidung in derselben Sache zwischen denselben Parteien bestehen. Es kommt auf die Priorität an. Es gilt dasselbe wie zu Art. 34 Nr. 4 Brüssel I VO, vgl. Rdn. 330. **405**

– *Kollisionsrechtsvorbehalt*: Die ausländische Entscheidung darf nicht von dem Ergebnis abweichen, das sich bei Anwendung zweitstaatlichen Kollisionsrechts bei der Beurteilung von Vorfragen, die den Personenstand, die Rechts- und Handlungsfähigkeit sowie die gesetzliche Vertretung einer natürlichen Person, die ehelichen Güterstände, das Gebiet des Erbrechts einschließlich des Testamentsrechts betreffen, ergeben hätte. **406**

bbb) Verfahren der Wirkungserstreckung

Die Anerkennung erfolgt formlos. Jedes Gericht und jede befasste Amtsstelle entscheidet incidenter ohne vorherige formelle Prüfung (Art. 33 Abs. 1/LugÜ II). Jedoch sind Verfahren auf Feststellung der Anerkennung oder Nichtanerkennung zulässig. Die Rechtslage entspricht der nach der Brüssel I VO, vgl. Rdn. 359 ff. **407**

Das Verfahren der Vollstreckbarerklärung ist teilweise in den Übereinkommen selbst (Art. 36 ff. LugÜ II), teilweise im AVAG geregelt (§ 1 Abs. 1 Nr. 1 lit. a, **408**

---

700 Vgl. EuGH Rs. 305/88 – Lancray v. Peters – EuGHE 1990, 2725 = RIW 1990, 927; EuGH Rs. C-123/91 – Minalmet v. Brandeis – EuGHE 1992, 5661 = RIW 1993, 65; Abschlussentscheidung BGH RIW 1993, 673.

701 Vgl. EuGH Rs. C 414/92 – Solo Kleinmotoren GmbH v. Dr. Emilio Boch – EuGHE 1994 I, 2237 = RIW 1995, 1030 = JZ 1994, 1007 mit Anm. *Schlosser* = IPRax 1995, 241 mit Besprechungsaufsatz *von Hoffmann/Hau* ebenda, 217 ff.

b, Nr. 2 lit. b AVAG). Es handelt sich um ein Klauselerteilungsverfahren, das Muster für das Klauselerteilungsverfahren nach der Brüssel I VO war. Es ist wie dieses zweistufig und entspricht ihm nach den Zuständigkeiten und den wesentlichen verfahrensrechtlichen Grundsätzen (vgl. dazu Rdn. 362ff.).

bb) Bilaterale Staatsverträge

409 Bilaterale Anerkennungs- und Vollstreckungsverträge[702] mit der Schweiz, Italien, Belgien, den Niederlanden, Österreich, Großbritannien, Griechenland, Tunesien, Israel, Norwegen und Spanien ermöglichen eine erleichterte Geltendmachung von Titeln aus diesen Staaten. Die Verträge sind mit Ausnahme der Verträge mit Israel und Tunesien weitgehend obsolet geworden, da im Verhältnis zu den anderen Staaten Brüssel I und Ia VO und LugÜ II diese ersetzen und überlagern. Die Bestimmungen der bilateralen Verträge haben Bedeutung nur für Entscheidungen aus diesen Staaten, die nicht unter den Geltungsbereich dieser Verordnungen und Übereinkommen fallen[703].

410 Der *sachliche Geltungsbereich* der Verträge umfasst Entscheidungen in Zivil- und Handelssachen. Dabei ist auf den Streitgegenstand abzustellen, nicht den Gerichtszweig, dem das Erstgericht angehört. Lediglich die Abkommen mit der Schweiz und Italien bringen eine Ausnahme. Nach Art. 1 des deutsch-schweizerischen Abkommens und Art. 1 Abs. 1 des deutsch-italienischen Abkommens sind nur Entscheidungen „bürgerlicher Gerichte" anerkennungsfähig[704]. Eine große praktische Bedeutung hat diese Unterscheidung nicht. Sie spielt im wesentlichen bei Adhäsionsurteilen eine Rolle.

411 Wesentliches Erfordernis der Wirkungserstreckung nach allen Verträgen ist die *internationale Zuständigkeit* des Erstgerichts[705]. Diese ist in keinem der bilateralen Anerkennungs- und Vollstreckungsverträge im Sinne von Befolgungsnormen geregelt. Die Verträge enthalten lediglich Beurteilungsnormen, regeln also die Anerkennungszuständigkeit (compétence indirecte). Dabei sind die Verträge unterschiedliche Wege gegangen. Regelmäßig enthalten sie einen Ka-

---

702 Vgl. für Fundstellen und Literatur oben Rdn. 42ff.; für eine zusammenfassende Darstellung im übrigen *Jellinek*, Die zweiseitigen Staatsverträge über Anerkennung ausländischer Zivilurteile, 1. Heft, 1953; *Geimer/Schütze*, Internationale Urteilsanerkennung, Bd. I/2, 1984; *Waehler*, Handbuch des Internationalen Zivilverfahrensrechts, Bd. III/2, 1984, S. 213ff.; *Wolff*, ebenda, S. 526ff.

703 Für Altfälle kann auch das EuGVÜ noch Bedeutung haben.

704 Vgl. dazu *Kallmann*, Anerkennung und Vollstreckung ausländischer Zivilurteile und gerichtlicher Vergleiche, 1946, S. 6ff.

705 Vgl. dazu *Waehler*, Handbuch des Internationalen Zivilverfahrensrechts, Bd. III/2, 1984, S. 273ff.

talog interne Zuständigkeit begründender Gerichtsstände (Positivliste). Die wichtigsten hierin enthaltenen Gerichtsstände sind der Beklagtenwohnsitz und die internationale Gerichtsstandsvereinbarung. Lediglich der deutsch-tunesische Vertrag lässt die Gerichtsstandsvereinbarung nicht als zuständigkeitsbegründend zu, da das tunesische internationale Zivilprozessrecht die Derogation tunesischer internationaler Zuständigkeit zugunsten eines ausländischen Gerichts im Zeitpunkt des Vertragsschlusses verbot[706].

Die Verträge mit Griechenland und Österreich enthalten keinen Katalog von 412
internationale Zuständigkeit begründenden Gerichtsständen[707]. Angesichts der weitgehenden Übereinstimmungen der Zuständigkeitsordnungen Deutschlands, Österreichs und Griechenlands gehen diese Verträge davon aus, dass *alle* nach erststaatlichem Recht gegebenen Gerichtsstände internationale Zuständigkeit begründen und schließen in einer Negativliste lediglich exorbitante und als ausländerfeindlich gebrandmarkte Gerichtsstände aus. Dieses System der Negativliste ist sehr gefährlich, da leicht „gemißbilligte" Gerichtsstände übersehen und nicht in den Negativkatalog aufgenommen werden. So ist offenbar bei Abschluss des deutsch-österreichischen Vertrages übersehen worden, dass § 87a JN einen Klägergerichtsstand für gewisse Handelsgeschäfte bringt, der in seiner Ausgestaltung und seinen Auswirkungen dem gemißbilligten Fakturengerichtsstand des § 88 Abs. 2 JN ähnelt. In diesen Fällen hilft nur eine Analogie.

Alle Verträge sehen als Versagungsgrund der Wirkungserstreckung den 413
Verstoß gegen den zweitstaatlichen *ordre public*[708] vor.

Über diese Klausel kann bei schwerwiegenden Verfahrensverstößen (ver- 414
fahrensrechtlicher ordre public) oder bei vom Standpunkt des deutschen Rechts unerträglichen Ergebnissen (materiellrechtlicher ordre public) geholfen werden. Die Ordre-public-Klauseln sind jedoch restriktiv auszulegen. In fast allen Vollstreckbarerklärungsverfahren beruft sich der Urteilsschuldner hierauf, regelmäßig aber ohne Erfolg.

---

706 Vgl. Art. 3 Code de Procédure Civile et Commerciale; zu dieser Begründung vgl. Deutsche Denkschrift zu dem Vertrag, BTDrucks. V Nr. 3167 zu Art. 31; vgl. zur Zulässigkeit der Derogation tunesischer internationaler Zuständigkeit nunmehr *Rauscher*, Länderbericht Tunesien, in: Geimer/Schütze, Internationaler Rechtsverkehr, 1147.4.

707 Vgl. dazu *Beck*, Die Anerkennung und Vollstreckung ausländischer gerichtlicher Entscheidungen in Zivilsachen nach den Staatsverträgen mit Belgien, Österreich, Großbritannien und Griechenland, Diss. Saarbrücken 1967, S. 51 ff.

708 Vgl. *Waehler*, Handbuch des Internationalen Zivilverfahrensrechts, Bd. III/2, 1984, S. 294 ff.

415 Das AVAG[709] das u.a. für Entscheidungen nach den Anerkennungs- und Vollstreckungsverträgen mit Norwegen, Israel und Spanien gilt, und die Ausführungsgesetze zu den anderen bilateralen Staatsverträgen sehen erhebliche Erleichterungen gegenüber dem Klageverfahren nach §§ 722f. ZPO vor. Teilweise ist das Klageverfahren durch ein Klauselerteilungsverfahren (Niederlande, Norwegen, Israel, Spanien), teilweise durch ein obligatorisches oder fakultatives Beschlussverfahren abgelöst. Droht die Klauselerteilung für eine ausländische Entscheidung, so ist es für den Urteilsschuldner ratsam, eine Schutzschrift bei dem für die Klauselerteilung zuständigen Gericht zu hinterlegen[710], da über den Antrag auf Klauselerteilung im ersten Verfahrensabschnitt ohne mündliche Verhandlung und ohne Anhörung des Schuldners entschieden wird[711].

c) Die Anerkennung und Vollstreckbarerklärung ausländischer Zivilurteile aufgrund autonomen Rechts

416 Rechtsgrundlage für die Wirkungserstreckung ausländischer Zivilurteile sind §§ 328, 722f. ZPO. § 328 ZPO regelt die Anerkennung, §§ 722f. ZPO die Vollstreckbarerklärung.

417 Durch die Anerkennung werden alle Urteilswirkungen (insbesondere Rechtskraftwirkung, Gestaltungswirkung, Streitverkündungswirkung, Tatbestandswirkung) mit Ausnahme der Vollstreckbarkeit auf das Inland erstreckt. Für die Erstreckung dieser Urteilswirkung bedarf es der gerichtlichen Vollstreckbarerklärung, die nach deutschem Recht in der Form eines Gestaltungsurteils erteilt wird.

---

709 Gesetz zur Ausführung zwischenstaatlicher Verträge und zur Durchführung von Verordnungen und Abkommen der Europäischen Gemeinschaft auf dem Gebiet der Anerkennung und Vollstreckung in Zivil- und Handelssachen (Anerkennungs- und Vollstreckungsausführungsgesetz – AVAG) v. 19.2.2001, BGBl. 2001 I 436, später neu bekanntgemacht am 3.12.2009, BGBl. 2009 I 288, 436, mehrfach geändert und ergänzt; vgl. den Abdruck bei *Geimer/Schütze*, Internationaler Rechtsverkehr, 708.1ff. mit Kommentierung von *Eichel*, ebenda, 708.23ff.; dort auch umfassende Literaturangaben.

710 Zur Zulässigkeit und Bedeutung der Schutzschrift im Bereich des EuGVÜ vgl. *Schütze*, Die Geltendmachung von Einwendungen gegen die Klauselerteilung nach dem EG-Zuständigkeits- und Vollstreckungsübereinkommen durch eine Schutzschrift, FS Bülow, 1981, S. 211ff.; die Zulässigkeit ist str.

711 Vgl. § 6 AVAG.

aa) Erfordernisse der Wirkungserstreckung

Die Erfordernisse der Anerkennung und Vollstreckbarerklärung sind in § 328 ZPO nur unvollständig normiert. 418

- *Urteil eines staatlichen Gerichts*[712]. Nur Urteile staatlicher Gerichte sind anerkennungsfähig. Das schließt jedoch nicht aus, dass Privatscheidungen (Verstoßung u.ä.) anerkannt werden[713]. Jedoch darf die Privatscheidung nach der Rechtsprechung des BGH nicht auf dem Gebiet der Bundesrepublik Deutschland erfolgt sein[714]. Unerheblich ist, ob der Erststaat völkerrechtlich anerkannt ist. Auch Urteile von völkerrechtlich nicht anerkannten Staaten sind anerkennungsfähig[715]. 419
- *Ausländisches Urteil*. Anerkannt werden nur ausländische Urteile. Das Problem der Qualifikation von DDR-Urteilen ist durch die politische Entwicklung erfreulicherweise obsolet geworden. 420
- *Urteil in einer Zivil- oder Handelssache*. Die ausländische Entscheidung muss eine Zivil- oder Handelssache zum Gegenstand haben. Dabei ist auf den Streitgegenstand abzustellen, nicht den Gerichtszweig, dem das Erstgericht angehört[716]. Deshalb sind auch Urteile von Strafgerichten, die über den Ersatzanspruch des Verletzten entscheiden, nach § 328 ZPO anerkennungsfähig[717]. Dasselbe gilt für Urteile von Verwaltungs-, Sozial- und sonstigen Gerichten, soweit diese über zivilrechtliche Ansprüche befinden. Bei der Bestimmung der Rechtsnatur des Streitgegenstandes ist nach erst- und zweitstaatlichem Recht zu qualifizieren[718]. Nur Urteile, die nach erst- und zweitstaatlichem Recht eine Zivil- oder Handelssache zum Gegenstand haben, sind anerkennungsfähig. Es ist also eine Doppelqualifikation erforderlich. Probleme bereitet die Einordnung von punitive-damages-Urteilen ame- 421

---

712 Vgl. BGHZ 22; 24; *Geimer*, Anerkennung ausländischer Entscheidungen in Deutschland, 1995, S. 100; *Schütze*, Zur Anerkennung ausländischer Zivilurteile, JZ 1982, 636 ff. (636).

713 Vgl. dazu *Kleinrahm/Partikel*, Die Anerkennung ausländischer Entscheidungen in Ehesachen 2. Aufl. 1970, S. 158 ff.

714 Vgl. BGHZ 82, 34 = IPRax 1983, 37 mit Anm. *Kegel*.

715 Vgl. *Schütze*, Zur Anerkennung ausländischer Zivilurteile, JZ 1982, 636 ff.

716 Vgl. *Geimer/Schütze*, Internationale Urteilsanerkennung, Bd. II, 1971, S. 258; Wieczorek/Schütze/*Schütze*, § 328, Rdn. 25 (unstr.).

717 Vgl. *Geimer*, Anerkennung ausländischer Entscheidungen in Deutschland, 1995, S. 100; *Geimer/Schütze*, Internationale Urteilsanerkennung, Bd. II, 1971, S. 46, 258; *Martiny*, Handbuch des Internationalen Zivilverfahrensrechts, Bd. III/1, 1984, S. 243 f.; *Schütze*, Die Anerkennung und Vollstreckung ausländischer Zivilurteile in der Bundesrepublik Deutschland als verfahrensrechtliches Problem, Diss. Bonn 1960, S. 20; Wieczorek/Schütze/*Schütze*, § 328, Rdn. 26 mit weiteren Nachweisen in FN 56.

718 Vgl. *Schütze*, DIZPR Rdn. 327 (str.); **a.A.** *Geimer*, Anerkennung ausländischer Entscheidungen in Deutschland, 1995, S. 100 (lex fori).

rikanischer Gerichte. Der BGH bejaht grundsätzlich – zu Unrecht[719] – den zivilrechtlichen Charakter[720].

422 – *Rechtskraft der Entscheidung.* Die ausländische Entscheidung muss in Rechtskraft erwachsen sein[721]. Streitig ist, ob formelle Rechtskraft genügt oder materielle Rechtskraft zu fordern ist[722].

423 – *Gerichtsbarkeit des Erststaates*[723]. Das erststaatliche Gericht muss Gerichtsbarkeit besessen haben[724]. Sowohl die Verletzung zweit- als auch drittstaatlicher Gerichtsbarkeit stellt einen absoluten Versagungsgrund der Anerkennung dar. Ein solches Urteil ist völkerrechtswidrig. Kein Staat ist berechtigt, völkerrechtswidrigen Urteilen Wirkung in seinem Territorium zu verleihen.

424 – *Internationale Zuständigkeit des Erstgerichts.* Das Erstgericht muss zur Entscheidung international zuständig gewesen sein (§ 328 Abs. 1 Nr. 1 ZPO). Die Verletzung der Normen über die örtliche oder sachliche Zuständigkeit ist im Rahmen der Anerkennung unbeachtlich. Die Anerkennungsprüfung erfolgt unter hypothetischer Anwendung der deutschen Zuständigkeitsnormen (Spiegelbildgrundsatz)[725].

Entscheidend ist, ob das Erstgericht zur Entscheidung zuständig gewesen wäre, wenn es die Zuständigkeitsprüfung nach deutschem Prozessrecht vorgenommen hätte. Der Spiegelbildgrundsatz erleidet nach der Rechtsprechung des BGH eine erhebliche Einschränkung. Erkennt der Erststaat den Gerichtsstand nicht als Anerkennungszuständigkeit begründend an, dann

---

719 Vgl. *Schütze*, Die Anerkennung und Vollstreckbarerklärung US-amerikanischer Schadensersatzurteile in Produkthaftungssachen in der Bundesrepublik Deutschland, FS Nagel, 1987, S. 392ff.

720 Vgl. BGHZ 118, 312 = RIW 1993, 132 mit Anm. *Schütze* = JZ 1993, 261 mit Anm. *Deutsch* = ZIP 1992, 1256 mit Anm. *Bungert* = EWiR 1992, 827 mit Anm. *Geimer*; ebenso *Baumbach/Henkel*, Anerkennung und Vollstreckung von punitive damages-Entscheidungen amerikanischer Zivilgerichte vor dem Hintergrund des Verfahrens BMW v. Gore, RIW 1997, 727ff. (731f.).

721 Unstr., obwohl das Rechtskrafterfordernis nur in § 723 Abs. 2 ZPO aufgeführt ist.

722 Vgl. dazu *Kallmann*, Anerkennung und Vollstreckung ausländischer Zivilurteile und gerichtlicher Vergleiche, 1946, S. 15ff.

723 Vgl. dazu *Dörr*, Staatenimmunität als Anerkennungs- und Vollstreckungshindernis, in: Leible/Ruffert (Hrsg.), Völkerrecht und IPR, 2006, S. 175ff.

724 Vgl. grundlegend *Geimer*, Zur Prüfung der Gerichtsbarkeit und der internationalen Zuständigkeit bei der Anerkennung ausländischer Urteile, 1966, S. 75ff.; *Musielak/Stadler*, ZPO, 6. Aufl., 2008, § 328, Rdn. 8; *Nagel/Gottwald*, IZPR, § 12 Rdn. 151.

725 Vgl. dazu *Fricke*, Anerkennungszuständigkeit zwischen Spiegelbildgrundsatz und Generalklausel, 1990; *Geimer*, Zur Prüfung der Gerichtsbarkeit und der internationalen Zuständigkeit bei der Anerkennung ausländischer Urteile, 1966.

ist eine internationale Zuständigkeit i.S. von § 328 Abs. 1 Nr. 1 ZPO nicht gegeben[726].

- *Ordnungsmäßige und rechtzeitige Zustellung der prozesseinleitenden Ladung oder Verfügung*[727]. Die prozesseinleitende Ladung oder Verfügung muss dem Beklagten, der sich auf das Verfahren nicht eingelassen hat[728], rechtzeitig und ordnungsgemäß zugestellt worden sein, so dass er sich angemessen verteidigen konnte. Mängel der Zustellung können in entsprechender Anwendung von § 187 ZPO geheilt werden[729]. 425
- *Keine Urteilskollision.* Es darf keine Kollision mit einem inländischen Urteil oder einer anzuerkennenden früheren ausländischen Entscheidung vorliegen (§ 328 Abs. 1 Nr. 3 ZPO)[730]. 426
- *Kein Übergehen inländischer Rechtshängigkeit.* Das erststaatliche Verfahren darf nicht mit einem früher rechtshängig gewordenen Verfahren in Widerspruch stehen und die deutsche Rechtshängigkeit unberücksichtigt gelassen haben[731]. 427
- *Ordre-public-Klausel.* Die ausländische Entscheidung darf nicht gegen den inländischen ordre public verstoßen (§ 328 Abs. 1 Nr. 4 ZPO)[732]. Der ordre- 428

---

726 Vgl. BGHZ 52, 251; 120, 334; dazu *Schütze*, Internationale Zuständigkeit und Verbürgung der Gegenseitigkeit bei der Anerkennung ausländischer Entscheidungen, AWD 1970, 495 ff.

727 Vgl. dazu *Geimer*, Zur Nichtanerkennung ausländischer Urteile wegen nicht ordnungsgemäßen erststaatlichen Verfahrens, JZ 1969, 12 ff.; *ders.*, Zur Nichtanerkennung ausländischer Urteile wegen nichtgehöriger Ladung zum Erstprozess, NJW 1973, 2138 ff.; *Linke*, Die Versäumnisentscheidungen im deutschen, österreichischen, belgischen und englischen Recht, 1972; *Schütze*, Zur Bedeutung der rügelosen Einlassung im internationalen Zivilprozessrecht, RIW/AWD 1979, 590 ff.

728 Vgl. zum Begriff der Einlassung in § 328 Abs. 1 Nr. 2 ZPO *Schütze*, Zur Bedeutung der Einlassung im internationalen Zivilprozessrecht, RIW/AWD 1979, 590 ff.

729 Vgl. *Geimer*, Anerkennung ausländischer Entscheidungen in Deutschland, 1995, S. 128.

730 Vgl. dazu *Lenenbach*, Die Behandlung von Unvereinbarkeiten zwischen rechtskräftigen Zivilurteilen nach deutschem und europäischem Zivilprozessrecht, 1997; *Schack*, Anerkennung eines ausländischen Urteils trotz widersprechenden deutschen Unterhaltsurteils, IPRax 1986, 218 ff.; *ders.*, Widersprechende Urteile: Vorbeugen ist besser als Heilen, IPRax 1989, 139 ff.; im übrigen unten Rdn. 523 ff.

731 Vgl. BayObLG FamRZ 1983, 501; OLG München NJW 1964, 979; OLG Hamm FamRZ 1993, 190; *Geimer/Schütze*, Internationale Urteilsanerkennung, Bd. I/2, 1984, S. 1664 ff.; *Habscheid*, Zur Berücksichtigung der Rechtshängigkeit eines ausländischen Verfahrens, RabelsZ 31 (1967), 254 ff. (258 f.); *ders.*, Non-licet bei ausländischer Rechtshängigkeit, FS Lange, 1970, S. 429 ff.

732 Vgl. dazu *Becker*, Zwingendes Eingriffsrecht in der Urteilsanerkennung, RabelsZ 60 (1996), 691 ff.; *Brüning*, Die Beachtlichkeit des fremden ordre public, 1997; *Bruns*, Der anerkennungsrechtliche ordre public in Europa und den USA, JZ 1999, 278 ff.; *Geimer*, Der anerkennungsrechtliche Ordre Public, FS Areopag, Bd. V, 2007, S. 107 ff. (Stand 1987); *Hay*, On Comity, Reciprocity, and Public Policy in U.S. and German Recognition Practice, FS Siehr, 2000,

public-Verstoß kann darin liegen, dass durch das ausländische Urteil ein gemissbilligtes Rechtsverhältnis zur Durchsetzung gebracht werden soll (materiellrechtlicher ordre public) oder darin, dass das ausländische Verfahren mit grundlegenden Verfahrensprinzipien des deutschen Rechts unvereinbar ist (verfahrensrechtlicher ordre public)[733]. Zu den grundlegenden Verfahrensprinzipien gehört die Gewährung rechtlichen Gehörs[734]. Unter diesen ordre public Verstoß sind auch die Fälle zu fassen, in denen die mittellose Partei am Verfahren wegen unzureichender Armenrechtsgewährung nicht teilnehmen kann[735]. Nicht jede Nichtteilnahme einer Partei am Verfahren führt aber schon zur Verweigerung rechtlichen Gehörs. Missachtet eine Partei prozessuale Gebote im Erstprozess und wird sie deshalb vom weiteren Verfahren ausgeschlossen, so kann sie aus diesem – von ihr selbst herbeigeführten – Ausschluss vom Verfahren keinen Verstoß gegen das Gebot der Gewährung rechtlichen Gehörs herleiten[736]. Besondere Probleme sind in neuerer Zeit im Hinblick auf die Wirkungserstreckung von US-amerikani-

S. 237 ff.; *Herrmann*, Die Anerkennung US-amerikanischer Urteile in Deutschland unter Berücksichtigung des ordre public, 2000; *Hess*, Urteilsfreizügigkeit und ordre public-Vorbehalt bei Verstößen gegen Verfahrensgrundrechte und Marktfreiheiten, IPRax 2001, 301 ff.; *Leipold*, Neuere Erkenntnisse des EuGH und BGH zum anerkennungsrechtlichen ordre public, FS Stoll, 2001, S. 625 ff.; *Regen*, Prozessbetrug als Anerkennungshindernis, 2008; *Roth*, Der Vorbehalt des Ordre Public gegenüber fremden gerichtlichen Entscheidungen, 1967; *Sandrock*, „Scharfer" ordre public interne und „laxer" ordre public international?, FS Sonnenberger, 2004, S. 615 ff.; *Schemmer*, Der ordre public-Vorbehalt unter der Geltung des Grundgesetzes, 1995; *Schütze*, Überlegungen zur Anerkennung und Vollstreckbarerklärung US-amerikanischer Zivilurteile in Deutschland – Zur Kumulierung von Ordre-public-Verstössen, FS Geimer, 2002, S. 1025 ff.; *Stürner*, Anerkennungsrechtlicher und europäischer ordre Public als Schranke der Vollstreckbarerklärung, FS 50 Jahre BGH, 2000, S. 677 ff.; *Völker*, Zur Dogmatik des ordre public, 1998; zum Problem im Rahmen staatsvertraglicher Regelungen vgl. *Niedermann*, Die ordre public Klauseln in den Vollstreckungsverträgen des Bundes und in den kantonalen Zivilprozessgesetzen, 1976.

733 Vgl. dazu *Baur*, Einige Bemerkungen zum verfahrensrechtlichen ordre public, FS Guldener, 1973, S. 1 ff.; *Geimer*, Nichtbeachtung ausländischer Urteile wegen nicht gehöriger Ladung im Erstprozess, NJW 1973, 2138 ff.; *ders.*, Zur Nichtanerkennung ausländischer Urteile wegen nicht ordnungsgemäßen erststaatlichen Verfahrens, JZ 1969, 12 ff.

734 Vgl. z.B. BGH, RIW/AWD 1978, 411.

735 Vgl. dazu *Schütze*, Die Verkürzung rechtlichen Gehörs durch die american rule of costs und der Schutz der armen Partei, GS Gaspardy, 2007, S. 337 ff.; *ders.*, Armenrecht, Kostenerstattung und faires Verfahren, FS Machacek und Matscher, 2008, S. 919 ff.; BGH NJW 1978, 1114 hält die Armenrechtsgewährung wohl für relevant, verneint einen ordre public Verstoß im konkreten Fall jedoch, weil es nicht erforderlich sei, dass die ausländische Armenrechtsgewährung der großzügigen deutschen entspricht.

736 Vgl. BGHZ 48, 327.

schen punitive-damages-Urteilen[737], class action Urteilen[738] sowie solchen, die nach extremer pre-trial discovery ergangen sind[739], aufgetreten[740].

- *Verbürgung der Gegenseitigkeit.* Die Gegenseitigkeit im Verhältnis zum Erststaat muss verbürgt sein (§ 328 Abs. 1 Nr. 5 ZPO)[741]. 429

---

737 Vgl. BGHZ 118, 312 = RIW 1993, 132 = EuZW 1992, 705 = IPRax 1993, 310 = NJW 1992, 3096 = WM 1992, 1451 = ZZP 106 (1993), 79, zustimmend *Nagel/Gottwald*, IZPR, § 11, Rdn. 174; vgl. dazu aus der zwischenzeitlich abundanten Literatur insbes. *Brockmeier*, Punitive damages, multiple damages und deutscher ordre public, 1999; *Bungert*, Vollstreckbarkeit US-amerikanischer Schadensersatzurteile in exorbitanter Höhe, ZIP 1992, 1707 ff.; *ders.*, Enforcing US Excessive and Punitive Damages Awards in Germany, Intern. Lawyer, 27 (1993), 1075 ff.; *Coester-Waltjen*, Deutsches internationales Zivilverfahrensrecht und die punitive damages, in: Heldrich/Kono (Hrsg.), Herausforderungen des Internationalen Zivilverfahrensrechts, 1994, S. 15 ff.; *Drolshammer/Schärrer*, Die Verletzung des materiellen ordre public als Verweigerungsgrund bei der Vollstreckung eines US-amerikanischen „punitve-damages"-Urteils, SchweizJZ 1986, 309 ff.; *Lenz*, Amerikanische Punitve Damages vor dem Schweizer Richter, 1992; *Mörsdorf-Schulte*, Funktion und Dogmatik US-amerikanischer punitive damages, 1999; *Müller*, Punitive Damages und deutsches Schadensersatzrecht, 2000; *Rosengarten*, Punitive Damages und ihre Anerkennung und Vollstreckung in der Bundesrepublik Deutschland, 1994; *Schütze*, Die Anerkennung und Vollstreckbarerklärung US-amerikanischer Schadensersatzurteile in Produkthaftungssachen in der Bundesrepublik Deutschland, FS Nagel, 1987, S. 392 ff.; *ders.*, The Recognition and Enforcement of American Civil Judgments containing Punitive Damages in the Federal Republic of Germany, 11 U.Pa.Int'l Bus.L. 581 ff. (1990); *Siehr*, Zur Anerkennung und Vollstreckung ausländischer Verurteilungen zu „punitive damages", RIW 1991, 705 ff.; *Stiefel/Stürner*, Die Vollstreckbarkeit US-amerikanischer Schadensersatzurteile in exzessiver Höhe, VersR 1987, 829 ff.; zum Diskussionsstand und für weitere Nachweise vgl. *Herrmann*, Die Anerkennung US-amerikanischer Urteile unter Berücksichtigung des ordre public, 2000, S. 229 ff.; nach richtiger Ansicht handelt es sich allerdings nicht um eine ordre public Problematik. Vielmehr fällt die punitive damages Verurteilung nicht unter den Begriff der Zivilsache, vgl. dazu *Schütze*, Die Anerkennung und Vollstreckbarerklärung US-amerikanischer Schadensersatzurteile in Produkthaftungssachen in der Bundesrepublik Deutschland, FS Nagel, 1987, S. 329 ff.

738 Vgl. dazu *Perucci*, Anerkennung und Vollstreckung von US class action-Urteilen und -Vergleichen in der Schweiz, 2008; *Schneider*, Class Action – Rechtpolitische Fragen in den USA und Anerkennung in Deutschland, 1999.

739 Vgl. dazu *Schütze*, Die Anerkennung und Vollstreckbarerklärung US-amerikanischer Zivilurteile, die nach einer pre-trial-discovery ergangen sind, in der Bundesrepublik Deutschland, FS Stiefel, 1987, S. 697 ff.

740 Vgl. BGHZ 118, 312 = RIW 1993, 132 mit Anm. *Schütze* = JZ 1993, 261 mit Anm. *Deutsch* = ZIP 1992, 1256 mit Anm. *Bungert* = EWiR 1992, 827 mit Anm. *Geimer*.

741 Vgl. dazu *Bohnet*, Das Gegenseitigkeitsprinzip bei der Anerkennung von Gerichtsurteilen im deutsch-chinesichen Rechtsverkehr, RIW Beil.6/1996, 17 ff.; *Doser*, Gegenseitigkeit und Anerkennung ausländischer Entscheidungen (§ 328 Abs. 1 Nr. 5 ZPO), 1999; *Eberlein*, Zu welchem Zeitpunkt müssen die Voraussetzungen für die Anerkennung ausländischer Urteile in Deutschland nach § 328 Abs. 1 Ziff. 1, 4 und 5 ZPO und nach den entsprechenden Staatsverträgen verbürgt sein?, Diss. Erlangen 1952; *Einmahl*, Zur Verbürgung der Gegenseitigkeit bei der Anerkennung ausländischer Entscheidungen, NJW 1971, 1487 ff.; *Fischer*, Die Anerkennung

430 Die Feststellung der Gegenseitigkeit erfolgt durch einen Vergleich der deutschen mit der erststaatlichen Anerkennungsregelung. Vollständige Deckungsgleichheit von Erfordernissen und Verfahren kann nicht gefordert werden, jedoch müssen die Bedingungen für die Wirkungserstreckung eines deutschen Urteils im Erststaat im wesentlichen denen entsprechen (oder leichter sein), denen ausländische Urteile in Deutschland nach §§ 328, 722f. ZPO unterworfen sind. Erschwerungen können bis zu einem gewissen Grade durch Erleichterungen ausgeglichen werden[742].

431 Partielle Verbürgung der Gegenseitigkeit genügt[743]. So kann die Gegenseitigkeit beispielsweise nur für Zahlungsurteile verbürgt sein[744].

---

ausländischer Urteile in Deutschland, ZAkDR 1935, 230ff.; *Fragistas*, Der Begriff der Gegenseitigkeit bei der Anerkennung der ausländischen Urteile, FS Schätzel, 1960, S. 149ff.; *Hepting*, Die Gegenseitigkeit im internationalen Privatrecht und internationalen Zivilprozessrecht, Diss. München 1973; *Klein*, Das Erfordernis der verbürgten Gegenseitigkeit bei der Vollstreckung ausländischer Urteile in Deutschland, BöhmsZ 9 (1899), 206ff.; 6 (1896), 97ff.; *ders.*, Ist es für den Begriff der verbürgten Gegenseitigkeit im Sinne des § 661 Abs. 2 Nr. 5 der Deutschen C.Pr.O. erforderlich, dass der ausländische Staat mit der Urteilsvollstreckung vorangehe?, BöhmsZ 7 (1897), 17ff.; *ders.*, Ist das Revisionsgericht zur Prüfung und Nachprüfung der Frage berechtigt, ob die Gegenseitigkeit im Sinne des § 661 Abs. 2 Nr. 5 der deutschen Civilprozessordnung verbürgt ist?, BöhmsZ 5 (1895), 40ff.; *Kleinfeller*, Gegenseitigkeit, JW 1924, 1326ff. Lagarde, La réciprocité en droit international privé, Rec. des Cours 154 (1977-I), 103ff.; *Milleker*, Die Teilanerkennung fremder Urteile nach Urteilswirkungen in vermögensrechtlichen Streitigkeiten, NJW 1971, 303ff.; *Nagel*, Veränderte Grundlagen für die Anwendung der Gegenseitigkeit im internationalen Zivilprozessrecht, Jahrbuch für internationales Recht 11 (1962), S. 338ff.; *Pfeiffer*, Kooperative Reziprozität, RabelsZ 55 (1991), 734ff.; *Puttfarken*, Zur Anerkennung und Vollstreckung ausländischer Urteile deutscher Kläger – verfassungswidrige Gegenseitigkeit, RIW/AWD 1976, 149ff.; *Satter*, Die Verbürgung der Gegenseitigkeit bezüglich ausländischer Urteile in Ehesachen, ZZP 55 (1930), 459ff.; *Schütze*, Die Rechtsprechung des BGH zur Verbürgung der Gegenseitigkeit (§ 328 Abs. 1 Nr. 5 ZPO), NJW 1969, 293ff.; *ders.*, Zur partiellen Verbürgung der Gegenseitigkeit bei der Anerkennung ausländischer Zivilurteile, NJW 1973, 2143ff.; *ders.*, Zur Verbürgung der Gegenseitigkeit, insbesondere im Verhältnis zu Israel, AWD 1972, 281ff.; *ders.*, Zur Verbürgung der Gegenseitigkeit bei der deutsch-amerikanischen Urteilsanerkennung, ZVglRWiss. 98 (1999), 131ff.; *ders.*, Probleme der Verbürgung der Gegenseitigkeit bei der Anerkennung ausländischer Zivilurteile, FS Martiny, 2014, S. 825ff.; *Schwantag*, Gegenseitigkeit und „loi uniforme" in Abkommen zum internationalen Privat- und Prozessrecht, Diss. Freiburg 1976; *Süss*, Die Anerkennung ausländischer Urteile, FS Rosenberg, 1949, S. 229ff.; *von Wedel*, Zur Auslegung des § 328 Nr. 5 ZPO, Judicium 5 (1933), 77ff.

742 Vgl. z.B. BGHZ 42, 197; 52, 256.

743 Vgl. *Geimer/Schütze*, Internationale Urteilsanerkennung, Bd. I/2, 1984, S. 1766ff.; *Fragistas*, Der Begriff der Gegenseitigkeit bei der Anerkennung der ausländischen Urteile, FS Schätzel, 1960, S. 149ff.; *Schütze*, Zur partiellen Verbürgung der Gegenseitigkeit bei der Anerkennung ausländischer Zivilurteile, NJW 1973, 2143ff.

744 Vgl. BGHZ 42, 194 (für südafrikanische Urteile; die Gegenseitigkeit ist nunmehr nach der Änderung der Rechtslage in Südafrika nur noch partiell verbürgt, vgl. Rdn. 435).

Nur die tatsächliche Verbürgung der Gegenseitigkeit ist ausreichend und notwendig[745]. Gesetz- oder lehrbuchmäßige Verbürgung reichen nicht aus. 432

Auch Gegenseitigkeitsfeststellungen der Justizministerien, die sich zuweilen aus politischen Gründen finden[746], sind nicht bindend.

Fehlen Erfahrungen über die Behandlung deutscher Titel im Erststaat, dann führt das allein noch nicht zur Verneinung der Gegenseitigkeit. Der ausländische Staat braucht nicht mit der Anerkennung voranzugehen und den „ersten Schritt" zu tun. Bei Mangel an Erfahrungen genügt die gesetzmäßig manifestierte Bereitschaft des ausländischen Staates, deutsche Urteile anzuerkennen, da man – jedenfalls im Grundsatz – davon ausgehen kann, dass die Gerichte des ausländischen Staates ihre eigenen Gesetze textgetreu anwenden werden[747]. 433

Für einzelne Urteilsgattungen ist die Gegenseitigkeit nicht Erfordernis der Anerkennung, so für Entscheidungen in nichtvermögensrechtlichen Streitigkeiten bei Fehlen eines inländischen Gerichtsstandes (§ 328 Abs. 2 ZPO). In Verfahren nach dem FamFG ist die Verbürgung der Gegenseitigkeit nur in den in § 109 Abs. 4 Nr. 1–5 FamFG[748] bestimmten Fällen Erfordernis der Anerkennung. 434

---

745 Vgl. *Geimer/Schütze*, Internationale Urteilsanerkennung, Bd. I/2, 1984, S. 1758 ff. m.w.N.; Wieczorek/Schütze/*Schütze*, § 328, Rdn. 72.

746 So hat das Justizministerium NRW vor Abschluss des deutsch-israelischen Anerkennungs- und Vollstreckungsvertrags in befremdlicher Weise eine Gegenseitigkeitserklärung abgegeben, die dem deutschen Recht unbekannt ist und wohl auch dem Prinzip der Gewaltenteilung widerspricht. Anfragen des Autors nach Rechtsgrundlage und Begründung blieben sämtlich unbeantwortet. Vgl. dazu auch *Schütze*, Internationales Zivilprozessrecht und Politik, FS Georgiades, 2005, S. 577 ff.

747 Vgl. BGHZ 22, 24; 49, 50; *Geimer/Schütze*, Internationale Urteilsanerkennung, Bd. I/2, 1984, S. 1763 ff. m.w.N.; *Schütze*, Die Rechtsprechung des BGH zur Verbürgung der Gegenseitigkeit (§ 328 Abs. 1 Nr. 5 ZPO), NJW 1969, 295 f.; *ders.*, Zur Verbürgung der Gegenseitigkeit im deutsch-chinesischen Verhältnis, ZChinR 2008, 244 ff. = RIW 2008, 1 ff.

748 Die Bestimmung lautet:
4) Die Anerkennung einer ausländischen Entscheidung, die
1. Familienstreitsachen,
2. die Verpflichtung zur Fürsorge und Unterstützung in der partnerschaftlichen Lebensgemeinschaft,
3. die Regelung der Rechtsverhältnisse an der gemeinsamen Wohnung und an den Haushaltsgegenständen der Lebenspartner,
4. Entscheidungen nach § 6 Satz 2 des Lebenspartnerschaftsgesetzes in Verbindung mit den §§ 1382 und 1383 des Bürgerlichen Gesetzbuchs oder
5. Entscheidungen nach § 7 Satz 2 des Lebenspartnerschaftsgesetzes in Verbindung mit den §§ 1426, 1430 und 1452 des Bürgerlichen Gesetzbuchs

betrifft, ist auch dann ausgeschlossen, wenn die Gegenseitigkeit nicht verbürgt ist.

435 Im Einzelnen gilt folgendes[749]:

Abu Dhabi Die Gegenseitigkeit ist nicht verbürgt. Es gilt die Zivilprozessordnung der Vereinigten Arabischen Emirate, vgl. dort.

Ägypten: Die Gegenseitigkeit ist verbürgt[750].

Äthiopien: Die Gegenseitigkeit ist nicht verbürgt, da erhebliche Zweifel an der praktischen Durchführung von Verfahren der Wirkungserstreckung ausländischer Titel bestehen[751].

Afghanistan: Es gilt dasselbe wie für Äthiopien. Die Gegenseitigkeit ist nicht verbürgt.

Ajman: Es gilt die ZPO der Vereinigten Arabischen Emirate. Vgl. dort.

Albanien: Die Gegenseitigkeit ist nicht verbürgt, da Albanien ausländische Entscheidungen nur bei Vorliegen eines Staatsvertrages anerkennt[752].

Algerien: Die Gegenseitigkeit ist nicht verbürgt[753].

Andorra: Die Gegenseitigkeit ist nicht verbürgt[754].

Angola: Die Gegenseitigkeit ist partiell verbürgt, soweit nicht angolanische Parteien betroffen sind[755].

---

749 Soweit die Anerkennung und Vollstreckbarerklärung durch einen Staatsvertrag gesichert ist, kommt der Verbürgung der Gegenseitigkeit nur eine sehr eingeschränkte Bedeutung für Entscheidungen zu, die nicht unter den Geltungsbereich des Vertrages fallen und für die deshalb die allgemeine Regelung der §§ 328, 722f. ZPO gilt. Deswegen wird nachstehend bei solchen Ländern nur auf die Möglichkeit der Wirkungserstreckung von Titeln aufgrund des Staatsvertrages hingewiesen. Die Gegenseitigkeitsübersicht folgt Wieczorek/Schütze/*Schütze*, § 328 Rdn. 151ff. Für die Begründung der jeweiligen Gegenseitigkeitsaussage vgl. dort.

750 Vgl. OLG Frankfurt/Main, WM 1987, 276; IPG 1970 Nr. 34 (Heidelberg); *BälzRizk*, Länderbericht Ägypten, in: Geimer/Schütze, Internationaler Rechtsverkehr, 1001.10 m.w.N. *Schütze*, Vollstreckung ausländischer Urteile in der Vereinigten Arabischen Republik – Verbürgung der Gegenseitigkeit, AWD 1969, 437f.

751 Vgl. *Arnold*, Die Vollstreckung ausländischer Urteile und Schiedssprüche in Äthiopien, AWD 1968, 309ff.

752 Vgl. dazu *Wietzorek*, Anerkennung und Vollstreckung von Entscheidungen in Albanien, eastlex 2009, 164f.

753 A.A. *Bälz*, Die Anerkennung und Vollstreckung von ausländischen Urteilen und Schiedssprüchen in den arabischen Staaten Nordafrikas, RIW 20134, 55ff. (59); *Klaiber*, Neues internationales Zivilprozess- und Schiedsrecht in Algerien, IPRax 2010, 87ff. (89), *Rauscher*, Länderbericht Algerien, in: Geimer/Schütze, Internationaler Rechtsverkehr, 1004.9.

754 *Martiny*, Handbuch des Internationalen Zivilverfahrensrechts, Bd. III/1, 1984, Rdn. 1313 geht von einer partiellen Verbürgung der Gegenseitigkeit aus.

755 Vgl. *Nordmeier*, Länderbericht Angola, in: Geimer/Schütze Internationaler Rechtsverkehr, 1006.15ff.

Antigua und Barbuda: Die Gegenseitigkeit ist für Zahlungsurteile verbürgt[756].

Argentinien: Die Gegenseitigkeit ist verbürgt[757].

Armenien: Die Gegenseitigkeit ist nicht verbürgt[758].

Aserbaidschan: Die Gegenseitigkeit ist verbürgt[759].

Australien: Die Gegenseitigkeit ist für Urteile auf Geldzahlung innerhalb einer zeitlichen Grenze von 6 Jahren (Urteilsverjährung) partiell verbürgt[760].

Bahamas: Die Gegenseitigkeit ist verbürgt.

Bahrain: Die Gegenseitigkeit ist verbürgt[761].

Bangladesch: Die Gegenseitigkeit ist nicht verbürgt[762].

Barbados: Die Gegenseitigkeit ist verbürgt[763].

Belarus: Die Gegenseitigkeit ist nicht verbürgt[764].

Belgien: Im deutsch-belgischen Verhältnis gilt die VO (EU) 1215/2012.

Belize: Die Gegenseitigkeit ist für Zahlungsurteile verbürgt[765].

Benin: Die Gegenseitigkeit ist nicht verbürgt.

Bermuda: Die Gegenseitigkeit ist verbürgt[766].

---

756 Vgl. *Schütze*, Länderbericht Antigua und Barbuda, in: Geimer/Schütze, Internationaler Rechtsverkehr, 1007.8.

757 Vgl. *Piltz*, Länderbericht Argentinien, in: Geimer/Schütze, Internationaler Rechtsverkehr, 1009.15.

758 Vgl. *Mindach*, Länderbericht Armenien, in: Geimer/Schütze, Internationaler Rechtsverkehr, 1011.10.

759 Vgl. *Mindach*, Länderbericht Aserbaidschan, in: Geimer/Schütze, Internationaler Rechtsverkehr, 1012.12.

760 Vgl. *Ellger*, Anerkennung und Vollstreckung zivilgerichtlicher Urteile insbesondere familiengerichtlicher Entscheidungen – im Verhältnis zu Australien, FS Martiny, 2014, S. 663 ff. (686); *von Hopffgarten*, Länderbericht Australien, in: Geimer/Schütze, Internationaler Rechtsverkehr, 1013.10.

761 Vgl. *Bälz*, Länderbericht Bahrain, in: Geimer/Schütze, Internationaler Rechtsverkehr 1015.5.

762 **AA** *Otto*, Länderbericht Bangladesch, in: Geimer/Schütze, Internationaler Rechtsverkehr, 1018.8 und *Martiny*, in: Handbuch des Internationalen Zivilverfahrensrechts, Bd. III/1, 1984, Rdn. 1333, die jeweils eine partielle Verbürgung annehmen.

763 Vgl. *Martiny*, Handbuch des Internationalen Zivilverfahrensrechts, Bd. III/1, 1984, Rdn. 1334.

764 Vgl. *Marenkov*, Länderbericht Belarus, in: Geimer/Schütze, Internationaler Rechtsverkehr, 1019.14 f. (wenngleich zweifelnd))

765 Vgl. *Martiny*, Handbuch des Internationalen Zivilverfahrensrechts, Bd. III/1, 1984, Rdn. 1336.

766 Vgl. *Schütze*, Länderbericht Bermuda, in: Geimer/Schütze, Internationaler Rechtsverkehr, 1020.8 f.

Bhutan: Die Gegenseitigkeit ist nicht verbürgt[767].

Bolivien: Die Gegenseitigkeit ist nicht verbürgt.

Bosnien-Herzegowina: Die Gegenseitigkeit ist verbürgt[768].

Botswana: Die Gegenseitigkeit ist verbürgt[769].

Brasilien: Die Gegenseitigkeit ist verbürgt[770].

British Virgin Islands: Die Gegenseitigkeit ist verbürgt[771].

Brunei: Die Gegenseitigkeit ist verbürgt.

Bulgarien: Im deutsch-bulgarischen Verhältnis gilt die VO (EU) Nr. 1215/2012.

Burkina Faso: Die Gegenseitigkeit ist verbürgt, soweit nicht die Geschäftsfähigkeit oder der Status einer deutschen Partei in dem Urteil betroffen sind.

Burundi: Die Gegenseitigkeit ist verbürgt[772].

Cayman Islands: Die Gegenseitigkeit ist verbürgt[773].

Chile: Die Gegenseitigkeit ist verbürgt[774].

China (Volksrepublik): Die Gegenseitigkeit ist verbürgt[775].

---

767 Vgl. *Schütze*, Die Anerkennung und Vollstreckbarerklärung ausländischer Zivilurteile und Schiedssprüche in Bhutan, JR 1981, 498 f.

768 Vgl. LG Darmstadt IPRax 2007, 49; *Pürner*, Zur Gegenseitigkeit gem. § 328 Abs. 1 Nr. 5 ZPO im Verhältnis zu Bosnien und Herzegowina: Weitere Klarheit in einer eigentlich überflüssigen Frage, IPRax 2007, 34 f.; *Schütze*, Die Verbürgung der Gegenseitigkeit im Verhältnis zu Bosnien-Herzegowina, IPRax 1996, 255 ff.; **aA** OLG Köln IPRax 1996, 268 im Hinblick auf die Kriegswirren von 2004. Die politische Situation hat sich aber beruhigt, die Rechtspflege ist heute geordnet.

769 Vgl. *Schütze*, Die Vollstreckung ausländischer Zivilurteile in Botswana, JR 1978, 54 f.

770 Vgl. *Samtleben*, Länderbericht Brasilien, in: Geimer/Schütze, Internationaler Rechtsverkehr, 1023.42.

771 Vgl. *Otto*, Länderbericht Britische Jungferninseln, in: Geimer/Schütze, Internationaler Rechtsverkehr, 1024.10.

772 Vgl. *Martiny*, Handbuch des Internationalen Zivilverfahrensrechts, Bd. III/1, 1984, Rdn. 1344.

773 Vgl. *Otto*, Länderbericht Cayman Islands, in: Geimer/Schütze, Internationaler Rechtsverkehr, 1026.9.

774 Vgl. IPG 1975 Nr. 42 (Hamburg); einschränkend *Martiny*, Handbuch des Internationales Zivilverfahrensrechts, Bd. III/1, 1984, Rdn. 1345; verneinend noch RGZ 49, 345.

775 Vgl. KG IHR 2007, 167 = SchiedsVZ 2007, 10; OLG Düsseldorf, OLG Report Hamm/Düsseldorf/Köln 2007, 569; *Daentzer*, Voraussetzungen der Vollstreckung von vermögensrechtlichen Urteilen im deutsch-chinesischen Rechtsverkehr, ZZPInt 2 (1997), 367 ff. (375); *Schütze*, Zur Verbürgung der Gegenseitigkeit bei der Urteilsanerkennung im deutsch-chinesischen Verhältnis, RIW 2008, 1 ff. = ZChinR 2008, 244 ff.; *Schütze/Wu*, Länderbericht China, in: Geimer/Schütze, Internationaler Rechtsverkehr, 1027.10 f.; **aA** *Barth/Johnsten*, Ist im Verhältnis zur Volksrepublik China die Gegenseitigkeit verbürgt?, IHR 2007, 133 ff.; *Neelmeier*, Verbürgung der Gegenseitigkeit zwischen Deutschland und China?, SchiedsVZ 2007, 102 ff.

China (Taiwan): Die Gegenseitigkeit ist verbürgt[776].

Costa Rica: Die Gegenseitigkeit ist verbürgt[777].

Dänemark: Im deutsch-dänischen Verhältnis gilt die VO (EU) Nr. 1215/2012 aufgrund des Abkommens zwischen der EG und Dänemark.

Dominikanische Republik: Die Gegenseitigkeit ist nicht verbürgt[778].

Dubai: Es gilt die Zivilprozessordnung der Vereinigten Arabischen Emirate. Die Gegenseitigkeit ist nicht verbürgt[779].

Ecuador: Die Gegenseitigkeit ist – für persönliche Klagen (acciones personales) – verbürgt[780].

Elfenbeinküste: Die Gegenseitigkeit ist verbürgt[781].

El Salvador: Die Gegenseitigkeit ist für Urteile aufgrund persönlicher Klagen – mit Ausnahme von Versäumnisurteilen – partiell verbürgt[782].

Estland: Im deutsch-estnischen Verhältnis gilt die VO (EU) Nr. 1215/2012.

Fiji: Die Gegenseitigkeit ist in gleichem Masse wie zu Antigua und Barbuda verbürgt[783].

Finnland: Im deutsch-finnischen Verhältnis gilt die VO (EU) Nr. 1215/2012.

Frankreich: Im deutsch-französischen Verhältnis gilt die VO (EU) Nr. 1215/2012.

Fujairah: Es gilt die Zivilprozessordnung der Vereinigten Arabischen Emirate. Die Gegenseitigkeit ist nicht verbürgt.

Gabun: Die Gegenseitigkeit ist nicht verbürgt[784].

Gambia: Die Gegenseitigkeit ist verbürgt[785].

---

776 Vgl. *Etgen*, Die Anerkennung und Vollstreckung deutscher Zivilurteile in der Republik China auf Taiwan, RIW 1995, 205 ff. (207); *Etgen/Sheng-Lin*, Länderbericht China (Taiwan), in: Geimer/Schütze, Internationaler Rechtsverkehr, 1128.8.

777 Vgl. *Martiny*, Handbuch des Internationalen Zivilverfahrensrechts, Bd. III/1, 1984, Rdn. 1348.

778 Vgl. *Geimer/Schütze*, Internationale Urteilsanerkennung, Bd. I/2, 1984, S. 1817.

779 Vgl. *Krüger*, Anerkennung ausländischer Titel in den VAE, IPRax 2005, 472.

780 Vgl. *Rissel*, Länderbericht Ecuador, in: Geimer/Schütze, Internationaler Rechtsverkehr, 1033.6; *Fölsing*, Vollstreckung aus einem ecuadorianischen „Chevron“ Urteil auch in Deutschland?, RIW 2015, 807 ff.(810); **a.A.** *Kadner*, Das internationale Privatrecht von Ecuador, 1999, S. 178.

781 Vgl. *Schütze*, Anerkennung und Vollstreckung ausländischer Zivilurteile an der Elfenbeinküste, AWD 1974, 498 f.

782 Vgl. *Geimer/Schütze*, Internationale Urteilsanerkennung, Bd. I/2, 1984, S. 1821.

783 Vgl. *Schütze*, Länderbericht Fiji, in: Geimer/Schütze, Internationaler Rechtsverkehr, 1038.7.

784 Vgl. *Geimer/Schütze*, Internationale Urteilsanerkennung, Bd. I/2, 1984, S. 1824.

785 Vgl. *Martiny*, Handbuch des Internationalen Zivilverfahrensrechts, Bd. III/1, 1984, Rdn. 1362.

Georgien: Die Gegenseitigkeit ist verbürgt[786].

Ghana: Die Gegenseitigkeit ist nicht verbürgt.

Gibraltar: Im deutsch-gibraltischen Verhältnis gilt die VO (EU) Nr. 1215/ 2012[787].

Griechenland: Im deutsch griechischen Verhältnis gilt die VO (EU) Nr. 1215/ 2912.

Guatemala: Die Gegenseitigkeit ist nicht verbürgt[788].

Guayana: Die Gegenseitigkeit ist nicht verbürgt[789].

Guinea: Die Gegenseitigkeit ist nicht verbürgt[790].

Honduras: Die Gegenseitigkeit ist – mit Ausnahme von Versäumnisurteilen – partiell verbürgt[791].

Hongkong: Die Gegenseitigkeit ist verbürgt.

Indien: Die Gegenseitigkeit ist nicht verbürgt[792].

Indonesien: Die Gegenseitigkeit ist nicht verbürgt[793].

Irak: Die Gegenseitigkeit ist nicht verbürgt[794].

Iran: Die Gegenseitigkeit ist nicht verbürgt[795].

Irland: Im deutsch-irischen Verhältnis gilt die VO (EU) Nr. 1215/2012.

Island: Im deutsch-isländischen Verhältnis gilt das LugÜ II.

---

786 Vgl. *Knieper*, Länderbericht Georgien, in: Geimer/Schütze, Internationaler Rechtsverkehr, 1041.5.; zweifelnd *Svanadze*, Grundlagen des deutsch-georgischen Anerkennungsrechts, 2014, aber für die Abschaffung des Erfordernisses der Gegenseitigkeit plädierend.

787 Gibraltar wird nach Art. 299 Abs. 4 EG-Vertrag als Teil der Gemeinschaft angesehen. Vgl. dazu *Sack*, Europas Zwerge, EuZW 1997, 45 ff. (50).

788 Vgl. *Geimer/Schütze*, Internationale Urteilsanerkennung, Bd. I/2, 1984, S. 1838; **a.A.** *Martiny*, Handbuch des Internationalen Zivilverfahrensrechts, Bd. III/1, 1984, S. 606.

789 Vgl. IPG 1973 Nr. 40 (Hamburg).

790 Vgl. *Geimer/Schütze*, Internationale Urteilsanerkennung, Bd. I/2, 1984, S. 1839.

791 Vgl. *Geimer/Schütze*, Internationale Urteilsanerkennung, Bd. I/2, 1984, S. 1840.

792 **A.A.** *Otto*, Länderbericht Indien, in: Geimer/Schütze, Internationaler Rechtsverkehr, 1046.10 (partielle Verbürgung); *Martiny*, Handbuch des Internationalen Zivilverfahrensrechts, Bd. III/1, 1984, Rdn. 1384. Vgl. eingehend *Hau*, Der Anerkennungsverkehr zwischen Deutschland und Indien in Zivil- und Handelssachen, FS Schütze II, 2014, S. 151 ff. (zurückhaltend).

793 Vgl. *Bälz*, Anerkennung und Vollstreckung von ausländischen Zivilurteilen und Schiedssprüchen in arabischen Staaten, RIW 2012,354 ff. (360); *ders.*, Länderbericht Irak, in: Geimer/ Schütze, Internationaler Rechtsverkehr, 1049.7; *Martiny*, Handbuch des Internationalen Zivilverfahrensrechts, Bd. III/1, 1984, Rdn. 1385.

794 Vgl. *Krüger/Küppers*, das Internationale Privat- und Zivilverfahrensrecht des Irak, IPRax 1988, 180 ff. (182).

795 **A.A.** *Bälz/Jourabci-Eisenhut*, Länderbericht Islamische Republik Iran, in: Geimer/Schütze, Internationaler Rechtsverkehr, 1050.10; *Wurmnest/Yassari*, Die Anerkennung und Vollstreckung ausländischer Urteile im Iran – Folgerungen für die Verbürgung der Gegenseitigkeit gemäß § 328 Abs. 1 Nr. ZPO, IPRax 2006, 217 ff. (221).

Isle of Man: Die Gegenseitigkeit ist verbürgt.

Israel: Im deutsch-israelischen Verhältnis findet der deutsch-israelische Anerkennungs- und Vollstreckungsvertrag v. 20.7.1977 Anwendung.

Italien: Im deutsch-italienischen Verhältnis gilt die VO (EU) Nr. 1215/2012.

Jamaica: Die Gegenseitigkeit ist für Urteile auf Geldzahlung verbürgt[796].

Japan: Die Gegenseitigkeit ist verbürgt[797].

Jemen: Die Gegenseitigkeit ist nicht verbürgt[798].

Jersey: Die Gegenseitigkeit ist verbürgt.

Jordanien: Die Gegenseitigkeit ist verbürgt[799].

Kamerun: Die Gegenseitigkeit ist verbürgt[800].

Kanada: Die Materie ist einzelstaatlich geregelt. Jedoch ist für alle Provinzen die Gegenseitigkeit verbürgt, auch zu Quebec[801].

Kap Verde: Die Gegenseitigkeit ist verbürgt[802].

Kasachsatan: Die Gegenseitigkeit ist nicht verbürgt[803].

Katar: Die Gegenseitigkeit ist verbürgt[804].

Kenia: Die Gegenseitigkeit ist nicht verbürgt.

Kirgistan: Die Gegenseitigkeit ist nicht verbürgt[805].

Kolumbien: Die Gegenseitigkeit ist verbürgt[806].

---

796 Vgl. *Martiny*, Handbuch des Internationalen Zivilverfahrensrechts, Bd. III/1, 1984, Rdn. 1392.

797 Vgl. dazu Rdn. 765.

798 Vgl. *Bälz/Klaiber*, Länderbericht Jemen, in: Geimer/Schütze, Internationaler Rechtsverkehr, 1062.8; *Krüger*, Internationales Zivilverfahrensrecht in der Republik Jemen, RIW 1993, 470 ff. (471).

799 Vgl. *Bälz*, Anerkennung und Vollstreckung von ausländischen Zivilurteilen und Schiedssprüchen in arabischen Staaten, RIW 2012, 354 ff. (357); *Bälz/al-Karyouti*, Länderbericht Jordanien, in: Geimer/Schütze, Internationaler Rechtsverkehr, 1063.6 m.w.N.; *Schütze*, Rechtsverfolgung bei deutsch-arabischen Handelsgeschäften, RIW/AWD 1977, 761 ff.

800 Vgl. *Krüger*, Zur Anerkennung und Vollstreckung ausländischer Titel in Kamerun, IPRax 2008, 147 ff. (148).

801 Vgl. im Einzelnen *Bachmann*, Länderbericht Kanada, in: Geimer/Schütze, Internationaler Rechtsverkehr, 1065.25 ff.

802 Vgl. *Nordmeier*, Länderbericht Kap Verde, in: Geimer/Schütze, Internationaler Rechtsverkehr, 1066.223 f.; *Schütze*, Die Anerkennung und Vollstreckbarerklärung ausländischer Zivilurteile in Kap Verde, JR 1989, 324 f.

803 Vgl. *Mindach*, Länderbericht Kasachstan, in: Geimer/Schütze, Internationaler Rechtsverkehr, 1068.10.

804 Vgl. *Bälz/Klaiber*, Länderbericht Katar, in: Geimer/Schütze, Internationaler Rechtsverkehr, 1068a.5 f.; *Krüger*, Zur Vollstreckung ausländischer Entscheidungen in Qatar, RIW 1991, 1007 ff.

805 Vgl. *Mindach*, Länderbericht Kirgisistan, in: Geimer/Schütze, Internationaler Rechtsverkehr, 1069.11.

806 Vgl. *von Bila*, Länderbericht Kolumbien, in: Geimer/Schütze, Internationaler Rechtsverkehr, 1070.12.

Kongo (Demokratische Republik und Volksrepublik): Die Gegenseitigkeit ist angesichts des gegenwärtig nicht funktionierenden Gerichtssystems nicht verbürgt.

Korea (Republik): Die Gegenseitigkeit ist verbürgt[807].

Kroatien: Im deutsch-kroatischen Verhältnis gilt die VO (EU) Nr. 1215/2012.

Kuba: Die Gegenseitigkeit ist partiell verbürgt[808].

Kuwait: Die Gegenseitigkeit ist partiell verbürgt, soweit nicht Urteilsschuldner mit zweitstaatlicher Nationalität betroffen sind[809].

Lettland: Im deutsch-lettischen Verhältnis gilt die VO (EU) Nr. 1215/2012.

Libanon: Die Gegenseitigkeit ist verbürgt[810].

Liberia: Die an sich nach der Gesetzeslage verbürgte Gegenseitigkeit[811] besteht wegen des nicht funktionsfähigen Justizsystems zur Zeit nicht.

Libyen: Die Gegenseitigkeit ist nicht verbürgt[812].

Liechtenstein: Die Gegenseitigkeit ist nicht verbürgt[813].

Litauen: Im deutsch-litauischen Verhältnis gilt die VO (EU) Nr. 1215/2012.

Luxemburg: Im deutsch-luxemburgischen Verhältnis gilt die VO (EU) Nr. 1215/2012.

Madagaskar: Die Gegenseitigkeit ist nicht verbürgt[814].

---

807 Vgl. *Stiller/Schleicher*, Länderbericht Korea, in: Geimer/Schütze, Internationaler Rechtsverkehr, 1073.17.

808 Vgl. *Geimer/Schütze*, Internationale Urteilsanerkennung, Bd. I/2, 1984, S. 1864.

809 Vgl. *Bälz*, Länderbericht Kuwait, in: Geimer/Schütze, Internationaler Rechtsverkehr, 1075.8, der allerdings volle Verbürgung annimmt.

810 Vgl. *Bälz*, Anerkennung und Vollstreckung von ausländischen Zivilurteilen und Schiedssprüchen in arabischen Staaten, RIW 2012, 354 ff. (358; *Bälz/Koch*, Länderbericht Lbanon, in: Geimer/Schütze, Internationaler Rechtsverkehr, 1078a.7 f.; *Schütze*, Rechtsverfolgung bei deutsch-arabischen Handelsgeschäften, RIW/AWD 1977, 761 ff. (767); **a.A.** *Martiny*, Handbuch des Internationalen Zivilverfahrensrechts, Bd. III/1, 1984, Rdn. 1427.

811 Vgl. *Schütze*, Die Anerkennung und Vollstreckbarerklärung ausländischer Zivilurteile und Schiedssprüche in Liberia, RIW 1987, 598 ff. (599 f.).

812 Vgl. *Bälz*, Die Anerkennung und Vollstreckung von ausländischen Urteilen und Schiedssprüchen in den arabischen Staaten Nordafrikas, RIW 2013, 55 ff. (56 f.); *Bälz/Hamza*, Länderbericht Libyen, in: Geimer/Schütze, Internationaler Rechtsverkehr, 1078b.6 ff.; *Schütze*, Rechtsverfolgung bei deutsch-arabischen Handelsgeschäften, RIW/AWD 1977, 761 ff. (765).

813 Vgl. OLG Stuttgart, RIW 2015, 159; *Mähr*, Länderbericht Liechtenstein, in: Geimer/Schütze, Internationaler Rechtsverkehr, 1079.10; *Schütze*, Die Anerkennung und Vollstreckung ausländischer Zivilurteile in Liechtenstein, RIW/AWD 1976, 564 ff., *ders.*, Zur Verbürgung der Gegenseitigkeit im Verhältnis zu Liechtenstein, RIW 2015, 111 ff.

814 Vgl. *Martiny*, Handbuch des Internationalen Zivilverfahrensrechts, Bd. III/1, 1984, Rdn. 1432.

Malaysia: Die Gegenseitigkeit ist für Zahlungsurteile verbürgt[815].

Malediven: Die Gegenseitigkeit ist nicht verbürgt.

Mali: Die Gegenseitigkeit ist nicht verbürgt[816].

Malta: Im deutsch-maltesischen Verhältnis gilt die VO (EU) Nr. 1215/2012.

Marokko: Die Gegenseitigkeit ist verbürgt[817].

Mauretanien: Die Gegenseitigkeit kann trotz mancherlei Zweifel[818] bejaht werden[819].

Mauritius: Die Gegenseitigkeit ist verbürgt[820].

Mazedonien: Die Gegenseitigkeit ist verbürgt[821].

Mexiko: Die Gegenseitigkeit ist verbürgt[822].

Moldau: Die Gegenseitigkeit ist innerhalb einer Dreijahresfrist verbürgt[823].

Mongolei: Die Gegenseitigkeit ist innerhalb einer Dreijahresfrist verbürgt[824].

Montenegro: siehe ehemaliges jugoslawien.

Mosambuik: Die Gegenseitigkeit ist verbürgt[825].

Myanmar: Die Gegenseitigkeit ist nicht verbürgt[826].

---

815 Vgl. *Schütze*, Länderbericht Malaysia, in: Geimer/Schütze, Internationaler Rechtsverkehr, 1086.8.

816 Vgl. *Schütze*, Die Anerkennung und Vollstreckbarerklärung ausländischer Zivilurteile in Mali, JR 1985, 456 f.

817 Vgl. *Rauscher*, Länderbericht Marokko, in: Geimer/Schütze, Internationaler Rechtsverkehr, 1088.7.

818 Vgl. *Krüger*, Das internationale Privat- und Zivilverfahrensrecht Mauretaniens, RIW 1990, 988 ff. (990).

819 Vgl. *Bälz*, Länderbericht Mauretanien, in: Geimer/Schütze, Internationaler Rechtsverkehr, 1088a.6.

820 Vgl. *Otto*, Länderbericht Mauritius, in: Geimer/Schütze, Internationaler Rechtsverkehr, 1089.7; *Martiny*, Handbuch des Internationalen Zivilverfahrensrechts, Bd. III/1, 1984, Rdn. 1440.

821 Vgl. *Jessel-Holst*, Länderbericht Mazedonien, in: Geimer/Schütze, Internationaler Rechtsverkehr, 1089a.11.

822 Vgl. IPG 1977 Nr. 40 (Hamburg); **a.A.** LG Leipzig StAZ 1939, 275.

823 Vgl. *Aden*, Länderbericht Moldau, in: Geimer/Schütze, Internationaler Rechtsverkehr, 1091.8.

824 Vgl. *Nelle*, Länderbericht Mongolei, in: Geimer/Schütze, Internationaler Rechtsverkehr, 1092.6.

825 Vgl. *Nordmeier*, Länder bericht Mosambik, in: Geimer/Schütze, Internationaler Rechtsverkehr, 1093.20 ff.

826 Vgl. *Respondek/Witte*, Länderbericht Myanmar, in: Geimer/Schütze, Internationaler Rechtsverkehr, 1039a; **A.A.** wohl *Martiny*, Handbuch des Internationalen Zivilverfahrensrechts, Bd. III/1, 1984, Rdn. 1339, der eine partielle Verbürgung innerhalb der Verjährungsfrist annimmt.

Neuseeland: Die Gegenseitigkeit ist für Urteile auf Geldzahlung verbürgt[827].

Nicaragua: Die Gegenseitigkeit ist nicht verbürgt[828].

Niederlande: Im deutsch-niederländischen Verhältnis findet die VO (EU) Nr. 1215/2012 Anwendung.

Niger: Die Gegenseitigkeit ist nicht verbürgt[829].

Nigeria: Die Gegenseitigkeit für Zahlungsurteile ist verbürgt[830].

Norwegen: Im deutsch-norwegischen Verhältnis findet das LugÜ II Anwendung.

Österreich: Im deutsch-österreichischen Verhältnis gilt die VO (EU) Nr. 1215/2012.

Oman: Die Gegenseitigkeit ist nicht verbürgt[831].

Pakistan: Die Gegenseitigkeit ist nicht verbürgt[832].

Palästina: Die Gegenseitigkeit ist nicht verbürgt[833].

Panama: Die Gegenseitigkeit ist verbürgt[834].

Papua Neuguinea: Die Gegenseitigkeit ist verbürgt[835].

Paraguay: Die Gegenseitigkeit ist nicht verbürgt.

Peru: Die Gegenseitigkeit ist verbürgt[836].

Philippinen: Die Gegenseitigkeit ist nicht verbürgt[837].

Polen: Im deutsch-polnischen Verhältnis gilt die VO (EU) Nr. 1215/2012.

Portugal: Im deutsch-portugiesischen Verhältnis gilt die VO (EU) Nr. 1215/2012.

---

827 Vgl. *Schütze*, Länderbericht Neuseeland, in: Geimer/Schütze, Internationaler Rechtsverkehr, 1094.9 m.w.N.

828 **A.A.** *Martiny*, Handbuch des Internationalen Zivilverfahrensrechts, Bd. III/1, 1984, Rdn. 1449.

829 Vgl. *Geimer/Schütze*, Internationale Urteilsanerkennung, Bd. I/2, 1984, S. 1882.

830 Vgl. *Martiny*, Handbuch des Internationalen Zivilverfahrensrechts, Bd. III/1, 1984, Rdn. 1451.

831 Vgl. *Krüger*, Länderbericht Oman, in: Geimer/Schütze, Internationaler Rechtsverkehr, 1106.9f.; *ders.*, Zur Anerkennung und Vollstreckung deutscher Urteile in Oman, IPRax 2007544ff. (546).

832 Vgl. *Otto*, Länderbericht Pakistan, in: Geimer/Schütze, Internationaler Rechtsverkehr, 1109.10f.

833 Vgl. *Krüger*, Länderbericht Palästina, in Geimer/Schütze, Internationaler Rechtsverkehr, 1110.8.

834 Vgl. *Martiny*, Handbuch des Internationalen Zivilverfahrensrechts, Bd. III/1, 1984, Rdn. 1457.(partielle Verbürgung innerhalb der Grenzen der Urteilsverjährung)

835 Vgl. *Martiny*, Handbuch des Internationalen Zivilverfahrensrecht, Bd. III/1, 1984, Rdn. 1458.

836 Vgl. IPG 1973 Nr. 44 (Hamburg); *Schütze*, Die Vollstreckung ausländischer Urteile in Peru, AWD 1966, 55f.

837 Vgl. *Geimer/Schütze*, Internationale Urteilsanerkennung, Bd. I/2, 1984, S. 1888.

Rumänien: Im deutsch-rumänischen Verhältnis findet die VO (EU) Nr. 1215/ 2012 Anwendung.

Russische Föderation: Die Gegenseitigkeit ist noch nicht verbürgt, da kein Staatsvertrag abgeschlossen ist. Die Praxis scheint jedoch zur Anerkennung auch ausserhalb der Staatsverträge zu tendieren[838], was zu einer Gegenseitigkeitsverbpürgung führen würde.

Rwanda: Die Gegenseitigkeit ist nicht verbürgt[839].

Sambia: Die Gegenseitigkeit ist für Zahlungsurteile verbürgt[840].

Saudi-Arabien: Die Gegenseitigkeit ist nicht verbürgt[841].

Schweden: Im deutsch-schwedischen Verhältnis gilt die VO (EU) Nr. 1215/ 2012.

Schweiz: Im deutsch-schweizerischen Verhältnis gilt das LugÜ II.

Senegal: Die Gegenseitigkeit ist partiell verbürgt[842].

Serbien: Die Gegenseitigkeit ist verbürgt.

Sharjah: Die Gegenseitigkeit ist nicht verbürgt. Es gilt die ZPO der VAE.

Sierra Leone: Die Gegenseitigkeit ist wegen mancherlei Zweifeln an der Funktionsfähigkeit des gegenwärtigen Gerichtssystems nicht verbürgt.

Singapur: Die Gegenseitigkeit ist für Zahlungsurteile verbürgt[843].

Slowakei: Im deutsch-slowakischen Verhältnis gilt die VO (EU) Nr. 1215/ 2012.

Slowenien: Im deutsch-slowenischen Verhältnis gilt die VO (EU) Nr. 1215/ 2012.

Somalia: Die Gegenseitigkeit ist wegen mancherlei Zweifeln an der Funktionsfähigkeit des Gerichtssystems nicht verbürgt.

Spanien: Im deutsch-spanischen Verhältnis findet die VO (EU) Nr. 1215/2012 Anwendung.

---

838 Vgl. *Breig/Schröder*, Wende in der russischen Rechtsprechung zur Anerkennung und Vollstreckung ausländischer Gerichtsentscheidungen?, IPRax 2003, 359 ff.; *Laptew/Kopylov*, Zum Erfordernis der Gegenseitigkeit bei der Vollstreckung ausländischer Urteile zwischen der Russischen Föderation und der Bundesrepublik Deutschland, IPRax 2008, 143 ff.

839 Vgl. *Geimer/Schütze*, Internationale Urteilsanerkennung, Bd. I/2, 1984, 1892.

840 Vgl. *Martiny*, Handbuch des Internationalen Zivilverfahrensrechts, Bd. III/1, 1984, Rdn. 1467.

841 Vgl. *Haberbeck/Bälz*, Länderbericht Saudi Arabien, in: Geimer/Schütze, Internationaler Rechtsverkehr, 1119.6; *Krüger*, Vollstreckung ausländischer Urteile in Saudi-Arabien jetzt möglich?, RIW 1990, 113 ff.

842 Vgl. *Schütze*, Die Anerkennung und Vollstreckbarerklärung ausländischer Zivilurteile in Senegal, RIW 1985, 777 ff.

843 Vgl. *Schütze*, Länderbericht Singapur, in: Geimer/Schütze, Internationaler Rechtsverkehr, 1127.8.

Sri Lanka: Die Gegenseitigkeit ist verbürgt[844].

Südafrika: Die Gegenseitigkeit ist partiell verbürgt, soweit Entscheidungen nicht dem Protection of Business Act unterfallen[845].

Sudan: Die Gegenseitigkeit ist wegen mancherlei Zweifeln an der Funktionsfähigkeit des gegenwärtigen Gerichtssystems verbürgt[846].

Surinam: Die Gegenseitigkeit ist nicht verbürgt[847].

Syrien: Die Gegenseitigkeit ist verbürgt[848].

Tadschikistan: Die Gegenseitigkeit ist nicht verbürgt[849].

Tanzania: Die Gegenseitigkeit ist nicht verbürgt.

Thailand[850]: Die Gegenseitigkeit ist nicht verbürgt[851].

Togo: Die Gegenseitigkeit ist nicht verbürgt[852].

Tschechien (Tschechische Republik): Im deutsch-tschechischen Verhältnis gilt die VO (EU) Nr. 1215/2012.

Türkei: Die Gegenseitigkeit ist verbürgt[853].

---

844 Vgl. *Otto*, Länderbericht Sri Lanka, in: Geimer/Schütze, Internationaler Rechtsverkehr, 1131.7.

845 Vgl. LG Hamburg IPRax 2010, 444; in BGHZ 42, 194 ist die Gegenseitigkeit allgemein für Zahlungsurteile als verbürgt angesehen worden. Die Entscheidung ist aber vor Inkrafttreten des Protection of Business ergangen, der erhebliche Erschwerungen der Durchsetzung ausländischer Urteile gebracht hat. Abwartend *Doser*, Länderbericht Südafrika, in: Geimer/Schütze, Internationaler Rechtsverkehr, 1133.9 f.

846 Vgl. *Bälz*, Länderbericht Sudan, in: Geimer/Schütze, Internationaler Rechtsverkehr, 1132.5; anders noch *Schütze*, Die Anerkennung und Vollstreckbarerklärung ausländischer Zivilurteile im Sudan, RIW 1991, 818 ff. (820)

847 Vgl. *Geimer/Schütze*, Internationale Urteilsanerkennung, Bd. I/2, 1984, S. 1904.

848 Vgl. BGHZ 49, 50 = AWD 1968, 266 mit Anm. *Schütze* = LM Nr. 19 zu § 328 ZPO mit Anm. *Schneider; Börner*, Länderbericht Syrien, in: Geimer/Schütze, Internationaler Rechtsverkehr, 1135.12; *Kaiser*, Anerkennung und Vollstreckung von Urteilen im deutsch-syrischen Rechtsverkehr, RIW 1985, 206 ff. (207; unentschieden gelassen von OLG Hamm RIW 1987, 467.

849 Vgl. *Mindach*, Länderbericht Tadschikistan, in: Geimer/Schütze, Internationaler Rechtsverkehr, 1138.12.

850 Vgl. dazu *Respondek/Manphan/Jarupaiboon*, Enforcement of Foreign Arbitral Awards and Foreign Judgments in Thailand, Singapore Law Gazette, Nov. 2015, 30 ff.

851 Vgl. BGH NJW 1971, 985; BGH AWD 1974, 221; OLG Hamburg IPRspr. 1973 Nr. 123a; *Falder*, Länderbericht Thailand, in: Geimer/Schütze, Internationaler Rechtsverkehr, 1140.6.

852 Vgl. *Geimer/Schütze*, Internationale Urteilsanerkennung, Bd. I/2, 1984, S. 1906.

853 Vgl. *Krüger*, Vollstreckung deutscher Gerichtsentscheidungen in der Türkei, RIW 1986, 639 ff. (641); *Schütze/Esin*, Länderbericht Türkei, in: Geimer/Schütze, Internationaler Rechtsverkehr, 1146.10. Das neue türkische Gesetz Nr. 5718 vom 27.11.2007 über das internationale Privat- und Zivilverfahrensrecht regelt die Wirkungserstreckung ausländischer Zivilurteile nunmehr in Artt. 50 ff., ohne dass sich Auswirkungen auf die Verbürgung der Gegenseitigkeit ergäben.

Tunesien: Im deutsch-tunesischen Verhältnis findet der deutsch-tunesische Rechtshilfe-, Anerkennungs- und Vollstreckungsvertrag v. 19.7.1966 Anwendung.

Turkmenistan: Die Gegenseitigkeit ist nicht verbürgt[854].

Uganda: Die Gegenseitigkeit ist wegen mancherlei Zweifeln an einem funktionierenden Justizsystem nicht verbürgt[855].

Ukraine: Die Gegenseitigkeit ist nicht verbürgt[856].

Umm al-Quwain: Es gilt die ZPO der VAE. Die Gegenseitigkeit ist nicht verbürgt.

Ungarn: Im deutsch-ungarischen Verhältnis findet die VO (EU) Nr. 1215/2012 Anwendung.

Uruguay: Die Gegenseitigkeit ist verbürgt[857].

USA[858]: Die Materie ist einzelstaatlich geregelt[859], Für Zahlungsurteile ergibt sich folgendes Bild[860].

---

854 Vgl. *Mindach*, Länderbericht Turkmenistan, in: Geimer/Schütze, Internationaler Rechtsverkehr, 1149.10.

855 **A.A.** noch *Knieper*, Länderbericht Uganda, in: Geimer/Schütze, Internationaler Rechtsverkehr, 1150.5.

856 Vgl. *Himmelreich/Marenkov*, Länderbericht Ukraine, in: Geimer/Schütze, Internationaler Rechtsverkehr, 1152.18.

857 Vgl. *Geimer/Schütze*, Internationale Urteilsanerkennung, Bd. I/2, 1984, S. 1913.

858 Vgl. dazu allgemein *Brenscheidt*, Anerkennung und Vollstreckung ausländischer Geldurteile in den USA, RIW/AWD, 1976, 54 ff.; *Bishop/Burnette*, United States Practice Concerning the Recognition of Foreign Judgments, 16 Int'l Law 425 (1982), *Deutsch*, Die Anerkennung ausländischer Urteile in den Staaten der USA, ZZP 71 (1958), 321 ff.; *Ginsburg*, Recognition and Enforcement of Foreign Judgments. A Summary View of the Situation in the United States, 4 Int'l Law 720 (1970); *Harder*, Vollstreckung deutscher Urteile in den USA, insbesondere in New York, AWD 1963, 36 ff.; *Hay*, On Comity, Reciprocity, and Public Policy in U.S. And German Recognition Practice, FS Siehr, 2000, S. 237 ff.; *ders.*, On Merger and Preclusion (Res Judicata) in U.S. Foreign Judgements Recognition – Unsolved Doctrinal Problems, FS Geimer, 2002, S. 325 ff.; *Heidenberger*, Vollstreckung deutscher Urteile in den Vereinigten Staaten, NJW 1958, 1117 ff.; *Kessedjian*, La reconnaissance et l'exécution des jugements en droit international privé aux Etats-Unis, 1987; *Koshiyama*, Rechtskraftwirkungen und Urteilsanerkennung nach amerikanischem, deutschem und japanischem Recht, 1996; *Kulzer*, Some Aspects of Enforceability of Foreign Judgments: A Comparative Summary, 16 BuffLRev 84 (1966); *Lehnhoff*, Die Anerkennung und Vollstreckung ausländischer Urteile in den USA – Ein allgemeiner Teil, RabelsZ 19 (1954), 201 ff.; *Mueller*, Die Anerkennung von Urteilen, Beschlüssen und Anordnungen ausländischer Gerichte und von ausländischen Schiedssprüchen im Recht der Vereinigten Staaten von Amerika, RabelsZ 5 (1931), 905 ff.; *Perret*, La reconnaissance et l'exécution des jugements étrangers aux Etats Unis, 1951; *Peterson*, Die Anerkennung ausländischer Urteile im amerikanischen Recht – Entwicklungstendenzen in Gesetzgebung und Rechtsprechung, 1964; *ders.*, Die Anerkennung und Vollstreckung ausländischer Urteile in den Vereinigten Staaten, RabelsZ 33 (1969), 543 ff.; *Ritvo/Dushman*, in Campbell, International Execution against Judment Debtors

Alabama: ja[861]
Alaska: ja
Arizona: partiell
Arkansas: ja
California: ja[862]
Colorado: ja
Connecticut: ja[863]
Delaware: ja
District of Columbia: ja
Florida: ja[864]

US, 1 ff.; *Schütze*, Deutsch-amerikanische Urteilsanerkennung, 1992; *ders.*, Die Anerkennung und Vollstreckbarerklärung ausländischer, insbesondere deutscher, Zivilurteile in den USA, JR 1986, 177 ff.; *ders.*, Länderbericht USA, in: Geimer/Schütze, Internationaler Rechtsverkehr, 1157.12 ff.; *Weinschenk*, Die Anerkennung und Vollstreckung bundesdeutscher Urteile in den Vereinigten Staaten unter den „Foreign Country Money Judgments Recognition Acts", 1988; *Wurfel*, Recognition of Foreign Judgments, 50 NCLRev 21 (1971; *Yntema*, The Enforcement of Foreign Judgments in Anglo-American Law, 33 MichLRev 1129 (1935).

859 Vgl. dazu allgemein *Schütze*, Deutsch-amerikanische Urteilsanerkennung, 1992 mit einer Literaturzusammenstellung bis 1992. Für Literatur nach 1992 vgl. *Baumbach/Henkel*, Anerkennung und Vollstreckung amerikanischer punitive-damages-Entscheidungen vor dem Hintergrund des Verfahrens Gore v. BMW, RIW 1997, 727 ff.; *Bungert*, Vollstreckbarkeit US-amerikanischer Schadensersatzurteile in exorbitanter Höhe, ZIP 1993, 815 ff.; *Herrmann*, Die Anerkennung US-amerikanischer Urteile in Deutschland unter Berücksichtigung des ordre public, 2000; *Lenz*, Amerikanische Punitive Damages vor dem Schweizer Richter, 1992; *Mann*, Die Anerkennungsfähigkeit von US-amerikanischen „class action" Urteilen, NJW 1994, 1887 ff.; Rosengarten, Punitive damages und ihre Anerkennung und Vollstreckung in Deutschland, 1994; *Schütze*, Zur Verbürgung der Gegenseitigkeit bei der deutsch-amerikanischen Urteilsanerkennung, ZVglRWiss 98 (1999), 131 ff.; *Siehr*, Zur Anerkennung und Vollstreckung ausländischer Verurteilungen zu „punitive damages", RIW 1991, 705 ff.; *Stiefel/Bungert*, Anerkennungsfähigkeit und Vollstreckbarkeit US-amerikanischer RICO-Urteile in der Bundesrepublik Deutschland, ZIP 1994, 1905 ff.; *dies.* US-amerikanische RICO-Urteile im Licht der neuesten Entscheidungen des Bundesgerichtshofs und des Bundesverfassungsgerichts, FS Trinkner, 1995, 749 ff.

860 Dabei ist zu beachten, dass wegen der Ausgestaltung der Exequaturverfahren in den Einzelstaaten die Gegenseitigkeit nur über einen Pauschalbetrag für nach der american rule of costs nicht erstattbaren Kosten, die derzeit bei US$ 100.000 liegen mögen, verbürgt ist; vgl. *Schütze*, zur Verbürgung der Gegenseitigkeit bei der deutsch-amerikanischen Urteilsanerkennung, ZVglRWiss 98 (1999), 131 ff.

861 Vgl. IPG 1969 Nr. 43 (Hamburg).

862 Vgl. BGHZ 118, 312; IPG 1976 Nr. 46 (Hamburg); anders noch RGZ 70, 434.

863 Vgl. *Brenscheidt*, The Recognition and Enforcement of Foreign Money-Judgments in the Federal Republic of Germany, 11 Int'lLaw 261 (1977).

864 Vgl. LG Hamburg IPRspr. 1976, Nr. 160.

Georgia: ja
Hawaii: ja
Idaho: ja
Illinois: ja[865]
Indiana: ja[866]
Iowa: ja
Kansas: ja
Kentucky: ja
Lousiana: ja
Maine: ja
Maryland: ja
Massachusetts: partiell
Michigan: ja
Minnesota: ja
Mississippi: nein
Missouri: ja
Montana: ja
Nebraska: ja
Nevada: ja
New Hampshire: ja[867]
New Jersey: ja[868]
New Mexico: ja
New York: ja[869]
North Carolina: ja
North Dakota: ja
Ohio: ja
Oklahoma: ja
Oregon: ja
Pennsylvania: ja[870]
Rhode Island: ja

865 Vgl. IPG 1967/68 Nr. 79 (Hamburg); IPG 1970 Nr. 30 (Heidelberg) für Unterhaltsurteile; obsolet KG JW 1935, 2750 für Ehescheidungsurteile, da hier Gegenseitigkeit nicht mehr gefordert wird.
866 Vgl. *Brenscheidt*, 11 Int'lLaw 261, 271 (1977).
867 Vgl. *Brenscheidt*, Int'lLaw 11261 ff. (1977).
868 Vgl. schon zum alten Recht IPG 1967/68 Nr. 40 (Heidelberg).
869 Vgl. BGH RIW 1984, 557 (für Exequaturuteil für Schiedsspruch) mit Anm. *Schütze* ebenda 734 ff.; BGH RIW 1984, 644 (incidenter); LG Hamburg IPRspr. 1968/69 Nr. 223 (für fällige Unterhaltsraten); IPG 1967/68 Nr. 80 (Hamburg) (für fällige Unterhaltsraten); IPG 1973 Nr. 41 (Köln).
870 Vgl. *Brenscheidt*, Int'lLaw 11, 261 (1977).

South Carolina: ja[871]
South Dakota: ja
Tennessee: ja
Texas: ja[872]
Utah: ja
Vermont: ja
Virginia: ja
Washington: ja[873]
West Virginia: ja
Wisconsin: ja
Wyoming: ja

Usbekistan: Die Gegenseitigkeit ist nicht verbürgt[874].

Venezuela: Die Gegenseitigkeit ist verbürgt[875].

Vereinigte Arabische Emirate: Die Gegenseitigkeit ist nicht verbürgt[876].

Vereinigtes Königreich: Im Verhältnis Deutschland zum Vereinigten Königreich findet die VO (EU) Nr. 1215/2012 Anwendung.

Vietnam: Die Gegenseitigkeit ist nicht verbürgt[877].

Zentralafrikanische Republik: Die Gegenseitigkeit ist – trotz mancherlei Zweifeln an der Funktionsfähigkeit des gegenwärtigen Gerichtssystems – wohl noch verbürgt[878].

Zypern: Im deutsch-zypriotischen Verhältnis findet die VO (EU) Nr. 1215/2012 Anwendung.

---

871 Vgl. BGH RIW 1993, 232.

872 Vgl. *Brenscheidt*, Int'lLaw 11, 261 (1977).

873 Vgl. BGH RIW 1994, 331 mit Anm. *Jacob*.

874 Vgl. *Mindach*, Länderbericht Usbekistan, in: Geimer/Schütze, Internationaler Rechtsverkehr, 1153.9 f.

875 Vgl. *Rissel*, Länderbericht Venezuela, in: Geimer/Schütze, Internationaler Rechtsverkehr, 1154.11.

876 Vgl. *Bälz/Kumpf*, Länderbericht VAE, in: Geimer/Schütze, Internationaler Rechtsverkehr, 1155.8; *Krüger*, Grundzüge des internationalen Zivilverfahrensrechts der Vereinigten Arabischen Emirate, RIW 1993, 384 ff.; *ders.*, Keine Verbürgung der Gegenseitigkeit im Verhältnis Deutschland – VAE, IPRax 2001, 376 ff.; *ders.*, Anerkennung ausländischer Titel in den VAE, IPRax 2005, 472.

877 Vgl. *Schütze*, Investitions- und Wirtschaftsrecht in Vietnam, 1994, S. 44; unentschieden *Nguyen/Wieczorek/Le Net*, Länderbericht Vietnam, in: Geimer/Schütze, Internationaler Rechtsverkehr, 1160.7 f.

878 Vgl. *Knieper*, Länderbericht Zentralafrikanische Republik, in: Geimer/Schütze, Internationaler Rechtsverkehr, 1180.5.

bb) Verfahren der Wirkungserstreckung

Die Anerkennung erfolgt formlos[879]. Jedes befasste Gericht und jede befasste 436
Amtsstelle entscheidet incidenter.

Die Vollstreckbarerklärung erfolgt in einem ordentlichen Zivilprozess[880]. 437
Das Verfahren wird durch Klage eingeleitet. Sachlich zuständig ist das Gericht, das für die Geltendmachung des ursprünglichen Anspruchs zuständig wäre (Amtsgericht oder Landgericht). Nach der Rechtsprechung[881] sind die Familiengerichte für die Vollstreckbarerklärung ausländischer Urteile zuständig, die einen Anspruch zum Gegenstand haben, der bei einer Geltendmachung vor deutschen Gerichten in die Zuständigkeit der Familiengerichte fiele.

Eine révision au fond ist nicht zulässig[882]. Das Gericht darf nur die Erforder- 438
nisse der Anerkennung nachprüfen. Die Entscheidung über die Vollstreckbarerklärung erfolgt durch Gestaltungsurteil. Dieses ist mit den ordentlichen Rechtsmitteln anfechtbar. Der Bundesgerichtshof ist durch § 545 Abs. 1 ZPO nicht gehindert, im Rahmen der Entscheidung über die Gegenseitigkeitsverbürgung Feststellungen zum ausländischen Recht zu treffen[883].

2. Die Wirkungserstreckung ausländischer Schiedssprüche[884]

Die Möglichkeiten der Anerkennung und Vollstreckbarerklärung ausländischer 439
Schiedssprüche in Deutschland sind größer als die ausländischer Zivilurteile.

---

879 Vgl. dazu *Schütze*, Die Anerkennung und Vollstreckung ausländischer Zivilurteile in der Bundesrepublik Deutschland als verfahrensrechtliches Problem, Diss. Bonn, 1960, S. 3 ff. mit Nachweisen für die ältere Literatur, im übrigen *Geimer*, IZPR Rdn. 2797; *Nagel/Gottwald*, IZPR, § 12, Rdn. 106; *Schack*, IZVR, Rdn. 971.

880 Vgl. § 722 f. ZPO; vgl. dazu im Einzelnen neben den Kommentaren zu § 722 ZPO *Geimer/Schütze*, Internationale Urteilsanerkennung, Bd. I/2, 1984, S. 1732 ff.; *Wolff*, Handbuch des Internationalen Zivilverfahrensrechts, Bd. III/2 1984, S. 307 ff.

881 Vgl. BGHZ 88, 113; BGH FamRZ 1985, 1018; ebenso OLG Hamburg FamRZ 1978, 907; OLG Köln FamRZ 1979, 718; OLG Bamberg FamRZ 1980, 66; OLG Hamm IPRax 1986, 234; LG Tübingen FamRZ 1979, 611; krit. *Wolff*, Urteilsanmerkung, RIW 1986, 728 ff.; *ders.*, Handbuch des Internationalen Zivilverfahrensrechts, Bd. III/2, 381; **a.A.** *Geimer/Schütze* Internationale Urteilsanerkennung, Bd. I/2, 1736; *Schütze*, zur Zuständigkeit im Vollstreckbarerklärungsverfahren nach §§ 722 f. NJW 1983, 154 f.

882 Vgl. § 723 Abs. 1 ZPO.

883 Vgl. BGHZ 42, 194 (st. Rspr.); *Schütze*, Die Rechtsprechung des BGH zur Verbürgung der Gegenseitigkeit (§ 328 Abs. 1 Nr. 5 ZPO), NJW 1969, 293 ff.

884 Vgl. dazu *Anderegg* Zum „Doppelexequatur" ausländischer Schiedssprüche, RabelsZ 53 (1989), 171 ff.; *Borges*, Das Doppelexequatur von Schiedssprüchen. Die Anerkennung ausländischer Schiedssprüche und Exequaturentscheidungen, 1997; *ders.*, Die Anerkennung und Vollstreckbarerklärung von Schiedssprüchen nach neuem Recht, ZZP 110 (1998), 487 ff.; *Brücher*,

Einmal ist die internationale Schiedsgerichtsbarkeit weitgehend staatsvertraglich geregelt, zum anderen setzt die Wirkungserstreckung ausländischer Schiedssprüche nicht die Verbürgung der Gegenseitigkeit voraus. Die größere Freizügigkeit von Schiedssprüchen ist einer der Gründe, die im internationalen Bereich häufig zum Abschluss einer Schiedsvereinbarung führen.

Vollstreckung und Sicherung ausländischer Schiedssprüche, AWD 1967, 337 ff.; *Chroziel/Westin*, Die Vollstreckbarkeit ausländischer Urteile und Schiedssprüche, ZVglRWiss 87 (1988), 145 ff.; *Dolinar*, Vollstreckung aus einem ausländischen, einen Schiedsspruch bestätigenden Exequaturutrteil. Gedanken zur Merger-Theorie, FS Schütze, 1999, S. 187 ff.; *Eberl* Anerkennung und Vollstreckbarerklärung von Schiedssprüchen, in: v. Bodungen u.a., Taktik im Schiedsverfahren, 2008, S. 189 ff.; *Endlich*, Anerkennung und Vollstreckbarkeit von Schiedssprüchen und die Schiedsordnungen auf nationaler und internationaler Ebene, DB 1979, 2411 ff.; *Ernemann*, Die Anerkennung und Vollstreckung ausländischer Schiedssprüche nach § 1044 ZPO, 1979; *Frische* Verfahrenswirkungen, Rechtskraft – internationale Anerkennung und Vollstreckung von Prozessvergleichen und Schiedssprüchen mit vereinbartem Wortlaut, 2005; *Gessner*, Anerkennung und Vollstreckung von Schiedssprüchen in den USA und Deutschland, 2001; *Haas*, Die Anerkennung und Vollstreckung ausländischer und internationaler Schiedssprüche, 1991; *Jonas*, Anerkennung und Vollstreckung ausländischer Schiedssprüche, JW 1927, 1297 ff.; *Kahn* Vollstreckung ausländischer Schiedssprüche im Inland, ZZP 55 (1930), 114 ff.; *Kilgus*, Zur Anerkennung und Vollstreckbarerklärung englischer Schiedssprüche in Deutschland, 1995; *Koch*, Anerkennung und Vollstreckung ausländischer Urteile und Schiedssprüche in der Bundesrepublik Deutschland, in: Gilles (Hrsg.), Effiziente Rechtsverfolgung, 1987, S. 161 ff.; *Laschet* Zur Anerkennung ausländischer Zwischenschiedssprüche, IPRax 1984, 72 ff.; *Maurer*, Begründet die völkerrechtswidrige Verweigerung der Vollstreckung eines ausländischen Schiedsspruchs einen Schadensersatzanspruch des Schiedsklägers?- Die „Durchsetzung" multilateraler völkerrechtlicher Verträge durch private Parteien, SchiedsVZ 2011, 75 ff.; *Moller* Schiedsverfahrensgesetznovelle und Vollstreckung ausländischer Schiedssprüche, NZG 1999, 143 ff.; *Nienaber*, Die Anerkennung und Vollstreckbarerklärung im Sitzstaat aufgehobener Schiedssprüche, Diss. Münster 2002; *Samtleben*, Anerkennung und Vollstreckung ausländischer Schiedssprüche in Deutschland un Brasilien, ZZPInt 16 (2011), 425 ff.; *Satmer*, Verweigerung der Anerkennung ausländischer Schiedssprüche wegen Verfahrensmängeln, Diss. Zürich 1994; *Schütze*, Die Rolle der staatlichen Gerichte in der Schiedsgerichtsbarkeit und die Anerkennung und Vollstreckbarerklärung US-amerikanischer Schiedssprüche in Deutschland, DIS-MAT XII (2005), S. 85 ff.; *Solomon*, Die Verbindlichkeit von Schiedssprüchen in der internationalen privaten Schiedsgerichtsbarkeit, 2007; *Wackenhuth*, Der Erfolg einer auf eine mängelbehaftete Schiedsvereinbarung gestützte Einrede der Unzuständigkeit des Schiedsgerichts im Vollstreckbarerklärungsverfahren eines in- und ausländischen Schiedsspruchs, soweit sich die Parteien rügelos eingelassen haben, Diss. Konstanz 1984; *Weller*, Aufstieg und Fall des Doppelexequaturs in der deutschen Rechtsprechung, FS von Hoffmann, 2011, S. 1087 ff.; *Westin* Die Vollstreckbarkeit ausländischer Urteile und Schiedssprüche, ZVglRWiss 87 (1988), 145 ff.; *Westheimer* Der ausländische Schiedsspruch – Seine Wirksamkeit und Vollstreckbarkeit im Inlande, ZZP 39 (1910), 241 ff.; vgl. für ausländische Regelungen der Anerkennung und Vollstreckbarerklärung ausländischer Schiedssprüche die Literaturübersicht bei Wieczorek/Schütze/*Schütze*, § 1061 vor Rdn. 1.

a) Die Anerkennung und Vollstreckbarerklärung ausländischer Schiedssprüche auf Grund von Staatsverträgen

Das UN-Übereinkommen vom 10.6.1958 über die Anerkennung und Vollstreckung ausländischer Schiedssprüche[885] und das Genfer Abkommen zur Vollstreckung ausländischer Schiedssprüche vom 29.9.1927[886] sichern die wechselseitige Wirkungserstreckung von Schiedssprüchen auf multilateraler Grundlage. Darüber hinaus bestehen zahlreiche mehrseitige Konventionen, die eine Rege- 440

885 Vgl. dazu *Bajons*, Über Grenzen und Freiräume der New Yorker Schiedskonvention im Lichte der EMRK, FS Machacek und Matscher, 2008, S. 703 ff.; *van den Berg*, The New York Arbitration Convention of 1958, 1981; *Bernini*, The enforcement of foreign arbitral awards by national judiciaries: a trial of the New York Convention's ambit and workability, FS Sanders, 1982, S. 51 ff.; *Bertheau*, Das New Yorker Übereinkommen vom 10. Juni 1958 über die Anerkennung und Vollstreckung ausländischer Schiedssprüche, 1958, *Bredin*, La Convention de New York du 10 juin 1958 pour la reconnaissance et l'exécution des sentences arbitrales étrangères, Journal Clunet 87 (1960), 1002 ff.; *Bülow*, Das UN-Übereinkommen über die Anerkennung und Vollstreckung ausländischer Schiedssprüche, KTS 1959, 1 ff.; *Contini*, International Commercial Arbitration – The United Nations Convention on the recognition and enforcement of foreign arbitral awards, AmJournCompL 8 (1959), 1283 ff.; *Gaja*, New York Convention, in: International Commercial Arbitration, 1988; *Ganske*, Anerkennung und Vollstreckung ausländischer Schiedssprüche, IWB F 10 (International), Gr. 4, S. 19 ff.; *Gentinetta*, Die lex fori internationaler Handelsschiedsgerichte, 1973; *Glossner*, Das Übereinkommen von New York über die Anerkennung und Vollstreckung ausländischer Schiedssprüche von 1958 – ein Fazit, FS Stödter, 1979, S. 47 ff.; *Haas*, Convention on the Recognition and Enforcement of Foreign Arbitral Awards, New York, June 10, 1958, in: Weigand (Hrsg.), Practitioner's Handbook on International Arbitration, 2002, S. 399 ff.; *Klein*, La Convention de New York pour la reconnaissance et l'exécution des sentences arbitrales étrangères, SJZ 1961, 229 ff.; *Maier*, Europäisches Übereinkommen über die internationale Handelsschiedsgerichtsbarkeit und UN-Übereinkommen über die Anerkennung und Vollstreckung ausländischer Schiedssprüche, 1966; *Marmo*, La Convenzione de New York sul riconoscimento delle sentenze arbitrali, Riv.dir.int. 1959, 31 ff.; *Minoli*, La Convention de New York sur la reconnaissance et l'exécution des sentences arbitrales étrangères, Unidroit 1958, 156 ff.; *Pointet*, La Convention de New York sur l'exécution des sentences arbitrales étrangères, 1958; *Quigley*, ccession by United States to the United Nation's Convention on the Recognition and Enforcement of Foreign Arbitral Awards, Yale.L.J. 70 (1961), 1049 ff.; *Robert*, La Convention de New York du 10.6.1958 pour la reconnaissance et l'exécution des sentences arbitrales éttrangères, Rev.Arb. 1958, 70 ff.; *Sanders*, New York Convention on the recognition and enforcement of foreign arbitral awards, Nederlands Tijdschrift voor Internationaal Recht 1959, 53 ff.; *ders.*, Commentary on the New York Convention, Yearbook Commercial Arbitration I (1976), S. 207 ff.; II (1977), S. 254 ff.; IV (1979), S. 231 ff.; *Sedlaczek*, Das UN-Übereinkommen vom 10.6.1958 über die Anerkennung und Vollstreckung ausländischer Schiedssprüche, ZfRV 1962, 23 ff.; *Wetzmüller*, Der „internationale" Schiedsspruch im UN-Übereinkommen über die Anerkennung und Vollstreckung ausländischer Schiedssprüche vom 10.6.1958 von New York, Diss. Mainz 1966; *Wolff* (Hrsg.) New York Convention, 2012.

886 Vgl. für Literaturnachweise FN 70.

lung der Anerkennung und Vollstreckbarerklärung von Schiedssprüchen für Spezialmaterien enthalten[887].

441 Daneben regeln bilaterale Staatsverträge auch die Wirkungserstreckung von Schiedssprüchen[888]. Nur der deutsch-spanische Anerkennungs- und Vollstreckungsvertrag klammert die Wirkungserstreckung von Schiedssprüchen ausdrücklich aus seinem Geltungsbereich aus (Art. 3 Nr. 4). Die Anerkennungs- und Vollstreckungsverträge mit der Schweiz, Italien, Österreich, den Niederlanden, Griechenland, Israel und Norwegen verweisen jeweils auf die geltenden Staatsverträge, so dass das UN-Übereinkommen Anwendung findet. Eine besondere Regelung enthalten nur das deutsch-belgische Anerkennungs- und Vollstreckungsabkommen und der deutsch-tunesische Rechtshilfe-, Anerkennungs- und Vollstreckungsvertrag. Für die Anerkennung belgischer Schiedssprüche gilt danach die Besonderheit, dass nur solche Schiedssprüche in Deutschland geltend gemacht werden können, die in Belgien bereits mit dem Exequatur versehen worden sind. Es ist also eine Doppelexquierung notwendig[889].

442 Schließlich ermöglicht der deutsch-amerikanische Freundschafts-, Handels- und Schifffahrtsvertrag vom 29.10.1954 die Anerkennung und Vollstreckbarerklärung von amerikanischen Schiedssprüchen[890].

443 Keiner der Staatsverträge enthält besondere Regelungen über das Verfahren. Die Anerkennung erfolgt in allen Fällen formlos. Für die Vollstreckbarerklärung gelten die allgemeinen Regeln des 10. Buchs der ZPO.

b) Die Anerkennung und Vollstreckbarerklärung ausländischer Schiedssprüche auf Grund autonomen Rechts

444 Die Wirkungserstreckung ausländischer Schiedssprüche ist in § 1061 ZPO geregelt. Das deutsche Recht verzichtet nach der Novellierung des 10. Buchs der ZPO auf eine eigenständige autonome Regelung wie bisher in § 1044 ZPO a.F. § 1061 Abs. 1 ZPO verweist für die Anerkennung und Vollstreckbarerklärung ausländi-

---

887 Vgl. dazu Wieczorek/Schütze/*Schütze*, § 1061, Rdn. 144 ff.

888 Vgl. dazu Wieczorek/Schütze/*Schütze*, § 1061, Rdn. 155 ff.; *Schütze/Tschernig/Wais*, Handbuch des Schiedsverfahrens, 2. Aufl. 1990, Rdn. 624 ff.

889 Vgl. *Geimer/Schütze*, Internationale Urteilsanerkennung, Bd. II, 1971, S. 314; *Rigaux*, Les dernières conventions sur l'efficacité internationale des jugements et des actes publics conclues par la Belgique, JT 1961, 167 ff. (204).

890 Vgl. zur Bedeutung dieses Staatsvertrags für die erleichterte Wirkungserstreckung von Schiedssprüchen *Schütze*, Die Rolle der staatlichen Gerichte in der Schiedsgerichtsbarkeit und die Anerkennung und Vollstreckbarerklärung US-amerikanischer Schiedssprüche in Deutschland, DIS-MAT XII (2005), S. 85 ff.

scher Schiedssprüche auf das UN-Übereinkommen. Dieses ist dadurch auch auf Schiedssprüche aus Nichtvertragsstaaten anwendbar.

aa) Abgrenzung Urteil/Schiedsspruch

Zuweilen ist es schwierig, Schiedssprüche und Gerichtsurteile abzugrenzen. **445**
Abgrenzungskriterien sind dabei[891]:

- Sprüche staatlicher Gerichte sind Urteile i.S. von § 328 ZPO, Entscheidungen von Schiedsgerichten sind Schiedssprüche.
- Staatliche Gerichte leiten ihre Zuständigkeit aus dem Gesetz (geschrieben oder ungeschrieben) her, Schiedsgerichte sind aufgrund einer Vereinbarung der Parteien zuständig. Wo eine Parteivereinbarung über die Zuständigkeit fehlt, kann kein Schiedsgericht entscheiden[892].
- Das Verfahren vor einem staatlichen Gericht i.S. von § 328 ZPO lässt den Parteien keine Einwirkungsmöglichkeit auf die Person des Richters. Das schließt nicht aus, dass unter Umständen Wahlmöglichkeiten hinsichtlich des Gerichts bestehen. Beim Schiedsgericht dagegen haben die Parteien eine Wahlmöglichkeit hinsichtlich der Person des oder der Schiedsrichter. Diese ist dem Schiedsgericht wesenseigen. Dies gilt auch bei institutionellen Schiedsgerichten mit Listenbindung.

bb) Nationalität des Schiedsspruchs[893]

Die Zuordnung eines Schiedsspruchs zu einem bestimmten Staat entscheidet **446**
über seine Natur als in- oder ausländischer und gegebenenfalls über seine Anerkennungsfähigkeit nach einem Staatsvertrag.

§ 1025 ZPO hat das Territorialitätsprinzip in das deutsche Recht eingeführt. **447**
Jeder Schiedsspruch ist ein inländischer, wenn der Ort des Schiedsverfahrens

---

891 Vgl. dazu *Schütze*, Anerkennung und Vollstreckbarerklärung von Zivilurteilen und Schiedssprüchen im deutsch-saudiarabischen Verhältnis, RIW 1984, 261 ff. (263); Wieczorek/Schütze/*Schütze*, § 1061, Rdn. 16 ff.

892 *Von Hoffmann*, Internationale Handelsschiedsgerichtsbarkeit, 1970, S. 48 stellt darauf ab, „ob die Zuständigkeit des Entscheidungskörpers zur Streitentscheidung generell oder erst durch eine Unterwerfungserklärung der Parteien begründet werden kann".

893 Vgl. dazu *Bajons*, Zur Nationalität internationaler Schiedssprüche, FS Kralik, 1986, S. 3 ff.; *von Beringe*, Die Nationalitätsbestimmung von Schiedssprüchen, NJW 1959, 77 ff.; *Mann*, Internationale Schiedsgerichte und nationale Rechtsordnung, ZHR 130 (1968), 97 ff.; *ders.*, Zur Nationalität des Schiedsspruchs, FS Oppenhoff, 1985, S. 215 ff.; Wieczorek/Schütze/*Schütze*, § 1061, Rdn. 21 ff.

im Inland liegt[894]. Liegt der Sitz des Schiedsgerichts im Ausland, so ergeben sich Probleme daraus, dass das UN-Übereinkommen den Sitz des Schiedsgerichts und das anwendbare Verfahrensrecht als gleichwertige Anknüpfungspunkte für die Bestimmung der Nationalität eines Schiedsspruchs deklariert[895]. Die Unterscheidung hat aber keine große praktische Bedeutung für das deutsche Recht, da alle ausländischen Schiedssprüche unter gleichen Bedingungen anerkannt und für vollstreckbar erklärt werden. Sie spielt lediglich für die Anwendbarkeit bilateraler Staatsverträge eine Rolle.

cc) Konkurrenz der Verfahrensarten

448 Im Verhältnis der Staatsverträge zu § 1061 ZPO gilt das Günstigkeitsprinzip (§ 1061 Abs. 1 ZPO). Es kommt die anerkennungsfreundlichere Regelung zur Anwendung.

Dagegen schließt die Möglichkeit der Wirkungserstreckung eines ausländischen Schiedsspruchs nach § 1061 ZPO oder einem Staatsvertrag die Erfüllungsklage mangels Rechtsschutzinteresses aus[896].

449 Ist der ausländische Schiedsspruch im Erststaat durch ein staatliches Gericht für vollstreckbar erklärt oder bestätigt worden und nimmt diese Entscheidung nach der doctrine of merger[897] den Inhalt des Schiedsspruchs in sich auf, so sollte der Gläubiger nach der bisherigen Rechtsprechung des BGH ein Wahlrecht haben, ob er die Vollstreckbarerklärung des Urteils nach §§ 328, 722 f. ZPO oder die des ausländischen Schiedsspruchs nach deutschem autonomen Recht oder einer staatsvertraglichen Regelung betreiben will[898]. Das OLG Frank-

---

894 Vgl. *Schütze*, Schiedsgericht und Schiedsverfahren, 5. Aufl., 2012, Rdn. 532.

895 Vgl. *Schlosser*, Das Recht der internationalen privaten Schiedsgerichtsbarkeit, 2. Aufl. 1989, Rdn. 64 f.

896 Vgl. OLG Hamburg HRR 1933, Nr. 1791; *Geimer*, IZPR, Rdn. 3930; *Riezler*, IZPR, S. 640; *Schütze*, Schiedsgericht und Schiedsverfahren, Rdn. 536; *Schwab/Walter*, Schiedsgerichtsbarkeit, Kap. 26, Rdn. 4; *Zöller/Geimer*, § 1061, Rdn. 60.

897 Vgl. zur doctrine of merger im US-amerikanischen Recht *Borges*, Das Doppelexequatur von Schiedssprüchen, 1997, S. 275 ff.; *Borris*, Die internationale Handelsschiedsgerichtsbarkeit in den USA, 1987, S. 91 f.; zum englischen Recht *Kilgus*, Zur Anerkennung und Vollstreckbarerklärung englischer Schiedssprüche in Deutschland, 1995, S. 122 ff.

898 Vgl. BGH RIW 1984, 557 mit Anm. *Dielmann* und *Schütze* RIW 1984, 734 ff.; BGH RIW 1984, 644 mit Anm. *Mezger;* ebenso OLG Hamburg RIW 1992, 939; **a.A.** noch RGZ 5, 397; RGZ 30, 368. Das LG Hamburg RabelsZ 53 (1989), 165 mit Anm. *Anderegg* ebenda und Anm. *Schlosser* EWiR § 1044 ZPO 1/87, 1249 hat ein Rechtsschutzbedürfnis für die Vollstreckbarerklärung der Exequaturentscheidung verneint. Vgl. dazu auch *Borges*, Das Doppelexequatur von Schiedssprüchen, 1997, S. 23 ff.; *Schlosser* IPRax 1985, 141 ff.; *Schütze*, Die Bedeutung eines ausländi-

furt/Main[899] hat in Verfolgung der BGH Rechtsprechung einer englischen Exequaturentscheidung des High Court für einen Schiedsspruch die Klauselerteilung bewilligt (bzw. die Beschwerde hiergegen zurückgewiesen). Der BGH hat unter Berücksichtigung harscher Kritik im Schrifttum[900] die bisherige Rechtsprechung aufgegeben[901] und hält ein Doppelexequatur nunmehr auch für unzulässig, wenn das erststaatliche Recht – im entschiedenen Fall kalifornisches Recht – der doctrine of merger folgt.

dd) Erfordernisse der Wirkungserstreckung

Erfordernisse der Wirkungserstreckung sind[902]: 450

- Das Schiedsgericht muss Gerichtsbarkeit über die Schiedsparteien bei Erlass des Schiedsspruchs gehabt haben[903].
- Der Schiedsspruch darf nicht nur schuldrechtliche Wirkung[904] entfalten[905] wie z.B. der lodo di arbitro irrituale des italienischen Rechts.

---

schen Urteils über die Wirksamkeit eines Schiedsspruchs für dessen Exequierung im Inland, Jahrbuch für die Praxis der Schiedsgerichtsbarkeit 3 (1989), S. 118 ff.

899 Vgl. OLG Frankfurt/Main, IHR 2006, 212; dazu *Borges* IHR 2006, 206 ff.

900 Vgl. *Dolinar* Festschrift für Schütze, 1999, S. 187 ff. (204); *Geimer* IZPR, Rdn. 3107; *Schwab/Walter* Kap. 30, Rdn. 15; *Schütze* Urteilsanmerkung, RIW 1984, 734 ff.

901 Vgl. BGH NJW 2009, 2826; dazu *Geimer*, Zurück zum Reichsgericht, Irrelevanz der merger-Theorien – kein Wahlrecht mehr bei der Vollstreckbarerklärung ausländischer Schiedssprüche, IPRax 2010, 346 f.; *Plassmeier*, Das Ende der „Doppelexequatur" bei ausländischen Schiedssprüchen, SchiedsVZ 2010, 82 ff.; *Schütze*, Der Abschied von Doppelexequatur ausländischer Schiedssprüche, RIW 2009, 817 ff.

902 Vgl. im Einzelnen *Schütze*, Schiedsgericht und Schiedsverfahren, Rdn. 534 ff.; Wieczorek/Schütze/*Schütze*, § 1061 Rdn. 31 ff.

903 Vgl. dazu *Bernini/van den Berg*, The enforcement of arbitral awards against a state, Contemporary problems of International Arbitration, 1986, S. 359 ff.; *Böckstiegel*, Arbitration and State Enterprises, 1984; *ders.*, Besondere Probleme der Schiedsgerichtsbarkeit zwischen Privaten und ausländischen Staaten oder Staatsunternehmen, NJW 1975, 1577 ff.; *Carabiber*, L'immunité de juridiction et d'exécution des Etats, collectivités et établissements publics au regard de l'obligation assumée par une clause compromissoire insérée dans les contrats internationaux de droit privé, FS Domke, 1967, S. 23 ff.; *Delaume*, State Contracts and Transnational Arbitration, The Arbitration Journal 3 (1987), 28 ff.; *Fox*, State immunity and enforcement of arbitral awards, ArbInt 12 (1996), 89 ff.; *Langkeit*, Staatenimmunität und Schiedsgerichtsbarkeit, 1989.

904 Vgl. dazu *Moschel*, Uneigentliches Schiedsverfahren in Italien, AWD 1961, 165 ff.; *Wenger*, Zum obligationenrechtlichen Schiedsverfahren im schweizerischen Recht, 1968.

905 Vgl. BGH WM 1982, 134 = RIW 1982, 210 = IPRax 1982, 143 mit Anm. *Wenger* ebenda 135; zu der Problematik und den Ungereimtheiten der BGH Rechtsprechung vgl. *Kilgus*, Zur Anerkennung und Vollstreckbarerklärung englischer Schiedssprüche in Deutschland, 1995, S. 65 ff.

- Gegenstand des Schiedsspruchs muss eine Zivil- oder Handelssache[906] sein[907].
- Der Schiedsspruch muss aufgrund einer gültigen Schiedsvereinbarung ergangen sein. Die Wirksamkeit beurteilt sich in persönlicher Hinsicht nach dem Heimatrecht der Schiedsparteien, die Formgültigkeit ergibt sich aus Art. II des UN-Übereinkommens. Die Überschreitung der Grenzen der Schiedsvereinbarung steht dem Mangel der Schiedsvereinbarung gleich. Nach der früheren Rechtsprechung des Bundesgerichtshofs[908] konnte sich der Schuldner eines ausländischen Schiedsspruchs im Verfahren der Vollstreckbarerklärung auf den Mangel der Schiedsvereinbarung jedoch nicht mehr berufen, wenn er von einem nach der ausländischen Rechtsordnung möglichen befristeten Rechtsbehelf keinen Gebrauch gemacht hat. Diese Rechtsprechung des BGH wurde in der Literatur höchst kontrovers beurteilt[909]. Der BGH hat sie nunmehr aufgegeben[910]. Der Spruchschuldner kann im Vollstreckbarerklärungsverfahren den Mangel der Wirksamkeit einer Schiedsvereinbarung ohne Einschränkung geltend machen.

---

906 Zum Begriff der Handelssache vgl. *Luther*, Zur Anerkennung und Vollstreckung von Urteilen und Schiedssprüchen in Handelssachen im deutsch-italienischen Rechtsverkehr, ZHR 127 (1964), 145 ff.

907 A.A. *Stein/Jonas/Schlosser*, ZPO, 22. Aufl., § 1061, Rdn. 6.

908 Vgl. BGHZ 52, 184; 55, 1962; 57, 153; BGH, WM 1984, 1014; 1987, 739.

909 Zustimmend *Mezger*, Vollstreckung ausländischer Schiedssprüche, AWD 1970, 258 ff.; *ders.*, Beschränkung des Geltungsbereichs des § 1044 ZPO durch internationale Übereinkommen?, AWD 1971, 322 ff.; *ders.*, Die Anerkennung jugoslawischer und anderer osteuropäischer Schiedssprüche in der Bundesrepublik, NJW 1962, 278 ff.; *Koch*, Anerkennung und Vollstreckung ausländischer Urteile und Schiedssprüche in der Bundesrepublik Deutschland, in: Gilles (Hrsg.), Effiziente Rechtsverfolgung, 1987, S. 161 ff. (196); *Schlosser*, Das Recht der privaten internationalen Schiedsgerichtsbarkeit, 2. Aufl., 1989, Rdn. 800; ablehnend *Bülow*, Der Schiedsvertrag in dem Verfahren der Vollstreckbarerklärung eines ausländischen Schiedsspruchs, NJW 1971, 1486 ff.; ders., Der Schiedsvertrag im Exequaturverfahren, NJW 1972, 415 ff.; *Ernemann*, Die Anerkennung und Vollstreckung ausländischer Schiedssprüche nach § 1044 ZPO, 1979, S. 110 ff.; *Habscheid*, Aus der höchstrichterlichen Rechtsprechung zur Schiedsgerichtsbarkeit, KTS 1970, 1 f.; 8 ff.; 1972, 209 ff. (213); *ders.*, Besprechung von Fasching, Schiedsgericht und Schiedsverfahren im österreichischen und internationalen Recht, KTS 1974, 246 ff.; *Münzberg*, Prorogation und Schiedsvereinbarungen im internationalen Zivilverfahren, in: Zeitgenössische Fragen des internationalen Zivilverfahrensrechts, 1972, S. 175 ff. (195 f.), *Schütze*, Die Bedeutung eines ausländischen Urteils über die Wirksamkeit eines Schiedsspruchs für dessen Exequierung im Inland, Jahrbuch für die Praxis der Schiedsgerichtsbarkeit 3 (1989), S. 118 ff. (122); *Schwab/Walter*, Schiedsgerichtsbarkeit, 7. Aufl., 2005, Kap. 30, Rdn. 19.

910 Vgl. BGH RIW 2011, 404; dazu *Schütze*, Der Abschied von der Präklusionsrechtsprechung bei der Anerkennung ausländischer Schiedssprüche, RIW 2011, 417 ff.

- Der unterlegenen Partei muss ausreichend rechtliches Gehör gewährt worden sein, so dass sie sich angemessen verteidigen konnte. Art. 103 GG ist auch die Messlatte im Schiedsverfahren[911].
- Die Bildung des Schiedsgerichts und das schiedsrichterliche Verfahren müssen dem von den Parteien gewählten – hilfsweise dem erststaatlichen – Schiedsverfahrensrecht entsprechen.
- Der Schiedsspruch muss für die Parteien verbindlich geworden sein. Dies setzt voraus, dass der Schiedsspruch keinem schieds- oder staatsgerichtlichen Rechtsbehelf mehr unterliegt[912].
- Der Streitgegenstand muss nach deutschem Recht schiedsfähig sein. Die Prüfung erfolgt nach §§ 1025ff. ZPO.
- Der Schiedsspruch darf nicht gegen den deutschen ordre public verstoßen[913]. Der Verstoß gegen den ordre public kann materiellrechtlicher oder prozessualer Art sein. Der materiellrechtliche ordre-public-Verstoß begreift alle Fälle in sich, in denen ein gemissbilligtes Rechtsverhältnis zur Durchsetzung gebracht werden soll (z.B. Verstoß gegen Kartellrecht, Devisengesetze, Verurteilung zu punitive damages, Verurteilung zu Spiel- und Wettschulden). Der prozessuale ordre-public-Verstoß umfasst die Fälle, in

911 Vgl. BGH RIW 1985, 970; zur verfassungsrechtlichen Dimension des Grundsatzes im Schiedsverfahren vgl. *Geimer*, Schiedsgericht und Verfassung, 1994.

912 Vgl. BGH, NJW 1984, 2763; vgl. auch *Sandrock*, Wann wird ein ausländischer Schiedsspruch im Sinne des Art. V Abs. 1 Buchst. e der New Yorker Konvention und des § 1044 ZPO verbindlich?, FS Trinkner, 1995, S. 669ff.

913 Vgl. dazu *Alvarez de Pfeifle*, Der Ordre Public Vorbejhalt als Versagungsgrund der Anerkennung und Vollstreckbarerklärung internationaler Schiedssprüche, 2009; *Harbst*, Korruption und andere ordre public Verstöße als Einwänder im Schiedsverfahren, SchiedsVZ 2007, 22ff.; *Horn*, Ordre public in der internationalen Schiedsgerichtsbarkeit, FS Bucher, 2009, S. 285ff.; *von Heymann*, Der ordre public in der privaten Schiedsgerichtsbarkeit, 1969; *Köhn*, Schiedsgerichtsbarkeit und ordre public im zwischenstaatlichen Handelsverkehr, KTS 1956, 129ff., 166ff.; *Kaissis*, Zum Begriff des ordre public bei der Aufhebung von Schiedssprüchen in Griechenland, FS Schlosser, 2005, S. 321ff.; *ders.*, Erscheinungsformen des ordre public bei der Anerkennung und Vollstreckung ausländischer Gerichtsentscheidungen und Schiedssprüche in Griechenland, 2003 (in griechischer Sprache); *Kornblum*, Grenzfragen des Ordre Public in der privaten Schiedsgerichtsbarkeit, KTS 1968, 143ff.; *ders.*, „Ordre public transnational“, „ordre public international“ und „ ordre public interne “ im Recht der privaten Schiedsgerichtsbarkeit, FS Nagel, 1987, S. 140ff.; *Marx*, Der verfahrensrechtliche ordre public bei der Anerkennung und Vollstreckung ausländischer Schiedssprüche in Deutschland, 1994; *Maurer*, The Public Policy Exception under the New York Convention, 2012; *Roth*, Der Vorbehalt des Ordre Public gegenüber fremden gerichtlichen Entscheidungen, 1967; *Schulthess*, Der verfahrensrechtliche ordre public in der internationalen Schiedsgerichtsbarkeit in der Schweiz, 1981; *Walter*, Willkür und Ordre public-Widrigkeit: Ein ungleiches Geschwisterpaar im schiedsgerichtlichen Anfechtungsverfahren, FS Kellerhals, 2005, S. 109ff.

denen grundlegende Verfahrensnormen, die zu den Mindesterfordernissen eines rechtsstaatlichen Prozesses gehören, verletzt worden sind. Der wesentliche Fall ist die Nichtgewährung rechtlichen Gehörs.

ee) Verfahren der Wirkungserstreckung

451 Die Anerkennung erfolgt formlos.

452 Die Vollstreckbarerklärung erfolgt in einem gerichtlichen Verfahren nach den Regeln über die Vollstreckbarerklärung inländischer Schiedssprüche (§ 1061 ZPO)[914]. Jedoch ist das deutsche Gericht nicht berechtigt, den Schiedsspruch aufzuheben. Anstelle der Aufhebung tritt die Feststellung, dass der ausländische Schiedsspruch im Inland nicht anzuerkennen ist.

453 Eine révision au fond ist im Vollstreckbarerklärungsverfahren ausgeschlossen. Das deutsche Gericht kann nur die Erfordernisse der Wirkungserstreckung nachprüfen.

454 Einwendungen gegen den Anspruch, die nach Erlass des Schiedsspruchs entstanden sind, können im Vollstreckbarerklärungsverfahren geltend gemacht werden[915]. Sie werden nicht durch das Verbot der révision au fond ausgeschlossen, da bei der Entscheidung nicht die Richtigkeit des ausländischen Schiedsspruchs in Frage gestellt wird. Die Geltendmachung von Tilgung, Stundung, Erlass etc. ist deshalb zulässig, immer vorausgesetzt, dass diese Einwendungen nicht im ausländischen Schiedsverfahren geltend gemacht werden konnten.

---

914 Vgl. *Schütze*, Schiedsgericht und Schiedsverfahren, Rdn. 544 ff.; Wieczorek/Schütze/*Schütze*, § 1061, Rdn. 91 ff.

915 Vgl. dazu *Schütze*, Die Geltendmachung von Gegenforderungen im Schiedsverfahren, FS Kargados, 2004, S. 1009 ff.

VII. Die Abwehr ausländischer Verfahren durch inländische Klageerhebung

Ein ausländisches Verfahren kann zuweilen dadurch verhindert werden, dass bei drohendem Prozess vor einem ausländischen Gericht negative Feststellungsklage im Inland erhoben wird[916]. Lässt das ausländische Recht die Doppelprozessführung zu und misst der Rechtshängigkeit vor deutschen Gerichten keine Bedeutung bei, dann kann die Prozessführung im Inland immerhin noch die Anerkennung und Vollstreckbarerklärung des ausländischen Urteils hindern (§ 328 Abs. 1 Nr. 3 ZPO). **455**

1. Inländische Rechtshängigkeit als Prozesshindernis im Ausland

Die Doppelprozessführung ist unerwünscht. Sie führt unter Umständen zu widersprechenden Urteilen in derselben Sache und belastet die Gerichte unnötig. Deshalb stellt die Rechtshängigkeit regelmäßig eine Sperre für eine erneute Prozessführung in derselben Sache dar[917]. **456**

Dagegen ist die Rechtshängigkeit vor einem ausländischen Gericht in einem inländischen Verfahren nicht unbedingt zu beachten. Die Rechtshängigkeit ist die Vorstufe der Rechtskraft. Ebenso wie die Rechtskraftwirkung einer ausländischen Entscheidung erst nach Anerkennung im Inland zu beachten ist, bedarf die Erstreckung der Rechtshängigkeitswirkungen der Anerkennung[918]. **457**

---

916 Vgl. dazu *Trittmann*, Waffengleichheit beim Forum Shopping für deutsche Parteien im Verhältnis zu US-amerikanischen Gegenparteien?, FS Schütze II, 2014, S. 647 ff.

917 Vgl. für das deutsche Recht § 261 ZPO.

918 Vgl. eingehend *Buschmann*, Rechtshängigkeit im Ausland als Verfahrenshindernis, 1996; *Wittibschlager*, Rechtshängigkeit in internationalen Verhältnissen, 1994; rechtsvergleichende Hinweise bei *Bäumer*, Die internationale Rechtshängigkeit und ihre Auswirkungen auf das internationale Zivilverfahrensrecht, 1999; *Kerameus*, Rechtsvergleichende Bemerkungen zur internationalen Rechtshängigkeit, FS Schwab, 1990, S. 257 ff.; *Schütze*, Die Wirkungen ausländischer Rechtshängigkeit in inländischen Verfahren, ZZP 104 (1991), 136 ff.; *ders.*, Internationale Rechtshängigkeit, FS Areopag, 2007, S. 213 ff.(Stand 1987)

a) Die Regelung internationaler Rechtshängigkeit im europäischen Recht

458 Bei der Anwendung der europäischen Verordnungen und Übereinkommen haben sich durch die Rechtsprechung des EuGH zur internationalen Rechtshängigkeit Probleme gezeigt, die in der Brüssel I und Ia VO nunmehr weitgehend zufriedenstellend gelöst worden sind[919].

459 Nach Art. 29 Brüssel Ia VO[920] hat das später angerufene Gericht das Verfahren auszusetzen, bis die Zuständigkeit des zuerst angerufenen Gerichts feststeht. Sobald dies der Fall ist, erklärt sich das später angerufene Gericht zugunsten dieses Gerichts für unzuständig. Eine positive Anerkennungsprognose ist weder erforderlich noch zulässig.

460 Den Fehler der Qualifizierung des Eintritts der Rechtshängigkeit nach den jeweiligen nationalen Rechten, der nach EuGVÜ und LugÜ I zu einem Windhundrennen führte, haben Brüssel I und Ia VO nicht übernommen. Es wird nicht mehr auf die Rechtshängigkeit im eigentlichen Sinne, sondern die Anhängigkeit abgestellt. Um Interpretationsschwierigkeiten auszuschließen, definiert Art. 32 Brüssel Ia VO den Begriff der Anhängigkeit. Danach tritt Anhängigkeit ein durch Einreichung des verfahrenseinleitenden Schriftstücks oder eines gleichwertigen Schriftstücks bei Gericht. Die Wirkung der Anhängigkeit endet jedoch, wenn der Kläger ihm obliegende Maßnahmen nicht rechtzeitig trifft, um die Zustellung des Schriftstücks an den Beklagten zu bewirken. Nach deutschem Recht muss der Kläger binnen zwei Wochen den Gerichtskostenvorschuss einzahlen[921], da die Zustellung davon abhängig ist, § 12 GKG. Der Kläger kann jedoch die Aufforderung des Gerichts abwarten[922]. Die zweite Alternative

---

919 Vgl. zu den Reformarbeiten *Otte/Prütting/Dudek*, The GROTIUS Program: Proposals for amending Article 21 and 22 of the Brussels Convention, European Review of Private Law 2 (2000), 257 ff.

920 Vgl. dazu *Hess*, Lis Pendens and Related Actions, European Journal of Law Reform 4 (2000), 57 ff.; *Goebel*, Europäische Rechtshängigkeit und zivilprozessuales Rechtsmittelrecht nach der ZPO-Reform 2002, ZZPInt 7 (2002), 39 ff.; *Lupoi*, The New Lis Pendens Provisions in the Brussels I and II Regulations, ZZPInt 7 (2002),149 ff.; *Makridou*, The institutions of Lis Pendens and Related Actions according to the Regulation 44/2001 (Brussels I), FS Beys, 2003, S. 941 ff.; *Nieroba*, Die europäische Rechtshängigkeit nach der EuGVVO an der Schnittstelle zum nationalen Zivilprozessrecht, 2006; *Schilling*, Internationale Rechtshängigkeit vs. Entscheidung binnen angemessener Frist – Zum Zusammenhang von Art. 6 I EMRK, Art. 307 EGV und Art. 27 EuGVVO, IPRax 2004, 294 ff.; *Schütze*, Lis Pendens and Related Actions, European Journal of Law Reform 4 (2002), 57 ff.; *Walter*, Lis Alibi Pendens and Forum non Conveniens: From Confrontation via Coordination to Collaboration, European Journal of Law Reform 4 (2002), 69 ff.

921 Vgl. BGH NJW 1986, 1347; KG VersR 1994, 922.

922 Vgl. auch BGH NJW 1986, 1347; 1993, 2811.

des Art. 32 Brüssel Ia VO betrifft die Klageerhebung nach französischem Recht und dem anderer romanischer Rechtsordnungen. Hier erfolgt – zumindest für einige Formen der Klageerhebung – die Zustellung (assignation) vor Einreichung des verfahrenseinleitenden Schriftstücks bei Gericht[923]. In diesen Fällen muss der Kläger unmittelbar nach Zustellung die Klageeinreichung bewirken.

Auch im Bereich der Brüssel Ia VO ist die „Kernpunkttheorie" des EuGH[924] anwendbar[925].

461 Die überlange Verfahrensdauer bei dem zuerst angerufenen Gericht rechtfertigt – jedenfalls nach der Ansicht des EuGH[926] – nicht eine Nichtberücksichtigung ausländischer Rechtshängigkeit[927].

462 Ungeregelt ist der Fall der gleichzeitig eintretenden Rechtshängigkeit (Anhängigkeit). In diesem Fall besteht keine Verpflichtung, das eigene Verfahren auszusetzen[928].

b) Die Regelung internationaler Rechtshängigkeit in Staatsverträgen

463 Die Anerkennungs- und Vollstreckungsverträge, die Deutschland abgeschlossen hat oder deren Mitgliedstaat die Bundesrepublik ist, sehen überwiegend die Berücksichtigung der Rechtshängigkeit „über die Grenze" vor[929].

464 *LugÜ II*: Nach Art. 27 LugÜ II[930] hat sich das später angerufene Gericht für unzuständig zu erklären, zumindest aber die Entscheidung in der Sache auszu-

923 Vgl. hierzu *Buschmann* Rechtshängigkeit im Ausland als Verfahrenshindernis unter besonderer Berücksichtigung der Klageerhebung im französischen Zivilprozess, 1996, S. 111ff.

924 Vgl. dazu auch *Wernecke* Die Einheitlichkeit des europäischen und des nationalen Begriffs vom Streitgegenstand, 2003; zur teleologischen Rechtsfertigung der Kernpunkttheorie vgl. *Althammer*, Unvereinbare Entscheidungen, drohende Rechtsverwirrung und Zweifel an der Kernpunkttheorie – Webfehler im Kommissionsvorschlag für eine Neufassung der Brüssel I-VO?, FS Kaissis, 2012, S. 23ff. (32ff.)

925 Vgl. *Rauscher/Leible* EuZPR, Brüssel Ia VO, Art. 29, Rdn. 13ff.

926 Vgl. EuGH Rs. C-116/03 – Gasser v. MISAT, RIW 2004, 289 = IPRax 2004, 243.

927 Vgl. dazu *Schilling*, Internationale Rechtshängigkeit vs. Entscheidung binnen angemessener Frist – Zum Zusammenhang von Art. 6 I EMRK, Art. 307 EGV und Art. 27 EuGVV, IPRax 2004, 294ff.

928 Vgl. *Geimer/Schütze*, EuZVR A 1, Art. 27, Rdn. 25; *Otte*, Umfassende Streitentscheidung durch Beachtung von Sachzusammenhängen – Gerechtigkeit durch Verfahrensabstimmung?, 1998, S. 388.

929 Vgl. Wieczorek/Schütze/*Schütze*, Anh. § 261 Rdn. 24ff.

930 Vgl. zu den Vorgänger Bestimmungen der Art. 21 EuGVÜ und Art. 21 LugÜ, die wortgleich sind *Albrecht*, Artikel 21 EuGVÜ und die Entwicklung des einstweiligen Rechtsschutzes in England seit 1988, IPRax 1992, 184ff.; *di Blase*, Connessione e litispendenza nella Convenzione di

setzen. Erfordernis der Anwendbarkeit dieser Bestimmung ist die Identität des Streitgegenstandes und der Parteien. Eine positive Anerkennungsprognose für die zu erwartende Entscheidung des zuerst angerufenen Gerichts im Staat des später angerufenen Gerichts wird vom EuGH (zum EuGVÜ) nicht gefordert[931]. Bejaht das zuerst angerufene Gericht seine Zuständigkeit, dann erklärt sich das später angerufene Gericht für unzuständig. Den Fehler der Qualifizierung des Eintritts der Rechtshängigkeit nach den jeweiligen nationalen Rechten, die zu einem Windhundrennen führte, hat LugÜ II – der Brüssel I VO folgend – nicht übernommen. Es wird nicht mehr auf die Rechtshängigkeit im eigentlichen Sinne, sondern auf die Anhängigkeit abgestellt. Um Interpretationsschwierigkeiten auszuschließen, definiert Art. 30 den Begriff der Anhängigkeit (vgl. dazu Rdn. 460).

465 *Deutsch-italienisches Anerkennungs- und Vollstreckungsabkommen*: Nach Art. 11 wirkt die Rechtshängigkeit eines Verfahrens in einem Vertragsstaat auch in dem anderen, wenn das Erstgericht nach dem Abkommen international zuständig ist. Doch ist darüber hinaus Anerkennungsfähigkeit der zu erwartenden Entscheidung zu fordern.

466 *Deutsch-österreichischer Anerkennungs- und Vollstreckungsvertrag*: Art. 17 sieht die Berücksichtigung internationaler Rechtshängigkeit bei positiver Anerkennungsprognose vor.

467 *Deutsch-belgisches Anerkennungs- und Vollstreckungsabkommen*: Nach Art. 15 ist die Rechtshängigkeit von Verfahren zu berücksichtigen, die vor den Gerichten des anderen Vertragsstaates anhängig sind, wenn eine internationale Zuständigkeit nach dem Abkommen gegeben ist. Jedoch ist darüber hinaus

---

Bruxelles, 1993; *Carbone*, Il regime della litispendenza nelle Convenzioni dell'Aja e di Bruxelles, Riv.dir.int.priv.proc. 1969, 7 ff.; *Dohm*, Die Einrede ausländischer Rechtshängigkeit im deutschen internationalen Zivilprozessrecht, 1996; *Isenburg-Epple*, Die Berücksichtigung ausländischer Rechtshängigkeit nach dem Europäischen Gerichtsstands- und Vollstreckungsübereinkommen v. 27.9.1968, Diss. Heidelberg 1991; *Linke*, Ungelöste Probleme des Europäischen Zivilverfahrensrechts. Anderweitige Rechtshängigkeit zusammenhängender Verfahren – unvereinbare Entscheidungen, RIW 1988, 818 ff.; *ders.*, Begriff der Rechtshängigkeit nach der EuGÜbk, RIW 1984, 737 ff.; *Pålsson*, Lis Pendens under the Brussels and Lugano Conventions, FS Strömholm, 1997, S. 709 ff.; *Rauscher*, Rechtshängigkeit nach dem EuGVÜ, IPRax 1985, 317; *Rauscher/Gutknecht*, Teleologische Grenzen des Art. 21 EuGVÜ, IPRax 1993, 21 ff.; *Schütze*, Die Berücksichtigung der Rechtshängigkeit eines ausländischen Verfahrens nach dem EWG-Übereinkommen über die gerichtliche Zuständigkeit und die Vollstreckung gerichtlicher Entscheidungen, RIW/AWD 1975, 78 ff.; *Wolff*, Rechtshängigkeit und Verfahrenskonnexität nach EuGVÜ, EuZW 1995, 365 ff.

931 Vgl. EuGH, Rs. C-351/89 – Overseat Insurance Ltd. ./. New Hamsphire Isurance Co. – IPRax 1993, 34 mit Anm. *Rauscher/Gutknecht*, ebenda, S. 21 ff.; ebenso BGH, RIW 1995, 413 = EuZW 1995, 378 mit Anm. *Geimer* = IPRax 1996, 192 mit Anm. *Hau*, ebenda, S. 177 ff.

auch eine positive Anerkennungsprognose erforderlich, da nur dann eine spätere Urteilskollision denkbar ist, die durch Art. 15 verhindert werden soll.

Deutsch-griechischer Anerkennungs- und Vollstreckungsvertrag: Art. 18 schreibt die Berücksichtigung der Rechtshängigkeit bei Gerichten der Vertragsstaaten bei positiver Anerkennungsprognose vor. Die Rechtshängigkeit verhindert jedoch nicht, dass Maßnahmen des einstweiligen Rechtsschutzes durch Gerichte des anderen Vertragsstaates erlassen werden (Art. 18 Abs. 2). 468

Deutsch-niederländischer Anerkennungs- und Vollstreckungsvertrag: Nach Art. 18 ist die Rechtshängigkeit bei positiver Anerkennungsprognose zu berücksichtigen. 469

Deutsch-tunesischer Rechtshilfe-, Anerkennungs- und Vollstreckungsvertrag: Art. 44 macht die Wirkung der „Rechtshängigkeit über die Grenze" von einer positiven Anerkennungsprognose abhängig. Die Rechtshängigkeit hindert den Erlass von Maßnahmen des einstweiligen Rechtsschutzes durch das später angerufene Gericht nicht. 470

Deutsch-israelischer Anerkennungs- und Vollstreckungsvertrag: Die ausländische Rechtshängigkeit ist nach Art. 22 bei positiver Anerkennungsprognose zu berücksichtigen. Eilmaßnahmen werden durch diese Regelung nicht ausgeschlossen. 471

Deutsch-norwegischer Anerkennungs- und Vollstreckungsvertrag: Art. 21 entspricht der Regelung von Art. 22 des deutsch-israelischen Vertrages. 472

Deutsch-spanischer Anerkennungs- und Vollstreckungsvertrag: Nach Art. 21 ist die ausländische Rechtshängigkeit bei positiver Anerkennungsprognose zu berücksichtigen. 473

c) Die Regelung internationaler Rechtshängigkeit in ausländischen Rechten

Während im deutschen Recht die h.L.[932] die Einrede der Rechtshängigkeit eines ausländischen Verfahrens im inländischen Prozess bei positiver Anerkennungsprognose zulässt, messen zahlreiche ausländische Rechtsordnungen 474

---

932 Vgl. für Nachweise *Dohm*, Die Einrede ausländischer Rechtshängigkeit im deutschen internationalen Zivilprozessrecht, 1996; *Geimer*, IZPR Rdn. 2688 ff.; *Schütze*, Die Wirkungen ausländischer Rechtshängigkeit in inländischen Verfahren, ZZP 104 (1991), 136 ff. (137, FN 7 und 8); *ders.*, Zur internationalen Zuständigkeit im deutschen Recht, FS Beys, 2003, S. 1501 ff.; *ders.*, Probleme der internationalen Rechtshängigkeit, FS Sawczuk, 2010, S. 489 ff. Vgl. aus der jüngeren Rechtsprechung BGH IPRax 2001, 457 m.w.N.; dazu *Schütze*, Internationale Rechtshängigkeit und Verbürgung der Gegenseitigkeit im Verhältnis zu British Columbia, IPRax 2001, 441 ff.

der ausländischen Rechtshängigkeit keine oder nur eingeschränkte Bedeutung bei.

Das Verbot der Doppelprozessführung dient dazu, kollidierende Urteilswirkungen zu verhindern, die u.U. dann auftreten können, wenn zwei oder mehr mit der Sache befasste Gerichte unterschiedlich entscheiden. Die Berücksichtigung ausländischer Rechtshängigkeit macht deshalb nur dann Sinn, wenn eine wechselseitige Urteilsanerkennung möglich ist. Andernfalls bleiben die Urteilswirkungen auf das Territorium des jeweiligen Gerichtsstaates beschränkt, können also nicht kollidieren, selbst wenn die Entscheidungen der verschiedenen Gerichte sich widersprechen. Deshalb scheidet eine Berücksichtigung der Rechtshängigkeit eines Verfahrens vor einem ausländischen Gericht immer dann aus, wenn der ausländische Staat ausländische Urteile nicht anerkennt.

475 Einige Rechtsordnungen erkennen zwar ausländische Urteile an, nicht aber die Wirkungen ausländischer Verfahren. Die Rechtshängigkeit vor einem ausländischen Gericht hat in diesen Rechten keinen Einfluss auf die inländische Prozessführung.

476 Die nachstehende Übersicht stellt die Wirkungen ausländischer Rechtshängigkeit nach autonomem Recht dar, ohne Berücksichtigung der Regelungen des europäischen Rechts[933], die im Verhältnis zu den EU-Staaten Anwendung findet und der Anerkennungs- und Vollstreckungsverträge Deutschlands[934].

aa) Keine Berücksichtigung ausländischer Rechtshängigkeit

China

477 Die ausländische Rechtshängigkeit hat keine prozessuale Bedeutung im chinesischen Prozess. Nach §§ 15, 306 der Ansicht des Obersten Gerichts über die Anwendung des Zivilprozessgesetzes ist die ausländische Rechtshängigkeit im inländischen Verfahren nicht zu berücksichtigen[935].

Dänemark

478 Nach dänischem Recht wird die ausländische Rechtshängigkeit zwar im inländischen Verfahren berücksichtigt, wenn das im ausländischen Prozess zu er-

933 Vgl. dazu Rdn. 458 ff.

934 Vgl. dazu Rdn. 463 ff.

935 Vgl. *Hu Zhenjie*, Chinese Perspectives on International Jurisdiction and the Enforcement of Judgments in Contractual Matters, 1999, S. 245; *Schütze/Wu*, Länderbericht China, in: Geimer/Schütze, Internationaler Rechtsverkehr,1027.6.

wartende Urteil voraussichtlich anerkannt wird[936]. Da nach dänischem Recht aber ausländische Entscheidungen nur bei administrativ verbürgter Gegenseitigkeit oder auf staatsvertraglicher Grundlage anerkannt und für vollstreckbar erklärt werden, scheitert die Berücksichtigung ausländischer Rechtshängigkeit nach autonomem Recht regelmäßig an der mangelnden Anerkennungsfähigkeit des im ausländischen Verfahren zu erwartenden Urteils. Praktisch wird die ausländische Rechtshängigkeit nicht beachtet.

Finnland

Da Finnland ausländischen Urteilen außerhalb des Geltungsbereichs von Staatsverträgen über die internationale Urteilsanerkennung keine Wirkung beimisst, kann eine Konfliktsituation hinsichtlich der Rechtshängigkeit nicht entstehen. Die ausländische Rechtshängigkeit ist im finnischen Prozess unbeachtlich, soweit nicht Staatsverträge etwas Abweichendes anordnen[937]. **479**

Island

Ausländische Rechtshängigkeit ist nach autonomem isländischen Recht im isländischen Prozess nicht zu berücksichtigen[938], da das autonome isländische Recht die Wirkungserstreckung ausländischer Zivilurteile außerhalb der Staatsverträge nicht zulässt. **480**

Japan

Die ausländische Rechtshängigkeit ist im inländischen Prozess grundsätzlich unbeachtlich. Ausnahmen bestehen in den Fällen, denen **481**

- kein Inlandsbezug, jedoch ein ausgeprägter Auslandsbezug besteht,
- die Klage im Inland sich durch die im ausländischen Verfahren zu erwartende Entscheidung sich als gegenstandslos erweist[939].

---

936 Vgl. *Bäumer*, Die internationale Rechtshängigkeit und ihre Auswirkungen auf das internationale Zivilprozessrecht, 1999, 49; *Isenburg-Epple*, Die Berücksichtigung ausländischer Rechtshängigkeit nach dem Europäischen Gerichtsstands- und Vollstreckungsübereinkommen vom 27.9.1968, Diss. Heidelberg, 1991; S. 66; *Nielsen*, International privat- og procesret, 1997, S. 104 f.

937 Vgl. *Bäumer*, Die ausländische Rechtshängigkeit und ihre Auswirkungen auf das internationale Zivilverfahrensrecht, 1999, 50 f.; *Lappaleinen*, Recognition and Enforcement of Foreign Judgments Outside the Scope of Application of the Brussels and Lugano Conventions, in: Walter/Baumgartner (Hrsg.), Anerkennung und Vollstreckung ausländischer Entscheidungen außerhalb der Übereinkommen von Brüssel und Lugano, 2000, 169 ff. (180 f.); *Uusitalo/Kohler*, Länderbericht Finnland, in: Geimer/Schütze, Internationaler Rechtsverkehr, 1038a.7.

938 Vgl. *Bäumer*, Die internationale Rechtshängigkeit und ihre Auswirkungen auf das internationale Zivilprozessrecht, 1999, S. 53.

939 Vgl. im Einzelnen mit Nachweisen für die Rechtsprechung *Petersen-Padberg*, Länderbericht Japan, in: Geimer/Schütze, Internationaler Rechtverkehr, 1058.10 f.

Lettland

482 Zwar ist die Rechtshängigkeit vor einem anderen lettischen Gericht nach Art. 132 Abs. 1 Ziff. 4 ZPO ein Prozesshindernis. Diese Grundsätze lassen sich aber auf die internationale Rechtshängigkeit nicht übertragen.

Es muss davon ausgegangen werden, dass die ausländische Rechtshängigkeit im lettischen Zivilprozess nicht zu beachten ist.

Litauen

483 Nach Art. 781 Nr. 2 lit. ZPO ist die ausländische Rechtshängigkeit im inländischen Prozess nicht zu berücksichtigen, soweit nicht ein Staatsvertrag etwas anderes bestimmt.

Luxemburg

484 Eine positivgesetzliche Regelung der Wirkungen ausländischer Rechtshängigkeit fehlt. Die Cour de Justice hat entschieden, dass die ausländische Rechtshängigkeit im inländischen Verfahren unbeachtlich ist[940]. Dem folgt die Literatur[941]. Die ausländische Rechtshängigkeit vermag den Litispendenzeinwand im inländischen Verfahren nicht zu begründen. Es bleibt aber abzuwarten, ob sich die luxemburgischen Gerichte nicht der anerkennungsfreundlichen französischen Rechtsprechung anschließen werden (vgl. Rdn. 500), nachdem diese ihren restriktiven Kurs aufgegeben hat.

Niederlande

485 Da das niederländische Recht außerhalb des Geltungsbereichs von Staatsverträgen über die internationale Urteilsanerkennung keine Bedeutung beimisst, kann keine Konfliktsituation hinsichtlich der Rechtshängigkeit eintreten. Die ausländische Rechtshängigkeit war deshalb herkömmlicherweise im inländischen Prozess unbeachtlich[942].

---

940 Vgl. Cour de Justice Pas. Lux. 1967, 245, im übrigen *Isenburg-Epple*, Die Berücksichtigung ausländischer Rechtshängigkeit nach dem Europäischen Gerichtsstands- und Vollstreckungsübereinkommen vom 27.9.1968, Diss. Heidelberg, 1991, S. 57.

941 Vgl. *Bäumer*, Die internationale Rechtshängigkeit und ihre Auswirkungen auf das internationale Zivilprozessrecht, 1999, S. 39.

942 Vgl. *Bäumer*, Die internationale Rechtshängigkeit und ihre Auswirkungen auf das internationale Zivilprozessrecht, 1999, S. 39 f.; *Isenburg-Epple*, Die Berücksichtigung ausländischer Rechtshängigkeit nach dem Europäischen Gerichtsstands- und Vollstreckungsübereinkommen vom 27.9.1968, Diss. Heidelberg 1991, S. 57 f.

Norwegen

Da Norwegen ausländischen Urteilen außerhalb des Geltungsbereichs von Staatsverträgen über die internationale Urteilsanerkennung keine Wirkung beimisst, kann eine Konfliktsituation hinsichtlich der Rechtshängigkeit nicht eintreten[943]. Die ausländische Rechtshängigkeit ist im norwegischen Prozess unbeachtlich. 486

Österreich

Ausländische Rechtshängigkeit wird im inländischen Verfahren zwar beachtet, aber nur, wenn für die im ausländischen Verfahren zu erwartende Entscheidung eine positive Anerkennungsprognose besteht[944]. Dies ist nur der Fall bei Vorliegen eines Staatsvertrags oder einer Gegenseitigkeitserklärung nach § 79 EO. Da eine solche Gegenseitigkeitserklärung nur für British Columbia ergangen ist, wird die ausländische Rechtshängigkeit faktisch nicht beachtet. 487

Polen

Ausländische Rechtshängigkeit ist im polnischen Prozess nach Art. 1098 ZPO unbeachtlich[945]. 488

Portugal

Das portugiesische Recht misst der ausländischen Rechtshängigkeit keine Bedeutung bei[946]. Die ausländische Rechtshängigkeit hindert einen inländischen Prozess über denselben Streitgegenstand nicht. Dem portugiesischen Recht fol- 489

---

943 Auf die Wechselwirkung von Anerkennungsfähigkeit einer Entscheidung und Beachtung der Rechtshängigkeit weisen *Saeter/Oyehaug/Aasebo*, Länderbericht Norwegen, in: Campbell (Hrsg.), International Execution against Judgment Debtors, NOR-1 hin.

944 Vgl. *Hoyer*, Zur Streitanhängigkeit im österreichischen internationalen Zivilprozessrecht, ZfRV 20 (1969), 241 ff.; *Rechberger/Frauenberger-Pfeiler*, Anerkennung und Vollstreckung ausländischer Titel außerhalb des Anwendungsbereichs des Brüsseler und Luganer Übereinkommens: Österreich, in: Walter/Baumgartner (Hrsg.), Anerkennung und Vollstreckung ausländischer Entscheidungen außerhalb des Anwendungsbereichs der Übereinkommen von Brüssel und Lugano, 2000, S. 47 ff. (69); *Schumann*, Internationale Rechtshängigkeit (Streitanhängigkeit), FS Kralik, 1986, 301 ff. (306).

945 Vgl. auch *Heiderhoff*, Die Berücksichtigung ausländischer Rechtshängigkeit in Ehescheidungsverfahren, 1998, S. 98.

946 Vgl. *Ferreira Pinto*, Die Reform des nationalen Zivilprozessrechts als Angleichung: Das Beispiel Portugals, in: Jayme (Hrsg.), Ein internationales Zivilprozessrecht für Gesamteuropa, 1992, 369 ff. (376, 379); *Nordmeier*, Länderbericht Portugal, in: Geimer/Schütze, Internationaler Rechtsverkehr, 1115.16.

gen die Rechte, die die portugiesische Regelung rezipiert haben: Angola[947], Kap Verde[948], Mosambik[949] und Timor-Leste[950].

Rumänien

490 Die ausländische Rechtshängigkeit ist im rumänischen Zivilprozess nach Art. 156 IPRG unbeachtlich[951].

Schweden

491 Da ausländische Urteile außerhalb der Staatsverträge nicht anerkannt und für vollstreckbar erklärt werden können, ist die ausländische Rechtshängigkeit[952] unbeachtlich[953].

Slowakische Republik

492 Das IPRG regelt die internationale Rechtshängigkeit nicht. Rechtsprechung und Lehre orientieren sich an der tschechischen Rechtslage.

Tschechien

493 Das IPRG regelt die internationale Rechtshängigkeit nicht. Die Anwendbarkeit der inländischen Rechtshängigkeitsregelung nach § 83 Abs. 1 ZPO ist umstritten. Teilweise wird angenommen, dass sich diese Regelung nur auf die inländische Litispendenz bezieht und ausländische Rechtshängigkeit nicht zu berücksichtigen ist[954]. *Tichý* vertritt die Ansicht, dass aus der systematischen Stellung der Norm keine Absicht des Gesetzgebers zu entnehmen ist, deren Geltungsbe-

---

947 Vgl. *Nordmeier*, Länderbericht Angola, in: Geimer/Schütze, Internationaler Rechtsverkehr, 1006.12.

948 Vgl. *Nordmeier*, Länderbericht Kap Verde, in Geimer/Schütze, Internationaler Rechtsverkehr, 1066.14.

949 Vgl. *Nordmeier*, Länderbericht Mosambik, in: Geimer/Schütze, Internationaler Rechtsverkehr, 1093.13.

950 Vgl. *Nordmeier*, Länderbericht Timor-Leste, in: Geimer/Schütze, Internationaler Rechtsverkehr, 1142.12.

951 Vgl. dazu *Bormann*, Länderbericht Rumänien, in: Geimer/Schütze, Internationaler Rechtsverkehr, 1116.7.

952 Vgl. dazu: *Pålsson*, Institutet Litispendens i den Internationella Civilprocessrätten, TfR 80 (1967), 537 ff.; *ders.*, The Institute of Lis Pendens in International Civil Procedure, Scandinavian Studies in Law, 1970, 61 ff.

953 Vgl. *Berglund*, Recognition and Execution in Sweden, in: Walter/Baumgartner (Hrsg.), Anerkennung und Vollstreckung ausländischer Entscheidungen außerhalb der Übereinkommen von Brüssel und Lugano, 2000, S. 529 ff. (532).

954 Vgl. *Kučera*, Internationales Privatrecht, 1999, 373 (in tschechischer Sprache).

reich gegenüber dem Ausland abzugrenzen[955]. *Tichý* schließt aus der Anerkennungsfähigkeit ausländischer Entscheidungen auch auf die Berücksichtigung ausländischer Rechtshängigkeit[956]. Die Frage ist jedenfalls offen. Für die Nichtberücksichtigung ausländischer Rechtshängigkeit spricht, dass der Gesetzgeber die Frage im IPRG ungeregelt gelassen hat.

Spanien

Eine Entscheidung des Obersten Gerichtshofes vom 31.1.1921[957] verneint als „leading case" die Beachtlichkeit ausländischer Rechtshängigkeit im spanischen Prozess. Dem folgt das Schrifttum[958], welches die Beachtung ausländischer Rechtshängigkeit nur aufgrund eines Staatsvertrages zulässt[959]. Die Lehre. scheint allerdings nach der Reform der LO ins Wanken zu geraten[960]. **494**

USA

Die ausländische Rechtshängigkeit ist nur in Ausnahmefällen zu beachten[961]. **495**
Nur wenn die Doppelprozessführung „vexatious and oppressive" ist, kann sich

---

955 Vgl. *Tichy*, zur Problematik der Rechtshängigkeit in prozessrechtlichen Beziehungen zum Ausland, Studien zum internationalen Recht, Bd. 17, 1983, 205 (in tschechischer Sprache).

956 Vgl. *Tichý* a.a.O., 241.

957 „La excepción de litispendencia del número 5 del artículo 533 de la ley adjectiva civil sólo es admisible cuando se litiga con otro juzgado o tribunal que se estime competente, a fin de evitar gastos inútiles e impedir que la resolución recaída en uno de los pleitos produzca excepción de la cosa juzgada en el otro; cicunstancia que nunca puede darse en el caso de referirse a tribunales de nacionalidad extranjera con la que non haya tratado y donde no se dá cumplimiento a las ejecutorias de los tribunales españoles, por lo que tampoco estos estarán obligados a dar cumplimiento a las de aquella nación."

958 Vgl. *Cremades/Cabiedes*, Litigating in Spain, 1989, 225; *Ramos Mendez*, Derecho Procesal Civil, Bd. 1, 5. Aufl., 1992, 492; *Weigand*, Der Beitritt Spaniens und Portugals zum EuGVÜ, RIW 1991, 717 ff. (721).

959 Vgl *Bäumer*, Die ausländische Rechtshängigkeit und ihre Auswirkungen auf das internationale Zivilprozessrecht, 1999, 43 f. *Gonzáles Campos/Recondo Porrúa*, Lecciones de Derecho procesal civil internacional, 1979, 73 ff.; *Cortez Dominguez*, Derecho Procesal Civil Internacional (Ordenamiento Español), 1981, 253 ff.

960 Vgl. *Ditandy*, Internazionale Zuständigkeit, 2003, S. 47 ff. m.w.N.

961 Vgl. *Habscheid*, Bemerkungen zur Rechtshängigkeitsproblematik im Verhältnis der Bundesrepublik Deutschland und der Schweiz einerseits und den USA andererseits, FS Zweigert, 1981, S. 109 ff.; *Krause Ablass/Bastuck*, Deutsche Klagen zur Abwehr amerikanischer Prozesse?, FS Stiefel, 1987, S. 445 ff. (455 ff.); *Schack*, Einführung in das US-amerikanische Zivilprozessrecht, 4. Aufl., 2011, Rdn. 102; *ders.*, IZVR, Rdn. 837; *Schütze*, Zur internationalen Rechtshängigkeit im deutschen Recht, FS Beys, 2003, S. 1501 ff. (1510); *ders.*, Die Wirkungen ausländischer Rechtshängigkeit in inländischen Verfahren, ZZP 104 (1991), 136 ff. (142); *ders.*, Internationale Rechtshängigkeit, FS Areopag, Bd. I, 2007, S. 213 ff. (216); *Schulte*, Die an-

das angerufene Gericht zum forum non conveniens erklären. Dem Beklagten bleibt bei Doppelprozessführung die Möglichkeit, einen „stay of proceedings" wegen unangemessener Doppelprozessführung zu erreichen oder sich auf die Lehre vom forum non conveniens zu berufen.

bb) Berücksichtigung ausländischer Rechtshängigkeit

Belgien

496 Das belgische Recht[962] stellt in Art. 14 IPRG auf die Anerkennungsfähigkeit der im ausländischen Prozess ergehenden Entscheidung ab. Neben den Erfordernissen der Identität von Parteien und Streitgegentand sowie einer positiven Anerkennungsprognose fordert Art. 14 IPRG aber auch, dass die Ausübung einer „bonne adminstration de la justice"[963] berücksichtigt wird. Hier kann insbesondere eine unzumutbare Länge des ausländischen Verfahrens Berücksichtigung finden. Im Grunde handelt es sich um eine Ausformung des forum non conveniens Prinzips, das auf die Entscheidungsnähe der verschiedenen Gerichte abstellt[964].

Bulgarien

497 Ausländische Rechtshängigkeit wird nach Art. 37 IPRG bei Anerkennungsfähigkeit der ausländischen Entscheidung und angemessener ausländischer Prozessdauer berücksichtigt[965].

Die ausländische Rechtshängigkeit führt nicht zur Klageabweisung, sondern zur Aussetzung des bulgarischen Prozesses. Dieser wird wieder aufge-

---

derweitige (ausländische) Rechtshängigkeit im US-amerikanischen Zivilprozessrecht, 2001, S. 150 ff.

962 Vgl. dazu *Nuyts*, Compétence Judiciaire, in: Boularbah, Le Noveau Droit International Privé, JT 2005, 173 ff. (179), *Wautelet*, Droit bancaire et financier, 2005, 111 ff. (112 ff.); zum Recht vor Inkrafttreten des IPRG: *Bäumer*, Die inländische Rechtshängigkeit und ihre Auswirkungen auf das internationale Zivilverfahrensrecht, 1999, S. 38 f.; *Ekelmans*, Note sur la litispendance internationale, Revue de droit commercial belge, 1993, 1089 ff.; *Fallon*, Litispendance internationale est pas inappropriée, Rev.Trim.Dr.Fam. 1988, 125 ff.; *Isenburg-Epple*, Die Berücksichtigung ausländischer Rechtshängigkeit nach dem Europäischen Gerichtsstands- und Vollstreckungsübereinkommen vom 27.9.1968, 1992, 56.; *Schütze*, Länderbericht Belgien, in: Geimer/Schütze, Internationaler Rechtsverkehr, 1019a.6.

963 Vgl. dazu *Wautelet*, Droit bancaire et financier, 2005, 111 ff. (112).

964 Vgl. *Nuyts*, Compétence Judiciaire, JT 2005, 173 ff. (179); *ders.*, L'exception du forum non conveniens, 2003, Nr. 286.

965 Vgl. dazu *Jessel-Holst*, Länderbericht Bulgarien, in: Geimer/Schütze, Internationaler Rechtsverkehr, 1025.12 f.; *Musseva*, Das neue internationale Zivilverfahrensrecht Bulgariens in Zivil- und Handelssachen, IPRax 2007, 256 ff. (259).

nommen, wenn eine Entscheidung nicht in angemessener Frist ergeht, das ausländische Urteil nicht anerkennungsfähig ist (etwa wegen Verstoßes gegen den ordre public) oder das ausländische Gericht nicht zur Sache entscheidet (Klageabweisung als unzulässig, Klagerücknahme pp.).

England

Die Berücksichtigung ausländischer Rechtshängigkeit[966] steht im Ermessen des 498
Gerichts. Der Einwand der Litispendenz bei Schweben eines Verfahrens vor einem ausländischen Gericht wurde herkömmlicherweise[967] nur in den Fällen zugelassen, in denen die Doppelprozessführung im In- und Ausland „vexatious and oppressive" wäre. Das Gericht konnte einen stay of proceedings anordnen, wenn das Verfahren „frivolous, vexatious, or otherwise an abuse of the process of the court" wäre[968]. Der Beklagte musste nach früherer Rechtsprechung regelmäßig dartun, dass der zweite (inländische) Prozess ihm einen ernsten, nicht wiedergutzumachenden Schaden zufügen würde. Dabei kam es bisher darauf an, ob die konkurrierenden Verfahren vor Gerichten von Commonwealth Staaten oder Drittstaaten schwebten. Im ersteren Fall wurde prima facie vermutet, dass die Doppelprozessführung „vexatious and oppressive" ist. Darüber hinaus wurde dahin differenziert, ob die Parteirollen in beiden Verfahren gleich sind oder nicht.

Seit einer Entscheidung des House of Lords aus dem Jahre 1973[969] ist eine neue Entwicklung[970] eingeleitet worden[971], die einen gewissen Abschluss in der

---

966 Vgl. dazu *Bäumer*, Die ausländische Rechtshängigkeit und ihre Auswirkungen auf das internationale Zivilverfahrensrecht, 1999, 45 ff.; *Isenburg-Epple*, Die Berücksichtigung ausländischer Rechtshängigkeit nach dem Europäischen Gerichtsstands- und Vollstreckungsübereinkommen, 1992, 58 ff.; *Pålsson*, The Institute of Lis Pendens in International Civil Procedure, Scandinavian Studies in Law XIV (1970), 61 ff. (74 ff.); *Schütze*, Die Wirkungen ausländischer Rechtshängigkeit in inländischen Verfahren, ZZP 104 (1991), 136 ff. (138 f.).

967 Vgl. dazu schon *Phear*, De l'exception de litispendance à raison d'une instance pendante devant un tribunal étranger d'après la jurisprudence anglaise, Journal Clunet 18 (1891), 459 ff.

968 Vgl. *Collier*, Recognition and Enforcement of Foreign Judgments: England, in: Walter/Baumgartner (Hrsg.), Anerkennung und Vollstreckung ausländischer Entscheidungen außerhalb der Übereinkommen von Brüssel und Lugano, 2000, 131 ff. (158).

969 Vgl. The Atlantic Star (1974) A. C. 436.

970 Vgl. auch Mac'Shannon v. Rockware Glass Ltd. (1978) A. C. 795, kurz wiedergegeben auch bei *Magnus*, Englische Rechtsprechung zum Handels- und Gesellschaftsrecht, RIW/AWD 1978, 751 ff. (757) und Amin Rasheed Shipping Corp. v. Kuwait Insurance Co. The Al Wahab (1983) 3 W. L. R. 241 (H.L.), kurz wiedergegeben bei *Magnus*, Englische Rechtsprechung zum Handels- und Wirtschaftsrecht, RIW 1984, 321 ff. (326 f.), wobei es im letzteren Fall in erster Linie um die forum non conveniens Lehre ging.

971 Vgl. dazu *Magnus*, Englische Rechtsprechung zum Handels- und Wirtschaftsrecht, RIW 1985, 244 ff. (247 f.).

Entscheidung *The Abidin Daver*[972] gefunden hat. Hier findet sich eine Hinwendung zur Lösung des Problems konkurrierender in- und ausländischer Verfahren über die forum non conveniens Lehre[973].

Bei den forum non conveniens Gesichtspunkten, die zum „stay of proceedings" wegen ausländischer Litispendenz führen ist zu berücksichtigen, ob das ausländische Gericht das „natural and appropriate forum" ist, ein rechtsstaatlichen Verfahren gewährleistet und das Verfahren im ausländischen Forum mit erheblich geringeren Mühen, Kosten und Belastungen für die Parteien verbunden ist als sie im englischen Prozess entstehen.

Auch das schottische Recht löst den Konflikt konkurrierender Verfahren vor in- und ausländischen Gerichten über die forum non conveniens Lehre[974].

Estland

499 Ausländische Rechtshängigkeit wird im estnischen Prozess beachtet, wenn das im erststaatlichen Prozess zu erwartende Urteil anerkennungsfähig sein wird. Darüber hinaus muss das Erstgericht international zuständig sein, was sich aus dem auslegungsbedüftigen Terminus „richtig" ergibt[975] und es muss zu erwarten sein, dass das ausländische Gericht in angemessener Frist entscheidet. Damit soll insbesondere vermieden werden, dass der im estnischen Prozess Beklagte durch schnellere Klageerhebung in einem Staat mit bekannt langsamer Justiz einen zügigen Prozessverlauf vor den estnischen Gerichten verhindert[976].

Frankreich

500 Nach anfänglich ablehnender Haltung geht der Trend nunmehr zur Zulassung des Einwandes der Rechtshängigkeit eines ausländischen Verfahren im inländischen Prozess[977]. Der ausländischen Rechtshängigkeit werden Wirkungen beigemessen, wenn die Erfordernisse der Anerkennungsfähigkeit des im ausländi-

---

972 (1984) 1 All E. R. 470 (H. J.).

973 Vgl. *Collier*, Recognition and Enforcement of Foreign Judgments: England, in: Walter/ Baumgartner (Hrsg.), Anerkennung und Vollstreckung ausländischer Urteile außerhalb der Übereinkommen von Brüssel und Lugano, 2000, S. 131 ff. (158).

974 Vgl. *Anton*, Private International Law, 1967, 152 ff.

975 Vgl. *Trunk/Göttig/Köve*, Länderbericht Estland, in: Geimer/Schütze, Internationaler Rechtsverkehr 1034.12.

976 Vgl. zu der Problematik im deutschen Recht BGH NJW 1961.

977 Vgl. zustimmend *Mayer/Heuzé*, Droit Internation Privé, 7. Aufl., 2001, Rdn. 443; *Batiffol/ Lagarde*, Droit International Privé, Bd. II, 7. Aufl., 1983, Nr. 676, die allerdings bemerken: *„Dans la pratique judiciaire, cependant, l'accueil de l'exception demeure rare ..."*.

schen Prozess zu erwartenden Urteils erfüllt sind[978]. Rechtsprechung[979] und Schrifttum[980] wollen aber keine absolute Verpflichtung des französischen Gerichts zur Berücksichtigung ausländischer Rechtshängigkeit einräumen, diese Möglichkeit vielmehr in sein Ermessen stellen. Dabei soll das französische Gericht beispielsweise die Schnelligkeit des ausländischen Verfahrens berücksichtigen dürfen.

Griechenland

Die internationale Rechtshängigkeit ist positivgesetzlich nicht geregelt. Nachdem die Rechtsprechung zunächst einer Berücksichtigung ausländischer Rechtshängigkeit ablehnend gegenüberstand[981], hat sich dies seit einer Entscheidung des Oberlandesgerichts Athen aus dem Jahre 1988 geändert[982]. Man wird davon ausgehen können, dass die ausländische Rechtshängigkeit im griechischen Prozess als Einrede dienen kann[983]. 501

Irland

Es steht im Ermessen des Gerichts, ob es im irischen Prozess ein „stay of proceedings" aus Litispendenzgründen anordnet[984]. Die Grundsätze für die Ermessensentscheidung entsprechen im wesentlichen denen im englischen Recht. 502

Die Ermessenentscheidung orientiert sich im wesentlichen an den Kriterien, die im Rahmen der forum non conveniens Lehre herangezogen werden. Sie sind jedenfalls bei Doppelprozessführung für die Beachtlichkeit der Litispendenz eines Rechtsstreits im ausländischen forum prorogatum zu beachten.

---

978 Vgl. *Mayer/Heuzé*, Droit International Privé, 11. Aufl., 2014, Rdn. 445.

979 Vgl. die von *Mayer/Heuzé*, Droit International Privé, 11. Aufl., 2014, FN 149 zitierte Entscheidung.

980 Vgl. *Mayer/Heuzé*, Droit International Privé, 11. Aufl., 2014, Rdn. 446.

981 Vgl. für Nachweise *Pouliades*, Die Bedeutung des deutsch-griechischen Vertrages vom 4.11.1961 für die Anerkennung und Vollstreckung deutscher Entscheidungen in der griechischen Praxis, IPRax 1985, 356 ff. (365, FN 122); *Schütze*, Die Wirkungen ausländischer Rechtshängigkeit in inländischen Verfahren, ZZP 104 (1991), 136 ff. (141).

982 Vgl. *Kerameus*, Rechtsvergleichende Bemerkungen zur internationalen Rechtshängigkeit, FS Schwab, S. 257 ff. (260) mit Nachweisen.

983 Vgl. *Bäumer*, Die internationale Rechtshängigkeit und ihre Auswirkungen auf das internationale Zivilverfahrensrecht, 1999. S. 48 f.; *Yessiou-Faltsi*, Länderbericht Hellas, in: Lemmens (Hrsg.), International Encyclopedia of Laws, Civil Procedure, Hellas – 214.

984 Vgl. *Binchy*, Irish Conflict of Laws, 1988, S. 163.

Italien

503 Ausländische Rechtshängigkeit ist bei positiver Anerkennungsprognose für das im ausländischen Prozess zu erwartende Urteil zu beachten. Art. 7 IPRG, der die internationale Litispendenz regelt, ist der Normierung im EuGVÜ nachgebildet.

Das Verfahren der Berücksichtigung ausländischer Rechtshängigkeit ist zweistufig. Das italienische Gericht setzt auf Antrag einer Partei das Verfahren bei Schweben ausländischer Rechtshängigkeit aus. Das Verfahren wird wiederaufgenommen, wenn

- das ausländische Gericht seine Zuständigkeit verneint oder
- die Nichtanerkennungsfähigkeit des zu erwartenden (oder u.U. schon ergangenen) ausländischen Urteils durch das italienische Gericht, bei dem der Rechtsstreit schwebt, festgestellt wird.

Korea

504 Die Wirkungen ausländischer Rechtshängigkeit im inländischen Prozess sind streitig[985]. Im Anschluss an eine Entscheidung des Obersten Gerichtshofs aus dem Jahr 1987 sehen *Stiller/Schleicher* eine Tendenz zur Berücksichtigung ausländischer Rechtshängigkeit bei Anerkennungsfähigkeit der im ausländischen Verfahren zu erwartenden Entscheidung[986]. Allerdings war in dem der Entscheidung des Obersten Gerichtshofs zugrunde liegenden Fall bereits ein Urteil in New York ergangen. Es handelte sich wohl mehr um eine Rechtskraftproblematik denn eine Rechtshängigkeitsfrage.

Malta

505 Nach Art. 742 Abs. 2 COCP steht die Berücksichtigung ausländischer Rechtshängigkeit im Ermessen des Gerichts. Dieses kann nicht nur die Klage als unzulässig (wegen anderweitiger Rechtshängigkeit) abweisen, sondern auch das Verfahren aussetzen und später in der Sache entscheiden. Die Praxis ist nicht eindeutig. Es ist zu erwarten, dass die Doppelprozessführung im In- und Ausland nur dann Anlass zu einer Aussetzung des Verfahrens ist, wenn das Verfahren „frivolous, vexatious, or otherwise an abuse of the process of the court" wäre. Ob die Grundsätze der Entscheidung *Abidan Daver*[987] von der maltesischen Rechtsprechung übernommen werden ist unklar.

---

985 Vgl. im Einzelnen zum Streitstand *Stiller*, Das internationale Zivilprozessrecht der Republik Korea, 1989, S. 202f.

986 Vgl. *Stiller/Schleicher*, Länderbericht Korea, in: Geimer/Schütze, Internationaler Rechtsverkehr, 1073.12f.

987 (1984) 1 All E.R. 470 (H.J.).

Russland

Die ausländische Rechtshängigkeit ist im inländischen Prozess dann zu beachten, wenn das im ausländischen Verfahren zu erwartende Urteil in Russland anerkennungsfähig sein wird. Während die ZPO so die Anerkennungsfähigkeit zur Voraussetzung der Berücksichtigung ausländischer Litispendenz macht, begnügt sich die Arbitrageprozessordnung damit, das Nichtbestehen ausschließlicher Zuständigkeit der russischen Gerichte zu fordern. Das ist aber wohl ein Redaktionsversehen[988]. 506

Schweiz

Nach Art. 91 IPRG ist die ausländische Rechtshängigkeit[989] bei positiver Anerkennungsprognose für das im ausländischen Prozess zu erwartende Urteil zu beachten. Die Anerkennungsfähigkeit allein genügt jedoch nicht. Im Interesse eines effektiven Rechtsschutzes muss auch eine positive Prognose hinsichtlich der ausländischen Urteilsfindung in angemessener Zeit gestellt werden[990]. 507

Die ausländische Rechtshängigkeit ist von Amts wegen zu berücksichtigen[991]. Die Litispendenz vor einem ausländischen Gericht führt nicht zur Klagabweisung, sondern zur Aussetzung des Verfahrens.

Slowenien

Das slowenische Recht macht die Beachtung ausländischer Rechtshängigkeit von der Anerkennungsfähigkeit der im ausländischen Verfahren zu erwartenden Entscheidung und der Verbürgung der Gegenseitigkeit abhängig. Dies ist die sehr sinnvolle Regelung, die das deutsche Recht in § 738a HGB kennt[992] und 508

---

988 Vgl. *Trunk/Jarkow*, Länderbericht Russland, in: Geimer/Schütze, Internationaler Rechtsverkehr, 1118.8.

989 Vgl. dazu *Bäumer*, Die ausländische Rechtshängigkeit und ihre Auswirkungen auf das internationale Zivilverfahrensrecht, 1999, 54 f.; *Habscheid*, Bemerkungen zur Rechtshängigkeitsproblematik im Verhältnis der Bundesrepublik Deutschland und der Schweiz einerseits und den USA andererseits, FS Zweigert, 1981, 109 ff.; *Jegher*, Abwehrmaßnahmen gegen ausländische Prozesse, 2003; *Schauwecker*, Die Einrede der Litispendenz im eidgenössischen und zürcherischen internationalen Zivilprozessrecht, 1943; *Schwander*, Ausländische Rechtshängigkeit nach IPR-Gesetz und Lugano-Übereinkommen, FS Vogel, 1991, S. 395 ff.; *Vogel*, Rechtshängigkeit und materielle Rechtskraft im internationalen Verhältnis, SJZ 1990, 77 ff.; *Wittibschlager*, Die Rechtshängigkeit in internationalen Verhältnissen, Diss. Basel 1994.

990 In ähnlicher Weise hat der Bundesgerichtshof die überlange Prozessdauer im Ausland als Hindernis für die Berücksichtigung ausländischer Rechtshängigkeit gesehen, BGH IPRax 1984, 152.

991 Kantonale Rechtsprechung, ZR 1992/1993, Nr. 51.

992 Auch eine ältere Entscheidung des schweizerischen Bundesgerichts BGE 56 II 335 fordert für die Beachtung ausländischer Rechtshängigkeit im inländischen Prozess Gegenseitigkeit.

deren allgemeine Anwendbarkeit von Rechtsprechung und Schrifttum geleugnet wird[993]. Damit ist in Slowenien die Rechtshängigkeit vor ausländischen Gerichten, die ausländischer Litispendenz keine – oder nur Bedeutung im Rahmen eines forum non conveniens Tests – Bedeutung beimessen, unbeachtlich.

Ungarn

509 Das ungarische Recht stellt die positive Anerkennungsprognose als Erfordernis für die Berücksichtigung ausländischer Rechtshängigkeit ab[994]. Die Berücksichtigung erfolgt von Amts wegen.

2. Inländische Rechtshängigkeit als Sperre gegen die Anerkennung und Vollstreckbarerklärung eines ausländischen Titels

510 Setzt sich das ausländische Gericht über die inländische Rechtshängigkeit hinweg, sei es, dass die Berücksichtigung nach autonomem Recht unzulässig war, sei es, dass der ausländische Richter die Voraussetzungen für die Beachtung der Litispendenz zu Recht oder zu Unrecht als nicht gegeben ansah, so kann dies zur Verweigerung der Anerkennung und Vollstreckbarerklärung der ausländischen Entscheidung in Deutschland führen[995]. Das im Inland eingeleitete Verfahren kann damit einen Schutz gegen ausländische Entscheidungen geben, selbst wenn die Rechtshängigkeit des deutschen Verfahrens im ausländischen Prozess nicht berücksichtigt wird.

Dabei ist zu differenzieren:

a) Urteilskollision

511 Widerspricht ein ausländisches Urteil einer inländischen Entscheidung in derselben Sache, dann ist die Anerkennung ausgeschlossen, und zwar unabhängig

---

993 Vgl. *Schütze*, Deutsches internationales Zivilprozessrecht, 2. Aufl., 2005, Rdn. 396 ff.

994 Vgl. *Kengyel/Harsági*, Länderbericht Ungarn, in: Geimer/Schütze, Internationaler Rechtsverkehr, 1151.17 f.

995 Vgl. zu diesem Problem insbesondere *Habscheid*, Zur Berücksichtigung der Rechtshängigkeit eines ausländischen Verfahrens, RabelsZ 31 (1967), 254 ff. (255 ff.); *Roth*, Der Vorbehalt des Ordre Public gegenüber fremden gerichtlichen Entscheidungen, 1967, S. 115 ff.; rechtsvergleichend *Pålsson*, The institute of lis pendens in International Civil Procedure, Scandinavian Studies in Law 1970, S. 61 ff. (81 ff.).

davon, ob die inländische Rechtshängigkeit des zu dem Urteil führenden Verfahrens zeitlich früher oder später als die ausländische Rechtshängigkeit eingetreten ist[996]. Bei Urteilskollisionen hat das deutsche Urteil ungeachtet des Prioritätsgrundsatzes immer Vorrang (§ 328 Abs. 1 Nr. 3 ZPO)[997].

aa) Die Regelung von Urteilskollisionen im europäischen Recht

Nach Art. 45 Nr. 3 Brüssel Ia VO ist die Unvereinbarkeit des ausländischen Entscheidung mit einem inländischen Urteil Versagungsgrund der Wirkungserstreckung, ohne dass es auf die zeitliche Priorität ankäme. Bei anzuerkennenden drittstaatlichen Entscheidungen ist auf die Priorität abzustellen (Art. 45 Nr. 4 Brüssel Ia VO). 512

bb) Die Regelung von Urteilskollisionen in Staatsverträgen

Die Anerkennungs- und Vollstreckungsverträge, deren Mitgliedstaat Deutschland ist oder die Deutschland abgeschlossen hat, sehen teilweise explizit den Widerspruch zu einer zweitstaatlichen Erkenntnis in derselben Sache als Versagungsgrund der Anerkennung für ein ausländisches Urteil vor. 513

LugÜ II: Nach Art. 34 Nr. 3 ist die Anerkennung zu versagen, „*wenn die Entscheidung mit einer Entscheidung unvereinbar ist, die zwischen denselben Parteien in dem Staat, in dem die Anerkennung geltend gemacht wird, ergangen ist*". Der Versagungsgrund besteht unabhängig von der zeitlichen Priorität der Verfahrenseinleitung oder des Erlasses der in- und ausländischen Entscheidung. Eigene Entscheidungen sind privilegiert. Nach der Rechtsprechung des EuGH hindert ein inländischer Prozessvergleich jedoch die Anerkennung nicht. Ein Prozessvergleich ist nicht als „Entscheidung" i.S. von Art. 34 Nr. 3 LugÜ II anzusehen[998]. 514

Deutsch-italienisches Anerkennungs- und Vollstreckungsabkommen: Nach Art. 4 Abs. 4 ist der Widerspruch des erststaatlichen Urteils zu einer zweitstaatlichen Entscheidung Versagungsgrund der Anerkennung. Rechtskraft der inländischen Entscheidung ist nicht erforderlich[999]. 515

---

996 Vgl. im Einzelnen *Geimer/Schütze*, Internationale Urteilsanerkennung, Bd. I/2, 1984, S. 1672ff.; Wieczorek/Schütze/*Schütze*, § 328, Rdn. 51f.

997 Vgl. zur Diskussion über den Prioritätsgrundsatz *Schack*, IZVR, Rdn. 943ff.

998 Vgl. EuGH, Rs. C 414/92 – Solo Kleinmotoren GmbH ./. Emilio Boch – RIW 1995, 1030 = JZ 1994, 1007 mit Anm. *Schlosser* = IPRax 1995, 241 mit Anm. *von Hoffmann/Hau* (entschieden zur entsprechenden Regelung im EuGVÜ).

999 Vgl. *Waehler*, Handbuch des Internationalen Zivilverfahrensrechts, Bd. III/2, 1984, S. 301.

516 *Deutsch-britisches Anerkennungs- und Vollstreckungsabkommen*: Art. III Abs. 1 lit. c behandelt die Urteilskollision unter dem Gesichtspunkt des ordre-public-Verstoßes. Die Anerkennung ist einem Urteil zu versagen, wenn zu dem Zeitpunkt der Endgültigkeit der erststaatlichen Entscheidung ein widersprechendes zweitstaatliches – endgültiges – Erkenntnis vorliegt[1000]. Die missverständliche Fassung des Abkommens beruht offenbar auf einem Redaktionsversehen.

517 *Deutsch-griechischer Anerkennungs- und Vollstreckungsvertrag*: Art. 3 Nr. 1 statuiert den Widerspruch zu einer zweitstaatlichen endgültigen Entscheidung in der Sache als Unterfall des Versagungsgrundes des ordre-public-Verstoßes. Trotz der Unterschiede in der Formulierung stimmt Art. 3 Nr. 1 mit der entsprechenden Bestimmung im deutsch-britischen Abkommen überein[1001].

518 *Deutsch-tunesischer Rechtshilfe-, Anerkennungs- und Vollstreckungsvertrag*: Nach Art. 29 Abs. 1 Nr. 5 ist die Unvereinbarkeit der ausländischen Entscheidung mit einem rechtskräftigen zweitstaatlichen Urteil Versagungsgrund der Anerkennung. Der zweitstaatlichen Entscheidung kommt Priorität zu, unabhängig von dem Zeitpunkt der Verfahrenseinleitung und des Erlasses der kollidierenden Entscheidung[1002].

519 *Deutsch-israelischer Anerkennungs- und Vollstreckungsvertrag*: Nach Art. 5 Abs. 1 Nr. 6 ist das Vorliegen einer zweitstaatlichen rechtskräftigen Entscheidung in derselben Sache Versagungsgrund der Anerkennung. Auf die zeitliche Priorität der Einleitung und Beendigung des konkurrierenden Verfahrens kommt es nicht an[1003].

520 *Deutsch-norwegischer Anerkennungs- und Vollstreckungsvertrag*: Art. 6 Abs. 1 Nr. 3 führt als Versagungsgrund der Anerkennung den Widerspruch zu einer rechtskräftigen zweitstaatlichen Entscheidung in derselben Sache auf[1004].

521 *Deutsch-spanischer Anerkennungs- und Vollstreckungsvertrag*: Nach Art. 5 Abs. 1 Nr. 3 ist der Widerspruch zu einer rechtskräftigen zweitstaatlichen Entscheidung in derselben Sache Versagungsgrund der Anerkennung[1005].

1000 Vgl. *Geimer/Schütze*, Internationale Urteilsanerkennung, Bd. II, 1971, S. 380.

1001 Vgl. *Beck*, Die Anerkennung und Vollstreckung ausländischer gerichtlicher Entscheidungen in Zivilsachen nach den Staatsverträgen mit Belgien, Österreich, Großbritannien und Griechenland, Diss. Saarbrücken 1967, S. 103 f.; *Waehler*, Handbuch des Internationalen Zivilverfahrensrechts, Bd. III/2, 1984, S. 300 f.

1002 Vgl. *Waehler*, Handbuch des Internationalen Zivilverfahrensrechts, Bd. II/2, 1984, S. 301.

1003 Vgl. dazu Deutsche Denkschrift, BTDrucks. VIII Nr. 3866, S. 14; *Waehler*, Handbuch des Internationalen Zivilverfahrensrechts, Bd. III/2, 1984, S. 301.

1004 Vgl. dazu Gemeinsamer Bericht der Unterhändler, BTDrucks. IX Nr. 66, S. 24.

1005 Vgl. dazu *Karl*, Kommentierung zum deutsch-spanischen Vertrag, in: Geimer/Schütze, Internationaler Rechtsverkehr, 663.103 ff.

cc) Die Regelung von Urteilskollisionen im deutschen autonomen Recht

Auch im deutschen autonomen Recht ist das Vorliegen eines inländischen Urteils in derselben Sache Versagungsgrund der Anerkennung (§ 328 Abs. 1 Nr. 3 ZPO)[1006]. Das Gesetz behandelt den Vorrang bei Kollision von Entscheidungen nicht als Unterfall des ordre public[1007]. 522

Im Einzelnen gilt folgendes[1008]:

Ist das ausländische Urteil zeitlich nach der inländischen Entscheidung in Rechtskraft erwachsen, so ist die Anerkennung schon deshalb ausgeschlossen, weil die Rechtskraft der ausländischen Entscheidung nur relativ, die des inländischen Urteils dagegen absolut wirkt[1009]. 523

Die Anerkennung wird durch eine „gewissermaßen verlängerte exceptio rei iudicatae"[1010] ausgeschlossen. Zu einer Kollision der Rechtskraftwirkung zweier Urteile kommt es nicht, da die Rechtskraft des inländischen Urteils die Rechtskrafterstreckung der fremden Entscheidung bereits ausschließt. 524

Soweit die Rechtskraft der ausländischen Entscheidung vor der Rechtskraft des deutschen Urteils eintritt, greift § 328 Abs. 1 Nr. 3 ZPO ein und bewirkt eine Anerkennungssperre. Der Versagungsgrund des § 328 Abs. 1 Nr. 3 ZPO besteht dann – und hat nur insoweit Bedeutung –, wenn die ausländische Entscheidung zeitliche Priorität vor der inländischen hat[1011]. 525

Bei Kollision zweier ausländischer Urteile, die zur Anerkennung anstehen und die Anerkennungserfordernisse erfüllen, kommt es auf den Anerkennungszeitpunkt an[1012]. 526

1006 Vgl. dazu *Heller*, Die Anerkennung einander widersprechender ausländischer Entscheidungen, ZfRV 1982, 162 ff.; *Lenenbach*, Die Behandlung von Unvereinbarkeiten zwischen rechtskräftigen Zivilurteilen nach deutschem und europäischem Zivilprozessrecht, 1997; *Schack*, Anerkennung eines ausländischen trotz widersprechenden deutschen Unterhaltsurteils, IPRax 1986, 218 ff.; *ders.*, Widersprechende Urteile: Vorbeugen ist besser als Heilen, IPRax 1989, 139 ff.

1007 Vgl. *Geimer*, Anerkennung ausländischer Entscheidungen in Deutschland, 1995, S. 112.

1008 Vgl. dazu *Schütze*, Doppelte Rechtsverfolgung im In- und Ausland, DB 1967, 497 ff. (498); *ders.*, DIZPR, Rdn. 335.

1009 Vgl. *Kallmann*, Anerkennung und Vollstreckung ausländischer Zivilurteile und Vergleiche, 1946, S. 220, FN 17; *Riezler*, IZPR, S. 521.

1010 Vgl. *Kallmann*, Anerkennung und Vollstreckung ausländischer Zivilurteile und Vergleiche, 1946, S. 223.

1011 Vgl. dazu *Lenenbach*, Die Behandlung von Unvereinbarkeiten zwischen rechtskräftigen Zivilurteilen nach deutschem und europäischem Zivilprozessrecht, 1997, S. 201 ff.; *Zöller/-Geimer*, ZPO, § 328 Rdn. 146 betrachten die Bevorzugung deutscher Titel als nicht gerechtfertigt.

1012 Vgl. *Schütze*, DIZPR, Rdn. 335.

b) Ausländisches Urteil trotz inländischer Rechtshängigkeit

527 Ist die ausländische Entscheidung unter Nichtberücksichtigung inländischer Rechtshängigkeit ergangen, so ist ihre Anerkennung und Vollstreckbarerklärung in Deutschland nicht möglich[1013].

aa) Die Regelung in Staatsverträgen

528 Nur wenige Staatsverträge über die internationale Urteilsanerkennung regeln den Fall der Missachtung zweitstaatlicher Rechtshängigkeit im erststaatlichen Verfahren ausdrücklich.

529 *Deutsch-tunesischer Rechtshilfe-, Anerkennungs- und Vollstreckungsvertrag*: Art. 19 Abs. 1 Nr. 4 statuiert die frühere inländische Rechtshängigkeit als Versagungsgrund für die Anerkennung eines ausländischen Urteils, das in einem später eingeleiteten Verfahren ergangen ist.

530 *Deutsch-israelischer Anerkennungs- und Vollstreckungsvertrag*: Art. 5 Abs. 1 Nr. 5 entspricht der Regelung im deutsch-tunesischen Vertrag.

531 *Deutsch-norwegischer Anerkennungs- und Vollstreckungsvertrag*: Art. 6 Abs. 1 Nr. 2 entspricht der Regelung im deutsch-tunesischen Vertrag.

532 *Deutsch-spanischer Anerkennungs- und Vollstreckungsvertrag*: Art. 5 Abs. 1 Nr. 2 entspricht der Regelung im deutsch-tunesischen Vertrag.

bb) Die Regelung im autonomen deutschen Recht

533 Hat das Erstgericht die inländische Rechtshängigkeit nicht berücksichtigt, dann kann das ausländische Urteil nicht anerkannt werden (§ 328 Abs. 1 Nr. 3 ZPO)[1014]. Unerheblich ist, ob der ausländische Richter nach der lex fori die deutsche Rechtshängigkeit beachten durfte oder musste. Auch in den Fällen, in denen der Erstrichter gehindert war, die deutsche Rechtshängigkeit zu beachten, kann das Urteil nicht anerkannt werden. Der Versagungsgrund der Nichtbeachtung deutscher Rechtshängigkeit spielt nur eine Rolle, solange kein deutsches Urteil

---

1013 Vgl. dazu auch *Geimer/Schütze*, Internationale Urteilsanerkennung, Bd. I/2, 1984, S. 1664 ff.; *Martiny*, Handbuch des Internationalen Zivilverfahrensrechts, Bd. III/1, 1984, S. 509 ff.

1014 Vgl. BayObLG FamRZ 1983, 501; OLG München NJW 1964, 979; OLG Hamm FamRZ 1993, 190; *Geimer/Schütze*, Internationale Urteilsanerkennung, Bd. I/2, 1984, S. 1664 ff.; *Habscheid*, Zur Berücksichtigung der Rechtshängigkeit eines ausländischen Verfahrens, RabelsZ 31 (1967), 254 ff. (258 f.); *ders.*, Non-licet bei ausländischer Rechtshängigkeit, FS Lange, 1970, S. 429 ff.

ergangen ist. Von diesem Zeitpunkt an greift § 328 Abs. 1 Nr. 3 ZPO. Die praktische Bedeutung des Versagungsgrundes ist damit sehr begrenzt.

Um ein „Windhundrennen" zu vermeiden, das durch die unterschiedlichen nationalen Regelungen des Eintritts der Rechtshängigkeit ermöglicht wird, sollte man auch im Rahmen des § 328 Abs. 1 Nr. 3 ZPO die Rechtshängigkeit erst von dem Zeitpunkt berücksichtigen, in dem die Klageschrift zugestellt worden ist[1015]. Die erforderliche Waffengleichheit der Parteien kann am besten durch eine Doppelqualifikation der Rechtshängigkeit hergestellt werden. Nur wenn nach erst- und zweitstaatlichem Recht Rechtshängigkeit eingetreten ist, greift der Versagungsgrund des § 328 Abs. 1 Nr. 3 ZPO. 534

3. Verhältnis der negativen Feststellungsklage zur später im Ausland erhobenen Leistungsklage

Erhebt der Beklagte in einem negativen Feststellungsprozess Leistungsklage, so kann nach h.L. das Feststellungsinteresse fortfallen[1016]. Aber auch bei Anhängigkeit beider Klagen im Inland kann das Feststellungsinteresse fortbestehen, wenn die Feststellungsklage im wesentlichen zur Entscheidung reif ist[1017]. 535

Es ist auf den Einzelfall abzustellen. Entscheidend ist, ob durch die Leistungsklage für den Kläger der leugnenden Feststellungsklage die Ungewissheit ebenso schnell wie bei Fortführung des Feststellungsprozesses beseitigt wird. Deshalb hebt die Rechtsprechung auch auf die Entscheidungsreife ab. Bei einer im Inland erhobenen negativen Feststellungsklage ist das im Verhältnis zur im Ausland schwebenden Leistungsklage regelmäßig nicht der Fall. Selbst wenn das ausländische Verfahren schneller oder ebenso schnell abgeschlossen sein kann wie der inländische Prozess, so bedarf das ausländische Leistungsurteil doch der Vollstreckbarerklärung im Inland, um Inlandswirkungen zu entfalten. Unter diesem Aspekt führt die inländische leugnende Feststellungsklage immer zu einer schnelleren Entscheidung. 536

Dabei ist auch der Aspekt des Justizgewährungsanspruchs zu beachten[1018]. 537
Würde man bei gegensätzlichen Klagen in In- und Ausland das Feststellungsin-

1015 Vgl. Wieczorek/Schütze/*Schütze*, § 328 ZPO, Rdn. 53.

1016 Vgl. BGHZ 18, 22; BGH, NJW 1973, 1500; NJW 1999, 2516; NJW 2006, 515; **a.A.** *Baltzer*, Die negative Feststellungsklage aus § 256 I ZPO, 1980, S. 142ff., der der später erhobenen Leistungsklage keinen Einfluss auf das Feststellungsinteresse beimisst.

1017 Vgl. BGHZ 18, 22; 90, 340.

1018 Vgl. *Geimer/Schütze*, Internationale Urteilsanerkennung, Bd. I/2, 1984, S. 1679.

teresse mit der Erhebung der Leistungsklage verneinen[1019], dann hätte es der Beklagte in der Hand, bei erwartetem ungünstigen Ausgang des Feststellungsprozesses diesen durch die Erhebung seiner eigenen Leistungsklage im Ausland – bei konkurrierenden Zuständigkeiten in einem ihm besonders genehmen Forum – unzulässig zu machen und so das Wahlrecht des Klägers zu unterlaufen[1020].

538 Für den Geltungsbereich des EuGVÜ – Entsprechendes gilt für Brüssel I und Ia VO und Lug II – haben der EuGH[1021] und der BGH[1022] entschieden, dass Art. 21 keinen Vorrang einer – später erhobenen – Leistungsklage unter dem Gesichtspunkt des Wegfalls des Feststellungsinteresses gegenüber einer – früher erhobenen – negativen Feststellungsklage kennt.

1019 So jedoch LG Hamburg, IPRspr. 1980 Nr. 2, und Schweizerisches Bundesgericht, BGE 105 II, 200.

1020 Vgl. dazu *Geimer*, Beachtung ausländischer Rechtshängigkeit und Justizgewährungsanspruch, NJW 1984, 527 ff. (530).

1021 Vgl. EuGH, Rs. C-406/92 – The owner of the cargo lately laden on board the ship Tatry ./. The owner of the ship Maciej rataj – EuGHE 1994 I, 5439 = NJW 1995, 1883 = EuZW 1995, 309 mit Anm. *Wolf* = EWiR 1995, 463 mit Anm. *Otte* = EWS 1995, 90 mit Anm. *Lenenbach* (361) = JZ 1995, 616 mit Anm. *Huber* (603).

1022 Vgl. BGH, WM 1997, 985 mit Anm. *Hess/Vollkommer*, WuB VIII B. Art. 21 EuGVÜ 1.97.

VIII. Die Schiedsgerichtsbarkeit im internationalen Rechtsverkehr[1023]

Die Schiedsgerichtsbarkeit konkurriert national und international mit der staatlichen Gerichtsbarkeit. 539

1023 Vgl. zur internationalen Schiedsgerichtsbarkeit *Aden*, Internationale Handelsschiedsgerichtsbarkeit, 2. Aufl., 2003; *Adolphsen*, Internationale Dopingstrafen, 2003; *Ahrend*, Die subjektive Reichweite internationaler Schiedsvereinbarungen und ihre Erstreckung in der Unternehmensgruppe, 2001; *Barber*, Objektive Schiedsfähigkeit und ordre public in der internationalen Schiedsgerichtsbarkeit, 1994; *Bartos*, Internationale Handelsschiedsgerichtsbarkeit, 1984; *Berger*, Internationale Wirtschaftsschiedsgerichtsbarkeit, 1992; *ders.*, International Economic Arbitration, 1993; *Bösch*, Einstweiliger Rechtsschutz in der internationalen Handelsschiedsgerichtsbarkeit, 1989; *Borris*, Die internationale Handelsschiedsgerichtsbarkeit in den USA, 1987; *Buhmann*, Das auf den internationalen Handelsschiedsvertrag anwendbare nationale Recht, Diss. Regensburg 1970; *Ebbing*, Private Zivilgerichte, Möglichkeit und Grenzen privater (schiedsgerichtlicher) Zivilrechtsprechung, 2003; *Epping*, Die Schiedsvereinbarung im internationalen privaten Rechtsverkehr nach der Reform des deutschen Schiedsverfahrensrechts, 1999; *Gentinetta*, Die lex fori internationaler Handelsschiedsgerichte, 1973; *Fellhauer/Strohbach*, Handbuch der internationalen Schiedsgerichtsbarkeit, 1969; *Gildeggen*, Internationale Schieds- und Schiedsverfahrensvereinbarungen in Allgemeinen Geschäftsbedingungen vor deutschen Gerichten 1991; *Glossner/Bredow/Bühler*, Das Schiedsgericht in der Praxis, 3. Aufl. 1990; *Gottwald* (Hrsg.) Internationale Schiedsgerichtsbarkeit, 1997; *Haas*, Die Anerkennung und Vollstreckung ausländischer und internationaler Schiedssprüche, 1991; *Happ*, Schiedsverfahren zwischen Staaten und Investoren nach Artikel 26 Energiechartervertrag, 2000; *Henn*, Schiedsverfahrensrecht, 3. Aufl. 2000; *von Heymann*, Der ordre public in der privaten Schiedsgerichtsbarkeit, 1969; *Hochbaum*, Missglückte internationale Schiedsvereinbarungen, 1995; *von Hoffmann*, Internationale Handelsschiedsgerichtsbarkeit, 1970; *von Hülsen*, Die Gültigkeit von internationalen Schiedsvereinbarungen, 1973; *Kilgus*, Zur Anerkennung und Vollstreckbarerklärung englischer Schiedssprüche in Deutschland, 1995; *Kleinheisterkamp*, International Commercial Arbitration in Latin America, 2005; *Kowalke*, Die Zulässigkeit von internationalen Gerichtsstands-, Schiedsgerichts- und Rechtswahlklauseln bei Börsentermingeschäften, 2002; *Krapfl*, Die Dokumentenvorlage im internationalen Schiedsverfahrens, 2007; *Kulpa*, Das anwendbare (materielle) Recht in internationalen Schiedsgerichtsverfahren, 2005; *Lachmann*, Handbuch für die Schiedsgerichtspraxis, 3. Aufl., 2008; *Lionnet/Lionnet*, Handbuch der internationalen und nationalen Schiedsgerichtsbarkeit, 3. Aufl.,2005; *Maier*, Handbuch der Schiedsgerichtsbarkeit, 1979; *Münzberg*, Die Schranken der Parteivereinbarung in der privaten internationalen Schiedsgerichtsbarkeit, 1970; *Plewe*, Die Schiedsgerichtsbarkeit im internationalen Schuldvertragsrecht, Diss. Bonn 1969; *Roth*, Der Vorbehalt des Ordre Public gegenüber fremden gerichtlichen Entscheidungen, 1967; *Satmer*, Verweigerung der Anerkennung wegen Verfahrensmängeln, 1994; *Schlosser*, Das Recht der internationalen privaten Schiedsgerichtsbarkeit, 2. Aufl. 1989; *Schottelius*, Die internationale Schiedsgerichtsbarkeit, 1957; *Schütze*, Schiedsgericht und Schiedsverfahren, 5. Aufl., 2012; *ders.*, Ausgewählte Probleme des deutschen und internationalen Schiedsverfahrensrechts, 2006; *ders.* (Hrsg.), Institutionelle

Die Gründe hierfür sind im nationalen und internationalen Bereich unterschiedlich. Spielen national Vertraulichkeit, Sachkunde der Schiedsrichter, Schnelligkeit des Verfahrens und Kostengründe die Hauptrolle – wobei die letzten Vorteile häufig überschätzt werden[1024] –, so sind es international insbesondere die Sachkunde der Schiedsrichter, die größere Freizügigkeit von Schiedssprüchen gegenüber gerichtlichen Entscheidungen und die Alternative zu unter rechtsstaatlichen Gesichtspunkten zweifelhaften gerichtlichen Verfahren in manchen Staaten, die die Schiedsgerichtsbarkeit so beliebt machen.

1. Gründe für den Abschluss einer internationalen Schiedsvereinbarung[1025]

a) Sachkunde der Schiedsrichter[1026]

540 Das Prinzip des gesetzlichen Richters bringt es mit sich, dass Richter mit Rechtsstreitigkeiten befasst werden, für deren Behandlung und Entscheidung sie keine besondere Qualifikation und Erfahrung besitzen. Schiedsrichter können dagegen im Hinblick auf besonders für den Einzelfall notwendige Sachkunde, Kenntnisse und Erfahrungen bestellt werden. Das gilt nicht nur im tech-

Schiedsgerichtsbarkeit, 2. Aufl. 2011; *ders.*, (Hrsg.), Institutional Arbitration, 2013; *Schütze/Tscherning/Wais*, Handbuch des Schiedsverfahrens, 2. Aufl. 1990; *Schwab/Walter*, Schiedsgerichtsbarkeit, 7. Aufl. 2005; *Seog-Ung*, Die Bestimmung des anwendbaren materiellen Rechts in der internationalen Handelsschiedsgerichtsbarkeit nach § 1051 ZPO, 2004; *Varga*, Beweiserhebung in transatlantischen Schiedsverfahren, 2006; *Weigand*, Practitioner's Handbook on International Arbitration, 2. Aufl., 2009.

1024 Vgl. für umfassende Kostenvergleiche *Lachmann*, Handbuch für die Schiedsgerichtspraxis, 3. Aufl., 2008, Rdn. 4666 ff.; zur Frage der Kosten aus der Sicht der Nutzer interessant die Ergebnisse einer empirischen Untersuchung bei *Hesse*, Schiedsgerichtsbarkeit in der Investitionsgüterindustrie – eine empirische Untersuchung, FS Böckstiegel, 2001, S. 277 ff.

1025 Vgl. dazu *Hellwig*, Nationale und internationale Schiedsgerichtsbarkeit, RIW 1984, 421 ff.; *Lachmann*, Handbuch für die Schiedsgerichtspraxis, 3. Aufl., 2008, Rdn. 120 ff.; *Raeschke-Kessler*, Schiedsverfahren gegen ordentliche Gerichtsbarkeit: Wie die Ziviljustiz stärken?, AnwBl. 2015, 822 ff. (824 ff.); *Schütze*, Verbesserungen des Zivilgerichtsverfahrens aus Erfahrungen mit der Schiedsgerichtsbarkeit, in: Gilles (Hrsg.), Effiziente Rechtsverfolgung – Deutsche Landesberichte zur VII. Weltkonferenz für Prozessrecht in Utrecht 1987, S. 65 ff.; *ders.*, Effektivität des Rechtsschutzes vor den Schiedsgerichten, in: Gottwald (Hrsg.), Effektivität des Rechtsschutzes vor staatlichen und privaten Gerichten, 2006, S. 171 ff.; *Stumpf*, Vor- und Nachteile des Verfahrens vor Schiedsgerichten gegenüber Verfahren vor ordentlichen Gerichten, FS Bülow, 1981, S. 217 ff.

1026 Vgl. dazu *Schütze*, Schiedsgericht und Schiedsverfahren, Rdn. 31; *Schütze/Tscherning/Wais*, Handbuch des Schiedsverfahrens, 2. Aufl. 1990., Rdn. 3.

nischen (Kenntnis des Bauwesens[1027], des Getreidehandels usw.), sondern auch im juristischen Bereich.

So tut sich ein Gericht zuweilen schwer, einen Rechtsstreit nach ausländischem Recht zu entscheiden und ist zur Ermittlung des Inhalts eines ausländischen Rechtssatzes gezwungen, Sachverständigengutachten einzuholen, was den Rechtsstreit verlängert, verteuert und die Gefahr mit sich bringt, dass die Entscheidung auf den Sachverständigen verlagert wird[1028]. Bei der Vereinbarung eines Schiedsgerichts können die Parteien dagegen Schiedsrichter bestellen, die das anwendbare Recht beherrschen und so prozessverlängernde und teure Gutachten ersparen. 541

In diesem Zusammenhang ist auch die Sprachproblematik bei internationalen Rechtsfällen zu sehen. Die Gerichtssprache ist regelmäßig die der lex fori. Schiedsgerichte dagegen sind nicht an eine bestimmte Sprache gebunden. Sie können in der Sprache verhandeln, die die Parteien bestimmen und verstehen. Urkunden müssen nicht notwendigerweise teuer – und häufig unzulänglich – übersetzt werden. Zeugen können in ihrer Muttersprache vernommen werden, was zur besseren Wahrheitsfindung beiträgt. 542

b) Verfahrensgestaltung[1029]

Zustellungen und Beweisaufnahmen über die Grenze sind trotz zahlreicher erleichternder staatsvertraglicher Übereinkommen häufig zeitraubend und – soweit es sich um die Unmittelbarkeit der Beweisaufnahme handelt – faktisch eingeschränkt. Schiedsgerichte sind hier freier. Sie können formlos zustellen, sie können im Ausland tagen, Beweismittel in Augenschein nehmen und Zeugen hören. Das dient nicht nur der Beschleunigung, sondern auch der besseren Wahrheitsfindung. So hat in einem deutsch-koreanischen Schiedsfall, in dem Schiedsort Paris war, das Schiedsgericht die Beweisaufnahme nach Seoul verlegt, wo die streitbefangene Anlage errichtet war und sich alle Zeugen befanden. 543

1027 Vgl. dazu *Heiermann*, Die Schiedsgerichtsbarkeit im nationalen und internationalen Bauvertrag, Jahrbuch für die Praxis der Schiedsgerichtsbarkeit 1 (1987), 23 ff.; *Laschet*, Internationale Schiedsgerichtsbarkeit bei Bau- und Anlageverträgen, 1984, S. 255 ff.

1028 Vgl. dazu *Müller*, Länderbericht Deutschland, in: Müller u.a., Die Anwendung ausländischen Rechts im internationalen Privatrecht, 1968, S. 70 f.

1029 Vgl. dazu Wieczorek/Schütze/*Schütze*, § 1025, Rdn. 17.

544 Bei der Beweisaufnahme haben sich in der Schiedsgerichtsbarkeit verschiedene Techniken entwickelt, um einem Ausufern der Schiedsverfahren zu steuern. *Burr/Karrer*[1030] berichten über ein Schiedsverfahren, in dem in zwei hearings insgesamt 241 Zeugenaussagen von den Parteien eingeführt wurden, von denen immerhin 75 im ersten und 79 im zweiten hearing im Kreuzverhör befragt wurden. Nur mit fester Verfahrensführung ist in einem solchen Fall die Beweisaufnahme zu bewältigen. Angewandt werden hier zuweilen das chess clock Verfahren und das witness conferencing[1031].

c) Freizügigkeit von Schiedssprüchen

545 Während die internationale Freizügigkeit von Gerichtsurteilen durch die nationalen Regelungen der Anerkennung und Vollstreckbarerklärung ausländischer Urteile stark gehemmt ist, insbesondere wenn das Erfordernis der verbürgten Gegenseitigkeit – wie im deutschen Recht – praktiziert wird, sind die Staaten ausländischen Schiedssprüchen gegenüber weit liberaler. Die großen internationalen Konventionen auf dem Gebiet der Schiedsgerichtsbarkeit sichern die Freizügigkeit von Schiedssprüchen in weitgehendem Maße. Einzelne Rechtsordnungen sind regelmäßig auch nach autonomem Recht der Wirkungserstreckung von ausländischen Schiedssprüchen gegenüber offener, als dies bei Gerichtsurteilen der Fall ist. Der Grund liegt auf der Hand. Verzichtet eine Partei durch eine Schiedsvereinbarung auf den Rechtsschutz durch die ordentlichen Gerichte, so ist sie weniger schutzwürdig als eine Partei, die ihr Recht auf den gesetzlichen Richter geltend macht.

d) Rechtsstaatliche Garantien

546 Einzelne, häufig exotische Staaten, gewähren staatlichen Rechtsschutz in einem Verfahren, das hinsichtlich seiner Dauer und der Unabhängigkeit und Qualifikation der Richter nicht den Erfordernissen entspricht, die an ein rechtsstaatliches Verfahren zu stellen sind. So sind Fälle der Richterbestechung und sonstigen Korruption in einigen Ländern an der Tagesordnung. Um diesen Prob-

---

1030 Vgl. *Burr/Karrer*, „Chess Clock" Arbitration and Timer Management Techniques in International Commercial Arbitration: From the Perspective of the Arbitrator and Counsel, Construction Journal 26 (2010), 53 ff.

1031 Vgl. dazu mit Nachweisen *Schütze*, Das *chess clock* Verfahren und andere Probleme des Beweisrechts im internationalen Schiedsverfahren, FS Coester-Waltjen, 2015, S. 757 ff.

lemen zu entgehen, ist die Vereinbarung der Zuständigkeit eines Schiedsgerichts häufig der einzige Ausweg.

e) Vernachlässigung der wirtschaftlichen Bedeutung von Rechtsstreitigkeiten durch die staatlichen Gerichte

Unter der Federführung der damaligen Justizministerin Hertha Däubler-Gmelin 547 siegte bei Novellierung des Revisionsrechts 2002 die linke Ideologie, die die früher praktizierte Wertrevision als kapitalistisch brandmarkte und der wirtschaftlichen Bedeutung eines Rechtsstreites keine – jedenfalls keine revisionsrechtliche – Bedeutung mehr beimaß. So ist es verständlich, dass sich die Parteien wirtschaftlich bedeutsamer Fälle von der staatlichen Gerichtsbarkeit abgewandt haben und ihr Heil in der Schiedsgerichtsbarkeit suchen[1032].

Diese Vorteile dürfen nicht darüber hinwegtäuschen, dass die Schiedsge- 548 richtsbarkeit nicht nur Vorteile bietet. Im Einzelnen ist das Für und Wider sehr genau abzuwägen. So ist die Schiedsgerichtsbarkeit ungeeignet, wenn die Parteien eine Grundsatzentscheidung wollen. Denn Schiedssprüchen fehlt – jedenfalls in größerem Maße als Gerichtsurteilen – die Präjudizialität[1033].

2. Die Regelung der internationalen Schiedsgerichtsbarkeit

a) Staatsverträge

Die internationale Schiedsgerichtsbarkeit ist weitgehend staatsvertraglich gere- 549 gelt.

Bedeutsam sind insbesondere vier Konventionen, die die Anerkennung von Schiedsvereinbarungen und die Wirkungserstreckung von Schiedssprüchen betreffen:

- Das Genfer Protokoll über die Schiedsklauseln vom 24.9.1923[1034] gewährleistet im wesentlichen die Anerkennung von Schiedsvereinbarungen im weite-

1032 Vgl. *Raeschke-Kessler*, Schiedsverfahren gegen ordentliche Gerichtsbarkeit: Wie die Ziviljustiz stärken?, AnwBl. 2015, 822 ff.

1033 Vgl. dazu *Schütze*, Zur Präzedenzwirkung von Schiedssprüchen, FS Glossner, 1994, S. 333 ff. = The Precedential Effect of Arbitral Decisions, Journal of International Arbitration, Vol. 11 (3) (1994), S. 69 ff.

1034 Vgl. dazu FN 69.

ren Sinne, insbesondere durch Gleichstellung von compromis und clause compromissoire. Es ist im Rahmen des Geltungsbereichs des UN-Übereinkommens von 1958 durch dieses ersetzt worden.

- Das Genfer Abkommen zur Vollstreckung ausländischer Schiedssprüche vom 26.9.1927[1035] baut auf dem Genfer Protokoll auf. Es regelt die Wirkungserstreckung von Schiedssprüchen. Im Rahmen des Geltungsbereichs des UN-Übereinkommens von 1958 ist es durch dieses ersetzt worden.
- Das UN-Übereinkommen über die Anerkennung und Vollstreckung ausländischer Schiedssprüche vom 10.6.1958[1036] regelt die Wirkungserstreckung von Schiedssprüchen. Es geht auf eine Initiative der Internationalen Handelskammer Paris zurück und ersetzt die Genfer Abkommen. Es ist u.a. wegen der großen Zahl der Vertragsstaaten von besonderer Bedeutung für die internationale Freizügigkeit von Schiedssprüchen.
- Das Europäische Übereinkommen über die internationale Handelsschiedsgerichtsbarkeit vom 21.4.1961[1037] regelt in erster Linie die Verbindlichkeit von Schiedsvereinbarungen. Es begrenzt die Hilfsfunktionen der staatlichen Gerichte in Schiedsverfahren (z.B. bei der Schiedsrichterbestellung) und verlagert diese Aufgaben auf die Handelskammerpräsidenten und die „besonderen Komitees". Das Übereinkommen hatte früher besondere Bedeutung im Ost-West Handel.
- Einige multilaterale Übereinkommen enthalten Schiedsgerichtsregelungen für besondere Sachgebiete[1038], so das Übereinkommen zur Beilegung von Investitionsstreitigkeiten zwischen Staaten und Angehörigen anderer Staaten vom 18.3.1965 (Weltbankübereinkommen)[1039], das Londoner Auslandsschuldenabkommen vom 27.2.1953[1040] und das Übereinkommen über den internationalen Eisenbahnverkehr (COTIF)[1041].

1035 Vgl. dazu FN 70.

1036 Vgl. dazu FN 71.

1037 Vgl. dazu FN 72.

1038 Vgl. dazu Wieczorek/Schütze/*Schütze*, § 1061, Rdn. 139 ff.

1039 Vgl. dazu *Berger*, Internationale Zentrale zur Beilegung von Investitionsstreitigkeiten, AWD 1965, 434 ff.; *Langer*, Das Weltbankübereinkommen zur Beilegung von Investitionsstreitigkeiten, AWD 1972, 321 ff.; *Pirrung*, Die Schiedsgerichtsbarkeit nach dem Weltbankübereinkommen für Investitionsstreitigkeiten unter besonderer Berücksichtigung der Rechtslage bezüglich der Bundesrepublik Deutschland, 1972.

1040 Vgl. dazu *Henn*, Das Londoner Schuldenabkommen, RabelsZ 20 (1955), 270 ff.; *Wolff*, Das Londoner Schuldenabkommen, JZ 1954, 105 ff.

1041 Vgl. dazu Wieczorek/Schütze/*Schütze*, § 1061, Rdn. 144 ff.

Die bilateralen Anerkennungs- und Vollstreckungsverträge[1042] Deutschlands bringen keine umfassende Regelung der Materie[1043]. 550

Das deutsch-schweizerische Abkommen, das deutsch-italienische Abkommen, der deutsch-österreichische Vertrag, der deutsch-griechische Vertrag, der deutsch-niederländische Vertrag, der deutsch-norwegische Vertrag und der deutsch-israelische Vertrag verweisen lediglich auf bestehende Übereinkommen, also das UN-Übereinkommen von 1958. Eine eigenständige Lösung bringen der deutsch-belgische und der deutsch-tunesische Vertrag. Ungeregelt ist die Schiedsgerichtsbarkeit im deutsch-britischen Abkommen und im deutsch-spanischen Vertrag. 551

Regelungen der Anerkennung von Schiedsvereinbarungen und der Wirkungserstreckung von Schiedssprüchen enthalten schließlich das inzwischen obsolet gewordene deutsch-sowjetische Abkommen über allgemeine Fragen des Handels und der Seeschifffahrt vom 25.4.1958[1044] und der deutsch-amerikanische Freundschafts-, Handels- und Schifffahrtsvertrag vom 29.10.1954[1045]. 552

b) Ausländische autonome Rechte

International wird die Schiedsgerichtsbarkeit immer mehr vereinheitlicht. 553
Nachdem am 11.12.1985 die UN-Vollversammlung in einer Resolution den UN-Mitgliedstaaten empfohlen hat, das UNCITRAL-Modellgesetz[1046], das unter Be-

1042 Die Verträge haben ihre Bedeutung für die Schiedsgerichtsbarkeit nicht verloren, auch wenn und soweit sie im Geltungsbereich von Brüssel I und Ia VO sowie LugÜ II teilweise ersetzt worden sind, da letztere Regelwerke die Schiedsgerichtsbarkeit ausklammern.

1043 Vgl. dazu Wieczorek/Schütze/*Schütze*, § 1061, Rdn. 155 ff.; *Schütze/Tscherning/Wais*, Handbuch des Schiedsverfahrens, 2. Aufl. 1990, Rdn. 555.

1044 Vgl. dazu *Grossart*, Das deutsch-sowjetische Handels- und Schifffahrtsabkommen, JZ 1959, 233 ff.

1045 Vgl. dazu *Schwenk*, Der neue Freundschafts-, Handels- und Schifffahrtsvertrag zwischen der Bundesrepublik Deutschland und den Vereinigten Staaten von Amerika, JZ 1957, 197 ff.; *Schütze*, Die Rolle der staatlichen Gerichte in der Schiedsgerichtsbarkeit und die Anerkennung und Vollstreckbarerklärung US-amerikanischer Schiedssprüche in Deutschland, DIS-MAT XII (2005), S. 85 ff.

1046 Vgl. dazu *Alvarez/Kaplan/Rivkin*, Model Law Decisions: Cases applying the UNCITRAL Model law on International Commercial Arbitration (1995–2001), 2003; *Binder*, International Commercial Arbitration in UNCITRAL Model Law Jurisdictions, 2000; *ders.*, The UNCITRAL model law on international commercial arbitration, 1999; *Böckstiegel*, Das UNCITRAL-Modell-Gesetz für die internationale Wirtschafts-Schiedsgerichtsbarkeit, RIW 1984, S. 670 ff.; *Broches*, Commentary on the UNCITRAL Model Law on International Commercial Arbitration, 1990; *Calavros*, Das UNCITRAL-Modellgesetz über die internationale Handelsschiedsgerichtsbarkeit,

teiligung aller auf dem Gebiet des Schiedsgerichtswesens tätigen Organisationen – ICC (Internationale Handelskammer), ICCA (International Council for Commercial Arbitration), IBA (International Bar Association) und ILA (International Law Association) – zustande gekommen ist, zu übernehmen, ist es vollinhaltlich oder im wesentlichen in zahlreichen Staaten in das nationale Recht übernommen und zur Grundlage nationaler Schiedsgesetze gemacht worden[1047], so u.a. in Ägypten[1048], Armenien, Aserbaidschan, Australien (New South Wales, Northern Territory, Queensland, South Australia, Tasmania, Victoria, Western Australia)[1049], Bahrain, Bangladesh[1050], Belarus, Belgien, Bermuda, Bhutan, British Virgin Islands, Brunei-Darussalaam, Bulgarien[1051], Chile[1052], China[1053], Costa

1988; *Degenhardt*, Das UNCITRAL-Modellgesetz über die internationale Handelsschiedsgerichtsbarkeit und nationales Recht – eine Untersuchung, 2005; *Friedrich*, UNCITRAL Model Law on International Commercial Arbitration, SchiedsVZ 2004, 297 ff.; *Glossner*, Das UNCITRAL-Modellgesetz als Gesetzesmodell für die internationale Schiedsgerichtsbarkeit, RIW 1983, S. 120; *Granzow*, Das UNCITRAL-Modellgesetz über die internationale Handelsschiedsgerichtsbarkeit von 1985, 1988; *Holtzmann/Neuhaus*, A Guide to the UNCITRAL-Model Law on International Commercial Arbitration, 1989; *Hußlein-Stich*, Das UNCITRAL-Modellgesetz über die internationale Handelsschiedsgerichtsbarkeit, 1990; *Jaeger*, Die Umsetzung des UNCITRAL-Modellgesetzes über die internationale Handelsschiedsgerichtsbarkeit im Zuge der nationalen Reformen, 2001; *Kerr*, Arbitration and the Courts: the UNCITRAL model law, I.C.L.Q., 1985 S. 1 ff.; *Real*, UNCITRAL-Modellgesetz über die internationale Handelsschiedsgerichtsbarkeit, ZVglRWiss 89 (1990), 407 ff.; *Sanders*, UNCITRAL's Model Law on International Commercial Arbitration: present situation and future, Arbitration International 2005, 443 ff.

1047 Vgl. *Jaeger*, Die Umsetzung des UNCITRAL-Modellgesetzes über die internationale Handelsschiedsgerichtsbarkeit im Zuge der nationalen Reformer, 2001.

1048 Law 27 of 1994 enacting a Law concerning Arbitration in Civil and Commercial Matters.

1049 International Arbitration Amendment Act, 1989; vgl. dazu *Jones/Gehle*, Länderbericht Australien, in: Rowley (Hrsg.), Arbitration World, 2. Aufl., 2006, S. 1 ff.

1050 *Maniruzzaman*, The Bangladesh Arbitration Act 2001 – some reflections, Asian Dispute Review, 2005, 73 ff.

1051 Law on International Commercial Arbitration v. 29.7.1988, dazu *Stalev*, Das neue bulgarische Gesetz über die internationale Handelsschiedsgerichtsbarkeit, Jahrbuch für die Praxis der Schiedsgerichtsbarkeit 2 (1988), S. 208 ff.; *Tschipev*, Die internationale Schiedsgerichtsbarkeit in Bulgarien, in: Böckstiegel (Hrsg.), Recht und Praxis der internationalen Schiedsgerichtsbarkeit in Staaten Zentral- und Osteuropas, 1998, S. 55 ff.

1052 Vgl. dazu *Conejero Roos*, The new Chilean arbitration law and the influence of the model law, Journal of Internationale Arbitration 22.2 (2005), 149 ff.; *Fernández/Gutiérrez*, Länderbericht Chile, in: Rowley (Hrsg.), Arbitration World, 2. Aufl., 2006, S. 49 ff.; *Källmann*, Internationale Handelsschiedsgerichtsbarkeit in Chile, IHR 2006, 137 ff.

1053 Schiedsgesetz 1995; vgl. dazu *Murray/Lin*, Länderbericht VR China, in: Rowley (Hrsg.), Arbitration World, 2. Aufl. 2006, S. 255 ff.

Rica, Dänemark[1054], Dominikanische Republik, Estland, Georgien, Griechenland[1055], Guatemala, Honduras, Hongkong[1056], Indien[1057], Iran[1058], Irland[1059], Japan[1060], Jordanien, Kambodscha, Kanada (Alberta, British Columbia, Manitoba, New Brunswick, Neufundland und Labrador, Northwest Territories, Nova Scotia, Nunavut, Ontario, Prince Edward Island, Quebec, Saskatchewan, Yukon)[1061], Kenia, Korea (Republik)[1062], Kroatien[1063] Litauen[1064], Macao, Madagaskar, Malay-

1054 Vgl. dazu *Jørgensen/Terkildsen*, The new Danish Arbitration Act, International Arbitration Law Review, 2005, 203 ff.; *Meurs-Gerken*, Distinctive features of the new Danish Arbitration Act, ICC Bulletin 16.2, 47 ff.

1055 Vgl. Gesetz Nr. 2735; dazu *Koussoulis*, Greek arbitration law – introduction, 2005.

1056 Arbitration Ordinance (Amendment) (No. 2) Ordinance 1989. Vgl. dazu *McAlpine/Nijar*, Länderbericht Hongkong, in: Nairn/Heneghan, Arbitration World, 5. Aufl., 2015, S. 551 ff.; weiter *Shepherd/Gooding*, Hong Kong case report: applying articel 8 (1) of the UNCITRAL Model Law – New Sound Industries Ltd. v. Meliga Ltd., Asian International Arbitration Journal, 2005, 95 ff.

1057 Vgl. Arbitration and Conciliation Act, 1996; dazu *Shroff/Karia/Kapoor/Gupta*, Länderbericht Indien, in: Nairn/Heneghan, Arbitration World, 5. Aufl., 2015, S. 571 ff.

1058 Vgl. dazu *Seifi*, The New International Commercial Arbitration Act of Iran – Towards Harmony with the UNCITRAL Model Law, Journal of International Arbitration, 15 (1998), No. 2, 5 ff.

1059 Vgl. Arbitration (International Commercial) Act, 1998; dazu *Pinsolle/Griffin*, Quelques Observations sur la Loi Irlandaise sur l'Arbitrage International de 1998, Revue de l'Arbitrage, 2000, 4 ff.; *Dunleavy/Carey*, Länderbericht Irland, in: Nairn/Heneghan, Arbitration World, 5. Aufl., 2015, S. 593 ff., *Simms*, Das Recht der Schiedsgerichtsbarkeit in Irland, 2002.

1060 Vgl. Gesetz Nr. 138/2003; dazu *Iwasaki*, Key Features of New Japanese Arbitration Laws, Asian International Arbitration Journal 2 (2006), 76 ff.; *Nakamura*, Salient Features of the New Japanese Arbitration Law Based upon the UNCITRAL Model law on International Commercial Arbitration, Mealey's International Arbitration Report, 2003, 18 ff.; *Oghigian*, Japan's new arbitration law, Asian Dispute Review, 2005, 56 f.; *Roughton*, A brief review of the Japanese arbitration law, Asian International Arbitration Journal, 2005, 127 ff.; *Ohara/Yamashita/Keda/Tsukamoto*, Länderbericht Japan, in: Nairn/Heneghan, Arbitration World, 5. Aufl., 2015, S. 631 ff.

1061 Commercial Arbitration Act v. 17.6.1986; dazu *Haigh/Grant/Rojas/Beke/Quintal/Luu*, Länderbericht Kanada, in: Nairn/Heneghan, Arbitration World, 5. Aufl., 2015, S. 367 ff.; *Nöcker*, Das Recht der Schiedsgerichtsbarkeit in Kanada, 1988; *ders.*, Das neue Schiedsverfahrensrecht in Kanada, RIW 1988, 363 ff.

1062 Schiedsgesetz 1999; vgl. dazu *Tae Hee Lee*, Länderbericht Korea, in: Rowley (Hrsg.), Arbitration World, 2. Aufl., 2006, S. 345 ff.

1063 Vgl. Zakon o arbitrazi, GBl. 88/2001 v. 11.11.2001; dazu *Sajko*, New Croatian 2001 Arbitration Law – General Analysis and Some Open Issues, FS Jayme, 2004, S. 793 ff.; *Uzelac/Keglević*, Länderbericht Kroatien, in: Oberhammer (Hrsg.)., Schiedsgerichtsbarkeit in Zentraleuropa, 2005, S. 131 ff. (133 f.).

1064 Vgl. dazu *Godiene*, Aktuelle Rechtslage auf dem Gebiet der Schiedsgerichtsbarkeit in Litauen, in: Böckstiegel (Hrsg.), Recht und Praxis der internationalen Schiedsgerichtsbarkeit in Staaten Zentral- und Osteuropas, 1998, S. 153 ff.

sia, Malediven, Malta, Mauritius, Mazedonien (frühere jugoslawische Republik Mazedonien), Mexiko[1065], Montenegro, Myanmar[1066], Neuseeland[1067], Nicaragua, Nigeria[1068], Norwegen, Österreich[1069], Oman, Paraguay, Peru[1070], Philippinen, Polen[1071], die Russische Föderation[1072], Rwanda, Schottland[1073], Serbien, Singapur[1074], Slowakei, Slowenien, Spanien, Sri Lanka, Thailand, Tschechien[1075] Tunesien[1076], Türkeim, Uganda, die Ukraine[1077], Ungarn[1078], USA (nur California,

---

1065 Commercial Code – Artt. 1415ff., 1993; dazu *von Wobeser*, Länderbericht Mexiko, in: Rowley (Hrsg.), Arbitration World, 2. Aufl., 2006, S. 205ff.

1066 Union Law Nr. 5/2016, dazu *Respondek/Witte*, Länderbericht Myanmar, in: Geimer/Schütze, Internationaler Rechtsverkehr, 1039a.

1067 Arbitration Act, 1996; dazu *Williams/Walker*, Länderbericht Neuseeland, in: Rowley (Hrsg.), Arbitration World, 2. Aufl., 2006, S. 235ff.

1068 Arbitration and Conciliation Decree 1988.

1069 SchiedsRÄndG 2006, durch das die §§ 577 ff. ZPO neugefasst worden ist; vgl. dazu *Reiners/Aschauer*, Länderbericht Österreich, in: Nairn/Heneghan, Arbitration World, 5. Aufl., 2015, S. 329ff.

1070 Ley General de Arbitraje 1992.

1071 Vgl. dazu *Kakolecki/Nowaczyk*, Poland's new Arbitration legislation, ICC Bulletin 16.2, 41ff.

1072 Law on International Commercial Arbitration, 1993; vgl. dazu *Lovyrev/Udovichenko*, Länderbericht Russland, in: Nairn/Heneghan, Arbitration World, 5. Aufl., 2015, S. 801ff.; *Märkl*, Schiedsgerichtsbarkeit in Russland, 1998; *Komarov*, Internationale Handelsschiedsgerichtsbarkeit in der Russischen Föderation, in: Böckstiegel (Hrsg.), Recht und Praxis der internationalen Schiedsgerichtsbarkeit in Staaten Zentral- und Osteuropas, 1998, S. 265ff.

1073 Law Reform (Scotland) Act, 1990.

1074 Vgl. International Arbitration Act, 1994; dazu *Hwang/Boo/Lai*, Länderbericht Singapore, in: Paulsson (Hrsg.), International Handbook on Commercial Arbitration, Bd. IV, Singapore – 1ff.; *Howell*, Implementing the UNCITRAL Model Law Regime in Singapore, SchiedsVZ 2003, 114ff.; *Pillay*, The Singapore Arbitration Regime and the UNCITRAL Model Law, Arb.Int, 20 (2004), 355ff.; *Schütze/Hirth*, Einführung in das Recht Singapurs, 2007, S. 78ff.

1075 Gesetz Nr. 216/1994; vgl. dazu *Pauknerová/Růžička*, Länderbericht Tschechien, in: Oberhammer (Hrsg.), Schiedsgerichtsbarkeit in Zentraleuropa, 2005, S. 253ff. (255); *Roth*, Schiedsgerichtsbarkeit in der Tschechischen Republik, RIW 1996, 653f. Die Reform 1994 hat allerdings nur zur Übernahme einer sehr modifizierten Form des UNCITRAL Model Law geführt. Vgl. im Einzelnen *Verny*, Schiedsgerichtsbarkeit in der Tschechischen Republik, 1998.

1076 Code de l'arbitrage v. 26.4.1993.

1077 Law on International Commercial Arbitration v. 24.3.1994, dazu *Kiszczuk*, Ukrainisches Gesetz über internationale Handelsarbitrage, RIW 1995, 641ff.; *Porbirtschenko*, Recht und Praxis der internationalen Handelsschiedsgerichtsbarkeit in der Ukraine, in: Böckstiegel (Hrsg.), Recht und Praxis der internationalen Schiedsgerichtsbarkeit in Staaten Zentral- und Osteuropas, 1998, S. 449ff.; *Sourjikowa-Giebner*, Schiedsgerichtsbarkeit in der Ukraine, 1998.

1078 Vgl. dazu *Engelhardt*, Neuordnung der Schiedsgerichtsbarkeit in Ungarn, RPS BB-Beil. 5/1996, 6ff.; *Horváth*, Das neue Schiedsgesetz in Ungarn, in: Böckstiegel (Hrsg.), Recht und Praxis der internationalen Schiedsgerichtsbarkeit in Staaten Zentral- und Osteuropas, 1998, S. 505ff.; *Pikó*, Schiedsgerichtsbarkeit in Ungarn, 1998.

Connecticut, Florida, Georgia, Illinois, Louisiana, Oregon und Texas), Venezula, Zambia, Zimbabwe und Zypern[1079], während andere Länder auch in neueren Gesetzen „kritische Distanz“ wahren, so England[1080].

In zahlreichen anderen Staaten werden Überlegungen zur Übernahme des Modellgesetzes angestellt. Damit ist ein großer Schritt zur Vereinheitlichung des internationalen Schiedsverfahrensrechts auch auf nationaler Ebene getan. 554

3. Institutionelle Schiedsgerichte von internationaler Bedeutung

Der Abschluss der Vereinbarung eines ad-hoc-Schiedsgerichts stellt an die Beteiligten große Anforderungen. Die Redaktion einer solchen Schiedsvereinbarung erfordert Sorgfalt und Erfahrung. Deshalb werden im internationalen Rechtsverkehr institutionelle Schiedsgerichte favorisiert[1081]. 555

Die institutionelle Schiedsgerichtsbarkeit hat mannigfache Vorteile gegenüber der ad-hoc-Schiedsgerichtsbarkeit. Institutionelle Schiedsgerichte bieten den Parteien nicht nur vorformulierte Schiedsordnungen, sie stellen auch eine eigene Organisation mit Sekretariat, Konferenzräumen etc. zur Verfügung, und die Durchsetzung eines Schiedsspruchs eines anerkannten institutionellen Schiedsgerichts von internationaler Reputation ist erleichtert. Denn selbst wenn die Anerkennung und Vollstreckbarerklärung eines solchen Spruchs am nationalen Recht des Schuldnerstaates scheitert, tut sich jeder Geschäftsmann, der im Geschäftsleben ernst genommen werden will, schwer, einen Schiedsspruch eines renommierten institutionellen Schiedsgerichts nicht zu erfüllen. Die moralische Bindungswirkung ist groß[1082]. So sind Schiedssprüche über Ansprüche aus bruneischen Regierungsaufträgen wegen der Immunität des Sultans von Brunei und bruneischen Staatsunternehmen in Brunei nicht durchsetzbar, werden aber regelmäßig erfüllt[1083]. 556

1079 The International Arbitration Law, 1987.

1080 Vgl. dazu *Ajibola*, Differences between the United Kingdom Arbitration Act 1996 and the UNCITRAL Model Law on International Commercial Arbitration, FS Böckstiegel, 2001, S. 1 ff.; *Kerr*, The English Arbitration Act 1996 and the Model Law, FS Böckstiegel, 2001, S. 377 ff.; *Triebel/Plassmeier*, Das neue englische Schiedsgerichtsgesetz, RPS BB-Beil. 13/1997, 2 ff. (3).

1081 Vgl. dazu *Schütze*, Institutionelle Schiedsgerichtsbarkeit, 2. Aufl., 2011; *ders.*, Institutional Arbitration, 2013; *Schütze/Tscherning/Wais*, Handbuch des Schiedsverfahrens, 2. Aufl. 1990, Rdn. 775 ff.; *Wolff*, Die institutionelle Handelsschiedsgerichtsbarkeit, 1992.

1082 Vgl. *Schütze/Tscherning/Wais*, Handbuch des Schiedsverfahrens, 2. Aufl. 1990, Rdn. 20.

1083 Vgl. *Schütze*, Zur neueren Entwicklung der Schiedsgerichtsbarkeit in Südostasien, Jahrbuch für die Praxis der Schiedsgerichtsbarkeit 4 (1990), 282 ff. (287).

a) Die Schiedsgerichtsbarkeit der Internationalen Handelskammer Paris

557 Das bedeutendste internationale Schiedsgericht der westlichen Hemisphäre ist das der internationalen Handelskammer Paris[1084]. Seine Vereinbarung wird auch von internationalen Vereinigungen empfohlen, so dem Verband beratender Ingenieure (FIDIC)[1085]. Auch die ECE-Lieferbedingungen sehen die Schiedsgerichtsbarkeit der ICC vor[1086].

1084 Vgl. dazu *Aden*, Internationale Handelsschiedsgerichtsbarkeit, 2. Aufl., 2003, S. 85ff.; *Arnaldez*, Réflexions sur l'autonomie et le caractère international du Règlement d'arbitrage de la CCI, Journal Clunet 120 (1993), 857ff.; *Aurillac*, La Cour internationale d'arbitrage de la CII régulatrice de la mondalisation, FS Briner, 2005, S. 41ff.; *Bond/Duclos/López Forastier/Wilson*, International Chamber of Commerce (ICC), in: Naim/Heneghan, Arbitration World, 5. Aufl., 2015, S. 105ff.; *Briner/Bühler/Grigera Naón/Kuckenburg*, Die ICC Schiedsgerichtsordnung 1998, DIS-MAT II (1998); *Bühler/Jarvin*, The Arbitration Rules of the International Chamber of Commerce, in: Weigand (Hrsg.), Practitioner's Handbook on International Arbitration, 2002, S. 103ff.; *Bühler/Webster*, Handbook on ICC Arbitration. Commentary, Precedents, Material, 2005; *Craig/Park/Paulsson*, Annotated Guide to the 1998 ICC Arbitration Rules with Commentary, 1998; *dies.*, International Chamber of Commerce Arbitration, 3. Aufl., 2000; *Derains/Schwartz*, A Guide to the new ICC Rules of Arbitration, 1998; *Grigera Naón*, International Chamber of Commerce, The 1998 Rules of the International Chamber of Commerce, Yearbook Commercial Arbitration XXII (1997), S. 345ff.; *Kassis*, Réflexions sur le règlement d'arbitrage de la CEE. Les déviations de l'arbitrage institutionnel, 1988; *Kuckenburg*, Die Rolle des Sekretariats des Internationalen Schiedsgerichtshofs in ICC-Schiedsverfahren, FS Glossner, 1994, S. 177ff.; *Nerz*, Vor- und Nachteile eines Schiedsverfahrens nach der Schiedsgerichtsordnung der Internationalen Handelskammer, RIW 1990, 350ff.; *Pörnbacher/Baur*, Die Reform der Schiedsgerichtsordnung der ICC, BB 2011, 2627ff.; *Reiner*, Handbuch der ICC-Schiedsgerichtsbarkeit, 1989; *Reiner/Jahnel*, ICC-Schiedsordnung, in: Schütze (Hrsg.), Institutionelle Schiedsgerichtsbarkeit, 2. Aufl., 2011, S. 21ff.; *Reiner/Aschauer*, ICC Rules, in: Schütze (Hrsg.), Institutional Arbitration, 2013, S. 25ff. (mit umfassenden Schrifttumsnachweisen); *Schäfer*, Reflexionen zu vier Aspekten der Schiedsgerichtsordnung der Internationalen Handelskammer – Genese und augenblicklicher Stand, ZVglRWiss 91 (1992), 111ff.; *Schäfer/Verbist/Imhoos*, Die ICC-Schiedsgerichtsordnung in der Praxis, 2000; *Schwab*, Die Schiedsgerichtsbarkeit der Internationalen Handelskammer aus der Sicht des deutschen Rechts, FS Kralik, 1986, S. 317ff.; *Weigand*, Die neue ICC-Schiedsgerichtsordnung, NJW 1998, 2081ff.; *Whitesell*, The 1998 ICC Rules of Arbitration Today, FS Briner, 2005, S. 919ff.

1085 Vgl. Art. 20.6 der FIDIC Coditions of Contract for Construction for Building and Engineering Works designed by the Employer; dazu *Rosener/Kratzsch*, Internationales Anlagengeschäft, in: Schütze/Weipert/*Rieder* (Hrsg.), Münchener Vertragshandbuch, Bd. 4, 7. Aufl.,2012, S. 710f. (zu Ziff. 20.6 der FIDIC Vertragsbedingungen).

1086 Vgl. zur Rolle der ICC-Schiedsgerichtsbarkeit im Rahmen der Vertragsanpassung *Metzger*, The ICC Rules for the Adaptation of Contracts: Adaptation and Renegotiation of Contracts in International Trade and Finance, 1985, S. 205ff.

Mit der Vereinbarung der Schiedsgerichtsbarkeit der Internationalen Handelskammer ist nicht automatisch der Sitz des Schiedsgerichts in Paris verbunden. Das Schiedsverfahren kann vielmehr in jedem Land durchgeführt werden. 558

Die Neutralität soll dadurch gewahrt werden, dass der Einzelschiedsrichter 559 oder bei einem Dreierschiedsgericht der Vorsitzende (Obmann) grundsätzlich aus einem Land stammen sollen, zu dem keine der Parteien eine Beziehung hat. Eine Schiedsrichterliste besteht nicht. Die Parteien sind in der Schiedsrichterwahl frei. Bei einem Einzelschiedsrichter können sie sich auf einen ihnen genehmen Schiedsrichter einigen. Kommt keine Einigung zustande, so ernennt der Schiedsgerichtshof den Schiedsrichter. Bei einem Dreierschiedsgericht ernennt jede Partei einen Schiedsrichter. Einigen sich die beiden Schiedsrichter nicht auf einen Vorsitzenden innerhalb der vom Schiedsgerichtshof bestimmten Frist, so geht das Ernennungsrecht auf den Schiedsgerichtshof über. Eine hinreichend praktikable Lösung schaffen die durch die Reform 2012 geänderten Regeln über das Mehrparteienschiedsgericht[1087].

Das Verfahren ist in einer mehrfach geänderten Verfahrensordnung gere- 560 gelt. Die Verfahrensordnung weist zwei Besonderheiten auf, die der Beschleunigung und Konzentration des Verfahrens dienen.

– Einmal hat der Schiedsrichter (das Schiedsgericht) vor Beginn eines jeden Verfahrens, spätestens aber zwei Monate nach Übergabe der Akten an ihn (die erst nach Zahlung eines Kostenvorschusses wirksam wird), einen Bericht über den Streitfall (Schiedsauftrag/terms of reference/acte de mission) zu fertigen, der den Streitstoff definiert[1088]. Die Parteien und das Schiedsgericht müssen diesen Schiedsauftrag unterzeichnen. Auf diese Weise sind

1087 Vgl. zu den Problemen der Mehrparteienschiedsgerichtsbarkeit *Berger*, Schiedsrichterbestellung in Mehrparteienschiedsverfahren, Der Fall „Dutco Construction" vor französischen Gerichten, RIW 1993, 702 ff.; *Geimer*, Beteiligung weiterer Parteien im Schiedsgerichtsverfahren, insbesondere die Drittwiderklage, in: Böckstiegel/Berger/Bredow (Hrsg.), Die Beteiligung Dritter an Schiedsverfahren, 2005, S. 71 ff.; *von Hoffmann*, Mehrparteienschiedsgerichtsbarkeit und Internationale Handelskammer, FS Nagel, 1987, S. 112 ff.; *Koussoulis*, Fragen zur Mehrparteienschiedsgerichtsbarkeit, insbesondere zur Bestellung der Schiedsrichter, ZZP 107 (1994), 195 ff.; *Laschet*, Die Mehrparteienschiedsgerichtsbarkeit, FS Bülow, 1981, S. 185 ff.; *Massuuras*, Dogmatische Strukturen der Mehrparteienschiedsgerichtsbarkeit, 1998; *Weber*, Wider den Verlust des Bestellungsrechts bei Nichteinigung der Mehrparteiengegenseite auf einen Schiedsrichter, FS Schlosser, 2005, S. 1063 ff.

1088 Vgl. dazu *Arnaldez*, L'acte déterminat la mission d'arbitre, FS Bellet, 1991, S. 1 ff.; *Nicklisch*, Terms of Reference, RIW 1988, 763 ff., *Reiner*, Terms of Reference: The Function of the International Court of Arbitration and Application of Article 16, ICC Court Bull. 1996, No. 2, 59 ff.; *Sanders*, The Terms of Reference in ICC Arbitration, FS Briner, 2005, S. 693; *Sandrock*, Die „Terms of Reference" und die Grenzen ihrer Präklusionswirkungen, RIW 1987, 649 ff.

Streitgegenstand und Prozessstoff schon zu Beginn des Verfahrens genau umschrieben.

- Der Beschleunigung dient weiter die Begrenzung der Verfahrensdauer auf sechs Monate nach Unterzeichnung der Terms of Reference. Diese Frist kann verlängert werden. Die Fristverlängerung stellt einen internen Akt dar, zu dem nach der Rechtsprechung des BGH rechtliches Gehör der Parteien nicht gewährt werden muss, jedenfalls ist die Nichtgewährung rechtlichen Gehörs für den Bestand des Schiedsspruchs unschädlich[1089].

561 Die Parteien können das anwendbare Verfahrensrecht frei wählen (Art. 19)[1090]. Sie sollten von dieser Möglichkeit Gebrauch machen. Sonst erleben sie in der Praxis unliebsame Überraschungen. Bleibt das Verfahrensrecht offen, so bestimmen die Schiedsrichter das Verfahren[1091]. In der Praxis ergibt sich hier oft folgende Fallgestaltung: In einem Schiedsverfahren zwischen einer deutschen und einer Partei aus einem common-law-Land bestellt die deutsche Partei einen deutschen, die andere Partei einen Schiedsrichter aus ihrem Land. Nun kommt es auf den Vorsitzenden an. Ist dieser ein Jurist aus einem common-law-Land, dann bestimmen die beiden common law lawyers über das Verfahren mit dem Erfolg, dass die kostspielige und langwierige Beweisaufnahme des common-law-Prozesses angewendet wird, in der die Parteien praktisch ohne Beschränkungen Zeugen auch zu irrelevanten und unstreitigen Tatsachen vernehmen können. Ist der Vorsitzende ein Jurist aus einem Land mit deutschrechtlichem Verfahren, dann wird das Schiedsgericht einen Beweisbeschluss mit einer Beschränkung der Beweisaufnahme auf streitige und streitentscheidende Tatsachen durchführen. Die Parteien sollten diese kostenträchtige Frage nicht dem

---

1089 Vgl. BGH, WM 1988, 1178; dazu *Aden*, Auslegung und Revisibilität ausländischer AGB am Beispiel der Schiedsverfahrensordnung der Internationalen Handelskammer, RIW 1989, 607 ff.; vgl. aber auch die abweichende Entscheidung der Vorinstanz OLG Stuttgart, IPRax 1987, 369; dazu *Hermanns*, Zur Frage der Verletzung rechtlichen Gehörs im schiedsrichterlichen Verfahren, IPRax 1987, 353 ff.; *Raeschke-Kessler/Bühler*, Aufsicht über den Schiedsrichter durch den ICC-Schiedsgerichtshof (Paris) und rechtliches Gehör der Parteien, ZIP 1987, 1157 ff.; *Wackenhuth*, Nochmals: Verletzung rechtlichen Gehörs im schiedsrichterlichen Verfahren, IPRax 1987, 355 f.

1090 Vgl. Art. 15 ICC Rules, dazu *Reiner*, ICC-Schiedsgerichtsbarkeit, 1989, S. 194 ff.; *Reiner/Aschauer*, Kommentierung von Art. 21 ICC Rules, in: Schütze (Hrsg.), Institutional Arbitration, 2013, S. 109 ff.; *Schütze/Tscherning/Wais*, Handbuch des Schiedsverfahrens, 2. Aufl. 1990, Rdn. 841.

1091 Dem Schiedsgericht sind allerdings Grenzen bei der Bestimmung des Verfahrens gesetzt. Sie dürfen keine Verfahrensregeln aufstellen, die dem mutmaßlichen Parteiwillen nicht entsprechen oder keine Beziehung zum Schiedsfall haben. Vgl. *Schütze*, Die Ermessensgrenzen des Schiedsgerichts bei der Bestimmung der Beweisregeln, SchiedsVZ 2006, 1 ff.

Zufall der Bestellung des Vorsitzenden überlassen und das Verfahren zumindest im Hinblick auf die Beweisaufnahme regeln (z.B. „Die Beweisaufnahme bestimmt sich nach den Regeln des Zivilprozessrechts am Sitz des Schiedsgerichts")[1092]. Nur so können sie Sicherheit über den Verfahrensablauf gewinnen.

Die Parteiautonomie hat jedoch ihre Grenzen. Die Parteien können Grund- 562
sätze des ICC Verfahren nicht abbedingen. Zu diesen Grundsätzen zählen u.a. die Erstellung des Schiedauftrags und die Überprüfung des Schiedsspruchs durch die ICC (Art. 33)

Im Hinblick auf die Anwendung materiellen Rechts besteht Parteiautono- 563
mie[1093].

Die Kosten des Schiedsverfahrens sind in einer streitwertabhängigen Kostenordnung mit Höchst und Mindestgebühren geregelt. Sie setzen sich aus Verwaltungskosten, Honoraren und Auslagen der Schiedsrichter zusammen[1094].

b) Die Schiedsgerichtsbarkeit der Deutschen Institution für Schiedsgerichtsbarkeit (DIS)

Die Deutsche Institution für Schiedsgerichtsbarkeit stellt eine sehr effiziente 564
branchenunabhängige Schiedsorganisation zur Verfügung[1095]. Neben der Funktion als institutionelles Schiedsgericht im nationalen und internationalen Be-

1092 Vgl. für einen Formulierungsvorschlag *Schütze*, Die Vereinbarung der Zuständigkeit eines institutionellen Schiedsgerichts – Probleme der Redaktion der Schiedsklausel, RPS-BB-Beil. 9/1998, 2ff.

1093 Vgl. dazu *Böckstiegel*, Die Bestimmung des anwendbaren Rechts in der Praxis internationaler Schiedsverfahren, FS Beitzke, 1979, S. 443ff.; *ders.*, Die Anerkennung der Parteiautonomie in der internationalen Schiedsgerichtsbarkeit, FS Schütze, 1999, S. 141ff.; *Martiny*, Die Bestimmung des anwendbaren Sachrechts durch das Schiedsgericht, FS Schütze, 1999, S. 529ff.; *Schütze*, Die Bestimmung des anwendbaren Rechts im Schiedsverfahren und die Bestimmung seines Inhalts, FS Böckstiegel, 2001, S. 715ff.

1094 Vgl. dazu *Reiner/Jahnel*, Kommentierung der ICC Rules, in: Schütze (Hrsg.), Institutionelle Schiedsgerichtsbarkeit, 2. Aufl., 2011, S. 139ff.

1095 Vgl. dazu *Aden*, Internationale Handelsschiedsgerichtsbarkeit, 2. Aufl., 2003, S. 419ff.; *Bredow*, Deutsche Institution für Schiedsgerichtsbarkeit, RPS BB-Beil. 15/1992, 4ff.; *ders.*, Die Mitwirkung der Deutschen Institution für Schiedsgerichtsbarkeit bei der Durchführung von Schiedsverfahren, FS Glossner, 1994, S. 51ff.; *ders.*, Die DIS-Schiedsgerichtsordnung 1998, DIS-MAT IV (1998), S. 111ff.; *Raeschke-Kessler*, Zur Neutralität der Schiedsgerichtsistitution am Beispiel der DIS, FS Schütze II, 2014, S. 457ff.; *Schütze*, Deutsche Institution für Schiedsgerichtsbarkeit e.V. (DIS), SchiedsVZ 2003, 179ff.; *Theune*, DIS-Schiedsgerichtsordnung, in: Schütze (Hrsg.), Institutionelle Schiedsgerichtsbarkeit, 2. Auf., 2005, S. 159ff.; *ders.*, DIS Rules, in: Schütze (Hrsg.), Institutional Arbittration, 2013, S. 203ff. (jeweils mit umfangreichen Literaturnachweisen).

reich insbesondere für Wirtschaftsstreitigkeiten. Auch administriert die DIS die Sportschiedsgerichtsbarkeit für zahlreiche Verbände. Die DIS nimmt u.a. auch die Funktion der „Ernennenden Stelle" nach den UNCITRAL-Rules und der ECE-SchO wahr. Die derzeit in Kraft befindliche Schiedsordnung 1998 ist von den Arbeiten der UNCITRAL auf dem Gebiet der Schiedsgerichtsbarkeit beeinflusst[1096]. Sie ist vorbildlich in der Klarheit der Regelungen, insbesondere im Hinblick auf das anwendbare materielle und Schiedsverfahrensrecht[1097].

565 Die Schiedsklage wird bei einer der Geschäftsstellen der DIS (Köln oder Berlin) eingereicht. Diese stellt sie an den Schiedsbeklagten zu. Die DIS bestellt die von den Parteien bestimmten, den Schiedsrichtern gewählten oder den im Wege der Ersatzbestellung ernannten Schiedsrichter, Vorsitzenden oder Einzelschiedsrichter und fordert den ersten Vorschuss (DIS-Bearbeitungsgebühr und vorläufiger Vorschuss für die Schiedsrichter) ein und überlässt das Verfahren (einschließlich weiterer Vorschussanforderungen) dem Schiedsgericht. Das Verfahren soll zügig geführt und abgeschlossen werden (§33.1 DIS-SchO), ohne dass besondere Fristvorgaben bestehen. Der Schiedsspruch oder sonstige verfahrensbeendende Entscheidungen werden ohne weitere Prüfung durch die DIS zugestellt.

566 Die Honorare bestimmen sich nach einer streitwertabhängigen Gebührentabelle. Eine besondere Festsetzung (wie z.B. bei der ICC) ist deshalb überflüssig. Es steht dem Schiedsgericht allerdings frei, bei vorzeitiger Erledigung des Verfahrens das Honorar nach seinem Ermessen zu ermäßigen. Eine Verpflichtung dazu besteht jedoch nicht.

c) Die Schweizerische Schiedsordnung

567 Die schweizerische Schiedsgerichtsbarkeit ist als Schiedsgerichtsbarkeit eines „neutralen Staates"[1098] international beliebt.

568 Die Handelskammern von Basel, Bern, Genf, Neuenburg Tessin, Waadt und Zürich haben ihre Schiedsgerichtsbarkeit durch den Erlass einheitlicher Regeln in der Internationalen Schiedsordnung der Schweizerischen Handelskammern (Schweizerische Schiedsordnung)[1099] harmonisiert.

1096 Vgl. *Bredow*, Die DIS-Schiedsgerichtsordnung 1998, DIS-MAT IV (1998), S. 111ff.

1097 Vgl. *Schütze*, Die Vereinbarung der Zuständigkeit eines institutionellen Schiedsgerichts – Probleme der Redaktion der Schiedsklausel, RPS BB-Beil. 9/1998, 2ff.

1098 Zur Rolle der Schweiz in der internationalen Schiedsgerichtsbarkeit vgl. auch *Monnier*, Le rôle de la Suisse dans l'histoire de l'arbitrage de droit international public, in: *Reymond/Bucher*, Schweizer Beiträge zur internationalen Schiedsgerichtsbarkeit, 1984, S. 3ff.

1099 Vgl. dazu *von Altenkirch/Balland/Cho/Reinlein*, Die neuen Regeln der Internationalen Schiedsordnung der Schweizerischen Handelskammern, SchiedsVZ 2005, 154ff.; *Karrer*, Inter-

Die Schiedsordnung basiert auf der UNCITRAL Schiedsgerichtsordnung. Die Einleitungsanzeige kann bei jeder der sieben Handelskammern angebracht werden. Das Verfahren entspricht den UNCITRAL Rules. Die Schiedsrichterhonorare werden vom Schiedsgericht selbst festgesetzt. Es besteht eine Kostenordnung, deren System streitwertabhängige Gebühren mit Mindest- und Höchstsätzen vorsieht. 569

d) Die Schiedsgerichtsbarkeit der Wirtschaftskammer Österreich, Wien

Eine besondere Bedeutung für die internationale Schiedsgerichtsbarkeit hat 570
das Internationale Schiedsgericht der Wirtschaftskammer Österreich[1100] (früher:

nationale Schiedsordnung der Schweizerischen Handelskammern (Schweizerische Schiedsordnung), in: Schütze (Hrsg.), Institutionelle Schiedsgerichtsbarkeit, 2. Aufl. 2011, S. 309 ff.; *Kaufmann-Kohler/Stuck* (Hrsg.), The Swiss Rules of International Arbitration, ASA Special Series Nr. 22/2004; *Kellerhals/Berger*, Erste Erfahrungen mit den Swiss Rules of International Arbitration, Anwaltsrevue, 2005, 161 ff.; *Lévy*, Swiss Rules of International Arbitration, International Arbitration Law Review 2004, N 25 f.; *Scherer*, Accelation of Arbitration Proceedings – The Swiss Way: The Expedited Procedure Under the Swiss Rules of International Arbitration, SchiedsVZ 2005, 229 ff.:, *ders.*, New Rules of International Arbitration in Switzerland, International Arbitration Law Review 2004, 119 ff.; *von Segesser/Jolles/George*, Swiss Rules of Internationale Arbitration, in: Nairn/Heneghan, Arbitration World, 5. Aufl., 2015, S. 235 ff.:*Wiebecke*, Änderung der neuen Schweizerischen Schiedsordnung (Swiss Rules), SchiedsVZ 2004, 255; *Zuberbühler/Müller/Habegger* (Hrsg.), Swiss Rules of International Arbitration, 2005.

1100 Vgl. dazu *Aden*, Internationale Handelsschiedsgerichtsbarkeit, 2. Aufl., 2003, S. 505 ff.; *Fiebinger/Hauser*, Mehrparteienschiedsgerichtsbarkeit nach den neuen Wiener Regeln, FS Elsing, 2015, S. 111 ff.; *Heider*, Änderungsbedarf der Wiener Regeln?, SchiedsVZ 2006, 92 ff.; *ders.*, Die Ablehnung von Schiedsrichtern in Verfahren vor dem Internationalen Schiedsgericht der Wirtschaftskammer Österreich – VIAC –, FS Schütze II, 2014, S. 181 ff.; *Heider/Fremuth-Wolf*, Vienna International Arbitral Centre (VIAC), in: Nairn/Heneghan, Arbitration World, 5. Aufl., 2015, S. 267 ff.; *Heller*, Die Rechtsstellung des Internationalen Schiedsgerichts der Wirtschaftskammer Österreich, Wirtschaftsrechtliche Blätter, 1994, 105 ff.; *Liebscher*, Wiener Regeln, in: Schütze (Hrsg.), Institutionelle Schiedsgerichtsbarkeit, 2. Aufl., 2011, S. 255 ff.; *ders.*, Vienna Rules, in: Schütze (Hrsg.), Institutional Arbitration, 2013, S. 303 ff.; *Melis*, Die Schiedsgerichtsbarkeit der österreichischen Handelskammern seit 1946, FS Seidl-Hohenveldern, 1989, S. 367 ff.; *ders.*, Das Schiedsgericht der Bundeskammer der gewerblichen Wirtschaft, Wien, Jahrbuch für die Praxis der Schiedsgerichtsbarkeit 2 (1988), S. 174 ff.; *ders.*, Die neue Schieds- und Schlichtungsordnung des internationalen Schiedsgerichts der Bundeskammer der gewerblichen Wirtschaft, Wien, öAnwBl 1991, 776 ff.; *ders.*, Die neue Schieds- und Schlichtungsordnung des Internationalen Schiedsgerichts der Bundeskammer der gewerblichen Wirtschaft, Wien, Jahrbuch für die Praxis der Schiedsgerichtsbarkeit 4 (1990), S. 171 ff.; *Niklas*, Schiedsverfahren via Internet nach Wiener Regeln, IHR 2003, 103 ff.; *Reiner*, The 2001 Version of the Vienna Rules, JIntArb 2001, 661 ff.; *Schütze*, Die Schiedsgerichtsbarkeit der Bundeskam-

Schiedsgericht bei der Bundeskammer der gewerblichen Wirtschaft) in Wien in den letzten 3 Jahrzehnten erlangt. Obwohl diese Schiedsgerichtsbarkeit erst seit dem Jahr 1974 für internationale Streitigkeiten zur Verfügung steht[1101], ist sie nach kurzer Zeit eine erste Adresse in der internationalen Schiedsgerichtsbarkeit – zunächst der Ost-West-Schiedsgerichtsbarkeit[1102] – geworden.

571 2013 ist die Schiedsordnung grundlegend reformiert und neu gefasst worden. Die neue Schiedsordnung ist gültig vom 1.7.2013 an. Sie lässt den Parteien weitgehende Gestaltungsfreiheit. Die Parteien bestimmen, ob ein Verfahren durch einen Einzelschiedsrichter oder ein Dreierschiedsgericht entschieden werden soll Art. 17 Abs. 1). Fehlt eine solche Bestimmung, so nimmt sie das Präsidium vor. Das Schiedsgericht führt eine Schiedsrichterliste, die aber nicht verbindlich ist. Die Parteien können auch nicht in der Liste geführte Personen zu Schiedsrichtern bestellen.

572 Die Parteien bestimmen das anwendbare Recht. Fehlt eine ausdrückliche oder stillschweigende Rechtswahl, so wendet das Schiedsgericht das kollisionsrechtlich berufene Recht an. Die Fassung von Art. 27 Abs. 2 SchO, wonach die Schiedsrichter das Recht anwenden, das „sie für angemessen erachten“, ist missverständlich. Die Schiedsrichter haben kein Ermessen in der Bestimmung des anwendbaren Rechts. Sie müssen nach der lex fori suchen (Sitz, anwendbares Verfahrensrecht usw.). Billigkeitsschiedssprüche können nur mit ausdrücklicher Ermächtigung durch die Parteien ergehen (Art. 27 Abs. 3).

573 Bemerkenswert ist, dass die Wiener Regeln nicht der *Dutco* Entscheidung der französischen Cour de Cassation folgen[1103] und so die vertragstreue Partei nicht ihres Rechts berauben, „ihren“ Schiedsrichter selbst zu bestimmen. Die Kritik von *Aschauer*[1104] ist unberechtigt. Es ist erstaunlich, wieviel Gewicht international einer ihrer ratio zweifelhaften Entscheidung eines nationalen Gerichts beigemessen wird. Die Wiener Regeln sind für die Mehrparteienschieds-

---

mer der gewerblichen Wirtschaft Wien, WM 1987, 609 ff.; *Schwarz/Konrad*, The Vienna Rules, 2009.

1101 Vgl. dazu *Melis*, Das Schiedsgericht der Bundeskammer der Gewerblichen Wirtschaft, Der Gesellschafter 1975, 143 ff.; *ders.*, Überlegungen aus Anlass des Inkrafttretens der neuen Schieds- und Vergleichsordnung des Schiedsgerichts der Bundeskammer der Gewerblichen Wirtschaft, Der Gesellschafter 1983, 143 ff.

1102 Vgl. dazu *Melis*, Ost-West-Schiedsgerichtsbarkeit – Ein Nachruf, FS Elsing, 2015, S. 161 ff.

1103 Vgl. *Liebscher*, Wiener Regeln, in Schütze (Hrsg.), Institutionelle Schiedsgerichtsbarkeit, 2. Aufl., 2011, Art. 15, Rdn. 8 zur Regelung vor 2013.

1104 Vgl. *Aschauer*, Arbitral Proceedings and the Enforcement of the Award, Stockholm Arbitration Report 2001, Nr. 2, 33 ff. (41).

gerichtsbarkeit vorbildlich[1105]. Benennt eine Partei einen gemeinsamen Schiedsrichter nicht fristgerecht, so bestellt das Präsidium den Schiedsrichter für die säumige Partei (Art. 18 Abs. 4). Nur in Ausnahmefällen kann das Präsidium nach Anhörung der Parteien bereits erfolgte Bestellungen widerrufen und die Co-Schiedsrichter oder auch alle Schiedsrichter neu bestellen.

Schiedsrichterhonorare und Verwaltungskosten der Institution sind streit- 574
wertabhängig. Sie werden am Ende des Verfahrens vom Sekretär bestimmt, der auch die Vorschüsse festsetzt und anfordert. Hieraus werden Honorare und Auslagen der Schiedsrichter gezahlt.

e) Die Schiedsgerichtsbarkeit der Stockholmer Handelskammer

Die Schiedsgerichtsbarkeit der Stockholmer Handelskammer[1106] hatte früher 575
eine große Bedeutung im Ost-West-Handel[1107]. Die sowjetischen Außenhandelsorganisationen favorisierten Stockholm nicht zuletzt deswegen, weil das schwedische internationale Privatrecht bei fehlender Rechtswahl in der Praxis

1105 Vgl. dazu *Fiebinger/Hauser*, Mehrparteienschiedsverfahren nach den neuen Wiener Regeln, FS Elsing, 2015, S. 111 ff.

1106 Vgl. dazu *Alley*, International Arbitration: The Alternative of the Stockholm Chamber of Commerce, IntLawyer 1988, 837 ff.; *Benigni*, Arbitrato commerciale in base al nuovo Regolamento dell'Istituto Arbitrale della Camera di Commercio di Stoccolmo, Rass.arb. 1989, 101 ff.; *Chamber of Commerce*, Arbitra*Heumann*, Arbitration Law of Sweden: Practice and Procedure, 2003; *Hober*, Neue Regeln für das Schiedsgerichtsinstitut der Handelskammer Stockholm, DISMitt 1/1989, 13 ff.; *Madsen*, Commercial Arbitration in Sweden – A commentary on the Arbitration Act (1999:116) and the Rules of the Arbitration Institute of the Stockholm Chamber of Commerce, 2004; *Magnusson*, The Practice of the Arbitration Institute of the Stockholm Chamber of Commerce – an Inside View, Stockholm Arbitration Report 2001:2, 45 ff.; *Heumann*, Arbitration Law of Sweden: Practice and Procedure, 2003; *Hober*, Neue Regeln für das Schiedsgerichtsinstitut der Handelskammer Stockholm, DISMitt 1/1989, 13 ff.; *Madsen*, Commercial Arbitration in Sweden – A commentary on the Arbitration Act 1999:116) and the Rules of the Arbitration Institute of the Stockho':lm Chamber of Commerce, 2004; *Magnuss'n*, The Practice of the Arbitration Institute of the Stockholm Chamber of Commerce – an Inside View, Stockholm Arbitration Report 2001:2, 45 ff.; *Öhrström*, Stockholmer Regeln, in: Schütze (Hrsg.), Institutionelle Schiedsgerichtsbarkeit, 2. Aufl., 2011, S. 869 ff., *dies.* SCC Rules, in: Schütze (Hrsg.), Institutional Arbitration, 2013, S. 815 ff.; (jeweils mit umfassender Literaturübersicht); *Sidklev*, Arbitration Institute of the Stockholm Chamber of Commerce (SCC), in: Nairn/Heneghan, Arbitration World, 5. Aufl., 2015, S. 203 ff.; *Wetter*, Institutional Arbitration in Sweden, ArbJ 43 (1988), 5 ff.

1107 Vgl. dazu *Stumpf*, Ost-West-Schiedsgerichtsbarkeit: Schiedsgerichte mit Sitz in dritten Ländern, RIW 1987, 821 ff.

regelmäßig zur Anwendung sowjetischen Rechts führte[1108]. Mit dem Zusammenbruch des Außenhandelsmonopols in den osteuropäischen Staaten hatte das Schiedsgericht seine Bedeutung zunächst etwas verloren. Das ist nunmehr aber ausgeglichen. Dabei sind insbesondere Investitionsstreitigkeiten bedeutsam. So sieht der Energy Charter Treaty die Schiedsgerichtsbarkeit der Stockholmer Handelskammer als eine Möglichkeit der Rechtsverfolgung vor.

576 Grundsätzlich entscheidet – mangels abweichender Parteivereinbarung – ein Dreierschiedsgericht. Jede Partei ernennt einen Schiedsrichter. Der dritte Schiedsrichter wird von der Institution ernannt. Er führt – soweit die Parteien keine andere Bestimmung getroffen haben – den Vorsitz. Die Parteien können auch die Entscheidung durch einen Einzelschiedsrichter vereinbaren.

577 Die Institution administriert das Schiedsverfahren in der üblichen Weise durch Entgegennahme und Weiterleitung von Klage, Widerklage, Klagebeantwortung pp. Das Verfahren wird vom Schiedsgericht bestimmt. Die SchO sieht eine Frist für den Erlass des Schiedsspruchs von 6 Monaten vor (Art. 37. Diese ist verlängerbar.

578 Das Schiedsgerichtsinstitut fordert die Kostenvorschüsse ein und setzt Honorare, und Auslagen der Schiedsrichter – jeweils zuzüglich der anfallenden Mehrwertsteuer – in Übereinstimmung mit der Gebührenordnung fest.

579 Die Schiedsordnung soll in Kürze neu gefasst werden werden. Die Reformarbeiten stehen kurz vor dem Abschluss.

f) Die Schiedsgerichtsbarkeit des London Court of International Arbitration

580 Der London Court of International Arbitration[1109] ist eine der ältesten Schiedsgerichtsinstitutionen. Seine Bedeutung liegt im Wesentlichen bei Streitfällen im

---

1108 Vgl. dazu *Schütze*, Qui elegit arbitrum tertium elegit processum, FS Grossfeld, 1998, S. 1067 ff.; *Stumpf/Lindstaedt*, Vereinbarungen über das anzuwendende Recht und das zuständige Schiedsgericht in Handelsverträgen mit osteuropäischen Ländern, AWD 1972, 228 ff. (228).

1109 Vgl. *Aden*, Internationale Handelsschiedsgerichtsbarkeit, 2. Aufl., 2003, S. 666 ff.: *Blessing*, The LCIA Rules – Praxisbezogene Anmerkungen, SchiedsVZ 2003, 127 f.; *ders.*, The LCIA Rules – aus der Sicht des Praktikers, SchiedsVZ 2003, 198 ff.; *Capper/Wistanley*, The London Court of International Arbitratin (LCIA), in: Nairn/Heneghan, Arbitration World, 5. Aufl., 2015, S. 173 ff.; *Glossner/Bredow*, ICC, LCIA und DIS Schiedsgerichtsordnung – Unterschiede und Gemeinsamkeiten, FS Böckstiegel, 2001, 219 ff.; *Hunter/Paulsson*, A Commentary on the 1985 Rules of the London Court of International Arbitration, Yearbook Commercial Arbitration X (1985), S. 167 ff.; *Konrad/Hunter*, LCIA-Schiedsregeln, in: Schütze (Hrsg.), Institutionelle Schiedsgerichtsbarkeit, 2. Aufl., 2011 S. 351 ff.; *dies.*, LCIA Rules, in: Schütze (Herausg), Institu-

Bereich der Schifffahrt und des Versicherungswesens. Die traditionell feindselige und misstrauische Haltung des englischen Rechts gegenüber der Schiedsgerichtsbarkeit, die zu einem weitgehenden Eingriffsrecht der staatlichen Gerichte führte, ist nunmehr auf ein normales Maß zurückgeführt. Der Arbitration Act, 1996 hat die Befugnisse der Gerichte beschränkt[1110]. Der LCIA hat seine Schiedsgerichtsordnung nach extensiven Vorarbeiten jüngst neugefasst. Es gelten die LCIA Arbitration Rules 2014.

Das Verfahren wird durch Antrag auf Durchführung eines Schiedsverfahrens beim Registrar des LCIA Schiedsgerichtshofes eingeleitet (Art. 1). Dieser Antrag muss enthalten: eine Kopie der Schiedsvereinbarung und der Vertragsunterlagen, den Nachweis der Zahlung des Vorschusses und die Bestätigung der Zustellung an die Parteien. Die Zustellung ist eine Parteizustellung, die Übersendung des Antrags an den Registrar ist nur eine Benachrichtigung, die aber erst das Schiedsverfahren in Lauf setzt. Der Antrag muss weiter eine kurze Darstellung des Streites enthalten, stellt aber keine Klageschrift dar. Bei Benennung von Schiedsrichtern durch die Parteien hat der Schiedskläger „seinen" Schiedsrichter in dem Antrag zu bezeichnen. 581

Die Zustellung des Schiedsspruchs erfolgt – ohne vorherige Prüfung des Inhalts – durch die Institution. Diese stellt nicht ohne vorherige Kostenzahlung zu. 582

g) Die Schiedsgerichtsbarkeit der American Arbitration Association

Die Schiedsgerichtsbarkeit der American Arbitration Association[1111] hat zunächst ihre Bedeutung im nationalen Bereich. Die außerordentlich langwierige und 583

tional Arbitration, 2013, S. 413 ff. (jeweils mit umfangreichen Literaturnachweisen), *Veeder*, The new 1998 LCIA Rules, Yearbook Commercial Arbitration XXIII (1998), S. 366 ff.; *Wistanley*, The New Rules of the London Court of International Arbitration (LCIA), American Review of International Arbitration 8 (1997), 59 ff.

1110 Vgl. *Zafar/Heneghan/Yan*, Länderbericht England an Wales, in: Nairn/Heneghan), Arbitration World, 5. Aufl., 2015, S. 477 ff. (482 ff.).

1111 Vgl. dazu *Born*, International Commercial Arbitration in the United States, 1994; *Borris*, Die internationale Handelsschiedsgerichtsbarkeit in den USA, 1987; *Hoellering*, International Arbitration under U.S. Law and AAA Rules, Disp.ResolJ 50 (1995), 25 ff.; *ders.*, Administering International Arbitration Proceedings: Explanation of How the AAA's Program Works, Disp.ResolJ 53 (1998), 64 ff.; *Smit*, The New International Arbitration Rules of the American Arbitration Association, AmRevIntArb 2 (1991), 1 ff.; *Thümmel*, American Arbitration Association – International Arbitration Rules (IAR), in: Schütze (Hrsg.), Institutionelle Schiedsgerichtsbarkeit, 2. Aufl. 2011, S. 639 ff.; *ders.*, ICDR-IAR, in: Schütze (Hrsg.), Institutional Arbitration, 2013, S. 231, jeweils mit umfangreichen Literaturnachweisen); *Triebel/Bertram-Nothnagel*,

kostspielige Prozessführung vor amerikanischen staatlichen Gerichten hat zu steigender Beliebtheit der Schiedsgerichtsbarkeit in den USA geführt.

Darüber hinaus werden aber auch internationale Streitigkeiten der AAA übertragen. Das gilt regelmäßig bei Beteiligung amerikanischer Parteien, aber auch darüber hinaus. So betraf der Schiedsspruch, der der Entscheidung des BGH vom 10.5.1984[1112] zugrunde lag, eine Streitigkeit zwischen einem schweizerischen und einem deutschen Unternehmen.

584 Die AAA ist eine privatrechtlich organisierte Organisation. Sie unterhält eine Schiedsrichterliste mit über 60.000 Namen, davon 3.000 für internationale Fälle. Die Liste ist jedoch nicht bindend. Die AAA hat für die Administrierung internationaler Schiedsverfahren eine eigene Organisationseinheit geschaffen: das International Centre for Dispute Resolution (ICDR) New York. Auch unterliegen internationale Schiedsverfahren einem besonderen Regelwerk, den International Arbitration Rules. Diese basieren weitgehend auf den UNCITRAL Rules. Eine internationale Bedeutung hat der *Mitsubishi*-Fall erlangt, der die objektive Schiedsfähigkeit von Kartellstreitigkeiten feststellt[1113].

585 Die Honorierung der Schiedsrichter erfolgt nach dem Zeitaufwand. Als Ausgangssatz gilt der Stundensatz, den der Schiedsrichter üblicherweise berechnet. Der Stunden- oder Tagessatz wird mit den Parteien vom adminstrator verhandelt, der mangels Vereinbarung letztlich die Vergütung bestimmt.

586 Der Schiedsspruch bedarf der Vollstreckbarerklärung durch das staatliche Gericht. Nach der doctrine of merger geht der Inhalt des Schiedsspruchs in dem Exequaturuurteil auf. Nach einer zweifelhaften Rechtsprechung des BGH[1114] konnte in Deutschland sowohl die Vollstreckbarerklärung des Schiedsspruchs als auch des Exequaturuurteils erfolgen. Der BGH hat nun unter Berücksichtigung der Kritik im Schrifttum[1115] diese Rechtsprechung aufgegeben und ent-

---

Internationale Schiedsgerichtsbarkeit in den USA, in: von Boehmer (Hrsg.), Deutsche Unternehmen auf dem amerikanischen Markt, 1988, S. 295 ff.; weitere Literatur bei *Schack*, Einführung in das US-amerikanische Zivilprozessrecht, 4. Aufl., 2011, Rdn. 217.

1112 Vgl. BGH, RIW 1984, 644 mit Anm. *Mezger*.

1113 Vgl. Mitsubishi Motors Corp. v. Soler Chrysler-Plymouth; dazu *Kühn*, Kartellrecht und Schiedsgerichtsbarkeit in der Bundesrepublik Deutschland, BB 1987, 621 ff. (621); *Lange-Wiessner*, Die Schiedsfähigkeit internationaler Antitrust-Streitigkeiten, RIW 1985, 757 ff.; *Weitprecht*, US-Antitrustrecht vor internationalen Handelsschiedsgerichten, IPRax 1986, 313 ff.

1114 Vgl. BGH, RIW 1984, 557 mit Anm. *Dielmann* und *Schütze*, ebenda, S. 734 ff.; BGH, RIW 1984, 644 mit Anm. *Mezger*. Dazu auch *Schlosser*, Doppelexequatur zu Schiedssprüchen und ausländischen Gerichtsentscheidungen?, IPRax 1985, 141 ff.

1115 Vgl. z.B. *Dolinar*, Vollstreckung aus einem ausländischen, einen Schiedsspruch bestätigenden, Exequaturuurteil. Gedanken zur Merger-Theorie, FS Schütze I, 1999, S. 187 ff.

schieden, dass ein Doppelexequatur von Schiedssprüchen auch dann unzulässig ist, wenn das Rechts des Exequaturuteils (im entschiedenen Fall das Recht Kaliforniens) der doctrine of merger folgt[1116].

h) Die Schiedsgerichtsbarkeit der CIETAC

Internationale Streitfälle in China werden fast ausschließlich durch ein institutionelles Schiedsgericht entschieden. Staatliche Gerichte sind konzeptionell zur Entscheidung nicht in der Lage, ad hoc Schiedsgerichte werden nicht anerkannt. Das Schiedsverfahren nach den Regeln der China Internaitonal Economic and Trade Commission (CIETAC)[1117] hat dabei überragende Bedeutung. Bis 2015 sind etwa 25.000 Schiedsverfahren entschieden worden. 587

Bis 2005 bestand eine strenge Listenbindung. In die Liste sind seit 1989 auch einige ausländische Juristen aufgenommen. Seit der Reform 2005 können die Parteien vereinbaren, dass sie nicht an die Liste gebunden sind. Faktisch besteht aber die Listenbindung fort. 588

1116 Vgl. BGH NJW 2009, 2826; dazu *Plassmeier*, Das Ende des „Doppelexequatur" bei ausländischen Schiedssprüchen, SchiedsVZ 2010, 82 ff.; *Schütze*, Der Abschied vom Doppelexequatur ausländischer Schiedssprüche, RIW 2009, 817 ff.; *Weller*, Aufstieg und Fall des Doppelexequatur in der deutschen Rechtsprechung, FS von Hoffmann, 2011, S. 1087 ff.

1117 Vgl. dazu *Chen Dejun/Moser/Wang Chengchang*, International Arbitration in the PRC: Commentary, Cases and Materials, 2. Aufl., 2000; *Kniprath*, Die Schiedsgerichtsbarkeit der Chinese International Economic and Trade Commission (CIETAC), 2004; *ders.*, Neue Schiedsordnung der Chinese International Economic and Trade Arbitration Commission (CIETAC), SchiedsVZ 2005, 197 ff.; *Moser*, CIETAC Arbitration: A Success Story? JIntArb. 15 (1998)" 27 ff.; *Moser/Zang Yulin*, The New Arbitration Rules of the China International Economic and Trade Commission, JIntArb 13 81996), 15 ff.; *Schütze*, Die Schiedsgerichtsbarkeit des chinesischen Außenhandelsschiedsgerichts in Beijing, WM 1989, 161 ff.; *Senger*, Internationales Privat- und Zivilverfahrensrecht in der Volksrepublik China, 1994, S. 440 ff., *Stricker*, Internationale Schiedsgerichtsbarkeit in der Volksrepublik China, Jahrbuch für die Praxis der Schiedsgerichtsbarkeit 4 (1990), S. 289 ff.; *Stricker-Kellerer/Moser*, Schiedsordnung der China International Economic and Trade Commission, in: Schütze (Hrsg.), Institutionelle Schiedsgerichtsbarkeit, 2. Aufl., 2011, S. 495 ff.; *dies.*, CIETAC Rules, in: Schütze (Hrsg.), Institutional Arbitration, 2013, S. 571 ff. (jeweils mit umfassenden Literaturnachweisen); *Trappe*, Streiterledigung in China, RIW 1989, 173 ff.; *ders.*, Änderung der Regeln über die internationale Schiedsgerichtsbarkeit in der VR China, RIW 1998, 871 ff.; *ders.*, Praktische Erfahrungen mit chinesischer Schiedsgerichtsbarkeit, SchiedsVZ 2004, 142 ff.; *ders.*, Zur Schiedsgerichtsbarkeit der CIETAC, SchiedsVZ 2006, 258 ff.; *Yu Jiantong*, China International Economic and Tracde Arbitration Commission (CIETAC), in: Nairn/Heneghan, Arbitration World, 5. Aufl., 2015, S. 45 ff.

589 Die chinesische internationale Schiedsgerichtsbarkeit ist durch mehrere Besonderheiten gekennzeichnet:
- die größere Bedeutung der Sachverhaltsaufklärung gegenüber der Rechtsanwendung,
- die Entscheidung nach einer oder zwei mündlicher Verhandlungen und
- die Überprüfung des Schiedsspruchs vor Unterzeichnung durch die Schiedskommission (Art. 49 CIETAC-SchO) ähnlich der Überprüfung durch die ICC.

590 Der Oberste Volksgerichtshof hat jüngst Unklarheiten hinsichtlich der Zuständigkeiten durch eine Antwort auf ein Ersuchen des Shanghaier und anderer Oberer Volksgerichte beseitigt[1118]

591 Die Honorare der Schiedsrichter bestimmen sich nach einer streitwertabhängigen Tabelle. Probleme bereitet die Erstattungsfähigkeit von Anwaltskosten. Lange Zeit war die Kostentragung durch die unterliegende Partei begrenzt auf 10% der der obsiegenden Partei zugesprochenen Spruchsumme. Seit 2005 ist die Erstattungsfähigkeit durch die „Vernünftigkeit" der außergerichtlichen Kosten begrenzt.

i) Sonstige institutionelle Schiedsgerichte

592 Aus der Fülle der sonstigen institutionellen Schiedsgerichte von internationaler Bedeutung sind zu erwähnen:
- Internationales Handelsschiedsgericht bei der Handels- und Industriekammer der Russischen Föderation[1119];
- Singapore International Arbitration Centre[1120];

1118 Eine Übersetzung ist abgedruckt in SchiedsVZ 2015, 251 f.; vgl. dazu *NeelmeierPingliang*, Anmerkung, ebenda 252 f.

1119 Vgl. dazu mit umfassenden Literaturnachweisen *Trunk*, Die Schiedsordnung des internationalen Handelsschiedsgerichte (MKAS) bei der Handels- und Industriekammer der Russischen Föderation, in: Schütze (Hrsg.), Institutionelle Schiedsgerichtsbarkeit, 2. Aufl., 2011, S. 427 ff.; *ders.*, MKAS Rules, in: Schütze (Hrsg.), Institutional Arbitration, 2013, S. 501 ff.

1120 Vgl. dazu mit umfassenden Literaturnachweisen *Hirth*, Schiedsordnung des Singapore International Arbitration Centre (SIAC), in: Schütze (Hrsg.), Institutionelle Schiedsgerichtsbarkeit, 2. Aufl., 2011, S. 545 ff.; *ders.*, SIAC Rules, in: Schütze (Hrsg.), Institutional Arbitration, 2013, S. 617 ff.; *Dubash*, Singapore International Arbitration Centre (SIAC), in: Nairn/Heneghan, Arbitration World, 5. Aufl., 2015, S. 219 ff.

- Kuala Lumpur Regional Centre for Arbitration[1121];
- Dubai International Arbitration Centre[1122].

4. Die Investitionsschiedsgerichtsbarkeit

Die Investitionsschiedsgerichtsbarkeit zwischen privaten Investoren und Staaten[1123] – als Schutz gegen rechtswidrige Maßnahmen ausländischer Staaten konzipiert – ist im Zusammenhang mit dem Freihandelsabkommen zwischen der EU und den USA in die Kritik vornehmlich linker Gruppierungen und der Gewerkschaften geraten, die befürchten, dass Sozial- und Umweltstandards durch die Rechtsprechung privater Schiedsgerichte durch die unrichtige Auslegung der *fair and equitable treatment standards*[1124] beeinträchtigt werden könnten. 593

Insbesondere zwei Verfahren haben die Kritiker aufgestört. Die Schiedsverfahren *Vattenfall v. Bundesrepublik Deutschland*[1125] und *Philip Morris v. Austra-* 594

1121 Vgl. dazu mit umfassenden Literaturnachweisen *Klötzel*, Schiedsordnung des Kuala Lumpur Regional Centre for Arbitration, in: Schütze (Hrsg.), Institutionelle Schiedsgerichtsbarkeit, 2. Aufl., 2011, S. 585 ff.; *ders.*, KLRCA Rules, in: Schütze (Hrsg.), Institutional Arbitration, 2013, S. 671 ff.; *Rajoo*, Kuala Lumpur Regional Centre for Arbitration (KLRCA), in: Nairn/Heneghan, Arbitration World, 5. Aufl., 2015, S. 155 ff.

1122 Vgl. dazu mit umfassenden Literaturnachweisen *Kratzsch*, DIAC-Schiedsverfahren, in: Schütze (Hrsg.), Institutionelle Schiedsgerichtsbarkeit, 2. Aufl., 2011, S. 919 ff.; *dies.*, DIAC Rules, in: Schütze (Hrsg.), Institutional Arbitration, 2013, S. 863 ff.

1123 Vgl. dazu *Bubrowski*, Das Verhältnis zwischen internationalen Investitionsschiedsverfahren und nationalen Gerichtsverfahren, 2012; *Diel-Gilgor*, Inconsistency in international investment jurisprudence: The example of ICSID Arbitration – Analysis and Proposal of Reform, Diss. Heidelberg, 2014; *Engel*, Investitionsschutzstreitigkeiten in der Europäischen Union, SchiedsVZ 2015, 218 ff.; *Gramlich/Conen*, Streitbeilegung bei Auslandsinvestitionen – „Guter" Rechtsschutz für (private) Investoren, SchiedsVZ 2015, 225 ff. *Happ*, ICSID Rules, in: Schütze (Hrsg.) Institutional Arbitration, 2013, S. 923 ff.; *Lorz/Clasmeier*, From International Commercial to Investment Arbitration: A Long Journey and No Common End, FS Elsing, 2015, S. 345 ff.; *Sachs/Häusler*, Import of Umbrella Clauses by Way of Invoking Most-Favored-Nation Treatment Clauses in International Investment Treaty Law, FS Schütze II, 2014, S. 499 ff.; *Steinbach*, Investor-Staat-Schiedsverfahren und Verfassungsrecht, RabelsZ 80 (2016), 1 ff.

1124 Vgl. dazu *von Hammerstein/Roegele*, Der Fair and Equitable Treatment-Standard im Investitionsschutzrecht, SchiedsVZ 2015275 ff.

1125 Vgl. dazu u.a. *Buntenbroich/Kaul* Transparenz in Investitionsschiedsverfahren – Der Fall Vattenfall und die UNCITRAL-Transparenzregeln, SchiedsVZ 20^4, 1 ff.; *Krajewski*, Umweltschutz und Internationales Investitionsschutzrecht am Beispiel dere Vattenfall-Klagen und des Transatlantischen Handels- und Investitionsabkommens (TTIP), ZUR 2014, 396 ff.

lia[1126]. Im ersteren Fall geht es um eine Schiedsklage wegen des Atomausstiegsgesetzes, als nach der Fukushima Naturkatastrophe in der 13. Novelle des Atomgesetzes festgelegt wurde, dass die Laufzeiten der ältesten Atomkraftwerke erloschen und die anderen Laufzeiten neu festgelegt wurden[1127]. Im zweiten Fall geht es gegen Plain-Packaging Gesetzgebung in Australien, die schlichte Einheitsverpackungen für Tabakprodukte vorsieht und die Verwendung eines Markenlogos verbietet[1128]. Weitere spektakuläre Fälle finden sich in der Zusammenstellung des BDI, Investitionsschutzabkommen und Investor-Staat-Schiedsverfahren[1129].

595 Der wesentliche Einwand gegen die Investitionsschiedsgerichtsbarkeit ist die mangelnde Öffentlichkeit der Verfahren. Es werde in Hinterzimmern abgeschottet verhandelt und entschieden. Dabei wird übersehen, dass die Öffentlichkeit des Verfahrens in ihrer Ausgestaltung seit der französischen Revolution dazu dient, das Verfahren im Interesse der Parteien zu überwachen, nicht aber dient es der Befriedigung der Neugierde von Dritten. Wenn die Parteien auf die Öffentlichkeit verzichten, so verletzt das das Prinzip nicht. Der weitere Vorbehalt geht dahin, private Gerichte könnten Umwelt- und Sozialstandards „aushebeln". Das ist wenig durchdacht. Denn die Schiedsgerichte können nicht Gesetze ändern, sie können nur Schadensersatz zusprechen, wenn der Investor kein *„fair and equal treatment"* erhält.

596 Letztlich gibt es keine Alternative zur Investitionsschiedsgerichtsbarkeit, will man nicht Auslandsinvestitionen zu einem unkalkulierbaren Risiko machen. Ein Beispiel möge das verdeutlichen. Das Allende Regime enteignete ausländische Investoren in völkerrechtswidriger Weise entschädigungslos[1130]. Wenn es keine Investitionsschiedsgerichtsbarkeit gegeben hätte, wären die Investoren rechtsschutzlos geblieben. In Chile vor den staatlichen Gerichten zu klagen wäre erfolglos geblieben, da die sozialistische Richterschaft Allende nicht die

1126 Die Schiedsklage von Philip Morris ist zwischenzeitlich (2015) aus formellen Gründen abgewiesen worden.

1127 Ein früheres Schiedsverfahren Vattenfalls wegen der Verschärfung vom Umweltauflagen bei Bau des Kohlekraftwerks Hamburg Moorburg ist durch Vergleich erledigt worden.

1128 Eine ähnliche Schiedsklage wurde gegen Uruguay erhoben.

1129 2015, S. 31 ff.

1130 Allende rechtfertigte dies rhetorisch glanzvoll – aber rabbulistisch – in einer Rede am 4. Dezember 1972 vor der UNO damit, dass die ausländischen Investoren in der Vergangenheit Gewinne aus der Investition gezogen hätten, die dem chilenischen Volk zustanden. Hiermit werde aufgerechnet. Hierüber aber können nur die chilenische Justiz der sozialistischen Volksrepublik entscheiden, vgl. *Allende*, Chiles Kampf um Souveränität, in: Reden, die die Welt bewegten, 5. Aufl., 1986, S. 596 ff.

Gefolgschaft zu verweigern gewillt war. In anderen Staaten wären die Klagen vor staatlichen Gerichten an der Immunität Chiles gescheitert. Sic!

Quelle der Investitionsschiedsgerichtsbarkeit sind zunächst bilaterale Staatsverträge[1131]. 129 Investitionsschutz- und -förderungsverträge sind für Deutschland zur Zeit in Kraft, die Schiedsklauseln enthalten. Daneben ist die Investitionsschiedsgerichtsbarkeit in zwei internationalen Konventionen geregelt:, dem Washingtoner(Weltbank)übereinkommen zur Beilegung von Investitionsstreitigkeiten zwischen Staaten und Angehörigen anderer Staaten vom 18. März 1965[1132]und dem Vertrag über die Energie Charter (Energy Charter Treaty) vom 17. Dezember 1994[1133]. 597

Probleme mag gelegentlich die Vollstreckung von Schiedssprüchen in Investitionsstreitigkeiten bereiten[1134]. 598

5. Class Arbitration

Die Bewältigung von Massenstreitigkeiten wird in ausländischen – insbesondere der US-amerikanischen – Rechtsordnungen teilweise in der Schiedsgruppenklage[1135] gesucht. Dieses Rechtsinstitut lehnt sich in seiner Struktur eng an die Class Action an. Die Class Arbitration ist dem deutschen Recht fremd und ist rechtlich kaum denkbar, da sie gleiche Schiedsvereinbarungen der Klassenmitglieder vorsieht. Immerhin ist es möglich, dass deutsche Parteien in amerikanische Class Actions verwickelt werden. 599

1131 Eine Übersicht über die staatsvertragliche Investitionsschiedsgerichtsbarkeit in 25 Jurisdiktionen bringen *Jagusch/Triantafilou*, Investment Treaty Arbitration, 2015; vgl. im Übrigen den Sammelband *Hoffmann*, Protection of Foreign Investments through Modern Treaty Arbitration, 2010.

1132 BGBl. 1969 II, 1191; vgl. dazu *Pirrung*, Die Schiedsgerichtsbarkeit nach dem Weltbankübereinkommen für Investitionsstreitigkeiten, 1972.

1133 BGBl. 1997 II 4, 102; vgl. dazu *Nelson/Herlihy/Lawn*, The Energy Charter Treaty, in: Nairn/Heneghan, Arbitration World, 5. Aufl., 2015, S. 57 ff.

1134 Vgl. dazu eingehend *Raeschke-Kessler*, Der Einfluss des Völkervertragsrechts auf Vollstreckbarerklärung und Vollstreckung aus Schiedssprüchen auf der Grundlage von Investitionsschutzabkommen, FS Schlick, 2015, S. 57 ff.

1135 Vgl. dazu eingehend *Orgel*, Class Arbitration, 2013.

IX. Übersicht über Rechtsquellen und Schrifttum zum nationalen und internationalen Zivilprozessrecht der EU-, EWR- und einiger wirtschaftlich bedeutsamer Staaten Außereuropas

Vorbemerkung:

Die nachstehende Übersicht soll das Auffinden von Rechtsquellen und einen Einstieg in das – vornehmlich deutschsprachige und leicht zugängliche – Schrifttum ermöglichen. Im Übrigen sei auf die Übersichten bei *Geimer/Schütze*, Internationaler Rechtsverkehr und *Geimer/Schütze*, EuZVR verwiesen. **600**

A. Europa

1. Belgien

I. Prozessführung vor staatlichen Gerichten

Literatur:
Barnich, Présentation du Nouveau Code Belge der Droit International Privé, Revue du Notariat Belge 2004, 6ff. (10ff.); *Cambier*, Droit judiciaire civil, 1974, 1981; *Fettweis*, Manuel de Procédure Civile, 2. Aufl., 1987; *Francq*, Das belgische IPR- Gesetzbuch, RabelsZ 70 (2006), 235ff.; *Hainz*, Grundzüge der Zivilgerichtsbarkeit und Zwangsvollstreckung in Belgien, in: Zivilgerichtsbarkeit und Zwangsvollstreckung – Grundzüge, 1979, S. 145ff.; *van Houtte/Wautelet*, Länderbericht Belgien, in: Colman (Hrsg.), Encyclopedia of International Commercial Litigation, Belgium 1ff.; *Kohl/Storme*, L'influence du ZPO allemand de 1877 et la science allemande au procés civil belge, in: Habscheid (Hrsg.), Das deutsche Zivilprozessrecht und seine Ausstrahlung auf andere Rechtsordnungen, 1991, S. 200ff.; *Krings*, Die Grundzüge des belgischen Zivilgerichtsverfahrens, ZZP 90 (1977), 245ff.; *de Leval*, Éléments de procédure civile, 2003; *Meijer*, Länderbericht Belgien, in: Snijders u.a., Access to Civil Procedure Abroad, 1996, S. 193ff. mit Literaturnachweisen ebenda, S. 195ff.; *Nuyts*, Compétence Judiciaire, in: Boularbah, Le Nouveau Droit International Privé, Journal des Tribunaux 2005, 173ff. (177ff.); *Storme*, Im Westen viel Neues – Justizreformen in Belgien, ZZPInt 4 (1999), 117ff.

Das belgische Zivilprozessrecht ist im Code Judiciaire (CJ) v. 10.10.1967 kodifiziert. Dieses Regelwerk enthält auch das Gerichtsverfassungsrecht. Der **601** belgische Zivilprozess steht in der Tradition des französischen Zivilverfahrens[1136].

II. Prozessführung vor Schiedsgerichten

Literatur:
Claeys/Tanghe, Länderbericht Belgien, in : Nairn/Heneghan, Arbitration World, 5. Aufl., 2015, S. 349 ff.; *Horsmans*, La loi belge du 19 mai 1998 sur l'arbitrage, Revue de l'Arbitrage 1999, 475 ff.; *van Houtte*, Länderbericht Belgien, in : Weigand, Practitioner's Handbook on International Commercial Arbitration, 2. Aufl., 2009, S. 179 ff.; *van Houtte/Looyens*, Law and Practice of International Arbitration in Belgium, in: Gottwald (Hrsg.), Internationale Schiedsgerichtsbarkeit, 1997, S. 161 ff.; *Huys/Keutgen*, L'arbitrage en droit belge et international, 1981; *Keutgen*, La nouvelle loi sur l'arbitrage, JT 1998, 761 ff.; *ders.*, L'arbitrage en droit belge et international, Bd. 1, 2006; *Matray*, Länderbericht Belgien, Yearbook Commercial Arbitration V (1980), S. 1 ff.; *ders.*, Länderbericht Belgien, in: Paulsson (Hrsg.), International Handbook on Commercial Arbitration, Begium 1 ff.; *Storme/Demeulenaere*, International Commercial Arbitration in Belgium, 1989; *Verbist*, Reform of the Belgian Arbitration Law (the Law of May 19th 1998), Revue de droit des affaires internationals, 1998, 862 ff.

602 Seit dem 1.9.2013 gilt ein neuen Schiedsverfahrensgesetz, das in die Zivilprozessordnung (Code Judiciaire) integriert wurde. Das belgische Schiedsrecht ist stark vom UNCITRAL-Modellgesetz beeinflusst, dessen wesentliche Grundsätze es übernommen hat. Belgien ist Mitgliedstaat des UN-Übereinkommens 1958. Im Übrigen bestimmt sich die Wirkungserstreckung ausländischer Schiedssprüche nach dem Code Judiciaire.

III. Das Verfahren mit Auslandsberührung

1. Gerichtsbarkeit

603 Belgien ist Mitgliedstaat des Wiener Übereinkommens über diplomatische Beziehungen vom 18.4.1961 und des Wiener Übereinkommens über konsularische Beziehungen vom 24.4.1963 sowie des Europäischen Übereinkommens über die Staatenimmunität vom 16.5.1972.

1136 Zum Einfluss des deutschen Zivilprozessrechts vgl. *Kohl/Storme*, L'influence du ZPO allemand de 1877 et la science allemande au procés civil belge, in: Habscheid (Hrsg.), Das deutsche Zivilprozessrecht und seine Ausstrahlung auf andere Rechtsordnungen, 1991, S. 200 ff.

2. Internationale Zuständigkeit

Im Verhältnis zu Deutschland findet die Brüssel Ia VO Anwendung. Im Übrigen ist die internationale Zuständigkeit eigenständig in Artt. 5–14 des belgischen Gesetzbuches über das internationale Privatrecht (IPRG 2004) geregelt worden. 604

3. Anerkennung und Vollstreckbarerklärung ausländischer Zivilurteile

Literatur:
Boularbah, Le Nouveau Droit International Privé, JT 2005, 173ff. (184ff.); *Council of Europe*, The practical guide to the recognition and enforcement of foreign judicial decisions in civil & commercial matters, 1975, 20ff.; *Fevery*, La reconnaissance et l'exécution des décisions judiciaires étrangères en Belgique en dehors du champ d'application des Conventions de Bruxelles et de Lugano, in: Walter/Baumgartner (Hrsg.), Anerkennung und Vollstreckung ausländischer Entscheidungen außerhalb der Übereinkommen von Brüssel und Lugano, 2000, 75ff.; *Foriers*, Quels effets un jugement étranger peut-il produire en Belgique et à quelles conditions ces effets se produissent-ils?, JT 1956, 494ff.; *Franq*, Das belgische IPR-Gesetzbuch, RabelsZ 70 (2006), 235ff.; *van Houtte*, Länderbericht Belgien, in: Campbell (Hrsg.), International Execution against Judgment Debtors, BEL. 1ff.; *Humblet*, De l'exécutions des jugements étrangers en Belgique, Journal Clunet 4 (1877), 339ff.; *Jacobi*, Die Vollstreckung ausländischer vermögensrechtlicher Urteile in Frankreich, Belgien und den Niederlanden, NiemeyersZ 44 (1931), 140ff.; *Mercier*, Effets Internationaux des Jugements dans les Etats du Marché Commun, 1965; *Philonenko*, Contribution à la théorie générale d'exécution des jugements étrangers en droit français et belge, Journal Clunet 64 (1937), 429ff.; *Rigaux*, L'efficacité des jugements étrangers en Belgique, JT 1960, 285ff.; 302ff.; *Vroonen*, De la force extraterritoriale des jugements étrangers et des conditions extrinsèques de validité des actes étrangers en Belgique, 1919.

Im deutsch-belgischen Verhältnis bestimmt sich die Wirkungserstreckung von ausländischen Zivilurteilen nach der Brüssel I VO (für Entscheidungen, die aufgrund eines vor dem 10.1.2015 eingeleiteten Verfahrens ergangen sind) und die Brüssel Ia VO (für Entscheidungen, die aufgrund später eingeleiteter Verfahren ergangen sind) Für Altfälle und die wenigen nicht durch die Brüssel I und Ia VO geregelten Fälle gilt das deutsch-belgische Anerkennungs- und Vollstreckungsabkommen vom 30.6.1958. Im Übrigen finden Artt. 22ff. IPRG Anwendung. 605

2. Bulgarien

I. Prozessführung vor staatlichen Gerichten

Literatur:
Jessel-Holst, Länderbericht Bulgarien, in: Geimer/Schütze, Internationaler Rechtsverkehr, 1025.1ff.; *Mussewa*, Das neue internationale Zivilverfahrensrecht Bulgariens in Zivil- und Handelssachen, IPRax 2007, 256ff.; *Popova*, Länderbericht Bulgarien, International Encyclopaedia of Laws – Civil Procedure, Bulgaria, 2014.; *dies.*; Die internationale Zuständigkeit und die Aufrechnungseinrede im bulgarischen gerichtlichen Erkenntnisverfahren, ZZPInt 6 (2001), 265ff.; *Rechberger*, Das neue Zivilverfahrensgesetz Bulgariens, 2008; *Schmitz*, Durchsetzung zivilrechtlicher Forderungen in Bulgarien, AnwBl 2000, 116ff.; *Zidarova/Stanceva-Minceva*, Gesetzbuch über das internationale Privatrecht der Republik Bulgarien, RabelsZ 71 (2007), 398ff.

606 Grundlage des Zivilprozesses ist die Zivilprozessordnung 2007.

II. Prozessführung vor Schiedsgerichten

Literatur:
Chernev, Länderbericht Bulgarien, in: Liebscher/Fremuth-Wolf (Hrsg.), Arbitration Law and Practice in Central and Eastern Europe, BUL 2ff.; *Stalev*, Das neue bulgarische Gesetz über die internationale Handelsschiedsgerichtsbarkeit, Jahrbuch für die Praxis der Schiedsgerichtsbarkeit 2 (1988), S. 208ff.; *ders.*, Länderbericht Bulgarien, in: Paulsson (Hrsg.) International Handbook on Commercial Arbitration, Bulgaria, 1ff.; *Tschipev*, Die internationale Schiedsgerichtsbarkeit in Bulgarien, in: Böckstiegel (Hrsg.), Recht und Praxis der internationalen Schiedsgerichtsbarkeit in Staaten Zentral- und Osteuropas, 1998, S. 55ff. (dort auch eine Übersetzung des Gesetzes über die internationale Handelsschiedsgerichtsbarkeit S. 64ff.).

607 Das bulgarische Gesetz über die internationale Handelsschiedsgerichtsbarkeit v. 5.8.1988 übernimmt das UNCITRAL-Modellgesetz in seinen Grundsätzen, weicht aber in einigen Teilen ab[1137].

Bulgarien ist Mitgliedstaat des Europäischen Übereinkommens über die Handelsschiedsgerichtsbarkeit und des UN-Übereinkommens 1958, auf das Art. 51 Abs. 2 des Gesetzes über die internationale Handelsschiedsgerichtsbarkeit verweist.

1137 Vgl. für die Analyse der Unterschiedlichkeit im Einzelnen *Stalev*, Das neue bulgarische Gesetz über die Handelsschiedsgerichtsbarkeit, Jahrbuch für die Praxis der Schiedsgerichtsbarkeit 2 (1988), S. 208ff. (211f.)

III. Das Verfahren mit Auslandsberührung

1. Gerichtsbarkeit

Bulgarien ist Mitgliedstaat des Wiener Übereinkommens über diplomatische Beziehungen v. 18.4.1961 und des Wiener Übereinkommens über konsularische Beziehungen v. 24.4.1963. 608

Eine Regelung der Immunität ausländischer Staaten und mit Staatsgewalt bekleideten Personen findet sich in Art. 18 des Zivilprozessgesetzbuches 2007.

2. Internationale Zuständigkeit

Im deutsch-bulgarischen Verhältnis findet die Zuständigkeitsordnung der Brüssel Ia VO Anwendung. Im Übrigen ist die internationale Zuständigkeit eigenständig – unter Abkehr von dem bis dahin praktizierten Prinzip der Doppelfunktionalität der örtlichen Zuständigkeit – in Artt. 4 ff. des Gesetzes über das internationale Privatrecht vom 4. Mai 2005 (IPRG) geregelt. 609

3. Anerkennung und Vollstreckbarerklärung ausländischer Zivilurteile

Literatur:
Jessel-Holst, Länderbericht Bulgarien, in: Geimer/Schütze, Internationaler Rechtsverkehr, 1025.10 ff.; *dies.* Anerkennung und Vollstreckung ausländischer Entscheidungen sowie Rechtshilfe in Zivilsachen nach bulgarischem Recht, WGO 1982, 255 ff.; *Jordanova Spasova*, Länderbericht Bulgarien, in: Campbell (Hrsg.), International Execution against Judgments Debtors, BUL-1 ff.; *Tschipev*, Die internationale Zuständigkeit bulgarischer Gerichte und die Anerkennung und Vollstreckung ausländischer Gerichtsurteile in Bulgarien, in: Jayme (Hrsg.), Ein internationales Zivilverfahrensrecht für Gesamteuropa, 1992, S. 45 ff. (48 ff.).

Im deutsch-bulgarischen Verhältnis bestimmt sich die Wirkungserstreckung ausländischer Zivilurteile nach der Brüssel I und Ia VO (je nach dem Zeitpunkt der Einleitung des Verfahrens, in dem die Entscheidung ergangen ist, vgl. Rdn. 351). Im Übrigen finden Art. 117 ff. IPRG Anwendung. 610

3. Dänemark

I. Prozessführung vor staatlichen Gerichten

Literatur:
Dübeck, Einführung in das dänische Recht, 1996, S. 315 ff.; *Gomard*, Civil Processen, 5. Aufl., 2000; *Iversen/Kahlke*, Länderbericht Dänemark, in: Colman (Hrsg.), Encyclopedia of International Commercial Litigation, Denmark 1 ff.; *Jaspers*, Länderbericht Dänemark, in: Geimer/Schütze, Internationaler Rechtsverkehr, 1031.1 ff.; *Kohler/Winterhoff*, Neuregelung der internationalen und örtlichen Zuständigkeit in Dänemark, IPRax 1988, 53 ff.; *Munch-Petersen*, Der Zivilprozess Dänemarks, 1932; *Smith*, Dänemark und das deutsche Zivilprozessrecht, in: Habscheid (Hrsg.), Das deutsche Zivilprozessrecht und seine Ausstrahlung auf andere Rechtsordnungen, 1991, S. 219 ff.; *Schmahl*, Das Adhäsionsverfahren im dänischen Recht, 1980; *Spaude*, Das dänische Rechtswesen, Gerichtsbarkeit und Verfahrensrecht, 1976; *Werlauff*, Länderbericht Dänemark, International Encyclopaedia of Laws – Civil Procedure, 2010, Denmark, 11 ff.; *ders.*, Common European Procedural Law. European Law requirements imposed on national administration of Justice, 1999.

611 Rechtsgrundlage für das Zivilverfahren vor staatlichen Gerichten ist der retsplejeloven von 1916, ein umfangreiches Gesetz mit über 1.000 Artikeln. Diese Prozessordnung wurde im Jahre 2000 grundlegend reformiert.

II. Prozessführung vor Schiedsgerichten

Literatur:
Ehlers, L'arbitrage au Danmark, Revue de l'arbitrage 1977, 327 ff.; *Jørgensen/Terkildsen*, The New Danish Arbitration Act, International Arbitration Law Review, 2005, 203 ff.; *Lando*, Dänisches Schiedsrecht nach dem Schiedsgerichtsgesetz von 1972, ZHR 136 (1972), 517 ff.; *Meurs-Gerken*, Distinctive features of the new Danish Arbitration Act, ICC Bull. 16.6, 47 ff.; *Philip*, Länderbericht Dänemark, in: Paulsson (Hrsg.), International Handbook on Commercial Arbitration, Denmark 1 ff.; *ders.*, Länderbericht Dänemark, in: Gottwald (Hrsg.), Internationale Schiedsgerichtsbarkeit, 1997, S. 243 ff.; *Trolle*, Länderbericht Dänemark, Yearbook Commercial Arbitration V (1980), S. 28 ff.

612 Grundlage des Schiedsverfahrens ist das dänische Schiedsgesetz 2005 (Gesetz Nr. 553 v. 24.6.2005). Dieses Gesetz basiert auf dem UNCITRAL-Modellgesetz.

Dänemark ist Mitgliedstaat des UN-Übereinkommens 1958 und des Europäischen Übereinkommens über die Handelsschiedsgerichtsbarkeit. Im Übrigen finden Artt. 38 f. Schiedsgesetz 2005 Anwendung.

III. Das Verfahren mit Auslandsberührung

1. Gerichtsbarkeit

Dänemark ist Mitgliedstaat des Wiener Übereinkommens über diplomatische Beziehungen v. 18.4.1961 und des Wiener Übereinkommens über konsularische Beziehungen v. 24.4.1963. Zu beiden Übereinkommen sind nationale Ausführungsgesetze ergangen. 613

2. Internationale Zuständigkeit

Im deutsch-dänischen Verhältnis findet der Zuständigkeitskatalog der Brüssel Ia VO kraft völkerrechtlichen Vertrages, vgl. FN 242, Anwendung. 614

Das autonome dänische Recht geht von einer Doppelfunktionalität der örtliche Zuständigkeit begründenden Gerichtsstände aus. Die örtliche Zuständigkeit indiziert die internationale. Dänemark praktiziert die forum non conveniens Lehre[1138].

3. Anerkennung und Vollstreckbarerklärung ausländischer Zivilurteile

Literatur:
Budtz, Länderbericht Dänemark, in: Campbell (Hrsg.), International Execution against Judgment Debtors, DEN 2ff.; *Hambro*, Recognition and Enforcement of Foreign Judgments in the Nordic Countries, Journal Clunet 84 (1957), 908 ff.; *Jaspers*, Länderbericht Dänemark, in: Geimer/Schütze, Inernationaler Rechtsverkehr, 1031.17 f.

In Dänemark gelten kraft Übereinkommens zwischen der EG und Dänemark v. 19.10.2005[1139] die Brüssel I und Ia VO [1140]. Außerhalb des europäischen Rechts praktiziert Dänemark das Prinzip der administrativ verbürgten Gegenseitigkeit. Ausländische Urteile können nur auf staatsvertraglicher Grundlage oder könig- 615

1138 Vgl. *Iversen/Kahlke*, Länderbericht Dänemark, in: Colman (Hrsg.), Encyclopedia of International Commercial Litigation, Denmark, A 3.1.

1139 ABl. EG Nr. L 299, S. 62.

1140 Vgl. dazu *Jayme/Kohler*, Europäisches Kollisionsrecht 2005: Hegemonialgesten auf dem Weg zu einer Gesamtvereinheitlichung, IPRax 2005, 481 ff. (485 f.); *Nielsen*, Brussels I and Denmark, IPRax 2007, 506 ff.

licher Gegenseitigkeitsfeststellung anerkannt und für vollstreckbar erklärt werden[1141].

4. England

I. Prozessführung vor staatlichen Gerichten

Literatur:
Andrews, A New Civil Procedure Code for England: Party-Control „Going, Going, Gone", CJQ 2000, 1937ff.; *ders.*, Development in English Civil Procedure: How far can the English Courts reform their own procedure?, ZZPInt 2 (1997) 3ff.; *Bernet*, Englische Freezing (Mareva) Orders, I: Spühler (Hrsg.), Internationales Zivilprozess- und Verfahrensrecht, 2001, S. 51ff.; *von Bernstorff/Reinecker*, Zivilgerichtsbarkeit, Zwangsvollstreckung und Konkurs in europäischen Ländern – England, Frankreich, Schweiz, 1983; *Briggs/Rees*, Civil Jurisdiction and Judgments, 3. Aufl., 2003; *Bruzzone*, Das Privy Council als oberstes Gericht des Commonwealth of Nations, 1990; *Bütter*, Die Reform des englischen Zivilprozessrechts, RIW 2000, 111ff.; *Bunge*, Zivilprozess und Zwangsvollstreckung in England und Schottland, 2. Aufl., 2005; *ders.*, Institutionen des englischen Zivilprozessrechts, ZZP 92 (1979), 351ff.; *Cohn*, Der englische Gerichtstag, 1956; *Colman/Bryan/Foxton/Pillow/Alexander*, Länderbericht England und Wales, in: Colman (Hrsg.), Encyclopedia of International Commercial Litigation, England and Wales 1ff.; *Curti*, Englands Zivilprozess, 1928; *van Dam-Lely/Kottenhagen*, Länderbericht England, in: Snijders u.a., Access to Civil Procedure Abroad, 1996, S. 85ff.; *David*, Die Bindung des Richters an das Präjudiz im englischen Recht, Diss. Zürich 1962; *Geimer*, English Substituted Service (Service by an Alternative Method) and the Race to the Courthouses, FS Schütze, 1999, S. 205ff.; *Haye/Prevett*, Länderbericht England und Wales, in: Grubbs (Hrsg.), International Civil Procedure, 2003, S. 179ff.; *Hurst*, Civil procedure: Costs including conditional fees in England and Wales, ZZPInt 10 (2005), 39ff.; *Ingenhoven*, Grenzüberschreitender Rechtsschutz durch englische Gerichte, 2001; *Jonathan/Hill*, The Law Relating to International Commercial Disputes, 1994; *Kessel*, Grundzüge des englischen Zivilprozessrechts, ZVglRWiss 92 (1993), 395ff.; *ders.*, Praktische Probleme bei der Führung von Prozessen nach deutschem Recht vor englischen Gerichten, RIW 1996, 293ff.; *Liebscher*, Das englische Gerichtswesen, JBl 1964, 180ff.; *Schmitthoff*, Der Zivilprozess als Schlüssel zum englischen Rechtsdenken, JZ 1972, 38ff.; *Schütze*, Länderbericht Vereinigtes Königreich, in: Geimer/Schütze, Internationaler Rechtsverkehr, 1156.1ff.; *Sobich*, Die Civil Procedure Rules 1999 – Zivilprozess in England, JZ 1999, 775ff.; *Thalmann*, Der englische Zivilprozess, JURA 1989, 178ff.; *Vollkommer*, Richter und Gerichte in England, ZZP 73 (1960), 145ff.; *Walther*, Die Mareva-Injunction, 1986; *Ziegenbein*, Die Unterscheidung von Real und Personal Action im Common Law, 1971; *Zuckerman*, English Civil Procedure – The Shift away from Party Control and Orality, ZZPInt 1 (1996), 65ff.

1141 Eine solche Anordnung ist für Deutschland ergangen, vgl. dazu *Harms*, Die dänische Anordnung über die Anerkennung von deutschen Urteilen vom 13. April 1938, JW 1938, 1942ff. Die Anordnung ist zwischenzeitlich nach Geltung des EuGVÜ und später der EuGVVO im deutsch-dänischen Verhältnis obsolet geworden.

Das englische Zivilprozessrecht[1142] ist erstmals durch die Civil Procedure Rules 1998 kodifiziert worden[1143]. Die Civil Procedure Rules gelten – und das ist eine wesentliche Neuerung – einheitlich für das Verfahren vor dem High Court und den County Courts. Die Civil Procedure Rules sind später mehrfach geändert und ergänzt worden. Die letzte Änderung ist im Dezember 2015 in Kraft getreten. 616

II. Prozessführung vor Schiedsgerichten

Literatur:
Benkö, Schiedsverfahren und Vollstreckung von Schiedssprüchen in England, 1979; *Harris/Platerose*, Arbitration Act 1996 – A Commentary, 3. Aufl., 2003; *Hunter*, Kosten in Schiedsverfahren aus englischer Sicht, DIS-MAT X (2005), S. 117 ff.; *Hunter/Landau*, The English Arbitration Act 1996, 1998; *Landau*, The English Arbitration Act 1996, 2000; *Katrali/Ballantyre*, Länderbericht England, in: Weigand, Practitioner's Handbook on International Arbitration, 2. Aufl., 2009, S. 351 ff.; *Maxwell*, International Arbitration in England, in: Gottwald (Hrsg.), Internationale Schiedsgerichtsbarkeit 1997, S. 315 ff.; *Sutton/Gill*, Russell on Arbitration, 22. Aufl., 2003; *Triebel/Hunter*, Das neue englische Schiedsgerichtsgesetz, 1997; *Konrad/Hunter*, LCIA-Schiedsregeln, in: Schütze (Hrsg.), Institutionelle Schiedsgerichtsbarkeit, 2. Aufl., 2011, S. 351 ff.; *Triebel/Lange*, Reform des englischen Schiedsgerichtsrechts, RIW/AWD 1980, 616 ff.; *Triebel/Plassmeier*, Das neue englische Schiedsgerichtsgesetz, BB-Beil. 13/1997, 2 ff.; *Veeder*, Länderbericht England, in: Paulsson (Hrsg.), International Handbook on Commercial Arbitration, England, 1 ff.; *Weigand*, Das neue englische Schiedsverfahrensgesetz, 1997; *Zafar/Heneghan/Yan*, Länderbericht England & Wales, in: Nairn/Heneghan, Arbitration World, 5. Aufl., 2015, S. 477 ff.

Grundlage des Schiedsverfahrens ist der Arbitration Act 1996. England hat hat 617
das UNCITRAL-Modellgesetz nicht übernommen, wahrt vielmehr kritische Distanz[1144].

England ist Mitgliedstaat des UN-Übereinkommens 1958. Das deutsch-britische Anerkennungs- und Vollstreckungsabkommen regelt die Wirkungserstre-

1142 Vgl. für die Rechtslage bis zum Inkrafttreten der Civil Procedure Rules 1998 am 26.4.1999 insbes. *Bunge*, Zivilprozess und Zwangsvollstreckung in England, 1995, mit einer umfassenden Bibliographie; *Kessel*, Grundzüge des englischen Zivilprozessrechts, ZvglRWiss 92 (1993), 395 ff.; *Thalmann*, Der englische Zivilprozess, JURA 1989, 189 ff.; veraltet aber immer noch lesenswert wegen der Darstellung des Grundprinzipien des common law Prozesses *Curti*, Englands Zivilprozess, 1928.
1143 Vgl. dazu *Bütter*, Die Reform des englischen Zivilprozessrechts, RIW 1999, 111 ff.; *Sobich*, Die Civil Procedure Rules 1998 – Zivilprozessrecht in England, JZ 1999, 775 ff.
1144 Vgl. dazu *Ajibola*, Differences between the United Kingdom Arbitration Act 1996 and the UNCITRAL Model Law on International Commercial Arbitration, FS Böckstiegel, 2001, S. 1 ff.; *Kerr*, The English Arbitration Act 1996 and the Model Law, FS Böckstiegel, 2001, S. 377 ff.; *Triebel/Plassmeier*, Das neue englische Schiedsgerichtsgesetz, RPS BB-Beil. 13/1997, 2 ff. (3).

ckung von Schiedssprüchen nicht. Im Übrigen ist eine action on the foreign award nach common law möglich.

III. Das Verfahren mit Auslandsberührung

1. Gerichtsbarkeit

618 Das Vereinigte Königreich ist Mitgliedstaat des Wiener Übereinkommens v. 18.4.1961 über diplomatische Beziehungen und des Wiener Übereinkommens v. 24.4.1963 über konsularische Beziehungen. Das Vereinigte Königreich ist weiterhin Mitgliedstaat des Europäischen Übereinkommens über die Staatenimmunität. Die Konvention durchbricht gegenüber Vertragsstaaten den noch in der Entscheidung *Rahimtoola v. Nizam of Hyderabad*[1145] angewandten Grundsatz der absoluten Immunität.

Statutarisch ist die Immunität im State Immunity Act 1978[1146] geregelt[1147].

2. Internationale Zuständigkeit

619 Im deutsch-englischen Verhältnis findet die Zuständigkeitsordnung der Brüssel Ia VO Anwendung. Im Übrigen gelten common law Grundsätze.

3. Anerkennung und Vollstreckbarerklärung ausländischer Zivilurteile

Literatur:
Alexandre, L'exécution des jugements étrangers en Angleterre, Journal Clunet 5 (1878), 22 ff.; 6 (1879), 516 ff.; *Arndt*, Englische Gesetzgebung 1933, RabelsZ 9 (1935), 428 ff.; *Borm-Reid*, The recognition and enforcement of foreign judgments in England, Int.Comp.L.Q. 3 (1954), 49 ff.;

1145 (1958) AC 379 (HL).

1146 C 33, 1978 = IntLegMat 1978, 1123.

1147 Vgl. dazu *Albert*, Völkerrechtliche Immunität ausländischer Staaten gegen Gerichtszwang, Diss. Berlin 1984, S. 151 ff.; *Bird*, The State Immunity Act of 1978: An English Update, Int.Lawyer 13 (1979); *Delaume*, The State Immunity Act of the United Kingdom, AJIL 73 (1979), 185 ff.; *Hess*, Staatenimmunität bei Distanzdelikten, 1992, S. 120 ff.; *Mann*, The State Immunity 1978, British Yearbook of International Law 50 (1979), S. 43 ff.; *Ress*, Entwicklungstendenzen der Immunität ausländischer Staaten, ZaöRV 40 (1980), 217 ff.; *von Schönfeld*, Die Staatenimmunität im amerikanischen und englischen Recht, 1983; *Schreuer*, Neue Entwicklungen zur Immunität ausländischer Staaten vor englischen Gerichten, RIW/WAD 1979, 156 ff.; *White*, The State Immunity Act 1978, J.BusL. 1979, 105 ff.

Collier, Recognition and Enforcement of Foreign Judgments: England, in: Walter/Baumgartner (Hrsg.), Anerkennung und Vollstreckung ausländischer Entscheidungen außerhalb der Übereinkommen von Brüssel und Lugano, 2000, S. 131ff.; *Dubach*, Die Vollstreckung ausländischer Urteile in Grossbritannien, SJZ 1933/34, 356ff. = NiemeyersZ 51 (1935), 299ff.; *Graupner*, Some recent aspects of recognition and enforcement of foreign judgments in Western Europe, Int.Comp.L.Q. 12 (1963), 367ff.; *Magnus*, Fragen der Anerkennung und Vollstreckung ausländischer Urteile in England, RIW/AWD 1975, 465ff.; *Patchett*, Recognition of Commercial Judgments and Awards in the Commonwealth, 1984; *Read*, Recognition and Enforcement of Foreign Judgments, 1938.

Im deutsch-englischen Verhältnis bestimmen sich Anerkennung und Voll- 620
streckbarerklärung ausländischer Zivilurteile nach der Brüssel I und Ia VO (je nach dem Zeitpunkt der Einleitung des Verfahrens, das zu der Entscheidung geführt hat, vgl. Rdn. 351). Das deutsch-britische Anerkennungs- und Vollstreckungsabkommen v. 14.7.1960 ist dadurch weitgehend obsolet geworden. Im Übrigen bestimmt sich Wirkungserstreckung ausländischer Zivilurteile nach statutarischem Recht auf der Grundlage der Gegenseitigkeit[1148] und nach common law Grundsätzen.

5. Estland

I. Prozessführung vor staatlichen Gerichten

Literatur:
Ginter/Angerjärv, Länderbericht Estland, in: Colman (Hrsg.), Encyclopedia of International Commercial Litigation, Estonia 1ff.; *Kangur*, Länderbericht Estland, International Ecyclopedia of Laws,- Civil Procedure – Estonia 14ff.; *Nekrošius*, Die Prozessförderungspflicht der Parteien im Zivilprozess Litauens, Lettlands und Estlands, ZZPInt 8 (2003), 389ff.; *Trunk/Göttig/Köve*, Länderbericht Estland, in: Geimer/Schütze, Internationaler Rechtsverkehr, 1034.1ff.

Grundlage des Zivilprozesses ist die Zivilprozessordnung 2006, die der Verein- 621
fachung und Beschleunigung des Zivilverfahrens dient und u.a. auch die Schiedsgerichtsbarkeit und den Einsatz elektronischer Medien regelt.

1148 Vgl. dazu *Schütze*, Länderbericht Vereinigtes Königreich, in: Geimer/Schütze, Internationaler Rechtsverkehr,1156,14; die statutarisch geforderte formelle Gegenseitigkeitserklärung ist für Deutschland nicht abgegeben.

II. Prozessführung vor Schiedsgerichten

Literatur:
Hallmägi, Länderbericht Estland, in: Böckstiegel (Hrsg.), Recht und Praxis der internationalen Schiedsgerichtsbarkeit in den Staaten Zentral- und Ost-Europas, 1998, S. 95 ff.

622 Grundlage des Schiedsverfahrensrecht ist Teil 14 (Kap. 70–79) der ZPO. Die Regelung ist stark vom deutschen Recht beeinflusst und lehnt sich an das UNCITRAL-Modellgesetz an, ohne dies jedoch zu übernehmen.

Estland ist Mitgliedstaat des UN-Übereinkommen 1958. Im autonomen Recht verweist § 754 ZPO – ebenso wie im deutschen Recht § 1061 ZPO – auf das UN-Übereinkommen 1958.

III. Das Verfahren mit Auslandsberührung

1. Gerichtsbarkeit

623 Estland ist Mitgliedstaat des Wiener Übereinkommens über diplomatische Beziehungen v. 18.4.1961 und des Wiener Übereinkommens über konsularische Beziehungen v. 24.4.1963.

2. Internationale Zuständigkeit

624 Im deutsch-estnischen Verhältnis findet die Zuständigkeitsordnung der Brüssel Ia VO Anwendung.

Das autonome estnische Recht geht von einer Doppelfunktionalität der örtliche Zuständigkeit begründenden Gerichtsstände aus. Die örtliche Zuständigkeit indiziert die internationale.

3. Anerkennung und Vollstreckbarerklärung ausländischer Zivilurteile

Literatur:
Aavakivi, Länderbericht Estland, in: Campbell (Hrsg.), International Execution against Judgment Debtors, EST 1 ff.; *Trunk/Göttig/Köve*, Länderbericht Estland, in: Geimer/Schütze, Internationaler Rechtsverkehr, 1034.14 ff.

625 Im deutsch-estnischen Verhältnis bestimmen sich Anerkennung und Vollstreckbarerklärung ausländischer Zivilurteile nach der Brüssel I und Ia VO.

Im autonomen Recht ist die Wirkungserstreckung ausländischer Zivilurteile in Artt. 619–627 estn. ZPO geregelt.

6. Finnland

I. Prozessführung vor staatlichen Gerichten

Literatur:
Esko, Zwei Urteile des Obersten Gerichtshofs Finnlands im Bereich des internationalen Arbeitsrechts, IPRax 1988, 185 ff.; *Laukkanen*, Die Entwicklung des finnischen Zivilprozessrechts und die Veränderung der Rolle des Richters, ZZPInt 2 (1997), 227 ff.; *Möller*, Finnland und das deutsche Zivilprozessrecht, in: Habscheid (Hrsg.), Das deutsche Zivilprozessrecht und seine Ausstrahlung auf andere Rechtsordnungen, 1991, S. 246 ff.; *ders.*, „Einstweilige Verfügungen" (Interlocutory Injunctions) in Finnish Law, FS Geimer, 2002, S. 715 ff.; *Niemi*, Länderbericht Finnland, International Encyclopaedia of Laws, Civil Procedure, 2010, Finland 1 ff.; *Sjöström*, Das Zivilprozessrecht in Finnland, in: Leske/Loewenfeld, Die Rechtsverfolgung im internationalen Verkehr, Bd. 1, 1933, S. 514 ff.; *Tirkkonen*, Das Zivilprozessrecht Finnlands, 1958; *Uusitalo/Kocher*, Länderbericht Finnland, in: Geimer/Schütze, Internationaler Rechtsverkehr, 1038a.1 ff.; *Wrede*, Das Zivilprozessrecht Schwedens und Finnlands, 1924 (Neudruck 1970).

Finnland hat schwedisches Zivilprozessrecht rezipiert[1149]. Grundlage des Zivilverfahrens ist das Prozessgesetz, das bis 1997 sowohl für Zivil- als auch Strafverfahren galt. Mit der Einführung einer Strafprozessordnung 1997 bleibt das – dann geänderte – Prozessgesetz nur noch anwendbar auf Zivilverfahren. 626

II. Prozessführung vor Schiedsgerichten

Literatur:
Hentunen/Forss/Pitkänen, Länderbericht Finnland, in: Nairn/Heneghan, Arbitration World, 5. Aufl., 2015, S. 497 ff.; *Jokela*, Länderbericht Finnland, Yearbook Commercial Arbitration V (1980), 41 ff., 54 ff.

Grundlage des Schiedsverfahrens ist das Schiedsverfahrensgesetz 1992, das sowohl auf nationale als auch internationale Schiedsverfahren anwendbar ist. Das 627

1149 Vgl. dazu *Möller*, Finnland und das deutsche Zivilprozessrecht, in: Habscheid (Hrsg.), Das deutsche Zivilprozessrecht und seine Ausstrahlung auf andere Rechtsordnungen, 1991, 246 ff.

Gesetz enthält Grundsätze des UNCITRAL-Modellgesetzes, ohne dies insgesamt zu übernehmen.

Finnland ist Mitgliedstaat des UN-Übereinkommens 1958. Dieses Übereinkommen wurde in Finnland in §§ 51–55 des Schiedsverfahrensgesetzes in nationales Recht umgesetzt.

III. Das Verfahren mit Auslandsberührung

1. Gerichtsbarkeit

628 Finnland ist Mitgliedstaat des Wiener Übereinkommens über diplomatische Beziehungen v. 18.4.1961 und des Wiener Übereinkommens über konsularische Beziehungen v. 24.4.1963.

2. Internationale Zuständigkeit

629 Im deutsch-finnischen Verhältnis finde die Zuständigkeitsordnung der Brüssel Ia VO Anwendung. Im Übrigen ist die internationale Zuständigkeit nicht eigenständig geregelt. Die örtliche Zuständigkeit begründenden Gerichtsstände wirken doppelfunktional. Die örtliche Zuständigkeit indiziert die internationale.

3. Anerkennung und Vollstreckbarerklärung ausländischer Zivilurteile

Literatur:
Hambro, Recognition and Enforcement of Foreign Judgments in the Nordic Countries, Journal Clunet 84 (1957), 908 ff.; *Lappaleinen*, Recognition and Enforcement of Foreign Judgments Outside the Scope of Application of the Lugano and Brussels Convention in: Walter/Baumgartner (Hrsg.), Anerkennung und Vollstreckung ausländischer Entscheidungen außerhalb der Übereinkommen von Brüssel und Lugano, 2000, S. 169 ff.; *Oldorff*, Länderbericht Finnland, in: Campbell (Hrsg.) International Execution against Judgment Debtors, FIN 1 ff.; *Uusalito/Kocher*, Länderbericht Finnland, in: Geimer/Schütze, Internationaler Rechtsverkehr, 1038a, 7 ff.

630 Im deutsch-finnischen Verhältnis bestimmen sich Anerkennung und Vollstreckbarerklärung ausländischer Zivilurteile nach der Brüssel I und Ia VO. Im Übrigen ist die Wirkungserstreckung ausländischer Zivilurteile – gewisse status- und personenrechtliche Entscheidungen ausgenommen – nur aufgrund eines Staatsvertrages möglich.

7. Frankreich

I. Prozessführung vor staatlichen Gerichten

Literatur:
Adloff, Vorlagepflichten und Beweisvereitelung im deutschen und französischen Zivilprozess, 2007; *Bangratz*, Der Zivilprozess im französischen Recht, DRiZ 1995, 85 ff.; *Beltz*, Unterschiede des Mahnverfahrens im deutschen und französischen Recht, RIW 1992, 536 ff.; *Graf von Bernstorff/Reinecker*, Zivilgerichtsbarkeit, Zwangsvollstreckung und Konkurs in europäischen Ländern – England, Frankreich, Schweiz, 1983; *Böttger/Habel/Reinecker*, Zivilgerichtsbarkeit und Zwangsvollstreckung in Grossbritannien und Frankreich, 1977; *Brunet/Belzinger*, Einführung in den französischen Zivilprozess, 1982; *Bunge*, Zivilprozess und Zwangsvollstreckung in Frankreich und Italien, 2008; *Chartier*, Die neuere Entwicklung des Zivilprozessrechts in Frankreich, ZZP 91 (1978), 286 ff.; *Cottin*, La réforme de la procédure française par le décret no. 95–1231 du 28 décembre 1998, ZZPInt 4 (1999), 53 ff.; *Edelmann*, Zur Zivilgerichtsbarkeit in Frankreich, AnwBl. 1994, 154 ff.; *ders.*, Zur Zivilgerichtsbarkeit in Frankreich – Das erstinstanzliche Verfahren vor dem französischen Tribunal de Grande Instance und dem Tribunal d'Instance, AnwBl. 1994, 154 ff.; *Ferrand*, Der französische Zivilprozess im Lichte von Art. 6 Abs. EMRK, FS Henrich, 2000, S. 133 ff.; *ders.*, Justizentlastung in Frankreich, ZZPInt 2 (1997), 143 ff.; *Fischer*, Die Beschleunigungsmechanismen des französischen Zivilprozesses, 1990; *Habscheid*, Der neue Code de procédure civile und das deutsche Zivilprozessrecht, FS Beitzke, 1979, S. 1051 ff.; *Herzog/Weser*, Civil Procedure in France, 1967; *Kleiman*, Länderbericht Frankreich, in: Colman (Hrsg.), Encyclopedia of International Commercial Litigation, France 1 ff.; *Kranzbühler*, Zur Zulässigkeit der Feststellungsklage im französischen Zivilprozessrecht im Vergleich mit dem deutschen Recht, Diss. Berlin 1973; *Martin (R.)/Martin (J.)*, Länderbericht Frankreich, International Encyclopaedia of Laws, Civil Procedure, 2002, France 1 ff.; *Martiny*, Nichtstreitige Verfahren in Frankreich, 1976; *Müller*, Ordentliche Gerichtsbarkeit sowie Ausbildung und Status der Richter und Staatsanwälte in Frankreich, DRiZ 1986, 3 ff.; *Nauta/Meijer*, Länderbericht Frankreich, in: Snijders u.a., Access to Civil Procedure Abroad, 1996, S. 131 ff.; *Rouhette*, L'influence en France de la science allemande du procès civil et du code de procédure civile allemand, in: Habscheid (Hrsg.), Das deutsche Zivilprozessrecht und seine Ausstrahlung auf andere Rechtsordnungen, 1991, S. 159 ff.; *Schütze*, Länderbericht Frankreich, in: Geimer/Schütze, Internationaler Rechtsverkehr, 1039.1 ff.; *Schweickert*, Die subjektiven Grenzen der materiellen Rechtskraft französischer Zivilurteile unter vergleichender Heranziehung des deutschen Rechts, Diss. München 1967, *Solus/Perrot*, Droit judiciaire privé, 1961 ff.; *Sonnenberger*, Prinzipien des neuen französischen Zivilverfahrensrechts, FS 30 Jahre Münchener Juristische Gesellschaft, 1996, S. 63 ff.; *Traum/Delgrange*, Der Zivilprozess in Frankreich, in: von Boehmer (Hrsg.), Deutsche Unternehmen in Frankreich, 1991, S. 463 ff.; *Zwickel*, Das französische Zivilprozessrecht auf dem Reformweg – Impulse für das deutsche Recht?, ZZPInt 17 (2012), 43 ff.

Das französische Zivilprozessrecht ist im Nouveau Code de Procédure Civile (NCPC) kodifiziert. 631

II. Prozessführung vor Schiedsgerichten

Literatur:
De Boisséson, Le droit français de l'arbitrage, 1990; *Böckstiegel* (Hrsg.), Schiedsgerichtsbarkeit in Frankreich, 1983; *Cadiet*, Arbitration, Adjudication and ADR – A French, and proceduralist, point of view, FS Gottwald, 2014, S. 53 ff.; *David*, L'arbitrage dans le commerce international, 1981; *ders.*, Arbitration in international trade, 1985; *Derains/Goodman-Everard*, Länderbericht Frankreich, in: Paulsson (Hrsg.), International Handbook on Commercial Arbitration, S. 45 ff. mit einer kurzen Bibliographie S. 5 ff.; *Fouchard*, L'arbitrage commercial international, 1965; *ders.*, L'arbitrage international en France aprés le décret du 10. mai 1981, Journal Clunet 109 (1982), 374 ff.; *ders.*, International Arbitration in France, in: Gottwald (Hrsg.), Internationale Schiedsgerichtsbarkeit, 1997, S. 365 ff.; *Fouchard/Gaillard/Goldman*, Traité de l'arbitrage commercial international, 1996; *Gaillard*, Länderbericht Frankreich, in: Weigand, Practitioner's Handbook on International Arbitration, 2. Aufl., 2009, S. 423 ff. *Lörcher*, Das internationale Handelsschiedsverfahren in Frankreich, Diss. Köln 1997; *Mezger*, Anerkennung und Vollstreckung von Schiedssprüchen, die im Ausland oder in internationalen Sachen ergangen sind, in: Böckstiegel (Hrsg.), Schiedsgerichtsbarkeit in Frankreich, 1983, S. 45 ff.; *ders.*, Überblick über das französische Recht der Schiedsgerichtsbarkeit nach dem Reformdekret vom 14.5.1980, ZZP 94 (1981), 117 ff.; *ders.*, Kernpunkte der französischen Reform des Schiedsgerichtswesens, RIW/AWD 1980, 677 ff.; *Reiner/Jahnel*, ICC-Schiedsordnung, in: Schütze (Hrsg.), Institutionelle Schiedsgerichtsbarkeit, 2006, S. 25 ff.; *Robert/Moreau*, L'Arbitrage, 6. Aufl., 1993; *Ziadé/Peterson*, Länderbericht Frankreich, in: Nairn/Heneghan, Arbitration World, 5. Aufl., 2015, S. 515 ff.

632 Das Recht der Schiedsgerichtsbarkeit ist im Dekret v. 14. Mai 1980[1150], das in den NCPC übernommen worden ist, geregelt.

Frankreich ist Mitgliedstaat des UN-Übereinkommens 1958 und des Europäischen Übereinkommens über die Handelsschiedsgerichtsbarkeit. Im Übrigen erfolgt die Wirkungserstreckung nach nach dem NCPC (Art. 1598 ff.).

III. Das Verfahren mit Auslandsberührung

1. Gerichtsbarkeit

633 Frankreich ist Mitgliedstaat des Wiener Übereinkommens vom 18.4.1961 über diplomatische Beziehungen und des Wiener Übereinkommens vom 24.4.1963 über konsularische Beziehungen.

1150 Vgl. dazu *Mezger*, Überblick über das französische Recht der Schiedsgerichtsbarkeit nach dem Reformdekret vom 14.5.1980, ZZP 94 (1981), 117 ff.; *ders.*, Kernpunkte der französischen Reform des Schiedsgerichtswesens, RIW/AWD 1980, 677 ff.

2. Internationale Zuständigkeit

Im deutsch-französischen Verhältnis findet der Zuständigkeitskatalog der Brüssel Ia VO Anwendung. 634

Im autonomen Recht fehlt– von den Art. 14 und 15 CC abgesehen – eine eigenständige Regelung der internationalen Zuständigkeit[1151]. Die Normen über die örtliche Zuständigkeit sind doppelfunktional. Die örtliche Zuständigkeit indiziert die internationale.

3. Anerkennung und Vollstreckbarerklärung ausländischer Zivilurteile

Literatur:
Alexandre, Les pouvoirs du juge de l'exequatur, 1970; *Ancel*, La loi appliquée et effets en France des décisions étrangers, Trav.Com.Fr.dr.int.Pr. 1986–1988, 25 ff.; *ders.*, Les règles de droit international privé et la reconnaissance des décisions étrangers, Riv.Dir.Int.Priv.e Proc. 1992, 201 ff.; *Einmahl*, Die Vollstreckung ausländischer Zahlungsurteile in Frankreich und die Verbürgung der Gegenseitigkeit, RabelsZ 33 (1969), 114 ff.; *Fricke*, Die Anerkennung ausländischer Urteile in Frankreich nach autonomem Recht, IPRax 1989, 202 ff.; *Haedicke*, Die Vollstreckung deutscher Urteile in Frankreich auf der Grundlage des EuGVÜ, Diss. Münster 1999; *Holleaux*, Compétence du juge étranger et reconnaissance des jugements, 1970: *Issad*, Le jugement étranger devant le juge d'exequatur, 1970; *Huet*, Les procédures de reconnaissance et d'exécution des jugements étrangers, Journal Clunet 115 (1988), 5 ff.; *Perroud*, Les jugements étrangers, 1929; *Kessedjian*, La reconnaissance et l'exécution des jugements étrangers en France hors les Conventions de Bruxelles et de Lugano, in: Walter/Baumgartner (Hrsg.), Anerkennung und Vollsteckung ausländischer Entscheidungen ausserhalb der Übereinkommen von Brüssel und Lugano, 2000, S. 185; *Matscher*, Anerkennung und Vollstreckung österreichischer Urteile in Frankreich, JBl. 1956, 459 ff.; *Schlachter*, Neue Aspekte der Vollstreckbarerklärung ausländischer Urteile in Frankreich, AcP 156 (1957), 507 ff.

Im deutsch-französischen Verhältnis bestimmt sich die Wirkungserstreckung ausländischer Entscheidungen nach der Brüssel I oder Ia VO. 635

Im Übrigen bestimmen sich Anerkennung und Vollstreckbarerklärung – außerhalb einer rudimentären Regelung für Hypotheken in Art. 2123 CC – nach den von Rechtsprechung und Schrifttum entwickelten Grundsätzen[1152].

1151 Vgl. dazu *Bauer*, Compétence judiciaire internationale des tribunaux civils français et allemandes, 1965; *Chalas*, L'exercise discrétionaire de la compétence juridictionelle en droit international privé, 2001; *Huet*, La compétence judiciaire internationale en matière contractuelle, Trav. Com. fr. dr. int. pr. 1981–1982, 17 ff.; *Théry*, Pouvoir juridictionel et compétance, Diss. Paris II, 1981.

1152 Art. 509 NCPC verweist lediglich auf gesetzliche Regelungen.

8. Griechenland

I. Prozessführung vor staatlichen Gerichten

Literatur:
Arvanitakis, Die Europäisierung des Zivilprozessrechts aus vergleichend griechischer Sicht, FS Beys, 2003, Bd. I, S. 55 ff.; *Baumgärtel/Rammos*, Das griechische Zivilprozess-Gesetzbuch mit Einführungsgesetz, 1969 (Übersetzung; durch spätere Gesetzgebung weitgehend überholt, aber noch für die Interpretation interessant); *Beys*, Der Bereich der Privat- und Verwaltungsrechtsstreitigkeiten im hellenischen Recht, FS Nakamura, 1996, S. 51 ff.; *ders.*, Die Ausstrahlung deutschen zivilprozessualen Denkens auf das griechische Recht der Privatrechtsstreitigkeiten, in: Habscheid (Hrsg.), Das deutsche Zivilprozessrecht und seine Ausstrahlung auf andere Rechtsordnungen, 1991, S. 300 ff.; *ders.*, Neue Wege zur Bestimmung der Rechts- und Parteifähigkeit – eine hellenische Erfahrung, FS Schütze, 1999, S. 117 ff.; *Christofilou*, Länderbericht Griechenland, in: Colman (Hrsg.), Encyclopedia of International Commercial Litigation, Greece 1 ff.; *Fenge/Papantoniou* (Hrsg.), Griechisches Recht im Wandel, Neuere Entwicklungen des Familienrechts und des Zivilprozessrechts, 1987; *Kaissis*, Exclusion of Illegally Obtained Evidence in Greek Civil and Penal Proceedings – An Outline, FS Gottwald, 2014, S. 305 ff.; *Katiforis*, Darf die richterliche Prozessleitung den Kläger zur Stellung der erforderlichen Anträge veranlassen (grZPO Art. 224–236)?, ZZPInt 12 (2007), 119 ff.; *Kerameus*, Studia Juridica V, 2008 (mit zahlreichen Beiträgen zum griechischen Zivilprozessrecht in Teil I); *ders.*, Länderbericht Griechenland, in: Geimer/Schütze, Internationaler Rechtsverkehr 1043.1 ff.; *ders.*, Neuere Entwicklungen des Zivilprozessrechts in Griechenland, in: Fenge/Papantoniou (Hrsg.), Griechisches Recht im Wandel, 1987, S. 17 ff.; *Klamaris*, Das neue griechische Gerichtsverfassungsrecht oder „Die Rache der Wittelsbacher“, FS Habscheid, 1989, S. 161 ff.; *ders.*, Die Klagearten, die Urteilsarten und die Rechtsmittelarten nach dem griechischen Zivilprozessrecht, FS Németh, 2003, S. 521 ff.; *ders.*, Die prozessuale Aktualität in Griechenland, FS Henckel, 1995, S. 437 ff.; *ders.*, Die aktuellen bzw. bevorstehenden Reformen im Bereich des griechischen Zivilprozessrechts, FS Geimer, 2002, S. 437 ff.; *ders.*, Die wichtigsten Grundlagen des Beweisverfahrens nach griechischem Zivilprozessrecht, FS Coester-Waltjen, 2005, S. 1025 ff.; *Klamaris/Orfanidis-Koussoulis/Tsikritas/Katiforis*, Neuere Entwicklungen im nationalen und europäischen Zivilprozessrecht in Griechenland, ZZPInt 3 (1998), 161 ff.; *Mitsopoulos*, Internationale Zuständigkeit der griechischen Gerichte zur Entscheidung in der Hauptsache im Falle der Arrestpfändung eines Seeschiffs unter ausländischer Flagge und deren Aufhebung aufgrund einer Bankgarantie, FS Nagel, 1987, S. 267 ff.; *Polyzogopoulos*, Die Erneuerung der hellenischen Zivilprozessrechtslehre unter dem Einfluss angloamerikanischen Rechtsdenken, Dike International 2001, 385 ff.; *Tsikritas*, Bemerkungen zur Struktur und Funktion des griechischen Vollstreckungsrechts, ZZPInt 1 (1996), 119 ff.; *ders.*, Örtliche und internationale Zuständigkeit der griechischen Gerichte bei einer Klage auf Akteneinsicht und Urkundenvorlage, ZZPInt 12 (2007), 109 ff.; *Yessiou-Faltsi*, Civil Procedure in Hellas, 1995 (mit umfassenden Schrifttumsnachweisen ebenda S. 87 ff.); *dies.*, Versäumnisverfahren und Versäumnisurteil nach griechischem Recht bei Zustellung des prozesseinleitenden Schriftstücks im Ausland, FS Schütze, 1999, S. 997 ff.; *dies.*, Länderbericht Griechenland, in: Lemmens (Hrsg.), International Encyclopedia of Law of Civil Procedure, Hellas 81 ff.,; *dies*, Länderbericht Griechenland, International Ecyclopaedia of Laws, Civil Procedure, 2011, Hellas 1 ff.; *dies.*, Access to Justice in Greece: Costs and Legal Aid, RHDI 59 (2006), 167 ff.; *dies.*, The Principles with Regard to Enforceability and Enforcement Proceedings, RHDI

56 (2003), 111 ff.; *Yessiou-Faltsi/Podimata*, Preliminary or Summary Proceedings: Scope and Importance in Greek Civil Procedure, RHDI 57 (2004) 383 ff.

Das griechische Zivilprozessrecht ist stark vom deutschen Verfahrensrecht beeinflusst[1153], wenngleich sich in neuerer Zeit auch angloamerikanische Einflüsse zeigen[1154]. Die Zivilprozessordnung von 1835 stammt aus der Feder von Georg von Maur und war – eine besondere Merkwürdigkeit – ursprünglich in deutscher Sprache abgefasst. **636**

1967/1971 fand eine große Zivilprozessreform statt[1155]. Die Grundprinzipien des griechischen Zivilprozessrechts entsprechen denen des deutschen Zivilverfahrens. Zum 1.1.2016 ist eine große Zivilprozessreform in Kraft getreten. Durch Gesetz Nr. 4335/2005 hat die griechische Zivilprozessordnung grundlegende Änderungen erfahren, deren Hauptziel die Verfahrensbeschleunigung ist.

II. Prozessführung vor Schiedsgerichten

Literatur:
Foustocos, Länderbericht Griechenland, in: Paulsson (Hrsg.), International Handbook on Commercial Arbitration, Greece, 1 ff.; *ders.*, L'arbitrage – interne et international – en droit privé hellénique, 1976; *Kaissis*, Zum Begriff des ordre public bei der Aufhebung von Schiedssprüchen in Griechenland, FS Schlosser, 2005, S. 321 ff.; *ders.*, Die Schiedsordnung der Deutsch-Griechischen Industrie- und Handelskammer, FS Schütze II, 2014, S. 213 ff.; *Kerameus*, Probleme des griechischen Schiedsverfahrensrechts aus rechtsvergleichender Sicht, ZZP 92 (1979), 413 ff.; *ders.*, Aktuelle Probleme der internationalen Handelsschiedsgerichtsbarkeit unter Berücksichtigung der Rechtslage in Griechenland, in: Sawczuk (Hrsg.), Les particularités

1153 Vgl. *Beys*, Die Ausstrahlung des deutschen zivilprozessualen Denkens auf das griechische Recht in Privatrechtsstreitigkeiten, in: Habscheid (Hrsg.), Das deutsche Zivilprozessrecht und seine Ausstrahlung auf andere Rechtsordnungen, 1991, S. 300 ff.; *Kerameus*, Neuere Entwicklungen des Zivilprozessrechts in Griechenland, in: Fenge/Papantoniou (Hrsg.), Griechisches Recht im Wandel. Neuere Entwicklungen des Familienrechts und des Zivilprozessrechts, 1987, S. 17 ff.; *Tsikritas*, Die Entstehung und Entwicklung des griechischen Zivilprozessrechts im rechtshistorischen und rechtsvergleichenden Zusammenhang, ZZPInt 16 (2011), 111 ff.; zu den Gemeinsamkeiten und Abweichungen des griechischen und deutschen Zwangsvollstreckungsrechts vgl. *Yessiou-Faltsi*, Prinzipien der Einzelzwangsvollstreckung in der griechischen im Vergleich zur deutschen Zivilprozessordnung, FS Gaul, 1997, S. 815 ff.; vgl. jedoch auch *Beys*, Was die hellenischen rechtlichen Vorstellungen am deutschen prozessualen Dogma nicht akzeptieren, FS Triantaphylopoulos, 2000, S. 525 ff.

1154 Vgl. dazu *Polyzogopoulos*, Die Erneuerung der hellenischen Zivilprozessrechtslehre unter dem Einfluss angloamerikanischen Rechtsdenkens, Dike International 2001, 385 ff.

1155 Vgl. dazu *Yessiou-Faltsi*, Civil Procedure in Hellas, 1995, mit weiteren Schrifttumsnachweisen S. 87 ff.

de l'arbitrage commercial international, 1987, S. 85ff.; *Klamaris*, Hauptunterschiede der Regelung der Schiedsgerichtsbarkeit in der griechischen ZPO (Art. 867–903) und der Regelung der Internationalen Handelsschiedsgerichtsbarkeit im (griechischen) Gesetz Nr. 2735/1999. Ein innerstaatlicher Überblick und Vergleich, FS Schlosser, 2005, S. 383ff.; *Kerameus*, La fonction juridictionelle de l'arbitre dans la jurisprudence hellénique, FS Jodlowski, 1989, S. 337ff.; *ders.*, The Examination of an Arbitral Agreement by State Courts While Arbitration is Pending, RHDI 1989/90, 217ff.; *Koussoulis*, Die internationale Schiedsgerichtsbarkeit in Griechenland, in: Gottwald (Hrsg.), Internationale Schiedsgerichtsbarkeit, 1997, S. 405ff.

637 In Griechenland liegen historische die Wurzeln der Schiedsgerichtsbarkeit. *Glossner*[1156] berichtet über einen Gebietsstreit auf Kreta, in dem die Schiedsgerichtsbarkeit offenbar die beste – vielleicht auch die einzige – Möglichkeit effizienter Entscheidungsfindung war. Griechenland hat sich in der Schiedsgerichtsgerichtsbarkeit auch modernen Trends wie der Internet-Schiedsgerichtsbarkeit nicht verschlossen[1157].

Griechenland hat das UNCITRAL-Modellgesetz in das autonome Recht übernommen[1158].

Griechenland ist Mitgliedstaat des UN-Übereinkommens 1958. Der deutsch-griechische Anerkennungs- und Vollstreckungsvertrag v. 4.11.1961 verweist in Art. 14 Abs. 1 ausdrücklich auf Sonderabkommen, was wiederum zur Anwendung der Konvention von 1958 führt[1159]. Daneben ist eine Wirkungserstreckung nach autonomem Recht (Art. 903 gr. ZPO) nach den Grundsätzen der Anerkennung und Vollstreckbarerklärung ausländischer Zivilurteile möglich[1160].

III. Das Verfahren mit Auslandsberührung

1. Gerichtsbarkeit

638 Griechenland ist Mitgliedstaat des Wiener Übereinkommens über diplomatische Beziehungen v. 18.4.1961 und des Wiener Übereinkommens über konsularische

1156 Vgl. *Glossner*, Der Gebietsstreit zwischen Itanos und Hierapytna auf Kreta im 2. Jahrhundert a-Ch., Diss Erlangen 1948.

1157 Vgl. dazu *Kaissis*, Die Internet-Schiedsgerichtsbarkeit, in: Gottwald (Hrsg.), Effektivität des Rechtsschutzes vor staatlichen und privaten Gerichten, 2006, S. 221ff.

1158 Gesetz Nr. 2735; vgl. dazu *Koussoulis*, Greek arbitration law – introduction, 2005.

1159 Vgl. dazu *Parkos*, The United Nations Convention of 1958 an the Recognition and Enforcement of Foreign Awards in the Light of the Greek Civil Procedure Code of 1971, RHDI 1974, 295ff.

1160 Vgl. *Kerameus*, Länderbericht Griechenland, in: Geimer/Schütze, Internationaler Rechtsverkehr, 1043.12ff.

Beziehungen v. 24.4.1963. Das autonome Recht verweist in Art. 3 Abs. 2 der gr. ZPO auf das Völkerrecht und nimmt nur Immobliarklagen von der Immunität aus.

2. Internationale Zuständigkeit

Im deutsch-griechischen Verhältnis findet die Brüssel Ia VO Anwendung. 639

Außerhalb des europäischen Verordnungsrechts geht das griechische Recht von einer Doppelfunktionalität der Normen über örtliche Zuständigkeit aus und regelt die internationale Zuständigkeit nicht eigenständig.

3. Anerkennung und Vollstreckbarerklärung ausländischer Zivilurteile

Literatur:
Economou, Länderbericht Griechenland, in: Campbell (Hrsg.), International Execution against Judgment Debtors, GRE 1ff.; *Filios/Henrich*, Zur Anerkennung deutscher Scheidungsurteile in Griechenland, IPRax 1985, 150f.; *Kerameus*, Länderbericht Griechenland, in: Geimer/Schütze, Internationaler Rechtsverkehr, 1043.10ff.; *ders.*, Sanctions Against Non-Compliance With Enforceability, FS Schütze, 1999, S. 359ff.; *Kiousis*, Länderbericht Griechenland, in: Weems (Hrsg.), Enforcement of Money Judgments Abroad, GRE. 1ff.; *Klamaris*, Enforcement of Court Orders and Judgments: Greece, in: Walter/Baumgartner (Hrsg.), Anerkennung und Vollstreckung ausländischer Urteile ausserhalb der Übereinkommen von Brüssel und Lugano, 2000, S. 275ff.; *Kozyris*, International Jurisdiction and Recognition and Enforcement of Judgments and Awards, in: Kerameus/Kozyris (Hrsg.), Introduction to Greek Law, 2. Aufl., 1993, S. 265ff.; *Maridakis*, Die Vollstreckbarkeit ausländischer Urteile in Griechenland, RabelsZ 4 (1930), 506ff.; *Sinanides*, Die Anerkennung deutscher Scheidungsurteile in Griechenland, Diss. Bielefeld, 1980; *Pouliadis*, zur Vollstreckung eines deutschen Kostenfestsetzungsbeschlusses in Griechenland, IPRax 1982, 164ff.; *Yessiou-Faltsi*, Die Anerkennung und Vollstreckung deutscher Gerichtsurteile in Griechenland aus der Sicht eines griechischen Juristen, ZZP 96 (1983), 67ff.; *dies.*, Civil Procedure in Hellas, 1995, S. 434ff.

Die Wirkungserstreckung ausländischer Zivilurteile bestimmt sich im deutsch-griechischen Verhältnis nach der Brüssel I und Ia VO, – hilfsweise – dem deutsch-griechischen Anerkennungs- und Vollstreckungsvertrag v. 4.11.1961. Im Übrigen sind die Anerkennung (Art. 323 ZPO) und Vollstreckbarerklärung (Art. 905 ZPO) in der Zivilprozessordnung geregelt. 640

9. Irland

I. Prozessführung vor staatlichen Gerichten

Literatur:
Gilvarry, Länderbericht Irland, in: Grubbs (Hrsg.), International Civil Procedure, 2003, S. 305 ff.; *Reichert/Kennedy*, Länderbericht Irland, in: Colman (Hrsg.), Encyclopaedia of International Commercial Litigation, Ireland 1 ff.; *Schütze*, Länderbericht Irland, in: Geimer/Schütze, Internationaler Rechtsverkehr, 1051.1 ff.

641 Die Prozessführung ist für den High Court und den Supreme Court in den Rules of the Superior Courts geregelt. Die District Court Rules 1997 und die Circuit Court Rules 2001 sind für das Verfahren vor den unteren Gerichten maßgebend. Order 67 Rule 16 der Circuit Court Rules 2001 bestimmt, dass „*where there is no Rule provided by these Rules to govern practice or procedure, the practice and procedure in the High Court may be followed.*“

II. Prozessführung vor Schiedsgerichten

Literatur:
Bunni, Länderbericht Irland, in: Paulsson (Hrsg.), International Handbook on Commercial Arbitration, Ireland 1 ff.; *Dunleavy/Carey*, Länderbericht Irland, in: Nairn/Heneghan, Arbitration World, 5. Aufl., 2015, S. 593 ff.; *Forde*, Arbitration Law and Procedure, 1994 *Pinsolle/Griffin*, Quelques Observations sur la Loi Irlandaise sur l'Arbitrage International de 1998, Revue de L'Arbitrage 2000, 4 ff.; *Simms*, Das Recht der Schiedsgerichtsbarkeit in Irland, 2002.

642 Rechtsgrundlage für das internationale Schiedsverfahrensrecht ist der Arbitration Act, 2010, durch den das UNCITRAL-Modellgesetz weitgehend in das irische Recht übernommen worden ist.

Irland ist Mitgliedstaat des UN-Übereinkommens 1958.

III. Das Verfahren mit Auslandsberührung

1. Gerichtsbarkeit

643 Irland ist Mitgliedstaat des Wiener Übereinkommens über diplomatische Beziehungen v. 18.4.1961 und des Wiener Übereinkommens über konsularische Beziehungen v. 24.4.1963. Die beiden Konventionen sind durch den Diplomatic

Relations and Immunities Act, 1967 in das innerstaatliche Recht überführt worden.

Irland hat das Europäische Übereinkommen über die Staatenimmunität zwar unterzeichnet, aber noch nicht ratifiziert.

2. Internationale Zuständigkeit

Im deutsch-irischen Verhältnis findet die Brüssel Ia VO Anwendung. 644

Im Übrigen ist die internationale Zuständigkeit nicht umfassend positivgesetzlich geregelt. Es gelten common law Grundsätze, die nicht wesentlich von denen in England abweichen[1161]. Die internationale Zuständigkeit ist mit der Zustellung verknüpft. Nach Order 11 der Rules of the Superior Courts bedarf die Zustellung im Ausland der Bewilligung durch das Gericht. Order 11 stellt einen Katalog hierfür auf. Ist die Zustellung bewilligt, dann ist auch internationale Zuständigkeit gegeben.

3. Anerkennung und Vollsteckbarerklärung ausländischer Zivilurteile

Literatur:
IPG 1974 Nr. 23 (Hamburg); *Binchy*, Irish Conflicts of Law, 2. Aufl. 2016.; *Clarke*, Länderbericht Irland, in: Campbell (Hrsg.), International Execution against Judgment Debtors, IRE 1 ff.; *Böttger*, Grundzüge des Zivilprozess-, Zwangsvollstreckungs- und Konkursrechts in der Republik Irland, in: Zivilgerichtsbarkeit IV 1, 102 ff.; *Council of Europe*, The practical guide to the recognition and enforcement of foreign judicial decisions in civil & commercial law, 1975, 86 ff.; *Exshaw*, Enforcement of Foreign Judgments in Personam, Irish Jur. 30 (1964), 1 ff.; *Fanning*, Länderbericht Irland, in: Weems (Hrsg.), Enforcement of Money Judgments Abroad, IRE. 2 ff.; *McGregor*, Länderbericht Irland, in: Garb/Lew (Hrsg.), Enforcement of Foreign Judgments, Ireland 3 ff.; *Hickey*, Irish Private International Law, RabelsZ 42 (1978), 268 ff. (300 ff.); *Schütze*, Die Anerkennung und Vollstreckung ausländischer Zivilurteile in Irland, IWB F 5 (Irland), Gr. 3, S. 5 f.

Die Wirkungserstreckung ausländischer Zivilurteile bestimmt sich im deutsch-irischen Verhältnis nach der Brüssel I und Ia VO. 645

Im Übrigen erfolgen Anerkennung und Vollstreckbarerklärung nach common law, das in wesentlichen mit dem in England praktizierten übereinstimmt.

1161 Vgl. *Binchy*, Irish Conflicts of Law, 2. Aufl., 2016, S. 123 ff.; *Gill*, Jurisdiction and Enforcement of Foreign Judgments in Ireland, 4 J of Irish Soc. for European L. 3 (1980); *Schütze*, Länderbericht Irland, in: Geimer/Schütze, Internationaler Rechtsverkehr, 1051.2 ff.

10. Island

I. Prozessführung vor staatlichen Gerichten

Literatur:
Gislason/Gröndal, Länderbericht Island, in: Geimer/Schütze, Internationaler Rechtsverkehr, 1053.1 ff.; *Stefansson*, Überblick über das isländische Zivilprozessrecht unter dem Aspekt des deutschen Zivilprozessrechts und deutscher Rechtsvorstellungen, in: Habscheid (Hrsg.), Das deutsche Zivilprozessrecht und seine Ausstrahlung auf andere Rechtsordnungen, 1991, S. 230 ff.

646 Island hat norwegisches Prozessrecht weitgehend rezipiert. Jedoch ist der Einfluss deutschen Prozessrechts und deutscher Rechtsvorstellungen erheblich[1162].

In Island gilt das Gesetz Nr. 91/1991 zur Zivilprozessordnung, das das Gesetz 85/1936 ersetzt hat.

II. Prozessführung vor Schiedsgerichten

647 Island ist Mitgliedstaat des UN-Übereinkommens 1958.

III. Das Verfahren mit Auslandsberührung

1. Gerichtsbarkeit

648 Island ist Mitgliedstaat des Wiener Übereinkommens über diplomatische Beziehungen v. 18.4.1961 und des Wiener Übereinkommens über konsularische Beziehungen v. 24.4.1963.

2. Internationale Zuständigkeit

649 Im deutsch-isländischen Verhältnis kommt die Zuständigkeitsordnung des LugÜ II zur Anwendung. Im Übrigen fehlt eine eigenständige Regelung der internationalen Zuständigkeit. Nach isländischer Praxis besteht ein Gleichlauf von örtlicher und internationaler Zuständigkeit. Die örtliche Zuständigkeit indiziert die internationale.

1162 Vgl. *Stefánsson*, Überblick über das isländische Zivilprozessrecht unter dem Aspekt des deutschen Zivilprozessrechts und deutscher Rechtsvorstellungen, in: Habscheid (Hrsg.), Das deutsche Zivilprozessrecht und seine Ausstrahlung auf andere Rechtsordnungen, 1991, S. 230 ff.

3. Anerkennung und Vollstreckbarerklärung ausländischer Zivilurteile

Literatur:
Council of Europe, The practical guide to the recognition and enforcement of foreign judicial decisions in civil & commercial law,1975, 81 ff.; *Gislason/Gröndal*, Länderbericht Island, in: Geimer/Schütze, Internationaler Rechtsverkehr, 1053.4 ff.; *Hambro*, Recognition and Enforcement of Foreign Judgments in the Nordic Countries, Journal Clunet 84 (1957), 908 ff.; *Oskarsson*, The Lugano Convention and Iceland, in: Jayme (Hrsg.), Ein internationales Zivilverfahrensrecht für Gesamteuropa, 1992, 249 ff.

Im deutsch-isländischen Verhältnis bestimmt sich die Wirkungserstreckung 650
ausländischer Zivilurteile nach dem LugÜ II. Im Übrigen sind Anerkennung und Vollstreckbarerklärung nur aufgrund eines Staatsvertrages möglich.

11. Italien

I. Prozessführung vor staatlichen Gerichten

Literatur:
Abbruzzese/Collettana et al, Guida alla riforma dell' ordinamento giudiziario, 2007; *Amato*, Auf dem Weg der Stärkung der Richtermacht im Beweisverfahren: Neue Entwicklungen im italienischen Zivilverfahren im Vergleich zur öZPO, ZfRV 20 (1979), 83 ff.; *Attardi*, Diritto processuale civile, 2. Aufl., 1994; *Balena*, Elementi di diritto processuale civile, 2. Aufl., 2005; *de Boer*, Länderbericht Italien, in: Snijders u.a., Access to Civil Procedure Abroad, 1996, S. 313 ff. mit Literaturnachweisen ebenda, S. 317 f.; *ders.*, Einzelrichter und Kollegium im italienischen und deutschen Zivilprozessrecht, 1953; *ders.*, Der Begriff der actio im deutschen und italienischen Zivilprozessrecht, FS Boehmer 1954, S. 99 ff.; *Böttger*, Zivilgerichtsbarkeit, Zwangsvollstreckung und Konkurs in den Ländern Irland, Dänemark, Österreich und Italien, in: Grundzüge, 1980; *Bonell/Mayr*, Aspekte der italienischen Zivilgerichtsbarkeit, ZfRV 29 (1988), 241 ff.; *Bove/Cecchella*, Il nuovo processo civile, 2006; *Bunge*, Zivilprozess und Zwangsvollstreckung in Frankreich und Italien, 2008; *Caponi*, Die Einrichtung eines einheitlichen Gerichts in erster Instanz in Italien, ZZPInt 3 (1998), 137 ff.; *ders.*, Die Reform des italienischen Zivilprozessrechts, Jahrbuch für italienisches Recht 11 (1998), S. 81 ff.; *Cappelletti*, Der italienische Zivilprozess, RabelsZ 30 (1966), 254 ff.; *Cappelletti/Perillo*, Civil Procedure in Italy, 1965; *Capponi/Gasparinetti*, Die Reform des italienischen Zivilprozessrechts, Jahrbuch für italienisches Recht 11 (1998), S. 81 ff.; *Carnelutti*, Recht und Prozess in den neueren Strömungen des italienischen Rechtsdenkens, ZZP 64 (1950), 28 ff.; *Chiarloni*, General judicial functions of the Supreme Court in the European Legal Culture with some critical remarks about the Italian *Corte di Casszione*, FS Gottwald, 2014, S. 81 ff.; *Grigolli*, Die übermässige Dauer der Zivilprozesse in Italien und entsprechende Gegenmaßnahmen, BRAK-Mitt. 2003, 8 f.; *Guerra-Filho*, Probleme der notwendigen Streitgenossenschaft im italienischen Zivilprozess, Jahrbuch für italienisches Recht 9 (1996), S. 145 ff.; *Heiss*, Verfahrensverbindung und Verfahrensbeschleunigung im italienischen Zivilprozess, 1997; *Kessler*, Die Organisation der Gerichte in Italien – die durch die Verfassung festgelegten Voraussetzungen und deren konkrete Umsetzung, SchlHA 1997, 225 ff.; *Kindler*,

Internationale Zuständigkeit und anwendbares Recht im italienischen IPR-Gesetz von 1995, RabelsZ 61 (1997), 227 ff.; *ders.*, Länderbericht Italien, in: Geimer/Schütze, Internationaler Rechtsverkehr, 1056.1 ff.; *Korf*, Die Garantieklage im italienischen Zivilprozessrecht, 2004; *Laimer*, Reform des italienischen Zivilverfahrens – Die neuen Bestimmungen im ordentlichen streitigen Verfahren und das Sonderverfahren in gesellschaftsrechtlichen Angelegenheiten, RIW 2006, 132 ff.; *ders*, Zivilgerichtliches Verfahren in Italien, Jahrbuch für italienisches Recht 19 (2006), S. 213 ff.; *Lupoi*, Länderbericht Italien, International Encyclopaedia of Laws, Civil Procedure, 2014, Italy 1 ff.; *Magrini/Cousin*, Die Reform des italienischen Zivilprozessrechts, ZVglRWiss 105 (2006), 208 ff.; *de Meo/Oliver*, Länderbericht Italien, in: Colman (Hrsg.), Encyclopedia of International Commercial Litigation, Italy 1 ff.; *Müller*, Verbandsklagebefugnisse im italienischen Recht, 2006; *Piepenbrock*, Der italienische Zivilprozess im europäischen Umfeld – eine rechtsvergleichende Studie unter Hervorhebung der richterlichen Verfahrensleitung, 1998; *Trocker (Klaus)*, Paradigmenwechsel im italienischen Zivilprozessrecht? Bemerkungen zum neuen Verfahrensmodell für Streitsachen des Gesellschaftsrechts, FS Machacek und Matscher, 2008, S. 951 ff.; *Trocker (Nicolò);* Der Einfluss der deutschen Rechtswissenschaft auf die italienische Prozessualistik, in: Habscheid (Hrsg.), Das deutsche Zivilprozessrecht und seine Ausstrahlung auf andere Rechtsordnungen, 1991, S. 121 ff.; *ders.*, Der Einfluss des deutschen Zivilprozessrechts auf die italienische Verfahrenskodifikation, ebenda, S. 139 ff.; *ders.*, Gegenwartsprobleme der italienischen Zivilrechtspflege, ZZP 91 (1978), 237 ff.; *ders.*, Grundlinien der italienischen Zivilrechtspflege, ZZPInt 1 (1996), 3 ff.; *Vial*, Die Gerichtsstandswahl und der Zugang zum internationalen Zivilprozess im deutsch-italienischen Rechtsverkehr, 1999; *Walter*, Reform des internationalen Zivilprozessrechts in Italien, ZZP 109 (1996), 3 ff.; *Winkler*, Die Reform des italienischen Zivilprozessrechts, Jahrbuch für italienischen Recht 6 (1993), S. 137 ff.

651 Grundlage des Zivilprozesses ist die Zivilprozessordnung 1942, die später vielfach geändert worden ist. Diese regelt auch die Gerichtsverfassung.

II. Prozessführung vor Schiedsgerichten

Literatur:
Alpa/Galleotto, Processo, arbitrato e conziliazione nelle controversie societarie, bancarie e del mercato finanziario, 2004; *Bernadini*, L'arbitrato commerciale internazionale, 2000; *Berni*, Länderbericht Italien, in: Sanders/van den Berg (Hrsg.), International Handbook on Commercial Arbitration, Italy. 1 ff.; *Bernini*, Länderbericht Italien, in: Paulsson (Hrsg.), International Handbook on Commercial Arbitration, Italy 1 ff.; *Bonomi*, Die Neuregelung der Schiedsgerichtsbarkeit in Italien, Jahrbuch für italienisches Recht 9 (1996), S. 99 ff.; *Briguglio*, Die Schiedsrichterablehnung im italienischen Recht und nach den Regeln der ICC-Schiedsordnung, Jahrbuch für die Praxis der Schiedsgerichtsbarkeit 2 (1988), S. 23 ff.; *ders.*, L'Arbitrage international en Italie, in: Gottwald (Hrsg.), Internationale Schiedsgerichtsbarkeit, 1997, S. 507 ff.; *Carrara*, Die italienische Reform der Schiedsgerichtsbarkeit bei gesellschaftsrechtlichen Streitigkeiten, SchiedsVZ 2003, 253 ff.; *Cicogna*, Länderbericht Italien, in: Nairn/Heneghan, Arbittration World, 5. Aufl., 2015, S. 611 ff.; *Luzzato*, L'arbitrato internazionale e i lodi stranieri nella nuova disciplina legislativa italiana, Riv.dir.int.priv.proc. 1994, 291 ff.; *Maglio*,

Reform der internationalen Schiedsgerichtsbarkeit in Italien, IPRax 1996, 217 ff.; *Rubino-Sammartano*, Länderbericht Italien, in: Weigand, Practitioner's Handbook on International Arbitration, 2. Aufl., 2009, S. 543 ff.; *Sangiovanni*, Anerkennung und Vollstreckung ausländischer Schiedssprüche in Italien, ZZPInt 8 (2003), 287 ff.; *Tarzia/Luzzato/Ricci*, Legge 5 gennaio 1994, n. 25, 1995; *Walter*, Das Schiedsverfahren im deutsch-italienischen Rechtsverkehr, RIW 1982, 693 ff.; *ders.*, Neues Recht der Schiedsgerichtsbarkeit in Italien, RIW 1994, 445 ff.

Italien hat kein besonderes Schiedsgesetz erlassen. Die nationale und interna- 652
tionale Schiedsgerichtsbarkeit ist in der Zivilprozessordnung (Art. 806 ff.) geregelt[1163]. Im Jahre 2006 ist das Schiedsverfahrensrecht grundlegend reformiert worden[1164]. Die Gesellschaftsschiedsgerichtsbarkeit hat in der Gesetzesverordnung 5/2003 in drei Artikeln eine besondere Regelung erfahren[1165].

Eine Besonderheit des italienischen Rechts – wenngleich nicht einmalig – ist der Schiedsspruch mit nur schuldrechtlicher Wirkung (lodo di arbitrato irrituale)[1166]. Nach italienischem Recht ist ein solcher Schiedsspruch nicht vollstreckungsfähig und entfaltet nur schuldrechtliche Wirkung zwischen den Parteien. Er bedarf der Erfüllungsklage vor einem staatlichen Gericht, um den Anspruch, der Gegenstand des lodo di arbitrato irrituale ist, zu titulieren. Ein solcher Schiedsspruch ist deshalb nach dem UN-Übereinkommen 1958 nicht anerkennungsfähig[1167].

Italien ist Mitgliedstaat des UN-Übereinkommens 1958 und des Europäischen Übereinkommens über die Handelsschiedsgerichtsbarkeit.

1163 Vgl. dazu *Briguglio*, L'Arbitrage International en Italie, in: Gottwald (Hrsg.), Internationale Schiedsgerichtsbarkeit, 1997, S. 507 ff. m.w.N. in FN 1; *Cicogna/Forlani*, Länderbericht Italien, in: Heneghan/Nairu (Hrsg.), Arbitration World, 5. Aufl., 2015, S. 611 ff.

1164 Vgl. *Meo*, Las Novedades de las Recientes Reformas Italianas en Materia de Arbitraje, Revista del Club Español 2008/3, 35 ff.

1165 Vgl. dazu *Sangiovanni*, Die satzungsmäßigen Schiedsklauseln im italienischen Gesellschaftsrecht, ZZPInt 10 (2005), 53 ff.

1166 Vgl. dazu *Moschel*, Uneigentliches Schiedsverfahren in Italien, AWD 1961, 165 ff.; vgl. zum schweizerischen Recht *Wenger*, Zum obligationenrechtlichen Schiedsverfahren im schweizerischen Recht, 1968.

1167 Vgl. BGH WM 1982, 134 = RIW 1982, 210 = IPRax 1982, 143 mit Anm. *Wenger* ebenda 135; zu der Problematik und den Ungereimtheiten der BGH Rechtsprechung vgl. *Kilgus*, Zur Anerkennung und Vollstreckbarerklärung englischer Schiedssprüche in Deutschland, 1995, S. 65 ff.

III. Das Verfahren mit Auslandsberührung

1. Gerichtsbarkeit

653 Italien ist Mitgliedstaat des Wiener Übereinkommens über diplomatische Beziehungen v. 18.4.1961 und des Wiener Übereinkommens über konsularische Beziehungen v. 24.4.1963.

2. Internationale Zuständigkeit

654 Im deutsch-italienischen Verhältnis findet die Brüssel Ia VO Anwendung. Im Übrigen ist die internationale Zuständigkeit eigenständig im Gesetz v. 31.5.1995 über die Reform des internationalen Privatrechts (IPRG) geregelt. Dabei ist Italien bei der Rechtsangleichung des autonomen Rechts an das europäische Recht weiter als alle anderen Staaten gegangen, die diesen Weg unternommen haben, etwa Österreich, Portugal und Spanien. Italien hat in Art. 3 II IPRG die europäische Zuständigkeitsordnung des EuGVÜ für die dort geregelten Materien in das innerstaatliche Recht übernommen.

3. Anerkennung und Vollstreckbarerklärung ausländischer Zivilurteile

Literatur:
Attardi, La nuova disciplina in tema di giurisdizione italiana e di riconoscimento delle sentenze straniere, Riv. dir. civ. 1995 I, 727 ff.; *Buhr-Jurato*, Die Anerkennung von ausländischen Urteilen in Italien, Insolvenz & Vollstreckung 2000, 300 f.; *Carpi*, L'efficacia delle sentenze ed atti stranieri, in: La riforma el diritto internazionale privato processuale, 1996, 145 ff.; *v. d. Heyde*, Anerkennung ausländischer Entscheidungen in Italien gemäß Artt. 64–66 IPRG – ein Zeichen internationaler Öffnung, IPRax 2000, 441 ff.; *Kindler*, Länderbericht Italien, in: Geimer/Schütze, Internationaler Rechtsverkehr, 1056.12 ff.; *Lupoi*, Recognition and Enforcement of Foreign Judgments Outside the Scope of Application of the Brussels and Lugano Conventions: Italy, in: Walter/Baumgartner (Hrsg.), Anerkennung und Vollstreckung ausländischer Entscheidungen außerhalb der Übereinkommen von Brüssel und Lugano, 2000, 437 ff. (dort auch Literatur zum Recht vor Inkrafttreten des IPRG); *Maresca*, Prime note sui poteri di controllo della sentenza straniera del giudice del riconoscimento nella riforma del diritto internazionale privato, Riv. comm. int. 1995, 829 ff.; *Saggio*, Efficacia di sentenze ed atti stranieri, Corr. giur. 1995, 1259 ff.; *Tondo*, Appunti sulla efficacia di sentenze ed atti stranieri, Foro it. 1996, 192 ff.

655 Im deutsch-italienischen Verhältnis gilt – soweit die Materie nicht durch die Brüssel I und Ia VO, die in erster Linie anwendbar sind, geregelt ist – das deutsch-italienische Anerkennungs- und Vollstreckungsabkommen v. 9.3.1936.

Im Übrigen bestimmt sich die Wirkungserstreckung ausländischer Zivilurteile nach Artt. 64–68 IPRG 1995.

12. Kroatien

I. Prozessführung vor staatlichen Gerichten

Literatur:
Harasic, Gerichtsorganisation in Kroation, FS Roggemann, 2006, S. 273 ff.; *Jessel-Holst*, Die kroatische Justiz im Vorfeld des EU-Beitritts, DRiZ 2010, 283 f.; *Uzelac*, Beschleunigung des zivilgerichtlichen Verfahrens in Kroatien, in CLC (Hrsg.), Beschleunigung des zivilgerichtlichen Verfahrens in Mittel- und Osteuropa, 2004, S. 67 ff.

Es gilt die Zivilprozessordnung, NN 53/91 mit mehreren Änderungen. 656

II. Prozessführung vor Schiedsgerichten

Literatur:
Liebscher, Schiedsgerichtsbarkeit in Kroatien, eastlex 2005, 148 ff.; *Sajko* Internationalprivatrechtliche Aspekte der kroatischen Schiedsgerichtsbarkeit, in: Basedow u.a. (Hrsg.), Aufbruch nach Europa, 2001, S. 725 ff.; *ders.*, Das kroatische Recht der internationalen Schiedsgerichtsbarkeit, 2005; *ders.*, New Croatian 2001 Arbitration Law – General Analysis an some Open Issues, FS Jayme, 2004, S. 793 ff.; Sikirić, Schiedsgerichtsbarkeit in Kroatien, 2001; *Uzelac/ Keglecić*, in: Oberhammer (Hrsg.), Schiedsgerichtsbarkeit in Zentraleuropa, 2005, S. 131 ff.

Kroatien hat das UNCITRAL-Modellgesetz übernommen. Rechtsgrundlage für die Schiedsgerichtsbarkeit ist das Gesetz über die Schiedsgerichtsbarkeit (Zakon o arbitrazi[1168]). Darüber hinaus ist Kroatien Mitgliedstaat des New Yorker(UN)-Übereinkommens über die Anerkennung und Vollstreckung ausländischer Schiedssprüche von 1958. 657

In Zagreb besteht ein institutionelles Schiedsgericht bei der kroatischen Wirtschaftskammer. Daneben können – seit 2001 – auch ad hoc Schiedsverfahren oder Schiedsverfahren vor anderen institutionellen Schiedsgerichten durchgeführt werden (ICC, DIS, VIAC pp.)

1168 GBl. 88/2001 v. 11.11.2001.

III. Das Verfahren mit Auslandsberührung

1. Gerichtsbarkeit

658 Kroatien ist Mitgliedstaat des Wiener Übereinkommens über diplomatische Beziehungen v. 18.4.1961 und des Wiener Übereinkommens über konsularische Beziehungen v. 24.4.1963.

2. Internationale Zuständigkeit

659 Im deutsch-kroatischen Verhältnis findet der Zuständigkeitskatalog der Brüssel Ia VO Anwendung.

Im Übrigen regelt das kroatische Recht die internationale Zuständigkeit nicht eigenständig. Als Faustregel gilt, dass die örtliche Zuständigkeit die internationale indiziert. Der Abschluss von Gerichtsstandsvereinbarungen ist zulässig.

3. Anerkennung und Vollstreckbarerklärung ausländischer Zivilurteile

Literatur:
Macesic, Länderbericht Kroation in: Campbell (Hrsg.), International Execution against Judgment Debtors, CRO 1 ff.; *Sikiric*, Die Anerkennung und Vollstreckung ausländischer Gerichtsurteile in Kroation, Jahrbuch für Ostrecht 2004, 63 ff.

660 Nach der Dismembration Jugoslawiens galt in Kroatien zunächst das jugoslawische IPR-Gesetz 1982 unverändert weiter. Im Hinblick auf die Verfassungslage sind 1991 Änderungen erfolgt, die jedoch nicht substantiell gewesen sind. Im deutsch-kroatischen Verhältnis gelten die Brüssel I (für Verfahren, die vor dem 10.1.2015 eingeleitet worden sind) und die Brüssel Ia VO (für später eingeleitete Verfahren).

13. Lettland

I. Prozessführung vor staatlichen Gerichten

Literatur:
Briedes/Koskins, Länderbericht Lettland, in: Colman (Hrsg.), Encyclopedia of International Commercial Litigation, Latvia 1 ff.; *Nekrošius*, Die Prozessförderungspflicht der Parteien im Zivilprozess Litauens, Lettlands und Estlands, ZZPInt 8 (2003), 389 ff.; *Trunk/Balodis*, Länderbericht Lettland, in: Geimer/Schütze, Internationaler Rechtsverkehr, 1078.3 ff.

Das Zivilverfahren bestimmt sich nach der Zivilprozessordnung 1998, später mehrfach geändert. 661

II. Prozessführung vor Schiedsgerichten

Literatur:
Grinberga, Arbitration of Public Law Disputes, in Particular Investment Disputes, in: Trunk/Nuutila/Nekrošius (Hrsg.), Schiedsgerichtsbarkeit und andere Formen der Streitbeilegung – Erfahrungen und Tendenzen im Ostseeraum, 2006, S. 125 ff.; *Ziedonis Udris/Kačevska*, Länderbericht Lettland, in: Liebscher/Fremuth-Wolf, Arbitration Law and Practice in Central and Eastern Europe, LAT 1 ff.

Grundlage des Schiedsverfahrens ist Kapitel D der Zivilprozessordnung 1998, 662
später mehrfach geändert, insbesondere 2005 im Hinblick auf die Regelung der institutionellen Schiedsgerichtsbarkeit. Im Gesetzgebungsverfahren bestanden zunächst Pläne zur Übernahme des UNCITRAL-Modellgesetzes. Der Einfluss ist aber letztlich gering geblieben, insbesondere weil auf die staatlichen Hilfsfunktionen im Schiedsverfahren weitgehend verzichtet wurde.

Lettland ist Mitgliedstaat des UN-Übereinkommens 1958 und des Europäischen Übereinkommens über die internationale Handelsschiedsgerichtsbarkeit. Neben der Wirkungserstreckung nach dem UN-Übereinkommen ist die Anerkennung und Vollstreckbarerklärung nach der ZPO möglich. Die Erfordernisse nach Art. 536 ZPO sind praktisch identisch mit denen nach Art. V des UN-Übereinkommens 1958.

III. Das Verfahren mit Auslandsberührung

1. Gerichtsbarkeit

Lettland ist Mitgliedstaat des Wiener Übereinkommens über diplomatische Be- 663
ziehungen v. 18.4.1961 und des Wiener Übereinkommens über konsularische Beziehungen v. 24.4.1963.

2. Internationale Zuständigkeit

Im deutsch-lettischen Verhältnis findet der Zuständigkeitskatalog der Brüssel Ia 664
VO Anwendung.

Im Übrigen regelt das lettische Recht die internationale Zuständigkeit nicht eigenständig. Als Faustregel gilt, dass die örtliche Zuständigkeit die internationale indiziert.

3. Anerkennung und Vollstreckbarerklärung ausländischer Zivilurteile

Literatur:
Trunk/Balodis, Länderbericht Lettland, in: *Geimer/Schütze*, Internationaler Rechtsverkehr, 1078.8 ff.; *Zile/Aljens*, Länderbericht Lettland, in: Campbell (Hrsg.), International Execution against Judgment Debtors, LAT 1 ff.

665 Im deutsch-lettischen Verhältnis findet die EuGVVO Anwendung. Im Übrigen bestimmen sich die Anerkennung und Vollstreckbarerklärung ausländischer Zivilurteile nach Artt. 636 ff. der lettischen ZPO.

14. Liechtenstein

I. Prozessführung vor staatlichen Gerichten

Literatur:
Bussjäger, Was ist eine enderledigende Entscheidung?, FS delle Karth, 2013, S. 81 ff.; *Mähr*, Das internationale Zivilprozessrecht Liechtensteins, 2002; *ders.*, Länderbericht Liechtenstein, in: Geimer/Schütze, Internationaler Rechtsverkehr, 1079.1 ff.; *Waschkuhn*, Die Justizrechtsordnung in Liechtenstein, LJZ 1991, 38 ff.; weitere Aufsätze zu Spezialthemen finden sich bei Schumacher/Zimmermann, FS delle Karth, 2013.

666 Liechtenstein hat österreichisches und schweizerisches Recht rezipiert. Der Zivilprozess ist österreichisch geprägt. Grundlage sind JN und ZPO, die in ihrer Konzeption und auch teilweise dem Wortlaut nach dem österreichischen Vorbild folgen[1169].

II. Prozessführung vor Schiedsgerichten

Literatur:
Heiss/Ernst, Das anwendbare Recht im liechtensteinischen Schiedsverfahren, FS delle Karth, 2013, S. 391 ff.; *Schumacher*, Das neue Schiedsverfahren, LJZ 3/2011, 105 f.

1169 Vgl. dazu *Mähr*, Das internationale Zivilprozessrecht Liechtensteins, 2002, S. 32 ff. m.w.N.

Liechtenstein ist seit 2011 Mitgliedstaat des UN-Übereinkommens 1958. Ausländische Schiedssprüche können außerhalb der staatsvertraglichen Regelung nur – ebenso wie ausländische Zivilurteile – bei Vorliegen administrativer Gegenseitigkeitsverbürgung anerkannt und für vollstreckbar erklärt werden[1170]. 667

III. Das Verfahren mit Auslandsberührung

1. Gerichtsbarkeit

Liechtenstein ist Mitgliedstaat des Wiener Übereinkommens über diplomatische Beziehungen vom 18.4.1961 und des Wiener Übereinkommens über konsularische Beziehungen vom 24.4.1963. 668

2. Internationale Zuständigkeit

Die internationale Zuständigkeit hat keine besondere Regelung erfahren. Die Normen über die örtliche Zuständigkeit sind doppelfunktional. Sie regeln (nicht nur indizieren) auch internationale Zuständigkeit[1171]. Die Zuständigkeiten sind in Artt. 30 ff. JN geregelt. 669

3. Anerkennung und Vollstreckbarerklärung ausländischer Zivilurteile

Literatur:
Ackermann, Studien zu Auslegungsproblemen des Abkommens zwischen der Schweizerischen Eidgenossenschaft und dem Fürstentum Liechtenstein über die Anerkennung und Vollstreckung von gerichtlichen Entscheidungen und Schiedssprüchen in Zivilsachen, 1983; *Frick*, Die Anerkennung und Vollstreckung ausländischer Entscheidungen in Zivilsachen im Fürstentum Liechtenstein, 1992; *Schütze*, Anerkennung und Vollstreckung ausländischer Zivilurteile in Liechtenstein, RIW/AWD 1976, 564 ff.; *ders.*, Zur Verbürgung der Gegenseitigkeit im Verhältnis zu Liechtenstein, RIW 2015, 111 ff.

Liechtenstein hat in Artt. 52 ff. EO das österreichische System der administrativ verbürgten Gegenseitigkeit übernommen. Ausländische Zivilurteile werden nur bei Vorliegen eines Staatsvertrages oder förmlicher Gegenseitigkeitsfeststellung 670

1170 Vgl. *Mähr*, Das internationale Zivilprozessrecht Liechtensteins, 2002, S. 262.
1171 Vgl. OGH, LES 2006, 480.

anerkannt und für vollstreckbar erklärt. Daran hat auch das IPR-Gesetz 1996 nichts geändert[1172].

Deutsche Zivilurteile können deshalb in Liechtenstein nicht durchgesetzt werden. Die Gegenseitigkeit i.S. von § 328 Abs. 1 Nr. 5 ZPO ist nicht verbürgt[1173].

Eine unechte Wirkungserstreckung bietet das Schuldentriebverfahren nach der liechtensteinischen ZPO, in dem das ausländische Urteil als öffentliche Urkunde eingeführt werden kann.

15. Litauen

I. Prozessführung vor staatlichen Gerichten

Literatur:
Beržanskienė/Urbelis/Žilionis, Länderbericht Litauen, in: Colman (Hrsg.), Encyclopedia of International Commercial Litigation, Lithuania 1ff.; *Mikelénas*, Reform of Civil Procedural Law in the Republic Lithuania during 1990–1996, ZZPInt 2 (1997), 249ff.; *Mikelènienė/Mikelènas*, Länderbericht Litauen, International Encyclopaedia of Laws, Civil Procedure, 2006, Lithuania 1ff.; *Nekrošius*, Grundlagen der neuen litauischen ZPO (Erkenntnisverfahren), ZZPInt 7 (2002), 409ff.; *ders.*, Die Prozessförderungspflicht der Parteien im Zivilprozess Litauens, Lettlands und Estlands, ZZP 8 (2003), 389ff.; *ders.*, Anerkennung und Vollstreckung von ausländischen Gerichtsentscheidungen und Schiedssprüchen in Litauen, in: Trunk/Nekrošius/Nuutila, Rechts- und Amtshilfe im Ostseeraum, 2005, S. 63ff.; *ders.*, Reform of Lithuanian Civil Justice in 2011, ZZPInt 16 (2011), 169ff.; *Šinkūnas*, Die richterliche Unabhängigkeit in Litauen, ZZPInt 9 (2004), 141ff.; *Trunk/Nekrošius*, Länderbericht Litauen, in: Geimer/Schütze, Internationaler Rechtsverkehr, 1080.1ff.

671 Grundlage der Gerichtsverfassung ist das Gesetz Nr. IX-732 (Gerichtsorganisationsgesetz, GOG). Dieses Gesetz regelt den Gerichtsaufbau und grundlegende Verfahrensgrundsätze, so die Unabhängigkeit der Gerichte (Art. 2 GOG) und der Richter (Art. 3 GOG).

Grundlage des Zivilprozesses ist die Zivilprozessordnung, die durch das Gesetz Nr. IX-743 vom 28.2.2002 neu gefasst worden ist.

1172 Vgl. *Kohler*, Kodifikation und Reform des Internationalen Privatrechts in Liechtenstein, IPRax 1997, 309ff. (311).

1173 Vgl. OLG Stuttgart, RIW 2015, 159; *Mähr*, Länderbericht Liechtenstein, in: Geimer/Schütze, Internationaler Rechtsverkehr, 1079.10; *Schütze*, Die Anerkennung und Vollstreckung ausländischer Zivilurteile in Liechtenstein, RIW/AWD 1976, 564ff.; *ders.*, Zur Verbürgung der Gegenseitigkeit im Verhältnis zu Liechtenstein, RIW 2015, 111ff.

II. Prozessführung vor Schiedsgerichten

Literatur:
Cicenas/Pavan, Länderbericht Litauen, in: Liebscher/Fremuth-Wolf (Hrsg.), Arbitration Law and Practice in Central and Eastern Europe, LIT 1ff.; *Godine*, Länderbericht Litauen, in: Böckstiegel (Hrsg.), Recht und Praxis der internationalen Schiedsgerichtsbarkeit in Staaten Zentral- und Ost-Europas, 1998, S. 153ff.

Litauen hat das UNCITRAL Modellgesetz zur Grundlage der Regelung des Schiedsverfahrens im Gesetz über die Handelsschiedsgerichtsbarkeit vom 2.4.1996 gemacht[1174]. Konkurrenzen zur Regelung der Schiedsgerichtsbarkeit in der litauischen ZPO sind weitgehend ungeklärt. 672

Litauen ist Mitgliedstaat des UN-Übereinkommens 1958. Das Schiedsgerichtsgesetz verzichtet auf eine eigenständige Regelung der Wirkungserstreckung ausländischer Schiedssprüche, verweist in Art. 39 vielmehr auf die UN-Konvention, die damit – wie im deutschen Recht – Teil des autonomen Rechts geworden ist.

III. Das Verfahren mit Auslandsberührung

1. Gerichtsbarkeit

Litauen ist Mitgliedstaat des Wiener Übereinkommens über diplomatische Beziehungen vom 18.4.1961 und des Wiener Übereinkommens über konsularische Beziehungen v. 24.4.1963. 673

Autonom ist die Immunität in Artt. 790–792 ZPO geregelt. Im Bereich der Staatenimmunität praktiziert Litauen den Grundsatz der eingeschränkten Immunität[1175].

2. Internationale Zuständigkeit

Im deutsch-litauischen Verhältnis findet die Brüssel Ia VO Anwendung. Im autonomen Recht ist die internationale Zuständigkeit eigenständig in Artt. 783ff. ZPO geregelt. 674

1174 Vgl. dazu *Godiene*, Länderbericht Litauen, in: Böckstiegel (Hrsg.), Recht und Praxis der internationalen Schiedsgerichtsbarkeit in Staaten Zentral- und Ost-Europas, 1998, S. 153; eine deutsche Übersetzung von *Rudolf* findet sich ebenda, S. 157 ff.

1175 Vgl. *Trunk/Nekrošius*, Länderbericht Litauen, in: Geimer/Schütze, Internationaler Rechtsverkehr, 1080.3 mit Nachweisen für die Rechtsprechung des Obersten Gerichts.

3. Anerkennung und Vollstreckbarerklärung ausländischer Zivilurteile

Literatur:
Trunk/Nekrošius, Länderbericht Litauen, in: *Geimer/Schütze* Internationaler Rechtsverkehr, 1080.8 ff.; *Zile/Aljens* Länderbericht Litauen, in Campbell (Hrsg.), International Execution against Judgment Debtors, LIT 1 ff.

675 Im Verhältnis zu Deutschland finden die Brüssel I und Ia VO Anwendung. Im Übrigen sind die Anerkennung und Vollstreckbarerklärung ausländischer Zivilurteile in Artt. 808 ff. ZPO geregelt.

16. Luxemburg

I. Prozessführung vor staatlichen Gerichten

Literatur:
Bernecker, Internationales Privat- und Prozessrecht im Großherzogtum Luxemburg, RabelsZ 27 (1962), 262 ff. (zugleich auch Diss. Hamburg 1963); *Harles/Kohler*, Länderbericht Luxemburg, in: Geimer/Schütze, Internationaler Rechtsverkehr, 1083.8 ff.; *Hoscheit*, Länderbericht Luxemburg, in: Colman (Hrsg.), Encyclopedia of International Commercial Litigation, Luxembourg-1 ff.; *Nauta*, Luxembourg Civil Procedure, in: Snijders (Hrsg.), Access to Civil Justice Abroad, 1996, 171 ff.; *Schockweiler*, Les conflits de lois et les conflits de juridictions en droit international privé luxembourgeois, 1987.

676 Grundlage des Zivilverfahrens ist die Zivilprozessordnung (Code de Procedure Civile), deren Grundsätze aus dem französischen Recht rezipiert worden sind[1176].

II. Prozessführung vor Schiedsgerichten

Literatur:
Arendt/Harles-Walch, Länderbericht Luxemburg, in: Paulsson (Hrsg.), International Handbook on Commercial Arbitration, Luxembourg, 1 ff.; *Santer*, Länderbericht Luxemburg, in: Nairn/Heneghan, Arbitration World, 5. Aufl., 2015, S. 645 ff.

1176 Vgl. *Harles/Kohler*, Länderbericht Luxemburg, in: Geimer/Schütze, Internationaler Rechtsverkehr, 1083.1. *Arendt/Harles-Walch*, Länderbericht Luxemburg, in: Paulsson (Hrsg.), International Handbook on Commercial Arbitration, Luxembourg, 1 ff.

Rechtsgrundlage für das Schiedsverfahren sind Artt. 1250f. der Zivilprozessordnung. 677

Luxemburg ist Mitgliedstaat des UN-Übereinkommens 1958 und des Europäischen Übereinkommens über die internationale Handelsschiedsgerichtsbarkeit. Die Vollstreckbarerklärung erfolgt durch Exequatur.

III. Das Verfahren mit Auslandsberührung

1. Gerichtsbarkeit

Luxemburg ist Mitgliedstaat des Wiener Übereinkommens über diplomatische Beziehungen v. 18.4.1961 und des Wiener Übereinkommens über konsularische Beziehungen v. 24.4.1963 sowie des Europäischen Übereinkommens über die Staatenimmunität. 678

2. Internationale Zuständigkeit

Im Verhältnis zu Deutschland findet die Zuständigkeitsordnung der Brüssel Ia VO Anwendung. 679

Das autonome luxemburgische Recht kennt keine eigenständige Regelung der internationalen Zuständigkeit. Die örtliche Zuständigkeit indiziert die internationale[1177].

3. Anerkennung und Vollstreckbarerklärung ausländischer Zivilurteile

Literatur:
Bonglet, La reconnaissance et l'exécution des jugements dans les six pays de la C. E. E., Annales de la Faculté de Droit et des Sciences Economiques Lyon, 1969 II, 55 ff.; *Council of Europe*, The practical guide to the recognition and enforcement of foreign judicial decisions in civil & commercial law, 1975, 103 ff.; *Hoscheit*, Reconnaissance et exécution de jugements étrangers au Luxembourg en dehors du champ d'application des conventions de Bruxelles et de Lugano, in: Walter/Baumgartner (Hrsg.), Anerkennung und Vollstreckung ausländischer Entscheidungen außerhalb der Übereinkommen von Brüssel und Lugano, 2000, 375 ff.; *Huss*, Chronique de jurisprudence luxembourgoise (1960–1970), Journal Clunet 98 (1971), 140 ff.; *Lorang*, Länderbericht Luxemburg, in: Campbell (Hrsg.), International Execution against Judgment Debtors, Lux.

1177 Vgl. *Harles/Kohler*, Länderbericht Luxemburg, in: Geimer/Schütze, Internationaler Rechtsverkehr, 1083.3 ff.

1ff.; *Mercier*, Effets internationaux des jugements dans les Etats du Marché Commun, 1965, 63ff.; *Schütze*, Die Anerkennung und Vollstreckung ausländischer Zivilurteile in Luxemburg, IWB F 5, Luxemburg, Gr. 3, S. 13f.

680 Im deutsch-luxemburgischen Verhältnis bestimmen sich die Anerkennung und Vollstreckbarerklärung von Zivilurteilen nach der Brüssel I und Ia VO.

Im autonomen Recht fehlt eine umfassende gesetzliche Regelung der Wirkungserstreckung ausländischer Zivilurteile. Art. 546 Code de Procédure Civile bestimmt:

„*Les jugements rendus par les tribunaux étrangers et les actes reçus par les officiers étrangers, ne seront susceptibles d'exécution dans le Grand-Duché que de la manière et dans les cas prévus par les articles 2123 et 2128 du code civil*".

Art. 2123 und 2128 CC sind aus dem französischen Recht rezipiert und enthalten – wie dieses – keine allgemeine Regelung der Wirkungserstreckung ausländischer Zivilurteile. Diese sind im Anschluss an die französische Doktrin von Rechtsprechung und Literatur entwickelt worden.

17. Malta

I. Prozessführung vor staatlichen Gerichten

Literatur:
Kilian, Rechtsverfolgung in Malta, ZZPInt 12 (2007), 185ff.; *Pietsch*, Länderbericht Malta, in: Geimer/Schütze, Internationaler Rechtsverkehr, 1087.1ff.

681 Gerichtsverfassung und Zivilprozessrecht sind im Code of Organization and Civil Procedure geregelt. Die wechselvolle Rechtsgeschichte Maltas hat eine Fülle von Einflüssen auf das Zivilprozessrecht gebracht. Nicht nur das common law, sondern auch kontinentaleuropäische, insbesondere das italienische Recht haben ihren Einfluss hinterlassen.

II. Prozessführung vor Schiedsgerichten

Literatur:
Cremona/Bonnici, Länderbericht Malta, in: Nairn/Heneghan, Arbitration World, 5. Aufl., 2015, S. 685ff.

Malta hat das UNCITRAL-Modellgesetz in das innerstaatliche Recht übernommen. Der Arbitration Act, 1998 (Cap. 387) regelt das Schiedsverfahrensrecht. 682

Malta ist Mitgliedstaat des UN-Übereinkommens 1958.

III. Das Verfahren mit Auslandsberührung

1. Gerichtsbarkeit

Malta ist Mitgliedstaat des Wiener Übereinkommens über diplomatische Beziehungen vom 18.4.1961 und des Wiener Übereinkommens über konsularische Beziehungen vom 24.4.1963. Im Übrigen sind die diplomatischen und konsularischen Immunitäten geregelt in Diplomatic Immunities and Privileges Act (CAP 191) und im Consular Conventions Act (CAP 144) geregelt. 683

2. Internationale Zuständigkeit

Im deutsch-maltesischen Verhältnis findet die Zuständigkeitsordnung der Brüssel Ia VO Anwendung. 684

Im Übrigen kennt das maltesische Recht keine besonderen Regelungen über die internationale Zuständigkeit. Die örtliche Zuständigkeit indiziert die internationale. Die Regelungen über die örtliche Zuständigkeit sind doppelfunktional. Die Gerichtsstände finden sich in dem Gesetz über das Zivilverfahren (COCP).

3. Anerkennung und Vollstreckbarerklärung ausländischer Zivilurteile

Literatur:
Cassar, Länderbericht Malta, in: Campbell (Hrsg.), International Execution against Judgment Debtors, MAL 9 ff.; *Pietsch*, Länderbericht Malta, in: Geimer/Schütze, Internationaler Rechtsverkehr, 1087.12 ff.; *Schütze*, Vollstreckung ausländischer Zivilurteile in Malta, AWD 1965, 84.

Im deutsch-maltesischen Verhältnis kommen die Brüssel I und Ia VO zur Anwendung. 685

Im Übrigen sind Rechtsgrundlage für die Anerkennung und Vollstreckbarerklärung ausländischer Zivilurteile der British Judgments (Reciprocal Enforcement) Act, der jedoch nur auf Entscheidungen des Vereinigten Königreichs und einiger Dominions Anwendung findet und Artt. 826–828 Code of Organization and Civil Procedure (COCP).

18. Niederlande

I. Prozessführung vor staatlichen Gerichten

Literatur:
Freudenthal, Länderbericht Niederlande, in: Geimer/Schütze, Internationaler Rechtsverkehr, 1100.1 ff.; 1100; *Meijer*, Länderbericht Niederlande, in: Colman (Hrsg.), Encyclopedia of International Commercial Litigation, The Netherlands 1 ff.; *Meijknecht*, Recent Developments in Civil Procedure in the Netherlands, ZZPInt 5 (2000), 209 ff.; *Mincke*, Einführung in das niederländische Recht, 2002; *Rutgers*, Die Reform des niederländischen Zivilprozessrechts, ZZPInt 7 (2002), 193 ff.; *Seggewiße*, Die Vollstreckung deutscher Titel in den Niederlanden, NJW 2008, 2156 ff.; *Snijders*, Netherlands Civil Procedure, in: Snijders (Hrsg.), Access to Civil Procedure Abroad, 1996, 239 ff.; *Zonderland*, Einstweilige Verfügung in den Niederlanden, ZZP 90 (1977), 225 ff.

686 Der niederländische Zivilprozess ist rechtshistorisch vom französischen Prozessrecht beeinflusst. Das niederländische Zivilverfahren[1178] ist teilweise durch das *Wet tot herziening van het procesrecht voor burgerlijke zaken, in het bijzonder de wijze van proceduren in eerste aanlag* neu geregelt worden[1179]. Das Verfahren ist aus deutscher Sicht recht langsam. Dem einstweiligen Rechtsschutz kommt deshalb besondere Bedeutung zu[1180].

II. Prozessführung vor Schiedsgerichten

Literatur:
Van den Berg, Länderbericht Niederlande, Yearbook Commercial Arbitration XII (1987), S. 3 ff.; *Bühler*, Das neue niederländische Gesetz über die Schiedsgerichtsbarkeit, RIW 1987, 901 f.; *Knottenbelt*, Länderbericht Niederlande, in: Nairn/Heneghan, Arbitration World, 5. Aufl., 2015, S. 699 ff.; *Lazic/Meijer*, Länderbericht Niederlande, in: Weigand, Practitioner's Handbook on International Arbitration, 2. Aufl., 2009, S. 617 ff.; *De Ly*, International Arbitration – The Netherlands, in: Gottwald (Hrsg.), Internationale Schiedsgerichtsbarkeit, 1997, S. 667 ff.; Grundlage des Schiedsverfahrensrechts ist das Schiedsgesetz, das am 1. Januar 2015 in Kraft getreten ist. Dieses hat UNCITRAL-Modellgesetz übernommen.

687 Die Niederlande sind Mitgliedstaat des UN-Übereinkommens 1958. Die Wirkungserstreckung von Schiedssprüchen ist darüber hinaus im deutsch-nie-

---

1178 Vgl. für einen Überblick *Snijders*, Länderbericht Niederlande, in: Snijders u.a., Access to Civil Procedure Abroad, 1996, S. 239 ff. m.w.N.

1179 Vgl. dazu *Rutgers*, Die Reform des niederländischen Zivilprozessrechts, ZZPInt 7 (2002), 193 ff.

1180 Vgl. dazu *Zonderland*, Einstweilige Verfügung in den Niederlanden, ZZP 90 (1977), 225 ff.

derländischen Anerkennungs- und Vollstreckungsvertrag geregelt, dessen Art. 17 aber lediglich auf das UN-Übereinkommen 1958 verweist. Im autonomen Recht ist die Wirkungserstreckung ausländischer Schiedssprüche in Artt. 1074 ff. RV geregelt.

III. Das Verfahren mit Auslandsberührung

1. Gerichtsbarkeit

Die Niederlande sind Mitgliedstaat des Wiener Übereinkommens über diplomatische Beziehungen v. 18.4.1961, des Wiener Übereinkommens über konsularische Beziehungen v. 24.4.1963 und des Europäischen Übereinkommens über die Staatenimmunität. 688

2. Internationale Zuständigkeit

Im deutsch-niederländischen Verhältnis findet die Zuständigkeitsordnung der Brüssel Ia VO Anwendung. 689

Das niederländische Recht kannte herkömmlicherweise keine eigenständige Regelung der internationalen Zuständigkeit. Nach der ständigen Rechtsprechung[1181] der niederländischen Gerichte hatten die Normen über die örtliche Zuständigkeit doppelfunktionale Bedeutung. Die örtliche Zuständigkeit indizierte die internationale[1182].

Die internationale Zuständigkeit ist jetzt durch die Zivilprozessreform 2002[1183] neu geregelt worden. Es findet der Katalog der Artt. 1–10 RV Anwendung. Der gemissbilligte Klägergerichtsstand des Art. 126 III RV, der bei fehlendem Aufenthalt des Beklagten in den Niederlanden eine Zuständigkeit am Klägerwohnsitz gab, ist fortgefallen.

1181 Seit HR, NJ 1916, 417.

1182 Vgl. *Snijders*, Netherlands Civil Procedure, in: Snijders u.a. (Hrsg.), Access to Civil Procedure Abroad, 1996, 239 ff. (252). *Strikwerda*, Inleiding tot het Nederlandse Internationaal Privatrecht, 2000, No. 215 f.

1183 Vgl. dazu *Kramer*, Dutch Private International Law – overview 1998 – August 2002, IPRax 2002, 537 ff. (541 f.).

3. Anerkennung und Vollstreckbarerklärung ausländischer Zivilurteile

Literatur:
Boll/Drijber, Länderbericht Niederlande, in: Weems (Hrsg.), Enforcement of Money Judgments Abroad, NET. 3ff.; *Bülow/Arnold*, Internationaler Rechtsverkehr, 1. Aufl., 961.30ff.; *Council of Europe*, The practical guide to the recognition and enforcement of foreign judicial decisions in civil & commercial law, 1975, 117ff.; *Freudenthal*, Länderbericht Niederlande, in: Geimer/Schütze, Internationaler Rechtsverkehr, 1100.8ff.; *Hemmes*, Länderbericht Niederlande, in: Garb/Lew (Hrsg.), Enforcement of Foreign Judgments, The Netherlands, 3ff.; *van Hooijdonk*, Länderbericht Niederlande, in: Campbell (Hrsg.), International Execution against Judgment Debtors, NET. 1ff.; *Kokkini-Iatridou/Verheul*, Les effets des jugements et sentences étrangers aux Pays-Bas, 1969; *Kollewijn*, American-Dutch Private International Law, 2. Aufl., 1961, 34ff.; *Seggewiße*, Die Vollstreckung deutscher Titel in den Niederlanden, NJW 2008, 2156ff.; *Thomas*, Die Anerkennung ausländischer, insbesondere deutscher Scheidungsurteile in den Niederlanden, RabelsZ 33 (1969), 734ff.; *Verheul*, Erkenning en tenuitvoerligging van vremde vonnissen in vermogensrechtelijke zaken, 1969; *Verschuur*, Recognition and Enforcement of Foreign Judgments in the Netherlands, in: Walter/Baumgartner (Hrsg.), Anerkennung und Vollstreckung ausländischer Entscheidungen außerhalb der Übereinkommen von Brüssel und Lugano, 2000, 403ff.

690 Im deutsch-niederländischen Verhältnis finden die Brüssel I und Ia VO Anwendung, hilfsweise der deutsch-niederländische Anerkennungs- und Vollstreckungsvertrag.

Nach autonomem niederländischen Recht können ausländische Entscheidungen nur aufgrund eines Staatsvertrages anerkannt und für vollstreckbar erklärt werden, wobei für Statusurteile Ausnahmen bestehen.

19. Norwegen

I. Prozessführung vor staatlichen Gerichten

Literatur:
Michelsen, Norwegen und das deutsche Zivilprozessrecht, in: Habscheid (Hrsg.), Das deutsche Zivilprozessrecht und seine Ausstrahlung auf andere Rechtsordnungen, 1991, 241ff.; *Mörsdorf*, Länderbericht Norwegen, in: Geimer/Schütze, Internationaler Rechtsverkehr, 1104,1ff.; *Poulsson*, Länderbericht Norwegen, in: Colman (Hrsg.), Encyclopedia of International Commercial Litigation, Noway 1ff.; *Thue*, Norwegen, das Lugano-Übereinkommen und ein gesamteuropäisches Zivilprozessrecht, in: Jayme (ed.), Ein internationales Zivilverfahrensrecht für Gesamteuropa, 1992, 255ff.

691 Der deutsche Einfluss auf das norwegische Zivilverfahrensrecht ist nur (noch) gering. Norwegen folgt weitgehend dänischen Vorbildern, insbesondere auch im internationalen Zivilverfahrensrecht.

Grundlage des Zivilverfahrens ist die Zivilprozessordnung 2007, die die Zivilprozessordnung 1915 abgelöst hat.

II. Prozessführung vor Schiedsgerichten

Literatur:
Eckhoff, Länderbericht Norwegen, Yearbook Commercial Arbitration V (1980), S. 97 ff.; *Haug*, Länderbericht Norwegen, in: Paulsson (Hrsg.), International Handbook on Commercial Arbitration, Norway, 1 ff.

Norwegen hat das UNCITRAL Modellgesetz in das innerstaatliche Recht übernommen. 692

Norwegen ist Mitgliedstaat des UN-Übereinkommen 1958. Art. 19 des deutsch-norwegischen Anerkennungs- und Vollstreckungsvertrages regelt die Wirkungserstreckung von Schiedssprüchen nicht eigenständig, verweist lediglich auf die staatsvertraglichen Vereinbarungen, also das UN-Übereinkommen 1958. Die Vollstreckung bedarf keines vorgängigen Exequaturverfahrens. Das Vollstreckungsgericht prüft die Erfordernisse der Anerkennung und Vollstreckbarerklärung incidenter.

III. Das Verfahren mit Auslandsberührung

1. Gerichtsbarkeit

Norwegen ist Mitgliedstaat des Wiener Übereinkommens über diplomatische 693
Beziehungen v. 18.4.1961 und des Wiener Übereinkommens über konsularische Beziehungen v. 24.4.1963.

2. Internationale Zuständigkeit

Im deutsch-norwegischen Verhältnis bestimmt sich die internationale Zustän- 694
digkeit nach der Zuständigkeitsordnung des LugÜ II.

Im autonomen Recht ist die internationale Zuständigkeit nicht eigenständig geregelt. Faustregel im norwegischen internationalen Zuständigkeitsrecht ist, dass die örtliche die internationale Zuständigkeit indiziert. Es besteht damit zwar grundsätzlich ein Gleichlauf von örtlicher und internationaler Zuständigkeit; jedoch muss für die Zuständigkeit norwegischer Gerichte bei Klagen in internationalen Streitigkeiten ein Inlandsbezug gegeben sein[1184].

3. Anerkennung und Vollstreckbarerklärung ausländischer Zivilurteile

Literatur:
Bull, Recognition and Enforcement in Norway of Foreign Judgments Outside the Scope of Application of the Brussels and Lugano Conventions, in: Walter/Baumgartner (Hrsg.), Anerkennung und Vollstreckung ausländischer Entscheidungen außerhalb der Übereinkommen von Brüssel und Lugano, 2000, 425 ff.; *Hambro*, Recognition and Enforcement of Foreign Judgments in the Nordic Countries, Journal Clunet 84 (1957), 908 ff.; *Mörsdorf*, Länderbericht Norwegen, in: Geimer/Schütze, Internationaler Rechtsverkehr, 1104.10 ff. *Saeter/Oyehaug/Aasebo*, Länderbericht Norwegen, in: Campbell (Hrsg.), International Execution against Judgment Debtors, NOR 1 ff.

695 Im deutsch-norwegischen Verhältnis bestimmen sich Anerkennung und Vollstreckbarerklärung ausländischer Zivilurteile nach dem LugÜ II. Soweit die Materie nicht durch das LuGÜ II geregelt ist kommt der deutsch-norwegische Anerkennungs- und Vollstreckungsvertrag zur Anwendung.

Das autonome norwegische Recht lässt im Prinzip nur die Wirkungserstreckung ausländischer Zivilurteile aufgrund eines Anerkennungs- und Vollstreckungsvertrages zu. Darüber hinaus sind – von Statusurteilen abgesehen – ausländische Urteile nur als Beweis in einem neuen Prozess vor norwegischen Gerichten über denselben Streitgegenstand bedeutsam. Von diesem Grundsatz besteht eine wichtige und im internationalen Rechtsverkehr bedeutsame Ausnahme. Haben die Parteien zulässigerweise eine Gerichtsstandsvereinbarung zugunsten eines ausländischen Gerichts abgeschlossen, dann kann die im forum prorogatum ergangene Entscheidung anerkannt und für vollstreckbar erklärt werden.

20. Österreich

I. Prozessführung vor staatlichen Gerichten

Literatur:
Bajons, Ein österreichisches System der internationalen Zuständigkeit, ZfRV 1972, 91 ff.; *dies*, Länderbericht Österreich, in: Geimer/Schütze, Internationaler Rechtsverkehr, 1108.2 ff.; *Ballon*,

---

1184 Vgl. *Thue*, Norwegen, Das Lugano-Übereinkommen und ein gesamteuropäisches Zivilprozessrecht, in: Jayme (Hrsg.), Ein internationales Zivilverfahrensrecht für Gesamteuropa, 1992, S. 255 f.

Einführung in das österreichische Zivilprozessrecht- Streitiges Verfahren, 12. Aufl., 2009; *Dolinar/Holzhammer*, Zivilprozessrecht, 9. Aufl., 2008; *Geimer*, Die Gerichtspflichtigkeit des Beklagten vor österreichischen Gerichten aus deutscher Sicht, IPRax 1987, 143 ff.; *Heller*, Länderbericht Österreich, in: Colman (Hrsg.), Encyclopedia of International Commercial Litigation, Austria 1 ff.; *Klauser/Hadler*, Kollektiver Rechtsschutz in der österreichischen Praxis, ZZPInt 18 (2013), 103 ff.; *Matscher*, Die Neuregelung der inländischen Gerichtsbarkeit durch die WGN 1997, JBl. 1998, 492 ff.; *Mayr*, Das neue Außerstreitverfahren in Österreich, ZZPInt 10 (2005), 165 ff.; *Rechberger*, Gibt es einer „internationale Zuständigkeit" der österreichischen Gerichte?, FS Nagel, 1987, S. 294 ff.; *ders.*, Länderbericht Österreich, in: International Encyclopedia of Laws, Civil Procedure, 2011; *Rechberger/Kodek*, Länderbericht Österreich, in: Taelman (Hrsg.), International Encyclopaedia of Laws, Civil Procedure, Austria 1 ff.; *Rechberger/Simotta*, Grundriss des österreichischen Zivilprozessrechts, 9. Aufl., 2016; *Schoibl*, Die Prüfung der internationalen Zuständigkeit nach Europäischem Verfahrensrecht in Zivil- und Handelssachen, ZZPInt 10 (2005), 123 ff.; *Schütze*, Zur cautio iudicatum solviim österreichischen Recht, IPRax 2015, 79 ff.; *Simotta*, Die Neuregelung der internationalen Zuständigkeit durch die Wertgrenzennovelle 1997, FS Schütze, 1999, 831 ff.; weiter die Kommentare und Lehrbücher zu JN, ZPO und EO.

Das österreichische Zivilverfahren wird durch die Jurisdiktionsnorm (JN) für die 696 Zuständigkeit und die Zivilprozessordnung (ZPO) für das Verfahren geregelt. Die Freiwillige Gerichtsbarkeit hat eine besondere Regelung im Außerstreitgesetz 2005 gefunden. Die Zwangsvollstreckung bestimmt sich nach der Exekutionsordnung (EO).

II. Prozessführung vor Schiedsgerichten

Literatur:

Backhausen, Schiedsgerichtsbarkeit unter besonderer Berücksichtigung des Schiedsvertragsrechts, 1990; *Burgstaller*, Vollstreckung ausländischer Schiedssprüche in Österreich, ZfRV 41 (2000), 83 ff.; *Fasching*, Schiedsgericht und Schiedsverfahren im österreichischen und internationalen Recht, 1973; *ders.*, Internationale Schiedsgerichtsbarkeit in Österreich, in: Gottwald (Hrsg.), Internationale Schiedsgerichtsbarkeit, 1997, S. 729 ff.; *Ischia/Mayr*, Das neue österreichische Schiedsverfahrensrecht, RIW 2006, 881 ff.; *Kloiber/Rechberger/Oberhammer/Haller*, Das neue Schiedsrecht, 2006; *Kochl*, Beweis durch Sachverständige im Schiedsverfahren – Fokus Österreich, ZZPInt 15 (2010), 89 ff.; *Krilyszyn/Bajons*, Zur Internationalisierung des österreichischen Schiedsrechts, Jahrbuch für die Praxis der Schiedsgerichtsbarkeit 1 (1987), S. 234 ff.; *Liebscher*, Reform of the Austrian Arbitration Law, JIA 18 (2001), 211 ff.; *Liebscher*, Länderbericht Österreich, in: Liebscher/Fremuth-Wolf (Hrsg.), Arbitration Law and Practice in Central and Eastern Europe, AUS 1 ff.; *ders.*, Länderbericht Österreich, in Weigand, Practitioner's handbook on Internbational Commercial Arbitration, 2. Aufl., 2009, S. 119 ff.; *Neuteufel*, Das neue österreichische Schiedsrecht, öJZ 2006, 433 ff.; *Power*, The Austrian Arbitration Act, 2006; *Rechberger*, Das neue österreichische Schiedsrecht, ZZP 119 (2006), 261 ff.; *Reiner*, Die internationale Schiedsgerichtsbarkeit nach österreichischem und französischen Recht, ZfRV 27 (1986), 162 ff.; *ders.*, Das neue österreichische Schiedsrecht, 2006; *Reiner/Aschauer*, Länderbericht Österreich, in: Nairn/Heneghan (Hrsg.), Arbitration World, 5. Aufl. 2015, S. 329 ff., *von*

Saucken, Die Reform des österreichischen Schiedsverfahrensrechts auf der Basis des UNCITRAL-Modellgesetzes über die internationale Handelsschiedsgerichtsbarkeit, 2004; *Torggler* (Hrsg.), Schiedsgerichtsbarkeit, 2007; *Zeiler*, Schiedsverfahren, 2006.

697 Österreich hat das UNCITRAL Modellgesetz übernommen.

Österreich ist Mitgliedstaat des Europäischen Übereinkommens über die internationale Handelsschiedsgerichtsbarkeit und des UN-Übereinkommens 1958. Der deutsch-österreichische Anerkennungs- und Vollstreckungsvertrag 1959 verweist in Art. 12 auf die jeweils zwischen den beiden Staaten in Kraft befindlichen Übereinkommen, verweist also auf das UN-Übereinkommen 1958.

III. Das Verfahren mit Auslandsberührung

1. Gerichtsbarkeit

698 Österreich ist Mitgliedstaat des Wiener Übereinkommens über diplomatische Beziehungen v. 18.4.1961, des Wiener Übereinkommens über konsularische Beziehungen v. 24.4.1963 und des Europäischen Übereinkommens über die Staatenimmunität.

2. Internationale Zuständigkeit

699 Im deutsch-österreichischen Verhältnis findet die Zuständigkeitsordnung der Brüssel Ia VO Anwendung.

Nach autonomem österreichischem Recht indiziert gemäß § 27a JN die örtliche die internationale Zuständigkeit. Die Norm spricht zwar missverständlich von „Gerichtsbarkeit“, gemeint ist aber die internationale Zuständigkeit[1185].

3. Anerkennung und Vollstreckbarerklärung ausländischer Zivilurteile

Literatur:
Bajons, Länderbericht Österreich, in: Geimer/Schütze, Internationaler Rechtsverkehr, 1108.8 ff.; *Brandstätter*, Länderbericht Österreich, in: Campbell (Hrsg.), International Execution against Judgment Debtors, AUT 1 ff.; *Hoyer*, Die Anerkennung ausländischer Entscheidungen

---

1185 Vgl. *Matscher* § 27a JN Rdn. 5, in: Fasching (Hrsg.), Zivilprozessgesetze, Bd. 1, 2. Aufl., 2000; *Simotta*, Die Neuregelung der internationalen Zuständigkeit durch die Wertgrenzennovelle 1997, FS Schütze, 1999, S. 831 ff. (831, FN 2).

und ihre Vollstreckung im Inland, JBl 1982, 634 ff.; *Matscher*, Zur Theorie der Anerkennung ausländischer Entscheidungen nach österreichischem Recht, FS Schima, 1969, 277 ff.; *ders.*, Grundfragen der Anerkennung und Vollstreckung ausländischer Entscheidungen in Zivilsachen (aus österreichischer Sicht), ZZP 103 (1990), 294 ff.; *Pfeiler*, Die Anerkennung ausländischer Titel in Österreich, JAP 1995/96, 275 ff.; *ders.*, Die Vollstreckung aufgrund ausländischer Titel, JAP 1996/97, 63 ff.; *Rechberger/Frauenberger-Pfeiler*, Anerkennung und Vollstreckung ausländischer Titel außerhalb des Anwendungsbereichs des Brüsseler und Luganer Übereinkommens: Österreich, in: Walter/Baumgartner (Hrsg.), Anerkennung und Vollstreckung ausländischer Entscheidungen außerhalb der Übereinkommen von Brüssel und Lugano, 2000, 47 ff.; weiter die Kommentare zu §§ 79 ff. EO.

Im deutsch-österreichischen Verhältnis finden die Brüssel I und Ia VO Anwen- **700**
dung. Im Übrigen gilt der deutsch-österreichische Anerkennungs- und Vollstreckungsvertrag.

Rechtsgrundlage für die Wirkungserstreckung ausländischer Zivilurteile nach autonomem Recht sind §§ 79 ff. EO, die von dem Prinzip der administrativen Gegenseitigkeitsverbürgung ausgehen. Die Regelungen sind mit Wirkung zum 1.10.1995 novelliert und an die europäische Rechtsentwicklung angepasst worden.

21. Polen

I. Prozessführung vor staatlichen Gerichten

Literatur:
Gralla, Länderbericht Polen, in: Geimer/Schütze, Internationaler Rechtsverkehr, 1113.1 ff.; *ders.*, Das polnische internationale Zivilverfahrensrecht (IZR), JOR X (1969), 167 ff.; *Ereciński*, Entwicklung der Kassation in Zivilsachen in Polen, FS Rechberger, 2005, S. 115 ff.; *ders.*, Effektivität des Rechtsschutzes vor staatlichen Gerichten in Polen, in: Gottwald (Hrsg.), Effektivität des Rechtsschutzes vor staatlichen und privaten Gerichten, 2006, S. 1 ff.; *Erecinsk/Gzegorczyk*, On the path towards a new codification of civil procedure in Poland, FS Gottwald, 2014, S. 131 ff.; *Erecinski/Weitz*, Internationale Notzuständigkeit im polnischen Internationalen und Europäischen Zivilverfahrensrecht, FS Kaissis, 2012, S. 187 ff.; *dies*, Das neue autonome Internationale Zivilverfahrensrecht in Polen, ZZPInt 13 (2008), 57 ff.; *Hohloch*, Zuständigkeit, Anerkennung und Vollstreckung im deutsch-polnischen Rechtsverkehr, DPJZ 2001, 6 ff.; *Jedrzejewska*, Prozessrechtsverhältnis und Prozessvoraussetzungen – zwei aus der deutschen Rechtstheorie in die polnische Lehre einwirkende Grundbegriffe des Zivilprozessrechts, in: Habscheid (Hrsg.), Das deutsche Zivilprozessrecht und seine Ausstrahlung auf andere Rechtsordnungen, 1991, S. 293 ff.; *Sawczuk*, Das deutsche und das polnische Zivilprozessrecht in der Zeit von der ersten polnischen ZPO bis zur Gegenwart, in: Habscheid (Hrsg.), Das deutsche Zivilprozessrecht und seine Ausstrahlung auf andere Rechtsordnungen, 1991, S. 282 ff.; *ders.*, Internationales Zivilprozessrecht in Polen, FS Geimer, 2002, S. 921 ff.; *Siemiatkowski*, Länderbericht Polen, in: Colman (Hrsg.), Encyclopedia of International Commercial Litigation, Poland 1 ff.; *Weitz*, Die Entwicklung des polnischen Zivilprozessrechts nach der politischen Wen-

de im Jahre 1989, ZZPInt 11 (2006), 89; *Zedler*, Jurisdiction of Polish Courts in Civil Cases with Foreign Elements, in: Jayme (Hrsg.), Ein internationales Zivilverfahrensrecht für Gesamteuropa, 1992, S. 91 ff.

701 Rechtsgrundlage für das Zivilverfahren ist die Zivilprozessordnung 1964, die im kontinentaleuropäischen Rechtssystem wurzelt und in europäischer Tradition steht. Das wird auch für die neue Zivilprozessordnung gelten, die diskutiert wird[1186].

II. Prozessführung vor Schiedsgerichten

Literatur:
Jochemczak/Sychowicz, Länderbericht Polen, in: Nairn/Heneghan, Arbitration World, 5. Aufl., 2015, S. 761 ff.: *Kakolecki/Nowarczyk*, Poland's New Arbitration Legislation, ICC Bull. 16.2, 41 ff.; *Kruźewski/Wardyński*, Länderbericht Polen, in: Liebscher/Fremuth-Wolf (Hrsg.), Arbitration Law and Practice in Central and Eastern Europe, POL 1 ff.; *Pankowska-Lier*, Schiedsgerichtsbarkeit in Polen, 1998; *Pankowska-Lier/Adamska*, Neue Entwicklungen im Recht der Schiedsgerichtsbarkeit in Polen – Ein Überblick, RIW 2002, 837 ff.; *Szurski/Wiśniewski*, Länderbericht Polen, in: Paulsson (Hrsg.), International Handbook on Commercial Arbitration, Poland 1 ff.; *Tomaszewski*, Effectiveness of Legal Protection before Arbitral Tribunals – The Polish Experience, in: Gottwald (Hrsg.), Effektivität des Rechtsschutzes vor staatlichen und privaten Gerichten, 2006, S. 203 ff.; *Weitz*, Das neue polnische Schiedsverfahrensrecht, ZZPInt 12 (2007), 127 ff.; *Zoll/Lyszczarz*, Länderbericht Polen, in Oberhammer (Hrsg.), Schiedsgerichtsbarkeit in Zentraleuropa, 2005, S. 375 ff. Vgl. aus der älteren Literatur *Bächtold*, Die Außenhandelsschiedsgerichtsbarkeit in Polen, Diss. Zürich 1973; *Pankowska-Lier*, Schiedsgerichtsbarkeit in Polen, 1998 (durch die Neuregelung des Schiedsverfahrensrechts weitgehend 2005 überholt).

702 Die Schiedsgerichtsbarkeit hat in Polen als einem ehemaligen Staatshandelsland mit langer Außenhandelstradition einen hohen Stellenwert, insbesondere im internationalen Bereich. Polen stellt ein effizientes System der Schiedsgerichtsbarkeit zur Verfügung.

Polen hat das UNCITRAL-Modellgesetz in das innerstaatliche Recht übernommen. Das Schiedsverfahrensrecht ist in Teil V der Zivilprozessordnung geregelt[1187] und wird als Teil des Zivilprozesses verstanden[1188]. Das polnische

---

1186 Vgl. dazu *Erecinsk/Gzegorczyk*, On the path towards a new codification of civil procedure in Poland, FS Gottwald, 2014, S. 131 ff.

1187 Artt. 1154–1217 der polnischen ZPO.

1188 Vgl. dazu *Weitz*, Das neue polnische Schiedsverfahrensrecht, ZZPInt 12 (2007), 127 ff.

Schiedsverfahrensrecht ist – im Grundsatz – nur, aber auch immer dann anwendbar, wenn der Ort des Schiedsverfahrens in Polen liegt.

Polen ist Mitgliedstaat des Europäischen Übereinkommens über die internationale Handelsschiedsgerichtsbarkeit und des UN-Übereinkommens 1958. Die Erfordernisse der Wirkungserstreckung ausländischer Schiedssprüche bestimmen sich nach der Konvention. Im Übrigen findet Art. 1215 der polnischen ZPO Anwendung.

III. Das Verfahren mit Auslandberührung

1. Gerichtsbarkeit

Polen ist Mitgliedstaat des Wiener Übereinkommens über diplomatische Bezie- **703**
hungen v. 18.4.1961 und des Wiener Übereinkommens über konsularische Beziehungen v. 24.4.1963. Die Grundsätze dieser Übereinkommen sind in Artt. 1111–1116 ZPO in das polnische autonome Recht übernommen worden.

2. Internationale Zuständigkeit

Im deutsch-polnischen Verhältnis kommt die Zuständigkeitsordnung der Brüs- **704**
sel Ia VO zur Anwendung. Im Übrigen findet sich die Regelung der internationalen Zuständigkeit in Artt. 1103 ff. ZPO[1189].

3. Anerkennung und Vollstreckbarerklärung ausländischer Zivilurteile

Literatur:
Adamkowski/Rutkowski/Hyla, Länderbericht Polen, in: Campbell, (Hrsg.), International Execution against Judgment Debtors, POL 1 ff., *Badkowski*, Die Anerkennung ausländischer Entscheidungen in Polen nach zivilprozessrechtlichen Vorschriften und nach internationalen Verträgen, OER 1970/1, 1 ff.; *Broniewics/Alvino*, Il processo civile polacco, 1981, S. 442 ff.; *Gralla*, Das polnische internationale Zivilverfahren, Jahrbuch für Ostrecht X/1, 167 ff.; *ders.*, Länderbericht Polen, in: Geimer/Schütze, Internationaler Rechtsverkehr, 1113.8 ff.; *Jodlowski*, La reconnaissance et l'exécution des décisions étrangers au Pologne, Journal Clunet 93 (1966), 538 ff.; *ders.*, Chronique de jurisprudence polonaise, Journal Clunet 97 (1970), 368 ff.; *Kalus*, Anerkennung und Vollstre-

1189 Vgl. dazu auch *Sawczuk*, Internationales Zivilprozessrecht in Polen, FS Geimer, 2002, 921 ff.; vgl zur Neuregelung 2008 *Erecinski/Weitz*, Das neue autonome Internationale Zivilverfahrensrecht in Polen, ZZPInt 13 (2008), 57 ff.

ckung ausländischer Urteile und Schiedssprüche in Polen, in: Seiffert (Hrsg.), Anerkennung und Vollstreckung ausländischer Entscheidungen in Osteuropa, 1994, 63 ff. (mit weiteren Nachweisen für die polnische Literatur in Fußn. 1); *Krusche*, Anerkennung und Vollstreckung deutscher Urteile in Polen, Tschechien und Ungarn, WiRO 1999, 173 ff.; *Maczynski*, Die Anerkennung und Vollstreckung ausländischer Entscheidungen in Polen, in: Jayme (Hrsg.), Ein internationales Zivilverfahrensrecht für Gesamteuropa, 1992, 103 ff.; *Sawczuk*, Recognition and Enforcement of Foreign Judgments Outside the Scope of Application of the Brussels and Lugano Conventions: Poland, in: Walter/Baumgartner (Hrsg.), Anerkennung und Vollstreckung ausländischer Entscheidungen außerhalb der Übereinkommen von Brüssel und Lugano, 2000, 449 ff.

705 Im deutsch-polnischen Verhältnis bestimmen sich Anerkennung und Vollstreckbarerklärung ausländischer Zivilurteile nach den Brüssel I und Ia VO. Das autonome Recht der Wirkungserstreckung ist in Artt. 1145 ff. ZPO geregelt.

22. Portugal

I. Prozessführung vor staatlichen Gerichten

Literatur:
Barbosa Moreira, Der Einfluss des deutschen Zivilprozessrechts in Portugal und Brasilien, in: Habscheid (Hrsg.), Das deutsche Zivilprozessrecht und seine Ausstrahlung auf andere Rechtsordnungen 1991, S. 387 ff.; *Nordmeier*, Internationale Zuständigkeit portugiesischer Gerichte für die Kaufpreisklage gegen deutsche Käufer, IPRax 2008, 275 ff.; *Pereira Barrocas/Cabral Ribeiro*, Länderbericht Portugal, in: Grubbs (Hrsg.), International Civil Procedure, 2003, S. 557 ff.; *Pinto de Lima/Cotta*, Länderbericht Portugal, in: Colman (Hrsg.), Encyclopedia of International Commercial Litigation, Portugal 1 ff.; *Pessoa Vaz*, Direito Processual Civil, 2. Aufl., 2002; *Rathenau*, Das Brüsseler- und Lugano-Übereinkommen sowie die Brüssel -I-Verordnung in der portugiesischen Rechtsprechung (1992–2006): Der Einfluss eigentypischer Regelungen des autonomen Rechts, ZZPInt 10 (2005), 195 ff.; *Teixeira de Sousa*, Die neue internationale Zuständigkeitsregelung im portugiesischen Zivilprozessgesetzbuch und die Brüsseler und Luganer Übereinkommen: Einige vergleichende Bemerkungen, IPRax 1997, 352 ff.; *ders.*, Estudios sobre o novo proceso civil, 1997, 91 ff.

706 Grundlage des Zivilprozesses ist die Zivilprozessordnung (Códigao de Processo Civil) 1962, die später mehrfach geändert wurde, insbesondere durch Reformen 1995 und 1996.

II. Prozessführung vor Schiedsgerichten

Literatur:
Barrocas, Länderbericht Portugal, in: Nairn/Heneghan, Arbitration World, 5. Aufl., 2015, S. 781 ff.; *Cruz*, Länderbericht Portugal, in: ICC, Arbitration Law in Europe, 1981, S. 307 ff.; *Mo-*

rais Leitão/Moura Vicente, Länderbericht Portugal, in: Paulsson (Hrsg.), International Handbook on Commercial Arbitration, Portugal, 1 ff.

Grundlage des Schiedsverfahrens ist das Schiedsverfahrensgesetz 2011 (in Kraft seit dem 14.3.2012) Das Gesetz übernimmt das UNCITRAL-Modellgesetz. Portugal ist Mitgliedstaat des UN-Übereinkommens 1958. Die Erfordernisse der Anerkennung und Vollstreckbarerklärung ausländischer Schiedssprüche im autonomen Recht entsprechen denen im UN-Übereinkommen 1958. 707

III. Das Verfahren mit Auslandsberührung

1. Gerichtsbarkeit

Portugal ist Mitgliedstaat des Wiener Übereinkommens über diplomatische Beziehungen v.18.4.1961 und des Wiener Übereinkommens über konsularische Beziehungen v. 24.4.1963. 708

2. Internationale Zuständigkeit

Im deutsch-portugiesischen Verhältnis findet die Zuständigkeitsordnung der Brüssel Ia VO Anwendung. 709

Im autonomen Recht ist die internationale Zuständigkeit ist umfassend und abschließend in Artt. 65, 65A der portugiesischen Zivilprozessordnung (Código de Processo Civil, CPC) geregelt.

3. Anerkennung und Vollstreckbarerklärung ausländischer Zivilurteile

Literatur:
Andrade de Matos, Länderbericht Portugal, in: Campbell (Hrsg.), International Execution against Judgment Debtors, POR, 1. ff.; *Arnold*, Anerkennung und Vollstreckung von Urteilen im Verhältnis zu Portugal, AWD 1970, 550 ff.; *Ferreira da Silva*, De la reconnaissance et de l'exécution de jugements étrangers au Portugal (hors du cadre de l'application des conventions de Bruxelles et de Lugano), in: Walter/Baumgartner (Hrsg.), Anerkennung und Vollstreckung ausländischer Entscheidungen außerhalb der Übereinkommen von Brüssel und Lugano, 2000, 465 ff. (mit umfangreichen Nachweisen für die neuere portugiesische Literatur); *Nordmeier*, Länderbericht Portugal, in: Geimer/Schütze, Internationaler Rechtsverkehr, 1115.19 ff.; *Schütze*, Zur Verbürgung der Gegenseitigkeit im Verhältnis zu Portugal, AWD 1971, 583 ff.; IPG 1972 Nr. 37 (Hamburg) (mit weiteren Nachweisen für die ältere portugiesische Rechtsprechung und Lehre).

710 Im deutsch-portugiesischen Verhältnis findet die EuGVVO Anwendung. Nach autonomem Recht sind Grundlage für die Wirkungserstreckung ausländischer Zivilurteile Artt. 49, 1094ff. CPC.

23. Rumänien

I. Prozessführung vor staatlichen Gerichten

Literatur:
CiobanuCostea, Länderbericht Rumänien, International Encyclopaedia of Laws, Civil Procedure, 2013, Romania 1ff. (mit ausführlicher Bibliographie S. 41f.; *Leonhardt*, Länderbericht Rumänien, in: *Geimer/Schütze*, Internationaler Rechtsverkehr, 1116.2ff.

711 Grundlage des Zivilprozesses ist die Zivilprozessordnung 2010.

II. Prozessführung vor Schiedsgerichten

Literatur:
Babiuc/Căpătînă, Die gegenwärtige Situation der Außenhandelsschiedsgerichtsbarkeit in Rumänien, WGO-MfOR 1993, 298ff.; *Capatina*, Länderbericht Rumänien, in: Paulsson (Hrsg.), International Handbook on Commercial Arbitration, Romania, 1ff.; *Nestor*, Länderbericht Rumänien, Yearbook Commercial Arbitration I (1976), S. 77ff.; *Zilberstein*, Die Zwangsvollstreckung aus ausländischen gerichtlichen und schiedsgerichtlichen Entscheidungen in Rumänien, RabelsZ 40 (1976), 56ff.; *Zilberstein/Capatina*, Die Anerkennung und Vollstreckung ausländischer Gerichtsentscheidungen und Schiedssprüche in der Sozialistischen Republik Rumänien, in: Zeitgenössische Fragen des internationalen Verfahrensrechts, 1972, S. 235ff.

712 Das Schiedsverfahrensrecht ist in der Zivilprozessordnung (Artt. 340ff.) geregelt.

Rumänien ist Mitgliedstaat des Europäischen Übereinkommens über die internationale Handelsschiedsgerichtsbarkeit und des UN-Übereinkommens 1958. Für die Vollstreckbarerklärung ausländischer Schiedssprüche gelten im Übrigen nach Art. 181 IPRG die Bestimmungen über die Wirkungserstreckung ausländischer Zivilurteile im IPRG. Auch die ZPO verweist auf das IPRG.

III. Das Verfahren mit Auslandsberührung

1. Gerichtsbarkeit

Rumänien ist Mitgliedstaat des Wiener Übereinkommens über diplomatische Beziehungen v. 18.4.1961 und des Wiener Übereinkommens über konsularische Beziehungen v. 24.4.1963. 713

2. Internationale Zuständigkeit

Im deutsch-rumänischen Verhältnis findet die Zuständigkeitsordnung der Brüssel Ia VO Anwendung. Im autonomen Recht ist die internationale Zuständigkeit im Gesetz Nr. 105 zur Regelung des Internationalen Privatrechts (IPRG) vom 22.9.1992 (Artt. 148ff.) geregelt. 714

3. Anerkennung und Vollstreckbarerklärung ausländischer Zivilurteile

Literatur:
Danila, Länderbericht Rumänien, in: Campbell (Hrsg.), International Execution against Judgment Debtors, ROM 1ff.; *Leonhardt*, Länderbericht Rumänien, in: Geimer/Schütze, Internationaler Rechtsverkehr, 1116.6ff.; zum früheren Rechtszustand *Zilberstein*, Die Zwangsvollstreckung von ausländischen gerichtlichen du schiedsgerichtlichen Entscheidungen in Rumänien, RabelsZ 40 (1976), 56ff.; *Zilberstein/Capatîna*, Die Anerkennung und Vollstreckung ausländischer Gerichtsentscheidungen und Schiedssprüche in der sozialistischen Republik Rumänien, in: Zeitgenössische Fragen des internationalen Zivilverfahrensrechts, 1972, S. 235ff.

Im deutsch-rumänischen Verhältnis finden die Brüssel I und Ia VO Anwendung. Nach autonomem Recht werden ausländische Urteile aufgrund von Artt. 165ff. des Gesetzes Nr. 105 zur Regelung der Rechtsverhältnisse des Internationalen Privatrechts (IPRG) anerkannt und für vollstreckbar erklärt. 715

24. Schweden

I. Prozessführung vor staatlichen Gerichten

Literatur:
Broman/Granström, Länderbericht Schweden, in: Grubbs (Hrsg.), International Civil Procedure, 2003, S. 705ff.; *Ekeløf*, Wie man in Schweden Recht spricht, 1949; *ders.*, Schweden und

das deutsche Zivilprozessrecht, in: Habscheid (Hrsg.), Das deutsche Zivilprozessrecht und seine Ausstrahlung auf andere Rechtsordnungen, 1991, S. 214 ff.; *Ginsburg/Bruzelius*, Civil Procedure in Sweden, 1965; *Hobér*, Länderbericht Schweden, in: Colman (Hrsg.), Encyclopedia of International Commercial Litigation, Sweden 1 ff.; *Lindell*, Länderbericht Schweden, International Encyclopedia of Laws, Civil Procedure, 2013, Sweden, 15 ff.; *Pålsson*, Länderbericht Schweden, in: Geimer/Schütze, Internationaler Rechtsverkehr, 1120.2 ff.; *Simson*, Das Zivil- und Strafprozessrecht Schwedens, 1953; *Wrede*, Das Zivilprozessrecht Schwedens und Finnlands, 1924.

716 Grundlage des schwedischen Zivilprozessrechts ist die Zivilprozessordnung 1942 (Rättegångsbalken)[1190].

II. Prozessführung vor Schiedsgerichten

Literatur:
Andersson/Isaaksson/Johansson/Nilsson, Arbitration in Sweden, 2011; *Hagberg*, Salient Features of the Swedish Arbitral Procedure, Y.B.Arb.Inst.Stockholm Chamber Com. 1990, 34 ff.; *Heuman*, Arbitration Law of Sweden: Practice and Procedure, 2003; *Hóber*, Das anzuwendende Recht beim internationalen Schiedsverfahren in Schweden, RIW 1986, 689 ff.; *ders.*, Arbitration Reform in Sweden, Arb.Int. 17 (2001), Nr. 4; *ders.*, International Commercial Arbitration in Sweden: Two Salient Problem Areas, FS Hjerner, 1990, S. 235 ff.; *ders.*, International Commercial Arbitration in Sweden, 2011; *Holmbäck/Mangard*, Länderbericht Schweden, Yearbook Commercial Arbitration III (1978), S. 161 ff.; *Hope/Persson*, Länderbericht Schweden, in: Nairn/Heneghan, Arbitration World, 5. Aufl., 2015, S. 911 ff.; *Lindell*, International Arbitration – Sweden, in: Gottwald, Internationale Schiedsgerichtsbarkeit, 1997, S. 779 ff.; *Madsen*, Commercial Arbitration in Sweden, 1999. *Oldenstam/von Pachebel*, Länderbericht Schweden, in: Weigand, Practitioner's Handbook on International Arbitration, 2. Aufl., 2009, S. 749 ff.

717 Grundlage des schwedischen Schiedsverfahrens ist das Schiedsverfahrensgesetz 1999.

Schweden ist Mitgliedstaat des UN-Übereinkommens 1958.

International große Bedeutung hat das institutionelle Schiedsgericht der Handelskammer Stockholm[1191].

1190 Eine deutsche Übersetzung – der später geänderten – Zivilprozessordnung findet sich bei *Simson*, Das Zivil- und Strafprozessrecht Schwedens, 1953.

1191 Vgl. Rdn. 534 ff., im Übrigen *Öhrström*, Stockholmer Regeln, in: Schütze (Hrsg.), Institutionelle Schiedsgerichtsbarkeit, 2. Aufl., 2011, S. 869 ff. m.w.N.

III. Das Verfahren mit Auslandsberührung

1. Gerichtsbarkeit

Schweden ist Mitgliedstaat des Wiener Übereinkommens über diplomatische Beziehungen v. 18.4.1961 und des Wiener Übereinkommens über konsularische Beziehungen v. 24.4.1963. 718

2. Internationale Zuständigkeit

Im deutsch-schwedischen Verhältnis findet die Zuständigkeitsordnung der Brüssel Ia VO Anwendung. 719

Die schwedische Zivilprozessordnung enthält keine umfassende Regelung der internationalen Zuständigkeit. Die Regeln über die örtliche Zuständigkeit werden als doppelfunktional in dem Sinne angesehen, dass die internationale Zuständigkeit der schwedischen Gerichte in allen Fällen gegeben ist, in denen die örtliche Zuständigkeit eines schwedischen Gerichts besteht[1192].

Die Gerichtsstände sind in Kap. 10 der schwedischen Zivilprozessordnung geregelt.

3. Anerkennung und Vollstreckbarerklärung ausländischer Zivilurteile

Literatur:
Berglund, Recognition and Enforcement in Sweden, in: Walter/Baumgartner (Hrsg.), Anerkennung und Vollstreckung ausländischer Entscheidungen außerhalb der Übereinkommen von Brüssel und Lugano, 2000, 529 ff.; *Council of Europe*, The practical guide to the recognition and enforcement of foreign judicial decisions in civil & commercial law, 1975, 136 ff.; *Hambro*, Recognition and Enforcement of Foreign Judgments in the Nordic Countries, Journal Clunet 84 (1975), 908 ff.; *Nilsson/Westerberg*, Länderbericht Schweden, in: Campbell (Hrsg.), International Execution against Judgment Debtors, SWE 1–1 ff.; *Pålsson*, Länderbericht Schweden, in: Geimer/Schütze, Internationaler Rechtsverkehr, 1120.9 ff.; *Schütze*, Erkännande och verställighet av utländska civildomar i Sverige och Förbunsrepubliken Tyskland, SJT 1985, 47 ff.; *ders.*, Anerkennung und Vollstreckbarerklärung ausländischer Zivilurteile in Schweden, RIW 1983, 417 ff.

1192 Vgl. *Lindell*, Länderbericht Schweden, in: Taelman (Hrsg.), International Encyclopedia aof Laws, Civil Procedure, Sweden, 78.

720 Im deutsch-schwedischen Verhältnis finden die Brüssel I und Ia VO Anwendung.

Im Übrigen lässt Schweden – der Tradition der Nordischen Staaten folgend – die Wirkungserstreckung ausländischer Zivilurteile nur auf staatsvertraglicher Grundlage zu. Davon besteht eine bedeutsame Ausnahme. Nach der Rechtsprechung des Obersten Gerichtshofs[1193] können ausländische Urteile in vermögensrechtlichen Streitigkeiten dann anerkannt und für vollstreckbar erklärt werden, wenn sie im forum prorogatum ergangen sind, da der Urteilsgläubiger sonst unter Umständen rechtsschutzlos bliebe, wenn die einzige Vollstreckungsmöglichkeit in Schweden besteht und die Gerichtsstandsvereinbarung eine Klage in Schweden unmöglich macht. Die Besonderheit der „Vakis" Entscheidung des Obersten Gerichtshofs bestand deshalb auch darin, dass die Parteien im Konnossement eine ausschließliche Gerichtsstandsvereinbarung zugunsten der griechischen Gerichte abgeschlossen hatten. Eine stillschweigende Prorogation durch rügelose Einlassung vor dem ausländischen Gericht hätte nicht genügt und wird nicht als ausreichend angesehen[1194].

25. Schweiz

I. Prozessführung vor staatlichen Gerichten

Literatur:
Brandenberg/Brandl, Direkte Zuständigkeit in der Schweiz im internationalen Schuldrecht, 1991; *Bucher*, Droit international privé suisse, Bd. I/1, Conflits de juridiction, 1998; *Gehri*, Wirtschaftsrechtliche Zuständigkeiten im internationalen Zivilprozessrecht der Schweiz, 2002; *dies.*, Neuerungen bei den internationalen Vertragsgerichtsständen, in: Spühler (Hrsg.), Internationales Zivilprozess- und Verfahrensrecht II, 2003, 5ff.; *Girsberger u.a.*, Zürcher Kommentar zum IPRG, 2. Aufl., 2004; *Habscheid*, Schweizerisches Zivilprozess-und Gerichtsorganisationsrecht, 2. Aufl., 1990; *Kälin/Rieder*, Die neue schweizerische Bundesverfassung und ihre Auswirkungen auf das Zivilprozessrecht, ZZPInt 5 (2000), 325ff.; *Koberg*, Zivilprozessuale Besonderheiten bei Sachverhalten mit Auslandsberührung, 1992; *Kummer*,

1193 Vgl. *Högsta Domstolen*, NJA 1973, 628; zur Vorbereitung dieser Rechtsprechung in der Literatur vgl. *Eek*, Lagkonflikter i twistemal, 1972, 125ff.; *Hjerner*, SvJT 1963, 202; *Karlgren*, Kortfattad lärabok i internationell privat- och processrätt, 4. Aufl., 198ff.; *Sundström*, Tolv studier i processuella sörsmal, 1969, 86ff.

1194 Vgl. *Lindell*, Länderbericht Schweden, in: *Taelman* (ed.), International Encyclopedia of Laws, Civil Procedure, Sweden, 226.

Grundriss des Zivilprozessrechts nach den Prozessordnungen des Kantons Bern und des Bundes, 4. Aufl., 1984; *Patocchi/Geisinger*, IPRG, 2000; *Reiter/Vogt*, Länderbericht Schweiz, in: Colman (Hrsg.), Encyclopedia of International Commercial Litigation, Switzerland 1ff.; *Schnyder*, Länderbericht Schweiz, in: Geimer/Schütze, Internationaler Rechtsverkehr, 1121.2ff.; *Spühler/Meyer*, Einführung in das internationale Zivilprozessrecht, 2001, 25ff.; *Staehelin*, Internationale Zuständigkeit der Schweiz im Schuldbetreibungs- und Konkursrecht, Aktuelle Juristische Praxis 3/1999; *Stürner*, Die neue schweizerische Zuständigkeit im internationalen Vergleich, FS Schwab 1990, 465ff.; *Vischer*, Bemerkungen zum Verhältnis von internationaler Zuständigkeit und Kollisionsrecht, FS v. Overbeck, 1990, 349ff.; *Vogel/Spühler*, Grundriss des Zivilprozessrechts und des internationalen Zivilprozessrechts der Schweiz, 8. Aufl., 2006; *Walder*, Einführung in das Internationale Zivilprozessrecht der Schweiz, 1989, 160ff.; *Walter/Domej*, Internationales Zivilprozessrecht der Schweiz, 5. Aufl., 2012.

Das schweizerische Zivilprozessrecht ist durch die Zivilprozessordnung vom 19.12.2008 (in Kraft seit dem 1.1.2011) vereinheitlicht. 721

II. Prozessführung vor Schiedsgerichten

Literatur:
Berger/Kellerhals, Internationale und interne Schiedsgerichtsbarkeit in der Schweiz, 2006; *Berti/Honsell/Vogt/Schnyder* (Hrsg.), International Arbitration in Switzerland, 2000; *Blessing*, Introduction to Arbitration: Swiss and International Perspectives, 1999; *Böckstiegel* (Hrsg.), Die internationale Schiedsgerichtsbarkeit in der Schweiz, 1989; *Bucher (A.)*, Die neue internationale Schiedsgerichtsbarkeit in der Schweiz, 1989; *Habscheid*, Das schweizerische Recht der internationalen Schiedsgerichtsbarkeit nach dem Bundesgesetz über das internationale Privatrecht, RIW 1988, 766ff.; *Jolidon*, Commentaire du Concordat suisse sur l'arbitrage, 1984; *Josi*, Die Anerkennung und Vollstreckung der Schiedssprüche in der Schweiz, Diss. Bern 2004; *Karrer/Straub*, Switzerland, in: Weigand, Practitioner's Handbook on International Arbitration and Mediation,2. Aufl., 2009, S. 815ff.; *Kaufmann-Kohler/Stucki* (Hrsg.), Internationale Arbitration in Switzerland, 2004; *Lalive/Poudret/Reymond*, Le droit de l'arbitrage interne et international en Suisse, 1989; *Lanz*, Das Konkordat über die Schiedsgerichtsbarkeit vom 27. März 1969, Diss. Zürich 1971; *Müller*, International Arbitration: a guide to the complete Swiss case law (unreported and reported), 2004; *Rüede/Hadenfeldt*, Schweizerisches Schiedsgerichtsrecht, 2. Aufl., 1993; *von Segesser/Jolles/George*, Länderbericht Schweiz, in: Nairn/Heneghan, Arbitration World, 5. Aufl., 2015, S. 931ff., *Walter*, Die internationale Schiedsgerichtsbarkeit in der Schweiz, in: Gottwald (Hrsg.), Internationale Schiedsgerichtsbarkeit, 1997, S. 817ff.; *ders.*, Internationale Schiedsgerichtsbarkeit in der Schweiz – ein Rechtsprechungsbericht, ZZPInt 6 (2001), 347ff.; *Walter/Bosch/Brönnimann*, Internationale Schiedsgerichtsbarkeit in der Schweiz, Kommentar zu Kapitel 12 des IPR-Gesetzes, 1991.

Die internationale Schiedsgerichtsbarkeit ist im 12. Kapitel des IPRG geregelt, 722
die nationale in Artt. 353ff. der ZPO.

Eine besondere Bedeutung hat die institutionelle Schiedsgerichtsbarkeit. Diese ist in der Internationalen Schiedsordnung der Schweizerischen Handelskammern vereinheitlicht worden[1195].

Die Schweiz ist Mitgliedstaat des UN-Übereinkommens 1958. Das deutsch-schweizerische Anerkennungs- und Vollstreckungsabkommen verweist in Art. 9 lediglich auf das Genfer Abkommen 1927, das durch das UN-Übereinkommen 1958 ersetzt worden ist. Es bringt keine eigenständige Grundlage für die Geltendmachung deutscher Schiedssprüche. Das Vollstreckbarerklärungsverfahren bestimmt sich nach dem IPRG. Nach Art. 194 IPRG können ausländische Schiedssprüche nach dem UN-Übereinkommen 1958 auf Antrag des Spruchgläubigers von der zuständigen kantonalen Behörde unabhängig von einem Schuldbetreibungs- oder Rechtsöffnungsverfahren für vollstreckbar erklärt werden.

III. Das Verfahren mit Auslandsberührung

1. Gerichtsbarkeit

723 Die Schweiz ist Mitgliedstaat des Wiener Übereinkommen über diplomatische Beziehungen v. 18.4.1961, des Wiener Übereinkommen über konsularische Beziehungen v. 24.4.1963 und des Europäischen Übereinkommens über die Staatenimmunität.

2. Internationale Zuständigkeit

724 Im deutsch-schweizerischen Verhältnis findet die Zuständigkeitsordnung des LugÜ II Anwendung.

Im autonomen Recht ist die internationale Zuständigkeit unmittelbar im IPRG geregelt. Die Zuständigkeitsordnung des IPRG ist abschließend[1196]. Der sachliche Geltungsbereich des Gerichtsstandsgesetzes erfasst nur Binnensach-

1195 Vgl. Rdn. 526 ff.; im Übrigen *Karrer*, Internationale Schiedsordnung der Schweizerischen Handelskammern (Schweizerische Schiedsordnung), in: Schütze (Hrsg.), Institutionelle Schiedsgerichtsbarkeit, 2. Aufl., 2011, S. 309 ff.

1196 Vgl. *Schnyder/Liatowitsch*, Internationales Privat- und Zivilverfahrensrecht, 2000, Rdn. 296.

verhalte. Das Gerichtsstandsgesetz ist auf internationale Streitigkeiten nicht anwendbar[1197].

3. Anerkennung und Vollstreckbarerklärung ausländischer Zivilurteile

Literatur:
Hochstrasser/Vogt, Commercial Litigation and Enforcement of Foreign Judgments in Switzerland, 1995; *Hauser*, Zur Vollstreckbarerklärung ausländischer Leistungsurteile in der Schweiz, FS Keller, 1989, 589 ff.; *Jametti Greiner*, Der Begriff der Entscheidung im schweizerischen internationalen Zivilverfahrensrecht, 1998; *Müller*, Anerkennung und Vollstreckung ausländischer Entscheidungen im Bereich des Schuldrechts, 1994; *Schnyder*, Länderbericht Schweiz, in: Geimer/Schütze, Internationaler Rechtsverkehr, 1121.7 ff.; *Stojan*, Die Anerkennung und Vollstreckung ausländischer Zivilurteile in Handelssachen, 1986; *Schwander*, Probleme der grenzüberschreitenden Vollstreckung von Entscheidungen: Begriff der Zivil- und Handelssachen, Vollstreckung aus öffentlichen Urkunden und Nicht-Geldurteilen sowie Aspekte der Vertragsgestaltung, in: *Spühler* (Hrsg.), Internationales Zivilprozess- und Verfahrensrecht, 2003, 93 ff.; *Walder*, Grundfragen der Anerkennung und Vollstreckung ausländischer Urteile unter besonderer Berücksichtigung schweizerischer Sicht, ZZP 103 (1990), 322 ff.; *Walther*, Die Anerkennung und Vollstreckung der gerichtlichen Entscheidungen außerhalb des Geltungsbereichs des Brüsseler und Lugano-Übereinkommens in der Schweiz, in: Walter/Baumgartner (Hrsg.), Anerkennung und Vollstreckung ausländischer Entscheidungen außerhalb der Übereinkommen von Brüssel und Lugano, 2000, 541 ff.; *Walter/Domej*, Internationales Zivilprozessrecht der Schweiz, 5. Aufl., 2012.

Im deutsch-schweizerischen Verhältnis findet das LugÜ II Anwendung. Im Üb- 725
rigen gilt das deutsch-schweizerische Anerkennungs- und Vollstreckungsabkommen Im autonomen Recht sind die Anerkennung und Vollstreckbarerklärung ausländischer Zivilurteile bundesgesetzlich im IPRG (Artt. 25 ff.) geregelt.

26. Slowakische Republik

I. Prozessführung vor staatlichen Gerichten

Literatur:
Geskova, Länderbericht Slowakei, International Encyclopedia of Law, Civil Procedure, 2013, Slovakia, 15 ff.; *Stessl*, Länderbericht Slowakische Republik, in: Geimer/Schütze, Internationaler Rechtsverkehr, 1128.1 ff.

1197 Vgl. Art. 1 GestG, dazu *Kellerhals/von Werdt/Güngerich/Gasser*, Gerichtsstandsgesetz, 2001, Art. 1 Rdn. 14; *Reetz*, Die allgemeinen Bestimmungen des Gerichtsstandsgesetzes, 2001, 29 f.

726 Nach der Teilung der Tschechoslowakei in die Tschechische und die Slowakische Republik (Verfassungsgesetz des Föderalen Parlaments v. 25.11.1992) haben beide Staaten grundsätzlich die gesamte bisherige Gesetzgebung übernommen[1198]. Es gilt ehemals tschechoslowakisches Zivilprozessrecht, d.h. das Gesetz 99/163. Es wird an einer Neukodifikation gearbeitet.

II. Prozessführung vor Schiedsgerichten

Literatur:
Chmelkowa, Aktuelle Rechtslage und Praxis auf dem Gebiet der internationalen Schiedsgerichtsbarkeit in der Slowakischen Republik, in: Böckstiegel (Hrsg.), Recht und Praxis der internationalen Schiedsgerichtsbarkeit in Staaten Zentral- und Ost-Europas, 1998, S. 319 ff.; *Frolkocič/Biksadsky*, Länderbericht Slowakei, in: Liebscher/Fremuth-Wolf (Hrsg.), Arbitration Law and Practice in Central and Eastern Europe, SLOVAK 1 ff. mit einer Bibliographie S. 68 ff.

727 Das Schiedsverfahren bestimmt sich nach dem Schiedsverfahrensgesetz 2002, das das Schiedsgesetz 1996 ersetzt hat. Des Schiedsverfahrensgesetz 2002 ist dem UNCITRAL Modellgesetz nachgebildet.

Die Slowakische Republik ist Mitgliedstaat des UN-Übereinkommens 1958 und des Europäischen Übereinkommens über die Handelsschiedsgerichtsbarkeit. Nach autonomem Recht bestimmen sich Anerkennung und Vollstreckbarerklärung ausländischer Schiedssprüche nach dem Schiedsverfahrensgesetz 2002. Die Erfordernisse der Wirkungserstreckung entsprechen denen nach dem UN-Übereinkommen 1958.

III. Das Verfahren mit Auslandsberührung

1. Gerichtsbarkeit

728 Die slowakische Republik ist Mitgliedstaat des Wiener Übereinkommens über diplomatische Beziehungen v. 18.4.1961 und des Wiener Übereinkommens über konsularische Beziehungen v. 24.4.1963.

1198 Vgl. dazu *Piltz/Verny*, Die Folgen der Teilung der CSFR in die Tschechische Republik und die Slowakische Republik, in: Breidenbach (ed.), Handbuch Wirtschaft und Recht in Osteuropa, CS SYST 02, 2 f.

2. Internationale Zuständigkeit

Im deutsch-slowakischen Verhältnis findet die Zuständigkeitsordnung der Brüssel Ia VO Anwendung. 729

Im Übrigen gelten weiterhin die §§ 37ff. des tschechoslowakischen IPRG Nr. 97/1963.

3. Anerkennung und Vollstreckbarerklärung ausländischer Zivilurteile

Literatur:
Simorová/Pagácová, Länderbericht Slowakische Republik, in: Campbell (Hrsg.), International Execution against Judgment Debtors, SLO 1ff.; *Stessl*, Länderbericht Slowakische Republik, in: Geimer/Schütze, Internationaler Rechtsverkehr, 1128.7 f.

Im deutsch-slowakischen Verhältnis bestimmen sich Anerkennung und Vollstreckbarerklärung ausländischer Zivilurteile nach den Brüssel I und Ia VO. 730

Im Übrigen ist Rechtsgrundlage für die Wirkungserstreckung das tschechoslowakische IPRG 1963. Die Rechtslage entspricht der in der Tschechischen Republik. Es gilt weiterhin das tschechoslowakische Gesetz Nr. 97/1963. Der Gesetzgeber hat in der Folge nur einige unwesentliche Änderungen vorgenommen, deren wichtigste 2003 dahin geht, dass ausländische Urteile keiner révision au fond unterzogen werden dürfen[1199], was aber nur klarstellend ist und der bisherigen Rechtslage entspricht.

27. Slowenien

I. Prozessführung vor staatlichen Gerichten

Literatur:
Accetto/Mežnar/Trop, Länderbericht Slowenien, in: Colman (Hrsg.), Encyclopedia of International Commercial Litigation, Slovenia 1ff.; *Galič*, Sanktionen wegen Inaktivität der Parteien im slowenischen Zivilprozess, FS Rechberger, 2005, S. 139ff.; *ders.*, Länderbericht Slowenien, International Encyclopaedia of Laws, Civil Procedure, 2014, Slovenia 15ff.; *ders.*, Die Richtermacht im slowenischen Zivilprozess, in: Oberhammer u.a. (Hrsg.), Richterbild und Rechtsreform in Mitteleuropa, 2001; *Gec-Korosec*, Die Reform des slowenischen Internationalen Privat- und Verfahrensrechts und seine Anpassung an das Recht der Europäischen Union, RabelsZ 66

1199 Vgl. *Simorová/Pagácová*, Länderbericht Slowakei, in: Campbell (Hrsg.), International Execution against Judgment Debtors, SLO-4.

(2002), 710 ff.; *Novak*, The Promising Gift of Precedents: Changes in Culture and Techniques of Judicial Decision-making in Slovenia, in: Priban u.a (Hrsg.), Systems of Justice in Transition, 2003, S. 94 ff.; *Rijavec*, Das Institut der Vorfrage im slowenischen Zivilprozess, FS Rechberger, 2005, S. 439 ff.; *Rudolf*, Länderbericht Sloweinien, in: Geimer/Schütze, Internationaler Rechtsverkehr, 1129.1 ff.

731 Grundlage des Zivilprozesses ist die Zivilprozessordnung 1999, später vielfach geändert.

II. Prozessführung vor Schiedsgerichten

Literatur:
Galič/Mežnar, Länderbericht Slowenien, in: Oberhammer (Hrsg.), Schiedsgerichtsbarkeit in Zentraleuropa, 2005, S. 529 ff.; *Dika*, Recognition and Enforcement of Foreign Arbitral Awards According to Croatian and Slowenian Law, Croatian Arbitration Yearbook 1 (1994); *Puharič*, Speeding-up Dispute Resolution in the Republic of Slovenia, Croatian Arbitration Yearbook 6 (1999); *Puharič/Kač*, Länderbericht Slowenien, in: Liebscher/Fremuth-Wolf (Hrsg.), Arbitration Law and Practice in Central and Eastern Europe, SLOVEN 1 ff.; *Ude/Wedam Lukić*, Schiedsgerichtsbarkeit in der Republik Slowenien, 1998; *Wedam-Lukić*, Reform of Arbitration Law in the Republic of Slovenia, Croatian Arbitration Yearbook 2 (1995), S. 33 ff.; *dies.*, Internationale Handelsschiedsgerichtsbarkeit in Slowenien, in: Böckstiegel (Hrsg.), Recht und Praxis der internationalen Schiedsgerichtsbarkeit in Staaten Zentral- und Ost-Europas, 1998, S. 351 ff.; *dies*, The Jurisdictional Problems of Arbitration (with spezial regard to the regulation in Slovenia), Croatian Arbitration Yearbook 1 (1994); *dies*, Reform of Arbitration Law in the Republic of Slovenia, Croatian Arbitration Yearbook 2 (1995).

732 Slowenien hat das UNCITRAL-Modellgesetz durch das Schiedsgerichtsbarkeitsgesetz 2008 in das autonome Recht übernommen.

Slowenien ist Mitgliedstaat des UN-Übereinkommens 1958 und des Europäischen Übereinkommens über die Handelsschiedsgerichtsbarkeit. Nach autonomem Recht bestimmen sich Anerkennung und Vollstreckbarerklärung ausländischer Schiedssprüche nach Art. 42 des Schiedsgerichtsbarkeitsgesetzes, der auf das UN-Übereinkommen 1958 verweist.

III. Das Verfahren mit Auslandsberührung

1. Gerichtsbarkeit

733 Slowenien ist Mitgliedstaat des Wiener Übereinkommen über diplomatische Beziehungen v. 18.4.1961 und des Wiener Übereinkommens über konsularische Beziehungen v. 24.4.1963.

2. Internationale Zuständigkeit

Im deutsch-slowenischen Verhältnis findet die europäische Zuständigkeitsordnung der Brüssel Ia VO Anwendung. 734

Im autonomen Recht ist die internationale Zuständigkeit umfassend im Gesetz über das internationale Privatrecht und Verfahren (IPRG) vom 8.7.1999 geregelt[1200].

3. Anerkennung und Vollstreckbarerklärung ausländischer Zivilurteile

Literatur:
Galič, Die Anerkennung und Vollstreckung von gerichtlichen Entscheidungen in Slowenien nach dem Beitritt zur EU, in: Kengyel/Rechberger (Hrsg.), Zivilverfahrensrecht – Bestandsaufnahme und Zukunftsperspektiven nach der EU-Erweiterung, 2007; *Geč-Korošec*, Die Reform des slowenischen Internationalen Privat- und Verfahrensrechts und seine Anpassung an das Recht der Europäischen Union, RabelsZ 66 (2002), 710 ff. (745 f.); *Rudolf*, Länderbericht Slowenien, in: Geimer/Schütze, Internationaler Rechtsverkehr, 1129.16 ff.

Im deutsch-slowenischen Verhältnis finden die Brüssel I und Ia VO Anwendung. Im autonomen Recht sind Rechtsgrundlage für die Wirkungserstreckung ausländischer Zivilurteile Artt. 94 ff. IPRG[1201]. 735

28. Spanien

I. Prozessführung vor staatlichen Gerichten

Literatur:
Adam Muñoz, El proceso civil con elemento extranjero y la cooperación judicial internacional, 1995; *Alsina Naudi*, Die Umsetzung des europäischen Zivilprozessrechts in Spanien, Diss. Tübingen 2003; *Amores Conradi*, La nueva estructura del sistema español de competencia judicial internacional en el orden civil, REDI 1989, 113 ff.; *Barona Vilar*, Die Audiencia Previa: Das im neuen spanischen Zivilprozessgesetz geregelte Vorverfahren, ZZPInt 5 (2000), 151 ff.; *dies*, Das Spanische Mahnverfahren und die Anwendung des Europäisvchen Mahnverfahrens in Spanien, ZZPInt 15 (2010), 127 ff.; *Borrás*, Los criterios de competencia judicial internacional en

---

1200 Vgl. für eine deutsche Übersetzung *Rudolf*, Slowenien: Gesetz über das internationale Privatrecht und Verfahren, IPRax 2003, 163 ff.

1201 Für eine Übersetzung vgl. *Geč-Korošec*, Reform des slowenischen Internationalen Privat- und Verfahrensrechts und seine Anpassung an das Recht der Europäischen Union, RabelsZ 66 (2002), 710 ff. (769 ff.).

materia civil contenidos en la Ley Orgánica del Poder Judicial. Su aproximación al Convenio de Bruselas de 17 de septiembre de 1968, in: Estudios de Derecho comunitario europeo, 1989; *Calvo Caravaca/Carrascosa Gonzáles*, Práctica Procesal Civil Internacional, 2001; *Castillo Rigabert*, Länderbericht Spanien, International Encyclopedia of Laws, Civil Procedure, 2011, Spain – 21 ff.; *Cremades/Cabiedes*, Litigating in Spain, 1989; *Ditaudy*, Internationale Zuständigkeit, 2003; *Esplugues-Mota*, Die internationale Zuständigkeit spanischer Gerichte und ihre Überprüfung in dem neuen spanischen Zivilprozessrechtsgesetz vom 7.1.2000, ZZPInt 5 (2000), 131 ff.; *Fernández-Ballesteros/Rifá Soler/Valls Gombau*, Derecho procesal práctico (5 Bd.), 1998; *Fröhlingsdorf/Lincke*, Das neue spanische Zivilprozessgesetz (LEC), RIW 2001, 357 ff.; *Frühbeck*, Eintreibung von Forderungen durch ausländische Gläubiger in Spanien, RIW 1984, 856 ff.; *Garau Sobrino*, Harmonisierung des europäischen internationalen Zivilverfahrensrechts durch nationale Angleichung und bilaterale Abkommen: Das Beispiel Spanien, in: Jayme (Hrsg.), Ein internationales Zivilverfahrensrecht für Gesamteuropa, 1992, 341 ff.; *Krasselt-Priemer/Schriewer*, Das spanische Zentralregister des „Zivilrechtlichen Säumigen", RIW 2007, 183 ff.; *de Miguel y Alonso*, El derecho procesal civil alemán y su irradación a otros ordenamientos jurídicos: España e Hispanoamérica, in: Habscheid (Hrsg.), Das deutsche Zivilprozessrecht und seine Ausstrahlung auf andere Rechtsordnungen, 1991, S. 338 ff.; *Ortellis Ramos*, Auf dem Wege zu einem neuen Zivilprozessrecht in Spanien: Der Vorentwurf eines neuen Zivilprozessgesetzes (Anteproyecto de Ley de Enjuiciamiento Civil de 1997), ZZPInt 3 (1998), 91 ff.; *ders.*, Der neue spanische Zivilprozess – Leitlinien der Ley de Enjuiciamiento Civil vom 7. Januar 2000, ZZPInt 5 (2000), 95 ff.; *Quintana/de Nadal/Fernandez Cortes*, Länderbericht Spanien, in: Grubbs (Hrsg.), International Civil Procedure, 2003, S. 677 ff.; *Remón u.a.*, Länderbericht Spanien, in: Colman (Hrsg.), Encyclopedia of International Commercial Litigation, Spain 1 ff.; *Scheerer/Rechmann*, Das spanische Verfahrens- und Vollstreckungsrecht und die Anerkennung und Vollstreckung deutscher Titel in Spanien, in: Grundzügen 1978, S. 158 ff.; *Schütze/Karl*, Länderbericht Spanien, in: Geimer/Schütze, Internationaler Rechtsverkehr, 1130.2 ff. mit Literaturnachweisen in FN 26; *Virgo Soriano/Garcimartin Alferez*, Derecho Procesal Civil Internacional (Litigación internacional), 2000.

736 Grundlage des Zivilprozesses ist die Ley de Enjuiciamiento Civil (Zivilprozessordnung) 2000. Die Reform 2000 hat eine Beschleunigung, Vereinfachung und Vereinheitlichung des Zivilprozesses gebracht.

II. Prozessführung vor Schiedsgerichten

Literatur:
Arroyo, Recognition and Enforcement of Foreign Arbitral Awards in Spanish Law, Int.Bus.L. 1985, 763 ff.; *Barona Vilar*, Einstweiliger Rechtsschutz im Schiedsverfahren nach dem neuen spanischen Zivilprozessgesetz, ZZPInt 7 (2002), 129 ff.; *dies.*, Neue Entwicklungen im Schiedsrecht, ZZPInt 12 (2007), 23 ff.; *dies.* (Hrsg.), Comentarios a la Ley de Arbitraje, 2004 (umfassender Kommentar unter Mitwirkung zahlreicher Autoren); *Bühring-Uhle*, Das neue spanische Schiedsgerichts-Gesetz, ZVglRWiss 88 (1989), 287 ff.; *Cremades*, Länderbericht Spanien, Yearbook Commercial Arbitration XII (1987), S. 39 ff.; *Esplugues Mota*, Zehn Jahre Schiedsgerichtsbarkeitsgesetz in Spanien, ZZPInt 4 (1999), 67 ff.; *ders.*, Zur Regelung der internationalen

Schiedsgerichtsbarkeit im neuen spanischen Schiedsgesetz von 2003, ZZPInt 9 (2004), 65 ff.; *Fröhlingsdorf*, Spaniens Reform der Schiedsgerichtsbarkeit, RIW 2004, 352 ff.; *Gómez Jene*, El Arbitraje Internacional en la Nueva Ley de Arbitraje, Diario La ley, 2004, No. 5952; *Gómez Jene/Sabater Martin*, Auswirkungen des neuen Zivilprozessrechts auf die internationale Schiedsgerichtsbarkeit, RIW 2001, 37 ff.; *Hendel/Sanchez Freire*, Länderbericht Spanien, in: Nairn/Heneghan, Arbitration World, 5. Aufl., 2015, S. 889 ff.; *Navarro*, Comentario breve a la Ley de Arbitraje, 1990; *Remiro Brotons*, Ejecución de sentencias arbitrales extranjeras en Espãna, 1981; *Schütze/Karl*, Länderbericht Spanien, in: Geimer/Schütze, Internationaler Rechtsverkehr, 1130.19 f.; *von Tabouillot*, Länderbericht Spanien, in: Weigand (Hrsg.), Practitioner's Handbook on International Arbitration, 2002, S. 949 ff. (in der 2. Aufl. nicht mehr enthalten).

Spanien hat das UNCITRAL-Modellgesetz im Schiedsgesetz 2003 (Ley de Arbitraje) in das autonome Recht übernommen[1202]. 737

Spanien ist Mitgliedstaat des UN-Übereinkommens 1958 und des Europäischen Übereinkommens über die internationale Handelsschiedsgerichtsbarkeit. Das autonome Recht verweist hinsichtlich der Anerkennung und Vollstreckbarerklärung ausländischer Schiedssprüche auf das UN-Übereinkommen 1958 (Art. 46 Schiedsgesetz).

III. Das Verfahren mit Auslandsberührung

1. Gerichtsbarkeit

Spanien ist Mitgliedstaat des Wiener Übereinkommens über diplomatische Beziehungen v. 18.4.1961 und des Wiener Übereinkommens über konsularische Beziehungen v. 24.4.1963. 738

2. Internationale Zuständigkeit

Im deutsch-spanischen Verhältnis findet die europäische Zuständigkeitsordnung der Brüssel Ia VO Anwendung. 739

Im Übrigen hat die internationale Zuständigkeit erstmals in Artt. 21 f. der Ley Orgánica 6/1985 del Poder Judicial (Gerichtsverfassungsgesetz, LO) eine positivgesetzliche Regelung gefunden[1203]. Die Regelung berücksichtigt schon

1202 Vgl. dazu *Barona Vilar*, Neue Entwicklungen im Schiedsrecht, ZZPInt 12 (2007), 23 ff.

1203 Vgl. zur Entwicklung *Ditandy*, Internationale Zuständigkeit, 2003, S. 28 ff.; *Esplugues-Mota*, Die internationale Zuständigkeit spanischer Gerichte und ihre Überprüfung in dem neuen spanischen Zivilprozessrechtsgesetz vom 7.1.2000, ZZPInt 5 (2000), 131 ff.

weitgehend europäisches Recht und bedeutet den Abschied vom spanischen „Justizimperialismus“[1204].

3. Anerkennung und Vollstreckbarerklärung ausländischer Zivilurteile

Literatur:
Calvo Caravaca, La sentencia extranjera en España y la competencia del juez de origen, 1986; *Esplugues Mota*, Die Anerkennung ausländischer Entscheidungen in Ehesachen außerhalb der Verordnung (EG) Nr. 1347/2000 in Spanien, ZZPInt 7 (2002), 105 ff.; *Esplueges Mota/Fernandez Masia*, Zulassung ausländischer Scheidungsurteile zur Eintragung in das spanische Personenstandsregister. Insbesondere auch zur Praxis nach dem spanisch-deutschen Anerkennungs- und Vollstreckungsvertrag von 1983, ZZPInt 1 (1996), 103 ff.; *Garau Sobrino*, Los efectos de las resoluciones extranjeras en España, 1992; *ders.*, Harmonisierung des europäischen internationalen Zivilverfahrensrechts durch nationale Angleichung und bilaterale Abkommen: Das Beispiel Spanien, in: Jayme (Hrsg.), Ein internationales Zivilverfahrensrecht für Gesamteuropa, 1992, 341 ff. (355 ff.); *Karl*, Die Anerkennung von Entscheidungen in Spanien, Autonomes Recht und Staatsverträge, 1993; *de Miguel y Alonso*, El reconocimiento de sentencias extranjeras en el derecho procesal Español, FS Fragistas, 1966 ff., Bd. III, 165 ff.; *Pérez Beviá*, Reconnaissance et exécution des décisions étrangères en marge de l’application des conventions de Bruxelles et Lugano, Rapport sur le Droit Espagnol, in: Walter/Baumgartner (Hrsg.), Anerkennung und Vollstreckung ausländischer Entscheidungen außerhalb der Übereinkommen von Brüssel und Lugano, 2000, 499 ff.; *Quintana*, Länderbericht Spanien, in: Campbell (Hrsg.), International Execution against Judgment Debtors, SPA 1 ff.; *Ramos Mendez*, Vollstreckung ausländischer Titel in Spanien, RIW 1984, 99 ff.; *ders.*, Ejecución en España de una sentencia inglesa dictada en rebeldía contra un demandado español, FS Geimer, 2002, 873 ff.; *Remiro Brotons*, Ejecución de sentencias extranjeras en España, 1974; *Schütze/Karl*, Länderbericht Spanien, in: Geimer/Schütze, Internationaler Rechtsverkehr, 1130.16 ff.; *Virgos Soriano*, Reconocimiento y ejecución de decisiones judiciales extranjeras, in: Pérez Vera, Derecho internacional privado, 6. Aufl., 1996, 355 ff.; *Werth*, Vollstreckung deutscher Urteile in Spanien, RIW/AWD 1975, 328 ff.

740 Im deutsch-spanischen Verhältnis finden die Brüssel I und Ia VO Anwendung. Daneben gilt mit sehr eingeschränkter Bedeutung der deutsch-spanische Anerkennungs- und Vollstreckungsvertrag v. 14.11.1983 fort.

Im Übrigen hat die Regelung der Wirkungserstreckung ausländischer Zivilurteile im autonomen Recht die Novellierung 2000 der Zivilprozessordnung[1205] überlebt. Art. 523 LEC nimmt lediglich auf die Staatsverträge und die gesetzlichen Bestimmungen Bezug.

1204 Vgl. *Garau Sobrino* Harmonisierung des europäischen internationalen Zivilverfahrensrechts durch nationale Angleichung und bilaterale Abkommen: Das Beispiel Spanien, in: Jayme (Hrsg.), Ein internationales Zivilverfahrensrecht für Gesamteuropa, 1992, 341 ff. (343 f.).
1205 Vgl. dazu *Fröhlingsdorf/Lincke*, Das neue spanische Zivilprozessgesetz (LEC), RIW 2001, 357 ff.

29. Tschechien (Tschechische Republik)

I. Prozessführung vor staatlichen Gerichten

Literatur:
Chmeliček, Einführung in das tschechische Zivilprozessrecht, ZZPInt 7 (2002), 429 ff. *Chromecek/Svoboda/Hanzlik*, Länderbericht Tschechische Republik, in: Colman (Hrsg.), Encyclopedia of International Commercial Litigation, Czech Republic 1 ff.; *Winterová/Macková*, Länderbericht Tschechische Republik, International Encyclopaedia of Laws, Civil Procedure, 2012, Czech Republik 1 ff.; *Wünsch/Dietschová*, Länderbericht Tschechische Republik, in: Geimer/Schütze, Internationaler Rechtsverkehr, 1145.1 ff.

Grundlage der Zivilgerichtsbarkeit ist die Zivilprozessordnung Nr. 99/1963 der ehemaligen tschechoslowakischen Republik. Diese wurde in der Folge vielfach geändert, insbesondere nach der Dismembration der Tschechoslowakei. Am 1.1.2002 trat die umfangreichste Reform des Zivilprozessrechts in Kraft Die Gerichtsverfassung ist im Gesetz über die Gerichte und die Richter (Nr. 6/2002), geregelt. 741

II. Prozessführung vor Schiedsgerichten

Literatur:
Puknerová/Ružička, Länderbericht Tschechien, in: Oberhammer (Hrsg.), Schiedsgerichtsbarkeit in Zentraleuropa, 2005, S. 253 ff.; *Roth*, Schiedsgerichtsbarkeit in der Tschechischen Republik, RIW 1996, 653 f.; *Ružič/Horky*, Länderbericht tschechische Republik, in: Liebscher/Fremuth-Wolf (Hrsg.), Arbitration Law and Practice in Central and Eastern Europe, CZE-1 ff.; *Verny*, Schiedsgerichtsbarkeit in der Tschechischen Republik, 1998.

Die Tschechische Republik die Schiedsgerichtsbarkeit auf der Grundlage des UNCITRAL Modellgesetzes geregelt. Grundlage des Schiedsverfahrensrechts ist das Gesetz Nr. 216/1994 Sb. über die Schiedsgerichtsbarkeit und die Vollstreckung von Schiedssprüchen. 742

Die ehemalige Tschechoslowakei hat eine große Tradition in der sozialistischen Außenhandelsarbitrage. Das Außenhandelsschiedsgericht in Prag genoss damals einen sehr guten Ruf. Heute setzt das Schiedsgericht bei der Kammer für Wirtschaft und Landwirtschaft die Tradition fort[1206].

1206 Vgl. zum Schicksal „alter“ Schiedsvereinbarungen *Roth*, Schiedsgerichtsbarkeit in der Tschechischen Republik, RIW 1996, 653 f. (654).

III. Das Verfahren mit Auslandsberührung

1. Gerichtsbarkeit

743 Die Tschechische Republik ist Mitgliedstaat des Wiener Übereinkommens über diplomatische Beziehungen v. 18.4.1961 und des Wiener Übereinkommens über konsularische Beziehungen v. 24.4.1963. Das IPRG (Gesetz über das internationale Privat- und Prozessrecht)[1207] erstreckt diese Privilegien – ebenso wie §§ 18 ff. GVG im deutschen Recht – auf Angehörige von Nichtvertragsstaaten.

Die Immunität von Staaten ist in § 47 IPRG geregelt.

2. Internationale Zuständigkeit

744 Im deutsch-tschechischen Verhältnis findet die Zuständigkeitsordnung der Brüssel Ia VO Anwendung.

Im autonomen Recht regeln §§ 37 ff. IPRG[1208] die internationale Zuständigkeit eigenständig.

3. Anerkennung und Vollstreckbarerklärung ausländischer Zivilurteile

Literatur:
Brenka, Länderbericht Tschechien, in: Campbell (Hrsg.), International Execution against Judgment Debtors, CZE – 1 ff.; *Donner*, Zu einigen Fragen des in der CSSR geltenden internationalen Zivilprozessrechts, in: Zeitgenössische Fragen des internationalen Zivilverfahrensrechts, 1972, 105 ff.; *ders.*, Das neue tschechoslowakische Gesetz über das internationale Privat- und Prozessrecht, ZfRV 5 (1964), 207; *Knap*, Fragen des internationalen Privatrechts im Handelsverkehr mit der Tschechoslowakei, AWD 1966, 403 ff.; *Krusche*, Anerkennung und Vollstreckung deutscher Urteile in Polen, Tschechien und Ungarn, WiRO 1999, 173 ff.; *Kucera*, La loi tchécoslovaque du 4 décembre 1963, no. 97 du „Recueil des lois" sur le droit international privé et de procédure, Journal Clunet 93 (1966), 783 ff.; *Skrdlik*, Anerkennung und Vollstreckung deutscher Entscheidungen in Tschechien, 2000, zugleich Diss. Bielefeld, 1999; *Wünsch-Dieschowá*, Länderbericht Tschechien, in: Geimer/Schütze, Internationaler Rechtsverkehr, 1143.13 ff.

1207 Das tschechoslowakische Gesetz ist nach der Dismembration des Staates mit geringfügigen Änderungen von der Tschechischen Republik übernommen worden, vgl. *Wünsch*, Länderbericht Tschechische Republik, in: Geimer/Schütze, Internationaler Rechtsverkehr, 1145.1.
1208 Vgl. für eine Übersetzung *Simon*, in: Riering (Hrsg.), IPR-Gesetze in Europa, 1997, S. 299 ff. (315 ff.).

Im deutsch-tschechischen Verhältnis finden die Brüssel I und Ia VO Anwendung. Nach autonomem Recht sind Rechtsgrundlage für die Anerkennung und Vollstreckbarerklärung ausländischer Zivilurteile §§ 63ff. IPRG. 745

30. Ungarn

I. Prozessführung vor staatlichen Gerichten

Literatur:
Kengyel, Die neue Regelung des ungarischen internationalen Zivilprozessrechts, FS Geimer, 2002, S. 397ff.; *ders.*, Das ungarische internationale Zivilverfahrensrecht und die Perspektiven für einen Beitritt zum EuGVÜ oder zum Lugano-Übereinkommen, in: Jayme (Hrsg.), Ein internationales Zivilverfahrensrecht für Gesamteuropa, 1992, S. 121ff.; *ders.*, Das ungarische internationale Zivilprozessrecht und der EU-Beitritt, FS Schlosser, 2005, S. 341ff.; *ders.*, Veränderungen des Inhalts der Dispositions- und Verhandlungsmaxime im ungarischen Zivilprozessrecht, ZZPInt 2 (1997), 273ff.; *ders.*, Zehn Jahre Europäisches Zivilprozessrecht in Ungarn, FS Gottwald, 2014, S. 315ff.; *Kengyel/Harsági*, Länderbericht Ungarn, in: Geimer/Schütze, Internationaler Rechtsverkehr, 1151.1ff.; *Kohlrusz/Okanyi*, Länderbericht Ungarn, in: Colman (Hrsg.), Encyclopedia of International Commercial Litigation, Hungary 1ff.; *Németh*, Das deutsche Zivilprozessrecht und seine Ausstrahlung auf die Rechtsordnungen der osteuropäischen Länder, in: Habscheid (Hrsg.), Das deutsche Zivilprozessrecht und seine Ausstrahlung auf andere Rechtsordnungen, 1991, S. 254ff.; *Szabó/Köblös*, Länderbericht Ungarn, International Encyclopaedia of Laws, Civil Procedure,2013, Hungary 1ff.; *Szászy*, International Civil Procedure, 1967; *Vékás*, Die Reform des internationalen Zivilverfahrensrechts in Ungarn, IPRax 2002, 142ff.

Grundlage des Zivilverfahrens ist die Zivilprozessordnung, die 2013 durch die Entscheidung 1267/2013 ergänzt und geändert worden ist. Die Gerichtsverfassung ist Gerichtsverfassungsgesetz 1997 geregelt. 746

II. Prozessführung vor Schiedsgerichten

Literatur:
Bânrévy, Zur Schiedsgerichtsbarkeit in Ungarn, in: Seiffert (Hrsg.), Anerkennung und Vollstreckung ausländischer Entscheidungen in Osteuropa, 1994, S. 99ff.; *Engelhardt*, Neuordnung der Schiedsgerichtsbarkeit in Ungarn, RPS BB-Beil. 5/1996, 6ff.; *Horváth*, Arbitration in Hungary, Problematics of the Moscow Convention, Journal of International Arbitration 10 (1993), 17ff.; *dies.*, Schiedsgerichtsbarkeit in Ungarn, Jahrbuch für die Praxis der Schiedsgerichtsbarkeit IV (1990), S. 65ff.; *dies.*, The New Arbitration Act in Hungary, Journal of International Arbitration 12 (1995, 53ff.; *dies.*, Das neue Schiedsgesetz in Ungarn, in: Böckstiegel (Hrsg.), Recht und Praxis der Schiedsgerichtsbarkeit in Staaten Zentral- und Ost-Europas, 1998, S. 505ff.; *Kengyel*, Schiedsgerichtsbarkeit in Ungarn, ZZPInt 3 (1998), 363ff.; *Németh*, Schiedsgerichtsbarkeit und Mediation in Ungarn, FS Schlosser, 2005, S. 637ff.; *ders.*, Berührungspunkte

schiedsrichterlichen Verfahrens mit der ordentlichen Gerichtsbarkeit in Ungarn, FS Ishikawa, 2001, S. 371ff.; *Pikó*, Schiedsgerichtsbarkeit in Ungarn, 1998; *Sebestyén*, Länderbericht Ungarn, Yearbook Commercial Arbitration I (1976), S. 53ff.; *Szász/Horváth*, Länderbericht Ungarn, in: Paulsson (Hrsg.), International Handbook on Commercial Arbitration, Hungary 1ff.; *Varga*, Länderbericht Ungarn, in: Oberhammer (Hrsg.), Schiedsgerichtsbarkeit in Zentraleuropa, 2005, S. 629ff.; *ders.*, Länderbericht Ungarn, in: Liebscher/Fremuth-Wolf (Hrsg.), Arbitration Law and Practice in Central and Eastern Europe, HUN 1ff.

747 Ungarn hat das UNCITRAL-Modellgesetz in das autonome Recht übernommen. Grundlage des Schiedsverfahrens ist das Schiedsverfahrensgesetz 1994.

Ungarn ist Mitgliedstaat des UN-Übereinkommen 1958 und des Europäischen Übereinkommens über die internationale Handelsschiedsgerichtsbarkeit. Im autonomen Recht ist die Wirkungserstreckung ausländischer Schiedssprüche im Schiedsverfahrensgesetz 1994, dem IPRG 2000 und dem Zwangsvollstreckungsgesetz geregelt.

III. Das Verfahren mit Auslandsberührung

1. Gerichtsbarkeit

748 Ungarn ist Mitgliedstaat des Wiener Übereinkommens über diplomatische Beziehungen v. 18.4.1961 und des Wiener Übereinkommens über konsularische Beziehungen v. 24.4 1963.

2. Internationale Zuständigkeit

749 Im deutsch-ungarischen Verhältnis bestimmt sich die internationale Zuständigkeit nach dem Zuständigkeitskatalog der Brüssel Ia VO

Im autonomen Recht ist die internationale Zuständigkeit in §§ 54–62 H des Gesetzes Nr. CX/2000 (IPRG) geregelt. Die Zuständigkeitsordnung basiert auf der Gesetzesverordnung Nr. 13/1979 über das internationale Privatrecht[1209], wurden aber im Hinblick auf den Beitritt zum LugÜ neu gefasst.

1209 Abgedruckt mit deutscher Übersetzung bei *Riering*, IPR-Gesetze in Europa, 1997, S. 364ff.

3. Anerkennung und Vollstreckbarerklärung ausländischer Zivilurteile

Literatur:
Kengyel, Ungarn vor dem Tor des Lugano-Übereinkommens, FS Schütze, 1999, S. 347 ff.; *ders.*, Die Anerkennung und Vollstreckung der gerichtlichen Entscheidungen außerhalb des Geltungsbereichs des Brüsseler und Lugano-Übereinkommens, in: Walter/Baumgartner (Hrsg.), Anerkennung und Vollstreckung ausländischer Entscheidungen außerhalb der Übereinkommen von Brüssel und Lugano, 2000, S. 323 ff.; *Kengyel/Harsági*, Länderbericht Ungarn, in: Geimer/Schütze, Internationaler Rechtsverkehr, 1151.18 ff.; *Krusche*, Anerkennung und Vollstreckung deutscher Urteile in Polen Tschechien und Ungarn, WiRO 1999, 173 ff.; *Nógrádi/Török/Ágoston*, Länderbericht Ungarn, in: Campbell (Hrsg.), International Execution against Judgment Debtors, HUN 1 ff.; *Schütze*, Die Anerkennung und Vollstreckbarerklärung deutscher Zivilurteile in Ungarn, RIW 1993, 416 ff.; *Szecsenyi*, Zur Anerkennung und Vollstreckung österreichischer Urteile in Ungarn, ZfRV 2000, 105 ff. (mit einer Darstellung der historischen Entwicklung).

Im deutsch-ungarischen Verhältnis bestimmen sich Anerkennung und Voll- 750
streckbarerklärung ausländischer Zivilurteile nach der Brüssel I und Ia VO.

Im autonomen Recht ist die Wirkungserstreckung ausländischer Zivilurteile in §§ 70 ff. IPRG geregelt.

31. Zypern

I. Prozessführung vor staatlichen Gerichten

Literatur:
Neocleous, Introduction to Cyprus Law, 2000; *Neocleous/Iannou/Stamatiou*, Länderbericht Zypern, in: Colman (Hrsg.), Encyclopedia of International Commercial Litigation, Cyprus 1 ff.; *Schütze*, Länderbericht Zypern, in: Geimer/Schütze, Internationaler Rechtsverkehr, 1181.1 ff.

Grundlage des zypriotischen Zivilprozesses sind die Civil Procedure Rules, die 751
den englischen Vorbild in ihren Grundprinzipien folgen.

II. Prozessführung vor Schiedsgerichten

Literatur:
Kakoulli/Panayides, Länderbericht Zypern, in: Nairn/Heneghan, Arbitration World, 5. Aufl., 2015, S. 445 ff.

Zypern hat das UNCITRAL-Modellgesetz durch den International Arbitration 752
Act, 1987 in das autonome Recht übernommen.

Zypern ist Mitgliedstaat des UN-Übereinkommens 1958.

III. Das Verfahren mit Auslandsberührung

1. Gerichtsbarkeit

753 Zypern ist Mitgliedstaat des Wiener Übereinkommens vom 18. April 1961 über diplomatische Beziehungen und des Wiener Übereinkommens über konsularische Beziehungen vom 24. April 1963 sowie des Europäischen Übereinkommens über die Staatenimmunität vom 16. Mai 1972.

2. Internationale Zuständigkeit

754 Im deutsch-zypriotischen Verhältnis findet die Brüssel Ia VO Anwendung.

Nach autonomem Recht ist die internationale Zuständigkeit – wie allenthalben im common law Prozess – mit der Zulässigkeit der Zustellung ausserhalb Zyperns verwoben. Die internationale Zuständigkeit begründenden Gerichtsstände finden sich in Order 6 der Civil Procedure Rules. Das zypriotische Recht kennt die forum non conveniens Lehre.

3. Anerkennung und Vollstreckbarerklärung ausländischer Zivilurteile

Literatur:
Neocleous/Christoforou, Länderbericht Zypern, in: Campbell (Hrsg.), International Execution against Judgment Debtors, CYP – 1 ff.; *Neocleous/Pittas*, Enforcement of Foreign Judgments and Arbitration Awards, in: Neocleous (Hrsg.), Introduction to Cyprus Law, 2000, S. 105 ff.; *Schütze*, Die Anerkennung und Vollstreckung ausländischer Zivilurteile in Zypern, AWD 1965, 311; *ders.*, Länderbericht Zypern, in: Geimer/Schütze, Internationaler Rechtsverkehr, 1181, 6 ff.

755 Die Wirkungserstreckung ausländischer Zivilurteile im deutsch-zypriotischen Verhältnis bestimmt sich nach den Brüssel I und Ia VO.

Im autonomen zypriotischen Recht sind die Anerkennung und Vollstreckbarerklärung ausländischer Entscheidungen in – begrenzten Masse – statutarisch – insbesondere durch das Foreign Judgments (Reciprocal Enforcement) Law, 1935 – geregelt. Im Übrigen gelten common law Grundsätze.

B. Außereuropa

1. China

I. Prozessführung vor staatlichen Gerichten

Literatur:
Cui Zhou, Die jüngste Reform der chinesischen Zivilprozessordnung, ZZPInt 12 (2007), 325 ff.; *Glück/Semler*, Rechtsschutz deutscher Unternehmen in China, RIW 2006, 436 ff.; *Horn/Schütze*, Wirtschaftsrecht und Außenwirtschaftsrecht der Volksrepublik China, 1987; *Moser*, Länderbericht China, in: Pryles (Hrsg.), Dispute Resolution in Asia, 1997, S. 73 ff.; *Jingzhou Tao* Länderbericht China, in: Colman (Hrsg.), Encyclopedia of International Commercial Litigation, China 1 ff.; *Münzel*, Die neue Zivilprozessordnung der Volksrepublik China von 1982, RabelsZ 47 (1983), 78 ff.; *ders.*, Das IPR und IZPR der Volksrepublik China, IPRax 1988, 46 ff.; *Schütze/Wu*, Länderbericht China, in: Geimer/Schütze, Internationaler Rechtsverkehr, 1027.1 ff.; *von Senger*, Internationales Privat- und Zivilprozessrecht der Volksrepublik China, 2. Bd., 1994 mit umfassender Bibliographie Bd. 2, S. 637 ff.; *Shizou Wang*, Länderbericht Volksrepublik China, i International Encyclopedia of Laws – Civil Procedure, 2013, China 15 ff., *Tian*, Die gegenwärtige Lage und die Zukunft der Zivilprozessreform der Volksrepublik China, ZZPInt 6 (2001), 317 ff.; *Trappe*, Streiterledigung im China-Geschäft, RIW 1989, 107 ff.; *Wu Daying*, Die Besonderheiten der Zivilprozessordnung in der Volksrepublik China, in: Chinas neuer Weg zum Recht, 1982, S. 333 ff.; *Wusheng Zhang*, Analysis and Introduction of the US Class Action in China, ZZPInt 14 (2009), 371 ff.; *Yuanshi Bu*, Gestalten, Schlichten, Richten oderAbweisen – Gegenwärtige Reformströmungen im Lichte der anstehenden Novelle des Zivilprozessrechts in China, ZZPInt 15 (2010), 359 ff.; *ders.*, The Overhaul of the Chinese Civil Procedure Law in 2012, ZZPInt 17 (2014), 415 ff.; *ders.*, Rechtsstaat und Zivilprozess in China – Über die Neuerungen des Zivilprozessrechts 2015. ZZPInt 19 (2014), 327 ff.

Grundlage des Zivilverfahrens ist die Zivilprozessordnung von 1991, die durch die Reformgesetze 2007 und 2012 grundlegend Teilen geändert worden ist. 756

II. Prozessführung vor Schiedsgerichten

Literatur:
Brödermann, Chinesische und chinabezogene Schiedsverfahren, FS Elsing, 2015, S. 53 ff.; *Cheng Dejun/Moser/Wang Shengchang*, International Arbitration in the PRC: Commentary, Cases and Materials, 1995; *Chua Eu Jin*, Arbitration in China, Asian International Arbitration Journal 1 (2005), 83 ff.; *Fung/Wang* (Hrsg.), Arbitration in China, 2004; *Johnston*, Party Autonomy in Mainland Chinese Commercial Arbitration, Journal of International Arbitration 25 (2008), 537 ff.; *Luming Chen*, Some Reflections on Inteernational Commercial Arbitration in China, Journal of International Arbitration 13 (1996), 121 ff.; *Moser/Choong*, Länderbericht China und Hongkong, in: Weigand, Practitioner's handbook on International Commercial Arbitration, 2. Aufl. 2009, S. 239 ff.; *Murray/Lin*, Länderbericht China, in: Nairn/Heneghan (Hrsg.), Arbitra-

tion World, 5. Aufl., 2015, S. 409 ff.; *Tang Houzi/Wang Shengchang*, Länderbericht China, in: Paulsson (Hrsg.), International Handbook on Commercial Arbitration, P.R. China 1 ff.; *Tao*, Arbitration Law and Practice in China, 2004; *Trappe*, Streiterledigung in China, RIW 1989, 173 ff.; *ders.*, Praktische Erfahrungen mit chinesischer Schiedsgerichtsbarkeit, SchiedsVZ 2004, 142 ff.; *ders.*, Änderung der Regeln über die internationale Schiedsgerichtsbarkeit in der VR China, RIW 1998, 871 ff.

757 Das Schiedsverfahrensrecht ist in erster Linie im Schiedsverfahrensgesetz 1995 geregelt, das auf dem UNITRAL-Modellgesetz basiert[1210]. Dieses Gesetz regelt das Schiedsverfahren einschließlich der Schiedsfähigkeit, der Wirksamkeitsvoraussetzungen für Schiedsvereinbarungen, der Verfahrensgestaltung und der Aufhebung von Vollstreckbarerklärung von Schiedssprüchen. Regelungen der Schiedsgerichtsbarkeit finden sich darüber hinaus im Zivilprozessgesetz und in den Auslegungsregeln des Obersten Gerichtshofes. International ein Unikum des chinesischen Rechts ist die Unzulässigkeit von ad hoc Schiedsverfahren.

Überragende Bedeutung kommt der institutionellen Schiedsgerichtsbarkeit der CIETAC[1211] und der CMAC (China Maritime Arbitration Commission). Beide Institutionen sind Einrichtungen unter dem China Council for the Promotion of International Trade (CCPIT). Die CIETAC besitzt praktisch ein Monopol für Schiedsverfahren in China. Es existiert zwischenzeitlich eine reiche Rechtsprechung[1212].

China ist Mitgliedstaat des UN-Übereinkommens 1958. Die Wirkungserstreckung[1213] erfolgt unter den Erfordernissen der Konvention in einem gerichtlichen Verfahren durch das Volksgericht der Mittelstufe. Es besteht eine reiche Praxis[1214].

1210 Vgl. dazu *Murray/Lin*, Länderbericht China, in: Nairn/Heneghan (Hrsg.), Arbitration World, 5. Aufl., 2015, S. 409 ff.

1211 Vgl. Rdn. 547 ff., dazu *Kniprath*, Die Schiedsgerichtsbarkeit der Chinese International Economic and Trade Arbitration Commission (CIETAC), 2004; *Schroeter*, Schiedsverfahren im China-Geschäft: Die neue Schiedsordnung der China International Economic and Trade Arbitration Commission (CIETAC), RIW 2006, 296 ff.; *Stricker-Kellerer/Moser*, Schiedsordnung der China International Economic and Trade Arbitration Commission, in: Schütze (Hrsg.), Institutionelle Schiedsgerichtsbarkeit, 2. Aufl., 2011, S. 495 ff. (Kommentierung mit umfangreichen Literaturnachweisen S. 447).

1212 Vgl. dazu *Kong Yuan*, Recent Cases Relating to Arbitration in China, Asian International Arbitration Journa 2 (2006), 179 ff.

1213 Vgl. zur Praxis der chinesischen Gerichte *Darwazeh/Yeoh*, Recognition and Enforcement of Awards under the New York Convention – China and Hong Kong Perspectives, J.Int.Arb. 25 (2008), 837 ff.; *Fei Lanfang*, Implementation of the New York Convention in China: A Case Study, Asian International Arbitration Journal 4 (2008), 123 ff.

1214 Vgl. im Einzelnen *Trappe*, zur Schiedsgerichtsbarkeit der CIETAC, SchiedsVZ 2006, 258 ff.

III. Das Verfahren mit Auslandsberührung

1. Gerichtsbarkeit

China ist Mitgliedstaat des Wiener Übereinkommens vom 18. April 1961 über diplomatische Beziehungen und des Wiener Übereinkommens vom 24. April 1963 über konsularische Beziehungen. Die Immunität ist autonom im Gesetz über konsularische Privilegien und Immunität geregelt. Hierdurch werden die Privilegien auch auf Angehörige von Entsendestaaten erstreckt, die nicht Mitgliedstaaten der Wiener Übereinkommen sind. 758

2. Internationale Zuständigkeit

Das chinesische Zivilprozessrecht regelt die internationale Zuständigkeit[1215] nicht eigenständig. Die Normen über die örtliche Zuständigkeit sind doppelfunktional. Die örtliche Zuständigkeit indiziert die internationale. 759

3. Anerkennung und Vollstreckbarerklärung ausländischer Zivilurteile

Literatur:
Bohnet, Das Gegenseitigkeitsprinzip bei der Anerkennung von Gerichtsurteilen im deutsch-chinesischen Rechtsverkehr, RIW Beil. 2/1996, 17 ff.; *Czernich*, Die Vollstreckung fremder Urteile und Schiedssprüche in der VR China, RIW 1995, 650 f.; *Daentzer*, Voraussetzungen der Vollstreckung von vermögensrechtlichen Urteilen im deutsch-chinesischen Rechtsverkehr, ZZPInt 2 (1997), 367 ff.; *He Xiaoling*, Reform der Regelungen über die Anerkennung und Vollstreckbarerklärung ausländischer Zivilurteile, National Judges College Law Journal 232 (2005), 44 f.; *Jingzhou Tao*, Länderbericht People's Republic of China, in: Campbell (Hrsg.), International Execution against Judgment Debtors, CHI. – 5 ff.; *Schütze*, Zur Verbürgung der Gegenseitigkeit bei der Urteilsanerkennung im deutsch-chinesischen Verhältnis, RIW 2008, 1 ff.; *Schütze/Wu*, Länderbericht China (Volksrepublik), in: Geimer/Schütze, Internationaler Rechtsverkehr, 1027.7 ff.; *von Senger*, Internationales Privat- und Zivilverfahrensrecht der Volksrepublik China, 1994, S. 519 ff. mit weiteren Nachweisen; *Zhu Zhisheng*, Regelungen der Anerkennung und Vollstreckbarerklärung, Contemporary Law Science 2002, S. 78 ff.

1215 Vgl. dazu *Hu Zhenjie*, Chinese Perspectives on International Jurisdiction and the Enforcement of Judgments in Contractual Matters, 1999, S. 15 ff.; *ders.*, International Jurisdiction of Chinese Courts in Contractual Matters: Rules, Interpretation and Practice, NILR, XLVI (1999), 202 ff.

760 Rechtsgrundlage für die Wirkungserstreckung ausländischer Zivilurteile[1216] sind Artt. 265f. ZPO in Verbindung mit Art. 318 der Stellungsnahme des Obersten Gerichtshofes zur Anwendung des Zivilprozessrechtes.

Die Gegenseitigkeit i.S. von § 328 Abs. 1 Nr. 5 ZPO ist verbürgt[1217].

2. Japan

I. Prozessführung vor staatlichen Gerichten

Literatur:
Baum/Schwittek, Mediation in Japan, in: Hopt/Steffek (Hrsg.), Mediation – Rechtstatsachen, Rechtsvergleich, Regelungen, 2008, S. 486ff.; *Baumgärtel* (Hrsg.), Grundprobleme des Zivilprozessrechts (Sammelband japanischer Veröffentlichungen in deutscher und englischer Sprache), 1976; *Deguchi*, Gegenwärtige Überlegungen zur Reform des Zivilprozessrechts in Japan – Wie weit kann man den Zivilprozess beschleunigen?, FS Németh, 2003, S. 149ff.; *ders.*, Das gerichtliche Geständnis im Verhandlungsvorbereitungsverfahren in Japan, FS Gottwald, 2014, S. 89ff.; *Endo*, Die Entwicklung der Lehre zur Feststellung der Echtheit der Urkunden in Japan und Rosenbergs Beitrag dazu, FS Gottwald, 2014, S. 119ff.; *Haga*, Internationale Annexzuständigkeit in Japan, FS Gottwald, 2014, S. 233ff.; *Heath/Petersen*, Das japanische Zivilprozessrecht, 2002; *Honma*, Die Reform des Zivilprozessrechts in Japan, ZZPInt 1 (1996), 327ff.; *Ishikawa*, Die Beschränkung der Berufung im novellierten japanischen Zivilprozessgesetz von 1996, ZJapanR 1997, 43ff.; *ders.*, Einführung eines Bagatellverfahrens in Japan, FS Lüke, 1997, S. 297ff.; *ders.*, Die Überprüfung der internationalen Zuständigkeit in der Rechtsmittelinstanz, FS Geimer, 2002, S. 365ff.; *ders.*, Länderbericht Japan, International Encyclopaedia of Laws, Civil Procedure, 2008, Japan 1ff.; *ders.*, Zur Struktur des japanischen Zivilprozesses nach der Zivilprozessordnung von 1996, ZZPInt 2 (1997), 333ff.; *Iwasaki*, Länderbericht Japan, in: Pryles (Hrsg.), Dispute Resolution in Asia, 1997, S. 117ff.; *Kakiuchi*, Verfahrensrecht, in: Baum/Bälz (Hrsg.), Handbuch des japanischen Handels- und Wirtschaftsrechts, 2009; *ders.*, Reform des Zivilprozessrechts in Japan, ZZPInt 9 (2004), 267ff.; *Kato/Hasegawa/Oda*, Länderbericht Japan, in: Colman (Hrsg.), Encyclopedia of International Commercial Litigation, Japan 1ff.; *Kawakami*, Die Entwicklung des internationalen Privat- und Prozessrechts in Japan nach dem zweiten Weltkrieg, RabelsZ 33 (1969), 498ff.; *Kigawa*, Die neue japanische ZPO, offen gelassene prozesspolitische Fragen, FS Geimer, 2002, S. 427ff.; *Matsumoto*, Grundfragen und aktuelle Prob-

---

1216 Vgl. *Hu Zhenie*, Chinese Perspectives on International Jurisdiction and the Enforcement of Judgments in Contractual Matters, 1999, S. 271ff.

1217 Vgl. KG IHR 2007, 167 = SchiedsVZ 2007, 100; OLG Düsseldorf, OLG Report Hamm/Düsseldorf/Köln 2007, 569; *Czernich*, Die Vollstreckung fremder Urteile und Schiedssprüche in der VR China, RIW 1995, 650f. (651), *Schütze*, Zur Verbürgung der Gegenseitigkeit bei der Urteilsanerkennung im deutsch-chinesischen Verhältnis, RIW 2008, 1ff.; **aA** *Barth/Johnston*, Ist im Verhältnis zur Volksrepublik China die Gegenseitigkeit verbürgt?, IHR 2007, 133ff.; *Neelmeier*, Verbürgung der Gegenseitigkeit zwischen Deutschland und China?, SchiedsVZ 2007, 102ff.

leme des Beweisrechts in Japan, ZZP 121 (2008), 203 ff.; *ders.*, Die Rezeption des deutschen Zivilprozesses in der Meiji-Zeit und die weitere Entwicklung des japanischen Zivilprozessrechts bis zum zweiten Weltkrieg, ZZP 120 (2007), 3 ff.; *ders.*, Zur neuen Regelung der internationalen Zuständigkeit in Japan, FS Gottwald, 2014, S. 427 ff.; *Mori*, Die internationale Zuständigkeit auf Grund des Deliktsortes nach japanischem Recht – Die Regelung der doppelrelevanten Tatsachen als Grund der internationalen Zuständigkeit, FS Geimer, 2002, S. 727 ff.; *ders.*, Die Teilklage im Spiegel der Rechtsprechung des japanischen Obersten Gerichtshofs, FS Gottwald, 2014, S. 441 ff.; *Nakamura (M.)*, Collected Works on Civil Procedure, 1994; *ders.*, Sammelband der zivilprozessualen Abhandlungen, 1991; *Nakamura (H.)*, Japan und das deutsche Zivilprozessrecht, in: Habscheid (Hrsg.), Das deutsche Zivilprozessrecht und seine Ausstrahlung auf andere Rechtsordnungen, 1991, S. 415 ff.; *ders.*, Die Rezeption deutschen Rechts in Japan – insbesondere auf dem Gebiet des Zivilprozessrechts, ZZP 84 (1971), 74 ff.; *ders.*, Der Einfluss des amerikanischen Rechts auf den japanischen Zivilprozess, GS Arens, 1993, S. 309 ff.; *ders.*, Die Rechtsanwaltschaft in Japan, FS Schütze, 1999, S. 579 ff.; *ders.*, Der Einfluss des amerikanischen Rechtsdenkens auf die japanische Zivilprozessrechtswissenschaft, Dike International, 2001, 172 ff.; *ders.*, Justizreform in Japan – Insbesondere über die Träger des Justizsystems, FS Geimer, 2002, S. 779 ff.; *ders.*, Die japanische ZPO in deutscher Sprache, 2006; *Nakano*, Justiz- und Verfahrensreform, FS Lüke, 1997, S. 583 ff.; *ders.*, Japan und das deutsche Zivilprozessrecht (Sammelband der zivilprozessualen Abhandlungen), 2007; *Petersen*, Das internationale Zivilprozessrecht in Japan, 2003; *Petersen-Padberg*, Länderbericht Japan, in: Geimer/Schütze, Internationaler Rechtsverkehr, 1058.1 ff.; *Prütting*, Streitschlichtung nach japanischem und deutschen Recht, FS Waseda, 1988, S. 719 ff.; *ders.*, Gerichtsverfassungs- und Zivilprozessrecht, in: Coing u.a. (Hrsg.), Die Japanisierung westlichen Rechts, 1990, S. 379 ff.; *Rahn*, Rechtsdenken und Rechtsauffassung in Japan, 1990; *Sakai*, Die neiuen Regelungen der internationale Zuständigkeit in der Japanischen ZPO, ZZPInt 16 (2011), 263 ff.; *Sato*, Länderbericht Japan, in: Grubbs (Hrsg.), International Civil Procedure, 2003, S. 379 ff.; *Strempel*, „Alternativen in der Ziviljustiz" – gerichtliche und außergerichtliche Streitbeilegung in Japan im Vergleich zur Bundesrepublik Deutschland, JZ 1983, 596 ff.; *Takeshita*, Verfassung und Zivilprozess, in: Coing u.a. (Hrsg.), Die Japanisierung des westlichen Rechts, 1990, S. 345 ff.; *Tanigushi*, Development of Civil Procedure in Japan: An Experiment to Fuse Civil Law & Common Law, FS Németh, 2003, S. 835 ff.; *Weigend*, Aktuelle Probleme des Zivil- und Strafverfahrensrechts im deutsch-japanischen Vergleich, JZ 2014, 133 ff.; *Yoshida*, Die Vorlagepflicht von Urkunden und die Möglichkeiten des Geheimnisschutzes im japanischen Zivilprozess, ZZPInt 121 (2007), 305 ff.

Das japanische Zivilprozessrecht ist stark vom deutschen Zivilverfahrensrecht 761
beeinflusst[1218]. Die japanische ZPO[1219] ist ein Produkt der Rezeption deutschen

1218 Vgl. dazu *Nakamura*, Japan und das deutsche Zivilprozessrecht, in: Habscheid (Hrsg.), Das deutsche Zivilprozessrecht und seine Ausstrahlung auf andere Rechtsordnungen, 1991, S. 415 ff.; *ders.*, Die Rezeption deutschen Rechts in Japan – insbesondere auf dem Gebiet des Zivilprozessrechts, ZZP 84 (1971), 74 ff.; *Nakano*, Justiz- und Verfahrensreform, FS Lüke, 1997, S. 583 ff.; zu verfassungsrechtlichen Problemen vgl. *Takeshita*, Verfassung und Zivilprozess, in: Coing (Hrsg.), Die Japanisierung westlichen Rechts, 1990, S. 345 ff.

1219 Minji Sosho ho v. 18.6.1996 (Gesetz Nr. 100/1996); vgl. dazu *Heath/Petersen*, Das japanische Zivilprozessrecht, 2002; *Nakamura*, Die japanische ZPO in deutscher Sprache, 2006.

Rechtsgutes, obwohl seit dem zweiten Weltkrieg starke amerikanische Einflüsse nicht zu verkennen sind[1220].

Grundlage des japanischen Zivilprozesses ist die Zivilprozessordnung 1996, später mehrfach geändert, so durch das Gesetz Nr. 95/2007[1221].

II. Prozessführung vor Schiedsgerichten

Literatur:
Iwasaki, Key Features of New Japanese Arbitration Law, Asian International Arbitration Journal 2 (2006), 76 ff.; *Koch*, Außergerichtliche Streitbeilegung im japanischen Wirtschaftsverkehr unter besonderer Berücksichtigung der Schiedsgerichtsbarkeit, 2000; *Kondo*, Arbitration Law of Japan, 2004; *Matsumoto*, Zum Stand der Diskussion um die internationale Schiedsgerichtsbarkeit in Japan, ZZPInt 2 (1997), 309 ff.; *Mueller/Hocke*, Länderbericht Japan, in Respondek, Asia Arbitration Guide, 4. Aufl., 2015, S. 143 ff.; *Nakamura*, Salient Features of the New Japanese Arbitration Law Based upon the UNCITRAL Model Law on International Commercial Arbitration, Mealey's International Arbitration Report, 2003, 18 ff.; *Nakano*, The japanese arbitration law of 2004 and its impact on international commercial arbitration, ZZPInt 11 (2006), 315 ff.; *Oghigian*, Japan's new arbitration law, Asian Dispute Review, 2005, 56 ff.; *Ohara/Yamashita/Ikeda/Tsukamoto*, Länddrbericht Japan, in: Nairn/Heneghan, Arbitration World, 5. Aufl., 2015, S. 631 ff.; *Roughton*, A Brief Review of the Japanese Arbitration Law, Asian International Arbitration Journal 1 (2005), 127 ff.; *Taniguchi/Nakamura*, Länderbericht Japan, in: Paulsson (Hrsg.), International Handbook on Commercial Arbitration, Japan, 1 ff.; *Ueno*, Internationale Schiedsgerichtsbarkeit in Japan, in: Gottwald (Hrsg.), Internationale Schiedsgerichtsbarkeit, 1997, S. 553 ff.

762 Japan hat das UNCITRAL Modellgesetz in das innerstaatliche Recht übernommen. Rechtsgrundlage für das Schiedsverfahren ist das Gesetz Nr. 138/2003. In der deutsch-japanischen Schiedsgerichtsbarkeit bedeutsam ist das deutsch-japanische Handelsschiedsgerichtsabkommen v. 1.4.1959 i.d.F. v. 12.1.1982[1222].

Japan ist Mitgliedstaat des UN-Übereinkommens 1958. Dieses Übereinkommen ist hinsichtlich der Wirkungserstreckung ausländischer Schiedssprüche in §§ 45 f. des Schiedsgerichtsgesetzes eingegangen.

1220 Vgl. *Nakamura*, Der Einfluss des amerikanischen Rechts auf den japanischen Zivilprozess, GS Arens 1993, S. 309 ff.; *ders.*, Der Einfluss amerikanischen Rechtsdenkens auf die japanische Zivilprozessrechtswissenschaft, Dike International 2001, 172 ff.

1221 Vgl. für eine Übersetzung in die deutsche Sprache *Petersen/Heath*, Das japanische Zivilprozessrecht, 2002; *Nakamura/Huber*, Die japanische ZPO in deutscher Sprache, 2006.

1222 Vgl. dazu *Müller*, Das deutsch-japanische Handelsschiedsabkommen, Jahrbuch für die Praxis der Schiedsgerichtsbarkeit 3 (1989), S. 181 ff.; dort auch ein Abdruck der Vereinbarung S. 175 ff.

III. Das Verfahren mit Auslandsberührung

1. Gerichtsbarkeit

Japan ist Mitgliedstaat des Wiener Übereinkommens über diplomatische Beziehungen v. 18.4.1961 und des Wiener Übereinkommens über konsularische Beziehungen v. 24.4.1963. 763

2. Internationale Zuständigkeit

Eine besondere Regelung der internationalen Zuständigkeit[1223] ist im Jahr 2011 in die japanische Zivilprozessordnung eingefügt worden[1224]. Die örtliche Zuständigkeit indiziert die internationale. Wo eine örtliche Zuständigkeit eines japanischen Gerichts besteht, ist auch eine japanische internationale Zuständigkeit gegeben. Der OGH hat im *Malaysian Airline*-Fall[1225] auf die Sachgerechtigkeit (jôri) abgestellt[1226]. 764

3. Anerkennung und Vollstreckbarerklärung ausländischer Zivilurteile

Literatur:
Doi, Länderbericht Japan, in: Campbell (Hrsg.), International Execution against Judgment Debtors, JPN. 1ff.; *Einsel*, Vollstreckung ausländischer Schiedssprüche und ausländischer Gerichtsurteile in Japan, AWD 1963, 134f.; *Kono/Trunk*, Lizenzvertragsrecht und internationales Zivilprozessrecht, GRURInt 1988, 860ff. (Wiedergabe und Anmerkung zum Urteil des Landgerichts Nagoya im Fall Lacrex Brevetti S. A. v. Kitagawa Industries K. K. v. 6.2.1987); *dies.*, Anerkennung und Vollstreckung ausländischer Urteile in Japan, ZZP 102 (1989), 319ff.; *Menkhaus*, Anerkennung und Vollstreckbarkeitserklärung deutscher zivilgerichtlicher Entscheidungen in Japan, RIW 1988, 189ff.; *Nagata*, Anerkennung und Vollstreckbarkeit deutscher Urteile in vermögensrechtlichen Streitigkeiten in Japan, RIW/AWD 1976, 208ff.; *Koshiyama*, Rechtswirkung und Urteilsanerkennung nach amerikanischem, deutschen und japanischen Recht, 1996; *Nagel*, Die Anerkennung und Vollstreckung ausländischer Urteile nach der geltenden deutschen

---

1223 Vgl. dazu *Adachi*, Die Regelung der japanischen internationalen Zuständigkeit zwischen Deutschland und den USA, Dike International 2001, 1166ff.; *Ishikawa*, Internationale Zuständigkeit in Japan – Grundlagen und Eigenarten, ZZPInt 1 (1996), 287ff.: *Matsumoto*, Zur neuen Regelung der internationalen Zuständigkeit in Japan, FS Gottwald, 2014, S. 427ff.

1224 Vgl. *Sakai*, Die neuen Regelungen der internationalen Zuständigkeit in der Japanischen ZPO, ZZPInt 16 (2011), 263ff.

1225 Mishu 35, 1224 = Jap.An.Int.L. 1983, 122ff.

1226 Vgl. dazu *Petersen-Padberg*, Länderbericht Japan, in: Geimer/Schütze, Internationaler Rechtsverkehr, 1058.3.

Zivilprozessordnung im besonderen Verhältnis zu Japan, FS Waseda Universität, 1988, S. 757 ff.; *Narabashi*, Exécution des jugements étrangers au Japon, 1937; *Petersen-Padberg*, Länderbericht Japan, in: Geimer/Schütze, Internationaler Rechtsverkehr, 1058.11 ff.; *dies.*, Das internationale Zivilprozessrecht in Japan, 2003, 447 ff. m.w.N.; *Takata*, Probleme der Urteilsanerkennung im japanischen Zivilprozessrecht, in: Heldrich/Kono (Hrsg.), Herausforderungen des Internationalen Zivilverfahrensrechts, 1994, 49 f.; *Takeshita*, Neuere Tendenzen zur Anerkennung und Vollstreckung ausländischer Entscheidungen in Japan, ZZPInt 1 (1996), 305 ff.

765 Rechtsgrundlage für die Anerkennung ausländischer Zivilurteile ist § 118 ZPG, die Vollstreckbarerklärung ist in §§ 22, 24 des Zwangsvollstreckungsgesetzes geregelt.

Die Gegenseitigkeit i.S. von § 328 Abs. 1 Nr. 5 ZPO ist verbürgt[1227].

3. Korea

I. Prozessführung vor staatlichen Gerichten

Literatur:

Hong Gyu Kim, Civil Procedure Law, 2002; *Ho Moon Hyuck*, Korea und das deutsche Zivilprozessrecht, in: Habscheid (Hrsg.), Das deutsche Zivilprozessrecht und seine Ausstrahlung auf andere Rechtsordnungen, 1991, S. 448 ff.; *ders.* Zur neueren Reform des Zivilverfahrensrechts in Korea, ZZPInt 1 (1996), 337 ff.; *ders.*, Zur Reform des koreanischen Zivilprozessrechts im Jahr 2002, ZZPInt 9 (2004), 323 ff.; *Ri Bong Han*, Länderbericht Korea, in: Grubbs (Herausg), International Civil Procedure, 2003, S. 383 ff.; *Sohn*, The Civil Procedure System and Civil Procedure Law in Korea, ZZPInt 7 (2002), 523 ff.; *Stiller*, Das internationale Zivilprozessrecht der Republik Korea, 1989; *Stiller/Schleicher*, Länderbericht Korea, in: Geimer/Schütze, Internationaler Rechtsverkehr, 1073.1 ff.; *Tae Hee Lee*, Länderbericht Korea, in: Colman (Hrsg.), Encyclopedia of International Commercial Litigation, Korea 1 ff.; *Yang Byung-Hui*, Moderne Techniken im koreanischen gerichtlichen Verfahren, ZZPInt 7 (2002), 511 ff.

766 Der koreanische Zivilprozess ist stark vom kontinentaleuropäischen Rechtsdenken beeinflusst. Über Japan – das japanische Recht hat auch heute noch großen Einfluss auf die koreanische Rechtsentwicklung – ist eine Rezeption deutschen Zivilprozessrechts erfolgt[1228].

1227 Vgl. *Martiny*, Handbuch des internationalen Zivilverfahrensrechts, Bd. III/1, 1984, Rdn. 393 m.w.N. in FN 4048 für das ältere Schrifttum; *Menkhaus*, Anerkennung und Vollstreckbarkeitserklärung deutscher zivilgerichtlicher Entscheidungen in Japan, RIW 1988, 189 ff.; *Petersen-Padberg*, Länderbericht Japan, in: Geimer/Schütze, Internationaler Rechtsverkehr, 1058.15.

1228 Vgl. *Ho*, Korea und das deutsche Zivilprozessrecht, in: Habscheid, Das deutsche Zivilprozessrecht und seine Ausstrahlung auf andere Rechtsordnungen, 1991, S. 448 ff.; *Rehberger/Song* (Hrsg.), Zur Rezeption deutschen Rechts in Korea, 1990.

Grundlage des Zivilprozesses sind das Zivilprozessgesetz (ZPG)[1229] und das Zwangsvollstreckungsgesetz (ZVG)[1230], die das alte Zivilprozessgesetz von 1960[1231] ersetzt haben.

Der koreanische Zivilprozess bedient sich moderner Techniken. Es kennt für gewisse Prozesse Tele-Gerichtsverfahren[1232].

II. Prozessführung vor Schiedsgerichten

Literatur:
Groen/Soo Kil Chang, Länderbericht Korea, in Simmonds/Hill, Commercial Arbitration Law in Asia and the Pacific, 1987, S. 115 ff.; *Jae-Ho Choe/Kanaga Dharmananda*, The Enforcement of Arbitral Awards in Korea: Procedure and Potential Challenges, Asian International Arbitration Journal 2 (2006), 60 ff.; *Lee*, Länderbericht Korea, in: Paulsson (Hrsg.), International Handbook on Commercial Arbitration, Korea, 1 ff.; *Lee/Winkler*, Länderbericht Korea, in: Respondek, Asia Arbitration Guide, 4. Aufl., 2015, S. 158 ff.; *Sang Hyun Song*, Commercial Arbitration Procedures in Korea, in: Gottwald (Hrsg.), Internationale Schiedsgerichtsbarkeit, 1997, S. 643 ff.; *Stiller*, Das internationale Zivilprozessrecht der Republik Korea, 1989, S. 250 ff.; *Sungwoo Kim/Saemee Kim/Julie Kim*, Länderbericht Korea, in: Nairn/Heneghan, Arbitration World, 5. Aufl., 2015, S. 873 ff.

Korea hat das UNCITRAL Modellgesetz übernommen. Dieses ist die Grundlage 767
für das Schiedsgesetz 1999[1233]. Die Regelungen des Modellgesetzes sind weitgehend in das Schiedsgesetz eingegangen. Dennoch bestehen einige bedeutsame Abweichungen[1234]. So muss das ordentliche Gericht bei Bestehen einer Schiedsvereinbarung die Klage abweisen, während das Modellgesetz nur vorsieht, dass das Gericht „*shall refer the parties to arbitration*“. Das koreanische Schiedsgesetz hat auch nicht die vage Rechtsanwendungsklausel des Modellgesetzes übernommen, wonach mangels Rechtswahl das Schiedsgericht das anwendbare materielle Recht nach den Kollisionsnormen bestimmt, die es für anwendbar hält. Nach dem Schiedsgesetz muss das Schiedsgericht das Recht anwenden, das zum Streitfall die engste Beziehung hat.

1229 Gesetz Nr. 6626 v. 26.1.2002.

1230 Gesetz Nr. 6627 v. 26.1.2002.

1231 Vgl. dazu *Hoh*, a.a.O. S. 452 ff.

1232 Vgl. dazu im Einzelnen *Yang Byung-Hui*, Moderne Techniken im koreanischen gerichtlichen Verfahren, ZZPInt 7 (2002), 511 ff.

1233 Gesetz Nr. 6083 vom 31. Dezember 1999.

1234 Vgl. im Einzelnen *Jae-Ho Choe/Dharmananda*, The Enforcement of Arbitral Awards in Korea: Procedure and Potential Challenges, Asian International Arbitration Journal 2 (2006), 60 ff. (61 ff.).

Korea ist Mitgliedstaat des UN-Übereinkommens 1958. Daneben ist die Wirkungserstreckung ausländischer Schiedssprüche nach autonomem Recht nach Art. 217 ZPG in der gleichen Weise wie für ausländische Zivilurteile möglich[1235].

III. Das Verfahren mit Auslandsberührung

1. Gerichtsbarkeit

768 Korea ist Mitgliedstaat des Wiener Übereinkommens vom 18. April 1961 über diplomatische Beziehungen und des Wiener Übereinkommens vom 24. April 1963 über konsularische Beziehungen. Das koreanische Schrifttum betrachtet die Übereinkommen als Ausdruck allgemeinen Völkerrechts und favorisiert eine Anwendung auch gegenüber Angehörigen von Nichtvertragsstaaten[1236].

Besondere Vorrechte bestehen für amerikanische Streitkräfte in Korea.

2. Internationale Zuständigkeit

769 Die internationale Zuständigkeit ist teilweise – lückenhaft – im IPRG geregelt. Die internationale Zuständigkeit erfordert einen Bezug von Parteien oder Streitgegenstand zu Korea[1237]. Im Übrigen sind die Normen über die örtliche Zuständigkeit doppelfunktional und indizieren internationale Zuständigkeit.

3. Anerkennung und Vollstreckbarerklärung ausländischer Zivilurteile

Literatur:
Bong Duck Chun, The Commercial Laws of Korea, 1973, S. 11; *Doo-Sik Kim*, Länderbericht Korea, in: Campbell (Hrsg.), International Execution against Judgment Debtors, KOR 1 ff.; *Kim Chang*, Länderbericht Korea, in: Weems (Hrsg.), Enforcement of Money Judgments Abroad, KOR 3 ff.; *Stiller*, Das internationale Zivilprozessrecht der Republik Korea, 1989, S. 156 ff.; *Stiller/Schleicher*, Länderbericht Korea, in: Geimer/Schütze, Internationaler Rechtsverkehr, 1073.13 ff.

1235 Vgl. *Stiller/Schleicher*, Länderbericht Korea, in: Geimer/Schütze, Internationaler Rechtsverkehr, 1073.18.

1236 Vgl. *Stiller/Schleicher*, Länderbericht Korea, in: Geimer/Schütze, Internationaler Rechtsverkehr, 1073.2.

1237 Vgl. *Stiller/Schleicher*, Länderbericht Korea, in: Geimer/Schütze, Internationaler Rechtsverkehr, 1073.4 ff.

Rechtsgrundlage für die Anerkennung ausländischer Zivilurteile ist Art. 217 kor. ZPO[1238], für die Vollstreckbarerklärung Artt. 26f. des Zwangsvollstreckungsgesetzes. 770

Die Gegenseitigkeit i.S. von § 328 Abs. 1 Nr. 5 ZPO ist verbürgt[1239].

4. Russland

I. Prozessführung vor staatlichen Gerichten

Literatur:
Boguslavskij, Internationales Zivilprozessrecht in den GUS-Staaten, in: Boguslavskij/Trunk (Hrsg.), Reform des Zivil- und Wirtschaftsprozessrechts in den Mitgliedstaaten der GUS, 2004, S. 19ff.; *Elisew/Dratler*, Länderbericht Russische Föderation, in: Colman (Hrsg.), Encyclopedia of International Commercial Litigation, The Russian Federation 1ff.; *Filatova*, First Instance Proceedings in Russian Civil Litigation: Main Pillars and Paradoxes, ZZPInt 15 (2010), 309ff.; *Lippolt*, Die Wirtschaftsgerichtsbarkeit in der russischen Föderation, RIW 1996, 106ff.; *Maleshin*, Some cultural characteristics of the new Russian code of civil procedure of 2002, ZZPInt 10 (2005), 385ff.; *Trofimov*, Länderbericht Russische Föderation, International Encyclopedia of Laws, Civil Procedure, 2013, Russian Federation (Russia), 19ff.; *Trunk*, Internationale Zuständigkeit im russischen Recht, FS Geimer, 2002, S. 1345ff.; *Trunk/Jarkow*, Länderbericht Russland, in: Geimer/Schütze, Internationaler Rechtsverkehr, 1118.1ff.; *Wölk*, Wirtschaftsschiedsgerichtsbarkeit in der Russischen Föderation, 1997; *Yarkow*, Contemporary Problems of Russian Civil Procedure, ZZPInt 10 (2005), 371ff.; *ders.*, Efficiency of Legal Protection in Russian Civil Procedure: Principal Issues, in: Gottwald (Hrsg.), Effektivität des Rechtsschutzes vor staatlichen und privaten Gerichten, 2006, S. 73ff.

Grundlage des Zivilverfahrens sind die Zivilprozessordnung 2002, die Arbitrageprozessordnung 2002 und das Zwangsvollstreckungsgesetz 1997. 771

Der russische Zivilprozess ist durch eine Dreiteilung der Zuständigkeiten gekennzeichnet. Verfassungsgerichte besitzen Zuständigkeit für Rechtsstreitigkeiten mit staatlichen Organen, die staatlichen Wirtschaftsschiedsgerichte sind für Streitigkeit zwischen Unternehmen zuständig. Sie sind trotz ihrer Bezeich-

---

1238 Diese Bestimmung hat die Regelung des bisher einschlägigen Art. 203 mit Inkrafttreten der vollständig neugefassten Zivilprozessordnung am 1.7.2002 abgelöst ohne dass wesentliche Änderungen gegenüber dem bisherigen Rechtszustand eingetreten wäre, vgl. *Stiller/Schleicher*, Länderbericht Korea, in: Geimer/Schütze, Internationaler Rechtsverkehr, 1073.13ff.

1239 Vgl. *Geimer/Schütze*, Europäisches Zivilverfahrensrecht, 3. Aufl., 2009, E 1., Rdn. 191; *Stiller/Schleicher*, Länderbericht Korea, in: Geimer/Schütze, Internationaler Rechtsverkehr, 1073.17 m.w.N.

nung keine Schiedsgerichte. Die allgemeinen Zivilgerichte sind schließlich für alle sonstigen Streitigkeiten zuständig.

II. Prozessführung vor Schiedsgerichten

Literatur:
Goldberg/Blanke/Zagonek, Länderbericht Russische Föderation, in: Liebscher/Fremuth-Wolf (Hrsg.), Arbitration Law and Practice in Central and Eastern Europe, RUS 1ff.; *Lovyrev/Mekat/Udovichenko*, Länderbericht Russland, in: Nairn/Heneghan, Arbitration World, 5. Aufl., 2015, S. 801ff.; *Yadykin*, Die Reform des russischen Schiedsverfahrensrechts, SchiedsVZ 2015, 269ff.; *Verschinin*, Internationale Handelsschiedsgerichtsbarkeit in Russland, in: Gottwald (Hrsg.), Internationale Schiedsgerichtsbarkeit, 1997, S. 759ff.; *Yakovlev*, International Commercial Arbitration Proceedings and Russian Courts, Journal of Commercial Arbitration 13 (1996), 37ff.

772 Russland hat das UNCITRAL-Modellgesetz im Gesetz über die internationale Handelsschiedsgerichtsbarkeit übernommen. Aufbau und Wortlaut des Gesetzes stimmen nahezu überall mit dem Modellgesetz überein. Zur Zeit sind Reformbestrebungen im Gange, die auf eine Änderung des Schiedsverfahrensrechts zielen. Da russische Justizministerium hat bereits einen Reformvorschlag verabschiedet[1240]

Die Russische Föderation ist Mitgliedstaat des UN-Übereinkommens 1958[1241]. Daneben ist die Wirkungserstreckung nach autonomem Recht aufgrund des Gesetzes über die internationale Handelsschiedsgerichtsbarkeit möglich. Schließlich verweisen die Zivilprozessordnung und die Arbitrageprozessordnung jeweils auf die Regelungen für die Wirkungserstreckung ausländischer Zivilurteile. Diese beiden letzten Rechtsgrundlagen bringen im deutsch-russischen Verkehr jedoch nichts, da deutsche Urteile in Russland nicht anerkannt und für vollstreckbar erklärt werden können, wobei die russische Rechtsprechung in jüngster Zeit anerkennungsfreundlicher geworden scheint.

1240 Vgl. dazu *Mekat/Yadykin*, Die Reform des russischen Schiedsverfahrensrechts, SchiedsVZ 2015, 269ff.

1241 Vgl. dazu *Nikiforov*, Interpretation of Article V of the New York Convention by Russian Courts – Due Process, Arbitrability, and Public Policy Grounds for Non-Enforcement, J.Int.Arb. 25 (2008), 787ff.

III. Das Verfahren mit Auslandsbezug

1. Gerichtsbarkeit

Russland ist Mitgliedstaat des Wiener Übereinkommens über diplomatische Beziehungen v. 18.4.1961 und des Wiener Übereinkommens über konsularische Beziehungen v. 24.4.1963. Daneben bestehen Befreiungen aufgrund bilateraler Konsularverträge. 773

2. Internationale Zuständigkeit

Die internationale Zuständigkeit ist in der Zivilprozessordnung 2002 und in der Arbitrageprozessordnung 2002 eigenständig geregelt. Ergänzend werden die Bestimmungen über die örtliche Zuständigkeit doppelfunktional auch auf die internationale Zuständigkeit angewendet[1242]. 774

3. Anerkennung und Vollstreckbarerklärung ausländischer Zivilurteile

Literatur:
Boguslavskij, Die Anerkennung und Vollstreckung von Entscheidungen ausländischer staatlicher Gerichte und Schiedsgerichte in der Russischen Föderation, in: Seiffert (Hrsg.), Anerkennung und Vollstreckung ausländischer Entscheidungen in Osteuropa, 1994, S. 15 ff.; *ders.*, Die Anerkennung und Vollstreckung ausländischer gerichtlicher Entscheidungen in der ehemaligen UdSSR, in: Jayme (Hrsg.), Ein internationales Zivilverfahren für Gesamteuropa, 1992, S. 115 ff.; *Breig/Schröder*, Wende in der russischen Rechtsprechung zur Anerkennung und Vollstreckung ausländischer Gerichtsentscheidungen? (zu Oberstes Gericht der Russischen Föderation, 7.6.2002 – Nr. 5-G02-64), IPRax 2003, 359 ff.; *Gerasimchuk*, Die Urteilsanerkennung im deutsch-russischen Rechtsverkehr, 2007; *Lapine*, Länderbericht Russland, in: Campbell, International Execution against Judgments Debtors, RUS, 1 ff.; *Pligin*, Die Vollstreckung von Entscheidungen ausländischer Gerichte in der Russischen Föderation, ebenda, S. 35 ff.; *Steinbach*, Anerkennung und Vollstreckung ausländischer Urteile und Schiedssprüche in der Russischen Föderation, 2003; *Trunk/Jarkow*, Länderbericht Russland, in: Geimer/Schütze, Internationaler Rechtsverkehr, 1118.9 ff.; *Vorobeva*, Reciprocity in Recognition and Enforcement of Foreign Judgments in Russia and the United States, FS Boguslavskij, 2004, S. 245 ff.

1242 Vgl. *Trunk/Jarkov*, Länderbericht Russland, in: Geimer/Schütze, Internationaler Rechtsverkehr, 1118.3.

775 Außerhalb von Staatsverträgen können ausländische Urteile – trotz mancherlei Zweifel[1243] – nicht anerkannt und für vollstreckbar erklärt werden[1244].

Die Gegenseitigkeit ist nicht verbürgt.

5. Singapur

I. Prozessführung vor staatlichen Gerichten

Literatur:

Chang, Introduction to Civil Procedure in Malaysia and Singapore, 3. Aufl. 1994; *Chen Siyuan/Eunice Chua Hui Han*, Länderbericht Singapur, International Encyclopedia of Laws, Civil Procedure, 2014, Singapore 21 ff.; Hamid *SultanBin Abu Backer*, Janab's Key to Civil Procedure in Malaysia and Singapore, 2. Aufl. 1996; *Hwang u.a.*, Länderbericht Singapur, in: Colman (Hrsg.), Encyclopedia of Internationale Commercial Litigation, Singapore 1 ff.; *Pinsler* (Hrsg.), Singapore Court Practice 2003, 2003 (mit zahlreichen Nachträgen); *Schütze*, Länderbericht Singapur, in: Geimer/Schütze, Internationaler Rechtsverkehr, 1127.1 ff.; *ders.*, Die Rezeption englischen Rechts in Singapur, RIW 2013, 257 ff.; *Schütze/Hirth*, Einführung in das Recht Singapurs, 2007, S. 62 ff.; *Selvam* (Hrsg.), Singapore Civil Procedure 2003.

776 Singapur hat die wesentlichen Grundsätze des common law Prozesses rezipiert[1245]. Grundlage des Zivilverfahrens ist der Supreme Court of Judicature Act. Die Rules of Court haben die Rules of the Subordinate Courts und die Rules of the Supreme Court ersetzt und zu einer Vereinheitlichen des Zivilprozessrechts geführt.

II. Prozessführung vor Schiedsgerichten

Literatur:

Hwang, International Arbitration, 2013; *Hwang/Boo/Lai*, Länderbericht Singapur, in: Paulsson (Hrsg.), International Handbook on Commercial Arbitration Bd. IV, Singapore, 1 ff.; *Jagger/*

1243 Vgl. *Breig/Schröder*, Wende in der russischen Rechtsprechung zur Anerkennung und Vollstreckung ausländischer Gerichtsentscheidungen?, IPRax 2003, 359 ff.

1244 Vgl. dazu *Boguslawskij*, Die Anerkennung und Vollstreckung von Entscheidungen ausländischer Gerichte und Schiedsgerichte in der Russischen Föderation, in: Seiffert (Red.), Anerkennung und Vollstreckung ausländischer Entscheidungen in Osteuropa, 1994, 15 ff.; *ders.*, Die Anerkennung und Vollstreckung ausländischer gerichtlicher Entscheidungen in der ehemaligen UdSSR, in: Jayme (Hrsg.), Ein internationales Zivilverfahren für Gesamteuropa, 1992, 115 ff.

1245 Vgl. dazu *Schütze*, Die Rezeption englischen Rechts in Singapur, RIW 2013, 257 ff.

Choo, Arbitration in Singapore 2008, The Asia-Pacific Arbitration Review 2009, 38ff.; *Lau*, Länderbericht Singapur, in: Weigand, Practitioner's Hanbokk on International Commercial Arbitration, 2. Aufl., 2009, S. 693ff.; *Sonarajah*, The Enforcement of Foreign Awards in Singapore (1988) M.L.J. lxxxvi.; *Sun/Ang*, Länderbericht Singapur, in: Respondek, Asia Arbitration Guide, 4. Aufl., 2015, S. 243ff.;*Tselentis/Lee*, Länderbericht Singapur, in: Nairn/Heneghan, Arbitration World, 5. Aufl., 2005, S. 839 ff.

Singapur hat das UNCITRAL Modellgesetz in das innerstaatliche Recht durch den International Arbitration Act, 1994 übernommen[1246]. Singapur ist Mitgliedstaat des UN-Übereinkommens 1958. Daneben ist eine Wirkungserstreckung nach common law zulässig[1247]. Die Vollstreckbarerklärung erfolgt durch action upon the foreign award. 777

III. Das Verfahren mit Auslandsberührung

1. Gerichtsbarkeit

Singapur ist Mitgliedstaat des Wiener Übereinkommens über diplomatische Beziehungen v. 18.4.1961 und des Wiener Übereinkommens über konsularische Beziehungen v. 24.4.1963. Die Immunität von Staaten ist im State Immunity Act, 1979 geregelt, der dem englischen State Immunity Act, 1978 nachgebildet ist. 778

2. Internationale Zuständigkeit

Die internationale Zuständigkeit ist in Order 11 Rules of Court indirekt geregelt. Die Bestimmung betrifft die Zulässigkeit der Zustellung der Klageschrift im Ausland. In diesen Fällen besitzen die Gerichte Singapurs auch internationale Zuständigkeit[1248]. 779

1246 Vgl. dazu *Howell*, Implementing the UNCITRAL Model Law in Singapore, SchiedsVZ 2003, 114ff.; *Pillay*, The Singapore Arbitration Regime and the UNCITRAL Model Law, Arb.Int 20 (2004), 355ff.

1247 Vgl. *Schütze*, Länderbericht Singapur, in: Geimer/Schütze, Internationaler Rechtsverkehr, 1127.6f.

1248 Vgl. *Schütze*, Länderbericht Singapur, in: Geimer/Schütze, Internationaler Rechtsverkehr, 1127.2.

3. Anerkennung und Vollstreckbarerklärung ausländischer Zivilurteile[1249]

Literatur:
Caffrey, International Jurisdiction and the Recognition and Enforcement of Foreign Judgments in the LAWASIA-Region: A Comparative Study of the Laws of eleven Asian Countries inter se and with the E.E.C. Countries, 1985 (zugleich Diss. Tübingen 1984 in deutscher Sprache); *Choon Chiaw Loo*, Länderbericht Singapur, in: Campbell (Hrsg.), International Execution against Judgment Debtors, SIN, 1ff.; *Dyne*, Länderbericht Singapur, in Weems (Hrsg.), Enforcement of Money Judgments Abroad, 1988, SIN 1ff.; *Martin*, Reciprocal Enforcement of Judgments and Service of Process in Singapore (1981) M.L.J., xliii; *Ong*, Enforcement of Foreign Judgments in Singapore, in: Ong, Cross-Border Litigation within ASEAN, 1997, S. 200ff.; *Schütze*, Anerkennung und Vollstreckbarerklärung ausländischer Zivilurteile in Singapur und Hongkong, RIW/AWD 1982, 722ff.; *ders.*, Länderbericht Singapur, in: Geimer/Schütze, Internationaler Rechtsverkehr, 1127.4ff.

780 Die Wirkungserstreckung ausländischer Entscheidungen ist in begrenztem Masse statutarisch geregelt[1250]. Die statutarische Regelung findet auf deutsche Titel keine Anwendung, da sie entweder auf Entscheidungen aus Commonwealth Staaten begrenzt ist oder eine formelle Gegenseitigkeitserklärung voraussetzt.

Die Wirkungserstreckung ausländischer Entscheidungen bestimmt sich im Übrigen nach common law.

Die Gegenseitigkeit ist verbürgt[1251].

6. USA

I. Prozessführung vor staatlichen Gerichten

Literatur:
Alsentzer/Habel, Übersicht über das Zivilprozess-, Zwangsvollstreckungs- und Konkursrecht in den Vereinigten Staaten von Amerika, in: Grundzüge, 1979; *Barron/Dielmann*, Prozessführung und Schiedsgerichtsbarkeit in den USA, 1986; *Beuchler*, Class Actions and Securities Class Actions in den Vereinigten Staaten von Amerika, 2008; *Böhm*, Amerikanisches Zivilprozessrecht,

---

1249 Vgl. dazu *Caffrey*, International Jurisdiction and the Recognition and Enforcement of Foreign Judgments in the LAWASIA-Region: A Comparative Study of the Laws of eleven Asian Countries inter se and with the E.E.C. Countries, 1985 (zugleich in deutscher Sprache Diss. Tübingen 1984).

1250 Vgl. dazu *Schütze*, Länderbericht Singapur, in: Geimer/Schütze, Internationaler Rechtsverkehr, 1127.7.

1251 Vgl. *Schütze*, Länderbericht Singapur, in: Geimer/Schütze, Internationaler Rechtsverkehr, 1127.8.

2005; *Coester-Waltjen*, Allzuständigkeit oder genuine link – eine unendliche Geschichte?, FS Schütze II, 2014, S. 27 ff.; *Czernich*, Österreichisch-amerikanisches Zivilprozessrecht, JBl. 2002, 613 ff.; *Eichel*, AGB-Gerichtsstandsklauseln im deutsch-amerikanischen Rechtsverkehr, 2007; *Engelmann-Pilger*, Die Grenzen der Rechtskraft des Zivilurteils im Recht der Vereinigten Staaten, 1974; *Fisch*, The Influence of German Civil Procedural Thinking and of the ZPO in the United States, in: Habscheid (Hrsg.), Das deutsche Zivilprozessrecht und seine Ausstrahlung auf andere Rechtsordnungen, 1991, S. 400 ff.; *Görtz*, Die subjektiven Grenzen der Rechtskraft US-amerikanischer Urteile, 2005; *Grubbs/DeCambra*, Länderbericht USA, in: Grubbs (Hrsg.) International Civil Procedure, 2003, S. 781 ff.; *Hay*, Zivilprozess, seine Reform und außergerichtliche Streitbeilegung in den USA, in: Röhl/Scheer (Hrsg.), Außergerichtliche Streitbeilegung, 1994, S. 17 ff.; *Hay*, US-amerikanisches Recht, 6. Aufl., 2015, S. 46 ff.; *Heidenberger*, Deutsche Parteien vor amerikanischen Gerichten, 1988; *Junker*, Einheit und Vielfalt: Die Zivilprozessrechte der Vereinigten Staaten von Amerika, ZZP 101 (1988), 241 ff.; *Krause*, Urteilswirkungen gegenüber Dritten im US-amerikanischen Zivilprozessrecht, 1994; *Kuhn*, Grundzüge des englisch-amerikanischen Privat- und Prozessrechts, 1915; *Lange/Black*, Der Zivilprozess in den Vereinigten Staaten, 1987; *Mansel*, Streitverkündung (vouching in) und Drittklage (third party complaint) im US-Zivilprozess und die Urteilsanerkennung in Deutschland, in: Heldrich/Kono (Hrsg.), Herausforderungen des internationalen Zivilprozessrechts, 1994, S. 63 ff.; *Murray*, Die Flucht aus der Ziviljustiz, ZZPInt 11 (2006), 295 ff.; *Oakley/Amar*, Länderbericht USA, International Encyclopaedia of Laws, Civil Procedure, 2009, USA 19 ff.; *Pfeil-Kammerer*, Deutsch-amerikanischer Rechtsverkehr in Zivilsachen, 1987; *Rosenfeld/Ulrich/Dune/Busch*, Länderbericht USA, in Colman (Hrsg.), Encyclopedia of International Commercial Litigation, United States of America 1 ff.; *Schack*, Einführung in das US-amerikanische Zivilprozessrecht, 4. Aufl., 2011; *Schlosser*, Der Justizkonflikt zwischen den USA und Europa, 1985; *Schütze*, Prozessführung und -risiken im deutsch-amerikanischen Rechtsverkehr, 2004; *ders.*, Konzeptionelle Unterschiede der Prozessführung vor US-amerikanischen und deutschen Gerichten, WM 1983, 1078 ff.; *ders.*, Länderbericht USA, in: Geimer/Schütze, Internationaler Rechtsverkehr, 1157.1 ff.; *Schurtman/Walter*, Der amerikanische Zivilprozess, 1978; *Schwung*, Der US-Prozess in der Beratung des deutschen Rechtsanwalts, AnwBl. 1993, 436 ff.; *Stürner*, US-amerikanisches und europäisches Verfahrensverständnis, FS Stiefel, 1987, S. 763 ff.; *Teply/Whitten*, Civil Procedure, 2. Aufl. 1990.

Unterschiede in der Gerichtsverfassung und Prozessführung in Deutschland 781
und den USA[1252] haben zu erheblichen Problemen geführt, die unter dem Schlagwort eines deutsch-amerikanischen Justizkonfliktes[1253] diskutiert werden. Für deutsche Parteien ist die Prozessführung vor US-amerikanischen Gerichten insbesondere deshalb problematisch[1254], weil

---

1252 Vgl. dazu *Schütze*, Konzeptionelle Unterschiede der Prozessführung vor US-amerikanischen und deutschen Gerichten, WM 1983, 1078 ff.

1253 Vgl. dazu *Habscheid* (Hrsg.), Der Justizkonflikt mit den Vereinigten Staaten von Amerika, 1986 (mit Beiträgen von *Stürner*, *Lange* und *Taniguchi); Schlosser*, Der Justizkonflikt zwischen den USA und Europa, 1985; *Schütze*, Zum Stand des deutsch-amerikanischen Justizkonfliktes, RIW 2004, 162 ff.; *Stürner*, U.S.-amerikanisches und europäisches Verfahrensverständnis, FS Stiefel, 1987, S. 763 ff.

1254 Auf spezifische Probleme aus der Sicht der deutschen Partei weisen *Heidenberger*, Deutsche Parteien vor amerikanischen Gerichten, 1988 und *Schwung*, AnwBl. 1993, 436 ff. hin. Die

- die amerikanischen Gerichte ihre Zuständigkeit in exorbitanter Weise ausdehnen[1255],
- auch in Zivilverfahren eine Recht auf Entscheidung durch eine Jury besteht, die beeinflussbarer als ein Berufsrichter ist und für deutsche Juristen unfassbar hohe Schadensersatzbeträge in Produkthaftungsklagen – aber auch sonst – zuspricht[1256],
- die Richter der meisten einzelstaatlichen Gerichte gewählt werden und ihre Unabhängigkeit konzeptionell zweifelhaft ist[1257],
- die Prozessführung teuer ist und außergerichtliche Kosten – von Ausnahmen abgesehen – nach der american rule of costs nicht erstattbar sind[1258], so dass ein Prozesserfolg zum Pyrrhussieg werden kann und kleine Forderungen praktisch nicht einklagbar sind[1259] und
- ein extensives Beweisermittlungsverfahren (pre-trial discovery) die Grundlage für im deutschen Recht unzulässige Ausforschungsbeweise gibt[1260].

Es existieren zwei parallele Gerichtszüge in den USA, den der Bundesgerichte und den der einzelstaatlichen Gerichte[1261]. Die Einzelstaaten haben jeweils eigene Prozessordnungen erlassen, die aber konzeptionell ähnlich sind.

Probleme, die aus US Sicht für internationale Verfahren bestehen werden von *Burbank*, The United States' Approach to International Civil Litigation, U.Pa.J.Int'l Econ L. 19 (1988), 1ff. aufgezeigt.

1255 Vgl. *Schütze*, Die Allzuständigkeit amerikanischer Gerichte, 2003.

1256 So hat im Jahre 2000 ein Geschworenengericht auf eine Sammelklage von Rauchern mehrer Unternehmen der Tabakindustrie zu Strafschadensersatz (punitive damages) von 145 Milliarden US$ verurteilt. Das Urteil gegen Philip Morris, Reynolds u.a. hat vor dem Obersten Gerichtshof Floridas zwar keinen Bestand gehabt, es zeigt aber die Risiken auf.

1257 Vgl. dazu *Schütze*, Richterwahlsponsoring: Überlegungen zur ordre public-Widrigkeit von Urteilen US-amerikanischer Staatsgerichte, ZVglRWiss 100 (2001), 464ff.

1258 Vgl. dazu *Hommelsheim*, Kostentragung und -ausgleichung im amerikanischen Zivilprozess, Diss. Bonn 1990; *Jestaedt*, Erstattung von Anwaltskosten im US-Prozess?, RIW 1986, 95ff.; *Kerr/Kimmelman/Squires;* Länderbericht USA, in: Piano (Hrsg.), Economic Consequences of Litigation Worldwide, 1998, S. 385ff. (401); *Neufang*, Kostenverteilung im US-amerikanischen Zivilprozess und Urteilsanerkennung in Deutschland, 2002; *Schack*, Einführung in das US-amerikanische Zivilprozessrecht, 4. Aufl., 2011, Rdn. 22ff.

1259 Darauf weist schon *Weinschenk*, Die Eintreibung kleiner Forderungen in den USA, AWD 1973, 131ff. hin.

1260 Vgl. dazu *Schütze*, Die Anerkennung und Vollstreckbarerklärung US-amerikanischer Zivilurteile, die nach einer pre-trial-discovery ergangen sind, in der Bundesrepublik Deutschland, FS Stiefel, 1987, S. 697ff.

1261 Vgl. zur Einführung *Alsentzer/Habel*, Überblick über das Zivilprozess-, Zwangsvollstreckungs- und Konkursrecht in den Vereinigten Staaten, in: Grundzüge, 1979; *Böhm*, Amerikanisches Zivilprozessrecht, 2005, Rdn. 141ff.; *Lange/Black*, Der Zivilprozess in den Vereinigten

II. Prozessführung vor Schiedsgerichten

Literatur:
Born, International Commercial Arbitration in the United States, 1994; *Borris*, Die internationale Handelsschiedsgerichtsbarkeit in den USA, 1987; *Carbonneau*, International Arbitration – The United States, in: Gottwald (Hrsg.), Internationale Schiedsgerichtsbarkeit, 1997, S. 875ff.; *Coe*, International Commercial Arbitration: American Principles and Practice in a Global Context, 1997; *Holtzmann*, Länderbericht USA, in: Sanders/van den Berg (Hrsg.), International Handbook on Commercial Arbitration, USA, 1ff.; *Knöfel*, Internationale Beweishilfe für Schiedsverfahrens, RIW 2007, 832ff.; *Kraayvanger/Richter/Wendler*, US-Beweishilfe in Schiedsverfahren – ein Anschlag auf die internationale Schiedsgerichtsbarkeit?, SchiedsVZ 2008, 161ff.; *Morris*, Schiedsgerichtsbarkeit in den USA, RIW 1989, 857ff.; *Rivkin/Friedman/Reid* Länderbericht USA, in: Nairn/Heneghan, Arbitration World, 5. Aufl., 2015, S. 1017ff.; *Rutledge/Kent/Henel*, Länderbericht USA, in: Weigand, Practitioner's Handbook on International Arbitration, 2. Aufl., 2009, S. 877ff.; *Tief*, Discovery und Informationspflichten der Parteien in der internationalen Schiedsgerichtsbarkeit, 2000.

Bundes- und einzelstaatliche Regelungen bestehen nebeneinander. Neben dem Federal Arbitration Act haben einige Bundesstaaten eigene Arbitration Acts erlassen. California, Connecticut, Florida, Georgia, Illinois, Louisiana, Oregon und Texas haben dabei das UNCITRAL-Modellgesetz in das autonome Recht übernommen. In New York ist das Schiedsverfahrensrecht in den Civil Law and Practice Rules enthalten. **782**

Besondere Bedeutung besitzt die institutionelle Schiedsgerichtsgerichtsbarkeit durch die AAA[1262].

Die USA sind Mitgliedstaat des UN-Übereinkommens 1958, das durch Gesetz vom 31.7.1970 als Kap. 2 des Federal Arbitration Act in das nationale Recht umgesetzt worden ist[1263].

Eine staatsvertragliche Möglichkeit der Durchsetzung deutscher Schiedssprüche besteht nach dem deutsch-amerikanischen Freundschafts-, Handels- und Schifffahrtsvertrag 1954. Danach sind endgültige Schiedssprüche anzuerkennen, soweit sie nicht gegen den ordre public des Zweitstaates ver-

---

Staaten, 1987; *Schack*, Einführung in das US-amerikanische Zivilprozessrecht, 4. Aufl., 2011, Rdn. 3ff.; zum Aufbau und zur Zersplitterung des amerikanischen Zivilprozessrechts vgl. auch *Junker*, Einheit und Vielfalt: Die Zivilprozessrechte der Vereinigten Staaten von Amerika, ZZP 101 (1988), 241ff.

1262 Vgl. dazu *Thümmel*, American Arbitration Association – International Arbitration Rules (IAR), in: Schütze (Hrsg.), Institutional Arbitration, 2013, S. 731ff.

1263 Vgl. dazu *Holtzmann/Donovan*, Länderbericht USA, in: Paulsson (Hrsg.), International Handbook on Commercial Arbitration, USA, 60ff.; *Kronenburg*, Vollstreckung ausländischer Schiedssprüche in den USA, 2. Aufl., 2011, S. 639ff.

stoßen[1264]. Die Verpflichtung geht in den USA allerdings nicht weiter als sie gegenüber schwesterstaatlichen Schiedssprüchen besteht.

Im Übrigen kann ein ausländischer Schiedsspruch nach dem Federal Arbitration Act durch „ordinary contract action" bei einem Staatsgericht oder Bundesgericht durchgesetzt werden[1265].

Die Zuständigkeit zur Durchsetzung von Schiedssprüchen nach dem UN Übereinkommen 1958 liegt bei den Bundesgerichten[1266].

III. Das Verfahren mit Auslandsberührung

1. Gerichtsbarkeit

783 Die USA sind Mitgliedstaat des Wiener Übereinkommens über diplomatische Beziehungen vom 18.4.1961 und des Wiener Übereinkommens über konsularische Beziehungen vom 24.4.1963.

Die Staatenimmunität ist im Foreign Sovereign Immunities Act (FSIA) abschließend[1267] geregelt.

2. Internationale Zuständigkeit

784 Die Regelung der internationalen Zuständigkeit[1268] liegt in der Kompetenz der Einzelstaaten. Dennoch bestehen weitgehende Übereinstimmungen – insbe-

---

1264 Vgl. dazu *Schütze*, Die Rolle der staatlichen Gerichte in der Schiedsgerichtsbarkeit und die Anerkennung und Vollstreckbarerklärung US-amerikanischer Schiedssprüche in Deutschland, DIS-MAT XII (2005), S. 85ff.

1265 Vgl. *Holtzmann/Donovan*, Länderbericht USA, in: Paulsson (Hrsg.), International Handbook on Commercial Arbitration, USA, 68.

1266 Vgl. *Holtzmann*, Länderbericht USA, Yearbook Commercial Arbitration II (1977), S. 138ff.; *Borris*, Die internationale Handelsschiedsgerichtsbarkeit in den USA, 1987, S. 119ff. mit Rechtsprechungsnachweisen. *Borris* vertritt die Ansicht, dass die Zuständigkeit der einzelstaatlichen Gerichte wohl nicht ausgeschlossen ist. Ebenso *Kronenburg*, Vollstreckung ausländischer Schiedssprüche in den USA, 2001, S. 151ff.

1267 Vgl. Argentine Republic v. Amerada Hess Shipping Corp., 488 U.S. 102 L.Ed. 2d 818, 109 SCt. (1989); auszugsweise berichtet bei *Ebke*, Neuere Entwicklungen im US-amerikanischen Handels- und Wirtschaftsrecht, RIW 1989, 393f.

1268 Vgl. dazu *Casad*, Jurisdiction in civil Actions, 1983 mit Suppl. 1986; *Hay*, Die internationale Zuständigkeit amerikanischer Gerichte in Zivil- und Handelssachen, JZ 1977, 697ff.; *Junker*, Der lange Arm amerikanischer Gerichte: Gerichtsgewalt, Zustellung und Jurisdictional Discovery, IPRax 1986, 197ff.; *Schack*, Jurisdictional Minimum Contacts Scrutinized, 1983,

sondere bei den long arm statutes[1269]. Die internationale Zuständigkeit wird vom weitergehenden Begriff der jurisdiction umfasst.

Personal jurisdiction wird im wesentlichen begründet durch:

- Zustellung der Klageschrift im Gerichtssprengel (transient jurisdiction)[1270]. Eine vorübergehende Anwesenheit genügt (Aufenthalt in Hotel, auf Flughafen pp.)[1271];
- Domizil oder Aufenthalt im Gerichtsstaat;
- Zuständigkeitsvereinbarung[1272];

---

ders., Einführung in das US-amerikanische Zivilprozessrecht, 4. Aufl., 2011, S. 18ff.; *Schütze*, Die Allzuständigkeit amerikanischer Gerichte, 2003.

1269 Vgl. dazu *Bernstein*, Der lange Arm amerikanischer Gerichte, UFITA 76 (1976), 195ff.; *Born/Jestaedt*, Zustellung an durchreisende Angehörige fremder Staaten in den USA, RIW 1990, 675ff. (zugleich mit einer Besprechung der Entscheidung des US Supreme Court in Sachen Burnham v. Superior Court of California); *Casad*, Long Arm Statues and Convenient Forum, 20 KanLRev. 1 (1971); *Schmidt-Brand*, zu den long-arm statues im „Jurisdiction-Recht" der Vereinigten Staaten von Amerika und zu ihrer Bedeutung für wirtschaftliche Streitigkeiten, 1991.

1270 Vgl. dazu *Bernstein*, Prozessuale Risiken im Handel mit den USA (Ausgewählte Fragen zu § 328 ZPO), FS Ferid, 1978, S. 75ff.; *Ehrenzweig*, The Transient Rule of Personal Jurisdiction, 65 YaleLJ 289 (1956), *Grothe*, Exorbitate Gerichtszuständigkeiten – Konflikte im deutsch-amerikanischen Rechts- und Wirtschaftsverkehr, in: Heldrich/Kono (Hrsg.), Herausforderungen des internationalen Zivilprozessrechts, 1994, S. 209ff. (214ff.)

1271 Ein amerikanisches Gericht ist so weit gegangen, die Zustellung einer Klageschrift im Flugzeug bei Überfliegen des Territoriums von Arkansas zur Zuständigkeitsbegründung ausreichen zu lassen, vgl. Grace v. McArthur, 170 F. Supp. 442 (E.D. Ark. 1959), dazu *Schack*, Jurisdictional Minimum Contacts Scrutinized, 1983, S. 32ff.

1272 Vgl. dazu *Boehmer/Jander*, Anerkennung von Gerichtsstandsvereinbarungen in den USA, AWD 1972, 449ff.; *Behrens*, Internationale Gerichtsstandsvereinbarungen vor amerikanischen Gerichten, RabelsZ 38 (1974), 590ff.; *Heidenberger*, Sind Gerichtsstandsvereinbarungen im deutsch-amerikanischen Rechtsverkehr ratsam?, RIW/AWD 1981, 371ff.; *Juenger*, Vereinbarungen über den Gerichtsstand nach amerikanischem Recht, RabelsZ 35 (1971), 284ff.; *Kohler*, Wirksamkeit von Gerichtsstands- und Schiedsgerichtsvereinbarungen in internationalen Verträgen in der amerikanischen Rechtsprechung, RIW/AWD 1976, 507ff.; *Ochsenfeld*, Zuständigkeitsvereinbarungen im amerikanischen Zivilprozessrecht, RIW 1995, 633ff.; *Peterson*, Prorogation Clauses in the United States after the Carnival Cruise Cases, IPRax 1993, 421ff.; *Sandrock*, Gerichtsstands- oder Schiedsklauseln in Verträgen zwischen US-amerikanischen und deutschen Unternehmen: Was ist zu empfehlen?, FS Stiefel, 1987, S. 625ff.; *Sandrock (F.)*, Die Vereinbarung eines „neutralen" Gerichtsstandes, 1997, S. 193ff.; *Sandrock/Jung*, Handbuch der internationalen Vertragsgestaltung, Bd. II, 1980, S. 859ff.; *Schack*, Einführung in das US-amerikanische Zivilprozessrecht, 4. Aufl., 2011, Rdn. 77ff.; *Schütze*, Gerichtsstandsvereinbarungen im deutsch-amerikanischen Rechtsverkehr, IWB F 8 (USA), Gr. 3, S. 109ff.; *Wagner*, Prozessverträge, 1998, S. 177ff.; zur Regelung in New York vgl. *Jayme/Nicolaus*, Rechtswahl- und Gerichtsstandsklauseln – Gesetzesnovelle in New York, IPRax 1987, 131ff.; *Veltins*, Die neuen New Yorker Rechtswahl- und Gerichtsstandsklausel, RIW 1985, 12f.

- Vorbehaltlose Einlassung zur Hauptsache;
- Geschäftstätigkeit (doing business), soweit minimum contacts gegeben sind[1273]
- Unerlaubte Handlungen, insbesondere für deliktische Ansprüche.

Jurisdiction in rem und quasi in rem wird im wesentlichen begründet durch die Belegenheit von Vermögen im Gerichtsstaat, insbesondere bei dinglichen Klagen.

Die US-Gerichte praktizieren die forum non conveniens Lehre in problematischer Weise zu Gunsten amerikanischer Parteien[1274].

Der Supreme Court hat die bis zur Allzuständigkeit ausufernde Usurpierung internationaler Zuständigkeit in jüngerer Zeit eingegrenzt[1275].

3. Anerkennung und Vollstreckbarerklärung ausländischer Zivilurteile

Literatur:

Brenscheidt, Anerkennung und Vollstreckung ausländischer Geldurteile in den USA, RIW/AWD, 1976, 54 ff.; *Bishop/Burnette*, United States Practice Concerning the Recognition of Foreign Judgments, 16 Int'l Law 425 (1982), *Deutsch*, Die Anerkennung ausländischer Urteile in den Staaten der USA, ZZP 71 (1958), 321 ff.; *Ginsburg*, Recognition and Enforcement of Foreign Judgments. A Summary View of the Situation in the United States, 4 Int'l Law 720 (1970); *Harder*, Vollstreckung deutscher Urteile in den USA, insbesondere in New York, AWD 1963, 36 ff.; *Hay*, On Comity, Reciprocity, and Public Policy in U.S. and German Recognition Practice, FS Siehr, 2000, S. 237 ff.; *ders.*, On Merger and Preclusion (Res Judicata) in U.S. Foreign Judgements Recognition – Unsolved Doctrinal Problems, FS Geimer, 2002, S. 325 ff.; *Heidenberger*, Vollstreckung deutscher Urteile in den Vereinigten Staaten, NJW 1958, 1117 ff.; *Kessedjian*, La reconnaissance et l'exécution des jugements en droit international privé aux Etats-Unis, 1987; *Koshiyama*, Rechtskraftwirkungen und Urteilsanerkennung nach amerikanischem, deutschem und japanischem Recht, 1996; *Kulzer*, Some Aspects of Enforceability of Foreign Judgments: A Comparative Summary, 16 BuffLRev 84 (1966); *Lehnhoff*, Die Anerkennung und Vollstreckung ausländischer Urteile in den USA – Ein allgemeiner Teil, RabelsZ 19 (1954), 201 ff.; *Mueller*, Die Anerkennung von Urteilen, Beschlüssen und Anordnungen ausländischer Gerichte und von ausländischen Schiedssprüchen im Recht der Vereinigten Staaten von Amerika, RabelsZ 5 (1931), 905 ff.; *Perret*, La reconnaissance et l'exécution des jugements étrangers aux Etats Unis, 1951; *Peterson*, Die Anerkennung ausländischer Urteile im amerikanischen Recht – Entwicklungstendenzen in Gesetzgebung und Rechtsprechung, 1964; *ders.*, Die Anerkennung und Vollstreckung ausländischer Urteile in den Vereinigten Staaten, RabelsZ 33 (1969), 543 ff.;

1273 Vgl. dazu *Schack*, Jurisdictional Minimum Contacts Scrutinized, 1983, S. 37 ff.

1274 Vgl. *Schütze*, Forum non conveniens und Rechtschauvinismus, FS Jayme, 2004, S. 1021 ff.

1275 Vgl. *Coester-Waltjen*, Allzuständigkeit oder genuine link – eine unendliche Geschichte?, FS Schütze II, 2014, S. 27 ff.

Ritvo/Dushman, Länderbericht USA, in: Campbell (Hrsg.), International Execution against Judgment Debtors, US, 1ff.; *Schütze*, Deutsch-amerikanische Urteilsanerkennung, 1992; *ders.*, Die Anerkennung und Vollstreckbarerklärung ausländischer, insbesondere deutscher, Zivilurteile in den USA, JR 1986, 177ff.; *ders.*, Länderbericht USA, in: Geimer/Schütze, Internationaler Rechtsverkehr, 1157.12ff.; *Weinschenk*, Die Anerkennung und Vollstreckung bundesdeutscher Urteile in den Vereinigten Staaten unter den „Foreign Country Money Judgments Recognition Acts“, 1988; *Wurfel*, Recognition of Foreign Judgments, 50 NCLRev 21 (1971; *Yntema*, The Enforcement of Foreign Judgments in Anglo-American Law, 33 MichLRev 1129 (1935).

Die Wirkungserstreckung ausländischer Zivilurteile fällt in die Kompetenz[1276] der **785** Einzelstaaten[1277], die teilweise den Uniform Foreign Money-Judgments Recognition Act[1278] übernommen haben, was zu eine gewissen Rechtsvereinheitlichung geführt hat[1279]. In den übrigen Staaten bestimmen sich Anerkennung und Vollstreckbarerklärung nach Richterrecht, dessen Grundsätze im Restatement 2nd Conflict of Laws und im Restatement 3rd Foreign Relations manifestiert sind[1280].

1276 Vgl. *Martiny*, Handbuch des internationalen Zivilverfahrensrecht, Bd. III/1, 1984, Rdn. 1513; *Schütze*, Deutsch-amerikanische Urteilsanerkennung, 1992, S. 34ff.

1277 Vgl. dazu allgemein *Schütze*, Deutsch-amerikanische Urteilsanerkennung, 1992 mit einer Literaturzusammenstellung bis 1992. Für Literatur nach 1992 vgl. *Baumbach/Henkel*, Anerkennung und Vollstreckung amerikanischer punitive-damages-Entscheidungen vor dem Hintergrund des Verfahrens Gore v. BMW, RIW 1997, 727ff.; *Bungert*, Vollstreckbarkeit US-amerikanischer Schadensersatzurteile in exorbitanter Höhe, ZIP 1993, 815ff.; *Herrmann*, Die Anerkennung US-amerikanischer Urteile in Deutschland unter Berücksichtigung des ordre public, 2000; *Lenz*, Amerikanische Punitive Damages vor dem Schweizer Richter, 1992; *Mann*, Die Anerkennungsfähigkeit von US-amerikanischen „class action“ Urteilen, NJW 1994, 1887ff.; *Rosengarten*, Punitive damages und ihre Anerkennung und Vollstreckung in Deutschland, 1994; *Schütze*, Zur Verbürgung der Gegenseitigkeit bei der deutsch-amerikanischen Urteilsanerkennung, ZVglRWiss 98 (1999), 131ff.; *Siehr*, Zur Anerkennung und Vollstreckung ausländischer Verurteilungen zu „punitive damages“, RIW 1991, 705ff.; *Stiefel/Bungert*, Anerkennungsfähigkeit und Vollstreckbarkeit US-amerikanischer RICO-Urteile in der Bundesrepublik Deutschland, ZIP 1994, 1905ff.; *dies.* US-amerikanische RICO-Urteile im Licht der neuesten Entscheidungen des Bundesgerichtshofs und des Bundesverfassungsgerichts, FS Trinkner, 1995, 749ff.; *Wurmnest*, Recognition and Enforcement of U.S. Money Judgments in Germany, Berkeley Journal of International Law 23 (2005), 175ff.

1278 13 U.L.A. 417 (1980); vgl. dazu *Bishop/Burnette*, United States Practice Concerning the Recognition of Foreign Judgments, 16 Int'l Law 415 (1982); *Honigberg*, The Uniform Foreign Money-Judgments Recognition Act – A Survey of the Case Law, 14 VandJTransnatL 171 (1981); *Weinschenk*, Die Anerkennung und Vollstreckung bundesdeutscher Urteile in den Vereinigten Staaten unter den „Foreign Country Money Judgment Recognition Acts“, 1988 m.w.N.

1279 Vgl. für Fundstellen der Gesetzgebung die Zusammenstellung bei *Ritvo/Dushman*, Länderbericht USA, in: Campbell (Hrsg.), International Execution against Judgment Debtors, US. 37ff.

1280 Vgl. dazu *Deutsch*, Die Anerkennung ausländischer Urteile in den Staaten der USA, ZZP 71 (1958), 321ff.; *Kessedjian*, La reconnaissance et l'exécution des jugements en droit interna-

Das Verfahren bestimmt sich nach dem Recht des jeweiligen Einzelstaates. Eine révision au fond ist unzulässig. Amerikanische Anwälte neigen aber – teils aus Unkenntnis der Materie, teils aus gesundem Erwerbstrieb – dazu, den gesamten Prozessstoff wieder aufzurollen. Das macht das Verfahren teuer, selbst wenn es zu einem summary judgment kommt. Da es nach der American Rule of Costs keine Kostenerstattungspflicht der unterliegenden Partei gibt, ist die Vollstreckbarerklärung eines deutschen Urteils bis zu einem Streitgegenstand von $ 100.000.– regelmäßig wirtschaftlich sinnlos. Deshalb ist die Gegenseitigkeit bis zu dieser Grenze jedenfalls partiell nicht verbürgt[1281].

786 Für die Gegenseitigkeitsverbürgung im Verhältnis zu den Einzelstaaten gilt folgendes[1282]:

Alabama: Es gelten die in den Restatements manifestierten Grundsätze. Die Gegenseitigkeit ist über einen Sockelbetrag von $ 100.000.– hinaus partiell verbürgt[1283].

Alaska: Alaska hat das Mustergesetz in das innerstaatliche Recht übernommen. Es steht ein erleichtertes Registrierungsverfahren zur Verfügung[1284]. Die Gegenseitigkeit ist über einen Sockelbetrag von $ 100.000.– hinaus partiell verbürgt.

Arizona: Es gelten die in den Restatements manifestierten Grundsätze[1285]. Das LG München I hat die Vollstreckbarerklärung eines Arizona Urteils verweigert[1286], jedoch nicht wegen mangelnder Verbürgung der Gegenseitigkeit. Da die Exequaturklage binnen 4 Jahren erhoben werden muss, ist die Gegenseitigkeit insoweit zeitlich beschränkt. Die Gegenseitigkeit ist in den zeitlichen und wertmäßigen Grenzen verbürgt.

---

tional privé aux Etats-Unis, 1987; *Lehnhoff*, Die Anerkennung und Vollstreckung ausländischer Urteile in den USA – Ein allgemeiner Teil, RabelsZ 19 (1954), 201 ff.; *Mueller*, Die Anerkennung von Urteilen, Beschlüssen und Anordnungen ausländischer Gerichte und von ausländischen Schiedssprüchen im Recht der Vereinigten Staaten von Amerika, RabelZ 5 (1931), 905 ff.; *Perret*, La reconnaissance et l'exécution des jugements étrangers aux Etats Unis, 1951; *Peterson*, Die Anerkennung ausländischer Urteile im amerikanischen Recht – Entwicklungstendenzen in Gesetzgebung und Rechtsprechung, 1964; *Schütze*, Deutsch-amerikanische Urteilsanerkennung, 1992 m.w.N.

1281 Vgl. *Schütze*, Zur Verbürgung der Gegenseitigkeit bei der deutsch-amerikanischen Urteilsanerkennung, ZVglRWiss 98 (1999), 131 ff.

1282 Vgl. *Geimer/Schütze*, EuZPR, E. 1, Rdn. 255 ff., dem die Darstellung hier folgt.

1283 Vgl. IPG 1969 Nr. 43 (Hamburg) – ohne Sockelbetrag.

1284 Vgl. *Brenscheidt*, Anerkennung und Vollstreckung ausländischer Geldurteile in den USA, RIW/AWD 1976, 554 ff. (557).

1285 Vgl. Feuchter v. Bazurto 528 P. 2d 178 (Ariz. App. 1974); *Brenscheidt*, RIW/AWD 1976, 554 ff. (558).

1286 RIW 1988, 738.

Arkansas: Es gilt das zu Alabama Ausgeführte. Die Gegenseitigkeit ist in gleicher Weise partiell verbürgt.

California: Es gilt das zu Alaska Ausgeführte[1287]. Die die Gegenseitigkeit verneinende Rechtsprechung des RG[1288] ist durch die Übernahme des Mustergesetzes überholt. Der BGH hat die Vollstreckbarerklärung für ein kalifornisches Urteil teilweise versagt, jedoch nicht aus Gründen mangelnder Verbürgung der Gegenseitigkeit[1289]. Die Gegenseitigkeit ist in gleicher Weise wie für Alaska teilweise verbürgt[1290].

Colorado: Colorado hat das Mustergesetz mit der Einschränkung übernommen, dass die Gegenseitigkeit formell verbürgt sein muss. Mangels einer solchen Gegenseitigkeitserklärung können deutsche Urteile auf statutarischer Grundlage nicht in Colorado geltend gemacht werden. Jedoch ist eine Wirkungserstreckung nach allgemeinem Recht möglich[1291]. Die Rechtslage entspricht insoweit der in Arizona. Die Gegenseitigkeit ist in gleicher Weise partiell verbürgt.

Connecticut: Die Rechtslage entspricht der in Alaska. Die Gegenseitigkeit ist in gleicher Weise partiell verbürgt[1292].

Delaware: Die Rechtslage entspricht der in Alaska[1293]. Die Gegenseitigkeit ist in gleicher Weise partiell verbürgt.

District of Columbia: Die Rechtslage entspricht der in Alaska. Die Gegenseitigkeit ist in gleicher Weise partiell verbürgt.

Florida: Die Rechtslage entspricht der in Alaska[1294]. Die Gegenseitigkeit ist in gleicher Weise partiell verbürgt[1295].

1287 Vgl. *Scoles/Aarnas*, Recognition and Enforcement of Foreign Nations Judgments: California, Oregon and Washington, 57 OreLRev 377 (1978).

1288 Vgl. RGZ 70, 434; dazu *Kisskalt*, Die Vollstreckbarkeit kalifornischer Urteile in Deutschland, LZ 1907, 689 ff.; *Wittmaack*, Kann ein Vollstreckungsurteil nach §§ 722 und 723 ZPO auf Grund eines nordamerikanischen, insbesondere kalifornischen Urteils erlassen werden?, NiemeyersZ 22 (1912), 1 ff.

1289 Vgl. BGHZ 118, 312 = BGH RIW 1993, 132 mit Anm. *Schütze*; Vorentscheidung OLG Düsseldorf RIW 1991, 594.

1290 Vgl. BGHZ 118, 312; IPG 1976 Nr. 46 (Hamburg) – jeweils ohne Wertgrenze.

1291 Vgl. dazu *Caldwell*, Enforcing Foreign Country Judgments in Colorado, 13 Colo.Law 381 (1984); vgl. Aus der Rechtsprechung auch Gull v. Constam 105 F. Supp. 107 (D.C. Colo 1952).

1292 Vgl. *Brenscheidt*, The Recognition and Enforcement of Foreign Money-Judgments in the Federal Republic of Germany, 11 Int'lLaw 261 (1977).

1293 Vgl. aus der Rechtsprechung Bata v. Bata 163 A. 2d 493 (Del. 1960), cert. denied 366 U.S. 964 (1961); Iowa-Wisconsin Bridge Co. v. Phoenix Finance Co., 5 Terry 527, 41 Del. 527, 25 A. 2d 383.

1294 Vgl. zur Situation vor Übernahme des Mustergesetzes *Martinez Llanes*, Foreign Nations Judgments: Recognition and Enforcement of Foreign Judgments in Florida and the Status of Florida Judgments Abroad, XXXI UflaLRev. 588 (1979).

1295 Vgl. LG Hamburg IPRspr. 1976, Nr. 160 (ohne Wertbegrenzung).

Georgia: Die Rechtslage entspricht der in Alaska. Die Gegenseitigkeit ist in gleicher Weise partiell verbürgt.

Hawaii: Die Rechtslage entspricht der in Alaska: Die Gegenseitigkeit ist in gleicher Weise partiell verbürgt.

Idaho: Die Rechtslage entspricht der in Alaska. Die Gegenseitigkeit ist in gleicher Weise partiell verbürgt.

Illinois: Die Rechtslage entspricht der in Alaska. Die Gegenseitigkeit ist in gleicher Weise partiell verbürgt[1296].

Indiana: Die Rechtslage entspricht der in Arizona. Der District Court Fort Wayne hat ein deutsches negatives Feststellungsurteil anerkannt[1297]. Die Gegenseitigkeit ist in gleicher Weise partiell verbürgt[1298].

Iowa: Die Rechtslage entspricht der in Alaska. Die Gegenseitigkeit ist in gleicher Weise partiell verbürgt.

Kansas: Die Rechtslage entspricht der in Arizona. Die Gegenseitigkeit ist in gleicher Weise partiell verbürgt.

Kentucky: Die Rechtslage entspricht der in Alaska. Die Gegenseitigkeit ist in gleicher Weise partiell verbürgt.

Louisiana: Die Rechtslage entspricht der in Arizona[1299]. Die Gegenseitigkeit ist in gleicher Weise partiell verbürgt.

Maine: Die Rechtslage entspricht der in Alaska[1300]. Die Gegenseitigkeit ist in gleicher Weise partiell verbürgt.

Maryland: Die Rechtslage entspricht der in Alaska. Die Gegenseitigkeit ist in gleicher Weise partiell verbürgt.

Massachusetts: Die Rechtslage entspricht der in Alaska[1301]. Das LG Berlin hat einem Urteil aus Massachusetts die Vollstreckbarerklärung verweigert, allerdings nicht aus Gründen mangelnder Verbürgung der Gegenseitigkeit[1302]. Die Gegenseitigkeit ist in gleicher Weise partiell verbürgt.

1296 Vgl. IPG 1967/68 N. 79 (Hamburg); IPG 1970 Nr. 33 (Heidelberg) für Unterhaltsurteile (jeweils ohne Wertbegrenzung); obsolet KG JW 1935, 2750 für Ehescheidungsurteile, da hier die Gegenseitigkeit nicht mehr gefordert wird.

1297 Vgl. Powell v. Hand N.D. Fort Wyne Div. 1965 Civ. No. 1527; der Leitsatz ist in deutscher Übersetzung wiedergegeben in VersR 1966, 840.

1298 Vgl. auch *Brenscheidt*, 11 Int'lLaw 261, 271 (1977).

1299 Vgl. aus der Rechtsprechung Zorgias v. The S.S. Hellnic Star and Hellenic Lines, Ltd. 370 F. Supp. 591 (D.C. La. 1972).

1300 Tourigny v. Houle, 88 Me. 406 (1896), wo eine volle Nachprüfungsbefugnis angenommen wurde ist nach Übernahme des Mustergesetzes obsolet.

1301 Damit ist Svenska Handelsbanken v. Carlson, 258 F. Supp. (D. Mass. 1966) obsolet geworden, wonach ausländische Urteile nur als Beweis dienen können.

1302 Vgl. LG Berlin RIW 1989, 988.

Michigan: Die Rechtslage entspricht der in Alaska. Die Gegenseitigkeit ist in gleicher Weise partiell verbürgt.

Minnesota: Die Rechtslage entspricht der in Alaska[1303]. Die Gegenseitigkeit ist in gleicher Weise partiell verbürgt.

Mississippi: Nach der Rechtsprechung des Supreme Court of Mississippi ist davon auszugehen, dass die Regelungen der beiden Reglements angewendet werden[1304]. Die Gegenseitigkeit ist partiell verbürgt[1305].

Missouri: Die Rechtslage entspricht der in Alaska. Die Gegenseitigkeit ist in gleicher Weise partiell verbürgt.

Montana: Die Rechtslage entspricht der in Alaska. Die Gegenseitigkeit ist in gleicher Weise partiell verbürgt[1306].

Nebraska: Die Rechtslage entspricht der in Arizona. Die Gegenseitigkeit ist in gleicher Weise partiell verbürgt.

Nevada: Die Rechtslage entspricht der in Alaska. Die Gegenseitigkeit ist in gleicher Weise partiell verbürgt.

New Hampshire: Die Rechtslage entspricht der in Alaska. Die Gegenseitigkeit ist in gleicher Weise partiell verbürgt[1307].

New Jersey: Die Rechtslage entspricht der in Alaska[1308]. Die Gegenseitigkeit ist in gleicher Weise partiell verbürgt[1309].

New Mexico: Die Rechtlage entspricht der in Alaska. Die Gegenseitigkeit ist in gleicher Weise partiell verbürgt.

New York: Die Rechtslage entspricht der in Alaska[1310]. Die Gegenseitigkeit ist in gleicher Weise partiell verbürgt[1311].

1303 Schon früher war die Rechtsprechung anerkennungsfreundlich; vgl. zur Anerkennung eines deutschen Vaterschaftsurteils Nicol v. Tanner 256 N.W. 2d 796 (Minn. 1976).

1304 Vgl. Laskosky v. Laskosky 504 So. 2d 726, 729 (Miss. 1987); dazu *Hoffheimer*, Mississippi Conflict of Cours, 67 Miss. L. 175, 190ff. (1997).

1305 Vgl. *Wurmnest*, Berkeley Journal of International Law 23 (2005) 175ff. (188).

1306 Anders die Situation vor Übernahme des Mustergesetzes, von der noch *Martiny*, Handbuch des Internationalen Zivilverfahrensrechts, Bd. III/1, 1984, Rdn. 1545 ausgeht.

1307 Vgl. *Brenscheidt*, IntLawyer 11 (1977), 261ff.

1308 Vgl. zur Übernahme des Mustergesetzes *Ernster*, Recognition and Enforcement of Foreign Money-Judgments – A Clear Position for New Jersey, 22 RutgersLRev 327 (1968).

1309 Vgl. schon zum alten Recht IPG 1967/68 Nr. 40 (Heidelberg).

1310 Vgl. zur Übernahme des Mustergesetzes *Kulzer*, The Uniform Foreign Money-Judgments Act, Report of the Administrative Board of the Judicial Conference of the State of New York, Leg.Doc. No. 90, S. 164ff. (1968); vgl. Im Übrigen zur Rechtslage in New York IPG 1967/68 Nr. 80 (Hamburg); IPG 1973 Nr. 41 (Köln); *Bollmann*, Gegenrecht und Anerkennung schweizerischer Urteile in den USA, vor allem in New York, schweizJZ 1974, 236ff.; *Harder*, Die Anerkennung und Vollstreckung deutscher Urteile, insbesondere deutscher Ehescheidungsurteile und Schiedssprüche, im Staate New York, Diss. Frankfurt/Main 1967; *ders.*, Vollstreckung deut-

North Carolina: Die Rechtslage entspricht der in Alaska[1312]. Die Gegenseitigkeit ist in gleicher Weise partiell verbürgt.

North Dakota: Die Rechtslage entspricht der in Arizona. Die Gegenseitigkeit ist in gleicher Weise partiell verbürgt.

Ohio: Die Rechtslage entspricht der in Alaska[1313]. Die Gegenseitigkeit ist in gleicher Weise partiell verbürgt.

Oklahoma: Die Rechtslage entspricht der in Alaska. Die Gegenseitigkeit ist in gleicher Weise partiell verbürgt.

Oregon: Die Rechtslage entspricht der in Alaska[1314]. Die Gegenseitigkeit ist in gleicher Weise partiell verbürgt.

Pennsylvania: Die Rechtslage entspricht der in Alaska. Die Gegenseitigkeit ist in gleicher Weise partiell verbürgt[1315].

Rhode Island: Die Rechtslage entspricht der in Arizona. Die Gegenseitigkeit ist in gleicher Weise partiell verbürgt.

South Carolina: Die Rechtslage entspricht der in Arizona. Die Gegenseitigkeit ist gleicher Weise partiell verbürgt. Der BGH hat einem Urteil aus South Carolina die Anerkennung verweigert, jedoch nicht wegen mangelnder Verbürgung der Gegenseitigkeit[1316].

South Dakota: Die Rechtslage entspricht der in Arizona, jedoch tritt nach 10 Jahren Urteilsverjährung ein. Die Gegenseitigkeit ist in gleicher Weise partiell verbürgt in den zeitlichen Grenzen der Urteilsverjährung.

---

scher Urteile in den USA, insbesondere New York, AWD 1963, 36 f.; *Homburger*, Recognition and Enforcement of Foreign Judgments: A New Yorker reflects on the Uniform Acts, 18 AmJCompL 367 (1967); *Kulzer*, Recognition of Foreign Country Judgments in New York: The Uniform Foreign Money-Judgments Recognition Act, 18 BuffLR 1 (1968); *Weinschenk*, Die Anerkennung und Vollstreckung bundesdeutscher Urteile in den Vereinigten Staaten unter den „Foreign Country Money Recognition Acts", 1968.

1311 Vgl. RIW 1984, 557 (für Exequaturuteil für Schiedsspruch) mit Anm. *Schütze* ebenda 734 ff.; BGH RIW 1984, 644 (incidenter); LG Hamburg IPRspr. 1968/69 Nr. 223 (für fällige Unterhaltsraten); IPG 1967/68 Nr. 80 (Hamburg) (für fällige Unterhaltsraten); IPG 1973 Nr. 41 (Köln), jeweils ohne Begrenzung der Höhe nach.

1312 Vgl. zur Rechtslage vor Inkrafttreten des Mustergesetzes *Thümmel*, Zur Anerkennung und Vollstreckung deutscher Urteile in North Carolina, IPRax 1986, 256 ff.

1313 Die Übernahme des Mustergesetzes ist mit leichten Änderungen erfolgt; vgl. auch *Hoffheimer*, Ohio's New Weapon for Doing Business Abroad: Recognition and Enforcement of Foreign Country Money-Judgments, 58 Ohio Bar 12 (1988); *Schütze* Neuregelung der Anerkennung und Vollstreckbarkerklärung ausländischer Zahlungsurteile in Ohio, JR 1988, 406.

1314 Vgl. dazu *Scoles/Aarnas*, The Recognition and Enforcement of Foreign Nation Judgments: California, Oregon and Washington, 57 OreLRev 377 (1978).

1315 Vgl. *Brenscheidt*, 11 Int'lLaw 261 (1977).

1316 Vgl. BGH RIW 1993, 232.

Tennessee: Die Rechtslage entspricht der in Arizona. Die Gegenseitigkeit ist in gleicher Weise partiell verbürgt.

Texas: Die Rechtslage entspricht der in Alaska. Die Gegenseitigkeit ist in gleicher Weise partiell verbürgt[1317].

Utah: Die Rechtslage entspricht der in Arizona. Die Gegenseitigkeit ist in gleicher Weise partiell verbürgt.

Vermont: Die Rechtslage entspricht der in Arizona. Die Gegenseitigkeit ist in gleicher Weise partiell verbürgt.

Virginia: Die Rechtslage entspricht der in Alaska, jedoch tritt nach 10 Jahren Urteilsverjährung ein. Die Gegenseitigkeit ist in gleicher Weise partiell verbürgt in den zeitlichen Grenzen der Urteilsverjährung.

Virgin Islands: Die Rechtslage entspricht der in Alaska. Die Gegenseitigkeit ist in gleicher Weise partiell verbürgt.

Washington: Die Rechtslage entspricht der in Alaska[1318]. Die Gegenseitigkeit ist gleicher Weise partielle verbürgt. Der BGH hat einem Urteil aus Washington die Anerkennung verweigert, jedoch nicht wegen mangelnder Verbürgung der Gegenseitigkeit[1319].

West Virginia: Die Rechtslage entspricht der in Arizona. Die Gegenseitigkeit ist in gleicher Weise partiell verbürgt.

Wisconsin: Die Rechtslage entspricht der in Arizona. Die Gegenseitigkeit ist in gleicher Weise partiell verbürgt. Das OLG Hamm hat einem Urteil aus Wisconsin die Anerkennung verweigert, jedoch nicht wegen mangelnder Verbürgung der Gegenseitigkeit[1320].

Wyoming: Die Rechtslage entspricht der in Arizona. Die Gegenseitigkeit ist in gleicher Weise partiell verbürgt.

1317 Vgl. *Brenscheidt*, 11 Int'lLaw 261 (1977).

1318 Vgl. dazu *Scoles/Aarnas*, 57 OreLRev 377 (1978).

1319 Vgl. BGH RIW 1994, 331 mit Anm. *Jacob*.

1320 Vgl. OLG Hamm RIW 1997, 960, 1039 mit Anm. *Schütze*.

X. Übersicht über die Geltung der für die internationale Rechtsverfolgung wichtigen Staatsverträge

Die Tabellen erfassen die Staaten im Verhältnis zu denen die wesentlichen Staatsverträge auf dem Gebiet des internationalen Zivilprozessrechts (vgl. Rdn. 19ff.) gelten, nämlich: 787

Europäisches Übereinkommen über die Staatenimmunität	ESA
Wiener Übereinkommen 1961 Diplomaten)	WieDÜ
Wiener Übereinkommen 1963 (Konsuln)	WieKÜ
Haager Zivilprozessabkommen 1905	HZPA
Haager Zivilprozessübereinkommen 1954	HZPÜ
Haager Zustellungsübereinkommen 1965	HZÜ
Haager Beweisübereinkommen 1970	HBÜ
Europäisches Auskunftsübereinkommen 1968	EuAÜ
Genfer Protokoll über die Schiedsklauseln 1923	GenfP
Genfer Abkommen zu Vollstreckung ausländischer Schiedssprüche 1927	GenfA
UN-Übereinkommen 1958	UNÜ
Europäisches Übereinkommen über die Handelsschiedsgerichtsbarkeit 1961	EuÜHS
Abkommen über den Europäischen Wirtschaftsraum	EWR
Lugano-Übereinkommen über die gerichtliche Zuständigkeit und die Vollstreckung gerichtlicher Entscheidungen in Zivil- und Handelssachen II	LugÜ II

Die bilateralen Staatsverträge über Rechtshilfe und die internationale Zuständigkeit und die Anerkennung und Vollstreckbarerklärung ausländischer Zivilurteile werden abgekürzt mit den Staatennamen. 788

Afghanistan (WieDÜ, UNÜ)
Ägypten (WieDÜ, WieKÜ, HZPÜ, HZÜ, UNÜ)
Albanien (WieDÜ, WieKÜ, HZPÜ, HBÜ, EuAÜ, UNÜ, EuÜHS)
Algerien (WieDÜ, WieKÜ, UNÜ)
Andorra (Wie DÜ, WieKÜ, UNÜ)
Angola (WieDÜ, WieKÜ)
Antigua und Barbuda (WieKÜ, HZÜ, UNÜ)
Äquatorialguinea (WieDÜ, WieKÜ)
Argentinien (WieDÜ, WieKÜ, HZPÜ, HZÜ, HBÜ, UNÜ)
Armenien (WieDÜ, WieKÜ, HZPÜ, HZÜ, HBÜ, UNÜ)

Aserbaidschan (WieDÜ, WieKÜ, UNÜ, EuÜHS)
Äthiopien (WieDÜ)
Australien (WieDÜ, WieKÜ, HBÜ, UNÜ; dt. brit. Abk. 1928)
Bahamas (WieDÜ, WieKÜ, HZÜ, GenfP, GenfA, UNÜ; dt. brit. Abk. 1928)
Bahrain (WieDÜ, WieKÜ, UNÜ)
Bangladesh (WieDÜ, WieKÜ, UNÜ)
Barbados (WieDÜ, WieKÜ, HZÜ, HBÜ, UNÜ, dt. brit. Abk.1928)
Belarus (WieDÜ, WieKÜ, HZPÜ, HZÜ, HBÜ, EuAÜ, UNÜ, EuÜHS)
Belgien (ESA, WieDÜ; WieKÜ, HZPÜ, HZÜ, EuAÜ, UNÜ, EWR, dt. belg. Anerk. u. Vollstreck. Abk.)
Belize (WieKÜ), HZÜ,
Benin (WieDÜ, WieKÜ, UNÜ)
Bhutan (WieDÜ, WieKÜ, UNÜ)
Bolivien (WieDÜ, WieKÜ, UNÜ)
Bosnien und Herzegowina (WieDÜ, WieKÜ, HZPÜ, HZÜ, HBÜ, EuAÜ, UNÜ, EuÜHS)
Botsuana (WieDÜ, HZÜ, UNÜ)
Brasilien (WieDÜ, WieKÜ, HBÜ, UNÜ)
British Virgin Islands (UNÜ)
Brunei Darussalam (UNÜ)
Bulgarien (WieDÜ, WieKÜ, HZÜ, HBÜ, EuAÜ, UNÜ, EuÜHS)
Burkina Faso (WieDÜ, WieKÜ, UNÜ, EuÜHS)
Burundi (WieDÜ, UNÜ)
Chile (WieDÜ, WieKÜ, UNÜ)
China (Taiwan) (WieDÜ)
China (VR) (WieDÜ, WieKÜ, HZPÜ, HZÜ, HBÜ, UNÜ)
Cook Islands (UNÜ)
Costa Rica (WieDÜ, WieKÜ, EuAÜ, UNÜ)
Côte d'Ivoire (WieDÜ, UNÜ)
Dänemark (WieDÜ, WieKÜ, HZPÜ, HZÜ, HBÜ, EuAÜ, UNÜ, EuÜHS, EWR)
Dominica (WieDÜ, WieKÜ, UNÜ, dt. brit. Abk.1928)
Dominikanische Republik (WieDÜ, WieKÜ, UNÜ)
Dschibuti (WieDÜ, WieKÜ, UNÜ)
Ecuador (WieDÜ, WieKÜ, UNÜ)
El Salvador (WieDÜ, WieKÜ, UNÜ)
Eritrea (WieDÜ, WieKÜ)
Estland (WieDÜ, WieKÜ, HZPA, HZÜ, HBÜ, EuAÜ, UNÜ)
Fidschi (WieDÜ, WieKÜ, dt. brit. Abk. 1928)
Finnland (WieDÜ, WieKÜ, HZPÜ, HZÜ, HBÜ, EuAÜ, UNÜ, EWR)
Frankreich (WieDÜ, WieKÜ, HZPÜ, HZÜ, HBÜ, EuAÜ, UNÜ, EuÜHS, EWR)

Gabun (WieDÜ, WieKÜ, UNÜ)
Gambia (dt. brit. Abk.1928)
Georgien (WieDÜ, WieKÜ, EuAÜ, UNÜ)
Ghana (WieDÜ, WieKÜ, UNÜ)
Grenada (WieDÜ, WieKÜ, dt. brit. Abk. 1928)
Griechenland (WieDÜ, WieKÜ, HZÜ, HBÜ, EuAÜ, UNÜ, EWR, dt. griech. Abk. Rechtsverkehr, dt. griech. Anerkennungs- u. Vollstreckungv.)
Guatemala (WieDÜ, WieKÜ, UNÜ)
Guinea (WieDÜ, WieKÜ, UNÜ)
Guinea-Bissau (WieDÜ)
Guyana (WieDÜ, WieKÜ, UNÜ, dt. brit. Abk.1928)
Haiti (WieDÜ, WieKÜ, UNÜ)
Heiliger Stuhl (WieDÜ, WieKÜ, HZPÜ, UNÜ)
Honduras (WieDÜ, WieKÜ, UNÜ)
Indien (WieDÜ, WieKÜ, HBÜ, UNÜ)
Indonesien (WieDÜ, WieKÜ, UNÜ)
Irak (WieDÜ, WieKü)
Iran (WieDÜ, WieKÜ, UNÜ)
Irland (WieDÜ, WieKÜ, HZÜ, UNÜ, EWR)
Island (WieDÜ, WieKÜ, HZPÜ, HZÜ, HBÜ, EuAÜ, LufÜ II, UNÜ, EWR)
Israel (WieDÜ, HZPÜ, HZÜ, HBÜ, UNÜ, dt. isr. Anerken. u. Vollstr.v.)
Italien (WieDÜ, WieKÜ, HZPÜ, HZÜ, HBÜ, EuAÜ, UNÜ, EuÜHS, EWR; dt. ital. Anerk. Und Vollstr. Abk.)
Jamaica (WieDÜ, WieKÜ, UNÜ, dt. brit. Abk. 1928)
Japan (WieDÜ, WieKÜ, HZPÜ, HZÜ, UNÜ)
Jemen (WieDÜ, WieKÜ)
Jordanien (WieDÜ, WieKÜ, UNÜ)
Jugoslawien (ehemaliges) (WieDÜ, WieKÜ, HZPÜ, UNÜ, EuÜHS)
Kambodscha (WieDÜ, WieKÜ, UNÜ)
Kamerun (WieDÜ, WieKÜ, UNÜ)
Kanada (WieDÜ, WieKÜ, HZÜ, UNÜ, dt. brit. Abk. 1928)
Kap Verde (WieDÜ, WieKÜ)
Kasachstan (WieDÜ, WieKÜ, HZPÜ, UNÜ, EuÜHS)
Katar (WieDÜ, WieKÜ, UNÜ)
Kenia (WieDÜ, WieKÜ, UNÜ, dt. brit. Abk. 1928)
Kirgisistan (WieDÜ, WieKÜ, HZPÜ, UNÜ)
Kiribati (WieDÜ, WieKÜ)
Kolumbien (WieDÜ, WieKÜ, HZÜ, HBÜ, UNÜ)
Komoren (WieDÜ, UNÜ)
Kongo (Dem.Rep.) (WieDÜ, WieKÜ, UNÜ)

Kongo (WieDÜ)
Korea (Republik) (WieDÜ, WieKü, HZÜ, HBÜ, UNÜ)
Korea (Volksrep.) (WieDÜ, WieKÜ)
Kroatien (WieDÜ, WieKÜ, HZPÜ, HZÜ, HBÜ, EuAÜ, UNÜ, EuÜHS)
Kuba (WieDÜ, WieKÜ, UNÜ, EuÜHS)
Kuwait (WieDÜ, WieKÜ, HZÜ, HBÜ, UNÜ)
Laos (WieDÜ, WieKÜ, UNÜ)
Lesotho (WieDÜ, WieKÜ, UNÜ, dt. brit. Abk. 1928)
Lettland (WieDÜ, WieKÜ, HZPÜ, HZÜ, HBÜ, EuAÜ, UNÜ, EuÜHS)
Libanon (WieDÜ, WieKÜ, HZPÜ, UNÜ)
Liberia (WieDÜ, WieKÜ, UNÜ)
Libyen (WieDÜ, WieKü)
Liechtenstein (WieDÜ, WieKÜ, HBÜ, EuAÜ, UNÜ, EWR, ek. über unm. Geschäftsverkehr)
Litauen (WieDÜ, WieKÜ, HZPÜ, HZÜ, HBÜ, EuAÜ, UNÜ)
Luxemburg (ESA, WieDÜ, WieKÜ, HZPÜ, HZÜ, HBÜ, EuAÜ, UNÜ, EuÜHS, EWR)
Madagaskar (WieDÜ, WieKÜ, UNÜ)
Malawi (WieDÜ, WieKÜ, HZÜ, dt. brit. Abk. 1928)
Malaysia (WieDÜ, WieKÜ, UNÜ, dt. brit. Abk. 1928)
Malediven (WieKÜ)
Mali (WieDÜ, WieKÜ, UNÜ)
Malta (WieDÜ, WieKÜ, HZÜ, HBÜ, EuAÜ, UNÜ, dt. brit. Abk. 1928)
Marokko (WieDÜ, WieKÜ, HZPÜ, HZÜ, HBÜ, EuAÜ, UNÜ, dt. marokk. RH Vertr.)
Marschallinseln (WieDÜ, WieKÜ, UNÜ)
Mauretanien (WieDÜ, WieKÜ, UNÜ)
Mauritius (WieDÜ, WieKÜ, UNÜ, dt. brit. Abk. 1928)
Mazedonien (ehem. jugosl. Rep.) (WieDÜ, WieKÜ, HZPÜ, HZÜ, HBÜ, EuAÜ, UNÜ, EuÜHS)
Mexiko (WieDÜ, WieKÜ, HZÜ, HBÜ, EuAÜ, UNÜ)
Mikronesien (WieDÜ, WieKÜ)
Moldau (Rep.) (WieDÜ, WieKÜ, HZPÜ, HZÜ, EuAÜ, UNÜ, EuÜHS)
Monaco (WieDÜ, WieKÜ, HBÜ, UNÜ)
Mongolei (WieDÜ, WieKÜ, HZPÜ, UNÜ)
Montenegro (WieKÜ, HZPÜ, HZÜ, HBÜ, UNÜ, EuÜHS)
Mosambik (WieDÜ, WieKÜ, UNÜ)
Myanmar (WieDÜ, WieKÜ, UNÜ)
Namibia (WieDÜ, WieKÜ)
Nauru (WieDÜ, dt. brit. Abk. 1928)
Nepal (WieDÜ, WieKÜ, UNÜ)
Neuseeland (WieDÜ, WieKÜ, UNÜ, dt. brit. Abk. 1928)

Nicaragua (WieDÜ, WieKÜ, UNÜ)
Niederlande (ESA, WieDÜ, WieKÜ, HZPÜ, HZÜ, HBÜ, EuAÜ, UNÜ, EWR, dt. niederl. A. und Vollstr.v.)
Niger (WieDÜ, WieKÜ, UNÜ)
Nigeria (WieDÜ, WieKÜ, UNÜ, dt. brit. Abk. 1928)
Norwegen (WieDÜ, WieKÜ, HZPÜ, HZÜ, HBÜ, EuAÜ, LugÜ II, UNÜ, EWR, dt. norw. Anerk. und Vollstr.v.)
Obervolta (EuÜHS)
Oman (WieDÜ, WieKÜ, UNÜ)
Österreich (ESA, WieDÜ, WieKÜ, HZPÜ, EuAÜ, UNÜ, EuÜHS, RET, dt-österr. Anerk. u. Vollstr.v.)
Pakistan (WieDÜ, WieKÜ, HZÜ, UNÜ)
Palästina (UNÜ)
Panama (WieDÜ, WieKÜ, UNÜ)
Papua-Neuguinea (WieDÜ, WieKÜ)
Paraguay (WieDÜ, WieKÜ, UNÜ)
Peru (WieDÜ, WieKÜ, UNÜ)
Philippinen (WieDÜ, WieKÜ, UNÜ)
Polen (WieDÜ, WieKÜ, HZPÜ, HZÜ, HBÜ, EuAÜ, UNÜ, EuÜHS)
Portugal (WieDÜ, WieKÜ, HZPÜ, HZÜ, HBÜ, EuAÜ, UNÜ, EWR)
Ruanda (WieDÜ, WieKÜ, UNÜ)
Rumänien (WieDÜ, WieKÜ, HZPÜ, HZÜ, HBÜ, EuAÜ, UNÜ, EuÜHS)
Russische Föderation (WieDÜ, WieKÜ, HZPÜ, HZÜ, EuAÜ, UNÜ, EuÜHS)
Salomonen (dt. brit. Abk. 1928)
Sambia (WieDÜ, UNÜ, dt. brit. Abk. 1928)
Samoa (WieDÜ, WieKÜ)
San Marino (WieDÜ, HZÜ, UNÜ)
São Tomé und Principe (WieDÜ, WieKÜ, UNÜ)
Saudi-Arabien (WieDÜ, WieKÜ, UNÜ)
Schweden (WieDÜ, WieKÜ, HZPÜ, HZÜ, HBÜ, EuAÜ, UNÜ, EWR)
Schweiz (ESA, WieDÜ, WieKÜ, HZPÜ, HZÜ, HBÜ, EuAÜ, LugÜ II, UNÜ, dt. schweiz. A. u. Vollstr. Abk.)
Senegal (WieDÜ; WieKÜ, UNÜ)
Serbien (WieKÜ, HZPÜ, HZÜ, HBÜ, EuAÜ, UNÜ, EuÜHS)
Serbien und Montenegro (WieDÜ)
Seychellen (WieDÜ, WieKÜ, HZÜ, dt. brit. Abk. 1928)
Sierra Leone (WieDÜ, dt. brit. Abk. 1928)
Simbabwe (WieDÜ, WieKÜ, UNÜ)
Singapur (WieDÜ, WieKÜ, HBÜ, UNÜ, dt. brit. Abk. 1928)
Slowakei (WieDÜ, WieKÜ, HZPÜ, HZÜ, HBÜ, EuAÜ, UNÜ, EuÜHS)

Slowenien (WieDÜ, WieKÜ, HZPÜ, HZÜ, HBÜ, EuAÜ, UNÜ, EuÜHS)
Somalia (WieDÜ, WieKÜ)
Sowjetunion (ehem.) (WieDÜ, WieKÜ, HZPÜ, EuAÜ, UNÜ, EuÜHS)
Spanien (WieDÜ, WieKÜ, HZPÜ, HZÜ, HBÜ, EuAÜ, UNÜ, EuÜHS, EWR)
Sri Lanka (WieDÜ, WieKÜ, HZÜ, HBÜ, UNÜ)
St. Lucia (WieDÜ, WieKÜ, dt. brit. Abk. 1928)
St. Vincent und die Grenadinen (WieDÜ, WieKÜ, HZÜ, UNÜ)
Südafrika (WieDÜ, WieKÜ, HBÜ, UNÜ)
Sudan (WieDÜ, WieKÜ)
Surinam (WieDÜ, WieKÜ, HZPÜ)
Swasiland (WieDÜ, dt. brit. Abk.1928)
Syrien (WieDÜ, WieKÜ, UNÜ)
Tadschikistan (WieDÜ, WieKÜ, UNÜ)
Tansania (WieDÜ, WieKÜ, UNÜ, dt. brit. Abk. 1928)
Thailand (WieDÜ, WieKÜ, UNÜ)
Timor-Leste (WieDÜ, WieKÜ)
Togo (WieDÜ, WieKÜ)
Tonga (WieDÜ, WieKÜ)
Trinidad und Tobago (WieDÜ, WieKÜ, UNÜ, dt. brit. Abk. 1928)
Tschad (WieDÜ)
Tschechische Republik (WieKÜ, HZPÜ, HZÜ, HBÜ, EuAÜ, UNÜ, EuÜHS)
Tschechoslowakei (ehem.) (WieDÜ, WieK, HZPÜ, HZÜ, HBÜ, UNÜ, EuÜHS)
Tunesien (WieDÜ, WieKÜ, UNÜ, dt. tun. RH, Anerk. und Vollstr.v.)
Türkei (WieDÜ, WieKÜ, HZPÜ, HZÜ, HBÜ, EuAÜ, UNÜ, EuÜHS, dt. türk. RH Vertr.)
Turkmenistan (WieDÜ, WieKÜ)
Tuvalu (WieDÜ, WieKÜ)
Uganda (WieDÜ, UNÜ)
Ukraine (WieDÜ, WieKÜ, HZPÜ, HZÜ, HBÜ, EuAÜ, UNÜ EuÜHS)
Ungarn (WieDÜ, WieKÜ, HZPÜ, HZÜ, HBÜ, EuAÜ, UNÜ, EuÜHS)
Uruguay (WieDÜ, WieKÜ, UNÜ)
Usbekistan (WieDÜ, WieKÜ, HZPÜ, UNÜ)
Vanatu (WieKÜ)
Venezuela (WieDÜ, WieKÜ, HZÜ, HBÜ, UNÜ)
Vereinigte Arabische Emirate (WieDÜ, WieKÜ, UNÜ)
Vereinigtes Königreich (ESA, WieDÜ, WieKÜ, HZÜ, HBÜ, EuAÜ, GenfA (nur für Anguilla), UNÜ, EWR, dt. brit. Abk.1928; dt. brit. Anerk. und Vollstr. Abk.)
Vereinigte Staaten (WieDÜ, WieKÜ, HZÜ, HBÜ), UNÜ, dt. am. Freundsch. V.)
Vietnam (WieDÜ, WieKÜ, UNÜ)
Zentralafrikanische Republik (WieDÜ, UNÜ)
Zypern (ESA, WieDÜ, WieKÜ, HZPÜ, HZÜ, HBÜ, EuAÜ, UNÜ, dt. brit. Abk. 1928)

XI. Texte

A. VO (EG) Nr. 44/2001 über die gerichtliche Zuständigkeit und die Anerkennung und Vollstreckung von Entscheidungen in Zivil- und Handelssachen (Brüssel I VO)

B. VO (EG) Nr. 1215/2012 über die gerichtliche Zuständigkeit und die Anerkennung und Vollstreckung von Entscheidungen in Zivil- und Handelssachen (Brüssel Ia VO)

C. UN-Übereinkommen über die Anerkennung und Vollstreckung ausländischer Schiedssprüche vom 10.6.1958

A. VO (EG) Nr. 44/2001 über die gerichtliche Zuständigkeit und die Anerkennung und Vollstreckung von Entscheidungen in Zivil- und Handelssachen (Brüssel I VO)

(ABl. 2001 L 12, 1 ff.)

Der Rat der Europäischen Union –

gestützt auf den Vertrag zur Gründung der Europäischen Gemeinschaft, insbesondere auf Artikel 61 Buchstabe c und Artikel 67 Absatz 1,

auf Vorschlag der Kommission,

nach Stellungnahme des Europäischen Parlaments,

nach Stellungnahme des Wirtschafts- und Sozialausschusses,

in Erwägung nachstehender Gründe:

(1) Die Gemeinschaft hat sich zum Ziel gesetzt, einen Raum der Freiheit, der Sicherheit und des Rechts, in dem der freie Personenverkehr gewährleistet ist, zu erhalten und weiterzuentwickeln. Zum schrittweisen Aufbau dieses Raums hat die Gemeinschaft unter anderem im Bereich der justiziellen Zusammenarbeit in Zivilsachen die für das reibungslose Funktionieren des Binnenmarkts erforderlichen Maßnahmen zu erlassen.

(2) Die Unterschiede zwischen bestimmten einzelstaatlichen Vorschriften über die gerichtliche Zuständigkeit und die Anerkennung von Entscheidungen erschweren das reibungslose Funktionieren des Binnenmarkts. Es ist daher unerlässlich, Bestimmungen zu erlassen, um die Vorschriften über die internationale Zuständigkeit in Zivil- und Handelssachen zu vereinheitlichen und die Formalitäten im Hinblick auf eine rasche und unkomplizierte Anerkennung und Vollstreckung von Entscheidungen aus den durch diese Verordnung gebundenen Mitgliedstaaten zu vereinfachen.

(3) Dieser Bereich fällt unter die justizielle Zusammenarbeit in Zivilsachen im Sinne von Artikel 65 des Vertrags.

(4) Nach dem in Artikel 5 des Vertrags niedergelegten Subsidiaritäts- und Verhältnismäßigkeitsprinzip können die Ziele dieser Verordnung auf der Ebene der Mitgliedstaaten nicht ausreichend erreicht werden; sie können daher besser auf Gemeinschaftsebene erreicht werden. Diese Verordnung beschränkt sich auf das zur Erreichung dieser Ziele notwendige Mindestmaß und geht nicht über das dazu Erforderliche hinaus.

(5) Am 27. September 1968 schlossen die Mitgliedstaaten auf der Grundlage von Artikel 293 vierter Gedankenstrich des Vertrags das Übereinkommen von Brüssel über die gerichtliche Zuständigkeit und die Vollstreckung gerichtlicher

Entscheidungen in Zivil- und Handelssachen, dessen Fassung durch die Übereinkommen über den Beitritt der neuen Mitgliedstaaten zu diesem Übereinkommen geändert wurde (nachstehend „Brüsseler Übereinkommen" genannt). Am 16. September 1988 schlossen die Mitgliedstaaten und die EFTA-Staaten das Übereinkommen von Lugano über die gerichtliche Zuständigkeit und die Vollstreckung gerichtlicher Entscheidungen in Zivil- und Handelssachen, das ein Parallelübereinkommen zu dem Brüsseler Übereinkommen von 1968 darstellt. Diese Übereinkommen waren inzwischen Gegenstand einer Revision; der Rat hat dem Inhalt des überarbeiteten Textes zugestimmt. Die bei dieser Revision erzielten Ergebnisse sollten gewahrt werden.

(6) Um den freien Verkehr der Entscheidungen in Zivil- und Handelssachen zu gewährleisten, ist es erforderlich und angemessen, dass die Vorschriften über die gerichtliche Zuständigkeit und die Anerkennung und Vollstreckung von Entscheidungen im Wege eines Gemeinschaftsrechtsakts festgelegt werden, der verbindlich und unmittelbar anwendbar ist.

(7) Der sachliche Anwendungsbereich dieser Verordnung sollte sich, von einigen genau festgelegten Rechtsgebieten abgesehen, auf den wesentlichen Teil des Zivil- und Handelsrechts erstrecken.

(8) Rechtsstreitigkeiten, die unter diese Verordnung fallen, müssen einen Anknüpfungspunkt in das Hoheitsgebiet eines der Mitgliedstaaten aufweisen, die durch diese Verordnung gebunden sind. Gemeinsame Zuständigkeitsvorschriften sollten demnach grundsätzlich dann Anwendung finden, wenn der Beklagte seinen Wohnsitz in einem dieser Mitgliedstaaten hat.

(9) Beklagte ohne Wohnsitz in einem Mitgliedstaat unterliegen im Allgemeinen den nationalen Zuständigkeitsvorschriften, die im Hoheitsgebiet des Mitgliedstaats gelten, in dem sich das angerufene Gericht befindet, während Beklagte mit Wohnsitz in einem Mitgliedstaat, der durch diese Verordnung nicht gebunden ist, weiterhin dem Brüsseler Übereinkommen unterliegen.

(10) Um den freien Verkehr gerichtlicher Entscheidungen zu gewährleisten, sollten die in einem durch diese Verordnung gebundenen Mitgliedstaat ergangenen Entscheidungen in einem anderen durch diese Verordnung gebundenen Mitgliedstaat anerkannt und vollstreckt werden, und zwar auch dann, wenn der Vollstreckungsschuldner seinen Wohnsitz in einem Drittstaat hat.

(11) Die Zuständigkeitsvorschriften müssen in hohem Maße vorhersehbar sein und sich grundsätzlich nach dem Wohnsitz des Beklagten richten, und diese Zuständigkeit muss stets gegeben sein außer in einigen genau festgelegten Fällen, in denen aufgrund des Streitgegenstands oder der Vertragsfreiheit der Parteien ein anderes Anknüpfungskriterium gerechtfertigt ist. Der Sitz juristischer Personen muss in der Verordnung selbst definiert sein, um die Transparenz der gemeinsamen Vorschriften zu stärken und Kompetenzkonflikte zu vermeiden.

(12) Der Gerichtsstand des Wohnsitzes des Beklagten muss durch alternative Gerichtsstände ergänzt werden, die entweder aufgrund der engen Verbindung zwischen Gericht und Rechtsstreit oder im Interesse einer geordneten Rechtspflege zuzulassen sind.

(13) Bei Versicherungs-, Verbraucher- und Arbeitssachen sollte die schwächere Partei durch Zuständigkeitsvorschriften geschützt werden, die für sie günstiger sind als die allgemeine Regelung.

(14) Vorbehaltlich der in dieser Verordnung festgelegten ausschließlichen Zuständigkeiten muss die Vertragsfreiheit der Parteien hinsichtlich der Wahl des Gerichtsstands, außer bei Versicherungs-, Verbraucher- und Arbeitssachen, wo nur eine begrenztere Vertragsfreiheit zulässig ist, gewahrt werden.

(15) Im Interesse einer abgestimmten Rechtspflege müssen Parallelverfahren so weit wie möglich vermieden werden, damit nicht in zwei Mitgliedstaaten miteinander unvereinbare Entscheidungen ergehen. Es sollte eine klare und wirksame Regelung zur Klärung von Fragen der Rechtshängigkeit und der im Zusammenhang stehenden Verfahren sowie zur Verhinderung von Problemen vorgesehen werden, die sich aus der einzelstaatlich unterschiedlichen Festlegung des Zeitpunkts ergeben, von dem an ein Verfahren als rechtshängig gilt. Für die Zwecke dieser Verordnung sollte dieser Zeitpunkt autonom festgelegt werden.

(16) Das gegenseitige Vertrauen in die Justiz im Rahmen der Gemeinschaft rechtfertigt, dass die in einem Mitgliedstaat ergangenen Entscheidungen, außer im Falle der Anfechtung, von Rechts wegen, ohne ein besonderes Verfahren, anerkannt werden.

(17) Aufgrund dieses gegenseitigen Vertrauens ist es auch gerechtfertigt, dass das Verfahren, mit dem eine in einem anderen Mitgliedstaat ergangene Entscheidung für vollstreckbar erklärt wird, rasch und effizient vonstatten geht. Die Vollstreckbarerklärung einer Entscheidung muss daher fast automatisch nach einer einfachen formalen Prüfung der vorgelegten Schriftstücke erfolgen, ohne dass das Gericht die Möglichkeit hat, von Amts wegen eines der in dieser Verordnung vorgesehenen Vollstreckungshindernisse aufzugreifen.

(18) Zur Wahrung seiner Verteidigungsrechte muss der Schuldner jedoch gegen die Vollstreckbarerklärung einen Rechtsbehelf im Wege eines Verfahrens mit beiderseitigem rechtlichen Gehör einlegen können, wenn er der Ansicht ist, dass einer der Gründe für die Versagung der Vollstreckung vorliegt. Die Möglichkeit eines Rechtsbehelfs muss auch für den Antragsteller gegeben sein, falls sein Antrag auf Vollstreckbarerklärung abgelehnt worden ist.

(19) Um die Kontinuität zwischen dem Brüsseler Übereinkommen und dieser Verordnung zu wahren, sollten Übergangsvorschriften vorgesehen werden. Dies gilt auch für die Auslegung der Bestimmungen des Brüsseler Übereinkommens durch den Gerichtshof der Europäischen Gemeinschaften. Ebenso sollte

das Protokoll von 1971 auf Verfahren, die zum Zeitpunkt des Inkrafttretens dieser Verordnung bereits anhängig sind, anwendbar bleiben.

(20) Das Vereinigte Königreich und Irland haben gemäß Artikel 3 des dem Vertrag über die Europäische Union und dem Vertrag zur Gründung der Europäischen Gemeinschaft beigefügten Protokolls über die Position des Vereinigten Königreichs und Irlands schriftlich mitgeteilt, dass sie sich an der Annahme und Anwendung dieser Verordnung beteiligen möchten.

(21) Dänemark beteiligt sich gemäß den Artikeln 1 und 2 des dem Vertrag über die Europäische Union und dem Vertrag zur Gründung der Europäischen Gemeinschaft beigefügten Protokolls über die Position Dänemarks nicht an der Annahme dieser Verordnung, die daher für Dänemark nicht bindend und ihm gegenüber nicht anwendbar ist.

(22) Da in den Beziehungen zwischen Dänemark und den durch diese Verordnung gebundenen Mitgliedstaaten das Brüsseler Übereinkommen in Geltung ist, ist dieses sowie das Protokoll von 1971 im Verhältnis zwischen Dänemark und den durch diese Verordnung gebundenen Mitgliedstaaten weiterhin anzuwenden.

(23) Das Brüsseler Übereinkommen gilt auch weiter hinsichtlich der Hoheitsgebiete der Mitgliedstaaten, die in seinen territorialen Anwendungsbereich fallen und die aufgrund der Anwendung von Artikel 299 des Vertrags von der vorliegenden Verordnung ausgeschlossen sind.

(24) Im Interesse der Kohärenz ist ferner vorzusehen, dass die in spezifischen Gemeinschaftsrechtsakten enthaltenen Vorschriften über die Zuständigkeit und die Anerkennung von Entscheidungen durch diese Verordnung nicht berührt werden.

(25) Um die internationalen Verpflichtungen, die die Mitgliedstaaten eingegangen sind, zu wahren, darf sich diese Verordnung nicht auf von den Mitgliedstaaten geschlossene Übereinkommen in besonderen Rechtsgebieten auswirken.

(26) Um den verfahrensrechtlichen Besonderheiten einiger Mitgliedstaaten Rechnung zu tragen, sollten die in dieser Verordnung vorgesehenen Grundregeln, soweit erforderlich, gelockert werden. Hierzu sollten bestimmte Vorschriften aus dem Protokoll zum Brüsseler Übereinkommen in die Verordnung übernommen werden.

(27) Um in einigen Bereichen, für die in dem Protokoll zum Brüsseler Übereinkommen Sonderbestimmungen enthalten waren, einen reibungslosen Übergang zu ermöglichen, sind in dieser Verordnung für einen Übergangszeitraum Bestimmungen vorgesehen, die der besonderen Situation in einigen Mitgliedstaaten Rechnung tragen.

(28) Spätestens fünf Jahre nach dem Inkrafttreten dieser Verordnung unterbreitet die Kommission einen Bericht über deren Anwendung. Dabei kann sie erforderlichenfalls auch Anpassungsvorschläge vorlegen.

(29) Die Anhänge I bis IV betreffend die innerstaatlichen Zuständigkeitsvorschriften, die Gerichte oder sonst befugten Stellen und die Rechtsbehelfe sind von der Kommission anhand der von dem betreffenden Mitgliedstaat mitgeteilten Änderungen zu ändern. Änderungen der Anhänge V und VI sind gemäß dem Beschluss 1999/468/EG des Rates vom 28. Juni 1999 zur Festlegung der Modalitäten für die Ausübung der der Kommission übertragenen Durchführungsbefugnisse zu beschließen –

KAPITEL I
ANWENDUNGSBEREICH

Artikel 1

(1) Diese Verordnung ist in Zivil- und Handelssachen anzuwenden, ohne dass es auf die Art der Gerichtsbarkeit ankommt. Sie erfasst insbesondere nicht Steuer- und Zollsachen sowie verwaltungsrechtliche Angelegenheiten.

(2) Sie ist nicht anzuwenden auf:

a) den Personenstand, die Rechts- und Handlungsfähigkeit sowie die gesetzliche Vertretung von natürlichen Personen, die ehelichen Güterstände, das Gebiet des Erbrechts einschließlich des Testamentsrechts;
b) Konkurse, Vergleiche und ähnliche Verfahren;
c) die soziale Sicherheit;
d) die Schiedsgerichtsbarkeit.

(3) In dieser Verordnung bedeutet der Begriff „Mitgliedstaat" jeden Mitgliedstaat mit Ausnahme des Königreichs Dänemark.

KAPITEL II
ZUSTÄNDIGKEIT

Abschnitt 1
Allgemeine Vorschriften

Artikel 2

(1) Vorbehaltlich der Vorschriften dieser Verordnung sind Personen, die ihren Wohnsitz im Hoheitsgebiet eines Mitgliedstaats haben, ohne Rücksicht auf ihre Staatsangehörigkeit vor den Gerichten dieses Mitgliedstaats zu verklagen.

(2) Auf Personen, die nicht dem Mitgliedstaat, in dem sie ihren Wohnsitz haben, angehören, sind die für Inländer maßgebenden Zuständigkeitsvorschriften anzuwenden.

Artikel 3

(1) Personen, die ihren Wohnsitz im Hoheitsgebiet eines Mitgliedstaats haben, können vor den Gerichten eines anderen Mitgliedstaats nur gemäß den Vorschriften der Abschnitte 2 bis 7 dieses Kapitels verklagt werden.

(2) Gegen diese Personen können insbesondere nicht die in Anhang I aufgeführten innerstaatlichen Zuständigkeitsvorschriften geltend gemacht werden.

Artikel 4

(1) Hat der Beklagte keinen Wohnsitz im Hoheitsgebiet eines Mitgliedstaats, so bestimmt sich vorbehaltlich der Artikel 22 und 23 die Zuständigkeit der Gerichte eines jeden Mitgliedstaats nach dessen eigenen Gesetzen.

(2) Gegenüber einem Beklagten, der keinen Wohnsitz im Hoheitsgebiet eines Mitgliedstaats hat, kann sich jede Person, die ihren Wohnsitz im Hoheitsgebiet eines Mitgliedstaats hat, in diesem Staat auf die dort geltenden Zuständigkeitsvorschriften, insbesondere auf die in Anhang I aufgeführten Vorschriften, wie ein Inländer berufen, ohne dass es auf ihre Staatsangehörigkeit ankommt.

Abschnitt 2
Besondere Zuständigkeiten

Artikel 5

Eine Person, die ihren Wohnsitz im Hoheitsgebiet eines Mitgliedstaats hat, kann in einem anderen Mitgliedstaat verklagt werden:

1. a) wenn ein Vertrag oder Ansprüche aus einem Vertrag den Gegenstand des Verfahrens bilden, vor dem Gericht des Ortes, an dem die Verpflichtung erfüllt worden ist oder zu erfüllen wäre;
   b) im Sinne dieser Vorschrift – und sofern nichts anderes vereinbart worden ist – ist der Erfüllungsort der Verpflichtung

   - für den Verkauf beweglicher Sachen der Ort in einem Mitgliedstaat, an dem sie nach dem Vertrag geliefert worden sind oder hätten geliefert werden müssen;
   - für die Erbringung von Dienstleistungen der Ort in einem Mitgliedstaat, an dem sie nach dem Vertrag erbracht worden sind oder hätten erbracht werden müssen;

   c) ist Buchstabe b) nicht anwendbar, so gilt Buchstabe a);
2. wenn es sich um eine Unterhaltssache handelt, vor dem Gericht des Ortes, an dem der Unterhaltsberechtigte seinen Wohnsitz oder seinen gewöhnlichen Aufenthalt hat, oder im Falle einer Unterhaltssache, über die im Zusammenhang mit einem Verfahren in Bezug auf den Personenstand zu entscheiden ist, vor dem nach seinem Recht für dieses Verfahren zuständigen Gericht, es sei denn, diese Zuständigkeit beruht lediglich auf der Staatsangehörigkeit einer der Parteien;
3. wenn eine unerlaubte Handlung oder eine Handlung, die einer unerlaubten Handlung gleichgestellt ist, oder wenn Ansprüche aus einer solchen Handlung den Gegenstand des Verfahrens bilden, vor dem Gericht des Ortes, an dem das schädigende Ereignis eingetreten ist oder einzutreten droht;
4. wenn es sich um eine Klage auf Schadensersatz oder auf Wiederherstellung des früheren Zustands handelt, die auf eine mit Strafe bedrohte Handlung gestützt wird, vor dem Strafgericht, bei dem die öffentliche Klage erhoben ist, soweit dieses Gericht nach seinem Recht über zivilrechtliche Ansprüche erkennen kann;
5. wenn es sich um Streitigkeiten aus dem Betrieb einer Zweigniederlassung, einer Agentur oder einer sonstigen Niederlassung handelt, vor dem Gericht des Ortes, an dem sich diese befindet;
6. wenn sie in ihrer Eigenschaft als Begründer, trustee oder Begünstigter eines trust in Anspruch genommen wird, der aufgrund eines Gesetzes oder durch schriftlich vorgenommenes oder schriftlich bestätigtes Rechtsgeschäft errichtet worden ist, vor den Gerichten des Mitgliedstaats, in dessen Hoheitsgebiet der trust seinen Sitz hat;
7. wenn es sich um eine Streitigkeit wegen der Zahlung von Berge- und Hilfslohn handelt, der für Bergungs- oder Hilfeleistungsarbeiten gefordert wird, die zugunsten einer Ladung oder einer Frachtforderung erbracht worden sind, vor dem Gericht, in dessen Zuständigkeitsbereich diese Ladung oder die entsprechende Frachtforderung
   a) mit Arrest belegt worden ist, um die Zahlung zu gewährleisten, oder
   b) mit Arrest hätte belegt werden können, jedoch dafür eine Bürgschaft oder eine andere Sicherheit geleistet worden ist;

diese Vorschrift ist nur anzuwenden, wenn behauptet wird, dass der Beklagte Rechte an der Ladung oder an der Frachtforderung hat oder zur Zeit der Bergungs- oder Hilfeleistungsarbeiten hatte.

Artikel 6

Eine Person, die ihren Wohnsitz im Hoheitsgebiet eines Mitgliedstaats hat, kann auch verklagt werden:

1. wenn mehrere Personen zusammen verklagt werden, vor dem Gericht des Ortes, an dem einer der Beklagten seinen Wohnsitz hat, sofern zwischen den Klagen eine so enge Beziehung gegeben ist, dass eine gemeinsame Verhandlung und Entscheidung geboten erscheint, um zu vermeiden, dass in getrennten Verfahren widersprechende Entscheidungen ergehen könnten;
2. wenn es sich um eine Klage auf Gewährleistung oder um eine Interventionsklage handelt, vor dem Gericht des Hauptprozesses, es sei denn, dass die Klage nur erhoben worden ist, um diese Person dem für sie zuständigen Gericht zu entziehen;
3. wenn es sich um eine Widerklage handelt, die auf denselben Vertrag oder Sachverhalt wie die Klage selbst gestützt wird, vor dem Gericht, bei dem die Klage selbst anhängig ist;
4. wenn ein Vertrag oder Ansprüche aus einem Vertrag den Gegenstand des Verfahrens bilden und die Klage mit einer Klage wegen dinglicher Rechte an unbeweglichen Sachen gegen denselben Beklagten verbunden werden kann, vor dem Gericht des Mitgliedstaats, in dessen Hoheitsgebiet die unbewegliche Sache belegen ist.

Artikel 7

Ist ein Gericht eines Mitgliedstaats nach dieser Verordnung zur Entscheidung in Verfahren wegen einer Haftpflicht aufgrund der Verwendung oder des Betriebs eines Schiffes zuständig, so entscheidet dieses oder ein anderes an seiner Stelle durch das Recht dieses Mitgliedstaats bestimmtes Gericht auch über Klagen auf Beschränkung dieser Haftung.

Abschnitt 3
Zuständigkeit für Versicherungssachen

Artikel 8

Für Klagen in Versicherungssachen bestimmt sich die Zuständigkeit unbeschadet des Artikels 4 und des Artikels 5 Nummer 5 nach diesem Abschnitt.

Artikel 9

(1) Ein Versicherer, der seinen Wohnsitz im Hoheitsgebiet eines Mitgliedstaats hat, kann verklagt werden:
a) vor den Gerichten des Mitgliedstaats, in dem er seinen Wohnsitz hat,
b) in einem anderen Mitgliedstaat bei Klagen des Versicherungsnehmers, des Versicherten oder des Begünstigten vor dem Gericht des Ortes, an dem der Kläger seinen Wohnsitz hat, oder
c) falls es sich um einen Mitversicherer handelt, vor dem Gericht eines Mitgliedstaats, bei dem der federführende Versicherer verklagt wird.

(2) Hat der Versicherer im Hoheitsgebiet eines Mitgliedstaats keinen Wohnsitz, besitzt er aber in einem Mitgliedstaat eine Zweigniederlassung, Agentur oder sonstige Niederlassung, so wird er für Streitigkeiten aus ihrem Betrieb so behandelt, wie wenn er seinen Wohnsitz im Hoheitsgebiet dieses Mitgliedstaats hätte.

Artikel 10

Bei der Haftpflichtversicherung oder bei der Versicherung von unbeweglichen Sachen kann der Versicherer außerdem vor dem Gericht des Ortes, an dem das schädigende Ereignis eingetreten ist, verklagt werden. Das Gleiche gilt, wenn sowohl bewegliche als auch unbewegliche Sachen in ein und demselben Versicherungsvertrag versichert und von demselben Schadensfall betroffen sind.

Artikel 11

(1) Bei der Haftpflichtversicherung kann der Versicherer auch vor das Gericht, bei dem die Klage des Geschädigten gegen den Versicherten anhängig ist, geladen werden, sofern dies nach dem Recht des angerufenen Gerichts zulässig ist.

(2) Auf eine Klage, die der Geschädigte unmittelbar gegen den Versicherer erhebt, sind die Artikel 8, 9 und 10 anzuwenden, sofern eine solche unmittelbare Klage zulässig ist.

(3) Sieht das für die unmittelbare Klage maßgebliche Recht die Streitverkündung gegen den Versicherungsnehmer oder den Versicherten vor, so ist dasselbe Gericht auch für diese Personen zuständig.

Artikel 12

(1) Vorbehaltlich der Bestimmungen des Artikels 11 Absatz 3 kann der Versicherer nur vor den Gerichten des Mitgliedstaats klagen, in dessen Hoheitsgebiet der Beklagte seinen Wohnsitz hat, ohne Rücksicht darauf, ob dieser Versicherungsnehmer, Versicherter oder Begünstigter ist.

(2) Die Vorschriften dieses Abschnitts lassen das Recht unberührt, eine Widerklage vor dem Gericht zu erheben, bei dem die Klage selbst gemäß den Bestimmungen dieses Abschnitts anhängig ist.

Artikel 13

Von den Vorschriften dieses Abschnitts kann im Wege der Vereinbarung nur abgewichen werden:

1. wenn die Vereinbarung nach der Entstehung der Streitigkeit getroffen wird,
2. wenn sie dem Versicherungsnehmer, Versicherten oder Begünstigten die Befugnis einräumt, andere als die in diesem Abschnitt angeführten Gerichte anzurufen,
3. wenn sie zwischen einem Versicherungsnehmer und einem Versicherer, die zum Zeitpunkt des Vertragsabschlusses ihren Wohnsitz oder gewöhnlichen Aufenthalt in demselben Mitgliedstaat haben, getroffen ist, um die Zuständigkeit der Gerichte dieses Staates auch für den Fall zu begründen, dass das schädigende Ereignis im Ausland eintritt, es sei denn, dass eine solche Vereinbarung nach dem Recht dieses Staates nicht zulässig ist,
4. wenn sie von einem Versicherungsnehmer geschlossen ist, der seinen Wohnsitz nicht in einem Mitgliedstaat hat, ausgenommen soweit sie eine Versicherung, zu deren Abschluss eine gesetzliche Verpflichtung besteht, oder die Versicherung von unbeweglichen Sachen in einem Mitgliedstaat betrifft, oder
5. wenn sie einen Versicherungsvertrag betrifft, soweit dieser eines oder mehrere der in Artikel 14 aufgeführten Risiken deckt.

Artikel 14

Die in Artikel 13 Nummer 5 erwähnten Risiken sind die folgenden:

1. sämtliche Schäden
   a) an Seeschiffen, Anlagen vor der Küste und auf hoher See oder Luftfahrzeugen aus Gefahren, die mit ihrer Verwendung zu gewerblichen Zwecken verbunden sind,
   b) an Transportgütern, ausgenommen Reisegepäck der Passagiere, wenn diese Güter ausschließlich oder zum Teil mit diesen Schiffen oder Luftfahrzeugen befördert werden;
2. Haftpflicht aller Art, mit Ausnahme der Haftung für Personenschäden an Passagieren oder Schäden an deren Reisegepäck,
   a) aus der Verwendung oder dem Betrieb von Seeschiffen, Anlagen oder Luftfahrzeugen gemäß Nummer 1 Buchstabe a), es sei denn, dass – was die letztgenannten betrifft – nach den Rechtsvorschriften des Mitgliedstaats, in dem das Luftfahrzeug eingetragen ist, Gerichtsstandsvereinbarungen für die Versicherung solcher Risiken untersagt sind,
   b) für Schäden, die durch Transportgüter während einer Beförderung im Sinne von Nummer 1 Buchstabe b) verursacht werden;
3. finanzielle Verluste im Zusammenhang mit der Verwendung oder dem Betrieb von Seeschiffen, Anlagen oder Luftfahrzeugen gemäß Nummer 1 Buchstabe a), insbesondere Fracht- oder Charterverlust;
4. irgendein zusätzliches Risiko, das mit einem der unter den Nummern 1 bis 3 genannten Risiken in Zusammenhang steht;
5. unbeschadet der Nummern 1 bis 4 alle „Großrisiken" entsprechend der Begriffsbestimmung in der Richtlinie 73/239/EWG des Rates, geändert durch die Richtlinie 88/357/EWG und die Richtlinie 90/618/EWG, in der jeweils geltenden Fassung.

Abschnitt 4
Zuständigkeit bei Verbrauchersachen

Artikel 15

(1) Bilden ein Vertrag oder Ansprüche aus einem Vertrag, den eine Person, der Verbraucher, zu einem Zweck geschlossen hat, der nicht der beruflichen oder gewerblichen Tätigkeit dieser Person zugerechnet werden kann, den Gegenstand des Verfahrens, so bestimmt sich die Zuständigkeit unbeschadet des Artikels 4 und des Artikels 5 Nummer 5 nach diesem Abschnitt,

a) wenn es sich um den Kauf beweglicher Sachen auf Teilzahlung handelt,
b) wenn es sich um ein in Raten zurückzuzahlendes Darlehen oder ein anderes Kreditgeschäft handelt, das zur Finanzierung eines Kaufs derartiger Sachen bestimmt ist, oder
c) in allen anderen Fällen, wenn der andere Vertragspartner in dem Mitgliedstaat, in dessen Hoheitsgebiet der Verbraucher seinen Wohnsitz hat, eine berufliche oder gewerbliche Tätigkeit ausübt oder eine solche auf irgend einem Wege auf diesen Mitgliedstaat oder auf mehrere Staaten, einschließlich dieses Mitgliedstaats, ausrichtet und der Vertrag in den Bereich dieser Tätigkeit fällt.

(2) Hat der Vertragspartner des Verbrauchers im Hoheitsgebiet eines Mitgliedstaats keinen Wohnsitz, besitzt er aber in einem Mitgliedstaat eine Zweigniederlassung, Agentur oder sonstige Niederlassung, so wird er für Streitigkeiten aus ihrem Betrieb so behandelt, wie wenn er seinen Wohnsitz im Hoheitsgebiet dieses Staates hätte.

(3) Dieser Abschnitt ist nicht auf Beförderungsverträge mit Ausnahme von Reiseverträgen, die für einen Pauschalpreis kombinierte Beförderungs- und Unterbringungsleistungen vorsehen, anzuwenden.

Artikel 16

(1) Die Klage eines Verbrauchers gegen den anderen Vertragspartner kann entweder vor den Gerichten des Mitgliedstaats erhoben werden, in dessen Hoheitsgebiet dieser Vertragspartner seinen Wohnsitz hat, oder vor dem Gericht des Ortes, an dem der Verbraucher seinen Wohnsitz hat.

(2) Die Klage des anderen Vertragspartners gegen den Verbraucher kann nur vor den Gerichten des Mitgliedstaats erhoben werden, in dessen Hoheitsgebiet der Verbraucher seinen Wohnsitz hat.

(3) Die Vorschriften dieses Artikels lassen das Recht unberührt, eine Widerklage vor dem Gericht zu erheben, bei dem die Klage selbst gemäß den Bestimmungen dieses Abschnitts anhängig ist.

Artikel 17

Von den Vorschriften dieses Abschnitts kann im Wege der Vereinbarung nur abgewichen werden:

1. wenn die Vereinbarung nach der Entstehung der Streitigkeit getroffen wird,

2. wenn sie dem Verbraucher die Befugnis einräumt, andere als die in diesem Abschnitt angeführten Gerichte anzurufen, oder
3. wenn sie zwischen einem Verbraucher und seinem Vertragspartner, die zum Zeitpunkt des Vertragsabschlusses ihren Wohnsitz oder gewöhnlichen Aufenthalt in demselben Mitgliedstaat haben, getroffen ist und die Zuständigkeit der Gerichte dieses Mitgliedstaats begründet, es sei denn, dass eine solche Vereinbarung nach dem Recht dieses Mitgliedstaats nicht zulässig ist.

Abschnitt 5
Zuständigkeit für individuelle Arbeitsverträge

Artikel 18

(1) Bilden ein individueller Arbeitsvertrag oder Ansprüche aus einem individuellen Arbeitsvertrag den Gegenstand des Verfahrens, so bestimmt sich die Zuständigkeit unbeschadet des Artikels 4 und des Artikels 5 Nummer 5 nach diesem Abschnitt.

(2) Hat der Arbeitgeber, mit dem der Arbeitnehmer einen individuellen Arbeitsvertrag geschlossen hat, im Hoheitsgebiet eines Mitgliedstaats keinen Wohnsitz, besitzt er aber in einem Mitgliedstaat eine Zweigniederlassung, Agentur oder sonstige Niederlassung, so wird er für Streitigkeiten aus ihrem Betrieb so behandelt, wie wenn er seinen Wohnsitz im Hoheitsgebiet dieses Mitgliedstaats hätte.

Artikel 19

Ein Arbeitgeber, der seinen Wohnsitz im Hoheitsgebiet eines Mitgliedstaats hat, kann verklagt werden:
1. vor den Gerichten des Mitgliedstaats, in dem er seinen Wohnsitz hat, oder
2. in einem anderen Mitgliedstaat
   a) vor dem Gericht des Ortes, an dem der Arbeitnehmer gewöhnlich seine Arbeit verrichtet oder zuletzt gewöhnlich verrichtet hat, oder
   b) wenn der Arbeitnehmer seine Arbeit gewöhnlich nicht in ein und demselben Staat verrichtet oder verrichtet hat, vor dem Gericht des Ortes, an dem sich die Niederlassung, die den Arbeitnehmer eingestellt hat, befindet bzw. befand.

Artikel 20

(1) Die Klage des Arbeitgebers kann nur vor den Gerichten des Mitgliedstaats erhoben werden, in dessen Hoheitsgebiet der Arbeitnehmer seinen Wohnsitz hat.

(2) Die Vorschriften dieses Abschnitts lassen das Recht unberührt, eine Widerklage vor dem Gericht zu erheben, bei dem die Klage selbst gemäß den Bestimmungen dieses Abschnitts anhängig ist.

Artikel 21

Von den Vorschriften dieses Abschnitts kann im Wege der Vereinbarung nur abgewichen werden,

1. wenn die Vereinbarung nach der Entstehung der Streitigkeit getroffen wird oder
2. wenn sie dem Arbeitnehmer die Befugnis einräumt, andere als die in diesem Abschnitt angeführten Gerichte anzurufen.

Abschnitt 6
Ausschließliche Zuständigkeiten

Artikel 22

Ohne Rücksicht auf den Wohnsitz sind ausschließlich zuständig:

1. für Klagen, welche dingliche Rechte an unbeweglichen Sachen sowie die Miete oder Pacht von unbeweglichen Sachen zum Gegenstand haben, die Gerichte des Mitgliedstaats, in dem die unbewegliche Sache belegen ist. Jedoch sind für Klagen betreffend die Miete oder Pacht unbeweglicher Sachen zum vorübergehenden privaten Gebrauch für höchstens sechs aufeinander folgende Monate auch die Gerichte des Mitgliedstaats zuständig, in dem der Beklagte seinen Wohnsitz hat, sofern es sich bei dem Mieter oder Pächter um eine natürliche Person handelt und der Eigentümer sowie der Mieter oder Pächter ihren Wohnsitz in demselben Mitgliedstaat haben;
2. für Klagen, welche die Gültigkeit, die Nichtigkeit oder die Auflösung einer Gesellschaft oder juristischen Person oder die Gültigkeit der Beschlüsse ihrer Organe zum Gegenstand haben, die Gerichte des Mitgliedstaats, in dessen Hoheitsgebiet die Gesellschaft oder juristische Person ihren Sitz hat. Bei der Entscheidung darüber, wo der Sitz sich befindet, wendet das Gericht die Vorschriften seines Internationalen Privatrechts an;

3. für Klagen, welche die Gültigkeit von Eintragungen in öffentliche Register zum Gegenstand haben, die Gerichte des Mitgliedstaats, in dessen Hoheitsgebiet die Register geführt werden;
4. für Klagen, welche die Eintragung oder die Gültigkeit von Patenten, Marken, Mustern und Modellen sowie ähnlicher Rechte, die einer Hinterlegung oder Registrierung bedürfen, zum Gegenstand haben, die Gerichte des Mitgliedstaats, in dessen Hoheitsgebiet die Hinterlegung oder Registrierung beantragt oder vorgenommen worden ist oder aufgrund eines Gemeinschaftsrechtsakts oder eines zwischenstaatlichen Übereinkommens als vorgenommen gilt. Unbeschadet der Zuständigkeit des Europäischen Patentamts nach dem am 5. Oktober 1973 in München unterzeichneten Übereinkommen über die Erteilung europäischer Patente sind die Gerichte eines jeden Mitgliedstaats ohne Rücksicht auf den Wohnsitz der Parteien für alle Verfahren ausschließlich zuständig, welche die Erteilung oder die Gültigkeit eines europäischen Patents zum Gegenstand haben, das für diesen Staat erteilt wurde;
5. für Verfahren, welche die Zwangsvollstreckung aus Entscheidungen zum Gegenstand haben, die Gerichte des Mitgliedstaats, in dessen Hoheitsgebiet die Zwangsvollstreckung durchgeführt werden soll oder durchgeführt worden ist.

Abschnitt 7
Vereinbarung über die Zuständigkeit

Artikel 23

(1) Haben die Parteien, von denen mindestens eine ihren Wohnsitz im Hoheitsgebiet eines Mitgliedstaats hat, vereinbart, dass ein Gericht oder die Gerichte eines Mitgliedstaats über eine bereits entstandene Rechtsstreitigkeit oder über eine künftige aus einem bestimmten Rechtsverhältnis entspringende Rechtsstreitigkeit entscheiden sollen, so sind dieses Gericht oder die Gerichte dieses Mitgliedstaats zuständig. Dieses Gericht oder die Gerichte dieses Mitgliedstaats sind ausschließlich zuständig, sofern die Parteien nichts anderes vereinbart haben. Eine solche Gerichtsstandsvereinbarung muss geschlossen werden
a) schriftlich oder mündlich mit schriftlicher Bestätigung,
b) in einer Form, welche den Gepflogenheiten entspricht, die zwischen den Parteien entstanden sind, oder
c) im internationalen Handel in einer Form, die einem Handelsbrauch entspricht, den die Parteien kannten oder kennen mussten und den Parteien

von Verträgen dieser Art in dem betreffenden Geschäftszweig allgemein kennen und regelmäßig beachten.

(2) Elektronische Übermittlungen, die eine dauerhafte Aufzeichnung der Vereinbarung ermöglichen, sind der Schriftform gleichgestellt.

(3) Wenn eine solche Vereinbarung von Parteien geschlossen wurde, die beide ihren Wohnsitz nicht im Hoheitsgebiet eines Mitgliedstaats haben, so können die Gerichte der anderen Mitgliedstaaten nicht entscheiden, es sei denn, das vereinbarte Gericht oder die vereinbarten Gerichte haben sich rechtskräftig für unzuständig erklärt.

(4) Ist in schriftlich niedergelegten trust-Bedingungen bestimmt, dass über Klagen gegen einen Begründer, trustee oder Begünstigten eines trust ein Gericht oder die Gerichte eines Mitgliedstaats entscheiden sollen, so ist dieses Gericht oder sind diese Gerichte ausschließlich zuständig, wenn es sich um Beziehungen zwischen diesen Personen oder ihre Rechte oder Pflichten im Rahmen des trust handelt.

(5) Gerichtsstandsvereinbarungen und entsprechende Bestimmungen in trust-Bedingungen haben keine rechtliche Wirkung, wenn sie den Vorschriften der Artikel 13, 17 und 21 zuwiderlaufen oder wenn die Gerichte, deren Zuständigkeit abbedungen wird, aufgrund des Artikels 22 ausschließlich zuständig sind.

Artikel 24

Sofern das Gericht eines Mitgliedstaats nicht bereits nach anderen Vorschriften dieser Verordnung zuständig ist, wird es zuständig, wenn sich der Beklagte vor ihm auf das Verfahren einlässt. Dies gilt nicht, wenn der Beklagte sich einlässt, um den Mangel der Zuständigkeit geltend zu machen oder wenn ein anderes Gericht aufgrund des Artikels 22 ausschließlich zuständig ist.

Abschnitt 8
Prüfung der Zuständigkeit und der Zulässigkeit des Verfahrens

Artikel 25

Das Gericht eines Mitgliedstaats hat sich von Amts wegen für unzuständig zu erklären, wenn es wegen einer Streitigkeit angerufen wird, für die das Gericht eines anderen Mitgliedstaats aufgrund des Artikels 22 ausschließlich zuständig ist.

Artikel 26

(1) Lässt sich der Beklagte, der seinen Wohnsitz im Hoheitsgebiet eines Mitgliedstaats hat und der vor den Gerichten eines anderen Mitgliedstaats verklagt wird, auf das Verfahren nicht ein, so hat sich das Gericht von Amts wegen für unzuständig zu erklären, wenn seine Zuständigkeit nicht nach dieser Verordnung begründet ist.

(2) Das Gericht hat das Verfahren so lange auszusetzen, bis festgestellt ist, dass es dem Beklagten möglich war, das verfahrenseinleitende Schriftstück oder ein gleichwertiges Schriftstück so rechtzeitig zu empfangen, dass er sich verteidigen konnte oder dass alle hierzu erforderlichen Maßnahmen getroffen worden sind.

(3) An die Stelle von Absatz 2 tritt Artikel 19 der Verordnung (EG) Nr. 1348/2000 des Rates vom 29. Mai 2000 über die Zustellung gerichtlicher und außergerichtlicher Schriftstücke in Zivil- oder Handelssachen in den Mitgliedstaaten, wenn das verfahrenseinleitende Schriftstück oder ein gleichwertiges Schriftstück nach der genannten Verordnung von einem Mitgliedstaat in einen anderen zu übermitteln war.

(4) Sind die Bestimmungen der Verordnung (EG) Nr. 1348/2000 nicht anwendbar, so gilt Artikel 15 des Haager Übereinkommens vom 15. November 1965 über die Zustellung gerichtlicher und außergerichtlicher Schriftstücke im Ausland in Zivil- und Handelssachen, wenn das verfahrenseinleitende Schriftstück oder ein gleichwertiges Schriftstück nach dem genannten Übereinkommen zu übermitteln war.

Abschnitt 9
Rechtshängigkeit und im Zusammenhang stehende Verfahren

Artikel 27

(1) Werden bei Gerichten verschiedener Mitgliedstaaten Klagen wegen desselben Anspruchs zwischen denselben Parteien anhängig gemacht, so setzt das später angerufene Gericht das Verfahren von Amts wegen aus, bis die Zuständigkeit des zuerst angerufenen Gerichts feststeht.

(2) Sobald die Zuständigkeit des zuerst angerufenen Gerichts feststeht, erklärt sich das später angerufene Gericht zugunsten dieses Gerichts für unzuständig.

Artikel 28

(1) Sind bei Gerichten verschiedener Mitgliedstaaten Klagen, die im Zusammenhang stehen, anhängig, so kann jedes später angerufene Gericht das Verfahren aussetzen.

(2) Sind diese Klagen in erster Instanz anhängig, so kann sich jedes später angerufene Gericht auf Antrag einer Partei auch für unzuständig erklären, wenn das zuerst angerufene Gericht für die betreffenden Klagen zuständig ist und die Verbindung der Klagen nach seinem Recht zulässig ist.

(3) Klagen stehen im Sinne dieses Artikels im Zusammenhang, wenn zwischen ihnen eine so enge Beziehung gegeben ist, dass eine gemeinsame Verhandlung und Entscheidung geboten erscheint, um zu vermeiden, dass in getrennten Verfahren widersprechende Entscheidungen ergehen könnten.

Artikel 29

Ist für die Klagen die ausschließliche Zuständigkeit mehrerer Gerichte gegeben, so hat sich das zuletzt angerufene Gericht zugunsten des zuerst angerufenen Gerichts für unzuständig zu erklären.

Artikel 30

Für die Zwecke dieses Abschnitts gilt ein Gericht als angerufen:
1. zu dem Zeitpunkt, zu dem das verfahrenseinleitende Schriftstück oder ein gleichwertiges Schriftstück bei Gericht eingereicht worden ist, vorausgesetzt, dass der Kläger es in der Folge nicht versäumt hat, die ihm obliegenden Maßnahmen zu treffen, um die Zustellung des Schriftstücks an den Beklagten zu bewirken, oder
2. falls die Zustellung an den Beklagten vor Einreichung des Schriftstücks bei Gericht zu bewirken ist, zu dem Zeitpunkt, zu dem die für die Zustellung verantwortliche Stelle das Schriftstück erhalten hat, vorausgesetzt, dass der Kläger es in der Folge nicht versäumt hat, die ihm obliegenden Maßnahmen zu treffen, um das Schriftstück bei Gericht einzureichen.

Abschnitt 10
Einstweilige Maßnahmen einschließlich solcher, die auf eine Sicherung gerichtet sind

Artikel 31

Die im Recht eines Mitgliedstaats vorgesehenen einstweiligen Maßnahmen einschließlich solcher, die auf eine Sicherung gerichtet sind, können bei den Gerichten dieses Staates auch dann beantragt werden, wenn für die Entscheidung in der Hauptsache das Gericht eines anderen Mitgliedstaats aufgrund dieser Verordnung zuständig ist.

KAPITEL III
ANERKENNUNG UND VOLLSTRECKUNG

Artikel 32

Unter „Entscheidung" im Sinne dieser Verordnung ist jede von einem Gericht eines Mitgliedstaats erlassene Entscheidung zu verstehen, ohne Rücksicht auf ihre Bezeichnung wie Urteil, Beschluss, Zahlungsbefehl oder Vollstreckungsbescheid, einschließlich des Kostenfestsetzungsbeschlusses eines Gerichtsbediensteten.

Abschnitt 1
Anerkennung

Artikel 33

(1) Die in einem Mitgliedstaat ergangenen Entscheidungen werden in den anderen Mitgliedstaaten anerkannt, ohne dass es hierfür eines besonderen Verfahrens bedarf.

(2) Bildet die Frage, ob eine Entscheidung anzuerkennen ist, als solche den Gegenstand eines Streites, so kann jede Partei, welche die Anerkennung geltend macht, in dem Verfahren nach den Abschnitten 2 und 3 dieses Kapitels die Feststellung beantragen, dass die Entscheidung anzuerkennen ist.

(3) Wird die Anerkennung in einem Rechtsstreit vor dem Gericht eines Mitgliedstaats, dessen Entscheidung von der Anerkennung abhängt, verlangt, so kann dieses Gericht über die Anerkennung entscheiden.

Artikel 34

Eine Entscheidung wird nicht anerkannt, wenn
1. die Anerkennung der öffentlichen Ordnung (ordre public) des Mitgliedstaats, in dem sie geltend gemacht wird, offensichtlich widersprechen würde;
2. dem Beklagten, der sich auf das Verfahren nicht eingelassen hat, das verfahrenseinleitende Schriftstück oder ein gleichwertiges Schriftstück nicht so rechtzeitig und in einer Weise zugestellt worden ist, dass er sich verteidigen konnte, es sei denn, der Beklagte hat gegen die Entscheidung keinen Rechtsbehelf eingelegt, obwohl er die Möglichkeit dazu hatte;
3. sie mit einer Entscheidung unvereinbar ist, die zwischen denselben Parteien in dem Mitgliedstaat, in dem die Anerkennung geltend gemacht wird, ergangen ist;
4. sie mit einer früheren Entscheidung unvereinbar ist, die in einem anderen Mitgliedstaat oder in einem Drittstaat zwischen denselben Parteien in einem Rechtsstreit wegen desselben Anspruchs ergangen ist, sofern die frühere Entscheidung die notwendigen Voraussetzungen für ihre Anerkennung in dem Mitgliedstaat erfüllt, in dem die Anerkennung geltend gemacht wird.

Artikel 35

(1) Eine Entscheidung wird ferner nicht anerkannt, wenn die Vorschriften der Abschnitte 3, 4 und 6 des Kapitels II verletzt worden sind oder wenn ein Fall des Artikels 72 vorliegt.

(2) Das Gericht oder die sonst befugte Stelle des Mitgliedstaats, in dem die Anerkennung geltend gemacht wird, ist bei der Prüfung, ob eine der in Absatz 1 angeführten Zuständigkeiten gegeben ist, an die tatsächlichen Feststellungen gebunden, aufgrund deren das Gericht des Ursprungsmitgliedstaats seine Zuständigkeit angenommen hat.

(3) Die Zuständigkeit der Gerichte des Ursprungsmitgliedstaats darf, unbeschadet der Bestimmungen des Absatzes 1, nicht nachgeprüft werden. Die Vorschriften über die Zuständigkeit gehören nicht zur öffentlichen Ordnung (ordre public) im Sinne des Artikels 34 Nummer 1.

Artikel 36

Die ausländische Entscheidung darf keinesfalls in der Sache selbst nachgeprüft werden.

Artikel 37

(1) Das Gericht eines Mitgliedstaats, vor dem die Anerkennung einer in einem anderen Mitgliedstaat ergangenen Entscheidung geltend gemacht wird, kann das Verfahren aussetzen, wenn gegen die Entscheidung ein ordentlicher Rechtsbehelf eingelegt worden ist.

(2) Das Gericht eines Mitgliedstaats, vor dem die Anerkennung einer in Irland oder im Vereinigten Königreich ergangenen Entscheidung geltend gemacht wird, kann das Verfahren aussetzen, wenn die Vollstreckung der Entscheidung im Ursprungsmitgliedstaat wegen der Einlegung eines Rechtsbehelfs einstweilen eingestellt ist.

Abschnitt 2
Vollstreckung

Artikel 38

(1) Die in einem Mitgliedstaat ergangenen Entscheidungen, die in diesem Staat vollstreckbar sind, werden in einem anderen Mitgliedstaat vollstreckt, wenn sie dort auf Antrag eines Berechtigten für vollstreckbar erklärt worden sind.

(2) Im Vereinigten Königreich jedoch wird eine derartige Entscheidung in England und Wales, in Schottland oder in Nordirland vollstreckt, wenn sie auf Antrag eines Berechtigten zur Vollstreckung in dem betreffenden Teil des Vereinigten Königreichs registriert worden ist.

Artikel 39

(1) Der Antrag ist an das Gericht oder die sonst befugte Stelle zu richten, die in Anhang II aufgeführt ist.

(2) Die örtliche Zuständigkeit wird durch den Wohnsitz des Schuldners oder durch den Ort, an dem die Zwangsvollstreckung durchgeführt werden soll, bestimmt.

Artikel 40

(1) Für die Stellung des Antrags ist das Recht des Vollstreckungsmitgliedstaats maßgebend.

(2) Der Antragsteller hat im Bezirk des angerufenen Gerichts ein Wahldomizil zu begründen. Ist das Wahldomizil im Recht des Vollstreckungsmitgliedstaats nicht vorgesehen, so hat der Antragsteller einen Zustellungsbevollmächtigten zu benennen.

(3) Dem Antrag sind die in Artikel 53 angeführten Urkunden beizufügen.

Artikel 41

Sobald die in Artikel 53 vorgesehenen Förmlichkeiten erfüllt sind, wird die Entscheidung unverzüglich für vollstreckbar erklärt, ohne dass eine Prüfung nach den Artikeln 34 und 35 erfolgt. Der Schuldner erhält in diesem Abschnitt des Verfahrens keine Gelegenheit, eine Erklärung abzugeben.

Artikel 42

(1) Die Entscheidung über den Antrag auf Vollstreckbarerklärung wird dem Antragsteller unverzüglich in der Form mitgeteilt, die das Recht des Vollstreckungsmitgliedstaats vorsieht.

(2) Die Vollstreckbarerklärung und, soweit dies noch nicht geschehen ist, die Entscheidung werden dem Schuldner zugestellt.

Artikel 43

(1) Gegen die Entscheidung über den Antrag auf Vollstreckbarerklärung kann jede Partei einen Rechtsbehelf einlegen.

(2) Der Rechtsbehelf wird bei dem in Anhang III aufgeführten Gericht eingelegt.

(3) Über den Rechtsbehelf wird nach den Vorschriften entschieden, die für Verfahren mit beiderseitigem rechtlichen Gehör maßgebend sind.

(4) Lässt sich der Schuldner auf das Verfahren vor dem mit dem Rechtsbehelf des Antragstellers befassten Gericht nicht ein, so ist Artikel 26 Absätze 2 bis 4 auch dann anzuwenden, wenn der Schuldner seinen Wohnsitz nicht im Hoheitsgebiet eines Mitgliedstaats hat.

(5) Der Rechtsbehelf gegen die Vollstreckbarerklärung ist innerhalb eines Monats nach ihrer Zustellung einzulegen. Hat der Schuldner seinen Wohnsitz im Hoheitsgebiet eines anderen Mitgliedstaats als dem, in dem die Vollstreckbarerklärung ergangen ist, so beträgt die Frist für den Rechtsbehelf zwei Monate

und beginnt von dem Tage an zu laufen, an dem die Vollstreckbarerklärung ihm entweder in Person oder in seiner Wohnung zugestellt worden ist. Eine Verlängerung dieser Frist wegen weiter Entfernung ist ausgeschlossen.

Artikel 44

Gegen die Entscheidung, die über den Rechtsbehelf ergangen ist, kann nur ein Rechtsbehelf nach Anhang IV eingelegt werden.

Artikel 45

(1) Die Vollstreckbarerklärung darf von dem mit einem Rechtsbehelf nach Artikel 43 oder Artikel 44 befassten Gericht nur aus einem der in den Artikeln 34 und 35 aufgeführten Gründe versagt oder aufgehoben werden. Das Gericht erlässt seine Entscheidung unverzüglich.

(2) Die ausländische Entscheidung darf keinesfalls in der Sache selbst nachgeprüft werden.

Artikel 46

(1) Das nach Artikel 43 oder Artikel 44 mit dem Rechtsbehelf befasste Gericht kann auf Antrag des Schuldners das Verfahren aussetzen, wenn gegen die Entscheidung im Ursprungsmitgliedstaat ein ordentlicher Rechtsbehelf eingelegt oder die Frist für einen solchen Rechtsbehelf noch nicht verstrichen ist; in letzterem Fall kann das Gericht eine Frist bestimmen, innerhalb deren der Rechtsbehelf einzulegen ist.

(2) Ist die Entscheidung in Irland oder im Vereinigten Königreich ergangen, so gilt jeder im Ursprungsmitgliedstaat statthafte Rechtsbehelf als ordentlicher Rechtsbehelf im Sinne von Absatz 1.

(3) Das Gericht kann auch die Zwangsvollstreckung von der Leistung einer Sicherheit, die es bestimmt, abhängig machen.

Artikel 47

(1) Ist eine Entscheidung nach dieser Verordnung anzuerkennen, so ist der Antragsteller nicht daran gehindert, einstweilige Maßnahmen einschließlich sol-

cher, die auf eine Sicherung gerichtet sind, nach dem Recht des Vollstreckungsmitgliedstaats in Anspruch zu nehmen, ohne dass es einer Vollstreckbarerklärung nach Artikel 41 bedarf.

(2) Die Vollstreckbarerklärung gibt die Befugnis, solche Maßnahmen zu veranlassen.

(3) Solange die in Artikel 43 Absatz 5 vorgesehene Frist für den Rechtsbehelf gegen die Vollstreckbarerklärung läuft und solange über den Rechtsbehelf nicht entschieden ist, darf die Zwangsvollstreckung in das Vermögen des Schuldners nicht über Maßnahmen zur Sicherung hinausgehen.

Artikel 48

(1) Ist durch die ausländische Entscheidung über mehrere mit der Klage geltend gemachte Ansprüche erkannt und kann die Vollstreckbarerklärung nicht für alle Ansprüche erteilt werden, so erteilt das Gericht oder die sonst befugte Stelle sie für einen oder mehrere dieser Ansprüche.

(2) Der Antragsteller kann beantragen, dass die Vollstreckbarerklärung nur für einen Teil des Gegenstands der Verurteilung erteilt wird.

Artikel 49

Ausländische Entscheidungen, die auf Zahlung eines Zwangsgelds lauten, sind im Vollstreckungsmitgliedstaat nur vollstreckbar, wenn die Höhe des Zwangsgelds durch die Gerichte des Ursprungsmitgliedstaats endgültig festgesetzt ist.

Artikel 50

Ist dem Antragsteller im Ursprungsmitgliedstaat ganz oder teilweise Prozesskostenhilfe oder Kosten- und Gebührenbefreiung gewährt worden, so genießt er in dem Verfahren nach diesem Abschnitt hinsichtlich der Prozesskostenhilfe oder der Kosten- und Gebührenbefreiung die günstigste Behandlung, die das Recht des Vollstreckungsmitgliedstaats vorsieht.

Artikel 51

Der Partei, die in einem Mitgliedstaat eine in einem anderen Mitgliedstaat ergangene Entscheidung vollstrecken will, darf wegen ihrer Eigenschaft als Ausländeroder wegen Fehlens eines inländischen Wohnsitzes oder Aufenthalts eine Sicherheitsleistung oder Hinterlegung, unter welcher Bezeichnung es auch sei, nicht auferlegt werden.

Artikel 52

Im Vollstreckungsmitgliedstaat dürfen im Vollstreckbarerklärungsverfahren keine nach dem Streitwert abgestuften Stempelabgaben oder Gebühren erhoben werden.

Abschnitt 3
Gemeinsame Vorschriften

Artikel 53

(1) Die Partei, die die Anerkennung einer Entscheidung geltend macht oder eine Vollstreckbarerklärung beantragt, hat eine Ausfertigung der Entscheidung vorzulegen, die die für ihre Beweiskraft erforderlichen Voraussetzungen erfüllt.

(2) Unbeschadet des Artikels 55 hat die Partei, die eine Vollstreckbarerklärung beantragt, ferner die Bescheinigung nach Artikel 54 vorzulegen.

Artikel 54

Das Gericht oder die sonst befugte Stelle des Mitgliedstaats, in dem die Entscheidung ergangen ist, stellt auf Antrag die Bescheinigung unter Verwendung des Formblatts in Anhang V dieser Verordnung aus.

Artikel 55

(1) Wird die Bescheinigung nach Artikel 54 nicht vorgelegt, so kann das Gericht oder die sonst befugte Stelle eine Frist bestimmen, innerhalb deren die Bescheinigung vorzulegen ist, oder sich mit einer gleichwertigen Urkunde begnügen

oder von der Vorlage der Bescheinigung befreien, wenn es oder sie eine weitere Klärung nicht für erforderlich hält.

(2) Auf Verlangen des Gerichts oder der sonst befugten Stelle ist eine Übersetzung der Urkunden vorzulegen. Die Übersetzung ist von einer hierzu in einem der Mitgliedstaaten befugten Person zu beglaubigen.

Artikel 56

Die in Artikel 53 und in Artikel 55 Absatz 2 angeführten Urkunden sowie die Urkunde über die Prozessvollmacht, falls eine solche erteilt wird, bedürfen weder der Legalisation noch einer ähnlichen Förmlichkeit.

KAPITEL IV
ÖFFENTLICHE URKUNDEN UND PROZESSVERGLEICHE

Artikel 57

(1) Öffentliche Urkunden, die in einem Mitgliedstaat aufgenommen und vollstreckbar sind, werden in einem anderen Mitgliedstaat auf Antrag in dem Verfahren nach den Artikeln 38 ff. für vollstreckbar erklärt. Die Vollstreckbarerklärung ist von dem mit einem Rechtsbehelf nach Artikel 43 oder Artikel 44 befassten Gericht nur zu versagen oder aufzuheben, wenn die Zwangsvollstreckung aus der Urkunde der öffentlichen Ordnung (ordre public) des Vollstreckungsmitgliedstaats offensichtlich widersprechen würde.

(2) Als öffentliche Urkunden im Sinne von Absatz 1 werden auch vor Verwaltungsbehörden geschlossene oder von ihnen beurkundete Unterhaltsvereinbarungen oder -verpflichtungen angesehen.

(3) Die vorgelegte Urkunde muss die Voraussetzungen für ihre Beweiskraft erfüllen, die in dem Mitgliedstaat, in dem sie aufgenommen wurde, erforderlich sind.

(4) Die Vorschriften des Abschnitts 3 des Kapitels III sind sinngemäß anzuwenden. Die befugte Stelle des Mitgliedstaats, in dem eine öffentliche Urkunde aufgenommen worden ist, stellt auf Antrag die Bescheinigung unter Verwendung des Formblatts in Anhang VI dieser Verordnung aus.

Artikel 58

Vergleiche, die vor einem Gericht im Laufe eines Verfahrens geschlossen und in dem Mitgliedstaat, in dem sie errichtet wurden, vollstreckbar sind, werden in dem Vollstreckungsmitgliedstaat unter denselben Bedingungen wie öffentliche Urkunden vollstreckt. Das Gericht oder die sonst befugte Stelle des Mitgliedstaats, in dem ein Prozessvergleich geschlossen worden ist, stellt auf Antrag die Bescheinigung unter Verwendung des Formblatts in Anhang V dieser Verordnung aus.

KAPITEL V
ALLGEMEINE VORSCHRIFTEN

Artikel 59

(1) Ist zu entscheiden, ob eine Partei im Hoheitsgebiet des Mitgliedstaats, dessen Gerichte angerufen sind, einen Wohnsitz hat, so wendet das Gericht sein Recht an.

(2) Hat eine Partei keinen Wohnsitz in dem Mitgliedstaat, dessen Gerichte angerufen sind, so wendet das Gericht, wenn es zu entscheiden hat, ob die Partei einen Wohnsitz in einem anderen Mitgliedstaat hat, das Recht dieses Mitgliedstaats an.

Artikel 60

(1) Gesellschaften und juristische Personen haben für die Anwendung dieser Verordnung ihren Wohnsitz an dem Ort, an dem sich

a) ihr satzungsmäßiger Sitz,
b) ihre Hauptverwaltung oder
c) ihre Hauptniederlassung

befindet.

(2) Im Falle des Vereinigten Königreichs und Irlands ist unter dem Ausdruck „satzungsmäßiger Sitz“ das registered office oder, wenn ein solches nirgendwo besteht, der place of incorporation (Ort der Erlangung der Rechtsfähigkeit) oder, wenn ein solcher nirgendwo besteht, der Ort, nach dessen Recht die formation (Gründung) erfolgt ist, zu verstehen.

(3) Um zu bestimmen, ob ein trust seinen Sitz in dem Vertragsstaat hat, bei dessen Gerichten die Klage anhängig ist, wendet das Gericht sein Internationales Privatrecht an.

Artikel 61

Unbeschadet günstigerer innerstaatlicher Vorschriften können Personen, die ihren Wohnsitz im Hoheitsgebiet eines Mitgliedstaats haben und die vor den Strafgerichten eines anderen Mitgliedstaats, dessen Staatsangehörigkeit sie nicht besitzen, wegen einer fahrlässig begangenen Straftat verfolgt werden, sich von hierzu befugten Personen vertreten lassen, selbst wenn sie persönlich nicht erscheinen. Das Gericht kann jedoch das persönliche Erscheinen anordnen; wird diese Anordnung nicht befolgt, so braucht die Entscheidung, die über den Anspruch aus einem Rechtsverhältnis des Zivilrechts ergangen ist, ohne dass sich der Angeklagte verteidigen konnte, in den anderen Mitgliedstaaten weder anerkannt noch vollstreckt zu werden.

Artikel 62

Bei den summarischen Verfahren betalningsföreläggande (Mahnverfahren) und handräckning (Beistandsverfahren) in Schweden umfasst der Begriff „Gericht" auch die schwedische kronofogdemyndighet (Amt für Beitreibung).

Artikel 63

(1) Eine Person, die ihren Wohnsitz im Hoheitsgebiet Luxemburgs hat und vor dem Gericht eines anderen Mitgliedstaats aufgrund des Artikels 5 Nummer 1 verklagt wird, hat die Möglichkeit, die Unzuständigkeit dieses Gerichts geltend zu machen, wenn sich der Bestimmungsort für die Lieferung beweglicher Sachen oder die Erbringung von Dienstleistungen in Luxemburg befindet.

(2) Befindet sich der Bestimmungsort für die Lieferung beweglicher Sachen oder die Erbringung von Dienstleistungen nach Absatz 1 in Luxemburg, so ist eine Gerichtsstandsvereinbarung nur rechtswirksam, wenn sie schriftlich oder mündlich mit schriftlicher Bestätigung im Sinne von Artikel 23 Absatz 1 Buchstabe a) angenommen wurde.

(3) Der vorliegende Artikel ist nicht anwendbar auf Verträge über Finanzdienstleistungen.

(4) Dieser Artikel gilt für die Dauer von sechs Jahren ab Inkrafttreten dieser Verordnung.

Artikel 64

(1) Bei Streitigkeiten zwischen dem Kapitän und einem Mitglied der Mannschaft eines in Griechenland oder in Portugal eingetragenen Seeschiffs über die Heuer oder sonstige Bedingungen des Dienstverhältnisses haben die Gerichte eines Mitgliedstaats zu überprüfen, ob der für das Schiff zuständige diplomatische oder konsularische Vertreter von der Streitigkeit unterrichtet worden ist. Sie können entscheiden, sobald dieser Vertreter unterrichtet ist.

(2) Dieser Artikel gilt für die Dauer von sechs Jahren ab Inkrafttreten dieser Verordnung.

Artikel 65

(1) Die in Artikel 6 Nummer 2 und Artikel 11 für eine Gewährleistungs- oder Interventionsklage vorgesehene Zuständigkeit kann weder in Deutschland noch in Österreich geltend gemacht werden. Jede Person, die ihren Wohnsitz in einem anderen Mitgliedstaat hat, kann vor Gericht geladen werden

a) in Deutschland nach den §§ 68 und 72 bis 74 der Zivilprozessordnung, die für die Streitverkündung gelten,
b) in Österreich nach § 21 der Zivilprozessordnung, der für die Streitverkündung gilt.

(2) Entscheidungen, die in den anderen Mitgliedstaaten aufgrund des Artikels 6 Nummer 2 und des Artikels 11 ergangen sind, werden in Deutschland und in Österreich nach Kapitel III anerkannt und vollstreckt. Die Wirkungen, welche die in diesen Staaten ergangenen Entscheidungen nach Absatz 1 gegenüber Dritten haben, werden auch in den anderen Mitgliedstaaten anerkannt.

KAPITEL VI
ÜBERGANGSVORSCHRIFTEN

Artikel 66

(1) Die Vorschriften dieser Verordnung sind nur auf solche Klagen und öffentliche Urkunden anzuwenden, die erhoben bzw. aufgenommen worden sind, nachdem diese Verordnung in Kraft getreten ist.

(2) Ist die Klage im Ursprungsmitgliedstaat vor dem Inkrafttreten dieser Verordnung erhoben worden, so werden nach diesem Zeitpunkt erlassene Ent-

scheidungen nach Maßgabe des Kapitels III anerkannt und zur Vollstreckung zugelassen,

a) wenn die Klage im Ursprungsmitgliedstaat erhoben wurde, nachdem das Brüsseler Übereinkommen oder das Übereinkommen von Lugano sowohl im Ursprungsmitgliedstaat als auch in dem Mitgliedstaat, in dem die Entscheidung geltend gemacht wird, in Kraft getreten war;
b) in allen anderen Fällen, wenn das Gericht aufgrund von Vorschriften zuständig war, die mit den Zuständigkeitsvorschriften des Kapitels II oder eines Abkommens übereinstimmen, das im Zeitpunkt der Klageerhebung zwischen dem Ursprungsmitgliedstaat und dem Mitgliedstaat, in dem die Entscheidung geltend gemacht wird, in Kraft war.

KAPITEL VII
VERHÄLTNIS ZU ANDEREN RECHTSINSTRUMENTEN

Artikel 67

Diese Verordnung berührt nicht die Anwendung der Bestimmungen, die für besondere Rechtsgebiete die gerichtliche Zuständigkeit oder die Anerkennung und Vollstreckung von Entscheidungen regeln und in gemeinschaftlichen Rechtsakten oder in dem in Ausführung dieser Akte harmonisierten einzelstaatlichen Recht enthalten sind.

Artikel 68

(1) Diese Verordnung tritt im Verhältnis zwischen den Mitgliedstaaten an die Stelle des Brüsseler Übereinkommens, außer hinsichtlich der Hoheitsgebiete der Mitgliedstaaten, die in den territorialen Anwendungsbereich dieses Übereinkommens fallen und aufgrund der Anwendung von Artikel 299 des Vertrags zur Gründung der Europäischen Gemeinschaft von der vorliegenden Verordnung ausgeschlossen sind.

(2) Soweit diese Verordnung die Bestimmungen des Brüsseler Übereinkommens zwischen den Mitgliedstaaten ersetzt, gelten Verweise auf dieses Übereinkommen als Verweise auf die vorliegende Verordnung.

Artikel 69

Diese Verordnung ersetzt unbeschadet des Artikels 66 Absatz 2 und des Artikels 70 im Verhältnis zwischen den Mitgliedstaaten die nachstehenden Abkommen und Verträge:

- das am 8. Juli 1899 in Paris unterzeichnete belgisch-französische Abkommen über die gerichtliche Zuständigkeit, die Anerkennung und die Vollstreckung von gerichtlichen Entscheidungen, Schiedssprüchen und öffentlichen Urkunden;
- das am 28. März 1925 in Brüssel unterzeichnete belgisch-niederländische Abkommen über die Zuständigkeit der Gerichte, den Konkurs sowie die Anerkennung und die Vollstreckung von gerichtlichen Entscheidungen, Schiedssprüchen und öffentlichen Urkunden;
- das am 3. Juni 1930 in Rom unterzeichnete französisch-italienische Abkommen über die Vollstreckung gerichtlicher Urteile in Zivil- und Handelssachen;
- das am 9. März 1936 in Rom unterzeichnete deutsch-italienische Abkommen über die Anerkennung und Vollstreckung gerichtlicher Entscheidungen in Zivil- und Handelssachen;
- das am 25. Oktober 1957 in Wien unterzeichnete belgisch-österreichische Abkommen über die gegenseitige Anerkennung und Vollstreckung von gerichtlichen Entscheidungen und öffentlichen Urkunden betreffend Unterhaltsverpflichtungen;
- das am 30. Juni 1958 in Bonn unterzeichnete deutsch-belgische Abkommen über die gegenseitige Anerkennung und Vollstreckung von gerichtlichen Entscheidungen, Schiedssprüchen und öffentlichen Urkunden in Zivil- und Handelssachen;
- das am 17. April 1959 in Rom unterzeichnete niederländisch-italienische Abkommen über die Anerkennung und Vollstreckung gerichtlicher Entscheidungen in Zivil- und Handelssachen;
- den am 6. Juni 1959 in Wien unterzeichneten deutsch-österreichischen Vertrag über die gegenseitige Anerkennung und Vollstreckung von gerichtlichen Entscheidungen, Vergleichen und öffentlichen Urkunden in Zivil- und Handelssachen;
- das am 16. Juni 1959 in Wien unterzeichnete belgisch-österreichische Abkommen über die gegenseitige Anerkennung und Vollstreckung von gerichtlichen Entscheidungen, Schiedssprüchen und öffentlichen Urkunden auf dem Gebiet des Zivil- und Handelsrechts;
- den am 4. November 1961 in Athen unterzeichneten Vertrag zwischen der Bundesrepublik Deutschland und dem Königreich Griechenland über die

gegenseitige Anerkennung und Vollstreckung von gerichtlichen Entscheidungen, Vergleichen und öffentlichen Urkunden in Zivil- und Handelssachen;

- das am 6. April 1962 in Rom unterzeichnete belgisch-italienische Abkommen über die Anerkennung und Vollstreckung von gerichtlichen Entscheidungen und anderen vollstreckbaren Titeln in Zivil- und Handelssachen;
- den am 30. August 1962 in Den Haag unterzeichneten deutsch-niederländischen Vertrag über gegenseitige Anerkennung und Vollstreckung gerichtlicher Entscheidungen und anderer Schuldtitel in Zivil- und Handelssachen;
- das am 6. Februar 1963 in Den Haag unterzeichnete niederländisch-österreichische Abkommen über die gegenseitige Anerkennung und Vollstreckung von gerichtlichen Entscheidungen und öffentlichen Urkunden auf dem Gebiet des Zivil- und Handelsrechts;
- das am 15. Juli 1966 in Wien unterzeichnete französisch-österreichische Abkommen über die Anerkennung und die Vollstreckung von gerichtlichen Entscheidungen und öffentlichen Urkunden auf dem Gebiet des Zivil- und Handelsrechts;
- das am 28. Mai 1969 in Paris unterzeichnete französisch-spanische Abkommen über die Anerkennung und Vollstreckung von gerichtlichen Entscheidungen und Schiedssprüchen in Zivil- und Handelssachen;
- das am 29. Juli 1971 in Luxemburg unterzeichnete luxemburgisch-österreichische Abkommen über die Anerkennung und die Vollstreckung von gerichtlichen Entscheidungen und öffentlichen Urkunden auf dem Gebiet des Zivil- und Handelsrechts;
- das am 16. November 1971 in Rom unterzeichnete italienisch-österreichische Abkommen über die Anerkennung und Vollstreckung von gerichtlichen Entscheidungen in Zivil- und Handelssachen, von gerichtlichen Vergleichen und von Notariatsakten;
- das am 22. Mai 1973 in Madrid unterzeichnete italienisch-spanische Abkommen über die Rechtshilfe und die Anerkennung und Vollstreckung gerichtlicher Entscheidungen in Zivil- und Handelssachen;
- das am 11. Oktober 1977 in Kopenhagen unterzeichnete Übereinkommen zwischen Dänemark, Finnland, Island, Norwegen und Schweden über die Anerkennung und Vollstreckung gerichtlicher Entscheidungen in Zivilsachen;
- das am 16. September 1982 in Stockholm unterzeichnete österreichisch-schwedische Abkommen über die Anerkennung und die Vollstreckung von Entscheidungen in Zivilsachen;
- den am 14. November 1983 in Bonn unterzeichneten deutsch-spanischen Vertrag über die Anerkennung und Vollstreckung von gerichtlichen Ent-

scheidungen und Vergleichen sowie vollstreckbaren öffentlichen Urkunden in Zivil- und Handelssachen;
- das am 17. Februar 1984 in Wien unterzeichnete österreichisch-spanische Abkommen über die Anerkennung und die Vollstreckung von gerichtlichen Entscheidungen, Vergleichen und vollstreckbaren öffentlichen Urkunden in Zivil- und Handelssachen;
- das am 17. November 1986 in Wien unterzeichnete finnisch-österreichische Abkommen über die Anerkennung und die Vollstreckung von Entscheidungen in Zivilsachen; und, insoweit als er in Kraft ist,
- den am 24. November 1961 in Brüssel unterzeichneten belgisch-niederländisch-luxemburgischen Vertrag über die gerichtliche Zuständigkeit, den Konkurs, die Anerkennung und die Vollstreckung von gerichtlichen Entscheidungen, Schiedssprüchen und öffentlichen Urkunden.

Artikel 70

(1) Die in Artikel 69 angeführten Abkommen und Verträge behalten ihre Wirksamkeit für die Rechtsgebiete, auf die diese Verordnung nicht anzuwenden ist.

(2) Sie bleiben auch weiterhin für die Entscheidungen und die öffentlichen Urkunden wirksam, die vor Inkrafttreten dieser Verordnung ergangen oder aufgenommen sind.

Artikel 71

(1) Diese Verordnung lässt Übereinkommen unberührt, denen die Mitgliedstaaten angehören und die für besondere Rechtsgebiete die gerichtliche Zuständigkeit, die Anerkennung oder die Vollstreckung von Entscheidungen regeln.

(2) Um eine einheitliche Auslegung des Absatzes 1 zu sichern, wird dieser Absatz in folgender Weise angewandt:

a) Diese Verordnung schließt nicht aus, dass ein Gericht eines Mitgliedstaats, der Vertragspartei eines Übereinkommens über ein besonderes Rechtsgebiet ist, seine Zuständigkeit auf ein solches Übereinkommen stützt, und zwar auch dann, wenn der Beklagte seinen Wohnsitz im Hoheitsgebiet eines Mitgliedstaats hat, der nicht Vertragspartei eines solchen Übereinkommens ist. In jedem Fall wendet dieses Gericht Artikel 26 dieser Verordnung an.
b) Entscheidungen, die in einem Mitgliedstaat von einem Gericht erlassen worden sind, das seine Zuständigkeit auf ein Übereinkommen über ein be-

sonderes Rechtsgebiet gestützt hat, werden in den anderen Mitgliedstaaten nach dieser Verordnung anerkannt und vollstreckt.
Sind der Ursprungsmitgliedstaat und der ersuchte Mitgliedstaat Vertragsparteien eines Übereinkommens über ein besonderes Rechtsgebiet, welches die Voraussetzungen für die Anerkennung und Vollstreckung von Entscheidungen regelt, so gelten diese Voraussetzungen. In jedem Fall können die Bestimmungen dieser Verordnung über das Verfahren zur Anerkennung und Vollstreckung von Entscheidungen angewandt werden.

Artikel 72

Diese Verordnung lässt Vereinbarungen unberührt, durch die sich die Mitgliedstaaten vor Inkrafttreten dieser Verordnung nach Artikel 59 des Brüsseler Übereinkommens verpflichtet haben, Entscheidungen der Gerichte eines anderen Vertragsstaats des genannten Übereinkommens gegen Beklagte, die ihren Wohnsitz oder gewöhnlichen Aufenthalt im Hoheitsgebiet eines dritten Staates haben, nicht anzuerkennen, wenn die Entscheidungen in den Fällen des Artikels 4 des genannten Übereinkommens nur in einem der in Artikel 3 Absatz 2 des genannten Übereinkommens angeführten Gerichtsstände ergehen können.

KAPITEL VIII
SCHLUSSVORSCHRIFTEN

Artikel 73

Die Kommission legt dem Europäischen Parlament, dem Rat und dem Wirtschafts- und Sozialausschuss spätestens fünf Jahre nach Inkrafttreten dieser Verordnung einen Bericht über deren Anwendung vor. Diesem Bericht sind gegebenenfalls Vorschläge zur Anpassung der Verordnung beizufügen.

Artikel 74

(1) Die Mitgliedstaaten notifizieren der Kommission die Texte, durch welche die Listen in den Anhängen I bis IV geändert werden. Die Kommission passt die betreffenden Anhänge entsprechend an.

(2) Aktualisierungen oder technische Anpassungen der in den Anhängen V und VI wiedergegebenen Formblätter werden nach dem in Artikel 75 Absatz 2 genannten Beratungsverfahren beschlossen.

Artikel 75

(1) Die Kommission wird von einem Ausschuss unterstützt.

(2) Wird auf diesen Absatz Bezug genommen, so gelten die Artikel 3 und 7 des Beschlusses 1999/468/EG.

(3) Der Ausschuss gibt sich eine Geschäftsordnung.

Artikel 76

Diese Verordnung tritt am 1. März 2002 in Kraft. Diese Verordnung ist in allen ihren Teilen verbindlich und gilt gemäß dem Vertrag zur Gründung der Europäischen Gemeinschaft unmittelbar in den Mitgliedstaaten.

ANHANG I
Innerstaatliche Zuständigkeitsvorschriften im Sinne von Artikel 3 Absatz 2 und Artikel 4 Absatz 2

Die innerstaatlichen Zuständigkeitsvorschriften im Sinne von Artikel 3 Absatz 2 und Artikel 4 Absatz 2 sind die folgenden:
- in Belgien: Artikel 15 des Zivilgesetzbuches (Code civil – Burgerlijk Wetboek) sowie Artikel 638 der Zivilprozessordnung (Code judiciaire – Gerechtelijk Wetboek);
- in Deutschland: § 23 der Zivilprozessordnung;
- in Griechenland: Artikel 40 der Zivilprozessordnung (K odikaB Politik ZB Dikonom iaB);
- in Frankreich: Artikel 14 und 15 des Zivilgesetzbuches (Code civil);
- in Irland: Vorschriften, nach denen die Zuständigkeit durch Zustellung eines verfahrenseinleitenden Schriftstücks an den Beklagten während dessen vorübergehender Anwesenheit in Irland begründet wird;
- in Italien: Artikel 3 und 4 des Gesetzes Nr. 218 vom 31. Mai 1995;
- in Luxemburg: Artikel 14 und 15 des Zivilgesetzbuches (Code civil);
- in den Niederlanden: Artikel 126 Absatz 3 und Artikel 127 der Zivilprozessordnung (Wetboek van Burgerlijke Rechtsvordering);

- in Österreich: § 99 der Jurisdiktionsnorm;
- in Portugal: Artikel 65 und Artikel 65 A der Zivilprozessordnung (Código de Processo Civil) und Artikel 11 der Arbeitsprozessordnung (Código de Processo de Trabalho);
- in Finnland: Kapitel 10 § 1 Absatz 1 Sätze 2, 3 und 4 der Prozessordnung (oikeudenkäymiskaari/rättegångsbalken);
- in Schweden: Kapitel 10 § 3 Absatz 1 Satz 1 der Prozessordnung (rättegångsbalken).
- im Vereinigten Königreich: Vorschriften, nach denen die Zuständigkeit begründet wird durch:
  a) die Zustellung eines verfahrenseinleitenden Schriftstücks an den Beklagten während dessen vorübergehender Anwesenheit im Vereinigten Königreich;
  b) das Vorhandensein von Vermögenswerten des Beklagten im Vereinigten Königreich oder
  c) die Beschlagnahme von Vermögenswerten im Vereinigten Königreich durch den Kläger.

ANHANG II
Anträge nach Artikel 39 sind bei folgenden Gerichten oder sonst befugten Stellen einzubringen:

- in Belgien beim tribunal de première instance oder bei der rechtbank van eerste aanleg oder beim erstinstanzlichen Gericht;
- in Deutschland beim Vorsitzenden einer Kammer des Landgerichts;
- in Griechenland beim Monomel eB Protodike io;
- in Spanien beim Juzgado de Primera Instancia;
- in Frankreich beim Präsidenten des tribunal de grande instance;
- in Irland beim High Court;
- in Italien bei der Corte d'appello;
- in Luxemburg beim Präsidenten des tribunal d'arrondissement;
- in den Niederlanden beim Präsidenten der arrondissementsrechtbank;
- in Österreich beim Bezirksgericht;
- in Portugal beim Tribunal de Comarca;
- in Finnland beim käräjäoikeus/tingsrätt;
- in Schweden beim Svea hovrätt;
- im Vereinigten Königreich:
  a) in England und Wales beim High Court of Justice oder für Entscheidungen in Unterhaltssachen beim Magistrates' Court über den Secretary of State;

b) in Schottland beim Court of Session oder für Entscheidungen in Unterhaltssachen beim Sheriff Court über den Secretary of State;
c) in Nordirland beim High Court of Justice oder für Entscheidungen in Unterhaltssachen beim Magistrates' Court über den Secretary of State.
d) In Gibraltar beim Supreme Court of Gibraltar oder für Entscheidungen in Unterhaltssachen beim Magistrates' Court über den Attorney General of Gibraltar.

ANHANG III

Die Rechtsbehelfe nach Artikel 43 Absatz 2 sind bei folgenden Gerichten der Mitgliedstaaten einzulegen:

- in Belgien:
  a) im Falle des Schuldners beim tribunal de première instance oder bei der rechtbank van eerste aanleg oder beim erstinstanzlichen Gericht;
  b) im Falle des Antragstellers bei der cour d'appel oder beim hof van beroep;
- in Deutschland beim Oberlandesgericht;
- in Griechenland beim Ejete io;
- in Spanien bei der Audiencia Provincial;
- in Frankreich bei der cour d'appel;
- in Irland beim High Court;
- in Italien bei der corte d'appello;
- in Luxemburg bei der Cour supérieure de Justice als Berufungsinstanz für Zivilsachen;
- in den Niederlanden:
  a) im Falle des Schuldners bei der arrondissementsrechtbank,
  b) im Falle des Antragstellers beim gerechtshof;
- in Österreich beim Bezirksgericht;
- in Portugal beim Tribunal de Relação;
- in Finnland hovioikeus/hovrätt;
- in Schweden beim Svea hovrätt;
- im Vereinigten Königreich:
  a) in England und Wales beim High Court of Justice oder für Entscheidungen in Unterhaltssachen beim Magistrates' Court;
  b) in Schottland beim Court of Session oder für Entscheidungen in Unterhaltssachen beim Sheriff Court;
  c) in Nordirland beim High Court of Justice oder für Entscheidungen in Unterhaltssachen beim Magistrates' Court;

d) in Gibraltar beim Supreme Court of Gibraltar oder für Entscheidungen in Unterhaltssachen beim Magistrates' Court.

ANHANG IV
Nach Artikel 44 können folgende Rechtsbehelfe eingelegt werden:

- in Belgien, Griechenland, Spanien, Frankreich, Italien, Luxemburg und den Niederlanden: die Kassationsbeschwerde,
- in Deutschland: die Rechtsbeschwerde,
- in Irland: ein auf Rechtsfragen beschränkter Rechtsbehelf beim Supreme Court,
- in Österreich: der Revisionsrekurs,
- in Portugal: ein auf Rechtsfragen beschränkter Rechtsbehelf,
- in Finnland: ein Rechtsbehelf beim korkein oikeus/högsta domstolen,
- in Schweden: ein Rechtsbehelf beim Högsta domstolen,
- im Vereinigten Königreich: ein einziger auf Rechtsfragen beschränkter Rechtsbehelf.

ANHANG V
Bescheinigung nach den Artikeln 54 und 58 der Verordnung betreffend gerichtliche Entscheidungen und Prozessvergleiche

(Deutsch, alemán, allemand, tedesco, ...)
1. Ursprungsmitgliedstaat
2. Gericht oder sonst befugte Stelle, das/die die vorliegende Bescheinigung ausgestellt hat
   2.1 Name
   2.2 Anschrift
   2.3 Tel./Fax/E-mail
3. Gericht, das die Entscheidung erlassen hat/vor dem der Prozessvergleich geschlossen wurde[2]
   3.1 Bezeichnung des Gerichts
   3.2 Gerichtsort
4. Entscheidung/Prozessvergleich[2]
   4.1 Datum
   4.2 Aktenzeichen
   4.3 Die Parteien der Entscheidung/des Prozessvergleichs[2]
   4.3.1 Name(n) des (der) Kläger(s)

4.3.2 Name(n) des (der) Beklagten
4.3.3 gegebenenfalls Name(n) (der) anderen(r) Partei(en)
4.4 Datum der Zustellung des verfahrenseinleitenden Schriftstücks, wenn die Entscheidung in einem Verfahren erging, auf das sich der Beklagte nicht eingelassen hat
4.5 Wortlaut des Urteilsspruchs/des Prozessvergleichs[2] in der Anlage zu dieser Bescheinigung
5. Namen der Parteien, denen Prozesskostenhilfe gewährt wurde

Die Entscheidung/der Prozessvergleich[2] ist im Ursprungsmitgliedstaat vollstreckbar (Artikel 38 und 58 der Verordnung) gegen:

Name:
Geschehen zu .... am ....
Unterschrift und/oder Dienstsiegel ....

[2] Nichtzutreffendes streichen.

ANHANG VI

Bescheinigung nach Artikel 57 Absatz 4 der Verordnung betreffend öffentliche Urkunden

(Deutsch, alemán, allemand, tedesco, ...)
1. Ursprungsmitgliedstaat
2. Befugte Stelle, die die vorliegende Bescheinigung ausgestellt hat
2.1 Name
2.2 Anschrift
2.3 Tel./Fax/E-Mail
3. Befugte Stelle, aufgrund deren Mitwirkung eine öffentliche Urkunde vorliegt
3.1 Stelle, die an der Aufnahme der öffentlichen Urkunde beteiligt war (falls zutreffend)
3.1.1 Name und Bezeichnung dieser Stelle
3.1.2 Sitz dieser Stelle
3.2 Stelle, die die öffentliche Urkunde registriert hat (falls zutreffend)
3.2.1 Art der Stelle
3.2.2 Sitz dieser Stelle
4. Öffentliche Urkunde

4.1 Bezeichnung der Urkunde
4.2 Datum
4.2.1 an dem die Urkunde aufgenommen wurde
4.2.2 falls abweichend: an dem die Urkunde registriert wurde
4.3 Aktenzeichen
4.4 Die Parteien der Urkunde
4.4.1 Name des Gläubigers
4.4.2 Name des Schuldners

5. Wortlaut der vollstreckbaren Verpflichtung in der Anlage zu dieser Bescheinigung

Die öffentliche Urkunde ist im Ursprungsmitgliedstaat gegen den Schuldner vollstreckbar (Artikel 57 Absatz 1 der Verordnung)

Geschehen zu .... am ....
Unterschrift und/oder Dienstsiegel ....

---

[2] Nichtzutreffendes streichen.

B. VO (EG) Nr. 1215/2012 über die gerichtliche Zuständigkeit und die Anerkennung und Vollstreckung von Entscheidungen in Zivil- und Handelssachen (Brüssel Ia VO)

(ABl. 2012 L 351, 1 ff.)

DAS EUROPÄISCHE PARLAMENT UND DER RAT DER EUROPÄISCHEN UNION –

gestützt auf den Vertrag über die Arbeitsweise der Europäischen Union, insbesondere auf Artikel 67 Absatz 4 und Artikel 81 Absatz 2 Buchstaben a, c und e,

auf Vorschlag der Europäischen Kommission,

nach Zuleitung des Entwurfs des Gesetzgebungsakts an die nationalen Parlamente,

nach Stellungnahme des Europäischen Wirtschafts- und Sozialausschusses,

gemäß dem ordentlichen Gesetzgebungsverfahren,

in Erwägung nachstehender Gründe:

(1) Am 21. April 2009 hat die Kommission einen Bericht über die Anwendung der Verordnung (EG) Nr. 44/2001 des Rates vom 22. Dezember 2000 über die gerichtliche Zuständigkeit und die Anerkennung und Vollstreckung von Entscheidungen in Zivil- und Handelssachen angenommen. Dem Bericht zufolge herrscht allgemein Zufriedenheit mit der Funktionsweise der genannten Verordnung, doch könnten die Anwendung bestimmter Vorschriften, der freie Verkehr gerichtlicher Entscheidungen sowie der Zugang zum Recht noch weiter verbessert werden. Da einige weitere Änderungen erfolgen sollen, sollte die genannte Verordnung aus Gründen der Klarheit neu gefasst werden.

(2) Der Europäische Rat hat auf seiner Tagung vom 10./11. Dezember 2009 in Brüssel ein neues mehrjähriges Programm mit dem Titel „Das Stockholmer Programm – Ein offenes und sicheres Europa im Dienste und zum Schutz der Bürger" angenommen. Im Stockholmer Programm vertritt der Europäische Rat die Auffassung, dass der Prozess der Abschaffung aller zwischengeschalteten Maßnahmen (Exequaturverfahren) während des von dem Programm abgedeckten Zeitraums fortgeführt werden sollte. Gleichzeitig sollte die Abschaffung der Exequaturverfahren von einer Reihe von Schutzvorkehrungen begleitet werden.

(3) Die Union hat sich zum Ziel gesetzt, einen Raum der Freiheit, der Sicherheit und des Rechts zu erhalten und weiterzuentwickeln, indem unter anderem der Zugang zum Recht, insbesondere durch den Grundsatz der gegenseitigen Anerkennung gerichtlicher und außergerichtlicher Entscheidungen in

Zivilsachen, erleichtert wird. Zum schrittweisen Aufbau eines solchen Raums hat die Union im Bereich der justiziellen Zusammenarbeit in Zivilsachen, die einen grenzüberschreitenden Bezug aufweisen, Maßnahmen zu erlassen, insbesondere wenn dies für das reibungslose Funktionieren des Binnenmarkts erforderlich ist.

(4) Die Unterschiede zwischen bestimmten einzelstaatlichen Vorschriften über die gerichtliche Zuständigkeit und die Anerkennung von Entscheidungen erschweren das reibungslose Funktionieren des Binnenmarkts. Es ist daher unerlässlich, Bestimmungen zu erlassen, um die Vorschriften über die internationale Zuständigkeit in Zivil- und Handelssachen zu vereinheitlichen und eine rasche und unkomplizierte Anerkennung und Vollstreckung von Entscheidungen zu gewährleisten, die in einem Mitgliedstaat ergangen sind.

(5) Diese Bestimmungen fallen in den Bereich der justiziellen Zusammenarbeit in Zivilsachen im Sinne von Artikel 81 des Vertrags über die Arbeitsweise der Europäischen Union (AEUV).

(6) Um den angestrebten freien Verkehr der Entscheidungen in Zivil- und Handelssachen zu verwirklichen, ist es erforderlich und angemessen, dass die Vorschriften über die gerichtliche Zuständigkeit und die Anerkennung und Vollstreckung von Entscheidungen im Wege eines Unionsrechtsakts festgelegt werden, der verbindlich und unmittelbar anwendbar ist.

(7) Am 27. September 1968 schlossen die seinerzeitigen Mitgliedstaaten der Europäischen Gemeinschaften auf der Grundlage von Artikel 220 vierter Gedankenstrich des Vertrags zur Gründung der Europäischen Wirtschaftsgemeinschaft das Übereinkommen von Brüssel über die gerichtliche Zuständigkeit und die Vollstreckung gerichtlicher Entscheidungen in Zivil- und Handelssachen, dessen Fassung danach durch die Übereinkommen über den Beitritt neuer Mitgliedstaaten zu diesem Übereinkommen geändert wurde („Brüsseler Übereinkommen von 1968“). Am 16. September 1988 schlossen die seinerzeitigen Mitgliedstaaten der Europäischen Gemeinschaften und bestimmte EFTA-Staaten das Übereinkommen von Lugano über die gerichtliche Zuständigkeit und die Vollstreckung gerichtlicher Entscheidungen in Zivil- und Handelssachen („Übereinkommen von Lugano von 1988“), das ein Parallelübereinkommen zu dem Brüsseler Übereinkommen von 1968 darstellt. Am 1. Februar 2000 wurde das Übereinkommen von Lugano von 1988 auf Polen anwendbar.

(8) Am 22. Dezember 2000 nahm der Rat die Verordnung (EG) Nr. 44/2001 an, die das Brüsseler Übereinkommen von 1968 im Verhältnis der Mitgliedstaaten zueinander mit Ausnahme Dänemarks hinsichtlich der Hoheitsgebiete der Mitgliedstaaten ersetzt, die in den Anwendungsbereich des AEUV fallen. Mit dem Beschluss 2006/325/EG des Rates schloss die Gemeinschaft mit Dänemark ein Abkommen über die Anwendung der Bestimmungen der Verordnung (EG)

Nr. 44/2001 in Dänemark. Das Übereinkommen von Lugano von 1988 wurde durch das am 30. Oktober 2007 von der Gemeinschaft, Dänemark, Island, Norwegen und der Schweiz in Lugano unterzeichnete Übereinkommen über die gerichtliche Zuständigkeit und die Anerkennung und Vollstreckung von Entscheidungen in Zivil- und Handelssachen („Übereinkommen von Lugano von 2007") geändert.

(9) Das Brüsseler Übereinkommen von 1968 gilt weiter hinsichtlich der Hoheitsgebiete der Mitgliedstaaten, die in seinen territorialen Anwendungsbereich fallen und die aufgrund der Anwendung von Artikel 355 AEUV von der vorliegenden Verordnung ausgeschlossen sind.

(10) Der sachliche Anwendungsbereich dieser Verordnung sollte sich, von einigen genau festgelegten Rechtsgebieten abgesehen, auf den wesentlichen Teil des Zivil- und Handelsrechts erstrecken; aufgrund der Annahme der Verordnung (EG) Nr. 4/2009 des Rates vom 18. Dezember 2008 über die Zuständigkeit, das anwendbare Recht, die Anerkennung und Vollstreckung von Entscheidungen und die Zusammenarbeit in Unterhaltssachen sollten insbesondere die Unterhaltspflichten vom Anwendungsbereich dieser Verordnung ausgenommen werden.

(11) Für die Zwecke dieser Verordnung sollten zu den Gerichten der Mitgliedstaaten auch gemeinsame Gerichte mehrerer Mitgliedstaaten gehören, wie der Benelux-Gerichtshof, wenn er seine Zuständigkeit in Angelegenheiten ausübt, die in den Anwendungsbereich dieser Verordnung fallen. Daher sollten Entscheidungen dieser Gerichte gemäß dieser Verordnung anerkannt und vollstreckt werden.

(12) Diese Verordnung sollte nicht für die Schiedsgerichtsbarkeit gelten. Sie sollte die Gerichte eines Mitgliedstaats nicht daran hindern, die Parteien gemäß dem einzelstaatlichen Recht an die Schiedsgerichtsbarkeit zu verweisen, das Verfahren auszusetzen oder einzustellen oder zu prüfen, ob die Schiedsvereinbarung hinfällig, unwirksam oder nicht erfüllbar ist, wenn sie wegen eines Streitgegenstands angerufen werden, hinsichtlich dessen die Parteien eine Schiedsvereinbarung getroffen haben. Entscheidet ein Gericht eines Mitgliedstaats, ob eine Schiedsvereinbarung hinfällig, unwirksam oder nicht erfüllbar ist, so sollte diese Entscheidung ungeachtet dessen, ob das Gericht darüber in der Hauptsache oder als Vorfrage entschieden hat, nicht den Vorschriften dieser Verordnung über die Anerkennung und Vollstreckung unterliegen. Hat hingegen ein nach dieser Verordnung oder nach einzelstaatlichem Recht zuständiges Gericht eines Mitgliedstaats festgestellt, dass eine Schiedsvereinbarung hinfällig, unwirksam oder nicht erfüllbar ist, so sollte die Entscheidung des Gerichts in der Hauptsache dennoch gemäß dieser Verordnung anerkannt oder vollstreckt werden können. Hiervon unberührt bleiben sollte die Zuständigkeit der

Gerichte der Mitgliedstaaten, über die Anerkennung und Vollstreckung von Schiedssprüchen im Einklang mit dem am 10. Juni 1958 in New York unterzeichneten Übereinkommen über die Anerkennung und Vollstreckung ausländischer Schiedssprüche („Übereinkommen von New York von 1958") zu entscheiden, das Vorrang vor dieser Verordnung hat. Diese Verordnung sollte nicht für Klagen oder Nebenverfahren insbesondere im Zusammenhang mit der Bildung eines Schiedsgerichts, den Befugnissen von Schiedsrichtern, der Durchführung eines Schiedsverfahrens oder sonstigen Aspekten eines solchen Verfahrens oder für eine Klage oder eine Entscheidung in Bezug auf die Aufhebung, die Überprüfung, die Anfechtung, die Anerkennung oder die Vollstreckung eines Schiedsspruchs gelten.

(13) Zwischen den Verfahren, die unter diese Verordnung fallen, und dem Hoheitsgebiet der Mitgliedstaaten muss ein Anknüpfungspunkt bestehen. Gemeinsame Zuständigkeitsvorschriften sollten demnach grundsätzlich dann Anwendung finden, wenn der Beklagte seinen Wohnsitz in einem Mitgliedstaat hat.

(14) Beklagte ohne Wohnsitz in einem Mitgliedstaat sollten im Allgemeinen den einzelstaatlichen Zuständigkeitsvorschriften unterliegen, die im Hoheitsgebiet des Mitgliedstaats gelten, in dem sich das angerufene Gericht befindet. Allerdings sollten einige Zuständigkeitsvorschriften in dieser Verordnung unabhängig vom Wohnsitz des Beklagten gelten, um den Schutz der Verbraucher und der Arbeitnehmer zu gewährleisten, um die Zuständigkeit der Gerichte der Mitgliedstaaten in Fällen zu schützen, in denen sie ausschließlich zuständig sind, und um die Parteiautonomie zu achten.

(15) Die Zuständigkeitsvorschriften sollten in hohem Maße vorhersehbar sein und sich grundsätzlich nach dem Wohnsitz des Beklagten richten. Diese Zuständigkeit sollte stets gegeben sein außer in einigen genau festgelegten Fällen, in denen aufgrund des Streitgegenstands oder der Vertragsfreiheit der Parteien ein anderes Anknüpfungskriterium gerechtfertigt ist. Der Sitz juristischer Personen muss in der Verordnung selbst definiert sein, um die Transparenz der gemeinsamen Vorschriften zu stärken und Kompetenzkonflikte zu vermeiden.

(16) Der Gerichtsstand des Wohnsitzes des Beklagten sollte durch alternative Gerichtsstände ergänzt werden, die entweder aufgrund der engen Verbindung zwischen Gericht und Rechtsstreit oder im Interesse einer geordneten Rechtspflege zuzulassen sind. Das Erfordernis der engen Verbindung soll Rechtssicherheit schaffen und verhindern, dass die Gegenpartei vor einem Gericht eines Mitgliedstaats verklagt werden kann, mit dem sie vernünftigerweise nicht rechnen konnte. Dies ist besonders wichtig bei Rechtsstreitigkeiten, die außervertragliche Schuldverhältnisse infolge der Verletzung der Privatsphäre oder der Persönlichkeitsrechte einschließlich Verleumdung betreffen.

(17) Der Eigentümer eines Kulturguts im Sinne des Artikels 1 Nummer 1 der Richtlinie 93/7/EWG des Rates vom 15. März 1993 über die Rückgabe von unrechtmäßig aus dem Hoheitsgebiet eines Mitgliedstaats verbrachten Kulturgütern sollte eine auf Eigentum gestützte Zivilklage gemäß dieser Verordnung zur Wiedererlangung dieses Gutes vor dem Gericht des Ortes, an dem sich das Kulturgut zum Zeitpunkt der Anrufung des Gerichts befindet, erheben können. Solche Klagen sollten nach der Richtlinie 93/7/EWG eingeleitete Verfahren unberührt lassen.

(18) Bei Versicherungs-, Verbraucher- und Arbeitsverträgen sollte die schwächere Partei durch Zuständigkeitsvorschriften geschützt werden, die für sie günstiger sind als die allgemeine Regelung.

(19) Vorbehaltlich der in dieser Verordnung festgelegten ausschließlichen Zuständigkeiten sollte die Vertragsfreiheit der Parteien hinsichtlich der Wahl des Gerichtsstands, außer bei Versicherungs-, Verbraucher- und Arbeitsverträgen, wo nur eine begrenztere Vertragsfreiheit zulässig ist, gewahrt werden.

(20) Stellt sich die Frage, ob eine Gerichtsstandsvereinbarung zugunsten eines Gerichts oder der Gerichte eines Mitgliedstaats materiell nichtig ist, so sollte sie nach dem Recht einschließlich des Kollisionsrechts des Mitgliedstaats des Gerichts oder der Gerichte entschieden werden, die in der Vereinbarung bezeichnet sind.

(21) Im Interesse einer abgestimmten Rechtspflege müssen Parallelverfahren so weit wie möglich vermieden werden, damit nicht in verschiedenen Mitgliedstaaten miteinander unvereinbare Entscheidungen ergehen. Es sollte eine klare und wirksame Regelung zur Klärung von Fragen der Rechtshängigkeit und der im Zusammenhang stehenden Verfahren sowie zur Verhinderung von Problemen vorgesehen werden, die sich aus der einzelstaatlich unterschiedlichen Festlegung des Zeitpunkts ergeben, von dem an ein Verfahren als rechtshängig gilt. Für die Zwecke dieser Verordnung sollte dieser Zeitpunkt autonom festgelegt werden.

(22) Um allerdings die Wirksamkeit von ausschließlichen Gerichtsstandsvereinbarungen zu verbessern und missbräuchliche Prozesstaktiken zu vermeiden, ist es erforderlich, eine Ausnahme von der allgemeinen Rechtshängigkeitsregel vorzusehen, um eine befriedigende Regelung in einem Sonderfall zu erreichen, in dem es zu Parallelverfahren kommen kann. Dabei handelt es sich um den Fall, dass ein Verfahren bei einem Gericht, das nicht in einer ausschließlichen Gerichtsstandsvereinbarung vereinbart wurde, anhängig gemacht wird und später das vereinbarte Gericht wegen desselben Anspruchs zwischen denselben Parteien angerufen wird. In einem solchen Fall muss das zuerst angerufene Gericht das Verfahren aussetzen, sobald das vereinbarte Gericht angerufen wurde, und zwar so lange, bis das letztere Gericht erklärt, dass es gemäß

der ausschließlichen Gerichtsstandsvereinbarung nicht zuständig ist. Hierdurch soll in einem solchen Fall sichergestellt werden, dass das vereinbarte Gericht vorrangig über die Gültigkeit der Vereinbarung und darüber entscheidet, inwieweit die Vereinbarung auf den bei ihm anhängigen Rechtsstreit Anwendung findet. Das vereinbarte Gericht sollte das Verfahren unabhängig davon fortsetzen können, ob das nicht vereinbarte Gericht bereits entschieden hat, das Verfahren auszusetzen. Diese Ausnahmeregelung sollte nicht für Fälle gelten, in denen die Parteien widersprüchliche ausschließliche Gerichtsstandsvereinbarungen geschlossen haben oder in denen ein in einer ausschließlichen Gerichtsstandsvereinbarung vereinbartes Gericht zuerst angerufen wurde. In solchen Fällen sollte die allgemeine Rechtshängigkeitsregel dieser Verordnung Anwendung finden.

(23) Diese Verordnung sollte eine flexible Regelung enthalten, die es den Gerichten der Mitgliedstaaten ermöglicht, vor den Gerichten von Drittstaaten anhängige Verfahren zu berücksichtigen, wobei insbesondere die Frage, ob eine in einem Drittstaat ergangene Entscheidung in dem betreffenden Mitgliedstaat nach dem Recht dieses Mitgliedstaats anerkannt und vollstreckt werden kann, sowie die geordnete Rechtspflege zu berücksichtigen sind.

(24) Bei der Berücksichtigung der geordneten Rechtspflege sollte das Gericht des betreffenden Mitgliedstaats alle Umstände des bei ihm anhängigen Falles prüfen. Hierzu können Verbindungen des Streitgegenstands und der Parteien zu dem betreffenden Drittstaat zählen wie auch die Frage, wie weit das Verfahren im Drittstaat zu dem Zeitpunkt, an dem ein Verfahren vor dem Gericht des Mitgliedstaats eingeleitet wird, bereits fortgeschritten ist, sowie die Frage, ob zu erwarten ist, dass das Gericht des Drittstaats innerhalb einer angemessenen Frist eine Entscheidung erlassen wird.

Dabei kann auch die Frage geprüft werden, ob das Gericht des Drittstaats unter Umständen, unter denen ein Gericht eines Mitgliedstaats ausschließlich zuständig wäre, im betreffenden Fall ausschließlich zuständig ist.

(25) Unter den Begriff einstweilige Maßnahmen einschließlich Sicherungsmaßnahmen sollten zum Beispiel Anordnungen zur Beweiserhebung oder Beweissicherung im Sinne der Artikel 6 und 7 der Richtlinie 2004/48/EG des Europäischen Parlaments und des Rates vom 29. April 2004 zur Durchsetzung der Rechte des geistigen Eigentums fallen. Nicht mit eingeschlossen sein sollten Maßnahmen, die nicht auf Sicherung gerichtet sind, wie Anordnungen zur Zeugenvernehmung. Die Anwendung der Verordnung (EG) Nr. 1206/2001 des Rates vom 28. Mai 2001 über die Zusammenarbeit zwischen den Gerichten der Mitgliedstaaten auf dem Gebiet der Beweisaufnahme in Zivil- oder Handelssachen sollte hiervon unberührt bleiben.

(26) Das gegenseitige Vertrauen in die Rechtspflege innerhalb der Union rechtfertigt den Grundsatz, dass eine in einem Mitgliedstaat ergangene Ent-

scheidung in allen Mitgliedstaaten anerkannt wird, ohne dass es hierfür eines besonderen Verfahrens bedarf. Außerdem rechtfertigt die angestrebte Reduzierung des Zeit- und Kostenaufwands bei grenzüberschreitenden Rechtsstreitigkeiten die Abschaffung der Vollstreckbarerklärung, die der Vollstreckung im ersuchten Mitgliedstaat bisher vorausgehen musste. Eine von den Gerichten eines Mitgliedstaats erlassene Entscheidung sollte daher so behandelt werden, als sei sie im ersuchten Mitgliedstaat ergangen.

(27) Für die Zwecke des freien Verkehrs von gerichtlichen Entscheidungen sollte eine in einem Mitgliedstaat ergangene Entscheidung in einem anderen Mitgliedstaat selbst dann anerkannt und vollstreckt werden, wenn sie gegen eine Person ohne Wohnsitz in einem Mitgliedstaat ergangen ist.

(28) Enthält eine Entscheidung eine Maßnahme oder Anordnung, die im Recht des ersuchten Mitgliedstaats nicht bekannt ist, so wird diese Maßnahme oder Anordnung, einschließlich des in ihr bezeichneten Rechts, soweit möglich an eine Maßnahme oder Anordnung angepasst, mit der nach dem Recht dieses Mitgliedstaats vergleichbare Wirkungen verbunden sind und die ähnliche Ziele verfolgt. Wie und durch wen diese Anpassung zu erfolgen hat, sollte durch die einzelnen Mitgliedstaaten bestimmt werden.

(29) Die unmittelbare Vollstreckung ohne Vollstreckbarerklärung einer in einem anderen Mitgliedstaat ergangenen Entscheidung im ersuchten Mitgliedstaat sollte nicht die Achtung der Verteidigungsrechte beeinträchtigen. Deshalb sollte der Schuldner die Versagung der Anerkennung oder der Vollstreckung einer Entscheidung beantragen können, wenn er der Auffassung ist, dass einer der Gründe für die Versagung der Anerkennung vorliegt. Hierzu sollte der Grund gehören, dass ihm nicht die Gelegenheit gegeben wurde, seine Verteidigung vorzubereiten, wenn die Entscheidung in einer Zivilklage innerhalb eines Strafverfahrens in Abwesenheit ergangen ist. Auch sollten hierzu die Gründe gehören, die auf der Grundlage eines Abkommens zwischen dem ersuchten Mitgliedstaat und einem Drittstaat geltend gemacht werden könnten, das nach Artikel 59 des Brüsseler Übereinkommens von 1968 geschlossen wurde.

(30) Eine Partei, die die Vollstreckung einer in einem anderen Mitgliedstaat ergangenen Entscheidung anficht, sollte so weit wie möglich im Einklang mit dem Rechtssystem des ersuchten Mitgliedstaats in der Lage sein, im selben Verfahren außer den in dieser Verordnung genannten Versagungsgründen auch die im einzelstaatlichen Recht vorgesehenen Versagungsgründe innerhalb der nach diesem Recht vorgeschriebenen Fristen geltend zu machen. Allerdings sollte die Anerkennung einer Entscheidung nur versagt werden, wenn mindestens einer der in dieser Verordnung genannten Versagungsgründe gegeben ist.

(31) Solange ein Verfahren zur Anfechtung der Vollstreckung einer Entscheidung anhängig ist, sollten die Gerichte des ersuchten Mitgliedstaats wäh-

rend des gesamten Verfahrens aufgrund einer solchen Anfechtung, einschließlich dagegen gerichteter Rechtsbehelfe, den Fortgang der Vollstreckung unter der Voraussetzung zulassen können, dass die Vollstreckung einer Beschränkung unterliegt oder eine Sicherheit geleistet wird.

(32) Um den Schuldner über die Vollstreckung einer in einem anderen Mitgliedstaat ergangenen Entscheidung zu unterrichten, sollte die gemäß dieser Verordnung ausgestellte Bescheinigung – erforderlichenfalls zusammen mit der Entscheidung – dem Schuldner innerhalb einer angemessenen Frist vor der ersten Vollstreckungsmaßnahme zugestellt werden. In diesem Zusammenhang sollte als erste Vollstreckungsmaßnahme die erste Vollstreckungsmaßnahme nach einer solchen Zustellung gelten.

(33) Werden einstweilige Maßnahmen, einschließlich Sicherungsmaßnahmen, von einem Gericht angeordnet, das in der Hauptsache zuständig ist, so sollte ihr freier Verkehr nach dieser Verordnung gewährleistet sein. Allerdings sollten einstweilige Maßnahmen, einschließlich Sicherungsmaßnahmen, die angeordnet wurden, ohne dass der Beklagte vorgeladen wurde, nicht gemäß dieser Verordnung anerkannt und vollstreckt werden, es sei denn, die die Maßnahme enthaltende Entscheidung ist dem Beklagten vor der Vollstreckung zugestellt worden. Dies sollte die Anerkennung und Vollstreckung solcher Maßnahmen gemäß einzelstaatlichem Recht nicht ausschließen. Werden einstweilige Maßnahmen, einschließlich Sicherungsmaßnahmen, von einem Gericht eines Mitgliedstaats angeordnet, das für die Entscheidung in der Hauptsache nicht zuständig ist, sollte die Wirkung dieser Maßnahmen auf das Hoheitsgebiet des betreffenden Mitgliedstaats gemäß dieser Verordnung beschränkt werden.

(34) Um die Kontinuität zwischen dem Brüsseler Übereinkommen von 1968, der Verordnung (EG) Nr. 44/2001 und dieser Verordnung zu wahren, sollten Übergangsvorschriften vorgesehen werden. Dies gilt auch für die Auslegung des Brüsseler Übereinkommens von 1968 und der es ersetzenden Verordnungen durch den Gerichtshof der Europäischen Union.

(35) Um die internationalen Verpflichtungen, die die Mitgliedstaaten eingegangen sind, zu wahren, darf sich diese Verordnung nicht auf von den Mitgliedstaaten geschlossene Übereinkommen in besonderen Rechtsgebieten auswirken.

(36) Unbeschadet der Pflichten der Mitgliedstaaten nach den Verträgen sollte diese Verordnung nicht die Anwendung der bilateralen Übereinkünfte und Vereinbarungen berühren, die vor dem Inkrafttreten der Verordnung (EG) Nr. 44/2001 zwischen einem Drittstaat und einem Mitgliedstaat geschlossen wurden und in dieser Verordnung geregelte Angelegenheiten betreffen.

(37) Um sicherzustellen, dass die im Zusammenhang mit der Anerkennung oder Vollstreckung von Entscheidungen, öffentlichen Urkunden und gerichtli-

chen Vergleichen nach dieser Verordnung zu verwendenden Bescheinigungen stets auf dem neuesten Stand sind, sollte der Kommission die Befugnis übertragen werden, gemäß Artikel 290 AEUV Rechtsakte hinsichtlich Änderungen der Anhänge I und II dieser Verordnung zu erlassen. Es ist besonders wichtig, dass die Kommission bei ihren vorbereitenden Arbeiten angemessene Konsultationen auch auf Expertenebene durchführt. Bei der Vorbereitung und Ausarbeitung delegierter Rechtsakte sollte die Kommission dafür sorgen, dass die einschlägigen Dokumente dem Europäischen Parlament und dem Rat gleichzeitig, rechtzeitig und auf angemessene Weise übermittelt werden.

(38) Diese Verordnung steht im Einklang mit den Grundrechten und Grundsätzen, die mit der Charta der Grundrechte der Europäischen Union anerkannt wurden, insbesondere mit dem in Artikel 47 der Charta verbürgten Recht auf einen wirksamen Rechtsbehelf und ein unparteiisches Gericht.

(39) Da das Ziel dieser Verordnung auf der Ebene der Mitgliedstaaten nicht hinreichend verwirklicht werden kann und besser auf Unionsebene zu erreichen ist, kann die Union im Einklang mit dem Subsidiaritätsprinzip nach Artikel 5 des Vertrags über die Europäische Union (EUV) tätig werden. In Übereinstimmung mit dem in demselben Artikel genannten Grundsatz der Verhältnismäßigkeit geht diese Verordnung nicht über das zur Erreichung dieses Ziels erforderliche Maß hinaus.

(40) Das Vereinigte Königreich und Irland haben sich gemäß Artikel 3 des dem EUV und dem seinerzeitigen Vertrag zur Gründung der Europäischen Gemeinschaft beigefügten Protokolls über die Position des Vereinigten Königreichs und Irlands an der Annahme und Anwendung der Verordnung (EG) Nr. 44/2001 beteiligt. Gemäß Artikel 3 des dem EUV und dem AEUV beigefügten Protokolls Nr. 21 über die Position des Vereinigten Königreichs und Irlands hinsichtlich des Raums der Freiheit, der Sicherheit und des Rechts haben das Vereinigte Königreich und Irland mitgeteilt, dass sie sich an der Annahme und Anwendung dieser Verordnung beteiligen möchten.

(41) Gemäß den Artikeln 1 und 2 des dem EUV und dem AEUV beigefügten Protokolls Nr. 22 über die Position Dänemarks beteiligt sich Dänemark nicht an der Annahme dieser Verordnung und ist weder durch diese Verordnung gebunden noch zu ihrer Anwendung verpflichtet; dabei steht es Dänemark jedoch gemäß Artikel 3 des Abkommens vom 19. Oktober 2005 zwischen der Europäischen Gemeinschaft und dem Königreich Dänemark über die gerichtliche Zuständigkeit und die Anerkennung und Vollstreckung von Entscheidungen in Zivil- und Handelssachen frei, die Änderungen der Verordnung (EG) Nr. 44/2001 anzuwenden –

HABEN FOLGENDE VERORDNUNG ERLASSEN:

KAPITEL I
ANWENDUNGSBEREICH UND BEGRIFFSBESTIMMUNGEN

Artikel 1

(1) Diese Verordnung ist in Zivil- und Handelssachen anzuwenden, ohne dass es auf die Art der Gerichtsbarkeit ankommt. Sie gilt insbesondere nicht für Steuer- und Zollsachen sowie verwaltungsrechtliche Angelegenheiten oder die Haftung des Staates für Handlungen oder Unterlassungen im Rahmen der Ausübung hoheitlicher Rechte (acta iure imperii).

(2) Sie ist nicht anzuwenden auf:

a) den Personenstand, die Rechts- und Handlungsfähigkeit sowie die gesetzliche Vertretung von natürlichen Personen, die ehelichen Güterstände oder Güterstände aufgrund von Verhältnissen, die nach dem auf diese Verhältnisse anzuwendenden Recht mit der Ehe vergleichbare Wirkungen entfalten,
b) Konkurse, Vergleiche und ähnliche Verfahren,
c) die soziale Sicherheit,
d) die Schiedsgerichtsbarkeit,
e) Unterhaltspflichten, die auf einem Familien-, Verwandtschafts- oder eherechtlichen Verhältnis oder auf Schwägerschaft beruhen,
f) das Gebiet des Testaments- und Erbrechts, einschließlich Unterhaltspflichten, die mit dem Tod entstehen.

Artikel 2

Für die Zwecke dieser Verordnung bezeichnet der Ausdruck

a) „Entscheidung" jede von einem Gericht eines Mitgliedstaats erlassene Entscheidung ohne Rücksicht auf ihre Bezeichnung wie Urteil, Beschluss, Zahlungsbefehl oder Vollstreckungsbescheid, einschließlich des Kostenfestsetzungsbeschlusses eines Gerichtsbediensteten. Für die Zwecke von Kapitel III umfasst der Ausdruck „Entscheidung" auch einstweilige Maßnahmen einschließlich Sicherungsmaßnahmen, die von einem nach dieser Verordnung in der Hauptsache zuständigen Gericht angeordnet wurden. Hierzu gehören keine einstweiligen Maßnahmen einschließlich Sicherungsmaßnahmen, die von einem solchen Gericht angeordnet wurden, ohne dass der Beklagte vorgeladen wurde, es sei denn, die Entscheidung, welche die Maßnahme enthält, wird ihm vor der Vollstreckung zugestellt;

b) „gerichtlicher Vergleich“ einen Vergleich, der von einem Gericht eines Mitgliedstaats gebilligt oder vor einem Gericht eines Mitgliedstaats im Laufe eines Verfahrens geschlossen worden ist;
c) „öffentliche Urkunde“ ein Schriftstück, das als öffentliche Urkunde im Ursprungsmitgliedstaat förmlich errichtet oder eingetragen worden ist und dessen Beweiskraft
   i) sich auf die Unterschrift und den Inhalt der öffentlichen Urkunde bezieht und
   ii) durch eine Behörde oder eine andere hierzu ermächtigte Stelle festgestellt worden ist;
d) „Ursprungsmitgliedstaat“ den Mitgliedstaat, in dem die Entscheidung ergangen, der gerichtliche Vergleich gebilligt oder geschlossen oder die öffentliche Urkunde förmlich errichtet oder eingetragen worden ist;
e) „ersuchter Mitgliedstaat“ den Mitgliedstaat, in dem die Anerkennung der Entscheidung geltend gemacht oder die Vollstreckung der Entscheidung, des gerichtlichen Vergleichs oder der öffentlichen Urkunde beantragt wird;
f) „Ursprungsgericht“ das Gericht, das die Entscheidung erlassen hat, deren Anerkennung geltend gemacht oder deren Vollstreckung beantragt wird.

Artikel 3

Für die Zwecke dieser Verordnung umfasst der Begriff „Gericht“ die folgenden Behörden, soweit und sofern sie für eine in den Anwendungsbereich dieser Verordnung fallende Angelegenheit zuständig sind:
a) in Ungarn, bei summarischen Mahnverfahren (fizetési meghagyásos eljárás), den Notar (közjegyzo),
b) in Schweden, bei summarischen Mahnverfahren (betalningsföreläggande) und Beistandsverfahren (handräckning), das Amt für Beitreibung (Kronofogdemyndigheten).

KAPITEL II
ZUSTÄNDIGKEIT

ABSCHNITT 1
Allgemeine Bestimmungen

Artikel 4

(1) Vorbehaltlich der Vorschriften dieser Verordnung sind Personen, die ihren Wohnsitz im Hoheitsgebiet eines Mitgliedstaats haben, ohne Rücksicht auf ihre Staatsangehörigkeit vor den Gerichten dieses Mitgliedstaats zu verklagen.

(2) Auf Personen, die nicht dem Mitgliedstaat, in dem sie ihren Wohnsitz haben, angehören, sind die für Staatsangehörige dieses Mitgliedstaats maßgebenden Zuständigkeitsvorschriften anzuwenden.

Artikel 5

(1) Personen, die ihren Wohnsitz im Hoheitsgebiet eines Mitgliedstaats haben, können vor den Gerichten eines anderen Mitgliedstaats nur gemäß den Vorschriften der Abschnitte 2 bis 7 dieses Kapitels verklagt werden.

(2) Gegen die in Absatz 1 genannten Personen können insbesondere nicht die innerstaatlichen Zuständigkeitsvorschriften, welche die Mitgliedstaaten der Kommission gemäß Artikel 76 Absatz 1 Buchstabe a notifizieren, geltend gemacht werden.

Artikel 6

(1) Hat der Beklagte keinen Wohnsitz im Hoheitsgebiet eines Mitgliedstaats, so bestimmt sich vorbehaltlich des Artikels 18 Absatz 1, des Artikels 21 Absatz 2 und der Artikel 24 und 25 die Zuständigkeit der Gerichte eines jeden Mitgliedstaats nach dessen eigenem Recht.

(2) Gegenüber einem Beklagten, der keinen Wohnsitz im Hoheitsgebiet eines Mitgliedstaats hat, kann sich unabhängig von ihrer Staatsangehörigkeit jede Person, die ihren Wohnsitz im Hoheitsgebiet eines Mitgliedstaats hat, in diesem Mitgliedstaat auf die dort geltenden Zuständigkeitsvorschriften, insbesondere auf diejenigen, welche die Mitgliedstaaten der Kommission gemäß Artikel 76 Absatz 1 Buchstabe a notifizieren, wie ein Staatsangehöriger dieses Mitgliedstaats berufen.

ABSCHNITT 2
Besondere Zuständigkeiten

Artikel 7

Eine Person, die ihren Wohnsitz im Hoheitsgebiet eines Mitgliedstaats hat, kann in einem anderen Mitgliedstaat verklagt werden:

1. a) wenn ein Vertrag oder Ansprüche aus einem Vertrag den Gegenstand des Verfahrens bilden, vor dem Gericht des Ortes, an dem die Verpflichtung erfüllt worden ist oder zu erfüllen wäre;
   b) im Sinne dieser Vorschrift – und sofern nichts anderes vereinbart worden ist – ist der Erfüllungsort der Verpflichtung
      – für den Verkauf beweglicher Sachen der Ort in einem Mitgliedstaat, an dem sie nach dem Vertrag geliefert worden sind oder hätten geliefert werden müssen;
      – für die Erbringung von Dienstleistungen der Ort in einem Mitgliedstaat, an dem sie nach dem Vertrag erbracht worden sind oder hätten erbracht werden müssen;
   c) ist Buchstabe b nicht anwendbar, so gilt Buchstabe a;
2. wenn eine unerlaubte Handlung oder eine Handlung, die einer unerlaubten Handlung gleichgestellt ist, oder wenn Ansprüche aus einer solchen Handlung den Gegenstand des Verfahrens bilden, vor dem Gericht des Ortes, an dem das schädigende Ereignis eingetreten ist oder einzutreten droht;
3. wenn es sich um eine Klage auf Schadenersatz oder auf Wiederherstellung des früheren Zustands handelt, die auf eine mit Strafe bedrohte Handlung gestützt wird, vor dem Strafgericht, bei dem die öffentliche Klage erhoben ist, soweit dieses Gericht nach seinem Recht über zivilrechtliche Ansprüche erkennen kann;
4. wenn es sich um einen auf Eigentum gestützten zivilrechtlichen Anspruch zur Wiedererlangung eines Kulturguts im Sinne des Artikels 1 Nummer 1 der Richtlinie 93/7/EWG handelt, der von der Person geltend gemacht wurde, die das Recht auf Wiedererlangung eines solchen Gutes für sich in Anspruch nimmt, vor dem Gericht des Ortes, an dem sich das Kulturgut zum Zeitpunkt der Anrufung des Gerichts befindet;
5. wenn es sich um Streitigkeiten aus dem Betrieb einer Zweigniederlassung, einer Agentur oder einer sonstigen Niederlassung handelt, vor dem Gericht des Ortes, an dem sich diese befindet;
6. wenn es sich um eine Klage gegen einen Begründer, Trustee oder Begünstigten eines Trust handelt, der aufgrund eines Gesetzes oder durch schriftlich vorgenommenes oder schriftlich bestätigtes Rechtsgeschäft errichtet

worden ist, vor den Gerichten des Mitgliedstaats, in dessen Hoheitsgebiet der Trust seinen Sitz hat;

7. wenn es sich um eine Streitigkeit wegen der Zahlung von Berge- und Hilfslohn handelt, der für Bergungs- oder Hilfeleistungsarbeiten gefordert wird, die zugunsten einer Ladung oder einer Frachtforderung erbracht worden sind, vor dem Gericht, in dessen Zuständigkeitsbereich diese Ladung oder die entsprechende Frachtforderung
   a) mit Arrest belegt worden ist, um die Zahlung zu gewährleisten, oder
   b) mit Arrest hätte belegt werden können, jedoch dafür eine Bürgschaft oder eine andere Sicherheit geleistet worden ist; diese Vorschrift ist nur anzuwenden, wenn behauptet wird, dass der Beklagte Rechte an der Ladung oder an der Frachtforderung hat oder zur Zeit der Bergungs- oder Hilfeleistungsarbeiten hatte.

Artikel 8

Eine Person, die ihren Wohnsitz im Hoheitsgebiet eines Mitgliedstaats hat, kann auch verklagt werden:

1. wenn mehrere Personen zusammen verklagt werden, vor dem Gericht des Ortes, an dem einer der Beklagten seinen Wohnsitz hat, sofern zwischen den Klagen eine so enge Beziehung gegeben ist, dass eine gemeinsame Verhandlung und Entscheidung geboten erscheint, um zu vermeiden, dass in getrennten Verfahren widersprechende Entscheidungen ergehen könnten;
2. wenn es sich um eine Klage auf Gewährleistung oder um eine Interventionsklage handelt, vor dem Gericht des Hauptprozesses, es sei denn, dass die Klage nur erhoben worden ist, um diese Person dem für sie zuständigen Gericht zu entziehen;
3. wenn es sich um eine Widerklage handelt, die auf denselben Vertrag oder Sachverhalt wie die Klage selbst gestützt wird, vor dem Gericht, bei dem die Klage selbst anhängig ist;
4. wenn ein Vertrag oder Ansprüche aus einem Vertrag den Gegenstand des Verfahrens bilden und die Klage mit einer Klage wegen dinglicher Rechte an unbeweglichen Sachen gegen denselben Beklagten verbunden werden kann, vor dem Gericht des Mitgliedstaats, in dessen Hoheitsgebiet die unbewegliche Sache belegen ist.

Artikel 9

Ist ein Gericht eines Mitgliedstaats nach dieser Verordnung zur Entscheidung in Verfahren wegen einer Haftpflicht aufgrund der Verwendung oder des Betriebs eines Schiffes zuständig, so entscheidet dieses oder ein anderes an seiner Stelle durch das Recht dieses Mitgliedstaats bestimmtes Gericht auch über Klagen auf Beschränkung dieser Haftung.

ABSCHNITT 3
Zuständigkeit für Versicherungssachen

Artikel 10

Für Klagen in Versicherungssachen bestimmt sich die Zuständigkeit unbeschadet des Artikels 6 und des Artikels 7 Nummer 5 nach diesem Abschnitt.

Artikel 11

(1) Ein Versicherer, der seinen Wohnsitz im Hoheitsgebiet eines Mitgliedstaats hat, kann verklagt werden:

a) vor den Gerichten des Mitgliedstaats, in dem er seinen Wohnsitz hat,
b) in einem anderen Mitgliedstaat bei Klagen des Versicherungsnehmers, des Versicherten oder des Begünstigten vor dem Gericht des Ortes, an dem der Kläger seinen Wohnsitz hat, oder
c) falls es sich um einen Mitversicherer handelt, vor dem Gericht eines Mitgliedstaats, bei dem der federführende Versicherer verklagt wird.

(2) Hat der Versicherer im Hoheitsgebiet eines Mitgliedstaats keinen Wohnsitz, besitzt er aber in einem Mitgliedstaat eine Zweigniederlassung, Agentur oder sonstige Niederlassung, so wird er für Streitigkeiten aus ihrem Betrieb so behandelt, wie wenn er seinen Wohnsitz im Hoheitsgebiet dieses Mitgliedstaats hätte.

Artikel 12

Bei der Haftpflichtversicherung oder bei der Versicherung von unbeweglichen Sachen kann der Versicherer außerdem vor dem Gericht des Ortes, an dem das schädigende Ereignis eingetreten ist, verklagt werden. Das Gleiche gilt, wenn sowohl bewegliche als auch unbewegliche Sachen in ein und demselben Versicherungsvertrag versichert und von demselben Schadensfall betroffen sind.

Artikel 13

(1) Bei der Haftpflichtversicherung kann der Versicherer auch vor das Gericht, bei dem die Klage des Geschädigten gegen den Versicherten anhängig ist, geladen werden, sofern dies nach dem Recht des angerufenen Gerichts zulässig ist.

(2) Auf eine Klage, die der Geschädigte unmittelbar gegen den Versicherer erhebt, sind die Artikel 10, 11 und 12 anzuwenden, sofern eine solche unmittelbare Klage zulässig ist.

(3) Sieht das für die unmittelbare Klage maßgebliche Recht die Streitverkündung gegen den Versicherungsnehmer oder den Versicherten vor, so ist dasselbe Gericht auch für diese Personen zuständig.

Artikel 14

(1) Vorbehaltlich der Bestimmungen des Artikels 13 Absatz 3 kann der Versicherer nur vor den Gerichten des Mitgliedstaats klagen, in dessen Hoheitsgebiet der Beklagte seinen Wohnsitz hat, ohne Rücksicht darauf, ob dieser Versicherungsnehmer, Versicherter oder Begünstigter ist.

(2) Die Vorschriften dieses Abschnitts lassen das Recht unberührt, eine Widerklage vor dem Gericht zu erheben, bei dem die Klage selbst gemäß den Bestimmungen dieses Abschnitts anhängig ist.

Artikel 15

Von den Vorschriften dieses Abschnitts kann im Wege der Vereinbarung nur abgewichen werden,

1. wenn die Vereinbarung nach der Entstehung der Streitigkeit getroffen wird,
2. wenn sie dem Versicherungsnehmer, Versicherten oder Begünstigten die Befugnis einräumt, andere als die in diesem Abschnitt angeführten Gerichte anzurufen,
3. wenn sie zwischen einem Versicherungsnehmer und einem Versicherer, die zum Zeitpunkt des Vertragsabschlusses ihren Wohnsitz oder gewöhnlichen

Aufenthalt in demselben Mitgliedstaat haben, getroffen ist, um die Zuständigkeit der Gerichte dieses Mitgliedstaats auch für den Fall zu begründen, dass das schädigende Ereignis im Ausland eintritt, es sei denn, dass eine solche Vereinbarung nach dem Recht dieses Mitgliedstaats nicht zulässig ist,

4. wenn sie von einem Versicherungsnehmer geschlossen ist, der seinen Wohnsitz nicht in einem Mitgliedstaat hat, ausgenommen soweit sie eine Versicherung, zu deren Abschluss eine gesetzliche Verpflichtung besteht, oder die Versicherung von unbeweglichen Sachen in einem Mitgliedstaat betrifft, oder
5. wenn sie einen Versicherungsvertrag betrifft, soweit dieser eines oder mehrere der in Artikel 16 aufgeführten Risiken deckt.

Artikel 16

Die in Artikel 15 Nummer 5 erwähnten Risiken sind die folgenden:

1. sämtliche Schäden
   a) an Seeschiffen, Anlagen vor der Küste und auf hoher See oder Luftfahrzeugen aus Gefahren, die mit ihrer Verwendung zu gewerblichen Zwecken verbunden sind,
   b) an Transportgütern, ausgenommen Reisegepäck der Passagiere, wenn diese Güter ausschließlich oder zum Teil mit diesen Schiffen oder Luftfahrzeugen befördert werden;
2. Haftpflicht aller Art mit Ausnahme der Haftung für Personenschäden an Passagieren oder Schäden an deren Reisegepäck,
   a) aus der Verwendung oder dem Betrieb von Seeschiffen, Anlagen oder Luftfahrzeugen gemäß Nummer 1 Buchstabe a, es sei denn, dass – was die letztgenannten betrifft – nach den Rechtsvorschriften des Mitgliedstaats, in dem das Luftfahrzeug eingetragen ist, Gerichtsstandsvereinbarungen für die Versicherung solcher Risiken untersagt sind,
   b) für Schäden, die durch Transportgüter während einer Beförderung im Sinne von Nummer 1 Buchstabe b verursacht werden;
3. finanzielle Verluste im Zusammenhang mit der Verwendung oder dem Betrieb von Seeschiffen, Anlagen oder Luftfahrzeugen gemäß Nummer 1 Buchstabe a, insbesondere Fracht- oder Charterverlust;
4. irgendein zusätzliches Risiko, das mit einem der unter den Nummern 1 bis 3 genannten Risiken in Zusammenhang steht;
5. unbeschadet der Nummern 1 bis 4 alle „Großrisiken“ entsprechend der Begriffsbestimmung in der Richtlinie 2009/138/EG des Europäischen Parla-

ments und des Rates vom 25. November 2009 betreffend die Aufnahme und Ausübung der Versicherungs- und der Rückversicherungstätigkeit (Solvabilität II).

ABSCHNITT 4
Zuständigkeit bei Verbrauchersachen

Artikel 17

(1) Bilden ein Vertrag oder Ansprüche aus einem Vertrag, den eine Person, der Verbraucher, zu einem Zweck geschlossen hat, der nicht der beruflichen oder gewerblichen Tätigkeit dieser Person zugerechnet werden kann, den Gegenstand des Verfahrens, so bestimmt sich die Zuständigkeit unbeschadet des Artikels 6 und des Artikels 7 Nummer 5 nach diesem Abschnitt,
a) wenn es sich um den Kauf beweglicher Sachen auf Teilzahlung handelt,
b) wenn es sich um ein in Raten zurückzuzahlendes Darlehen oder ein anderes Kreditgeschäft handelt, das zur Finanzierung eines Kaufs derartiger Sachen bestimmt ist, oder
c) in allen anderen Fällen, wenn der andere Vertragspartner in dem Mitgliedstaat, in dessen Hoheitsgebiet der Verbraucher seinen Wohnsitz hat, eine berufliche oder gewerbliche Tätigkeit ausübt oder eine solche auf irgendeinem Wege auf diesen Mitgliedstaat oder auf mehrere Staaten, einschließlich dieses Mitgliedstaats, ausrichtet und der Vertrag in den Bereich dieser Tätigkeit fällt.

(2) Hat der Vertragspartner des Verbrauchers im Hoheitsgebiet eines Mitgliedstaats keinen Wohnsitz, besitzt er aber in einem Mitgliedstaat eine Zweigniederlassung, Agentur oder sonstige Niederlassung, so wird er für Streitigkeiten aus ihrem Betrieb so behandelt, wie wenn er seinen Wohnsitz im Hoheitsgebiet dieses Mitgliedstaats hätte.

(3) Dieser Abschnitt ist nicht auf Beförderungsverträge mit Ausnahme von Reiseverträgen, die für einen Pauschalpreis kombinierte Beförderungs- und Unterbringungsleistungen vorsehen, anzuwenden.

Artikel 18

(1) Die Klage eines Verbrauchers gegen den anderen Vertragspartner kann entweder vor den Gerichten des Mitgliedstaats erhoben werden, in dessen Hoheits-

gebiet dieser Vertragspartner seinen Wohnsitz hat, oder ohne Rücksicht auf den Wohnsitz des anderen Vertragspartners vor dem Gericht des Ortes, an dem der Verbraucher seinen Wohnsitz hat.

(2) Die Klage des anderen Vertragspartners gegen den Verbraucher kann nur vor den Gerichten des Mitgliedstaats erhoben werden, in dessen Hoheitsgebiet der Verbraucher seinen Wohnsitz hat.

(3) Die Vorschriften dieses Artikels lassen das Recht unberührt, eine Widerklage vor dem Gericht zu erheben, bei dem die Klage selbst gemäß den Bestimmungen dieses Abschnitts anhängig ist.

Artikel 19

Von den Vorschriften dieses Abschnitts kann im Wege der Vereinbarung nur abgewichen werden,
1. wenn die Vereinbarung nach der Entstehung der Streitigkeit getroffen wird,
2. wenn sie dem Verbraucher die Befugnis einräumt, andere als die in diesem Abschnitt angeführten Gerichte anzurufen, oder
3. wenn sie zwischen einem Verbraucher und seinem Vertragspartner, die zum Zeitpunkt des Vertragsabschlusses ihren Wohnsitz oder gewöhnlichen Aufenthalt in demselben Mitgliedstaat haben, getroffen ist und die Zuständigkeit der Gerichte dieses Mitgliedstaats begründet, es sei denn, dass eine solche Vereinbarung nach dem Recht dieses Mitgliedstaats nicht zulässig ist.

ABSCHNITT 5
Zuständigkeit für individuelle Arbeitsverträge

Artikel 20

(1) Bilden ein individueller Arbeitsvertrag oder Ansprüche aus einem individuellen Arbeitsvertrag den Gegenstand des Verfahrens, so bestimmt sich die Zuständigkeit unbeschadet des Artikels 6, des Artikels 7 Nummer 5 und, wenn die Klage gegen den Arbeitgeber erhoben wurde, des Artikels 8 Nummer 1 nach diesem Abschnitt.

(2) Hat der Arbeitgeber, mit dem der Arbeitnehmer einen individuellen Arbeitsvertrag geschlossen hat, im Hoheitsgebiet eines Mitgliedstaats keinen Wohnsitz, besitzt er aber in einem Mitgliedstaat eine Zweigniederlassung, Agentur oder sonstige Niederlassung, so wird er für Streitigkeiten aus ihrem Betrieb

so behandelt, wie wenn er seinen Wohnsitz im Hoheitsgebiet dieses Mitgliedstaats hätte.

Artikel 21

(1) Ein Arbeitgeber, der seinen Wohnsitz im Hoheitsgebiet eines Mitgliedstaats hat, kann verklagt werden:
a) vor den Gerichten des Mitgliedstaats, in dem er seinen Wohnsitz hat, oder
b) in einem anderen Mitgliedstaat
   i) vor dem Gericht des Ortes, an dem oder von dem aus der Arbeitnehmer gewöhnlich seine Arbeit verrichtet oder zuletzt gewöhnlich verrichtet hat, oder
   ii) wenn der Arbeitnehmer seine Arbeit gewöhnlich nicht in ein und demselben Staat verrichtet oder verrichtet hat, vor dem Gericht des Ortes, an dem sich die Niederlassung, die den Arbeitnehmer eingestellt hat, befindet oder befand.

(2) Ein Arbeitgeber, der seinen Wohnsitz nicht im Hoheitsgebiet eines Mitgliedstaats hat, kann vor dem Gericht eines Mitgliedstaats gemäß Absatz 1 Buchstabe b verklagt werden.

Artikel 22

(1) Die Klage des Arbeitgebers kann nur vor den Gerichten des Mitgliedstaats erhoben werden, in dessen Hoheitsgebiet der Arbeitnehmer seinen Wohnsitz hat.

(2) Die Vorschriften dieses Abschnitts lassen das Recht unberührt, eine Widerklage vor dem Gericht zu erheben, bei dem die Klage selbst gemäß den Bestimmungen dieses Abschnitts anhängig ist.

Artikel 23

Von den Vorschriften dieses Abschnitts kann im Wege der Vereinbarung nur abgewichen werden,
1. wenn die Vereinbarung nach der Entstehung der Streitigkeit getroffen wird oder
2. wenn sie dem Arbeitnehmer die Befugnis einräumt, andere als die in diesem Abschnitt angeführten Gerichte anzurufen.

ABSCHNITT 6
Ausschließliche Zuständigkeiten

Artikel 24

Ohne Rücksicht auf den Wohnsitz der Parteien sind folgende Gerichte eines Mitgliedstaats ausschließlich zuständig:

1. für Verfahren, welche dingliche Rechte an unbeweglichen Sachen sowie die Miete oder Pacht von unbeweglichen Sachen zum Gegenstand haben, die Gerichte des Mitgliedstaats, in dem die unbewegliche Sache belegen ist. Jedoch sind für Verfahren betreffend die Miete oder Pacht unbeweglicher Sachen zum vorübergehenden privaten Gebrauch für höchstens sechs aufeinander folgende Monate auch die Gerichte des Mitgliedstaats zuständig, in dem der Beklagte seinen Wohnsitz hat, sofern es sich bei dem Mieter oder Pächter um eine natürliche Person handelt und der Eigentümer sowie der Mieter oder Pächter ihren Wohnsitz in demselben Mitgliedstaat haben;
2. für Verfahren, welche die Gültigkeit, die Nichtigkeit oder die Auflösung einer Gesellschaft oder juristischen Person oder die Gültigkeit der Beschlüsse ihrer Organe zum Gegenstand haben, die Gerichte des Mitgliedstaats, in dessen Hoheitsgebiet die Gesellschaft oder juristische Person ihren Sitz hat. Bei der Entscheidung darüber, wo der Sitz sich befindet, wendet das Gericht die Vorschriften seines Internationalen Privatrechts an;
3. für Verfahren, welche die Gültigkeit von Eintragungen in öffentliche Register zum Gegenstand haben, die Gerichte des Mitgliedstaats, in dessen Hoheitsgebiet die Register geführt werden;
4. für Verfahren, welche die Eintragung oder die Gültigkeit von Patenten, Marken, Mustern und Modellen sowie ähnlicher Rechte, die einer Hinterlegung oder Registrierung bedürfen, zum Gegenstand haben, unabhängig davon, ob die Frage im Wege der Klage oder der Einrede aufgeworfen wird, die Gerichte des Mitgliedstaats, in dessen Hoheitsgebiet die Hinterlegung oder Registrierung beantragt oder vorgenommen worden ist oder aufgrund eines Unionsrechtsakts oder eines zwischenstaatlichen Übereinkommens als vorgenommen gilt. Unbeschadet der Zuständigkeit des Europäischen Patentamts nach dem am 5. Oktober 1973 in München unterzeichneten Übereinkommen über die Erteilung europäischer Patente sind die Gerichte eines jeden Mitgliedstaats für alle Verfahren ausschließlich zuständig, welche die Erteilung oder die Gültigkeit eines europäischen Patents zum Gegenstand haben, das für diesen Mitgliedstaat erteilt wurde;
5. für Verfahren, welche die Zwangsvollstreckung aus Entscheidungen zum Gegenstand haben, die Gerichte des Mitgliedstaats, in dessen Hoheitsgebiet

die Zwangsvollstreckung durchgeführt werden soll oder durchgeführt worden ist.

ABSCHNITT 7
Vereinbarung über die Zuständigkeit

Artikel 25

(1) Haben die Parteien unabhängig von ihrem Wohnsitz vereinbart, dass ein Gericht oder die Gerichte eines Mitgliedstaats über eine bereits entstandene Rechtsstreitigkeit oder über eine künftige aus einem bestimmten Rechtsverhältnis entspringende Rechtsstreitigkeit entscheiden sollen, so sind dieses Gericht oder die Gerichte dieses Mitgliedstaats zuständig, es sei denn, die Vereinbarung ist nach dem Recht dieses Mitgliedstaats materiell nichtig. Dieses Gericht oder die Gerichte dieses Mitgliedstaats sind ausschließlich zuständig, sofern die Parteien nichts anderes vereinbart haben. Die Gerichtsstandsvereinbarung muss geschlossen werden:
a) schriftlich oder mündlich mit schriftlicher Bestätigung,
b) in einer Form, welche den Gepflogenheiten entspricht, die zwischen den Parteien entstanden sind, oder
c) im internationalen Handel in einer Form, die einem Handelsbrauch entspricht, den die Parteien kannten oder kennen mussten und den Parteien von Verträgen dieser Art in dem betreffenden Geschäftszweig allgemein kennen und regelmäßig beachten.

(2) Elektronische Übermittlungen, die eine dauerhafte Aufzeichnung der Vereinbarung ermöglichen, sind der Schriftform gleichgestellt.

(3) Ist in schriftlich niedergelegten Trust-Bedingungen bestimmt, dass über Klagen gegen einen Begründer, Trustee oder Begünstigten eines Trust ein Gericht oder die Gerichte eines Mitgliedstaats entscheiden sollen, so ist dieses Gericht oder sind diese Gerichte ausschließlich zuständig, wenn es sich um Beziehungen zwischen diesen Personen oder ihre Rechte oder Pflichten im Rahmen des Trust handelt.

(4) Gerichtsstandsvereinbarungen und entsprechende Bestimmungen in Trust-Bedingungen haben keine rechtliche Wirkung, wenn sie den Vorschriften der Artikel 15, 19 oder 23 zuwiderlaufen oder wenn die Gerichte, deren Zuständigkeit abbedungen wird, aufgrund des Artikels 24 ausschließlich zuständig sind.

(5) Eine Gerichtsstandsvereinbarung, die Teil eines Vertrags ist, ist als eine von den übrigen Vertragsbestimmungen unabhängige Vereinbarung zu behan-

deln. Die Gültigkeit der Gerichtsstandsvereinbarung kann nicht allein mit der Begründung in Frage gestellt werden, dass der Vertrag nicht gültig ist.

Artikel 26

(1) Sofern das Gericht eines Mitgliedstaats nicht bereits nach anderen Vorschriften dieser Verordnung zuständig ist, wird es zuständig, wenn sich der Beklagte vor ihm auf das Verfahren einlässt. Dies gilt nicht, wenn der Beklagte sich einlässt, um den Mangel der Zuständigkeit geltend zu machen oder wenn ein anderes Gericht aufgrund des Artikels 24 ausschließlich zuständig ist.

(2) In Streitigkeiten nach den Abschnitten 3, 4 oder 5, in denen der Beklagte Versicherungsnehmer, Versicherter, Begünstigter eines Versicherungsvertrags, Geschädigter, Verbraucher oder Arbeitnehmer ist, stellt das Gericht, bevor es sich nach Absatz 1 für zuständig erklärt, sicher, dass der Beklagte über sein Recht, die Unzuständigkeit des Gerichts geltend zu machen, und über die Folgen der Einlassung oder Nichteinlassung auf das Verfahren belehrt wird.

ABSCHNITT 8
Prüfung der Zuständigkeit und der Zulässigkeit des Verfahrens

Artikel 27

Das Gericht eines Mitgliedstaats hat sich von Amts wegen für unzuständig zu erklären, wenn es wegen einer Streitigkeit angerufen wird, für die das Gericht eines anderen Mitgliedstaats aufgrund des Artikels 24 ausschließlich zuständig ist.

Artikel 28

(1) Lässt sich der Beklagte, der seinen Wohnsitz im Hoheitsgebiet eines Mitgliedstaats hat und der vor dem Gericht eines anderen Mitgliedstaats verklagt wird, auf das Verfahren nicht ein, so hat sich das Gericht von Amts wegen für unzuständig zu erklären, wenn seine Zuständigkeit nicht nach dieser Verordnung begründet ist.

(2) Das Gericht hat das Verfahren so lange auszusetzen, bis festgestellt ist, dass es dem Beklagten möglich war, das verfahrenseinleitende Schriftstück oder ein gleichwertiges Schriftstück so rechtzeitig zu empfangen, dass er sich

verteidigen konnte oder dass alle hierzu erforderlichen Maßnahmen getroffen worden sind.

(3) An die Stelle von Absatz 2 tritt Artikel 19 der Verordnung (EG) Nr. 1393/2007 des Europäischen Parlaments und des Rates vom 13. November 2007 über die Zustellung gerichtlicher und außergerichtlicher Schriftstücke in Zivil- oder Handelssachen in den Mitgliedstaaten (Zustellung von Schriftstücken), wenn das verfahrenseinleitende Schriftstück oder ein gleichwertiges Schriftstück nach der genannten Verordnung von einem Mitgliedstaat in einen anderen zu übermitteln war.

(4) Ist die Verordnung (EG) Nr. 1393/2007 nicht anwendbar, so gilt Artikel 15 des Haager Übereinkommens vom 15. November 1965 über die Zustellung gerichtlicher und außergerichtlicher Schriftstücke im Ausland in Zivil- und Handelssachen, wenn das verfahrenseinleitende Schriftstück oder ein gleichwertiges Schriftstück nach dem genannten Übereinkommen im Ausland zu übermitteln war.

ABSCHNITT 9
Anhängigkeit und im Zusammenhang stehende Verfahren

Artikel 29

(1) Werden bei Gerichten verschiedener Mitgliedstaaten Klagen wegen desselben Anspruchs zwischen denselben Parteien anhängig gemacht, so setzt das später angerufene Gericht unbeschadet des Artikels 31 Absatz 2 das Verfahren von Amts wegen aus, bis die Zuständigkeit des zuerst angerufenen Gerichts feststeht.

(2) In den in Absatz 1 genannten Fällen teilt das angerufene Gericht auf Antrag eines anderen angerufenen Gerichts diesem unverzüglich mit, wann es gemäß Artikel 32 angerufen wurde.

(3) Sobald die Zuständigkeit des zuerst angerufenen Gerichts feststeht, erklärt sich das später angerufene Gericht zugunsten dieses Gerichts für unzuständig.

Artikel 30

(1) Sind bei Gerichten verschiedener Mitgliedstaaten Verfahren, die im Zusammenhang stehen, anhängig, so kann jedes später angerufene Gericht das Verfahren aussetzen.

(2) Ist das beim zuerst angerufenen Gericht anhängige Verfahren in erster Instanz anhängig, so kann sich jedes später angerufene Gericht auf Antrag einer Partei auch für unzuständig erklären, wenn das zuerst angerufene Gericht für die betreffenden Verfahren zuständig ist und die Verbindung der Verfahren nach seinem Recht zulässig ist.

(3) Verfahren stehen im Sinne dieses Artikels im Zusammenhang, wenn zwischen ihnen eine so enge Beziehung gegeben ist, dass eine gemeinsame Verhandlung und Entscheidung geboten erscheint, um zu vermeiden, dass in getrennten Verfahren widersprechende Entscheidungen ergehen könnten.

Artikel 31

(1) Ist für die Verfahren die ausschließliche Zuständigkeit mehrerer Gerichte gegeben, so hat sich das zuletzt angerufene Gericht zugunsten des zuerst angerufenen Gerichts für unzuständig zu erklären.

(2) Wird ein Gericht eines Mitgliedstaats angerufen, das gemäß einer Vereinbarung nach Artikel 25 ausschließlich zuständig ist, so setzt das Gericht des anderen Mitgliedstaats unbeschadet des Artikels 26 das Verfahren so lange aus, bis das auf der Grundlage der Vereinbarung angerufene Gericht erklärt hat, dass es gemäß der Vereinbarung nicht zuständig ist.

(3) Sobald das in der Vereinbarung bezeichnete Gericht die Zuständigkeit gemäß der Vereinbarung festgestellt hat, erklären sich die Gerichte des anderen Mitgliedstaats zugunsten dieses Gerichts für unzuständig.

(4) Die Absätze 2 und 3 gelten nicht für Streitigkeiten, die in den Abschnitten 3, 4 oder 5 genannt werden, wenn der Kläger Versicherungsnehmer, Versicherter, Begünstigter des Versicherungsvertrags, Geschädigter, Verbraucher oder Arbeitnehmer ist und die Vereinbarung nach einer in den genannten Abschnitten enthaltenen Bestimmung nicht gültig ist.

Artikel 32

(1) Für die Zwecke dieses Abschnitts gilt ein Gericht als angerufen:

a) zu dem Zeitpunkt, zu dem das verfahrenseinleitende Schriftstück oder ein gleichwertiges Schriftstück bei Gericht eingereicht worden ist, vorausgesetzt, dass der Kläger es in der Folge nicht versäumt hat, die ihm obliegenden Maßnahmen zu treffen, um die Zustellung des Schriftstücks an den Beklagten zu bewirken, oder

b) falls die Zustellung an den Beklagten vor Einreichung des Schriftstücks bei Gericht zu bewirken ist, zu dem Zeitpunkt, zu dem die für die Zustellung verantwortliche Stelle das Schriftstück erhalten hat, vorausgesetzt, dass der Kläger es in der Folge nicht versäumt hat, die ihm obliegenden Maßnahmen zu treffen, um das Schriftstück bei Gericht einzureichen. Die für die Zustellung verantwortliche Stelle im Sinne von Buchstabe b ist die Stelle, die die zuzustellenden Schriftstücke zuerst erhält.

(2) Das Gericht oder die für die Zustellung verantwortliche Stelle gemäß Absatz 1 vermerkt das Datum der Einreichung des verfahrenseinleitenden Schriftstücks oder gleichwertigen Schriftstücks beziehungsweise das Datum des Eingangs der zuzustellenden Schriftstücke.

Artikel 33

(1) Beruht die Zuständigkeit auf Artikel 4 oder auf den Artikeln 7, 8 oder 9 und ist bei Anrufung eines Gerichts eines Mitgliedstaats wegen desselben Anspruchs zwischen denselben Parteien ein Verfahren vor dem Gericht eines Drittstaats anhängig, so kann das Gericht des Mitgliedstaats das Verfahren aussetzen, wenn
a) zu erwarten ist, dass das Gericht des Drittstaats eine Entscheidung erlassen wird, die in dem betreffenden Mitgliedstaat anerkannt und gegebenenfalls vollstreckt werden kann, und
b) das Gericht des Mitgliedstaats davon überzeugt ist, dass eine Aussetzung des Verfahrens im Interesse einer geordneten Rechtspflege erforderlich ist.

(2) Das Gericht des Mitgliedstaats kann das Verfahren jederzeit fortsetzen, wenn
a) das Verfahren vor dem Gericht des Drittstaats ebenfalls ausgesetzt oder eingestellt wurde,
b) das Gericht des Mitgliedstaats es für unwahrscheinlich hält, dass das vor dem Gericht des Drittstaats anhängige Verfahren innerhalb einer angemessenen Frist abgeschlossen wird, oder
c) die Fortsetzung des Verfahrens im Interesse einer geordneten Rechtspflege erforderlich ist.

(3) Das Gericht des Mitgliedstaats stellt das Verfahren ein, wenn das vor dem Gericht des Drittstaats anhängige Verfahren abgeschlossen ist und eine Entscheidung ergangen ist, die in diesem Mitgliedstaat anerkannt und gegebenenfalls vollstreckt werden kann.

(4) Das Gericht des Mitgliedstaats wendet diesen Artikel auf Antrag einer der Parteien oder, wenn dies nach einzelstaatlichem Recht möglich ist, von Amts wegen an.

Artikel 34

(1) Beruht die Zuständigkeit auf Artikel 4 oder auf den Artikeln 7, 8 oder 9 und ist bei Anrufung eines Gerichts eines Mitgliedstaats vor einem Gericht eines Drittstaats ein Verfahren anhängig, das mit dem Verfahren vor dem Gericht des Mitgliedstaats in Zusammenhang steht, so kann das Gericht des Mitgliedstaats das Verfahren aussetzen, wenn

a) eine gemeinsame Verhandlung und Entscheidung der in Zusammenhang stehenden Verfahren geboten erscheint, um zu vermeiden, dass in getrennten Verfahren widersprechende Entscheidungen ergehen könnten,
b) zu erwarten ist, dass das Gericht des Drittstaats eine Entscheidung erlassen wird, die in dem betreffenden Mitgliedstaat anerkannt und gegebenenfalls vollstreckt werden kann, und
c) das Gericht des Mitgliedstaats davon überzeugt ist, dass die Aussetzung im Interesse einer geordneten Rechtspflege erforderlich ist.

(2) Das Gericht des Mitgliedstaats kann das Verfahren jederzeit fortsetzen, wenn

a) das Gericht des Mitgliedstaats es für wahrscheinlich hält, dass die Gefahr widersprechender Entscheidungen nicht mehr besteht,
b) das Verfahren vor dem Gericht des Drittstaats ebenfalls ausgesetzt oder eingestellt wurde,
c) das Gericht des Mitgliedstaats es für unwahrscheinlich hält, dass das vor dem Gericht des Drittstaats anhängige Verfahren innerhalb einer angemessenen Frist abgeschlossen wird, oder
d) die Fortsetzung des Verfahrens im Interesse einer geordneten Rechtspflege erforderlich ist.

(3) Das Gericht des Mitgliedstaats kann das Verfahren einstellen, wenn das vor dem Gericht des Drittstaats anhängige Verfahren abgeschlossen ist und eine Entscheidung ergangen ist, die in diesem Mitgliedstaat anerkannt und gegebenenfalls vollstreckt werden kann.

(4) Das Gericht des Mitgliedstaats wendet diesen Artikel auf Antrag einer der Parteien oder, wenn dies nach einzelstaatlichem Recht möglich ist, von Amts wegen an.

ABSCHNITT 10
Einstweilige Maßnahmen einschließlich Sicherungsmaßnahmen

Artikel 35

Die im Recht eines Mitgliedstaats vorgesehenen einstweiligen Maßnahmen einschließlich Sicherungsmaßnahmen können bei den Gerichten dieses Mitgliedstaats auch dann beantragt werden, wenn für die Entscheidung in der Hauptsache das Gericht eines anderen Mitgliedstaats zuständig ist.

KAPITEL III
ANERKENNUNG UND VOLLSTRECKUNG

ABSCHNITT 1
Anerkennung

Artikel 36

(1) Die in einem Mitgliedstaat ergangenen Entscheidungen werden in den anderen Mitgliedstaaten anerkannt, ohne dass es hierfür eines besonderen Verfahrens bedarf.

(2) Jeder Berechtigte kann gemäß dem Verfahren nach Abschnitt 3 Unterabschnitt 2 die Feststellung beantragen, dass keiner der in Artikel 45 genannten Gründe für eine Versagung der Anerkennung gegeben ist.

(3) Wird die Anerkennung in einem Rechtsstreit vor dem Gericht eines Mitgliedstaats, dessen Entscheidung von der Versagung der Anerkennung abhängt, verlangt, so kann dieses Gericht über die Anerkennung entscheiden.

Artikel 37

(1) Eine Partei, die in einem Mitgliedstaat eine in einem anderen Mitgliedstaat ergangene Entscheidung geltend machen will, hat Folgendes vorzulegen:

a) eine Ausfertigung der Entscheidung, die die für ihre Beweiskraft erforderlichen Voraussetzungen erfüllt, und
b) die nach Artikel 53 ausgestellte Bescheinigung.

(2) Das Gericht oder die Behörde, bei dem oder der eine in einem anderen Mitgliedstaat ergangene Entscheidung geltend gemacht wird, kann die Partei, die

sie geltend macht, gegebenenfalls auffordern, eine Übersetzung oder eine Transliteration des Inhalts der in Absatz 1 Buchstabe b genannten Bescheinigung nach Artikel 57 zur Verfügung zu stellen. Kann das Gericht oder die Behörde das Verfahren ohne eine Übersetzung der eigentlichen Entscheidung nicht fortsetzen, so kann es oder sie die Partei auffordern, eine Übersetzung der Entscheidung statt der Übersetzung des Inhalts der Bescheinigung zur Verfügung zu stellen.

Artikel 38

Das Gericht oder die Behörde, bei dem bzw. der eine in einem anderen Mitgliedstaat ergangene Entscheidung geltend gemacht wird, kann das Verfahren ganz oder teilweise aussetzen, wenn

a) die Entscheidung im Ursprungsmitgliedstaat angefochten wird oder
b) die Feststellung, dass keiner der in Artikel 45 genannten Gründe für eine Versagung der Anerkennung gegeben ist, oder die Feststellung, dass die Anerkennung aus einem dieser Gründe zu versagen ist, beantragt worden ist.

ABSCHNITT 2
Vollstreckung

Artikel 39

Eine in einem Mitgliedstaat ergangene Entscheidung, die in diesem Mitgliedstaat vollstreckbar ist, ist in den anderen Mitgliedstaaten vollstreckbar, ohne dass es einer Vollstreckbarerklärung bedarf.

Artikel 40

Eine vollstreckbare Entscheidung umfasst von Rechts wegen die Befugnis, jede Sicherungsmaßnahme zu veranlassen, die im Recht des ersuchten Mitgliedstaats vorgesehen ist.

Artikel 41

(1) Vorbehaltlich der Bestimmungen dieses Abschnitts gilt für das Verfahren zur Vollstreckung der in einem anderen Mitgliedstaat ergangenen Entscheidungen das Recht des ersuchten Mitgliedstaats. Eine in einem Mitgliedstaat ergangene Entscheidung, die im ersuchten Mitgliedstaat vollstreckbar ist, wird dort unter den gleichen Bedingungen vollstreckt wie eine im ersuchten Mitgliedstaat ergangene Entscheidung.

(2) Ungeachtet des Absatzes 1 gelten die im Recht des ersuchten Mitgliedstaats für die Verweigerung oder Aussetzung der Vollstreckung vorgesehenen Gründe, soweit sie nicht mit den in Artikel 45 aufgeführten Gründen unvereinbar sind.

(3) Von der Partei, die die Vollstreckung einer in einem anderen Mitgliedstaat ergangenen Entscheidung beantragt, kann nicht verlangt werden, dass sie im ersuchten Mitgliedstaat über eine Postanschrift verfügt. Es kann von ihr auch nicht verlangt werden, dass sie im ersuchten Mitgliedstaat über einen bevollmächtigten Vertreter verfügt, es sei denn, ein solcher Vertreter ist ungeachtet der Staatsangehörigkeit oder des Wohnsitzes der Parteien vorgeschrieben.

Artikel 42

(1) Soll in einem Mitgliedstaat eine in einem anderen Mitgliedstaat ergangene Entscheidung vollstreckt werden, hat der Antragsteller der zuständigen Vollstreckungsbehörde Folgendes vorzulegen:

a) eine Ausfertigung der Entscheidung, die die für ihre Beweiskraft erforderlichen Voraussetzungen erfüllt, und
b) die nach Artikel 53 ausgestellte Bescheinigung, mit der bestätigt wird, dass die Entscheidung vollstreckbar ist, und die einen Auszug aus der Entscheidung sowie gegebenenfalls relevante Angaben zu den erstattungsfähigen Kosten des Verfahrens und der Berechnung der Zinsen enthält.

(2) Soll in einem Mitgliedstaat eine in einem anderen Mitgliedstaat ergangene Entscheidung vollstreckt werden, mit der eine einstweilige Maßnahme einschließlich einer Sicherungsmaßnahme angeordnet wird, hat der Antragsteller der zuständigen Vollstreckungsbehörde Folgendes vorzulegen:

a) eine Ausfertigung der Entscheidung, die die für ihre Beweiskraft erforderlichen Voraussetzungen erfüllt,
b) die nach Artikel 53 ausgestellte Bescheinigung, die eine Beschreibung der Maßnahme enthält und mit der bestätigt wird, dass

i) das Gericht in der Hauptsache zuständig ist,
ii) die Entscheidung im Ursprungsmitgliedstaat vollstreckbar ist, und

c) wenn die Maßnahme ohne Vorladung des Beklagten angeordnet wurde, den Nachweis der Zustellung der Entscheidung.

(3) Die zuständige Vollstreckungsbehörde kann gegebenenfalls vom Antragsteller gemäß Artikel 57 eine Übersetzung oder Transliteration des Inhalts der Bescheinigung verlangen.

(4) Die zuständige Vollstreckungsbehörde darf vom Antragsteller eine Übersetzung der Entscheidung nur verlangen, wenn sie das Verfahren ohne eine solche Übersetzung nicht fortsetzen kann.

Artikel 43

(1) Soll eine in einem anderen Mitgliedstaat ergangene Entscheidung vollstreckt werden, so wird die gemäß Artikel 53 ausgestellte Bescheinigung dem Schuldner vor der ersten Vollstreckungsmaßnahme zugestellt. Der Bescheinigung wird die Entscheidung beigefügt, sofern sie dem Schuldner noch nicht zugestellt wurde.

(2) Hat der Schuldner seinen Wohnsitz in einem anderen Mitgliedstaat als dem Ursprungsmitgliedstaat, so kann er eine Übersetzung der Entscheidung verlangen, um ihre Vollstreckung anfechten zu können, wenn die Entscheidung nicht in einer der folgenden Sprachen abgefasst ist oder ihr keine Übersetzung in einer der folgenden Sprachen beigefügt ist:

a) einer Sprache, die er versteht, oder
b) der Amtssprache des Mitgliedstaats, in dem er seinen Wohnsitz hat, oder, wenn es in diesem Mitgliedstaat mehrere Amtssprachen gibt, in der Amtssprache oder einer der Amtssprachen des Ortes, an dem er seinen Wohnsitz hat. Wird die Übersetzung der Entscheidung gemäß Unterabsatz 1

verlangt, so darf die Zwangsvollstreckung nicht über Sicherungsmaßnahmen hinausgehen, solange der Schuldner die Übersetzung nicht erhalten hat. Dieser Absatz gilt nicht, wenn die Entscheidung dem Schuldner bereits in einer der in Unterabsatz 1 genannten Sprachen oder zusammen mit einer Übersetzung in eine dieser Sprachen zugestellt worden ist.

(3) Dieser Artikel gilt nicht für die Vollstreckung einer in einer Entscheidung enthaltenen Sicherungsmaßnahme oder wenn der Antragsteller Sicherungsmaßnahmen gemäß Artikel 40 erwirkt.

Artikel 44

(1) Wurde eine Versagung der Vollstreckung einer Entscheidung gemäß Abschnitt 3 Unterabschnitt 2 beantragt, so kann das Gericht im ersuchten Mitgliedstaat auf Antrag des Schuldners
a) das Vollstreckungsverfahren auf Sicherungsmaßnahmen beschränken,
b) die Vollstreckung von der Leistung einer vom Gericht zu bestimmenden Sicherheit abhängig machen oder
c) das Vollstreckungsverfahren insgesamt oder teilweise aussetzen.

(2) Die zuständige Behörde des ersuchten Mitgliedstaats setzt das Vollstreckungsverfahren auf Antrag des Schuldners aus, wenn die Vollstreckbarkeit der Entscheidung im Ursprungsmitgliedstaat ausgesetzt ist.

ABSCHNITT 3
Versagung der Anerkennung und Vollstreckung

Unterabschnitt 1
Versagung der Anerkennung

Artikel 45

(1) Die Anerkennung einer Entscheidung wird auf Antrag eines Berechtigten versagt, wenn
a) die Anerkennung der öffentlichen Ordnung (ordre public) des ersuchten Mitgliedstaats offensichtlich widersprechen würde;
b) dem Beklagten, der sich auf das Verfahren nicht eingelassen hat, das verfahrenseinleitende Schriftstück oder ein gleichwertiges Schriftstück nicht so rechtzeitig und in einer Weise zugestellt worden ist, dass er sich verteidigen konnte, es sei denn, der Beklagte hat gegen die Entscheidung keinen Rechtsbehelf eingelegt, obwohl er die Möglichkeit dazu hatte;
c) die Entscheidung mit einer Entscheidung unvereinbar ist, die zwischen denselben Parteien im ersuchten Mitgliedstaat ergangen ist;
d) die Entscheidung mit einer früheren Entscheidung unvereinbar ist, die in einem anderen Mitgliedstaat oder in einem Drittstaat in einem Rechtsstreit wegen desselben Anspruchs zwischen denselben Parteien ergangen ist, sofern die frühere Entscheidung die notwendigen Voraussetzungen für ihre Anerkennung im ersuchten Mitgliedstaat erfüllt, oder
e) die Entscheidung unvereinbar ist

i) mit Kapitel II Abschnitte 3, 4 oder 5, sofern der Beklagte Versicherungsnehmer, Versicherter, Begünstigter des Versicherungsvertrags, Geschädigter, Verbraucher oder Arbeitnehmer ist, oder
ii) mit Kapitel II Abschnitt 6.

(2) Das mit dem Antrag befasste Gericht ist bei der Prüfung, ob eine der in Absatz 1 Buchstabe e angeführten Zuständigkeiten gegeben ist, an die tatsächlichen Feststellungen gebunden, aufgrund deren das Ursprungsgericht seine Zuständigkeit angenommen hat.

(3) Die Zuständigkeit des Ursprungsgerichts darf, unbeschadet des Absatzes 1 Buchstabe e, nicht nachgeprüft werden. Die Vorschriften über die Zuständigkeit gehören nicht zur öffentlichen Ordnung (ordre public) im Sinne des Absatzes 1 Buchstabe a.

(4) Der Antrag auf Versagung der Anerkennung ist gemäß den Verfahren des Unterabschnitts 2 und gegebenenfalls des Abschnitts 4 zu stellen.

Unterabschnitt 2
Versagung der Vollstreckung

Artikel 46

Die Vollstreckung einer Entscheidung wird auf Antrag des Schuldners versagt, wenn festgestellt wird, dass einer der in Artikel 45 genannten Gründe gegeben ist.

Artikel 47

(1) Der Antrag auf Versagung der Vollstreckung ist an das Gericht zu richten, das der Kommission von dem betreffenden Mitgliedstaat gemäß Artikel 75 Buchstabe a mitgeteilt wurde.

(2) Für das Verfahren zur Versagung der Vollstreckung ist, soweit es nicht durch diese Verordnung geregelt ist, das Recht des ersuchten Mitgliedstaats maßgebend.

(3) Der Antragsteller legt dem Gericht eine Ausfertigung der Entscheidung und gegebenenfalls eine Übersetzung oder Transliteration der Entscheidung vor. Das Gericht kann auf die Vorlage der in Unterabsatz 1 genannten Schriftstücke verzichten, wenn ihm die Schriftstücke bereits vorliegen oder wenn es das Gericht für unzumutbar hält, vom Antragsteller die Vorlage der Schriftstü-

cke zu verlangen. Im letztgenannten Fall kann das Gericht von der anderen Partei verlangen, diese Schriftstücke vorzulegen.

(4) Von der Partei, die die Versagung der Vollstreckung einer in einem anderen Mitgliedstaat ergangenen Entscheidung beantragt, kann nicht verlangt werden, dass sie im ersuchten Mitgliedstaat über eine Postanschrift verfügt. Es kann von ihr auch nicht verlangt werden, dass sie im ersuchten Mitgliedstaat über einen bevollmächtigten Vertreter verfügt, es sei denn, ein solcher Vertreter ist ungeachtet der Staatsangehörigkeit oder des Wohnsitzes der Parteien vorgeschrieben.

Artikel 48

Das Gericht entscheidet unverzüglich über den Antrag auf Versagung der Vollstreckung.

Artikel 49

(1) Gegen die Entscheidung über den Antrag auf Versagung der Vollstreckung kann jede Partei einen Rechtsbehelf einlegen.

(2) Der Rechtsbehelf ist bei dem Gericht einzulegen, das der Kommission von dem betreffenden Mitgliedstaat gemäß Artikel 75 Buchstabe b mitgeteilt wurde.

Artikel 50

Gegen die Entscheidung, die über den Rechtsbehelf ergangen ist, kann nur ein Rechtsbehelf eingelegt werden, wenn der betreffende Mitgliedstaat der Kommission gemäß Artikel 75 Buchstabe c mitgeteilt hat, bei welchen Gerichten ein weiterer Rechtsbehelf einzulegen ist.

Artikel 51

(1) Das mit einem Antrag auf Verweigerung der Vollstreckung befasste Gericht oder das nach Artikel 49 oder Artikel 50 mit einem Rechtsbehelf befasste Gericht kann das Verfahren aussetzen, wenn gegen die Entscheidung im Ursprungsmitgliedstaat ein ordentlicher Rechtsbehelf eingelegt wurde oder die Frist für einen

solchen Rechtsbehelf noch nicht verstrichen ist. Im letztgenannten Fall kann das Gericht eine Frist bestimmen, innerhalb derer der Rechtsbehelf einzulegen ist.

(2) Ist die Entscheidung in Irland, Zypern oder im Vereinigten Königreich ergangen, so gilt jeder im Ursprungsmitgliedstaat statthafte Rechtsbehelf als ordentlicher Rechtsbehelf im Sinne des Absatzes 1.

ABSCHNITT 4

Gemeinsame Vorschriften

Artikel 52

Eine in einem Mitgliedstaat ergangene Entscheidung darf im ersuchten Mitgliedstaat keinesfalls in der Sache selbst nachgeprüft werden.

Artikel 53

Das Ursprungsgericht stellt auf Antrag eines Berechtigten die Bescheinigung unter Verwendung des Formblatts in Anhang I aus.

Artikel 54

(1) Enthält eine Entscheidung eine Maßnahme oder Anordnung, die im Recht des ersuchten Mitgliedstaats nicht bekannt ist, so ist diese Maßnahme oder Anordnung soweit möglich an eine im Recht dieses Mitgliedstaats bekannte Maßnahme oder Anordnung anzupassen, mit der vergleichbare Wirkungen verbunden sind und die ähnliche Ziele und Interessen verfolgt. Eine solche Anpassung darf nicht dazu führen, dass Wirkungen entstehen, die über die im Recht des Ursprungsmitgliedstaats vorgesehenen Wirkungen hinausgehen.

(2) Jede Partei kann die Anpassung der Maßnahme oder Anordnung vor einem Gericht anfechten.

(3) Die Partei, die die Entscheidung geltend macht oder deren Vollstreckung beantragt, kann erforderlichenfalls aufgefordert werden, eine Übersetzung oder Transliteration der Entscheidung zur Verfügung zu stellen.

Artikel 55

In einem Mitgliedstaat ergangene Entscheidungen, die auf Zahlung eines Zwangsgelds lauten, sind im ersuchten Mitgliedstaat nur vollstreckbar, wenn die Höhe des Zwangsgelds durch das Ursprungsgericht endgültig festgesetzt ist.

Artikel 56

Der Partei, die in einem Mitgliedstaat eine in einem anderen Mitgliedstaat ergangene Entscheidung vollstrecken will, darf wegen ihrer Eigenschaft als Ausländer oder wegen Fehlens eines Wohnsitzes oder Aufenthalts im ersuchten Mitgliedstaat eine Sicherheitsleistung oder Hinterlegung, unter welcher Bezeichnung es auch sei, nicht auferlegt werden.

Artikel 57

(1) Ist nach dieser Verordnung eine Übersetzung oder Transliteration erforderlich, so erfolgt die Übersetzung oder Transliteration in die Amtssprache des betreffenden Mitgliedstaats oder, wenn es in diesem Mitgliedstaat mehrere Amtssprachen gibt, nach Maßgabe des Rechts dieses Mitgliedstaats in die oder in eine der Verfahrenssprachen des Ortes, an dem eine in einem anderen Mitgliedstaat ergangene Entscheidung geltend gemacht oder ein Antrag gestellt wird.

(2) Bei den in den Artikeln 53 und 60 genannten Formblättern kann eine Übersetzung oder Transliteration auch in eine oder mehrere andere Amtssprachen der Organe der Union erfolgen, die der betreffende Mitgliedstaat für diese Formblätter zugelassen hat.

(3) Eine Übersetzung aufgrund dieser Verordnung ist von einer Person zu erstellen, die zur Anfertigung von Übersetzungen in einem der Mitgliedstaaten befugt ist.

KAPITEL IV
ÖFFENTLICHE URKUNDEN UND GERICHTLICHE VERGLEICHE

Artikel 58

(1) Öffentliche Urkunden, die im Ursprungsmitgliedstaat vollstreckbar sind, sind in den anderen Mitgliedstaaten vollstreckbar, ohne dass es einer Voll-

streckbarerklärung bedarf. Die Zwangsvollstreckung aus der öffentlichen Urkunde kann nur versagt werden, wenn sie der öffentlichen Ordnung (ordre public) des ersuchten Mitgliedstaats offensichtlich widersprechen würde. Die Vorschriften des Kapitels III Abschnitt 2, des Abschnitts 3 Unterabschnitt 2 und des Abschnitts 4 sind auf öffentlichen Urkunden sinngemäß anzuwenden.

(2) Die vorgelegte öffentliche Urkunde muss die Voraussetzungen für ihre Beweiskraft erfüllen, die im Ursprungsmitgliedstaat erforderlich sind.

Artikel 59

Gerichtliche Vergleiche, die im Ursprungsmitgliedstaat vollstreckbar sind, werden in den anderen Mitgliedstaaten unter denselben Bedingungen wie öffentliche Urkunden vollstreckt.

Artikel 60

Die zuständige Behörde oder das Gericht des Ursprungsmitgliedstaats stellt auf Antrag eines Berechtigten die Bescheinigung mit einer Zusammenfassung der in der öffentlichen Urkunde beurkundeten vollstreckbaren Verpflichtung oder der in dem gerichtlichen Vergleich beurkundeten Parteivereinbarung unter Verwendung des Formblatts in Anhang II aus.

KAPITEL V
ALLGEMEINE VORSCHRIFTEN

Artikel 61

Im Rahmen dieser Verordnung bedarf es hinsichtlich Urkunden, die in einem Mitgliedstaat ausgestellt werden, weder der Legalisation noch einer ähnlichen Förmlichkeit.

Artikel 62

(1) Ist zu entscheiden, ob eine Partei im Hoheitsgebiet des Mitgliedstaats, dessen Gerichte angerufen sind, einen Wohnsitz hat, so wendet das Gericht sein Recht an.

(2) Hat eine Partei keinen Wohnsitz in dem Mitgliedstaat, dessen Gerichte angerufen sind, so wendet das Gericht, wenn es zu entscheiden hat, ob die Partei einen Wohnsitz in einem anderen Mitgliedstaat hat, das Recht dieses Mitgliedstaats an.

Artikel 63

(1) Gesellschaften und juristische Personen haben für die Anwendung dieser Verordnung ihren Wohnsitz an dem Ort, an dem sich
a) ihr satzungsmäßiger Sitz,
b) ihre Hauptverwaltung oder
c) ihre Hauptniederlassung befindet.

(2) Im Falle Irlands, Zyperns und des Vereinigten Königreichs ist unter dem Ausdruck „satzungsmäßiger Sitz" das registered office oder, wenn ein solches nirgendwo besteht, der place of incorporation (Ort der Erlangung der Rechtsfähigkeit) oder, wenn ein solcher nirgendwo besteht, der Ort, nach dessen Recht die formation (Gründung) erfolgt ist, zu verstehen.

(3) Um zu bestimmen, ob ein Trust seinen Sitz in dem Mitgliedstaat hat, bei dessen Gerichten die Klage anhängig ist, wendet das Gericht sein Internationales Privatrecht an.

Artikel 64

Unbeschadet günstigerer innerstaatlicher Vorschriften können Personen, die ihren Wohnsitz im Hoheitsgebiet eines Mitgliedstaats haben und die vor den Strafgerichten eines anderen Mitgliedstaats, dessen Staatsangehörigkeit sie nicht besitzen, wegen einer fahrlässig begangenen Straftat verfolgt werden, sich von hierzu befugten Personen vertreten lassen, selbst wenn sie persönlich nicht erscheinen. Das Gericht kann jedoch das persönliche Erscheinen anordnen; wird diese Anordnung nicht befolgt, so braucht die Entscheidung, die über den Anspruch aus einem Rechtsverhältnis des Zivilrechts ergangen ist, ohne dass sich der Angeklagte verteidigen konnte, in den anderen Mitgliedstaaten weder anerkannt noch vollstreckt zu werden.

Artikel 65

(1) Die in Artikel 8 Nummer 2 und Artikel 13 für eine Gewährleistungs- oder Interventionsklage vorgesehene Zuständigkeit kann in den Mitgliedstaaten, die in der von der Kommission nach Artikel 76 Absatz 1 Buchstabe b und Artikel 76 Absatz 2 festgelegten Liste aufgeführt sind, nur geltend gemacht werden, soweit das einzelstaatliche Recht dies zulässt. Eine Person, die ihren Wohnsitz in einem anderen Mitgliedstaat hat, kann aufgefordert werden, nach den Vorschriften über die Streitverkündung gemäß der genannten Liste einem Verfahren vor einem Gericht dieser Mitgliedstaaten beizutreten.

(2) Entscheidungen, die in einem Mitgliedstaat aufgrund des Artikels 8 Nummer 2 oder des Artikels 13 ergangen sind, werden nach Kapitel III in allen anderen Mitgliedstaaten anerkannt und vollstreckt. Die Wirkungen, welche die Entscheidungen, die in den in der Liste nach Absatz 1 aufgeführten Mitgliedstaaten ergangen sind, gemäß dem Recht dieser Mitgliedstaaten infolge der Anwendung von Absatz 1 gegenüber Dritten haben, werden in den allen Mitgliedstaaten anerkannt.

(3) Die in der Liste nach Absatz 1 aufgeführten Mitgliedstaaten übermitteln im Rahmen des durch die Entscheidung 2001/470/EG des Rates errichteten Europäischen Justiziellen Netzes für Zivil- und Handelssachen („Europäisches Justizielles Netz") Informationen darüber, wie nach Maßgabe ihres innerstaatlichen Rechts die in Absatz 2 Satz 2 genannten Wirkungen der Entscheidungen bestimmt werden können.

KAPITEL VI
ÜBERGANGSVORSCHRIFTEN

Artikel 66

(1) Diese Verordnung ist nur auf Verfahren, öffentliche Urkunden oder gerichtliche Vergleiche anzuwenden, die am 10. Januar 2015 oder danach eingeleitet, förmlich errichtet oder eingetragen bzw. gebilligt oder geschlossen worden sind.

(2) Ungeachtet des Artikels 80 gilt die Verordnung (EG) Nr. 44/2001 weiterhin für Entscheidungen, die in vor dem 10. Januar 2015 eingeleiteten gerichtlichen Verfahren ergangen sind, für vor diesem Zeitpunkt förmlich errichtete oder eingetragene öffentliche Urkunden sowie für vor diesem Zeitpunkt gebilligte oder geschlossene gerichtliche Vergleiche, sofern sie in den Anwendungsbereich der genannten Verordnung fallen.

KAPITEL VII
VERHÄLTNIS ZU ANDEREN RECHTSINSTRUMENTEN

Artikel 67

Diese Verordnung berührt nicht die Anwendung der Bestimmungen, die für besondere Rechtsgebiete die gerichtliche Zuständigkeit oder die Anerkennung und Vollstreckung von Entscheidungen regeln und in Unionsrechtsakten oder in dem in Ausführung dieser Rechtsakte harmonisierten einzelstaatlichen Recht enthalten sind.

Artikel 68

(1) Diese Verordnung tritt im Verhältnis zwischen den Mitgliedstaaten an die Stelle des Brüsseler Übereinkommens von 1968, außer hinsichtlich der Hoheitsgebiete der Mitgliedstaaten, die in den territorialen Anwendungsbereich des genannten Übereinkommens fallen und aufgrund der Anwendung von Artikel 355 AEUV von dieser Verordnung ausgeschlossen sind.

(2) Soweit diese Verordnung die Bestimmungen des Brüsseler Übereinkommens von 1968 zwischen den Mitgliedstaaten ersetzt, gelten Verweise auf dieses Übereinkommen als Verweise auf die vorliegende Verordnung.

Artikel 69

Diese Verordnung ersetzt unbeschadet der Artikel 70 und 71 im Verhältnis zwischen den Mitgliedstaaten die Übereinkünfte, die sich auf dieselben Rechtsgebiete erstrecken wie diese Verordnung. Ersetzt werden insbesondere die Übereinkünfte, die in der von der Kommission nach Artikel 76 Absatz 1 Buchstabe c und Artikel 76 Absatz 2 festgelegten Liste aufgeführt sind.

Artikel 70

(1) Die in Artikel 69 genannten Übereinkünfte behalten ihre Wirksamkeit für die Rechtsgebiete, auf die diese Verordnung nicht anzuwenden ist.

(2) Sie bleiben auch weiterhin für die Entscheidungen, öffentlichen Urkunden und gerichtlichen Vergleiche wirksam, die vor dem Inkrafttreten der

Verordnung (EG) Nr. 44/2001 ergangen, förmlich errichtet oder eingetragen bzw. gebilligt oder geschlossen worden sind.

Artikel 71

(1) Diese Verordnung lässt Übereinkünfte unberührt, denen die Mitgliedstaaten angehören und die für besondere Rechtsgebiete die gerichtliche Zuständigkeit, die Anerkennung oder die Vollstreckung von Entscheidungen regeln.

(2) Um eine einheitliche Auslegung des Absatzes 1 zu sichern, wird er in folgender Weise angewandt:

a) Diese Verordnung schließt nicht aus, dass ein Gericht eines Mitgliedstaats, der Vertragspartei einer Übereinkunft über ein besonderes Rechtsgebiet ist, seine Zuständigkeit auf eine solche Übereinkunft stützt, und zwar auch dann, wenn der Beklagte seinen Wohnsitz im Hoheitsgebiet eines Mitgliedstaats hat, der nicht Vertragspartei einer solchen Übereinkunft ist. In jedem Fall wendet dieses Gericht Artikel 28 dieser Verordnung an.

b) Entscheidungen, die in einem Mitgliedstaat von einem Gericht erlassen worden sind, das seine Zuständigkeit auf eine Übereinkunft über ein besonderes Rechtsgebiet gestützt hat, werden in den anderen Mitgliedstaaten nach dieser Verordnung anerkannt und vollstreckt. Sind der Ursprungsmitgliedstaat und der ersuchte Mitgliedstaat Vertragsparteien einer Übereinkunft über ein besonderes Rechtsgebiet, welche die Voraussetzungen für die Anerkennung und Vollstreckung von Entscheidungen regelt, so gelten diese Voraussetzungen. In jedem Fall können die Bestimmungen dieser Verordnung über die Anerkennung und Vollstreckung von Entscheidungen angewandt werden.

Artikel 72

Diese Verordnung lässt Vereinbarungen unberührt, durch die sich die Mitgliedstaaten vor Inkrafttreten der Verordnung (EG) Nr. 44/2001 nach Artikel 59 des Brüsseler Übereinkommens von 1968 verpflichtet haben, Entscheidungen der Gerichte eines anderen Vertragsstaats des genannten Übereinkommens gegen Beklagte, die ihren Wohnsitz oder gewöhnlichen Aufenthalt im Hoheitsgebiet eines Drittstaats haben, nicht anzuerkennen, wenn die Entscheidungen in den Fällen des Artikels 4 des genannten Übereinkommens nur in einem der in Artikel 3 Absatz 2 des genannten Übereinkommens angeführten Gerichtsstände ergehen können.

Artikel 73

(1) Diese Verordnung lässt die Anwendung des Übereinkommens von Lugano von 2007 unberührt.

(2) Diese Verordnung lässt die Anwendung des Übereinkommens von New York von 1958 unberührt.

(3) Diese Verordnung lässt die Anwendung der bilateralen Übereinkünfte und Vereinbarungen zwischen einem Drittstaat und einem Mitgliedstaat unberührt, die vor dem Inkrafttreten der Verordnung (EG) Nr. 44/2001 geschlossen wurden und in dieser Verordnung geregelte Angelegenheiten betreffen.

KAPITEL VIII
SCHLUSSVORSCHRIFTEN

Artikel 74

Die Mitgliedstaaten übermitteln im Rahmen des Europäischen Justiziellen Netzes für Zivil- und Handelssachen eine Beschreibung der einzelstaatlichen Vollstreckungsvorschriften und -verfahren, einschließlich Angaben über die Vollstreckungsbehörden, sowie Informationen über alle Vollstreckungsbeschränkungen, insbesondere über Schuldnerschutzvorschriften und Verjährungsfristen, im Hinblick auf die Bereitstellung dieser Informationen für die Öffentlichkeit. Die Mitgliedstaaten halten diese Informationen stets auf dem neuesten Stand.

Artikel 75

Die Mitgliedstaaten teilen der Kommission bis zum 10. Januar 2014 mit,

a) an welches Gericht der Antrag auf Versagung der Vollstreckung gemäß Artikel 47 Absatz 1 zu richten ist;
b) bei welchen Gerichten der Rechtsbehelf gegen die Entscheidung über den Antrag auf Versagung der Vollstreckung gemäß Artikel 49 Absatz 2 einzulegen ist;
c) bei welchen Gerichten ein weiterer Rechtsbehelf gemäß Artikel 50 einzulegen ist und
d) welche Sprachen für die Übersetzung der Formblätter nach Artikel 57 Absatz 2 zugelassen sind.

Die Angaben werden von der Kommission in geeigneter Weise, insbesondere über das Europäische Justizielle Netz für Zivil- und Handelssachen, der Öffentlichkeit zur Verfügung gestellt.

Artikel 76

(1) Die Mitgliedstaaten notifizieren der Kommission
a) die Zuständigkeitsvorschriften nach Artikel 5 Absatz 2 und Artikel 6 Absatz 2,
b) die Regeln für die Streitverkündung nach Artikel 65 und
c) die Übereinkünfte nach Artikel 69.

(2) Die Kommission legt anhand der in Absatz 1 genannten Notifizierungen der Mitgliedstaaten die jeweiligen Listen fest.

(3) Die Mitgliedstaaten notifizieren der Kommission alle späteren Änderungen, die an diesen Listen vorgenommen werden müssen. Die Kommission passt diese Listen entsprechend an.

(4) Die Kommission veröffentlicht die Listen und alle späteren Änderungen dieser Listen im Amtsblatt der Europäischen Union.

(5) Die Kommission stellt der Öffentlichkeit alle nach den Absätzen 1 und 3 notifizierten Informationen auf andere geeignete Weise, insbesondere über das Europäische Justizielle Netz, zur Verfügung.

Artikel 77

Der Kommission wird die Befugnis übertragen, gemäß Artikel 78 in Bezug auf die Änderung der Anhänge I und II delegierte Rechtsakte zu erlassen.

Artikel 78

(1) Die der Kommission übertragene Befugnis zum Erlass delegierter Rechtsakte unterliegt den Bedingungen dieses Artikels.

(2) Die Befugnis zum Erlass delegierter Rechtsakte gemäß Artikel 77 wird der Kommission auf unbestimmte Zeit ab dem 9. Januar 2013 übertragen.

(3) Die Befugnisübertragung gemäß Artikel 77 kann vom Europäischen Parlament oder vom Rat jederzeit widerrufen werden. Der Beschluss über den Widerruf beendet die Übertragung der darin genannten Befugnisse. Der Be-

schluss tritt am Tag nach Veröffentlichung des Beschlusses im Amtsblatt der Europäischen Union oder zu einem späteren, in dem Beschluss festgelegten Zeitpunkt in Kraft. Er berührt nicht die Gültigkeit bereits in Kraft getretener delegierter Rechtsakte.

(4) Sobald die Kommission einen delegierten Rechtsakt erlässt, übermittelt sie ihn gleichzeitig dem Europäischen Parlament und dem Rat.

(5) Ein gemäß Artikel 77 erlassener delegierter Rechtsakt tritt nur in Kraft, wenn weder das Europäische Parlament noch der Rat innerhalb einer Frist von zwei Monaten nach Übermittlung dieses Rechtsakts an das Europäische Parlament und den Rat Einwände erhoben hat oder wenn vor Ablauf dieser Frist sowohl das Europäische Parlament als auch der Rat der Kommission mitgeteilt haben, dass sie keine Einwände zu erheben beabsichtigen. Diese Frist wird auf Initiative des Europäischen Parlaments oder des Rates um zwei Monate verlängert.

Artikel 79

Die Kommission legt dem Europäischen Parlament, dem Rat und dem Europäischen Wirtschafts- und Sozialausschuss bis zum 11. Januar 2022 einen Bericht über die Anwendung dieser Verordnung vor. Dieser Bericht enthält auch eine Bewertung der Frage, ob die Zuständigkeitsvorschriften weiter ausgedehnt werden sollten auf Beklagte, die ihren Wohnsitz nicht in einem Mitgliedstaat haben, wobei der Funktionsweise dieser Verordnung und möglichen Entwicklungen auf internationaler Ebene Rechnung zu tragen ist. Dem Bericht wird gegebenenfalls ein Vorschlag zur Änderung dieser Verordnung beigefügt.

Artikel 80

Die Verordnung (EG) Nr. 44/2001 wird durch diese Verordnung aufgehoben. Bezugnahmen auf die aufgehobene Verordnung gelten als Bezugnahmen auf die vorliegende Verordnung und sind nach Maßgabe der Entsprechungstabelle in Anhang III zu lesen.

Artikel 81

Diese Verordnung tritt am zwanzigsten Tag nach ihrer Veröffentlichung im Amtsblatt der Europäischen Union in Kraft. Sie gilt ab dem 10. Januar 2015, mit

Ausnahme der Artikel 75 und 76, die ab dem 10. Januar 2014 gelten. Diese Verordnung ist in allen ihren Teilen verbindlich und gilt gemäß den Verträgen unmittelbar in den Mitgliedstaaten.

ANHANG I

BESCHEINIGUNG ÜBER EINE ENTSCHEIDUNG IN ZIVIL- UND HANDELSSACHEN

Artikel 53 der Verordnung (EU) Nr. 1215/2012 des Europäischen Parlaments und des Rates über die gerichtliche Zuständigkeit und die Anerkennung und Vollstreckung von Entscheidungen in Zivil- und Handelssachen

1.	URSPRUNGSGERICHT
1.1.	Bezeichnung:
1.2.	Anschrift:
1.2.1.	Straße und Hausnummer/Postfach:
1.2.2.	PLZ und Ort:
1.2.3.	Mitgliedstaat: AT ☐ BE ☐ BG ☐ CY ☐ CZ ☐ DK ☐ DE ☐ EE ☐ EL ☐ ES ☐ FI ☐ FR ☐ HR ☐ HU ☐ IE ☐ IT ☐ LT ☐ LU ☐ LV ☐ MT ☐ NL ☐ PL ☐ PT ☐ RO ☐ SE ☐ SI ☐ SK ☐ UK ☐
1.3.	Telefon:
1.4.	Fax:
1.5.	E-Mail (falls verfügbar):
2.	KLÄGER ([1])
2.1.	Name, Vorname/Name der Firma oder Organisation:
2.2.	Identifizierungsnummer (falls vorhanden und falls verfügbar):
2.3.	Geburtsdatum (TT/MM/JJJJ) und Geburtsort oder, bei juristischen Personen, Datum der Gründung/Erlangung der Rechtsfähigkeit/ Registrierung (falls relevant und falls verfügbar):
2.4.	Anschrift:
2.4.1.	Straße und Hausnummer/Postfach:
2.4.2.	PLZ und Ort:
2.4.3.	Land: AT ☐ BE ☐ BG ☐ CY ☐ CZ ☐ DK ☐ DE ☐ EE ☐ EL ☐ ES ☐ FI ☐ FR ☐ HR ☐ HU ☐ IE ☐ IT ☐ LT ☐ LU ☐ LV ☐ MT ☐ NL ☐ PL ☐ PT ☐ RO ☐ SE ☐ SI ☐ SK ☐ UK ☐ sonstige (bitte angeben (ISO-Code)) ☐
2.5.	E-Mail (falls verfügbar):

3. BEKLAGTE(R) (2)
3.1. Name, Vorname/Name der Firma oder Organisation:
3.2. Identifizierungsnummer (falls vorhanden und falls verfügbar):
3.3. Geburtsdatum (TT/MM/JJJJ) und Geburtsort oder, bei juristischen Personen, Datum der Gründung/Erlangung der Rechtsfähigkeit/Registrierung (falls relevant und falls verfügbar):
3.4. Anschrift:
3.4.1. Straße und Hausnummer/Postfach:
3.4.2. PLZ und Ort:
3.4.3. Land:
AT ☐ BE ☐ BG ☐ CY ☐ CZ ☐ DK ☐ DE ☐ EE ☐ EL ☐ ES ☐ FI ☐ FR ☐ HR ☐ HU ☐ IE ☐ IT ☐ LT ☐ LU ☐ LV ☐ MT ☐ NL ☐ PL ☐ PT ☐ RO ☐ SE ☐ SI ☐ SK ☐ UK ☐ sonstige (bitte angeben (ISO-Code)) ☐
3.5. E-Mail (falls verfügbar):
4. ENTSCHEIDUNG
4.1. Datum (TT/MM/JJJJ) der Entscheidung:
4.2. Aktenzeichen der Entscheidung:
4.3. Ist die Entscheidung ergangen, ohne dass sich der Beklagte auf das Verfahren eingelassen hat?
4.3.1. ☐ Nein
4.3.2. ☐ Ja (bitte das Datum (TT/MM/JJJJ) angeben, zu dem das verfahrenseinleitende Schriftstück oder ein gleichwertiges Schriftstück dem Beklagten zugestellt wurde):
4.4. Die Entscheidung ist im Ursprungsmitgliedstaat vollstreckbar, ohne dass weitere Bedingungen erfüllt sein müssen:
4.4.1. ☐ Ja (bitte gegebenenfalls das Datum (TT/MM/JJJJ) angeben, zu dem die Entscheidung für vollstreckbar erklärt wurde):
4.4.2. ☐ Ja, aber nur gegenüber folgender/folgenden Person(en) (bitte angeben):
4.4.3. ☐ Ja, aber nur für einen Teil/Teile der Entscheidung (bitte angeben):
4.4.4. ☐ Die Entscheidung enthält keine vollstreckbare Verpflichtung.
4.5. Zum Zeitpunkt der Ausstellung der Bescheinigung ist die Entscheidung dem/den Beklagten zugestellt:
4.5.1. ☐ Ja (bitte das Datum der Zustellung (TT/MM/JJJJ) angeben, falls bekannt):
4.5.1.1. Die Entscheidung wurde in der/den folgenden Sprache(n) zugestellt:

BG ☐ ES ☐ CS ☐ DK ☐ DE ☐ ET ☐ EL ☐ EN ☐ FR ☐ HR ☐ GA ☐ IT ☐ LV ☐ LT ☐ HU ☐ MT ☐ NL ☐ PL ☐ PT ☐ RO ☐ SK ☐ SL ☐ FI ☐ SV ☐ Sonstige (bitte angeben (ISO-Code)) ☐

4.5.2. ☐ Dem Gericht nicht bekannt

4.6. Tenor der Entscheidung und zugesprochene Zinszahlung:

4.6.1. Entscheidung über eine Geldforderung ([3])

4.6.1.1. Kurzdarstellung des Streitgegenstands:

4.6.1.2. Das Gericht hat:

.... (Name, Vorname(n)/Name der Firma oder Organisation) ([4])

angewiesen, eine Zahlung zu leisten an:

.... (Name, Vorname(n)/Name der Firma oder Organisation)

4.6.1.2.1. Wurde mehr als eine Person bezeichnet, die für den Anspruch haftet, kann jede der bezeichneten Personen für den gesamten Betrag in Anspruch genommen werden:

4.6.1.2.1.1. ☐ Ja

4.6.1.2.1.2. ☐ Nein

4.6.1.3. Währung:

☐ Euro (EUR) ☐ bulgarischer Lew (BGN) ☐ tschechische Krone (CZK)

☐ dänische Krone (DKK) ☐ kroatische Kuna (HRK) ☐ ungarischer Forint (HUF) ☐ polnischer Zloty (PLN) ☐ Pfund Sterling (GBP) ☐ rumänischer Leu (RON)

☐ schwedische Krone (SEK) ☐ Sonstige (bitte angeben (ISO-Code)):

4.6.1.4. Hauptforderung:

4.6.1.4.1. ☐ Einmalzahlung

4.6.1.4.2. ☐ Ratenzahlung ([5])

Fälligkeit (TT/MM/JJJJ)	Betrag

4.6.1.4.3. ☐ Regelmäßige Zahlung

4.6.1.4.3.1. ☐ Täglich

4.6.1.4.3.2. ☐ Wöchentlich

4.6.1.4.3.3. ☐ Sonstige (bitte Häufigkeit angeben):

4.6.1.4.3.4. Ab Datum (TT/MM/JJJJ) oder Ereignis:

4.6.1.4.3.5. Falls zutreffend, bis (Datum (TT/MM/JJJJ) oder Ereignis):
4.6.1.5. Zinsen (falls zutreffend):
4.6.1.5.1. Zinsen:
4.6.1.5.1.1. ☐ Nicht in der Entscheidung angegeben
4.6.1.5.1.2. ☐ Ja, in der Entscheidung folgendermaßen angegeben:
4.6.1.5.1.2.1. Betrag:
oder:
4.6.1.5.1.2.2. Zinssatz ... %
4.6.1.5.1.2.3. Zinsen sind fällig ab .... (Datum (TT/MM/JJJJ) oder Ereignis) bis .... (Datum (TT/MM/JJJJ) oder Ereignis) ([6])
4.6.1.5.2. ☐ Gesetzliche Zinsen (falls zutreffend), zu berechnen gemäß (bitte entsprechendes Gesetz angeben):
4.6.1.5.2.1. Zinsen sind fällig ab .... (Datum (TT/MM/JJJJ) oder Ereignis) bis .... (Datum (TT/MM/JJJJ) oder Ereignis) ([6])
4.6.1.5.3. ☐ Kapitalisierung der Zinsen (falls zutreffend, bitte angeben):
4.6.2. Entscheidung über die Anordnung einer einstweiligen Maßnahme, einschließlich Sicherungsmaßnahme:
4.6.2.1. Kurzdarstellung des Streitgegenstands und der angeordneten Maßnahme:
4.6.2.2. Die Maßnahme wurde von einem Gericht angeordnet, das in der Hauptsache zuständig ist
4.6.2.2.1. ☐ Ja
4.6.3. Sonstige Entscheidungsarten:
4.6.3.1. Kurzdarstellung des Streitgegenstands und der Entscheidung des Gerichts:
4.7. Kosten ([7]):
4.7.1. Währung:
☐ Euro (EUR) ☐ bulgarischer Lew (BGN) ☐ tschechische Krone (CZK)
☐ dänische Krone (DKK) ☐ kroatische Kuna (HRK) ☐ ungarischer Forint (HUF) ☐ polnischer Zloty (PLN) ☐ Pfund Sterling (GBP) ☐ rumänischer Leu (RON)
☐ schwedische Krone (SEK) ☐ Sonstige (bitte angeben (ISO-Code)):
4.7.2. Dem/den folgenden Schuldner(n) wurden die Kosten aufgegeben:
4.7.2.1. Name, Vorname/Name der Firma oder Organisation: ([8])
4.7.2.2. Wurden mehr als einer Person die Kosten aufgegeben, kann jede der bezeichneten Personen für den gesamten Betrag in Anspruch genommen werden:
4.7.2.2.1. ☐ Ja
4.7.2.2.2. ☐ Nein

4.7.3. Folgende Kosten werden geltend gemacht: ([9])
4.7.3.1. ☐ Die Kosten wurden in der Entscheidung in Form eines Gesamtbetrags festgesetzt (bitte Betrag angeben):
4.7.3.2. ☐ Die Kosten wurden in der Entscheidung in Form eines Prozentsatzes der Gesamtkosten festgesetzt (bitte Prozentsatz der Gesamtkosten angeben):
4.7.3.3. ☐ Die Haftung für die Kosten wurde in der Entscheidung festgelegt, und es handelt sich um folgende Beträge:
4.7.3.3.1. ☐ Gerichtsgebühren:
4.7.3.3.2. ☐ Rechtsanwaltsgebühren:
4.7.3.3.3. ☐ Zustellungskosten:
4.7.3.3.4. ☐ Sonstige Kosten:
4.7.3.4. ☐ Sonstige (bitte angeben):
4.7.4. Zinsen auf Kosten:
4.7.4.1. ☐ Nicht zutreffend
4.7.4.2. ☐ In der Entscheidung angegebene Zinsen
4.7.4.2.1. ☐ Betrag:
oder
4.7.4.2.2. ☐ Zinssatz ... %
4.7.4.2.2.1. Zinsen sind fällig ab .... (Datum (TT/MM/JJJJ) oder Ereignis) bis .... (Datum (TT/MM/JJJJ) oder Ereignis) ([6])
4.7.4.3. ☐ Gesetzliche Zinsen (falls zutreffend), zu berechnen gemäß (bitte entsprechendes Gesetz angeben):
4.7.4.3.1. Zinsen sind fällig ab .... (Datum (TT/MM/JJJJ) oder Ereignis) bis .... (Datum (TT/MM/JJJJ) oder Ereignis) ([6])
4.7.4.4. ☐ Kapitalisierung der Zinsen (falls zutreffend, bitte angeben):

Geschehen zu: ...
Unterschrift und/oder Dienstsiegel des Ursprungsgerichts:

---

(1) Betrifft die Entscheidung mehr als einen Kläger, sind die betreffenden Angaben für sämtliche Kläger einzutragen.

(2) Betrifft die Entscheidung mehr als einen Beklagten, sind die betreffenden Angaben für sämtliche Beklagten einzutragen.

(3) Betrifft die Entscheidung allein eine Kostenfeststellung im Zusammenhang mit einem Anspruch, der Gegenstand einer vorherigen Entscheidung war, ist Ziffer 4.6.1 nicht auszufüllen und zu Ziffer 4.7 überzugehen.

(4) Wurde mehr als eine Person angewiesen, eine Zahlung zu leisten, sind die betreffenden Angaben für sämtliche Personen einzutragen.

(5) Es sind die betreffenden Angaben für die einzelnen Ratenzahlungen einzutragen.

(6) Bei mehr als einem Zinszeitraum sind die betreffenden Angaben für sämtliche Zinszeiträume einzutragen.
(7) Dieser Punkt betrifft auch Fälle, in denen die Kosten in einer gesonderten Entscheidung zugesprochen werden.
(8) Bei mehr als einer Person sind die betreffenden Angaben für sämtliche Personen einzutragen.
(9) Falls mehrere Personen für die Kosten in Anspruch genommen werden können, ist die Aufschlüsselung für jede Person gesondert einzutragen.

ANHANG II

BESCHEINIGUNG ÜBER EINE ÖFFENTLICHE URKUNDE/EINEN GERICHTLICHEN VERGLEICH (1) IN EINER ZIVIL- ODER HANDELSSACHE

Artikel 60 der Verordnung (EU) Nr. 1215/2012 des Europäischen Parlaments und des Rates über die gerichtliche Zuständigkeit und die Anerkennung und Vollstreckung von Entscheidungen in Zivil- und Handelssachen

1.	GERICHT ODER SONST BEFUGTE STELLE, DAS/DIE DIE BESCHEINIGUNG AUSSTELLT
1.1.	Bezeichnung:
1.2.	Anschrift:
1.2.1.	Straße und Hausnummer/Postfach:
1.2.2.	PLZ und Ort:
1.2.3.	Mitgliedstaat: AT ☐ BE ☐ BG ☐ CY ☐ CZ ☐ DK ☐ DE ☐ EE ☐ EL ☐ ES ☐ FI ☐ FR ☐ HR ☐ HU ☐ IE ☐ IT ☐ LT ☐ LU ☐ LV ☐ MT ☐ NL ☐ PL ☐ PT ☐ RO ☐ SE ☐ SI ☐ SK ☐ UK ☐
1.3.	Telefon:
1.4.	Fax:
1.5.	E-Mail (falls verfügbar):
2.	ÖFFENTLICHE URKUNDE
2.1.	Stelle, die die öffentliche Urkunde errichtet hat (wenn dies eine andere Stelle als diejenige ist, die die Bescheinigung ausstellt)
2.1.1.	Name und Bezeichnung dieser Stelle:
2.1.2.	Anschrift:
2.2.	Datum (TT/MM/JJJJ), zu dem die öffentliche Urkunde durch die unter Ziffer 2.1 genannte Stelle errichtet wurde:
2.3.	Nummer der öffentlichen Urkunde (falls zutreffend):
2.4.	Datum (TT/MM/JJJJ), zu dem die öffentliche Urkunde in dem Ursprungsmitgliedstaat eingetragen wurde (nur auszufüllen, wenn

das Datum der Eintragung für die Rechtswirkung der Urkunde maßgeblich ist und dieses Datum ein anderes als das unter Ziffer 2.2 angegebene Datum ist):

2.4.1. Nummer der Eintragung (falls zutreffend):

3. GERICHTLICHER VERGLEICH

3.1. Gericht, das den gerichtlichen Vergleich gebilligt hat oder vor dem der gerichtliche Vergleich geschlossen wurde (wenn dies ein anderes Gericht als dasjenige ist, das die Bescheinigung ausstellt)

3.1.1. Bezeichnung des Gerichts:

3.1.2. Anschrift:

3.2. Datum (TT/MM/JJJJ) des gerichtlichen Vergleichs:

3.3. Aktenzeichen des gerichtlichen Vergleichs:

4. PARTEIEN DER ÖFFENTLICHEN URKUNDE/DES GERICHTLICHEN VERGLEICHS:

4.1. Name(n) des/der Gläubiger(s) (Name, Vorname(n)/Name der Firma oder Organisation) ([2]):

4.1.1. Identifizierungsnummer (falls vorhanden und falls verfügbar):

4.1.2. Geburtsdatum (TT/MM/JJJJ) und Geburtsort oder, bei juristischen Personen, Datum der Gründung/Erlangung der Rechtsfähigkeit/Registrierung (falls relevant und falls verfügbar):

4.2. Name(n) des/der Schuldner(s) (Name, Vorname(n)/Name der Firma oder Organisation) ([3]):

4.2.1. Identifizierungsnummer (falls vorhanden und falls verfügbar):

4.2.2. Geburtsdatum (TT/MM/JJJJ) und Geburtsort oder, bei juristischen Personen, Datum der Gründung/Erlangung der Rechtsfähigkeit/Registrierung (falls relevant und falls verfügbar):

4.3. Ggf. Name der anderen Parteien (Name, Vorname(n)/Name der Firma oder Organisation) ([4]):

4.3.1. Identifizierungsnummer (falls vorhanden und falls verfügbar):

4.3.2. Geburtsdatum (TT/MM/JJJJ) und Geburtsort oder, bei juristischen Personen, Datum der Gründung/Erlangung der Rechtsfähigkeit/Registrierung (falls relevant und falls verfügbar):

5. VOLLSTRECKBARKEIT DER ÖFFENTLICHEN URKUNDE/DES GERICHTLICHEN VERGLEICHS IM URSPRUNGSMITGLIEDSTAAT

5.1. Die öffentliche Urkunde/der gerichtliche Vergleich ist im Ursprungsmitgliedstaat vollstreckbar:

5.1.1. ☐ Ja

5.2. Inhalt der öffentlichen Urkunde/des gerichtlichen Vergleichs und Zinsen

5.2.1. Öffentliche Urkunde/gerichtlicher Vergleich über eine Geldforderung

5.2.1.1. Kurzdarstellung des Gegenstands:

5.2.1.2. Gemäß der öffentlichen Urkunde/dem gerichtlichen Vergleich muss:
.... (Name, Vorname(n)/Name der Firma oder Organisation) (5)
eine Zahlung leisten an:
.... (Name, Vorname(n)/Name der Firma oder Organisation)

5.2.1.2.1. Wurde mehr als eine Person bezeichnet, die für den Anspruch haftet, kann jede der bezeichneten Personen für den gesamten Betrag in Anspruch genommen werden:

5.2.1.2.1.1. ☐ Ja

5.2.1.2.1.2. ☐ Nein

5.2.1.3. Währung:
☐ Euro (EUR) ☐ bulgarischer Lew (BGN) ☐ tschechische Krone (CZK)
☐ dänische Krone (DKK) ☐ kroatische Kuna (HRK) ☐ ungarischer Forint (HUF) ☐ polnischer Zloty (PLN) ☐ Pfund Sterling (GBP) ☐ rumänischer Leu (RON)
☐ schwedische Krone (SEK) ☐ Sonstige (bitte angeben (ISO-Code)):

5.2.1.4. Hauptforderung:

5.2.1.4.1. ☐ Einmalzahlung

5.2.1.4.2. ☐ Ratenzahlung (6)

Fälligkeit (TT/MM/JJJJ)	Betrag

5.2.1.4.3. ☐ Regelmäßige Zahlung

5.2.1.4.3.1. ☐ täglich

5.2.1.4.3.2. ☐ wöchentlich

5.2.1.4.3.3. ☐ Sonstige (bitte Häufigkeit angeben):

5.2.1.4.3.4. Ab (Datum (TT/MM/JJJJ) oder Ereignis:

5.2.1.4.3.5. Gegebenenfalls bis .... (Datum (TT/MM/JJJJ) oder Ereignis)

5.2.1.5. Zinsen (falls zutreffend)

5.2.1.5.1. Zinsen:

5.2.1.5.1.1. ☐ Nicht in der öffentlichen Urkunde/dem gerichtlichen Vergleich angegeben

5.2.1.5.1.2. ☐ Ja, in der öffentlichen Urkunde/dem gerichtlichen Vergleich folgendermaßen angegeben:

5.2.1.5.1.2.1. Betrag:

oder

5.2.1.5.1.2.2. Zinssatz ... %

5.2.1.5.1.2.3. Zinsen sind fällig ab .... (Datum (TT/MM/JJJJ) oder Ereignis) bis (Datum (TT/MM/JJJJ) oder Ereignis) (7)

5.2.1.5.2. ☐ Gesetzliche Zinsen (falls zutreffend), zu berechnen gemäß (bitte entsprechendes Gesetz angeben):

5.2.1.5.2.1. Zinsen sind fällig ab .... (Datum (TT/MM/JJJJ) oder Ereignis) bis (Datum (TT/MM/JJJJ) oder Ereignis) (7)

5.2.1.5.3. ☐ Kapitalisierung der Zinsen (falls zutreffend, bitte angeben):

5.2.2. Öffentliche Urkunde/gerichtlicher Vergleich über eine nichtmonetäre vollstreckbare Verpflichtung:

5.2.2.1. Kurzdarstellung der vollstreckbaren Verpflichtung

5.2.2.2. Die unter Ziffer 5.2.2.1 genannte Verpflichtung ist vollstreckbar gegen die folgende(n) Person(en) (8) (Name, Vorname(n)/Name der Firma oder Organisation):

Geschehen zu: ...

Stempel und/oder Unterschrift des Gerichts oder zuständigen Behörde, welche die Bescheinigung ausstellt:

---

(1) Unzutreffendes in der gesamten Bescheinigung jeweils streichen.

(2) Bei mehreren Gläubigern sind die betreffenden Angaben für sämtliche Gläubiger einzutragen.

(3) Bei mehreren Schuldnern sind die betreffenden Angaben für sämtliche Schuldner einzutragen.

(4) Ggf. sind die betreffenden Angaben für sämtliche anderen Parteien einzutragen.

(5) Wurde mehr als eine Person angewiesen, eine Zahlung zu leisten, sind die betreffenden Angaben für sämtliche Personen einzutragen.

(6) Es sind die betreffenden Angaben für die einzelnen Ratenzahlungen einzutragen.

(7) Bei mehr als einem Zinszeitraum sind die betreffenden Angaben für sämtliche Zinszeiträume einzutragen.

(8) Bei mehr als einer Person sind die betreffenden Angaben für sämtliche Personen einzutragen.

ANHANG III
ENTSPRECHUNGSTABELLE

Verordnung (EG) Nr. 44/2001	Diese Verordnung
Artikel 1 Absatz 1	Artikel 1 Absatz 1
Artikel 1 Absatz 2 Einleitung	Artikel 1 Absatz 2 Einleitung
Artikel 1 Absatz 2 Buchstabe a	Artikel 1 Absatz 2 Buchstaben a und f
Artikel 1 Absatz 2 Buchstaben b bis d	Artikel 1 Absatz 2 Buchstaben b bis d
–	Artikel 1 Absatz 2 Buchstabe e
Artikel 1 Absatz 3	–
–	Artikel 2
Artikel 2	Artikel 4
Artikel 3	Artikel 5
Artikel 4	Artikel 6
Artikel 5, einleitende Worte	Artikel 7, einleitende Worte
Artikel 5 Nummer 1	Artikel 7 Nummer 1
Artikel 5 Nummer 2	–
Artikel 5 Nummern 3 und 4	Artikel 7 Nummern 2 und 3
–	Artikel 7 Nummer 4
Artikel 5 Nummern 5 bis 7	Artikel 7 Nummern 5 bis 7
Artikel 6	Artikel 8
Artikel 7	Artikel 9
Artikel 8	Artikel 10
Artikel 9	Artikel 11
Artikel 10	Artikel 12
Artikel 11	Artikel 13
Artikel 12	Artikel 14
Artikel 13	Artikel 15
Artikel 14	Artikel 16
Artikel 15	Artikel 17
Artikel 16	Artikel 18
Artikel 17	Artikel 19
Artikel 18	Artikel 20
Artikel 19 Nummern 1 und 2	Artikel 21 Absatz 1

Verordnung (EG) Nr. 44/2001	Diese Verordnung
–	Artikel 21 Absatz 2
Artikel 20	Artikel 22
Artikel 21	Artikel 23
Artikel 22	Artikel 24
Artikel 23 Absätze 1 und 2	Artikel 25 Absätze 1 und 2
Artikel 23 Absatz 3	–
Artikel 23 Absätze 4 und 5	Artikel 25 Absätze 3 und 4
–	Artikel 25 Absatz 5
Artikel 24	Artikel 26 Absatz 1
–	Artikel 26 Absatz 2
Artikel 25	Artikel 27
Artikel 26	Artikel 28
Artikel 27 Absatz 1	Artikel 29 Absatz 1
–	Artikel 29 Absatz 2
Artikel 27 Absatz 2	Artikel 29 Absatz 3
Artikel 28	Artikel 30
Artikel 29	Artikel 31 Absatz 1
–	Artikel 31 Absatz 2
–	Artikel 31 Absatz 3
–	Artikel 31 Absatz 4
Artikel 30	Artikel 32 Absatz 1 Buchstaben a und b
–	Artikel 32 Absatz 1 Unterabsatz 2
–	Artikel 32 Absatz 2
–	Artikel 33
–	Artikel 34
Artikel 31	Artikel 35
Artikel 32	Artikel 2 Buchstabe a
Artikel 33	Artikel 36
–	Artikel 37
–	Artikel 39
–	Artikel 40
–	Artikel 41

Verordnung (EG) Nr. 44/2001	Diese Verordnung
–	Artikel 42
–	Artikel 43
–	Artikel 44
Artikel 34	Artikel 45 Absatz 1 Buchstaben a bis d
Artikel 35 Absatz 1	Artikel 45 Absatz 1 Buchstabe e
Artikel 35 Absatz 2	Artikel 45 Absatz 2
Artikel 35 Absatz 3	Artikel 45 Absatz 3
	Artikel 45 Absatz 4
Artikel 36	Artikel 52
Artikel 37 Absatz 1	Artikel 38 Buchstabe a
Artikel 38	–
Artikel 39	–
Artikel 40	–
Artikel 41	–
Artikel 42	–
Artikel 43	–
Artikel 44	–
Artikel 45	–
Artikel 46	–
Artikel 47	–
Artikel 48	–
–	Artikel 46
–	Artikel 47
–	Artikel 48
–	Artikel 49
–	Artikel 50
–	Artikel 51
–	Artikel 54
Artikel 49	Artikel 55
Artikel 50	–
Artikel 51	Artikel 56
Artikel 52	–

Verordnung (EG) Nr. 44/2001	Diese Verordnung
Artikel 53	–
Artikel 54	Artikel 53
Artikel 55 Absatz 1	–
Artikel 55 Absatz 2	Artikel 37 Absatz 2, Artikel 47 Absatz 3 und Artikel 57
Artikel 56	Artikel 61
Artikel 57 Absatz 1	Artikel 58 Absatz 1
Artikel 57 Absatz 2	–
Artikel 57 Absatz 3	Artikel 58 Absatz 2
Artikel 57 Absatz 4	Artikel 60
Artikel 58	Artikel 59 und Artikel 60
Artikel 59	Artikel 62
Artikel 60	Artikel 63
Artikel 61	Artikel 64
Artikel 62	Artikel 3
Artikel 63	–
Artikel 64	–
Artikel 65	Artikel 65 Absätze 1 und 2
–	Artikel 65 Absatz 3
Artikel 66	Artikel 66
Artikel 68	Artikel 68
Artikel 69	Artikel 69
Artikel 70	Artikel 70
Artikel 71	Artikel 71
Artikel 72	Artikel 72
–	Artikel 73
Artikel 73	Artikel 79
Artikel 74 Absatz 1	Artikel 75 Absatz 1 Buchstaben a, b und c und Artikel 76 Absatz 1 Buchstabe a
Artikel 74 Absatz 2	Artikel 77
–	Artikel 78
–	Artikel 80
Artikel 75	–

Verordnung (EG) Nr. 44/2001	Diese Verordnung
Artikel 76	Artikel 81
Anhang I	Artikel 76 Absatz 1 Buchstabe a
Anhang II	Artikel 75 Buchstabe a
Anhang III	Artikel 75 Buchstabe b
Anhang IV	Artikel 75 Buchstabe c
Anhang V	Anhang I und Anhang II
Anhang VI	Anhang II
–	Anhang III

C. UN-Übereinkommen über die Anerkennung und Vollstreckung ausländischer Schiedssprüche vom 10.6.1958

(BGBl. II 1961, S. 122)

Artikel I

(1) Dieses Übereinkommen ist auf die Anerkennung und Vollstreckung von Schiedssprüchen anzuwenden, die in Rechtsstreitigkeiten zwischen natürlichen oder juristischen Personen in dem Hoheitsgebiet eines anderen Staates als desjenigen ergangen sind, in dem die Anerkennung und Vollstreckung nachgesucht wird Es ist auch auf solche Schiedssprüche anzuwenden, die in dem Staat, in dem ihre Anerkennung und Vollstreckung nachgesucht wird, nicht als inländische anzusehen sind.

(2) Unter „Schiedssprüchen" sind nicht nur Schiedssprüche von Schiedsrichtern, die für eine bestimmte Sache bestellt worden sind, sondern auch solche eines ständigen Schiedsgerichtes, dem sich die Parteien unterworfen haben, zu verstehen.

(3) Jeder Staat, der dieses Übereinkommen unterzeichnet oder ratifiziert, ihm beitritt oder dessen Ausdehnung gemäß Artikel X notifiziert, kann gleichzeitig auf der Grundlage der Gegenseitigkeit erklären, daß er das Übereinkommen nur auf die Anerkennung und Vollstreckung solcher Schiedssprüche anwenden werde, die in dem Hoheitsgebiet eines anderen Vertragsstaates ergangen sind. Er kann auch erklären, daß er das Übereinkommen nur auf Streitigkeiten aus solchen Rechtsverhältnissen, sei es vertraglicher oder nichtvertraglicher Art, anwenden werde, die nach seinem innerstaatlichen Recht als Handelssachen angesehen werden.

Artikel II

(1) Jeder Vertragsstaat erkennt eine schriftliche Vereinbarung an, durch die sich die Parteien verpflichten, alle oder einzelne Streitigkeiten, die zwischen ihnen aus einem bestimmten Rechtsverhältnis, sei es vertraglicher oder nichtvertraglicher Art, bereits entstanden sind oder etwa künftig entstehen, einem schiedsrichterlichen Verfahren zu unterwerfen, sofern der Gegenstand des Streites auf schiedsrichterlichem Wege geregelt werden kann.

(2) Unter einer „schriftlichen Vereinbarung" ist eine Schiedsklausel in einem Vertrag oder eine Schiedsabrede zu verstehen, sofern der Vertrag oder die

Schiedsabrede von den Parteien unterzeichnet oder in Briefen oder Telegrammen enthalten ist, die sie gewechselt haben.

(3) Wird ein Gericht eines Vertragsstaates wegen eines Streitgegenstandes angerufen, hinsichtlich dessen die Parteien eine Vereinbarung im Sinne dieses Artikels getroffen haben, so hat das Gericht auf Antrag einer der Parteien sie auf das schiedsrichterliche Verfahren zu verweisen, sofern es nicht feststellt, daß die Vereinbarung hinfällig, unwirksam oder nicht erfüllbar ist.

Artikel III

Jeder Vertragsstaat erkennt Schiedssprüche als wirksam an und läßt sie nach den Verfahrensvorschriften des Hoheitsgebietes, in dem der Schiedsspruch geltend gemacht wird, zur Vollstreckung zu, sofern die in den folgenden Artikeln festgelegten Voraussetzungen gegeben sind. Die Anerkennung oder Vollstreckung von Schiedssprüchen, auf die dieses Übereinkommen anzuwenden ist, darf weder wesentlich strengeren Verfahrensvorschriften noch wesentlich höheren Kosten unterliegen als die Anerkennung oder Vollstreckung inländischer Schiedssprüche.

Artikel IV

(1) Zur Anerkennung und Vollstreckung, die im vorangehenden Artikel erwähnt wird, ist erforderlich, daß die Partei, welche die Anerkennung und Vollstreckung nachsucht, zugleich mit ihrem Antrag vorlegt:

a) die gehörig legalisierte (beglaubigte) Urschrift des Schiedsspruches oder eine Abschrift, deren Übereinstimmung mit einer solchen Urschrift ordnungsgemäß beglaubigt ist;
b) die Urschrift der Vereinbarung im Sinne des Artikels II oder eine Abschrift, deren Übereinstimmung mit einer solchen Urschrift ordnungsgemäß beglaubigt ist.

(2) Ist der Schiedsspruch oder die Vereinbarung nicht in einer amtlichen Sprache des Landes abgefaßt, in dem der Schiedsspruch gehend gemacht wird, so hat die Partei, die seine Anerkennung und Vollstreckung nachsucht, eine Übersetzung der erwähnten Urkunden in diese Sprache beizubringen Die Übersetzung muß von einem amtlichen oder beeidigten Übersetzer oder von einem diplomatischen oder konsularischen Vertreter beglaubigt sein.

Artikel V

(1) Die Anerkennung und Vollstreckung des Schiedsspruches darf auf Antrag der Partei, gegen die er geltend gemacht wird, nur versagt werden, wenn diese Partei der zuständigen Behörde des Landes, in dem die Anerkennung und Vollstreckung nachgesucht wird, den Beweis erbringt,

a) dass die Parteien, die eine Vereinbarung im Sinne des Artikels II geschlossen haben, nach dem Recht, das für sie persönlich maßgebend ist, in irgendeiner Hinsicht hierzu nicht fähig waren oder daß die Vereinbarung nach dem Recht, dem die Parteien sie unterstellt haben, oder, falls die Parteien hierüber nichts bestimmt haben, nach dem Recht des Landes, in dem der Schiedsspruch ergangen ist, ungültig ist, oder
b) dass die Partei, gegen die der Schiedsspruch geltend gemacht wird, von der Bestellung des Schiedsrichters oder von dem schiedsrichterlichen Verfahren nicht gehörig in Kenntnis gesetzt worden ist oder daß sie aus einem anderen Grund ihre Angriffs- oder Verteidigungsmittel nicht hat geltend machen können, oder
c) dass der Schiedsspruch eine Streitigkeit betrifft, die in der Schiedsabrede nicht erwähnt ist oder nicht unter die Bestimmungen der Schiedsklausel fallt, oder daß er Entscheidungen enthält, welche die Grenzen der Schiedsabrede oder der Schiedsklausel überschreiten, kann jedoch der Teil des Schiedsspruches, der sich auf Streitpunkte bezieht, die dem schiedsrichterlichen Verfahren unterworfen waren, von dem Teil, der Streitpunkte betrifft, die ihm nicht unterworfen waren, getrennt werden, so kann der erstgenannte Teil des Schiedsspruches anerkannt und vollstreckt werden, oder
d) dass die Bildung des Schiedsgerichtes oder das schiedsrichterliche Verfahren der Vereinbarung der Parteien oder, mangels einer solchen Vereinbarung, dem Recht des Landes, in dem das schiedsrichterliche Verfahren stattfand, nicht entsprochen hat, oder
e) dass der Schiedsspruch für die Parteien noch nicht verbindlich geworden ist oder daß er von einer zuständigen Behörde des Landes, in dem oder nach dessen Recht er ergangen ist, aufgehoben oder in seinen Wirkungen einstweilen gehemmt worden ist.

(2) Die Anerkennung und Vollstreckung eines Schiedsspruches darf auch versagt werden, wenn die zuständige Behörde des Landes, in dem die Anerkennung und Vollstreckung nachgesucht wird, feststellt,

a) dass der Gegenstand des Streites nach dem Recht dieses Landes nicht auf schiedsrichterlichem Wege geregelt werden kann, oder

b) dass die Anerkennung oder Vollstreckung des Schiedsspruches der öffentlichen Ordnung dieses Landes widersprechen würde.

Artikel VI

Ist bei der Behörde, die im Sinne des Artikels V Absatz 1 Buchstabe e zuständig ist, ein Antrag gestellt worden, den Schiedsspruch aufzuheben oder ihn in seinen Wirkungen einstweilen zu hemmen, so kann die Behörde, vor welcher der Schiedsspruch geltend gemacht wird, sofern sie es für angebracht hält, die Entscheidung über den Antrag, die Vollstreckung zuzulassen, aussetzen; sie kann aber auch auf Antrag der Partei, welche die Vollstreckung des Schiedsspruches begehrt, der anderen Partei auferlegen, angemessene Sicherheit zu leisten.

Artikel VII

(1) Die Bestimmungen dieses Übereinkommens lassen die Gültigkeit mehrseitiger oder zweiseitiger Verträge, welche die Vertragsstaaten über die Anerkennung und Vollstreckung von Schiedssprüchen geschlossen haben, unberührt und nehmen keiner beteiligten Partei das Recht, sich auf einen Schiedsspruch nach Maßgabe des innerstaatlichen Rechts oder der Verträge des Landes, in dem er geltend gemacht wird, zu berufen.

(2) Das Genfer Protokoll über die Schiedsklauseln von 1923 und das Genfer Abkommen zur Vollstreckung ausländischer Schiedssprüche von 1927 treten zwischen den Vertragsstaaten in dem Zeitpunkt und in dem Ausmaß außer Kraft, in dem dieses Übereinkommen für sie verbindlich wird.

Artikel VIII

(1) Dieses Übereinkommen liegt bis zum 31. Dezember 1958 zur Unterzeichnung durch jeden Mitgliedstaat der Vereinten Nationen sowie durch jeden anderen Staat auf, der Mitglied einer Sonderorganisation der Vereinten Nationen oder Vertragspartei des Statutes des Internationalen Gerichtshofes ist oder später wird oder an den eine Einladung der Generalversammlung der Vereinten Nationen ergangen ist.

(2) Dieses Übereinkommen bedarf der Ratifizierung; die Ratifikationsurkunde ist bei dem Generalsekretär der Vereinten Nationen zu hinterlegen.

Artikel IX

(1) Alle in Artikel VIII bezeichneten Staaten können diesem Übereinkommen beitreten.

(2) Der Beitritt erfolgt durch Hinterlegung einer Beitrittsurkunde bei dem Generalsekretär der Vereinten Nationen.

Artikel X

(1) Jeder Staat kann bei der Unterzeichnung, bei der Ratifizierung oder beim Beitritt erklären, daß dieses Übereinkommen auf alle oder auf einzelne der Gebiete ausgedehnt werde, deren internationale Beziehungen er wahrnimmt Eine solche Erklärung wird wirksam, sobald das Übereinkommen für den Staat, der sie abgegeben hat, in Kraft tritt

(2) Später kann dieses Übereinkommen auf solche Gebiete durch eine an den Generalsekretär der Vereinten Nationen gerichtete Notifikation ausgedehnt werden, die Ausdehnung wird am neunzigsten Tage, nachdem die Notifikation dem Generalsekretär der Vereinten Nationen zugegangen ist, oder, sofern dieses Übereinkommen für den in Betracht kommenden Staat später in Kraft tritt, erst in diesem Zeitpunkt wirksam.

(3) Hinsichtlich der Gebiete, auf welche dieses Übereinkommen bei der Unterzeichnung, bei der Ratifizierung oder beim Beitritt nicht ausgedehnt worden ist, wird jeder in Betracht kommende Staat die Möglichkeit erwägen, die erforderlichen Maßnahmen zu treffen, um das Übereinkommen auf sie auszudehnen, und zwar mit Zustimmung der Regierungen dieser Gebiete, falls eine solche aus verfassungsrechtlichen Gründen notwendig sein sollte.

Artikel XI

Für einen Bundesstaat oder einen Staat, der kein Einheitsstaat ist, gelten die folgenden Bestimmungen

a) hinsichtlich der Artikel dieses Übereinkommens, die sich auf Gegenstände der Gesetzgebungsbefugnis des Bundes beziehen, sind die Verpflichtungen der Bundesregierung die gleichen Wie diejenigen der Vertragsstaaten, die keine Bundesstaaten sind,

b) hinsichtlich solcher Artikel dieses Übereinkommens, die sich auf Gegenstände der Gesetzgebungsbefugnis der Gliedstaaten oder Provinzen beziehen, die nach der verfassungsrechtlichen Ordnung des Bundes nicht gehalten sind, Maßnahmen im Wege der Gesetzgebung zu treffen, ist die Bundesregierung verpflichtet, die in Betracht kommenden Artikel den zuständigen Behörden der Gliedstaaten oder Provinzen so bald wie möglich befürwortend zur Kenntnis zu bringen,

c) ein Bundesstaat, der Vertragspartei dieses Übereinkommens ist, übermittelt auf das ihm von dem Generalsekretär der Vereinten Nationen zugeleitete Ersuchen eines anderen Vertragsstaates eine Darstellung des geltenden Rechts und der Übung innerhalb des Bundes und seiner Gliedstaaten oder Provinzen hinsichtlich einzelner Bestimmungen dieses Übereinkommens, aus der insbesondere hervorgeht, inwieweit diese Bestimmungen durch Maßnahmen im Wege der Gesetzgebung oder andere Maßnahmen wirksam geworden sind.

Artikel XII

(1) Dieses Übereinkommen tritt am neunzigsten Tage nach der Hinterlegung der dritten Ratifikations- oder Beitrittsurkunde in Kraft.

(2) Für jeden Staat, der dieses Übereinkommen nach Hinterlegung der dritten Ratifikations- oder Beitrittsurkunde ratifiziert oder ihm Beitritt, tritt es am neunzigsten Tage nach der Hinterlegung seiner Ratifikations- oder Beitrittsurkunde in Kraft.

Artikel XIII

(1) Jeder Vertragsstaat kann dieses Übereinkommen durch eine an den Generalsekretär der Vereinten Nationen gerichtete schriftliche Notifikation kündigen. Die Kündigung wird ein Jahr, nachdem die Notifikation dem Generalsekretär zugegangen ist, wirksam.

(2) Jeder Staat, der gemäß Artikel X eine Erklärung abgegeben oder eine Notifikation vorgenommen hat, kann später jederzeit dem Generalsekretär der Vereinten Nationen notifizieren, daß die Ausdehnung des Übereinkommens auf das in Betracht kommende Gebiet ein Jahr, nachdem die Notifikation dem Generalsekretär zugegangen ist, ihre Wirkung verlieren soll.

(3) Dieses Übereinkommen bleibt auf Schiedssprüche anwendbar, hinsichtlich derer ein Verfahren zum Zwecke der Anerkennung oder Vollstreckung eingeleitet worden ist, bevor die Kündigung wirksam wird.

Artikel XIV

Ein Vertragsstaat darf sich gegenüber einem anderen Vertragsstaat nur insoweit auf dieses Übereinkommen berufen, als er selbst verpflichtet ist, es anzuwenden.

Artikel XV

Der Generalsekretär der Vereinten Nationen notifiziert allen in Artikel VIII bezeichneten Staaten:
a) die Unterzeichnungen und Ratifikationen gemäß Artikel VIII;
b) die Beitrittserklärungen gemäß Artikel IX;
c) die Erklärungen und Notifikationen gemäß den Artikeln I, X und XI;
d) den Tag, an dem dieses Übereinkommen gemäß Artikel XII in Kraft tritt;
e) die Kündigungen und Notifikationen gemäß Artikel XIII.

Artikel XVI

(1) Dieses Übereinkommen, dessen chinesischer, englischer, französischer, russischer und spanischer Wortlaut in gleicher Weise maßgebend ist, wird in dem Archiv der Vereinten Nationen hinterlegt.

(2) Der Generalsekretär der Vereinten Nationen übermittelt den in Artikel VIII bezeichneten Staaten eine beglaubigte Abschrift dieses Übereinkommens.

Sachregister

H

I

J

K

M

T

www.ingramcontent.com/pod-product-compliance
Lightning Source LLC
LaVergne TN
LVHW102104300926
849161LV00001B/18